Gerhard Austrup

Norwegen

Reise-Handbuch

IWANOWSKI'S REISEBUCHVERLAG

Im Internet:

www.iwanowski.de

Hier finden Sie aktuelle Infos
zu allen Titeln, interessante Links -
und vieles mehr!

Einfach anklicken!

© Iwanowski 1994
9., aktualisierte Auflage **2004**

© Vertrieb und Service, Reisebuchverlag, Reisevermittlung,
Im- und Export Iwanowski GmbH
Salm-Reifferscheidt-Allee 37 · 41540 Dormagen
Telefon 0 21 33/2 60 318 · Fax 0 21 33/26 03 33
E-Mail: info@iwanowski.de
Internet: http://www.iwanowski.de

Titelbild: Geirangerfjord, IFA-Bilderteam
Alle anderen Farb- und Schwarzweißabbildungen:
Gerhard Austrup, Eva-Maria Joeressen, Ulrich Quack
Redaktionelles Copyright, Konzeption und dessen ständige Überarbeitung:
Michael Iwanowski
Karten: Palsa-Graphik, Lohmar
Reisekarte: ©Haupka GmbH & Co.KG
Titelgestaltung sowie Layout-Konzeption: Studio Schübel, München
Layout: Ulrike Jans, Krummhörn

Alle Informationen und Hinweise erfolgen ohne Gewähr für die Richtigkeit einer
Produkthaftung. Verlag und Autor können daher keine Verantwortung und Haftung
für inhaltliche oder sachliche Fehler übernehmen. Auf den Inhalt aller in diesem
Buch erwähnten Internetseiten Dritter haben Autor und Verlag keinen Einfluss. Eine
Haftung dafür wird ebenso ausgeschlossen wie für den Inhalt der Internetseiten,
die durch weiterführende Verknüpfungen (sog. „Links") damit verbunden sind.

Gesamtherstellung: GCC, Calbe
Printed in Germany

ISBN 3-923975-46-5

INHALTSVERZEICHNIS

Einleitung _____ 10

1.	**ALLGEMEINER ÜBERBLICK**	**12**

Norwegen auf einen Blick 15

2.	**GESCHICHTLICHER ÜBERBLICK**	**16**

Vorhistorische Zeit (bis 800 n.Chr.)   16
Wikingerzeit   18
Mittelalter   23
Dänische und schwedische Zeit   25
Norwegen als unabhängiges Reich   29
Der Zweite Weltkrieg und seine Folgen   32
Das moderne Norwegen   35
Zeittafel   40

3.	**GEOGRAPHISCHER ÜBERBLICK**	**43**

Allgemeiner Überblick   43
Landschaften und geologische Entwicklung   44
Fjord und Fjell   49
Klima   51
Mitternachtssonne und Polarlicht   54
Fauna und Flora   56

4.	**WIRTSCHAFT**	**60**

Allgemeiner Überblick   60
Industrie   61
Energiewirtschaft   62
Fischereiwirtschaft   66
Subventionierte Landwirtschaft   74

5.	**GESELLSCHAFTLICHER ÜBERBLICK**	**77**

Bevölkerung und Siedlungsstruktur   77
Die Samen (Lappen)   79
Der Wohlfahrts- und Sozialstaat   84
Belastete Umwelt   86

6.	**NORWEGENS BAUKUNST**	89

Stein- und Holzbaukunst	89
Stabkirchen	91

7.	**NORWEGEN ALS REISELAND**	113

Allgemeine Reisetipps von A-Z 113
Zwei Sprachen 137
Die norwegische Küche 138
  Speisen 138 • Getränke 142
Wintersport in Norwegen 143
Norwegen ohne Auto (Eisenbahn, Kreuzfahrten, Busse, Flugreisen) 146
  Eisenbahn 146 • Busse 148 • Flugverkehr 149 • Kreuzfahrten 150
Entfernungstabelle 152
Ausgewählte Routenvorschläge 153
    Stippvisite Oslo 153
    Südnorwegen-Rundreise 153
    Durchs Fjordland 154
    Von Oslo zum Nordkap 155
Regionale Reisetipps von A-Z 157

ÜBERBLICK

Die grünen Seiten: Das kostet Sie Norwegen

REISEROUTEN

8.	**REISEN IN NORWEGEN**	201

Oslo 201

Überblick 201
Stadtspaziergang im Zentrum 203
  Redaktions-Tipps 203 • Dom 205 • Parlamentsgebäude 205 • Nationaltheater 205 • Museum 205 • Universität 207 • Nationalgalerie 208 • Historisches Museum 208 • Königliches Schloss 208 • Aker Brygge 210 • Festung Akershus 211 • Verteidigungsmuseum 211 • Heimatfrontmuseum 211 • Museum für zeitgenössische Kunst 211 • Theatermuseum 212 • Postmuseum 212
Bygdøy 212
  Wikingerschiffs-Haus/Vikingskipshuset 214 • Norwegisches Volksmuseum 214 • Fram-Museum 215 • Kon-Tiki-Museum 216 • Norwegisches Seefahrtsmuseum 216
Holmenkollen, Vigeland-Park und Munch-Museum 217
  Vigeland-Park/Frogner-Park 217 • Skisprungschanze 219 • Skimuseum 219 • Munch-Museum 220

Ziele in der weiteren Umgebung _____ 222

Henie-Onstad-Kunstzentrum 222 • Baerums Verk 222 • Modum Blaafarveverket 223 • Hadeland-Glaswerke 224 • Vikinglandet 224

Von Oslo ins Fjordland 225

Überblick und alternative Routen _____ 225

Redaktions-Tipps 225

Nach Stavanger über die Südküste _____ 227

Tønsberg 228 • Sandefjord 228 • Arendal 230 • Kristiansand 231 • Mandal 231 • Egersund 232

Stavanger _____ 232

Domkirche 233 • Altstadt 235 • Stavanger Museum 236 • Ausflugsziele in der Umgebung (Prekestolen 237 • Ullandshaug 237 • Utstein-Kloster 237)

Von Oslo über die Hardangervidda _____ 238

Bergen 241

Überblick _____ 241

Redaktions-Tipps 241

Sehenswertes in Bergen _____ 243

Fischmarkt 243 • Fløyenbahn 243 • Schøtstuben 245 • Bryggen 245 • Hanseatisches Museum 247 • Bryggens Museum 248 • Marktplatz 248 • Kreuzkirche 248 • Domkirche 248 • Marienkirche 249 • Festung Bergenhus 250 • Aquarium 251 • Museen, Kunstsammlungen und Galerien 251 • Kulturhistorisches Museum 253 • Seefahrtsmuseum 253 • Lepramuseum 254 • Fischereimuseum 254

Ziele in der Umgebung von Bergen _____ 254

Alt-Bergen 254 • Troldhaugen 256 • Fantoft Stabkirche 256 • Lysøen 257 • Lysekloster 257 • Ulriken 257

Von Bergen ins Fjordland _____ 258

Tagestour ins Hardangergebiet 258 • In das innere Hardangergebiet 258 • Baronie Rosendal 258 • Sognefjord und Stalheim 259 • Sognefjord und Flåm-Tal 259

Durch das Fjordland 260

Überblick und alternative Routen _____ 260

Redaktions-Tipps 260

Stavanger - Bergen _____ 261

Die Küstenstraße E 39 261 • Strecke Tau-Sand-Røldal-Odda-Kinsarvik-Bergen 262 • Strecke Stavanger-Haugesund (Aksdal)-Jøsendal-Odda-Kinsarvik-Bergen 262

Bergen - Ålesund _____ 263

Abstecher Florø 264 • Abstecher Fjaerland 264 • Ålesund 266 •

Stadtbesichtigung in Ålesund (Aalesunds Museum 267 •
Fiskerimuseet 267 • Stadtberg Aksla 267) • Ziele in der
Umgebung (Sunnmøre Museum 268 • Atlantik-See-Park 268 •
Giske 269 • Runde 269)

Bergen - Dombås _____ 269
Balestrand 270 • Sogndal 271 • Umgebungsziele (Der Laerdaltunnel zwischen Oslo und Bergen 272 • Skjolden 273 • Lom
274) • Dombås 274

Nebenstrecken im Fjordland _____ 275
1. Åndalsnes - Geiranger (Åndalsnes 275 • Geiranger 278) •
2. Hellesylt - Geiranger auf dem Landweg (Stryn 278 • Umge-
bungsziel Olden 279) •
3. Voss-Stalheim-Gudvangen-Flåm (Voss 280)

Mittelnorwegen 284

Von Ålesund nach Trondheim _____ 284
Redaktions-Tipps 284 • Molde 284 • Kristiansund 286

Trondheim _____ 287
Überblick 287 • Redaktions-Tipps 287 • Nidaros-Dom 290 •
Erzbischöflicher Palast 293 • Bybroa 293 • Kristiansten 294 •
Liebfrauenkirche 294 • Marktplatz 295 • Stiftsgården 295 •
Munkholmen 295 • Kunstgewerbemuseum 296 • Kunstgalerie
296 • Universitätssammlungen 296 • Besichtigungsziele in der
Umgebung von Trondheim (Volkskundemuseum 297 • Ringve-
Museum 297)

Entlang dem Trondheimsfjord _____ 298
Redaktions-Tipps 298 • Hell 300 • Stjørdal 300 • Ausflug
Granfossen und Vera 302 • Steinkjer 303 • Ausflug zum "Bøla-
Bild" 304

Von Steinkjer bis Tromsø 305

Steinkjer - Bodø - Narvik _____ 305
Redaktions-Tipps 305 • Die Küstenstraße Nr. 17 305 • Über die
E6 nach Narvik 306 (Grong 306 • Mosjøen 308 • Mo i Rana 309
• Ausflug zum Svartisen-Gletscher 310 • Polarkreis 311 • Bodø
312 • Narvik 316) • Fagernesfjell 317 • Riksgränsen 318 •
Ausflug zu den Lofoten 318

Die Lofoten _____ 318
Redaktions-Tipps 320 • Kabelvåg 324 • Henningsvaer 325 •
Stamsund 325 • Nusfjord 326 • Ramberg 326 • Reine 326 • Å
327

Die Vesterålen _____ 329
Redaktions-Tipps 329 • Überblick 329 • Über die Lofoten in den
Raum Narvik 330 • Harstad 330 • Stokmarknes 331 • Andenes
331

Von Narvik bis Tromsø _____ 332

Tromsø _____ **333**
Überblick 333 • Stadtmuseum 336 • Polarmuseum 336 •
Domkirche 336 • Nordnorwegisches Kunstmuseum 338 •
Tromsø-Museum – Universitätsmuseum 338 • Nordlichtplaneta-
rium 338 • Polaria, Polar-Erlebniszentrum 338 • Eismeerkathe-
drale 339 • Storsteinen 339 • Fjellheisen 339 • Ziele in der
Umgebung von Tromsø 340 (Halbinsel Lyngen 340 • Insel Kvaløy
340)

Von Tromsø zum Nordkap _____ 341

Überblick _____ **341**
Redaktions-Tipps 341
Alta _____ **345**
Überblick 345 • Sehenswertes in Alta und Umgebung 345 •
Felszeichnungen Hjemmeluft 345 • Sautso Alta Canyon 346
Von Alta über Hammerfest Richtung Nordkap _____ **346**
Hammerfest 347 • Überblick 347 • Salen 348 • Evangelische
Kirche 348 • Meridian-Säule 349 • Von Hammerfest nach
Magerøya 350
Die Insel Magerøya mit dem Nordkap _____ **350**
Honningsvåg 350 • Das Nordkap 353

Weitere Ziele im hohen Norden _____ 355

Redaktions-Tipps 355 •
Route 1: Über Vardø und Kirkenes nach Karasjok und Kautokei-
no (Lakselv 356 • Vadsø 358 • Vardø 359 • Kirkenes 361 • Von
Kirkenes nach Karasjok und Kautokeino 363 • Karasjok 364 •
Kautokeino 365 •
Route 2: Mit der Hurtigrute von Honningsvåg nach Kirkenes 367

Rückfahrt _____ 368

Überblick _____ **368**
Über Schweden oder Finnland? _____ **369**
Finnland 369 • Schweden 371
Durch Norwegen – bis Trondheim _____ **371**
Durch Norwegen – von Trondheim nach Oslo _____ **372**
Lillehammer 374 • Hamar 375
Oslo - Svinesund - Göteborg _____ **376**

9. DIE ATLANTISCHEN VORPOSTEN: SPITZBERGEN, JAN MAYEN UND DIE BÄRENINSEL   378

Spitzbergen   379
Jan Mayen   382
Die Bäreninsel   383

10. MIT DER HURTIGRUTE VON BERGEN BIS KIRKENES   384

Überblick   384
Route und Tagesablauf der Rundreise ab/bis Bergen   387

11. Literaturverzeichnis (Auswahl) 391
12. Stichwortverzeichnis 393

INTERESSANTES

Außerdem weiterführende Informationen zu folgenden Themen:

Das Wikingerschiff 21
Wer war Fridtjof Nansen (1861-1930)? 31
Was ist eine Strandflate? 45
Die Samen und das Ren 81
Wer war Henrik Ibsen (1828-1906)? 206
Alfred Nobel und der Friedensnobelpreis 207
St. Hallvard, Oslos Stadtpatron 210
Edvard Munch (1863-1944) 221
Bergen und die deutsche Hanse 245
Wer war Edvard Grieg? 255
Die Gletscher der Westküste 265
Was sind Trolle? 277
Die Felsbilder von Hell 300
Die Felszeichnungen von Bardal 304
Der Atlantische Lachs (salmo salar) 307
Der Svartisen-Gletscher 310
Wer war Knut Hamsun? 315
Der Stockfisch 322
Wer war Roald Amundsen? 337
Die Finnmark 343
Røros, die Bergwerksstadt 373

Verzeichnis der Karten und Grafiken

Bergen - Ålesund 263
Bergen - Dombås 270
Bergen 244
Bygdøy, Oslos Museumshalbinsel 213
Eisenbahnstrecken in Norwegen 147
Fahrten der Wikinger 19
Finnmark 356
Hammerfest 349
Hurtigrute: Anlaufhäfen 385
Lofoten und Vesterålen 319
Magerøya 352
Mittelnorwegen 285
Oslo 204
Oslofjord 223
Oslo - Fjordland 226
Oslo - Fjordland: über die Hardangervidda 239
Oslo - Stavanger: über die Südküste 227
Provinzen in Norwegen 13
Sognefjordgebiet, inneres 281
Stabkirchen in Norwegen 92
Stavanger 234
Stavanger - Bergen 261
Svalbard 380
Tromsø 335
Tromsø - Nordkap 342
Trondheim 291
Trondheim - Tromsø 299
Wintersportgebiete in Norwegen 144
Åndalsnes - Geiranger 275

Legende

—— Straßen

—— beschriebene Route

● Ortschaften

★ Sehenswürdigkeiten

▲ Berge

[a] Hotel

[A] Restaurant

[i] Information

[P] Parkplatz

[🚌] Busbahnhof

[🚏] Bahnhof

[✉] Post

[⛴] Fähre

[✈] Flughafen

© Rgraphic

EINLEITUNG

„*Ja, vi elsker dette landet...*" – „Ja, wir lieben dieses Land..." heißt es zu Beginn der norwegischen Nationalhymne. Ähnlich empfinden offensichtlich immer mehr deutsche Norwegen-Reisende, denn Urlaub in Norwegen ist so beliebt wie nie zuvor, heißt es bei der Verkaufsorganisation der norwegischen Fremdenverkehrsindustrie. Norwegen macht süchtig: Vier von fünf Deutschen, die das Land besucht haben, kommen wieder, um mehr zu sehen und zu erleben. Deutsche Gäste, um die sich die norwegische Fremdenverkehrswerbung besonders intensiv werbend bemüht, sind gern gesehen, weil sie sich länger in Norwegen aufhalten als andere Touristen. Der deutsche Tourist verbringt durchschnittlich 17 Tage am Reiseziel, während Amerikaner schon nach einer Woche wieder das Land verlassen.

Oslo ist das Hauptziel der Hälfte der Ausländer, die in den Sommermonaten Norwegen besuchen. Die Westküste mit ihren Fjorden wird von rund einem Viertel der Reisenden angesteuert. Die meisten Deutschen bevorzugen eine Rundreise, die einen Besuch der westlichen Fjorde einschließt.

Als Motive für die zunehmende Beliebtheit des skandinavischen Landes werden immer wieder die herrliche, weitgehend unberührte Natur, allen voran die Lofoten, das Nordkap und die Fjorde Westnorwegens, sowie die politische Stabilität des Landes genannt. Der Norwegen-Reisende sucht weniger durchgeplante Touristenanlagen, kein Disneyland, sondern das Ursprüngliche und Unverfälschte.

Das Stichwort Norwegen wird bei vielen ganz unterschiedliche Bildvorstellungen hervorrufen. Mit Sicherheit werden typische Landschaftsbilder dazu gehören wie die steilen Schluchten eines schmalen Fjords, riesige Gletscherflächen, tosende Wasserfälle, die schier endlose Weite der Tundra mit ihrer arktischen Vegetation, vom Meer umspülte Inseln und Schären, hohe Gipfel erklimmende Serpentinen und natürlich das Phänomen der Mitternachtssonne und des Nordlichts. Norwegen ist ein Land der Vielfalt und Kontraste, in dem Meer und Hochgebirge eng benachbart sind, weit ragen die Fjorde bis ins Landesinnere hinein.

Die außergewöhnliche Nord-Süd-Erstreckung des Landes über rund 1.750 km Luftlinie bei extrem dünner Besiedlung der meisten Landesteile ist für den Reisenden ideal, überall bieten sich Möglichkeiten zu Abstechern in unberührte Gegenden, stellt sich ein Gefühl von Weite und Einsamkeit fernab der Zivilisation ein.

Die Qualität der Straßen ist in den letzten Jahren immer besser geworden, ständig werden neue Tunnels fertiggestellt, sorgen aufwändige Brückenkonstruktionen für kürzere Wege. Über hundert Auto- und Personenfähren verbinden bewohnte Inseln und Inselchen mit dem Festland oder ergänzen über die Fjorde hinweg das Straßennetz. Wer in Norwegen mit dem Auto, Wohnmobil oder Zweirad unterwegs ist, sollte Zeit mitbringen. Es gibt immer wieder neue (Zeit), wie ein altes isländisches Sprichwort besagt.

Einleitung 11

Das Wetter ist übrigens weitaus besser als sein Ruf. Ein Raum mit so verschiedenartigen Landschaftsformen, der sich über fast 14 Breitengrade erstreckt, ist auch in klimatischer Hinsicht äußerst variantenreich. Grundsätzlich sind die klimatischen Gegensätze zwischen dem Küstenbereich und dem Landesinneren größer als zwischen dem Norden und dem Süden des Landes. Temperaturen von 30 °C und mehr sind keine Seltenheit im Sommer, Tiefsttemperaturen von -30 °C oder gar -40 °C werden in Ostnorwegen gemessen, während die Küste und ihre Häfen dank der Atlantikströmung und der milden westlichen Winde eisfrei bleiben.

Im Land der Kontraste sind auch die Niederschläge unterschiedlich verteilt. Neben ergiebigen Steigungsregen an der Küste gibt es nicht weit entfernt Gebiete im Lee der massiven Gebirge, in denen Landwirte Felder und Obstkulturen künstlich bewässern müssen.

Es versteht sich von selbst, dass der Naturraum Norwegen eine Fülle von „Outdoor"-Aktivitäten ermöglicht, die für jeden Sportinteressierten ein reiches Angebot darstellen, zumal der Breitensport in diesem Land überaus populär ist.

Dass Norwegen ein traditionsreiches Wintersportland mit besten Schneeverhältnissen von Dezember bis April ist und für viele zu einer Alternative zum Rummel in den Alpen werden könnte, ist vielen Wintersportfreunden über die Medienwirkung der Olympischen Winterspiele in Lillehammer bewusster geworden. Die Vermarktung Lillehammers hat auch andere Wintersportorte Norwegens bekannter gemacht.

Die faszinierende Natur, die unter dem Einfluss des wirtschaftenden Menschen nicht mehr in allen Teilen des Landes völlig unversehrt geblieben ist, bietet den Rahmen für eine alte Kulturnation, deren erste Künstler in Stein- und Bronzezeit Felszeichnungen hinterließen. Man denke an die Kunst der Wikinger, ihre imponierenden Schiffe, an die frühmittelalterlichen Stabkirchen und die norwegische Holzarchitektur überhaupt oder an Namen wie Nansen, Amundsen, Ibsen, Grieg, Munch...

Dieser Reiseführer wendet sich vor allem an den unabhängigen Individualreisenden, so dass im praktischen Teil Routen vorgestellt werden, die zu den wesentlichen Zielen des Landes führen. Hinweise zu Unterkünften und Restaurants orientieren sich eher am „Besonderen".

Ich wünsche Ihnen intensive Vorfreude bei der Vorbereitung der Reise(n) und einen erlebnisreichen Norwegen-Aufenthalt.

Bedanken möchte ich mich bei allen, die dieses Buch ermöglicht haben. Besonders erwähnen möchte ich Ulrich Quack, der sich wie nur wenige in Nordeuropa (aber auch in anderen Teilen der Erde) auskennt, sowie meine Frau Elisabeth, die mir viel Verständnis entgegenbrachte.

Bochum/Stockholm, im Herbst 2003

I. ALLGEMEINER ÜBERBLICK

Der Name Norwegen bedeutet „*Weg nach Norden*" und verweist auf ein Land in einem der nördlichsten Teile der Welt auf der Skandinavischen Halbinsel. Ein Blick auf die Karte macht sofort die beträchtliche Länge und die geringe Breite des Landes deutlich, das etwa zur Hälfte nördlich des Polarkreises liegt. Vom südlichsten Punkt bei *Kap Lindesnes* bis hinauf zum *Nordkap* beträgt die Entfernung 1.752 km Luftlinie oder rund 2.500 Straßenkilometer. Der nördlichste Punkt liegt bei 71° 11' nördlicher Breite. Rund 50.000 Inseln sind der Küste vorgelagert, deren Länge des Festlands, Fjorde und Buchten eingerechnet, über 21.000 km ausmacht.

Der Atlantikstrom und die Westwinde bewirken zu allen Jahreszeiten ein mildes Klima, das erheblich besser ist, als die weit nach Norden verschobene geographische Lage erwarten lässt. Die Küste und ihre Häfen bleiben eisfrei, Oslos Durchschnittstemperatur im Juli ist ähnlich der von Zürich oder Bonn. Im mehr kontinental geprägten Inneren des Landes sind die Sommer wärmer als im Küstenbereich und die Winter deutlich kälter, oft mit mehreren Monaten Schnee und Temperaturen, die -40 °C erreichen können.

Gemeinsame Grenzen weist das Land mit seinem Nachbarn Schweden (1.619 km), mit Finnland (721 km) und Russland (196 km) auf. Norwegen ist vor allem ein Gebirgsland, dessen periphere Lage keineswegs auf kulturelle und wirtschaftliche Rückständigkeit schließen lassen darf, denn das Land ist eine uralte Kulturnation, die heute zu den reichsten der Erde gehört.

Auf einer Fläche von rund 387.000 Quadratkilometern – zum Hoheitsgebiet gehören auch noch Spitzbergen *(Svalbard)* mit etwa 63.000 Quadratkilometern und die flächenmäßig unbedeutenden Eilande Jan Mayen und Bäreninsel – leben nur etwas mehr als 4 Millionen Einwohner; drei Viertel der Bevölkerung wohnen in größeren Gemeinden und Städten, in Europa ist nur Island dünner besiedelt. Eine ethnische Minorität mit eigener Sprache und Kultur, die Samen (Lappen), lebt im Norden des Landes; rund 30.000 Menschen werden dieser Minderheit zugerechnet.

Das erste norwegische Königreich entstand um das Jahr 900 n.Chr. Norwegische Wikinger gründeten Siedlungen in Nord- und Westeuropa und entdeckten den Weg nach Grönland und Nordamerika lange vor Kolumbus. Im Mittelalter wütete die Pest, löschte zwei Drittel der Bevölkerung des Landes aus, und der geschwächte Staat kam unter dänische Herrschaft, die von 1380 bis 1814 andauerte.

Danach trat Dänemark nach den napoleonischen Kriegen Norwegen an Schweden ab, bis die Union 1905 friedlich aufgelöst wurde. Durch Volksentscheid wurde *Håkon VII.* norwegischer König, dessen Sohn als König *Olav V.* bis 1991 regierte. Ein düsteres Kapitel in der jüngeren Geschichte des Landes stellt die Besetzung durch Hitlers Truppen zwischen 1940 und 1945 dar.

1. Allgemeiner Überblick 13

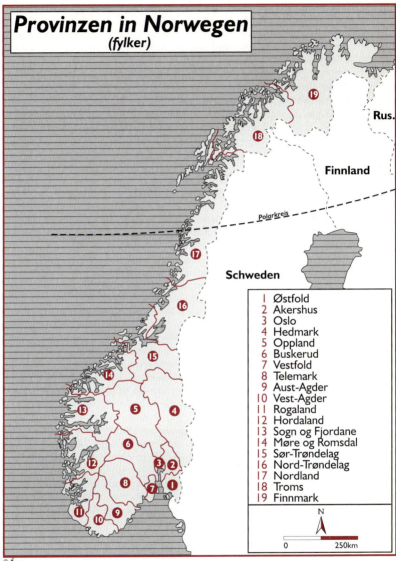

I. Allgemeiner Überblick

Norwegen ist eine konstitutionelle Monarchie mit parlamentarischem System. Viele Jahre stand *Gro Harlem Brundtland* als Ministerpräsidentin einer Regierung vor, der neun Frauen angehörten. Umfassend ist das lokale Selbstbestimmungsrecht der 19 Regierungsbezirke *(fylker)* und der 439 Kommunen ausgebaut worden.

Seit 1949 gilt Norwegen als verlässlicher NATO-Partner, zuvor beteiligte es sich an der Gründung der Vereinten Nationen. 1972 sprach sich im Rahmen einer Volksabstimmung eine knappe Mehrheit gegen eine Mitgliedschaft in der EG aus, eine Frage, die heftig im Land diskutiert wurde, auch nachdem eine solide Mehrheit im Parlament Ende 1992 grünes Licht für einen Antrag auf Mitgliedschaft in der EU gegeben und die Ministerpräsidentin das Gesuch wenig später der EU-Spitze überreicht hatte.

Das Referendum vom 28. November 1994 brachte einen erneuten Sieg für die Gegner der EU. 52,4 % stimmten gegen den Beitritt.

Innerhalb weniger Jahrzehnte ist aus dem Armenhaus Norwegen eines der wohlhabendsten Gemeinwesen geworden. Die Öl- und Gasfunde in der Nordsee haben die Wirtschaft und Gesellschaft wie kein anderes Ereignis in diesem Jahrhundert geprägt. Die norwegische Erdöl- und Gasproduktion erreicht inzwischen einen Anteil von rund 15 Prozent am Bruttosozialprodukt, allerdings führten relativ niedrige Ölpreise vor Jahren das Land rasch vom Ölrausch in die Krise. Die Gegenwart sieht wieder rosiger aus. Gegenwärtig nimmt Norwegen den 2. Platz unter den Erdölexporteuren der Welt ein und legt einen Teil der Einnahmen als Reserve im Ausland an. Ein rasanter Strukturwandel hat traditionelle Industriezweige und Gewerbe schrumpfen lassen, während der Dienstleistungsbereich sowie an die Ölproduktion gekoppelte und andere „intelligente" Industrien an Bedeutung zunahmen. Billige hydroelektrische Energie ist die Basis für Norwegen als Europas Hauptproduzent von Roh-Aluminium und Ferrolegierungen, ferner verfügt das Land inzwischen über eine eigene Petrochemie- und Ölveredlungsindustrie.

Seit Gründung des Norwegischen Internationalen Schiffsregisters *(NIS)* 1987 gehört die norwegische Handelsflotte zu den führenden in der Welt.
Hoch subventioniert wird die Landwirtschaft, da die meisten Betriebe zu klein sind und unrentabel arbeiten. Beschäftigung und Besiedlung in den ländlichen Gemeinden sollen jedoch aufrecht erhalten bleiben. Auch die traditionelle Fischerei hat an Bedeutung verloren, während die Aquakultur, vor allem die Lachszucht, zu den Wachstumsbranchen zählt, die bisweilen mit dem Problem der Überproduktion zu kämpfen hat.

2003 sind die Wirtschaftsaussichten recht günstig. Die Krone ist stark, das Land ist schuldenfrei und konnte inzwischen ein beachtliches Vermögen als Reserve für schlechtere Zeiten im Ausland anlegen. Auch wenn die Konkurrenzfähigkeit der Industrie sinken wird, geht das Land dank seiner Öl- und Gasvorkommen wohlhabend ins neue Jahrtausend.

Norwegen auf einen Blick

Fläche	386.958 km² insgesamt, Svalbard (Spitzbergen) – 62.700 km², Jan Mayen – 380 km²
Einwohner	4.390.000, darunter ca. 235.000 im Ausland Geborene (insbes. Dänen, Schweden, Nordiren, Pakistani, Amerikaner, Vietnamesen) sowie rund 30.000 Samen (Lappen) mit eigener Sprache und Kultur
Staatssprache	Norwegen ist zweisprachig: bokmål und nynorsk
Hauptstadt	Oslo (ca. 500.000 Einwohner)
Religion	ca. 90 % der Bevölkerung gehören der evangelisch-lutherischen Staatskirche an, viele kleine Religionsgemeinschaften
Flagge	blaues Kreuz, weiß eingefasst, auf rotem Grund
National-Feiertag	17. Mai, Tag des Grundgesetzes
Staats- und Regierungsform	konstitutionelle Monarchie mit parlamentarischer Demokratie; allgemeine Wahlen für die 165 Mandate im Storting (Nationalversammlung) alle 4 Jahre
Regierungschef	Ministerpräsident K. M. Bondevik (Christliche Volkspartei), Minderheitskabinett
Städte	Oslo ca. 500.000 Einwohner, Bergen 226.000 Ew, Trondheim 146.000 Ew, Stavanger 107.000 Ew
Wirtschaft	Wirtschaft: BNP-Anstieg 2,3% (2002), Arbeitslosigkeit 3,9 % (Sommer 2003), Inflationsrate 2,9 % (Sommer 2003)
Wichtigste Exportgüter	Öl und Gas, Metalle, Maschinen und Apparate, Schiffe, Fleisch, Fisch- und Fischprodukte
Handelspartner	Schweden, Deutschland, Großbritannien, Dänemark, USA
Problematik	schwankende Einnahmen aus Öl- und Gasexport, Nicht-Mitgliedschaft in der EU, Fischereistreit

2. GESCHICHTLICHER ÜBERBLICK

Vorhistorische Zeit (bis 800 n.Chr.)

Die letzte Eiszeit dauerte bis etwa 13000 v.Chr. Infolge einer Klimaänderung begann das mächtige Eis abzutauen, doch dauerte es einige tausend Jahre, bis Skandinavien von der Last des Eises befreit war und es Menschen möglich wurde, auch in Norwegen zu siedeln. Die ältesten Spuren menschlicher Aktivitäten sind 10.300 Jahre alte Reste von Holzkohle, Pfeilspitzen und Fanggeräte aus Flint, die man unweit des Nordkaps 1993 bei Tunnelbauarbeiten gefunden hat. Aus dem Raum **Komsa** in Finnmark und bei **Fosna** in Nordmøre stammen ähnliche Gegenstände, 7-8.000 Jahre alt, die lange als älteste Funde galten. Woher die Menschen kamen, ist nicht mit letzter Sicherheit zu sagen. Entweder wanderten sie über die Halbinsel Kola im Norden Russlands oder über Dänemark und Schweden ein. In der **älteren Steinzeit (ca. 5000-3000 v.Chr.)** ernährten sich die längs der Küste und an den Fjorden lebenden Bewohner von Jagd und Fischfang. Der Hund war ihr einziges Haustier.

alter Siedlungsraum

Hieroglyphen der Geschichte: Rentier-Darstellung in Nordnorwegen

In der **jüngeren Steinzeit (3000-1500 v.Chr.)** gingen die Menschen immer mehr dazu über, feste Wohnplätze zu wählen. Sie bauten Getreide an, wurden zu Bauern. Aus dieser Zeit stammen die naturalistisch geritzten Felszeichnungen, die Ren, Bär, Wal, Robbe, Fisch usw. zeigen. Sie dienten wohl magischen Zwecken und sollten die Tiere zu jenen Orten locken, an denen man sie fangen oder töten konnte. Denkbar sind aber auch sich hinter den Tierdarstellungen verbergende religiöse Vorstellungen, über die allerdings keine Klarheit besteht.

In der **Bronzezeit (1500-500 v.Chr.)** waren die Gegenstände des täglichen Lebens sowie die Waffen deutlich verbessert. Gering sind die Funde aus dieser Zeit, was nicht verwundert, denn Bronzegegenstände wurden von außen auf dem Tauschwege importiert. Lediglich die jüngere Bronzezeit hat große Opfer- und Schatzfunde aus dem östlichen Norwegen sowie dem Gebiet um Trondheim überliefert.

2. Geschichtlicher Überblick

Die **Felszeichnungen** der Bronzezeit sind meist stark stilisiert und entstammen einem bäuerlichen Umfeld. Sie sind häufig im Süden des Landes (auch an Schwedens Westküste und auf Bornholm) anzutreffen.

Von Süden her kommend, verdrängte ein neues Volk, die Germanen, die alte Urbevölkerung und vermischte sich mit ihr. Angehörige dieses Volkes unterwarfen fast ganz Europa und weite Teile Asiens. Neben der indoeuropäischen Sprache und Religion brachten sie den Bewohnern des Nordens die Begeisterung für den Kampf, das Pferd als Transportmittel und Waffe sowie eine vaterrechtlich aufgebaute Gesellschaft.

Auch die **Eisenzeit (ca. 500 v.Chr.-500 n.Chr.)** erweist sich zunächst als eine eher fundarme Periode. Zumeist stammen die Gegenstände aus dem Gebiet Oslofjord/Rogaland.

Im dritten Jahrhundert n.Chr. jedoch begann eine Blütezeit, und die Funde von dieser Zeit an bis zur Wikingerzeit sind reich und über viele Siedlungen verteilt. Auffällig sind die Herstellung von Keramiken und der Import von Glas aus Europa.

Allmählich bildeten sich Bestattungsformen mit reichen Beigaben heraus, die viele wertvolle Funde ermöglichten. Westnorwegen entwickelte sich zum Zentrum der ältesten nordischen Tierornamentik. Grabhügel von beeindruckender Größe wurden wie in Schweden errichtet.

"Bautastein" (Stele) aus der Eisenzeit

In der jüngeren Völkerwanderungszeit erreichten Einflüsse aus dem Frankenreich Westnorwegen mit neuen Waffenformen und sparsamen Grabbeigaben, während aus Schweden eine Kulturströmung nach Norwegen gelangte, die den Verstorbenen wieder reichere Gaben mit auf den Weg ins Jenseits gab. Die Schiffsgräber der *Ynglinger*-Dynastie waren ohne Zweifel der Höhepunkt einer Entwicklung, die zwar von westeuropäischen, vor allem irischen Einflüssen geprägt wurde, in ihren Grundzügen aber eine eigenständige nationale Kultur im 9. Jahrhundert darstellte. Das markanteste Beispiel ist wohl der *Osebergfund*, die bedeutendste Ausgrabung der nordischen Frühgeschichte. Dabei handelt es sich um ein Luxuswikingerschiff mit reichem Zubehör, das Anfang dieses Jahrhunderts am westlichen Oslofjord freigelegt wurde und heute in Oslo auf der Halbinsel Bygdøy (s. S. 212ff) im *Vikingskipshuset* zu sehen ist.

Osebergfund

Wikingerzeit

In der Wikingerzeit (ca. **800-1050 n.Chr.**) war das Land ein starker, wohlorganisierter Staat, wenngleich keine europäische Großmacht. Als junges vereinigtes Königreich besaß es feste Handelskontakte und war auf Island, Irland, in England, Schottland und der Normandie kolonisatorisch aktiv. Die zahlreichen Kontakte mit anderen europäischen Völkern und die Annahme des Christentums führten zur Integration des Landes an der Peripherie Europas in die Nationengemeinschaft und Kultur des Abendlandes.

see-
fahrende
Nord-
männer

Die Wikinger waren nicht ein bestimmtes nordisches Volk, dessen ganzes Dasein sich nur um Kampf, Ruhm und Ehre drehte, wie es die pseudowissenschaftliche Literatur des Dritten Reiches darstellte. Die Wikinger waren seefahrende Nordmänner der drei skandinavischen Länder **Schweden**, **Dänemark** und **Norwegen** sowie der westnorwegischen Gründungen. Aufgrund einer recht ähnlichen Kultur und einer verhältnismäßig einheitlichen Sprache ist es möglich, von einer Völkergemeinschaft der Nordländer zu sprechen. Die Länder lassen sich als Bündnisse verschiedener Landschaften verstehen, die jeweils eigene religiöse Zentren und eine eigene Rechtsprechung besaßen.

Unklar ist die Bedeutung des Begriffes *Wikinger*. Stammt das Wort vom altnordischen *vik* ab, was soviel wie *enge Bucht* bedeutet, oder leitet es sich von *vig* in der Bedeutung *Schlacht* ab? Andere Sprachwissenschaftler glauben, in dem Wort *viken* den Ursprung zu sehen, was einen Bezirk um Oslo meinen könnte und somit die Männer bezeichnet, die aus ihm kamen. Auffallend selten kommt das Wort Wikinger nur auf einigen Runensteinen vor, die aus dem 11. Jahrhundert stammen, häufiger findet sich die Bezeichnung in Heldenliedern und isländischen Schriften des Mittelalters.

Was wir von den Wikingern wissen, verdanken wir vor allem archäologischen Funden, auch wenn sie oft unvollständig sind. Höfe, Dörfer, Befestigungsanlagen und Handelsplätze lassen Rückschlüsse auf Leben und Wirtschaftsweise ebenso zu wie zahlreiche Grabbeigaben. Zu nennen sind ferner Bildsteine und Runeninschriften, während zeitgenössische Textquellen meist Fremdprodukte und außerdem oft tendenziös abgefasst sind.

Beginn der
Expansion

Mit dem brutalen Überfall auf das englische Kloster **Lindisfarne** nördlich von Newcastle beginnt **im Jahr 793** die Expansion der Wikinger, die über zweieinhalb Jahrhunderte mit unterschiedlicher Intensität fortgesetzt wird und mit dem Sieg *Wilhelms des Eroberers* bei Hastings (**1066**) und der Eroberung Englands durch die Normannen zu ihrem Ende kommt.

Die geographische Lage bestimmte wesentlich, in welche Richtung Schweden, Dänen und Norweger sich auf den Weg machten. Während die **dänischen Wikinger** sich den Küsten der südlichen Ostsee zuwandten und in Richtung **Ärmelkanal** agierten, zogen die **Waräger**, die schwedischen Nordmänner, über den Ostseeraum hinaus und erreichten mit ihren wendigen Schiffen **Nowgorod**

2. Geschichtlicher Überblick

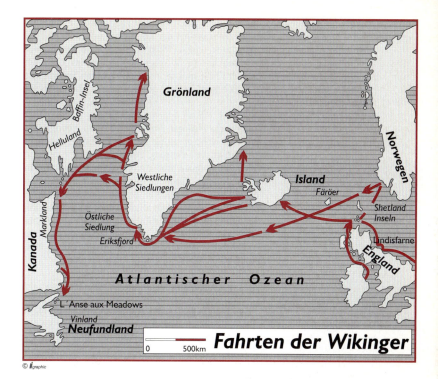

und **Kiew**. Über das Schwarze Meer gelangten sie schließlich bis nach **Byzanz**. Die **Norweger** fuhren westwärts zu den **Britischen Inseln** und über den Nordatlantik. In der ersten Hälfte des 9. Jahrhunderts wurden von ihnen die **Färöer** entdeckt, die ebenso wie **Island**, das seit 874 von Norwegen aus besiedelt wurde, durch die Expansion der Wikinger zu einem nordischen Land geworden sind. Die Anziehungskraft des eher unwirtlichen Island muss beträchtlich gewesen sein, wenn man bedenkt, dass um 930 etwa 30.000 Menschen dort lebten.

Kurz vor der Jahrtausendwende wurde unter *Erich dem Roten* **Grönland** besiedelt, dem er in werbender Absicht den unpassenden Namen „Grünes Land" gab, denn die Siedler sollten dorthin angelockt werden. Dass diese Werbemaßnahme nicht ohne Erfolg blieb, belegen zahlreiche Höfe und Siedlungen mit bis zu 4.000 Bewohnern zur Blütezeit, bis um 1500 das Siedlungs-ende, dessen Ursachen nicht endgültig feststehen, eintrat. Ein Grund für die Aufgabe der grönländischen Niederlassungen ist sicher in einer Klimaverschlechterung und den daraus resultierenden ungünstigeren Lebensbedingungen zu sehen.

Grönland-Werbung

Um das Jahr 1000 erreichte *Leif Eriksson*, Sohn Erich des Roten, gar die Ostküste **Nordamerikas** zwischen Labrador und Neufundland. Der Name des entdeckten *Vinland* bedeutet wohl *Wiesen-* und *Weideland*, aber nicht – wie oft angenommen – *Weinland*. Bei L'Anse aux Meadows hat der norwegische Archäologe *Helge Ingstad* eine kleine Siedlung aus der späten Wikingerzeit nachweisen können. Gemeinsame Sache machten dänische und norwegische Wikinger im 9. Jahrhundert in England. König *Alfred der Große* musste ihnen den größten Teil der Insel abtreten, der den Namen „*Danelagen*" erhielt; gemeint waren damit Gebiete unter dänischem Gesetz.

Ursachen der Wikingerzüge

Warum Ende des 8. Jahrhunderts die Wikinger ihre Züge über die Meere begannen, konnte von den Historikern nicht eindeutig geklärt werden. Wenig wahrscheinlich ist die Auffassung, eine Übervölkerung des skandinavischen Raumes habe die Nordgermanen zur Expansion gezwungen. Landnot gab es allenfalls an der rauen Westküste Norwegens. Auf „*wiking*" gingen auch weniger die Nichtbesitzenden, sondern eher die Angehörigen einer Oberschicht, die ihr Auskommen hatten. Das Anerbenrecht sorgte dafür, dass der älteste Sohn zumeist den Hof übernahm, so dass den anderen Jungen nur das Meer als Alternative blieb.

Wie erwähnt, begannen die Stammesfürstentümer, sich in der Wikingerzeit zu staatenähnlichen Gebilden zu entwickeln. Unterlegene im Kampf um die Macht und Unzufriedene wurden hinausgedrängt, wanderten aus. Schließlich dürften auch neben Abenteuerlust und Heldentum handfeste materielle Interessen, vor allem die Aussicht auf lukrativen Handel, eine Rolle gespielt haben.

So spektakulär die Wikinger den Ausklang der ganz Europa verändernden Völkerverschiebung auch gestalteten, die nach ihnen benannte Epoche basiert auf einer historischen Voraussetzung: Bereits vor der Expansionsphase gab es im Norden eine seefahrende Bevölkerung mit ausgeprägten Fernbeziehungen. Bootgräber, also als Grabkammern dienende seetüchtige Boote, und Luxusgüter als Grabbeigaben, wie etwa fränkische Gläser und andere kunsthandwerkliche Gegenstände aus der Vorwikingerzeit, belegen, dass es Seehäuptlinge, Handwerkszentren und Handelsplätze vor dem Zeitalter der kühnen Eroberer gegeben hat.

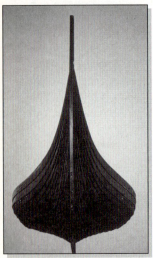

Perfektion und Eleganz: das Gokstad-Schiff

eigener Handel

Sie waren nicht nur wilde Horden aus dem Norden, die mordeten und plünderten, Klöster und Städte in Schutt und Asche legten und sich in ihrer Gier nach Gold und Silber wenigstens zeitweilig besänftigen ließen, wenn man ihnen ein Friedensgeld zahlte. Bald organisierten die „Salzwasserpiraten" einen eigenen Handel, so dass der Norden sich zum internationalen Hauptumschlagplatz bestimmter Waren entwickelte. Besonders begehrt waren Luxusgüter aus dem arabischen Raum, wo die Araber den Wikingern die mitgebrachten Sklaven im Tausch gegen Silber förmlich aus der Hand rissen. In Skandinavien hat man rund 60.000 arabische Silbermünzen aus jener Zeit finden können.

INFO **Das Wikingerschiff**

Die große Bedeutung des Schiffes im Norden deuten bereits die vielen Schiffsbilder auf den Felszeichnungen der Bronzezeit an. Seit der Vorwikingerzeit, im Norden häufig als „Vendelzeit" bezeichnet, konnten mit dem Einsatz des Segels schneller weite Entfernungen zurückgelegt und größere Mengen transportiert werden. Rund zehn Funde von Wikingerschiffen vor allem in Norwegen und Dänemark lassen zwei Grundtypen erkennen. Neben dem leichten Kriegs- oder Mannschaftsschiff mit geringem Tiefgang gab es das geräumige Handelsschiff, „Knorr" genannt, im Vor- und Achterschiff mit einem Deck gebaut. Die langen Erfahrungen im Bootsbau über viele Generationen hinweg spiegeln sich in der Konstruktion der Segelschiffe wider, die im Klinkerbau errichtet wurden, d.h. die Planken der Bordwand überlappten einander, so dass sie leicht abgedichtet werden konnten. Die maximale Länge des Kiels ergab sich aus der natürlichen Länge des Bauholzes.

Bisher kennt man kein Wikingerschiff, das länger als 28 m ist. Der Klappmast konnte durch den Mastfisch umgelegt werden, einen herausnehmbaren Eichenblock auf dem Schiffsboden. Das Rahsegel, schon auf den berühmten gotländischen Bildsteinen abgebildet, entlastete die Ruderer und ermöglichte bei günstiger Witterung Fahrten über das offene Meer. Eine Reise von Norwegen nach Island, die in der Regel eine Woche dauerte, konnte bei idealem Wind in drei Tagen bewältigt werden. Entfernten die Wikinger sich von der Küste, benutzten sie verschiedene Hilfsmittel zur Navigation. Bei Nacht diente bisweilen der Polarstern als Leitstern, sie beobachteten die Meeresströmungen, die Vorkommen von Walpopulationen oder die Flugrichtung der Seevögel. Fraglich ist, ob sie bestimmte Instrumente zur Navigation einsetzten.

Mit Sicherheit war das Leben an Bord der offenen Schiffe knochenhart. Trockenfisch, gepökeltes und geräuchertes Fleisch, Brot und Zwiebeln gehörten zum Proviant. Ohne ihre schnellen und wendigen Schiffe, die als Meisterwerke der Schiffbaukunst anzusehen sind, hätten die Wikinger niemals die kulturgeschichtliche Bedeutung erlangt, die ihnen als Händler, Staatengründer, Forscher und Künstler zukommt.

Neben ihrer Aktivität als Räuber und Händler waren die Wikinger erfolgreiche Staatengründer, wie die Entstehung der skandinavischen Königreiche in jener Zeit belegt. Bedeutend war ihr Beitrag zur Entwicklung von Kunst und Kultur. Man denke nur an den Schiffbau, die Goldschmiedekunst, die Steinmalerei, das Waffenhandwerk und die Schnitzkunst, wie sie bei einigen norwegischen Holzkirchen, den prächtigen Stabkirchen, noch zu bewundern ist.

bedeutende Künstler

Als von Norwegen aus die Seeoperationen begannen, befand man sich dort auf dem Weg zur staatlichen Einheit. Begriffe wie *Norwegen* (= „der Weg nach Norden"), *Nordmen* und *Norweger* sind seit dem 9. Jahrhundert bekannt. Die topographischen Voraussetzungen zur politischen Einigung des Landes waren dabei alles andere als günstig: eine Hochgebirgslandschaft mit vielen isolierten Talungen, eine

König Harald Schönhaar (mittelalterliche Handschrift)

offene Südflanke nach Dänemark sowie eine westwärts weisende Atlantikküste. Die erste „*Reichssammlung*" erfolgte unter *Harald I.*, der den Beinamen „Schönhaar" (*hårfagre*) besaß (ca. **860-930**).

In der Bucht Hafrsfjord unmittelbar südlich der heutigen Ölmetropole Stavanger besiegte er die Widerstand leistenden Kleinfürsten. Als König von Norwegen regierte er mit eiserner Hand, baute eine eigene Streitmacht auf, doch nach seinem Tod gab es bald wieder Mord und Totschlag unter den vielen Kleinkönigen, bis schließlich sein jüngster Sohn, *Håkon I.* (ca. **935-959**), einen erneuten erfolgreichen Einigungsversuch unternahm. In England zum Christentum übergetreten, wollte er seine Landsleute taufen lassen, was ihm jedoch misslang. Die Missionsbemühungen setzte dann *Olav Tryggvason* (ca. **995-1000**) fort, der im wikingischen Russland und England aufgewachsen war und in Winchester getauft wurde.

Gründung Trondheims

Er gründete 997 die Stadt *Nidaros*, das heutige Trondheim, und ließ sich dort nieder, konnte sich aber nur fünf Jahre gegen den Dänenkönig *Sven Gabelbart* und den Schweden *Olaf Schoßkönig* behaupten. Nachdem die politische Einheit wieder einmal verloren war, trat mit *Olav Haraldson* bzw. *Olav II.*, später „Olav der Heilige" genannt, **1015** ein Herrscher auf den Plan, der sich der „Reichssammlung" voll und ganz annahm. Die beiden äußeren Gegner spielte er gegeneinander aus, indem er die Tochter des Schwedenkönigs heiratete. Durch Einführung des Feudalsystems stabilisierte er seine Macht, christianisierte das Land, notfalls mit Gewalt, erließ neue Gesetze, auf deren Grundlage unabhängig von Stand und Besitz Vergehen bestraft wurden, doch **1028** musste er König Knut von Dänemark und England, der ein großes Nordseereich regierte, weichen. *Knut der Große* hatte sich mit den Territorialfürsten verbündet, die Olavs zentrale Reichsführung bekämpften.

Olav der Heilige

Wenig später fiel *Olav II.* in der Schlacht bei Stiklestad bei der Verteidigung des Großkönigtums. Im Volksmund galt der Vorkämpfer der nationalen Einheit bald als Märtyrer, der für seinen christlichen Glauben gefallen war. Als „Olav der Heilige" wurde er weit über Norwegen hinaus verehrt, so dass ihm zu Ehren in ganz Europa Kirchenbauten entstanden. Natürlich hatte die Legendenbildung zur Stärkung von Kirche und Königtum im Lande beigetragen. Sein Schrein im Dom zu Nidaros (Trondheim; vgl. S. 290ff) lockte die Pilger in Scharen an und wurde zur bedeutendsten Wallfahrtsstätte des Nordens.

Harald Hardråde (der Gestrenge), ein Halbbruder des Heiligen Olav, führte dessen Werk fort. Um **1048** gründete der letzte große Wikinger-Seekönig, der im östlichen Mittelmeer Ruhm und Reichtum erworben hatte, die heutige Hauptstadt Norwegens, von einem Nordseegroßreich träumend. **1066** unterlag *Harald* bei Stamford Bridge in Yorkshire dem Angelsachsen *Harold*, der selbst nur wenig später gegen *William den Eroberer* bei Hastings sein Reich und Leben verlor.

Mit diesem Datum ging das Zeitalter der Wikingerfahrten zu Ende, denn die Entwicklung zu großen staatlichen Einheiten mit zentralistisch-feudalen Systemen band die zuvor frei gewordenen Kräfte. Die Königreiche Dänemark, Norwegen und Schweden gingen drei Jahrhunderte eigene Wege. Wie sehr das heutige Königreich Norwegen auf einer Traditionslinie mit der Wikingerzeit liegt, zeigt die Namensgebung wie *Håkon, Olav, Harald* und *Magnus* für Mitglieder des Königshauses.

Ende der Wikingerzüge

Die Wirtschaft der Nordischen Länder gebraucht heute ferner eine Reihe wikingischer Symbole für ihre Firmen und Produkte, die die Bedeutung jener Epoche für die norwegische Nation unterstreichen.

Mittelalter

Die Wikingerzeit führte in Norwegen zur politischen Einigung des flächenmäßig weiten Landes und zur Einführung des Christentums. Die folgenden drei Jahrhunderte bis zur Vereinigung mit Dänemark sind zunächst geprägt von einer Phase der Konsolidierung und des weiteren Ausbaus des Reiches, das unter *Håkon Håkonson* die größte Ausdehnung seiner Geschichte erfährt, im 14. Jahrhundert aber jäh in die Bedeutungslosigkeit zurückfällt.

Im **11. Jahrhundert** folgten *Harald Hårdrade* dessen zwei Söhne *Magnus* und *Olav Kyrre* (= „der Friedfertige"). *Olavs* lange und friedliche Regierungszeit kam besonders der Kirche zugute, die eine feste Organisation durch die Bistümer in Trondheim, Oslo und Bergen erhielt. Bergen wurde bald die bedeutendste Handelsstadt Norwegens, vor allem, weil sie zum Zentrum des Trockenfischexports aufstieg. Trockenfisch aus West- und Nordnorwegen war damals eine begehrte Fastenspeise in Europa.

Handelsstadt Bergen

Nach *Olav Kyrre* kamen die Hebriden, die Orkneys und die Insel Man fest unter norwegischen Einfluss.

Exportartikel heute wie damals: Stockfisch

Durch die Einführung eines Zehnten erhielt die Kirche eine solide finanzielle Basis und erwarb zunehmend Grundbesitz. 1153 war Nidaros zum Erzbistum erhoben worden, flächenmäßig übrigens dem weltweit größten, dem zehn Bistümer – unter anderem auch auf Grönland und anderen Nordmeerinseln – untergeordnet waren. Die norwegische Kirche hatte ihre Autonomie erlangt, war sie doch lange Zeit abhängig vom Erzbischof von Bremen bzw. dem dänischen Erzbistum in Lund gewesen.

Unter *Håkon IV. Håkonson* (**1217-1263**) erreichte das Land, nachdem eine Phase der Bürgerkriege überwunden werden konnte, seine **mittelalterliche Blütezeit**. Dieser selbstbewusste Herrscher, der an seinem Hof in Bergen Kunst und Kultur förderte, verschaffte Norwegen seine größte Ausdehnung als Nordatlantikmacht, zumal neben Island und Grönland, den Shetlands, den Färöern, Orkneys und Hebriden das Kernreich Provinzen umfasste, die heute zu Schweden gehören. Nur die Finnmark im Norden, der Lebensraum der Samen (Lappen), gehörte nicht zum norwegischen Großreich, unterlag aber der Besteuerung Norwegens wie auch dem Großfürsten von Nowgorod.

Nordatlantikmacht

Die Bedeutungszunahme der **Hanse** bereitete Norwegen jedoch zunehmend wirtschaftspolitische Schwierigkeiten, denn mit seiner wachsenden Bevölkerungszahl brauchte das Land dringend Getreideimporte aus dem Ostseeraum. Die Hanse nutzte diese Abhängigkeit und verschaffte sich wirtschaftliche und politische Privilegien. In der königlichen Residenz zu Bergen, das Trondheim als Hauptstadt abgelöst hatte, errichtete die Hanse ein Kontor, was in der Folgezeit zu einer Reihe von Konflikten zwischen Deutschen und Norwegern führen sollte, auch wenn der Handel **1250** mit der Hansemacht Lübeck zunächst vertraglich geregelt worden war (s. S. 241ff). Denn Ende des **13. Jahrhunderts** lag der Großhandel bald ganz in den Händen der deutschen Händler, so dass den Hansestädten in einem Freibrief des Königs von **1294** nur noch erlaubt war, in Oslo, Tönsberg und Bergen Handel zu treiben, nicht aber nördlich über Bergen hinaus.

Macht der Hanse

Dass vom Stapelplatz an der Westküste weiterhin Politik gemacht wurde, konnte auch *Håkon V. Magnusson* (**1299-1319**) nicht verhindern. In seiner Regierungszeit wurde Oslo Hauptstadt des Landes, Schloss Akershus ließ er als Festung und Palast ausbauen. *Håkon* hinterließ keinen männlichen Erben, sondern eine unmündige Tochter, die in jungen Jahren Herzog *Erik Magnusson* von Schweden heiratete. Deren Sohn wurde später auch zum König von Schweden gewählt.

Deutsche Steintafel im Hanseviertel von Bergen

Verhängnisvoll für die weitere Entwicklung des Landes war die über den Hafen von Bergen **1349** eingeschleppte **Pest**, die einen großen Teil der Bevölkerung dahinraffte. Mit gut 300.000 Einwohnern war Norwegen das bevölkerungsärmste der drei skandinavischen Königreiche. Der Schwarze Tod entvölkerte ganze Landesteile und führte zum Zusammenbruch des feudalistischen Systems. Adel und Kirche konnten sich lange Zeit nicht von dieser Katastrophe erholen. Gab es vor dem Ausbruch der Pest etwa 300 adlige Familien mit großen Besitzungen, so waren es danach noch rund 60. Zunehmend übernahmen später meist Dänen, die häufig einheirateten, riesige Ländereien und erwarben damit auch politische Rechte, so dass dem Reichsrat Anfang des **16. Jahrhunderts** nur noch zwei gebürtige Norweger angehörten.

grauenvolle Pest

Mit dem Tod *Håkons VI.* (**1355-80**) enden einige Jahrzehnte einer schwedisch-norwegischen Union. *Håkon VI.* ist der letzte mittelalterliche König eines freien und unabhängigen Norwegens. Erst 1905 erlangte das Land unter König *Håkon VII.* wieder seine volle Selbstständigkeit.

Dänische und schwedische Zeit

Aus der Ehe von *Håkon VI.* und der Tochter des Dänenkönigs *Waldemar Atterdag*, *Margarete*, ging das letzte Mitglied der alten Königsfamilie hervor. Doch *Olav*, mit Billigung der Hanse König von Dänemark und nach dem Tod seines Vaters auch König von Norwegen, verstarb kurz nach Erreichen der Volljährigkeit, so dass seine Mutter in beiden Ländern als Regentin akzeptiert wurde.

Königin *Margarete* gelang es wenig später sogar im Zuge gemeinsamer nordischer Anstrengungen gegen deutsche Expansionsabsichten, selbst in Schweden als Königin anerkannt zu werden. **1397** erreichte Königin *Margarete* in der **Kalmarer Union** ihr vordringliches politisches Ziel, den Zusammenschluss der drei skandinavischen Reiche. Diese Union existierte bis **1523**, auch wenn Schweden mehrfach ausscherte, als kriegerische Auseinandersetzungen zwischen Dänemark und Schweden das endgültige Ende des Bündnisses brachten.

Königin Margarete

Nach Auflösung der Kalmarer Union geriet Norwegen immer stärker in den dänischen Einflussbereich, wurde das Land schließlich eine **Provinz Dänemarks**. Als unter *Christian III.* mit dem Reichsrat die letzte Einrichtung eines staatsrechtlich unabhängigen Norwegens aufgelöst wurde, erfasste die Dänisierung viele Lebensbereiche. Mit den dänischen Beamten und Offizieren gelangte auch die dänische Amtssprache nach Norwegen. In wirtschaftlicher Hinsicht war das Land vor allem Rohstofflieferant der Kolonialmacht, der über Fisch, Holz, Kupfer und Silber verfügte.

dänischer Einfluss

Als die **Reformation** über Dänemark nach Norwegen gelangte, fand sie zunächst nur unter eingewanderten dänischen Adligen und den Hansekaufleuten in der Stadt Bergen Anhänger. Widerstand leistete hingegen der Erzbischof von Nidaros, dessen Festhalten am katholischen Glauben ein Versuch war, mit dem Aufstand gegen die Kolonialmacht ein letztes Stück norwegischer Eigenständigkeit zu retten. Doch der Bischof musste aus Norwegen fliehen, Luthers Lehre wurde zur Reichsreligion erhoben. Über die zahlreiche Literatur der Reformationszeit, die in dänischer Sprache abgefasst war, erhielt das Dänische zusätzliche Impulse, während das Altnorwegische zurückgedrängt und nur in abgelegenen Gebieten beibehalten wurde. Wer damals in Norwegen studieren wollte, musste sich auf den Weg nach Kopenhagen machen. Die erste norwegische Universität wurde erst zu Beginn des 19. Jahrhunderts in Oslo gegründet, das damals Christiania hieß.

Zur Fremdbestimmung des Landes kam ferner noch hinzu, dass es immer wieder in kriegerische Auseinandersetzungen verwickelt wurde, deren Ursachen im dänisch-hanseatischen Konflikt oder in der dänisch-schwedischen Erzrivalität begründet lagen. So fielen die heute schwedischen Provinzen Jämtland, Härjedalen und Bohuslän im **17. Jahrhundert** an das politisch und wirtschaftlich stärkere Schweden.

Städtegründer Christian IV.

Ein starkes Interesse an Norwegen zeigte der legendäre *Christian IV.* (**1588-1648**), der das Land mehr als dreißigmal während seiner langen Amtszeit besuchte. Nahe der abgebrannten Stadt Oslo ließ er mit Christiania eine neue Hauptstadt errichten, gründete Kristiansand und erreichte, dass die Nordprovinz Finnmark mit ihrem Fischreichtum und ihren Bodenschätzen nicht an den großen Nachbarn Schweden fiel.

Wirtschaftlich ging es langsam trotz fremden Einflusses aufwärts. Neben dem Fischfang wurde der Holzhandel bedeutsam. Es war die Erfindung der wassergetriebenen Gattersäge, die es ermöglichte, die Baumstämme zu zerlegen. Bohlen und Bretter wurden nach England und in die Niederlande ausgeführt.

Die Hanse verlor zunehmend an Einfluss, so dass norwegische Kaufleute eine eigene Handelsflotte aufbauten. Unter *Christian IV.* wurde der Bergbau vorangetrieben, die Landwirtschaft gewann an Bedeutung, auch wenn der so wichtige Getreideimport ein dänisches Monopol blieb. Mitte des **18. Jahrhunderts** besaß wieder etwa die Hälfte der Bauern einen eigenen Hof. Das Geld zum Erwerb der Hofstellen stammte weniger aus den Erträgen der Landwirtschaft als aus den Nebeneinnahmen, die viele in der Forstwirtschaft erzielen konnten. Handel und Gewerbe blühten in vielen Städten auf, nachdem ein königlicher Freibrief **1662** allen Städten Handelsrechte eingeräumt hatte. Die zweite Hälfte in dänischer Zeit zeigt ein erstarktes Norwegen, das sich als eigenständiges Land mit einer reichen Tradition und wechselhaften Geschichte versteht.

Christian IV.-Standbild in Oslo

2. Geschichtlicher Überblick

Nationale Gedenkstätte: das Eidsvoll-Gebäude

Der norwegische Nationalfeiertag, der jedes Jahr am 17. Mai feierlich begangen wird, geht auf das Jahr 1814 zurück. Damals ging zwar die Union mit Dänemark zu Ende, gab man sich eine liberale Verfassung und wählte gar einen eigenen König, doch fand man sich wenig später in einer **Union mit Schweden** wieder, das zuvor im Kieler Vertrag dafür gesorgt hatte, dass Dänemark Norwegen abtreten musste. Die Dänen hatten sich an der Kontinentalsperre beteiligt und waren mit Napoleon ein folgenschweres Bündnis eingegangen.

Verfassung von 1814

Der vom schwedischen Reichstag zum Thronfolger ernannte frühere napoleonische Marschall *Bernadotte* nutzte die Gunst der Stunde. Da Schweden 1809 Finnland an Russland hatte abtreten müssen, sah man in Schweden in der Union mit Norwegen eine Art Ausgleich für den erlittenen Verlust.

Als der dänische Statthalter in Norwegen, Prinz *Christian Frederik*, vom dänischen König aufgefordert wurde, das Land den Schweden zu übergeben, weigerte sich dieser, da es Sache des norwegischen Volkes sei, über sein Schicksal selbst zu bestimmen. In kürzester Zeit wurden Wahlen zur Nationalversammlung durchgeführt. Auf der konstituierenden Versammlung in Eidsvoll (60 km nördlich von Oslo) stimmte die Mehrheit der Abgeordneten für ein unabhängiges Norwegen. Die einstimmig angenommene **Verfassung** machte das Land zu einer konstitutionellen Monarchie. Prinz *Christian Frederik* wurde zum König gewählt. Die auf dem Prinzip der Gewaltenteilung basierende Verfassung galt neben der belgischen als die wohl modernste ihrer Zeit in Europa. Doch Norwegens Traum von der Souveränität war wenige Wochen nach dem denkwürdigen Ereignis von Eidsvoll ausgeträumt.

Das übermächtige Schweden führte einen kurzen Krieg, den Norwegen nicht gewinnen konnte. Der schwedische König *Karl XIV. Johan* wurde zum König von Norwegen gewählt. Es spricht für sein Geschick und seine Weitsicht,

Karl XIV. Johan vor dem Osloer Schloss

2. Geschichtlicher Überblick

maßvoller Unions-könig

dass *Karl Johan* nicht seine Übermacht ausspielte, sondern den Norwegern die Eidsvoll-Verfassung beließ, soweit diese mit der Union vereinbar war. Laut Unionsvertrag hatte der schwedische König das Recht, einen nur ihm verantwortlichen Statthalter einzusetzen. Die Außenpolitik lag ganz in schwedischer Hand, so dass Norwegen sich als unterlegenes Unionsmitglied sah. Dennoch war seine Stellung weitaus besser als in dänischer Zeit, denn das Land besaß eine eigene Regierung, eigene Verwaltungsorgane und das *Storting*, die Nationalversammlung, außerdem hatte es gegenüber dem König sogar eine stärkere Position als der Schwedische Reichstag, da ein dreimal angenommenes Gesetz in Kraft trat, auch wenn der König sein Veto einlegte.

Während der Unionszeit mit Schweden, insbesondere nach **1840**, vollzog sich ein grundlegender wirtschaftlicher und sozialer Wandel. Zunächst war die wirtschaftliche Lage zu Anfang der Unionszeit in der Folge der Kontinentalsperre und der napoleonischen Kriegswirren katastrophal; das Währungssystem geriet aus den Fugen, da gleichzeitig dänische, schwedische und norwegische „Eidsvoll"-Banknoten kursierten, doch Mitte des Jahrhunderts war der Staat wieder schuldenfrei. Die **industrielle Revolution** erfasste auch Norwegen. Die Textilindustrie hatte ihre Standorte in Oslo und Bergen, ihr folgten die Papier-, Papiermasse- und Zelluloseindustrie, die Herstellung von Fischkonserven sowie die Schwerindustrie auf der Basis heimischer Erze.

Zur Erschließung des Landes wurden das Eisenbahn- und Straßennetz ausgebaut sowie die Boote der Hurtigrute eingesetzt. Nach der Erfindung der Harpunenkanone 1868 begann der kommerzielle Walfang in großem Stil. Zwischen 1850 und 1880 konnte die norwegische Handelsflotte ihren Anteil an der Welttonnage fast verdoppeln, so dass nur England und die USA bedeutender waren. Allmählich bildete sich eine organisierte Arbeiterbewegung, und in den 70er Jahren des 19. Jahrhunderts erreichte der Sozialismus Norwegen.

Auswanderung nach Amerika

Im **19. Jahrhundert** stieg die Bevölkerungszahl von etwa 900.000 auf 2,2 Millionen. Die wirtschaftliche Expansion hinkte der demographischen Entwicklung hinterher, so dass sich trotz der Industrialisierung viele Menschen gezwungen sahen, nach Amerika auszuwandern. Ein regelrechtes **Amerikafieber** erfasste zunächst die Menschen im Westen des Landes, griff dann aber auf alle Landesteile über. Nach dem amerikanischen Bürgerkrieg nahm der Exodus zeitweilig dramatische Formen an, denn zwischen 1866 und 1915 verließen mehr als 700.000 Norweger ihr Land. Mehrere Millionen Menschen norwegischer Abstammung leben heute in den USA und Kanada.

nationale Werte

Eng verbunden mit dem wirtschaftlichen Aufschwung entwickelte sich zunehmend ein stärkeres **Nationalgefühl**, personifiziert durch die Namen von Schriftstellern und Kulturgrößen wie *Henrik Wergeland*, *Bjørnstjerne Bjørnson* und *Henrik Ibsen*. Ein kultureller Nationalismus wandte den Blick zurück in die eigene Vergangenheit, um den Wert norwegischer Traditionen zu verdeutlichen und neu aufleben zu lassen. So wurde die mittelalterliche bäuerliche Holzarchitektur, die sich in den einzigartigen Stabkirchen manifestiert, neu bewertet, was schließlich zum Erhalt wenigstens einiger Holzkirchen geführt hat.

Die „norwegischen Gebrüder Grimm", *Asbjørnsen* und *Moe*, sammelten den alten Märchen- und Legendenschatz, *Ivar Aasen*, ein Sprachwissenschaftler, entwarf eine neue norwegische Sprache, die sich aus den verschiedenen Dialekten Westnorwegens und der abgelegenen Gebirgsräume zusammensetzte. Das heutige Problem der **Zweisprachigkeit** geht auf diese Zeit zurück. Neben dem Dänisch-Norwegischen, als *riksmål* bezeichnet, kam 1885 das Neu-Norwegische, also *landsmål*, als gleichberechtigte offizielle Sprache hinzu, nicht zuletzt, weil die großen Dichter und Persönlichkeiten des Kulturlebens längst aktiv in die politischen Auseinandersetzungen mit eingegriffen hatten.

ein zweisprachiges Land

Unter der Regierung des schwedischen Königs *Oskar II.* gelang dem Parlamentarismus ein entscheidender Erfolg, als das Oberhaupt einem Beschluss der Nationalversammlung über die Abschaffung des Statthalters nachgab und das Amt des Staatsministers zuließ. Der schwedische König spielte in der norwegischen Innenpolitik zunehmend eine untergeordnete Rolle.

Norwegen als unabhängiges Reich

In der zweiten Hälfte des **19. Jahrhunderts** nahm die nationale Begeisterung der Norweger zu, immer lauter wurden die Stimmen, die einen Austritt aus der Union mit Schweden forderten. Als das norwegische Parlament mit dem schwedischen Reichstag und König *Oskar II.* strittige Fragen um die Vertretung Norwegens im Ausland nicht beilegen konnte, war dies mehr der Anlass als die Ursache für die Auflösung der Union. Deutlicher Ausdruck für das Streben der Norweger nach Selbstständigkeit war das Ergebnis einer Volksbefragung, in der sich sage und schreibe nur 184 norwegische Männer gegen die **Auflösung der Union** aussprachen – gegenüber rund 370.000 Befürwortern! Am 26. Oktober **1905** legte *Oskar II.* die norwegische Krone nieder. Zur friedlichen Lösung des Konflikts trugen die Großmächte, vor allem England und Deutschland, angesichts der gespannten internationalen Lage maßgeblich bei.

ersehnte Unabhängigkeit

Das Angebot des norwegischen Parlaments an den schwedischen König, einem Mitglied des Hauses *Bernadotte* die Krone zu übertragen, lehnte dieser ab. In einer weiteren Volksabstimmung ging es um die zukünftige Staatsform des Landes. Mit einer eindrucksvollen Mehrheit setzten sich die Anhänger einer Monarchie gegenüber den Republikanern durch. Darauf wählte das norwegische Parlament den dänischen Prinzen *Carl* zum König, der in der Tradition des Landes den Namen *Håkon VII.* annahm, mehr als 500 Jahre nach *Håkon VI.*

Nach Auflösung der Union mit dem großen Nachbarn Schweden wurden zahlreiche politische, ökonomische und

König Håkon VII.-Standbild in Bodø

2. Geschichtlicher Überblick

Zeit der Reformen

soziale **Reformen** auf den Weg gebracht. Schon vor deren Aufkündigung hatten die Ideen des Liberalismus und Nationalismus sowie die aus ihnen hervorgehenden politischen Gruppierungen an Bedeutung gewonnen. Ab 1884 wurden im Lande mit der *Venstre* (= „Linke"; die Liberalen) und *Høyre* (= „Rechte"; die Konservativen) die ersten Parteien gegründet, wenig später gefolgt von der Norwegischen Arbeiterpartei. Weil sich von diesem Drei-Parteien-System andere Gruppierungen abspalteten, wurde die Parteienlandschaft vielfältiger.

1913 erhielten Norwegens Frauen das allgemeine Wahlrecht, fünfzehn Jahre nach den Männern. In der Sozialgesetzgebung wurden wegweisende Neuerungen zur Kranken- und Unfallversicherung erreicht; 1919 konnte die 48-Stunden-Woche festgeschrieben werden, so dass Norwegen sich schrittweise zum Sozialstaat entwickelte.

In wirtschaftlicher Hinsicht setzte die Industrialisierung ihren Siegeszug fort. Metallurgische und chemische Industrien entstanden auf der Grundlage der reichlich vorhandenen Wasserkraft. Immer mehr Menschen fanden in Industrie, Handel und Dienstleistungen Beschäftigung. Bedeutsam entwickelte sich die Handelsflotte, die, in der Relation von Tonnage und Einwohnerzahl gesehen, eine Sonderstellung einnahm. Aus Angst vor einer Überfremdung mit ausländischem Kapital und dem Ausverkauf natürlicher Ressourcen kamen 1909 zwei Gesetze zustande, nämlich dass der Staat zukünftig die Wasserfälle übernahm und Ausländern der Erwerb von Waldungen untersagt wurde.

Angst vor Deutschland

Als der **Erste Weltkrieg** ausbrach, erklärte Norwegen zusammen mit Schweden und Dänemark seine **Neutralität**. Eng blieben die Verbindungen zu England, mit dem man intensive Wirtschaftskontakte unterhielt. Der Krieg führte zunächst zu einem wirtschaftlichen Aufschwung für die norwegische Seefahrt, brachte aber vor allem nach 1916 dem Land Inflation und Lebensmittelknappheit. Durch den U-Boot-Einsatz büßte die Handelsflotte etwa die Hälfte ihrer Tonnage ein, die Angst vor einem Waffengang mit Deutschland ging um. Wenngleich innerhalb Norwegens politische und wirtschaftliche Instabilität die Entwicklung in den 1920ern prägte, so gelang es dem Land an der Peripherie Europas, auf internationaler Ebene eine immer bedeutendere Rolle zu spielen.

Norwegens Ansehen

1920 trat das Land in den **Völkerbund** ein, dem der zuvor wegen seiner Expeditionen und wissenschaftlichen Leistungen berühmt gewordene *Fridtjof Nansen* seinen Stempel aufdrückte. In verschiedenen Ländern organisierte der Polarforscher mit seinen Mitarbeitern humanitäre Hilfsaktionen für Kriegsgefangene und Flüchtlinge.

Nach internationaler Übereinkunft erhielt Norwegen die Oberhoheit über **Spitzbergen**, **1925** erfolgte die endgültige Übernahme unter der Bezeichnung *Svalbard*. Problemlos konnte das Königreich neben der Insel *Jan Mayen* auch Gebiete in der *Antarktis* annektieren. Ein Konflikt zwischen Norwegen und Dänemark um Ostgrönland – hier ging es wie in der Antarktis um norwegische Walfanginteressen – konnte nur vor dem Internationalen Gerichtshof in Den Haag zugunsten der Dänen entschieden werden. Nach der Weltwirtschaftskrise entwickelte sich das Land zunehmend in Richtung Wohlfahrts- und Sozialstaat, stark geprägt von der Sozialdemokratischen Arbeiterpartei, die in den letzten Jahren vor dem Zweiten Weltkrieg an der Regierung war.

> **INFO** **Wer war Fridtjof Nansen (1861-1930)?**
>
> Schon zu seinen Lebzeiten war Fridtjof Nansen weltweit bekannt und angesehen. Nach dem Studium der Zoologie reifte in ihm der Entschluss, Grönland zu durchqueren, was zuvor niemandem gelungen war. 1888 fuhr er zur unbewohnten Ostküste Grönlands, dessen Inlandseisdecke er, der es in früheren Jahren schon zum norwegischen Meister im Skispringen und Langlauf gebracht hatte, in 75 Tagen von Osten nach Westen überwand. Ein Lokalblatt in Bergen schrieb damals: „Im kommenden Juni gibt Konservator Nansen auf dem inneren Grönlandeis eine Skilaufvorstellung mit Weitsprung. Nummerierte Sitzplätze in den Gletscherspalten vorrätig. Rückfahrkarten können gespart werden". Nansens nächstes Ziel war der Nordpol.
>
>
>
> Mit seinem legendären Schiff, der „Fram", führte er 1893-1896 mit Otto Sverdrup als Kapitän von den Neusibirischen Inseln aus eine wissenschaftlich ergiebige Driftfahrt durch. Auch wenn Nansen auf 86° 14' nördlicher Breite umkehren musste, so wurde er mit der Drift der „Fram" in aller Welt berühmt. Seine meereskundlichen Forschungen auch in den Jahren danach wiesen ihn als führenden Ozeanographen aus. 1905 vermittelte Nansen im Konflikt zwischen Norwegen und Schweden, kurz darauf wurde er zum ersten Botschafter Norwegens in England ernannt; er war maßgeblich daran beteiligt, dass sein Heimatland unabhängig wurde.
>
> Am Ende des Ersten Weltkrieges wandte er sich zunehmend humanitären Fragen zu; so leitete er die Heimführung der Kriegsgefangenen aus Sowjetrussland, initiierte Hilfsaktionen zur Linderung der Hungersnot in Russland als Hochkommissar des Völkerbundes, wofür er **1922** mit dem **Friedensnobelpreis** ausgezeichnet wurde.
>
> *Fridtjof Nansen, Statue in Oslo*
>
> Der von ihm angeregte und nach ihm benannte Nansen-Pass gab staatenlosen Flüchtlingen Hilfe und Sicherheit. 1926 übernahm Nansen das Amt des Rektors der St.-Andrew-Universität in Glasgow. Sein Engagement für andere Menschen, seine Persönlichkeit und sein Führungsvermögen machten ihn weltweit zum vornehmsten Repräsentanten des neuen, unabhängigen Norwegen.

Der Zweite Weltkrieg und seine Folgen

Von deutscher und französisch-englischer Seite gab es bei Ausbruch des Zweiten Weltkrieges Pläne, die gegen die von norwegischer Seite wiederholt erklärte Neutralität gerichtet waren. Nach Hitlers Feldzug gegen Polen fürchtete man in Skandinavien, in den Krieg hineingezogen zu werden, denn den Westmächten *Erz aus* waren die Transporte schwedischen Eisenerzes über den norwegischen Hafen *Schweden* Narvik entlang der Küste nach Deutschland ein Dorn im Auge.

Aus strategischen Gründen und im Zusammenhang mit ihrer ökonomischen Kriegsführung begannen die Westmächte **im Winter 1939/40**, eine eventuelle Einnahme norwegischer Häfen zu planen, doch die englische Regierung zweifelte, ob ein solcher Schritt richtig sei, solange Deutschland Norwegens Neutralität nicht unmittelbar verletzt hatte.

Auf Seiten der deutschen Kriegsführung sah man es als eine Notwendigkeit an, die norwegische Küste zu beherrschen, um die wichtigen Erztransporte abzusichern und über Militärbasen im Krieg gegen England verfügen zu können. Während die englischen Absichten ein Einverständnis auf norwegischer Seite voraus-*geplanter* setzten, plante die deutsche Kriegsleitung von Anfang an einen Überraschungsan-*Überfall* griff gegen das militärisch schwache Norwegen.

Die geheime Operation zur Einnahme des Königreiches lief seit dem Februar 1940 unter dem Decknamen „Weserübung", nachdem zuvor, unterstützt von Admiral *Raeder*, der Führer der *Nasjonal Samling* (= die norwegische nationalsozialistische Partei) *Vidkun Quisling* Kontakt zu Hitler aufgenommen hatte. Dieser schilderte dem Führer die englandfreundliche Politik Norwegens und versicherte, dass eine Okkupation durch die Engländer bevorstehe.

Am **9. April 1940 begann der Überfall auf Norwegen,** als in einer gemeinsamen Aktion der See-, Land- und Luftstreitkräfte Oslo, Kristiansand, Egersund, Stavanger, Bergen, Trondheim und Narvik hoch im Norden angegriffen wurden. Alles schien nach Plan zu laufen, die zahlenmäßig hoffnungslos unterlegenen nor-*Versen-* wegischen Truppen waren bald überrannt. Nur beim Angriff auf Oslo gab es eine *kung der* unvorhergesehene Verzögerung, da der deutsche Kreuzer „Blücher" im Oslofjord *"Blücher"* von den Norwegern versenkt wurde. Rund tausend Menschen kamen dabei ums Leben, die Einnahme Oslos erfolgte einige Stunden später. In Nordnorwegen hielten die norwegischen Truppen mit Hilfe alliierter Streitkräfte bis zum 7. Juni stand.

In einem an die Regierung gerichteten Ultimatum, die Besetzung anzunehmen und mit den deutschen Militärs zu kooperieren, heißt es zynisch, Deutschland habe in Norwegen eingegriffen, um einen Angriff der Westmächte zu verhindern und für die Dauer des Krieges den Schutz des Landes zu übernehmen. Regierung und König lehnten das Ultimatum ab und konnten, nicht zuletzt wegen der zeitlichen Verzögerung bei der Einnahme der Hauptstadt, per Eisenbahn nach Hamar und Elverum fliehen.

2. Geschichtlicher Überblick

Nun sah *Vidkun Quisling*, der schon 1933 ohne viel Erfolg eine nationalsozialistische Partei in Norwegen gegründet hatte, seine große Stunde gekommen. Mit Billigung *Hitlers* rief er eine „nationale" Regierung aus, der er als Staatsminister vorstand, und forderte über den Rundfunk am Abend des 9. April das norwegische Volk auf, den Widerstand gegen die Deutschen sofort aufzugeben. Seine Anbiederung und Kollaboration führten dazu, dass sein Name seitdem weltweit als Synonym für Verräter im Dienste einer fremden Macht gilt. Als das deutsche Hauptquartier erfuhr, wie das norwegische Volk mit Spott und tiefster Verachtung auf den Trittbrettfahrer *Quisling* reagierte, musste dieser sechs Tage später zurücktreten, zumal der norwegische Widerstandswille aufgrund des Verrats deutlich größer geworden war.

Akershus – Sitz der Besatzungsmacht

Hitlers Marionette

Als britische Truppen den Norwegern zu Hilfe kamen, konnte das Vordringen der deutschen Truppen nördlich von Narvik gestoppt werden; es gelang sogar, die Stadt zurückzuerobern. Auch polnische und französische Truppen waren im Gebiet von Narvik an Land gegangen, so dass die deutschen Truppen bis an die schwedische Grenze zurückgedrängt wurden. Die Kapitulation der deutschen Verbände schien nur noch eine Frage der Zeit zu sein.

Doch Ende Mai wurden die ausländischen Truppen wegen der Ereignisse in Frankreich zurückgerufen. König und Regierung beschlossen am 7. Juni, den Kampf in Norwegen aufzugeben, und flohen mit Resten der Luftwaffe und der Marine nach England, um dort im Exil den Widerstand neu zu organisieren. *Hitler* hatte sein Ziel erreicht: Der störungsfreie Transport von schwedischem Eisenerz war gewährleistet, und von Dänemark und Norwegen aus besaß man eine strategisch bedeutende Operationsbasis gegen England.

Offensichtlich falsch eingeschätzt hatten die Deutschen den Widerstandswillen des norwegischen Volkes. Nach *Quislings* Abgang setzte *Hitler* am 24. April *Josef Terboven*, Gauleiter in Essen, als „Reichskommissar für die besetzten norwegischen Gebiete" ein. Verhandlungen zwischen dem neuen starken Mann und Mitgliedern des alten norwegischen Parlaments führten zu keinem Ergebnis. Von nun an bestimmten die Methoden des Faschismus den norwegischen Alltag. Mit Ausnahme der Quisling-Partei wurden alle politischen Parteien verboten, die Gestapo verbreitete Furcht und Schrecken, Konzentrationslager wurden errichtet, Gei-

massiver Widerstand

seln erschossen, Juden verhaftet. Die Gleichschaltung funktionierte aber nicht auf allen Ebenen. Das Oberste Gericht legte seine Arbeit nieder, Lehrer, Journalisten, Priester, Professoren und Bürgermeister leisteten passiven Widerstand.

Am 28. Februar 1993 beging man in Norwegen den 50. Jahrestag der „Helden von Telemark", einer Gruppe von norwegischen Widerstandskämpfern, die 1943 erfolgreich Sabotage betrieben hatten. In einer kühnen Aktion gelang es ihnen, die Vorräte sowie die Produktionsanlage von schwerem Wasser von *Norsk Hydro* in Rjukan in Südostnorwegen zu zerstören.

Der gesamte organisierte Widerstand unterstand seit dem Herbst 1944, von London aus unterstützt, der „Heimatfront" unter *Pål Berg*, dem ehemaligen Präsidenten des Höchsten Gerichts. *Quisling*, der Anfang 1942 von den Deutschen zum Ministerpräsidenten ernannt wurde, war nicht mehr als eine Marionette *Terbovens*, der im Lande herrschte.

Zu keinem Zeitpunkt fanden Besatzungsmacht und Quisling-Partei nennenswerte Unterstützung im norwegischen Volk, zumal die Anhängerschaft des Verräters nur rund ein Prozent der norwegischen Gesamtbevölkerung ausmachte. Es war lediglich der Schriftsteller *Knut Hamsun*, der als berühmteste Persönlichkeit sein Ansehen in den Dienst der nationalsozialistischen Ideologie stellte und seine Landsleute aufforderte, die Besatzung durch Hitlers Truppen zu akzeptieren.

Folgen des Krieges

Bis zum Ende des Krieges hatten rund 40.000 Norweger in Konzentrationslagern gesessen, mehr als 10.000 Menschen waren getötet worden oder während des Krieges umgekommen, die Handelsflotte hatte im Dienste der Alliierten die Hälfte ihrer Tonnage auf den Meeren verloren. Wie Hitlers Befehl gegen Kriegsende („*Mitleid mit der Zivilbevölkerung ist nicht am Platze*") beim Rückzug aus der Finnmark im Norden befolgt wurde, davon kann der Oslo-Besucher sich noch heute ein Bild machen, wenn er das Norwegische Widerstandsmuseum auf der Festung Akershus besucht.

ein freies Land

Nach der **Kapitulation am 7. Mai 1945** gaben einen Tag später auch die letzten Truppenteile einer Besatzungsmacht auf, die rund 400.000 Mann im Lande konzentriert hatte. „*Unser Kampf ist mit dem Sieg gekrönt*" lautete die Schlagzeile der ersten freien Zeitung Norwegens nach den Jahren des Terrors. Die Kräfte der norwegischen Heimatfront besetzten zusammen mit norwegischen Polizeitruppen, die in Schweden ausgebildet worden waren, schnell die Schlüsselpositionen. Erst am 7. Juni kehrte der König aus seinem Exil unter dem Jubel seiner Landsleute nach Oslo zurück, auf den Tag fünf Jahre nach seiner Flucht und dem Abzug der Alliierten. Für die Rückkehr des beliebten Monarchen hatten die Norweger ein geschichtsträchtiges Datum gewählt, denn am 7. Juni 1905 wurde Norwegen von Schweden unabhängig.

Terboven sprengte sich nach der Kapitulation in seinem Bunker in die Luft, einige Anhänger Quislings begingen gleichfalls Selbstmord, während dieser sich der Polizei stellte und später nach zügig geführtem Prozess mit 20 anderen Mitgliedern seiner Partei hingerichtet wurde. Die Abrechnung mit den vielen Landesverrä-

2. Geschichtlicher Überblick **35**

tern, den kleinen und großen Quislings, zog sich bis 1951 hin und erfolgte anfangs mit unnachgiebiger Härte. Rund 60.000 Gerichtsverfahren wurden angestrengt, etwa 20.000 Personen wurden zu Gefängnisstrafen verurteilt, zumeist weil sie gegen Paragraph 86 des norwegischen Reichsgesetzes verstoßen hatten („*dem Feind in Rat und Tat zur Seite zu stehen*"). Viele andere erhielten empfindliche Geldstrafen wie auch der große *Knut Hamsun*, den man wegen seines hohen Alters in einem Prozess für unzurechnungsfähig erklären wollte. Nach Aussagen der Psychiater, die ihn untersuchten, litt er an "dauerhaft geschwächten seelischen Fähigkeiten".

die Abrechnung

So verbittert war die norwegische Gesellschaft gegenüber Landesverrätern und Kollaborateuren, dass auch Norwegerinnen, die sich mit Deutschen eingelassen und ein Kind von ihnen hatten, sehr darunter leiden mussten. Lange Zeit blieb das Verhältnis zu Deutschland und den Deutschen gespannt. Abneigung und Verachtung auf Seiten älterer Norweger bekam ich noch Mitte der 1970er Jahre bei meinem ersten Besuch in der Finnmark zu spüren, wo die deutsche Armee bei ihrem Rückzug das Prinzip der 'verbrannten Erde' praktiziert hatte.

Das moderne Norwegen

Die norwegische Verfassung beruht immer noch weitgehend auf dem **Grundgesetz aus dem Jahre 1814**. Die mit den Verhältnissen in Großbritannien vergleichbare verfassungsmäßige Praxis weist dem *Storting*, dem Parlament, mit dessen Einwilligung die Regierung gewählt wird, die stärkste Position zu. Der norwegische König hat als Staatsoberhaupt eine weitgehend repräsentative Funktion. Seit dem 19. Januar 1991 ist *Harald V.* nach dem Tod von *Olav V.* der erst dritte König im 20. Jahrhundert, der seinen Eid auf die **Verfassung von Eidsvoll** ablegte und mit dem Wahlspruch *Alt for Norge* (= „Alles für Norwegen") versprach, sich für das Wohl des Landes einzusetzen.

Alle vier Jahre finden in Norwegen die Wahlen zum Parlament statt, Neuwahlen sind von der Verfassung her ausgeschlossen. Im Abstand von vier Jahren zwischen den Storting-Wahlen werden die kommunalen Parlamente gewählt. Im wesentlich dichter besiedelten Süden wählen mehr Bürger einen Abgeordneten als im entlegenen Norden, so dass über das Wahlsystem ein gewisser Ausgleich im Verhältnis von Ballungs- und Randgebieten angestrebt wird. Für eindeutige Verhältnisse und nicht zu viele kleine Parteien im Parlament soll eine Regelung sorgen, die den großen Parteien mehr Abgeordnetensitze verschafft, als ihnen verhältnismäßig zukäme. Ein Element der direkten Demokratie sind die in seltenen Fällen durchgeführten Volksabstimmungen von beratendem Charakter, wie es sie in Norwegen zum Verbot von alkoholischen Getränken (1919/1926) und in der EG-Frage von 1972 gab.

dominierende Sozialdemokraten

In den Jahrzehnten nach dem Zweiten Weltkrieg haben die Sozialdemokraten immer eine führende Rolle gespielt. Zwischen **1945** und **1963** konnte die **Arbeiterpartei** allein regieren, oft unterstützt von einer Mehrheit im Parlament. Von

1965-71 stellte eine bürgerliche Koalition unter dem Zentrums-Politiker *Per Borten* als Ministerpräsident die Regierung. Der heftig geführte Streit um die EG-Mitgliedschaft Anfang der **1970er** Jahre führte zu Regierungskrisen und nachhaltigen Veränderungen in der Parteienlandschaft.

Von **1973-81** war die Arbeiterpartei wieder an der Regierung, die sich als Schöpferin des modernen norwegischen **Wohlfahrts-** und **Sozialstaates** versteht, wenngleich sie deutlich weniger Stimmen bei den Parlamentswahlen erhielt und als Minderheitsregierung agieren musste. Für die Sozialdemokraten waren die Folgen aus der Volksabstimmung zum EG-Beitritt besonders fatal, da ihr Stimmenanteil **1973** von 46,5 % auf 35,3 % schrumpfte, während das Sozialistische Wahlbündnis deutlich Stimmen gewann.

Konflikt-thema EG/EU
Mit dem Konfliktthema EG wurde der alte Streit zwischen den Fischern und Kleinbauern in der Peripherie und der städtischen Kultur im Zentrum neu entfacht. **1981** gelangte die Konservative Partei (*Høyre*) an die Macht, die bis auf wenige Prozentpunkte an die Arbeiterpartei herangekommen war und zwei Jahre später mit der Zentrumspartei und der Christlichen Volkspartei eine Regierungskoalition bildete, die bis 1986 bestand. Ihr folgte eine sozialdemokratische Minderheitsregierung mit *Gro Harlem Brundtland* an der Spitze. Nach der Parlamentswahl **1989** gab es zwar eine knappe bürgerliche Mehrheit mit 84 von 165 Sitzen im *Storting*, doch war die bürgerliche Dreierkoalition bald zerstritten, nicht zuletzt wegen der EG-Frage, aber auch aufgrund besonderer Interessen der Christlichen Volkspartei, die sich als Hüterin strenger Sitten und Verfechterin hoher moralischer Ansprüche sieht, sowie der Zentrumspartei, die sich gegen ausländischen Einfluss beim Erwerb von Immobilien und Firmen wandte.

Mit der „Fortschrittspartei" des *Carl Hagen*, einer rechtsorientierten Protestbewegung, die **1989** auf 13 % der Stimmen kam, will niemand etwas zu tun haben. Sie entstand Anfang der 1970er Jahre aus *„Anders Langes Partei zur kräftigen Herabsetzung von Steuern und öffentlichen Ausgaben"* und geht heute zumeist mit Forderungen zur Asyl- und Einwandererpolitik auf Stimmenfang.

Seit Jahren ist die Debatte über eine Mitgliedschaft Norwegens in der EG – bzw. seit 1993 der EU – das innenpolitische Hauptthema. Dabei bestätigten Meinungsumfragen 1992 und Anfang 1993 immer wieder die recht stabilen Fronten: Zwischen 45 und 48 % der Befragten sprechen sich gegen eine Mitgliedschaft aus, während nur rund 28 % für Norwegens Beitritt sind.

eine starke Frau
Gro Harlem Brundtland, Regierungschefin bis **1996** und viele Jahre Parteivorsitzende der Arbeiterpartei, hielt auch nach dem 'Nein' des dänischen Referendums zur EG-Union unbeirrt an ihrem Kurs pro Brüssel fest: *„Norwegens Interessen sind mit dem übrigen Europa und der EG verknüpft, und daran ändert das Ergebnis der Volksabstimmung in Dänemark nichts".* Ende 1992 wurde auf dem Parteitag der Arbeiterpartei ein Antrag auf Mitgliedschaft in der EG mit 182 gegen 106 Stimmen angenommen, wenig später stimmte das *Storting* mit 104 zu 55 Stimmen für einen EG-Antrag. Neben den Sozialdemokraten befürworteten auch die Konservativen einen Beitritt, während die Sozialistische Linkspartei (*SV*) und die Zentrumspartei

(*SP*) sich strikt dagegen aussprachen, was ihnen bei Meinungsumfragen einen deutlichen Anstieg in der Wählergunst einbrachte.

Auch nach den Parlamentswahlen vom 13. September **1993** blieb die Arbeiterparteiregierung unter Ministerpräsidentin *Gro Harlem Brundtland* an der Regierung. Sie konnte drei Prozentpunkte zulegen, doch hatten sich die Hoffnungen auf eine absolute sozialistische Mehrheit zerschlagen. Die notwendigen Mehrheiten im Parlament musste die Ministerpräsidentin von Fall zu Fall durch Kooperation mit den Konservativen, der Sozialistischen Linkspartei und der Zentrumspartei erreichen. Da die Zentrumspartei aber als der eigentliche Sieger aus der Wahl im Herbst 1993 hervorgegangen ist, sie die Konservativen überflügeln und die Zahl der Parlamentssitze verdreifachen konnte, stand den Sozialdemokraten eine neue EU-Schlacht bevor. Denn die Wahlergebnisse spiegelten vor allem eine massive Ablehnung einer EU-Mitgliedschaft Norwegens wider, da viele Wechselwähler ihre gewohnte Parteizugehörigkeit aufgegeben und *Anne Eger Lahnstein* und ihrer deutlich antieuropäischen Zentrumspartei ihre Stimme gegeben hatten.

Immer wieder bringen norwegische Politiker die natürlichen Ressourcen des Landes zur Sprache und verweisen auf die besondere Bedeutung von Landwirtschaft und Fischerei für die regionale Beschäftigungslage und Besiedlung in Norwegen, immer wieder verteidigen sie die aufwändige Regionalpolitik. Einflussreiche Interessengruppen wollen (auch im Falle einer EU-Mitgliedschaft) z.B. das staatliche Wein- und Spirituosenmonopol beibehalten.

Norwegens Sonderrolle

Obwohl Schweden und Finnen mit einem eindeutigen "Ja" zu Europa **1994** die Richtung vorgegeben hatten, fiel das Ergebnis des Plebiszits vom **28.11.1994** ähnlich aus wie 22 Jahre zuvor: **52,4 % der Wahlberechtigten sprachen sich gegen eine Mitgliedschaft in der EU aus**, 47,6 % stimmten für einen Beitritt. Die Politik hatte zuvor angekündigt, sich trotz des empfehlenden Charakters der Volksabstimmung dem Willen des Volkes zu beugen. Trotz der enttäuschenden Niederlage für die sozialdemokratische Arbeiterpartei verblieb *Gro Harlem Brundtland* im Amt, der 1996 der gewerkschaftsnahe und an traditionellen sozialdemokratischen Werten orientierte *Torbjörn Jagland* folgte.

Die **Stortingwahl 1997** änderte nicht nur das Kräfteverhältnis zwischen den Parteien, son-

Stortinget – das Parlament in Oslo

2. Geschichtlicher Überblick

unerwarteter Regierungswechsel

dern führte zu einem unerwarteten Regierungswechsel, nachdem Ministerpräsident Jagland angekündigt hatte, er werde zurücktreten, wenn die Arbeiterpartei nicht mindestens das Ergebnis von 1993 erreiche. Somit wurde einer **Zentrumsregierung** unter *Kjell Magne Bondevik* der Weg geebnet. Doch die Christliche Volkspartei, die Zentrumspartei und die Liberalen haben zusammen deutlich weniger Mandate als die Arbeiterpartei. Weil die parlamentarische Basis so dünn ist, muss die Regierung Unterstützung bei den anderen Parteien suchen. Das Zustandekommen der Zentrumsregierung hat die traditionellen Vorstellungen von politischen Alternativen in Norwegen gründlich verändert.

Inzwischen ist das Land dennoch ein Stück näher an „Europa" herangerückt, denn mit dem **1994** in Kraft getretenen **EWR-Abkommen** (*EWR* steht für den Europäischen Wirtschaftsraum) bekommen Norwegens Industrie und Handel die Chance, gleichberechtigt mit anderen Ländern, die wie Norwegen der *EFTA* angehören, und den EU-Ländern auf einem westeuropäischen Markt mit einer Bevölkerung von mehr als 370 Millionen Menschen zu konkurrieren.

näher an Europa

Angesichts der Diskussion um EU und EWR-Abkommen ist die nordische Zusammenarbeit etwas in den Hintergrund gedrängt worden. Schon seit **1952** existiert der **Nordische Rat** als beratendes Organ, dem 87 Parlamentarier aus den Staaten Norwegen, Schweden, Dänemark, Finnland, Island sowie den autonomen Gebieten Färöern, Grönland und Åland-Inseln angehören. Die Empfehlungen dieses Gremiums haben in der Praxis zu einer Angleichung der Gesetzgebung in Skandinavien geführt. Im Nordischen Ministerrat arbeiten die Regierungen seit 1971 zusammen. Schon seit 1954 gibt es einen gemeinsamen Arbeitsmarkt, der es jedem Skandinavier ermöglicht, in einem nordeuropäischen Land seiner Wahl zu arbeiten, man erhält alle sozialen Leistungen des jeweiligen Landes, so dass die Arbeitsmarktbeziehungen und die Sozialpolitik weiter entwickelt und harmonisiert sind als in der EU.

treuer NATO-Partner

Während die Frage einer EU-Mitgliedschaft kontrovers diskutiert wird, belegen Meinungsumfragen immer wieder, wie groß die **Zustimmung zur NATO-Mitgliedschaft** innerhalb der norwegischen Bevölkerung ausfällt. Da das Land sich nach dem Krieg nicht wie die Nachbarn Schweden und Finnland auf eine Politik der Neutralität einlassen wollte, die während des Zweiten Weltkriegs nicht respektiert worden war, und eine skandinavische Verteidigungsgemeinschaft nicht zustande kam, unterzeichnete Norwegen **1949** den **Gründungsvertrag der NATO.**

Die unmittelbare Nachbarschaft zur Sowjetunion bewog Norwegen, innerhalb des Verteidigungsbündnisses durchzusetzen, ausländischen Streitkräften **keine Stützpunkte auf norwegischem Boden** zuzugestehen und keine Atomwaffen auf seinem Gebiet in Friedenszeiten zu lagern. Erst 1981 traf die damals konservative Regierung ein Abkommen mit den USA, um die Glaubwürdigkeit der Verteidigungsabsichten zu erhöhen.

In mittelnorwegischen Depots lagern seitdem schweres Kriegsgerät und Versorgungsmaterial für den Fall des Falles. Norwegen sah in diesem Schritt eine not-

2. Geschichtlicher Überblick

wendige Reaktion auf die enorme Konzentration militärischer Macht auf der Halbinsel Kola, wo die UdSSR ihre Nordmeerflotte in gut zwei Jahrzehnten gewaltig ausgebaut hatte.

In allen strategischen Überlegungen gingen und gehen Ost und West davon aus, dass die Kontrolle des Atlantik-Fahrwassers im Konfliktfall von entscheidender Bedeutung sein würde. Damit die militärische Nabelschnur der NATO über den Atlantik hinweg nicht durchgetrennt werden kann, denn Tausende von Schiffen müssten Menschen und Güter nach Europa transportieren, hat der dünnbesiedelte Norden Norwegens eine aufwändige militärische Infrastruktur erhalten.

Die aktive Außen- und Sicherheitspolitik Norwegens hat dazu beigetragen, dass das Land 2000 in den Sicherheitsrat der UNO aufgenommen wurde.

Vor großen Veränderungen steht die norwegische Verteidigung, die modernisiert werden soll. Die Forderungen der NATO nach einer verstärkten Zusammenarbeit mit den übrigen Mitgliedern erhöht die Abhängigkeit hinsichtlich der nationalen Verteidigung.

Zeittafel

9000-8000 v.Chr.	Fischer und Jäger besiedeln eisfrei gewordene Küstenstriche
2000 v.Chr.	älteste bisher nachweisbare Wohnstelle
1800-500 v.Chr.	Bronzezeit
500 v.-500 n.Chr.	Eisenzeit
793 n.Chr.	erster Wikingerzug nach Lindisfarne
860-930	Harald Schönhaar besiegt die letzten Kleinkönige (Sieg im Hafrsfjord) und einigt das Land; Beginn der Auswanderung nach Island (Landnahme)
995-1000	Olav Tryggvason versucht die Einführung des Christentums, er gründet Trondheim
1000-1014	dänische Oberhoheit unter Sven Gabelbart
1015-1030	Olav Haraldsson verhilft dem Christentum zum Sieg. Nach seinem Tod 1030 in der Schlacht von Stiklestad wird er zum Nationalheiligen des Landes
1028-1035	Dänenkönig Knut der Große regiert auch in Norwegen
1066	Tod des letzten Wikingerkönigs Harald Hardråde
1152	Trondheim (damals Nidaros) wird Sitz des Erzbischofs von Norwegen
ca.1240	Unter Håkon IV. Håkonsson ist Norwegen eine europäische Großmacht und erreicht seine größte territoriale Ausdehnung
1250	Privilegienbriefe für Lübecker Kaufleute als Grundlage für die Vormachtstellung deutscher Kaufleute in Norwegen
1349/50	Die Pest erreicht Bergen und vernichtet in der Folgezeit die Hälfte der Bevölkerung; Eröffnung des Hanseatischen Kontors in Bergen
1380-1814	Zeit der Dänenherrschaft
1387-1412	Margarete I. wird Nachfolgerin ihres Sohnes Olav und gewinnt 1389 auch Schweden
1397	In der Kalmarer Union schließt sie Norwegen, Dänemark und Schweden vertraglich zusammen. Norwegen wird dänische Provinz (formell erst 1536)

2. Geschichtlicher Überblick 41

15. Jh.	Die Hanse beherrscht von Bergen aus Norwegens Wirtschaft
1536	Einführung der Reformation in Norwegen-Dänemark. Das Dänische setzt sich als Amts- und Schulsprache durch
ca.1550	Beginnender Verfall der Hanse und des deutschen Handels nach Bergen
1588-1648	Christian IV. ist König von Norwegen-Dänemark. Er gründet Christiania (Oslo) neu und lässt norwegische Kupfer- und Silbervorkommen durch deutsche Bergleute abbauen
1700-1721	Nordischer Krieg Schwedens gegen Dänemark, Russland, Polen-Sachsen und Brandenburg-Preußen. Karl XII. fällt vor der norwegischen Festung Frederiksten in Halden
1750	Auflösung des Hanseatischen Kontors
1807-1814	Dänemark-Norwegen wird auf der Seite Napoleons in den Krieg gegen England und Schweden hineingezogen
1814	Dänemark muss im Frieden von Kiel Norwegen als Entschädigung für Finnland an Schweden abtreten. Nach vergeblichen Bemühungen um volle Selbstständigkeit behält Norwegen seine Verfassung und ein eigenes Parlament, wird aber in Personalunion (bis 1905) mit Schweden verbunden
1898	Allgemeines Wahlrecht für Männer
1905	Auflösung der schwedisch-norwegischen Union; der Dänenprinz Carl wird als Håkon VII. norwegischer König (bis 1957)
ca. 1900-1910	verstärkte Emigration, vor allem in die USA; seit Mitte des 19. Jh. hatte knapp eine Million Norweger ihre Heimat verlassen
1911	Amundsen erreicht den Südpol
1913	Einführung des Wahlrechts für Frauen
1914-1918	Norwegen, Dänemark und Schweden bleiben im Ersten Weltkrieg neutral
1920	norwegische Oberhoheit über Svalbard (Spitzbergen)
1940	Deutsche Truppen besetzen vom 9.4. - 7.6. das Land; König und Regierung fliehen nach London

42 2. Geschichtlicher Überblick

1945	Kapitulation der deutschen Wehrmacht am 8.5.
1946	Norwegen tritt der UNO bei
1949	Norwegen wird NATO-Mitglied, lehnt aber ausländische Militärbasen und Atomwaffen auf seinem Territorium ab
1952	Gründungsmitglied des Nordischen Rates
1960	Mitgliedschaft in der EFTA
1969	Beginn der Ölsuche in der Nordsee
1972	Norwegen entscheidet sich per Volksabstimmung knapp gegen eine EG-Mitgliedschaft
1981	Gro Harlem Brundtland (Arbeiterpartei) wird erste Ministerpräsidentin des Landes
1984	Bürgerliche Regierungskoalition nach elfjähriger sozialdemokratischer Herrschaft
1986	Rücktritt der Regierung Willoch, erneute Regierungsbildung durch die Arbeiterpartei
1992	am 19. November stimmt das Storting mit 104 zu 55 Stimmen für einen Antrag zum EG-Beitritt
1993	die Arbeiterparteiregierung von Gro Harlem Brundtland bleibt an der Macht, doch die antieuropäische Zentrumspartei kann die Zahl ihrer Parlamentssitze verdreifachen
1994	In einer Volksabstimmung sprechen sich die Norweger gegen eine EU-Mitgliedschaft aus
1997	Kjell Magne Bondevik (Christliche Volkspartei) wird als Nachfolger von T. Jagland Ministerpräsident einer Minderheitsregierung
2001	Kjell Magne Bondevik löst den Sozialdemokraten Jens Stoltenberg als Ministerpräsidenten ab. Kronprinz Haakon heiratet Mette-Marit Tjessem Hoiby

3. GEOGRAPHISCHER ÜBERBLICK

Allgemeiner Überblick

Fels und **Wasser** sind die beiden Elemente, die in besonderer Weise die Landesnatur Norwegens prägen. Der **amphibische Charakter** des Landes zeigt sich darin, dass die Küstenlinie des Festlandes etwa die Hälfte des Erdumfangs misst, wenn man alle Fjorde, die bis zu 200 km tief ins Innere des Landes hineinreichen,

Norwegen – Land der Fjorde

mit berücksichtigt. Unzählige Felseninseln tauchen aus dem Meer vor der Küste auf und wirken wie Brücken vom Land zum weiten Ozean. Nicht einmal ein Land wie Griechenland ist so eng mit dem Meer verzahnt wie Norwegen. Andererseits führt die stark gegliederte Küste, zusammen mit dem **ausgeprägten Gebirgscharakter** des Landesinneren

dem Meer zugewandt

(in dem die höchsten Erhebungen fast 2.500 m erreichen), dazu, dass die landwirtschaftliche Nutzfläche nur ganze 3 % ausmacht.

Gute Böden kommen kaum vor, da der größte Teil der Oberfläche Norwegens ziemlich oder völlig kahl ist und nur selten dünne Moränendecken vorzufinden sind. Als Gunstfaktoren stehen den Einschränkungen durch das Relief **zwei Vorzüge** gegenüber, die die Küstengewässer auszeichnen:

- **Die Klimagunst**, denn die Nordatlantikströmung hält die Häfen ganzjährig eisfrei und ermöglicht Ackerbau bis über den 70. Breitengrad hinaus.
- **Unzählige Inseln als Wellenbrecher**, die weitgehend vor gefährlichem Seegang schützen bei hinreichender Wassertiefe für die Schiffahrt.

Hinter der begünstigten Küste ragen Gebirgszüge empor, die wie Regenfänger wirken, so dass hier die **höchsten Niederschläge auf**

Briksdalsgletscher – Zunge des Jostedalsbreen

dem **europäischen Festland** niedergehen. Diese fallen zwischen Oktober und April in den höheren Lagen als Schnee, der im Sommer nicht vollständig abschmilzt. Deshalb finden sich in über 1.000 m Höhe ü.d.M. viele **Firnschnee- und Eisfelder**. Der *Jostedalsbreen*, Europas flächengrößter Plateaugletscher, ist größer als der Bodensee.

Landschaften und geologische Entwicklung

In geologischer Hinsicht hat Norwegen im Unterschied zu Schweden und Finnland nur einen geringen Anteil an den alten Massen des **Baltischen Schildes**, einem der Urbausteine des europäischen Kontinents. Für Norwegen waren die verschiedenen Phasen der **Kaledonischen Gebirgsbildung** vor 300 bis 350 Millionen Jahren von besonderer Bedeutung.

Gebirgszug der Skanden

Die Basis für den über 1.500 km langen Gebirgszug, gelegentlich als *„Skanden"* (von den 'Anden' abgeleitet) oder auch *„Skandinavisches Hochgebirge"* oder *„Norwegisch-schwedisches Grenzgebirge"* bezeichnet, wurde gelegt, als sich vor 600 Millionen Jahren in einer absinkenden Muldenzone (*Geosynklinale*) im Bereich Irland-Norwegen-Spitzbergen Sedimente ansammelten. Eine Kollision der nordamerikanischen mit der nordeuropäischen Kontinentalplatte schloss die kaledonische Mulde im Devon und Silur und faltete den Sedimentinhalt zum Hochgebirge auf. Seit diesem Prozess der Gebirgsbildung, der älter als unsere Mittelgebirge ist, führte die Abtragung zur allmählichen Einebnung des Gebirges, je nach Widerstandsfähigkeit des anstehenden Materials.

Vielfältig sind die Gesteine des Gebirgszuges. So finden sich, vereinfacht betrachtet, im Süden ältere Gneise, die zum Baltischen Schild gehören. Parallel zur Küste verläuft vom *Sognefjord* bis in den Raum *Hammerfest* eine Zone, in der Granite, Gneise, Gabbro- und Dioritgesteine dominieren, während Sedimente in der mittleren und östlichen Gebirgszone neben Gneisen, Graniten und anderen Ergussgesteinen vorkommen. Die Spuren der letzten Vereisung, der sog. Weichseleiszeit, finden sich im gesamten Norden.

Die Geologen unserer Tage gehen von insgesamt fünf Kaltzeiten aus. Anfang des 19. Jahrhunderts war es der norwegische Geologe *Jens Esmark*, der eine **Theorie der Eiszeit** aufstellte, da er in den abgeschliffenen Berg-

Gletscherschleifspuren in Nordnorwegen

rücken und der Vermischung von Gesteinsmassen verschiedener Art Anhaltspunkte gefunden zu haben glaubte, Eismassen hätten Norwegen bis zur Küste und darüber hinaus bedeckt. Anfangs fand der Geologieprofessor keine Aufmerksamkeit für seine Vorstellungen, doch Mitte des 19. Jahrhunderts gab es bereits mehr Anhänger als Gegner der Eiszeittheorie.

Fjellandschaft mit „Nunataker"

Weshalb es immer wieder zu ausgeprägten Kälteperioden auf unserer Erde kommt, lässt sich nicht mit letzter Sicherheit sagen. Ein Absinken der Jahresmitteltemperatur um nur wenige Grade führte jeweils zu einer intensiven Gletscherbildung, so dass Skandinavien vor rund 300.000 Jahren, als die Inlandvereisung ihr Maximum erreichte, **von einer bis zu 3.000 m mächtigen Eismasse bedeckt** war. Nur die höchsten Erhebungen, die man nach einem Eskimo-Wort als *Nunataker* bezeichnet, blieben verschont und wurden nicht glattgehobelt.

Durch das enorme Gewicht des Eispanzers wurde der überwiegende Teil Nordeuropas unter das Meer gepresst, wobei zu berücksichtigen ist, dass der Meeresspiegel wesentlich tiefer lag als heute, denn die Eismassen hatten große Wasser-

> **INFO** **Was ist eine Strandflate?**
>
> Mit dem Begriff der **Strandplatte** oder **Strandflate** wird jener einzigartige Naturraum Norwegens bezeichnet, der eine amphibische Landschaft darstellt, wie sie typisch für den Küstenbereich des Westens ist. Mal ist die Strandplatte, die aus Fels besteht – und nicht aus Lockermaterial, wie das Wort „Strand" nahelegt –, nur einige hundert Meter, mal bis zu 40 oder 50 km breit. Sie reicht von Stavanger bis hinauf zum Nordkap, unterbrochen am Kap Stad. Zum Meer hin ist die Strandplatte nur sehr gering geneigt, zum Binnenland steigt sie steil an. Charakteristisch sind die der Form nach benannten „Hutberge", die oft mehrere hundert Meter Höhe erreichen und deren Abtragungsterrassen wie eine Krempe um einen Hut laufen. Die Entstehung der Strandplatte ist unter Experten umstritten. Weder die Annahme, sie sei das Ergebnis abtragender Tätigkeit der Brandung an der Meeresküste (= Abrasion), noch irgendein Erklärungsansatz, der das Eiszeitalter berücksichtigt, vermögen eine überzeugende Theorie der Bildung der Strandplatte zu liefern. Unumstritten ist die kulturgeschichtliche Bedeutung der etwa in Meereshöhe liegenden Verebnung. Für die Fischer-/Bauernbevölkerung West- und Nordnorwegens war und ist die Strandplatte mit ihrer Verzahnung von Land und Meer Siedlungs- und Wirtschaftsraum, vor allem wegen der niedrigen Höhenlagen, der geschützten Häfen, der nahegelegenen Fischbänke und der in den Senken abgelagerten Lockermaterialien.

mengen gebunden. Im nördlichen Bottnischen Meerbusen lag das Zentrum der Vereisung, so dass die nacheiszeitliche **Landhebung**, die nach dem Abschmelzen des Eises begann, hier mit über 300 m die höchsten Werte erreichte und noch heute mit einem Zentimeter pro Jahr messbar ist. Neben der Landhebung (*Isostasie*) stieg der Meeresspiegel wieder an (*Eustasie*), da die gebundenen Wassermassen frei wurden, so dass die Nacheiszeit wesentlich von dem **Wechselspiel zwischen Isostasie und Eustasie** geprägt wurde.

vom Eis gestaltet

Für den heutigen Naturraum Norwegen war besonders die **Hobelwirkung des Eises** von Bedeutung, denn nach Ansicht der Geologen haben die Eismassen mehr als hundert Höhenmeter Gestein von den Bergspitzen des Kaledonischen Gebirges abgetragen. Das beeindruckendste Ergebnis der Hobelwirkung zeigen die wohl charakteristischsten Landschaftsformen wie **Fjord** und **Fjell** (s. S. 49). Auch wenn Norwegen durch die Vereisung nachhaltig überformt wurde und die Landschaftsgliederung recht einfach zu sein scheint, so sorgt die Nord-Süd-Ausdehnung über rund 13 Breitengrade sowie die unterschiedliche geologische Entwicklung einzelner Teilräume für eine ausgesprochene Vielfalt im Formenschatz des Landes.

5 Hauptregionen

Allgemein lässt sich das Königreich in **fünf Landesteile** oder Hauptregionen gliedern, die jedem Norweger geläufig sind. Es sind dies **Nord-Norge**, also Nordnorwegen, und **Sør-Norge**, Südnorwegen, das aus den Landesteilen **Östlandet** (Ostnorwegen), **Sørlandet** (das äußerste südliche Norwegen), **Vestlandet** (Westnorwegen) und **Trøndelag** (das Gebiet um Trondheim) besteht.

Zu **Nordnorwegen** gehören die Provinzen **Nordland, Troms und Finnmark.** Das Innere von Finnmark bildet ein Rumpftafelland, in dem nur einige Teile höher als 1.000 m liegen. Der breite *Varangerfjord* dringt von Osten tief in das Land ein, von Norden her sind es der *Tana-* und *Laksefjord*, der *Porsangen* und der *Altafjord*. Dem ungeschützten Küstenabschnitt sind einzelne Inseln vorgelagert. Auf einer der Inseln liegt das *Nordkap* als ebene Rumpffläche in 300 m Höhe, steil zum Meer abfallend. Geologisch ist die Finnmark interessant, da sie im Übergangsbereich der kaledonisch gefalteten Gesteine der Küstenzone und der alten Gesteine des Baltischen Schildes liegt.

Am Ende Europas – die Nordkapklippe

Südlicher, in der Provinz Troms, sind

die Gebirge höher und weisen alpine Formen auf, wo der aus Gabbro aufgebaute *Jæggevarre* 1.845 m ü.d.M. erreicht. Die Küstenzone, die hier reicher gegliedert ist, lässt etwas Ackerbau zu. Sie gehört sicherlich mit der Küste Nordlands zu den schönsten Naturräumen. Wer einmal die Inselgruppen der **Lofoten** und der **Vesterålen** besucht hat, wird das Licht und die leuchtenden, intensiven Farben so schnell nicht vergessen. Steil steigen die Granite aus dem Wasser empor, die von weitem, wenn man sich den Lofoten auf dem Wasserweg nähert, wie eine undurchdringliche Wand erscheinen.

Lofotenwand

Gletscherzunge des Svartisen (Holandsfjord)

Weiter südlich reichen teils vergletscherte Gipfel bis an die Küste heran. Der Plateaugletscher des **Svartisen** breitet sich am Polarkreis auf einer Fläche von 450 km² aus.

In der Provinz Nordland ist Norwegen nicht mehr als 100 km breit, an drei Stellen beträgt der Abstand vom inneren Fjordende bis zur schwedischen Grenze keine 10 km. Die Wasserscheide folgt im allgemeinen der Landesgrenze. Parallel zur Küste verlaufen die großen Täler (*Saltdalen, Dunderlandsdalen, Svenningdalen, Namdalen*).

Das Gebiet um den Trondheimfjord heißt **Trøndelag** und besitzt überwiegend Mittelgebirgscharakter. Der weitgestreckte Fjord und eine nach Schweden führende Längstalzone ermöglichen gute natürliche Verkehrsverbindungen zum Nachbarland und lassen den maritimen Klimaeinfluss weit ins Landesinnere eindringen. Um den Trondheimfjord findet die Landwirtschaft für norwegische Verhältnisse gute bis sehr gute Anbaubedingungen, da die Kiese, Sande und Tone, die einst vom Meer bedeckt waren, fruchtbare Ebenen und Rücken haben entstehen lassen. Grüne Wiesen, Felder und Wälder bestimmen hier mehr das Landschaftsbild als karge Felsen.

Im südlichen Norwegen verläuft die Wasserscheide in einem Abstand von 100-150 km zur Westküste. Westlich der Wasserscheide liegt **Vestlandet**, das Westland, die faszinierende Landschaft der überwältigenden Fjorde (s. S. 49). An der Küste geht der äußere Schärenhof in eine leicht ansteigende Rundhöckerlandschaft über, bis sich schließlich der Hochgebirgscharakter durchsetzt.

Landschaft der Fjorde

Innerhalb der inneren Verzweigungen des Sognefjords liegt **Jotunheimen** mit den höchsten Erhebungen Norwegens, *Galdhøppigen* (2.469 m) und *Glittertind* (2.465 m), die alpine Formen aufweisen. In Jotunheimen haben Gesteine wie Schiefer und harter Gabbro in unterschiedlicher Weise der Hobelwirkung der Gletscher widerstanden. In nordöstlicher Nachbarschaft befindet sich das *Dovre-Fjell*, das zwar zu den Fjorden steil abfällt, ansonsten aber eher an eine eingeebne-

alpine Formen

3. Geographischer Überblick

Ostnorwegen: Seen, Wälder und gemäßigte Höhenzüge

te Rumpffläche erinnert. Besonders deutlich wird der Plateaucharakter des Hochgebirges am Beispiel der bekannten *Hardangervidda*.

Jotunheimen und die sich südlich anschließenden Gebirgszüge, die als *Lang-fjellene* bezeichnet werden, gehen südwärts in **Sørlandet**, das Südland, über, das von Tälern durchschnitten wird, die von Norden nach Süden verlaufen. Die Berge sind in der Regel nicht hoch, Fjorde und Inseln fallen kleiner aus als

sonnige Südküste an der Westküste. Von Stavanger bis hin zum Oslofjord gilt die Südküste Norwegens, an der die Sommer oft warm und sonnig sind, als siedlungsfreundliches Gebiet.

große Täler Das von großen Tälern wie *Østerdalen, Gudbrandsdalen, Valdres, Hallingdal, Numedal* u.a. durchzogene südnorwegische Hochland, dessen Gneise und Granite weitgehend dem Baltischen Schild zugehören, fallen zum Oslofjord und Skagerrak ab. Einzelne Gebirgspartien ragen aus den Hochflächen heraus und erreichen bedeutende Höhen (*Rondane*, 2.183 m; *Gausta* in Telemark, 1.883 m).

Die östlichen Tallandschaften und der Raum um den **Oslofjord** machen fast ein Drittel der norwegischen Staatsfläche aus, knapp die Hälfte der Norweger wohnt

fruchtbare Ablagerungen im **Østland**. Vor allem um den Oslofjord und den *Mjøsa*-See herum sind die naturräumlichen Bedingungen für Land- und Forstwirtschaft ausgesprochen günstig. Die nährstoffreichen Meeresablagerungen aus der Nacheiszeit erreichen bis rund 200 m Mächtigkeit. Ein großer Teil des Ostlandes liegt so niedrig, dass auf den relativ unfruchtbaren Moränenböden Waldgebiete vorherrschen.

Im oberen *Gudbrandstal* bewegt sich die höchste Grenze der lichten Birkenbestände bei rund 1.200 m, die dann von der alpinen Vegetation abgelöst werden. Der Siedlungs- und Verkehrsgunst der östlichen Tallandschaften und des Oslo-Fjordgebietes steht dem Landeszentrum nur der Nachteil gegenüber, dass der Weg zum „atlantischen" Norwegen über hohe Fjellregionen führt und der Norden des Landes weit entfernt ist.

Fischerkate an der Eismeerküste

Fjord und Fjell

Die Schönheit der Küste Westnorwegens wird ganz durch die tief ins Land einschneidenden Fjorde bestimmt, die mehr als alles andere Norwegen in der Welt bekannt gemacht haben. Als „Fjordland" im engeren Sinne gilt der **Küstenraum zwischen Stavanger und Molde**. Aber auch im Süden gibt es beeindruckende Fjordlandschaften wie etwa den Oslo-Fjord, während im Norden an der Eismeerküste ein anderer Typ mit 10-20 km Breite den Naturraum prägt.

faszinierende Fjorde

Nach allgemeiner Auffassung sind **Fjorde** ertrunkene Trogtäler, die zuvor vom Eis ausgehobelt worden sind. Die Länge und Tiefe dieser faszinierenden Wasserlandschaften kann beträchtliche Ausmaße erreichen, auch die Talwände sind häufig steil und über 1.000 m hoch, also auch siedlungs- und verkehrsfeindlich. Da die Eisströme, aus dem Hochgebirge kommend, einst westwärts nahe der Küste an Erosionskraft einbüßten und die Meeresnähe die Gletscher abschmelzen ließ, liegen als Reste der Hobelarbeit die Endmoränen der Gletscher an der Fjordmündung, so dass die Gebirgsschwellen oft nur eine Tiefe von 100-200 m aufweisen. Die Sogwirkung des Ebbstroms muss das mittransportierte Gesteinsmaterial über die Schwellen ins Meer befördert haben. Nachdem die Gletscher abgetaut waren, durchzogen Flüsse oder Seen den Talboden, der schließlich, wenn er über das heutige Meeresspiegelniveau eingetieft wurde, nach dem Wiederansteigen des Meeresspiegels vom Meer überflutet wurde. Der Wasseraustausch zwischen dem Atlantik und den inneren Bereichen der Fjorde ist recht gering, denn nur eine oberflächennahe Schicht wird hinreichend durchmischt, zumal auch der Tidenhub nur mäßig ist. Das Tiefenwasser der Fjorde ist daher schwefelwasserstoffhaltig, so dass Fische kaum die Fjorde aufsuchen. Im Winter frieren die Fjorde selten zu.

Entstehung der Fjorde

Bootshäuser an einem westnorwegischen Fjord

Der mit 183 km längste und mit 1.308 m tiefste der Fjorde bei einer Breite von 5-8 km ist der **Sognefjord**, den landeinwärts bis etwa zur Fjordmitte Gipfel säumen, die auf 1.300 m ansteigen. Mehrere Fjordarme zweigen von ihm ab, weniger breit und tief. Eine bäuerliche Besiedlung des Fjordgebietes ist seit mehr als tausend Jahren belegt, zumal größere Deltaflächen an den inneren Fjordenden recht gute landwirtschaftliche Nutzungsmöglichkeiten bieten. Die berühmten Stabkirchen von *Borgund* und *Urnes* sind die bekanntesten Zeugnisse einer alten, hochstehenden Bauernkultur, die nicht zuletzt auch aufgrund der besonderen klimatischen Verhältnisse im Fjordland entstehen konnte.

altes Kulturland

Fallen an der Fjordmündung noch rund 2.000 mm Niederschlag jährlich, so sind es nur noch etwa 400 mm am *Lusterfjord*. Im inneren Sogne-Bereich sind die

Sommer beständig und warm, die Winter hingegen recht lang und kalt. Neben dem Obstanbau im mittleren Fjordabschnitt gibt es einige Industriestandorte, die auf der Basis der reichlich vorhandenen Wasserkraft und günstig gelegener Häfen entstanden sind. Hier ist vor allem die Aluminiumproduktion zu erwähnen.

vom Eis geprägt

Zu den charakteristischen Landschaftsformen Norwegens gehört neben dem Fjord auch das **Fjell**, sprachlich verwandt mit unserem Wort „Fels". Der Duden bezeichnet mit diesem Begriff die *„baumlose Hochfläche in Skandinavien"*, die sich in Aufbau und Oberflächenformen deutlich von mitteleuropäischen Berg- und Gebirgsregionen unterscheidet. Das Fjell mit seinen zahlreichen Seen, Bergrücken und meist flachen Rundhöckern ist eine vom Eis gestaltete Landschaft oberhalb der Baumgrenze, die in weiten Teilen des hohen Nordens auf unter 150 m abfällt. Neben dem Typus

Baumlose Weite der Hardangervidda

des **allgemeinen Fjell** mit abgerundeten Bergen mittlerer Höhe gibt es das **Plateau-Fjell** mit nur flachwelligem Relief, wie es besonders beispielhaft in der bekannten *Hardangervidda* (*vidda* = 'Weite') ausgeprägt ist. Eine dritte Variante stellt das **alpine Fjell** mit seinem Hochgebirgscharakter dar, das vorwiegend in West- und Nordnorwegen anzutreffen ist. Die menschenleeren Fjellgebiete ziehen immer mehr Touristen an, die, wie man in Norwegen sagt, *„vom Fjell gebissen"* sind.

populärer Urlaub

Gebirgsurlaub ist beliebt wie nie zuvor. Der Norwegische Gebirgswanderverein (*DNT*) unterhält rund 300 Vereinshütten auf dem Fjell.

Klima

Nicht wenige verbinden mit Skandinavien die Vorstellung von Sturmtiefs, Kälte, Regen und Schnee. Dass in Lappland im Juli und August mittags Temperaturen um die 30 °C gemessen werden können, ist häufig ebenso wenig bekannt wie die Tatsache, dass in manchen Gegenden Norwegens die Bauern immer schon gezwungen waren, ihre Felder künstlich zu bewässern, wenn sie etwas ernten wollten. Klima und Wetter Norwegens sind ein Kapitel für sich.

Klischees

Selbst der im norwegischen Fernsehen ausführliche und regionale Besonderheiten berücksichtigende Wetterbericht vermittelt nur eine vage Vorstellung von der Wetter-Vielfalt in einem Land, in dem jede Gegend ein eigenes Klima hat. Der Wetterbericht im Radio (*NRK*) gehört zu den Höhepunkten des Programms. Die Hauptsendungen sind dreigeteilt und beginnen mit einer ausführlichen Schilderung der Wetter- und einzelner Klimadaten im Bereich des *Oslofjords* und des *Østlandet*, bis sich eine Stimme aus *Bergen* meldet und über das Wetter im Küstenbereich bis oberhalb von *Trondheim* berichtet. Besonders interessant sind Wetterdaten für die Fischer über die Verhältnisse in der Nordsee bis zu den *Shetlands* oder zur Insel *Jan Mayen*. Eine dritte Stimme meldet sich schließlich aus *Tromsø*, um faktenreich über die Situation auf *Spitzbergen* oder im *Barentsmeer* zu informieren.

regionale Varianten

Es sind folgende **drei naturräumliche Voraussetzungen**, die Norwegens Wetter und Klima vor allem prägen:
- Die Nord-Süd-Ausdehnung über rund 1.800 km und somit infolge der hohen Breitenlage ein starker jahreszeitlicher Wechsel der Sonneneinstrahlung.
- Die Lage an der Nordwestküste Europas im Einflussbereich atlantischer Tiefs mit ihren warmen Luftmassen.
- Eine fast geschlossene, küstennahe Barriere hoher Gebirgsketten und Plateaus mit Höhen zwischen 1.200 und 2.470 m.

Besonders markant ist der **Gegensatz zwischen dem maritim geprägten Westen und dem kontinentalen Osten** des Landes. So liegt das Januarmittel für *Bergen* bei +1,7 °C, *Oslo* weist -3,5 °C auf, während für *Lillehammer* -8 °C registriert wurden. Für Nordnorwegen gilt dies in ähnlicher Weise. Im meerfernen Lappland sind Tiefsttemperaturen von über -50 °C gemessen worden, Werte, wie sie annähernd auch in der ostnorwegischen Stadt *Røros* möglich sind. Im Sommer ist der Temperaturgegensatz zwischen Ost und West weniger auffällig.

klimatische Gegensätze

Die **Ausdehnung des Landes über 13 Breitengrade** bewirkt im Temperaturverlauf natürlich ein Nord-Süd-Gefälle, so dass an der Südküste mehr als ein Drittel des Jahres Temperaturen über 10 °C erreicht, während dies nördlich der Lofoten nur an etwa 60 Tagen der Fall ist.

Der **Polartag**, an dem die Sonne über dem Horizont bleibt, beschert allerdings dem Norden eine längere Sonnenscheindauer als dem Landessüden, die Pflanzen erhalten reichlich Licht- und Wärmeenergie, so dass am Polarkreis Getreide

3. Geographischer Überblick

Klimatabelle						
Durchschnittliche Lufttemperatur in °C						
	Oslo	Bergen	Trondheim	Bodø	Tromsø	Vardø
Jan.	-4,7	1,5	-3,1	-2,1	-3,5	-4,3
Feb.	-4,0	1,3	-2,6	-2,4	-4,0	-5,2
März	-0,5	3,1	-0,4	-1,0	-2,7	-4,0
Apr.	4,8	5,8	3,5	2,2	0,3	-0,8
Mai	10,7	10,2	8,2	6,2	4,1	2,6
Juni	14,7	12,6	11,6	9,9	8,8	6,2
Juli	17,3	15,0	14,7	13,6	12,4	9,1
Aug.	15,9	14,7	13,6	12,7	11,0	9,7
Sep.	11,3	12,0	9,8	9,4	7,2	6,8
Okt.	5,9	8,3	5,4	5,1	3,0	2,5
Nov.	1,1	5,5	1,8	1,9	-0,1	-0,5
Dez.	-2,0	3,3	-0,7	-0,1	-1,9	-2,7
ganzjährige Durchschnittstemperatur						
	5,9	7,8	5,2	4,6	2,9	1,6
Durchschnittliche Niederschlagsmengen in mm						
Jan.	49	193	57	90	96	45
Feb.	35	150	57	72	79	46
März	26	117	59	80	91	47
Apr.	44	151	60	54	65	36
Mai	44	89	46	49	61	36
Juni	71	135	68	69	59	37
Juli	84	152	71	70	56	41
Aug.	96	180	85	97	80	52
Sep.	83	224	89	125	109	63
Okt.	76	254	94	132	115	56
Nov.	69	225	60	100	88	43
Dez.	63	218	71	104	95	43
Durchschnittl. jährliche Niederschlagsmenge						
	740	2.108	817	1.042	994	545

wächst. Temperaturen von über 30 °C, die an der Westküste nicht erreicht werden, sind im Inneren Lapplands keine Seltenheit. In den inneren Fjordgebieten findet man am *Hardanger-, Sogne-, Nord-* und *Storfjord* intensiven **Obst- und Gemüseanbau auf einer Breitenlage, die der Südgrönlands entspricht.**

Getreide am Polarkreis

Als besonderer Gunstfaktor muss das maritime Klima des atlantischen Norwegens angesehen werden, das vor allem den thermischen Eigenschaften des Nordatlantikstroms, der gemeinhin als **Golfstrom** bezeichnet wird, zugeschrieben wird.

Was immer die genaue Ursache des an der norwegischen Küste vorbeifließenden Warmwassers sein mag, das Meerwasser weist im Januar vom Süden bis hinauf nach Hammerfest eine Oberflächentemperatur von 5 °C auf. Die Küste und ihre Häfen bleiben eisfrei, die Nebelgefahr ist recht gering. Etwa auf der Höhe der Lofoten werden im Januar Temperaturen gemessen, die 28 °C (!) höher liegen, als der Durchschnittswert für diese Breitenkreislage beträgt.

eisfreie Küsten

Die Vorstellung vom Golfstrom als der „Warmwasserheizung Europas" vereinfacht die Verhältnisse sehr, denn der Einfluss der warmen Meeresströmung wirkt sich eher indirekt aus. Die an die Luft abgegebene Wärme stellt eine Art Antriebsenergie dar, die vor allem im Winter die atlantischen Tiefs mit ihrer Warmluft gegen den Küstenraum Nord- und Nordwesteuropas treibt. Die Tiefdruckwirbel transportieren das relativ warme Wasser des Nordatlantikstroms weit nach Norden und führen dem Kontinent ständig milde Luftmassen zu. Nur wenn sich ein kontinentales Hoch ausbildet, wird die Zufuhr der angewärmten Luftmassen manchmal unterbrochen.

Die stürmischen Winde aus West und Südwest im Herbst und Winter sind die Ursache ergiebiger Steigungsregen, da das hohe Gebirge oft bis ans Meer heranreicht. Niederschläge mit einem Jahresmittel

Windjammer in der „Regenhauptstadt" Bergen

von rund 2.000 mm gehen auf *Bergen* und seine Umgebung an rund 240 Tagen im Jahr nieder, an steilen Westhängen kann sogar die doppelte Menge an Regen fallen.

reichlich Steigungsregen

In Südnorwegen und am Polarkreis ernähren die Niederschläge eine Reihe größerer **Gletscher**. Im Windschatten der Berge geht die Niederschlagshäufigkeit dagegen rasch zurück, so dass der Reisende am Ende des *Sognefjords* um *Lærdal*, am *Lusterfjord* unterhalb der *Urnes*-Stabkirche oder im oberen *Gudbrandstal* sehen kann, wie wichtig die künstliche Bewässerung auf den Feldern und Obstkulturen ist.

Den Norwegenreisenden erwartet also kein subtropisches Klima, wohl aber ein abwechslungsreiches, lokal sehr unterschiedliches Wettergeschehen, das oft besser als sein Ruf ist. Für einen Norwegenaufenthalt gehören Badezeug und Regenschutzkleidung ins Reisegepäck. Alles ist auf engstem Raum möglich.

Mitternachtssonne und Polarlicht

Lichtflut und Lichtarmut

Mehr noch als Temperatur und Niederschlag prägen oberhalb des Polarkreises Lichtflut und Lichtarmut den Rhythmus allen Lebens. Der Faszination, die von dem Begriff „Mitternachtssonne" ausgeht, kann sich niemand entziehen, wenn also die Sonne noch um Mitternacht über dem Horizont steht, nicht untergeht, sondern auf ihrer scheinbaren Umlaufbahn um die Erde wieder langsam höher steigt. Am **Polarkreis**, also auf 66,5° nördlicher Breite, dauert der Polartag 24 Stunden und fällt mit dem 21. Juni zusammen, während weiter nördlich in *Bodø* die Mitternachtssonne vom 7. Juni bis 8. Juli zu sehen ist. Am *Nordkap* ist dieses Naturphänomen zweieinhalb Monate zu beobachten, sofern Wolken die Sonne nicht verbergen.

Der Wechsel von **Polartag** und **Polarnacht** hat die gleiche Ursache wie die Jahreszeiten: Die Erdachse steht nicht senkrecht zur Ebene der Umlaufbahn, sondern sie ist geneigt. Diese Schrägstellung behält die Achse bei, wenn die Erde die Sonne innerhalb eines Jahres umläuft. Im nördlichen Sommer kann das Sonnenlicht die Nordhalbkugel beleuchten und ihr Wärme bringen, da aufgrund der Kugelgestalt der Erde die Sonne immer die ihr zugeneigte Erdseite erreicht. Das gesamte Nordpolargebiet ist im Sommer der Sonne zugewandt, während das Südpolargebiet kein Licht erhält, Beleuchtungsverhältnisse, die im Winter umgekehrt gelten.

Nicht wenigen Menschen macht die „*mørketid*", die Zeit der Dunkelheit, zu schaffen, sei es, dass sie unter Depressionen oder Schlafstörungen leiden. Norwegische Verhaltensforscher fanden andererseits bei vie-

Faszination des Hohen Nordens: Mitternachtssonne

len Menschen in der langen Winterzeit eine größere Bereitschaft, mehr zu arbeiten, was in Tarifverträgen häufig berücksichtigt wird.

Zu den Phänomenen, die schon immer die Phantasie der Menschen angeregt haben, gehört auch das **Nordlicht** oder besser das **Polarlicht**, da die Naturerscheinung ja nicht auf die nördliche Polarzone allein beschränkt ist. Als es Menschen noch nicht möglich war, das Phänomen wissenschaftlich zu erklären, unternahmen sie in Mythen und Märchen ihre eigenen Erklärungsversuche. In der altnordischen Vorstellungswelt sah man in den schimmernden Bögen des Polarlichts die blinkenden Schilde, auf denen die Seelen der im Kampf gefallenen Krieger nach *Walhall* gelangten.

Mythos Polarlicht

Das Polarlicht hat etwas von einem elektrischen Feuerwerk am Himmel. Es erscheint in vielen Formen, die mal an flatternde Bänder, an kunstvoll gefaltete Vorhänge oder Strahlenbündel erinnern. Der ruhende Bogen, der sich oft über mehrere Stunden mit geringer Lichtintensität über das Himmelsgewölbe ausbreitet, kommt am häufigsten vor. Dabei ist die gelbgrüne Farbe dominant, während bei stärkeren Lichtausbrüchen rote Ränder oder völlig rote Bogen vorkommen.

Durch Beobachtung und Messung der Polarlichtformen weiß man, dass die untere Grenze der Lichtphänomene in der Regel in etwa 100 km Höhe liegt. Das farbenprächtige Schauspiel eines Lichtausbruchs dauert oft zehn bis dreißig Minuten und kann sich in einer Nacht mehrfach wiederholen. Die wissenschaftliche Erklärung der eindrucksvollen Farbspiele klingt eher nüchtern: Die Sonne schickt elektrisch geladene atomare Teilchen Richtung Erde, die durch unser Magnetfeld zu den (elektrischen) Polen geleitet werden. Wenn die kleinen Materieteilchen in die Atmosphäre eintreten, treffen sie millionenfach mit den Atomen unserer Luft zusammen. Das Ergebnis solcher Kollisionen ist das Polarlicht.

Polarlicht, wissenschaftlich erklärt

Daten zur Mitternachtssonne und Polarnacht (ganze Sonnenscheibe sichtbar bzw. Periode der Dunkelheit)			
	Breitengrad	**Mitternachts-sonne**	**Polarnacht**
Bodø	67°17'15''	4.6.-8.7.	15.12.-28.12.
Tromsø	69°39'10''	20.5.-22.7.	25.11-17.1.
Hammerfest	70'39'48''	16.5.-27.7.	21.11.-21.1.
Nordkap	71°10'10''	13.5.-29.7.	18.11.-24.1.
Spitzbergen	78°0'10''	20.4.-21.8.	26.10.-16.2.

Fauna und Flora

Artenarmut

Tier- und Pflanzenwelt sind in Norwegen wie im gesamten nordeuropäischen Raum trotz günstiger klimatischer Verhältnisse artenarm. Der Grund liegt in den vergangenen Eiszeiten, in denen Fauna und Flora zerstört wurden, sowie in den relativ kurzen und kühlen Sommern. Die Gebirgsflora scheint allerdings nicht vollständig unter dem Einfluss des Eises verschwunden zu sein, denn viele Botaniker, die sich der sog. Überwinterungstheorie angeschlossen haben, vertreten die Auffassung, dass ein Teil der Gebirgsflora die letzte Eiszeit an oder nahe der Küste überlebt haben, zumal geologisch bewiesen werden konnte, dass Teile der Inselgruppe der Lofoten nicht vom Eis bedeckt waren.

Generell kann man in Norwegen **fünf pflanzengeographische Regionen** von Süden nach Norden unterscheiden, wobei die klimatischen Verhältnisse den Rahmen vorgeben:

- Im **Süden** und **Südwesten** liegen die nordeuropäische Laubwaldregion mit weniger Baumarten als in West- und Mitteleuropa und die Mischwaldzone, in der schon bis zu 75 Prozent des Baumbestands Nadelhölzer sind.
- An der klimatisch begünstigten **Westküste** reichen diese beiden Zonen weit nordwärts.
- Eine dritte Vegetationszone bildet das **boreale Nadelwaldgebiet** mit seinen moos- und flechtenreichen Fichten- und Kiefernbeständen, das an der Westküste über den Polarkreis hinausreicht.
- Eine **Übergangszone** wird von Fjellbirken geprägt, die in den Gebirgen Skandinaviens auch die Wald- und Baumgrenzen bilden.
- Im Anschluss an die niedrigen Birkenwälder folgt nördlich der schmale Saum der **arktischen Region**, einige Inseln und Halbinseln im hohen Norden umfassend, zu der ferner auch Grönland, Spitzbergen und Island gehören. Hier prägen Temperatur und Licht in besonderer Weise die Flora. Da die Vegetationsperiode mit maximal nur drei Monaten kurz ausfällt, können Bäume nicht wachsen. Kälteunempfindliche Zwergsträucher wie Heidekrautgewächse und Zwergbirken sowie Moose und Flechten kennzeichnen die **Tundra** als artenarmen Vegetationstyp jenseits der polaren Baumgrenze.

karge Tundra

Ähnliche Verhältnisse wie in der Tundra finden sich viel weiter südlich auf

Lebensfeindlich: arktische Verhältnisse auf dem Saltfjell (Nordnorwegen)

den Fjellhochflächen wie der *Hardangervidda* und auf dem *Dovrefjell*. Hier fehlt allerdings der Dauerfrostboden der arktischen Zone. Oberhalb des Birkenwaldes, der bis auf ca. 1.200 m in Jotunheimen klettert, bestimmen Strauch- und Grasheide sowie Wiesen und Moore die Vegetation, während Zwergstrauchheiden überleiten zur oberen alpinen Zone, in der Moose, Flechten und ein paar Weidenarten vorherrschen. Flechten unterschiedlicher Färbung überziehen Holzgewächse und Felsen; sie sind Lebensgemeinschaften von Pilzen und Algen.

Bis zu einer Höhe von 2.370 m ist der Gletscher-Hahnenfuß im Fjell zu finden, was einen Höhenrekord für Blütenpflanzen in Nordeuropa darstellt, die ansonsten nicht so häufig und üppig anzutreffen sind wie in den Alpen. Schließlich sind die kurzen Sommer relativ kühl, und die Tagesdurchschnittstemperaturen liegen niedriger als im Alpenbereich. Da die blütenbestäubenden Insekten wegen der

Höhenrekord im Fjell

niedrigen Lufttemperaturen im Fjell kaum vorkommen, fallen die Blütenblätter der meisten Pflanzen eher unauffällig aus. Die Vermehrung erfolgt nach dem Prinzip der Selbstbefruchtung oder der Windbestäubung. Ferner gibt es kaum einjährige Pflanzen, da sie ihre Entwicklung nicht in einer Vegetationsperiode durchlaufen können. Der schon genannte Gletscherhahnenfuß kann beispielsweise einige Jahre unter einer Schneedecke überleben, ohne Blüten zu bilden. Phänomenal angepasst an die extremen Bedingungen schneebedeckter Böden ist die Krautweide, die, obwohl ein Menschenleben alt, noch in eine Streichholzschachtel hineinpasst.

Ein Schauspiel besonderer Art bietet sich dem Fjell-Besucher im Herbst, wenn das Fjell „brennt": Dann entwickeln Zwergstrauch-Heiden und Birkenwälder im Herbstlicht eine eigenartige Leuchtkraft, die die Fjell-Landschaften in faszinierenden Gelb-, Rot- und Orangetönen erscheinen lässt.

Der Wanderer im Fjell tut gut daran, Gummistiefel den Wanderschuhen vorzuziehen, denn Bäche, Quellen und Moore finden sich

Vogelfelsen bei den Lofoten

reichlich. Tückisch können von Moosen bewachsene Quellaustritte sein, in denen schon mancher Wanderer ein unfreiwilliges kaltes Bad genommen hat.

Weite Teile des Fjells sind von Mooren überzogen, in den küstenfernen Gebieten häufig von Strangmooren. Diese bilden regelmäßige Muster, indem Partien, auf denen zumeist Zwergsträucher wachsen, mit nassen Streifen wechseln, die von Moosen und Seggen dominiert werden. Infolge nur geringer Verdunstung und niedriger Produktivität der Pflanzen fällt die Torfbildung gering aus.

bedrohte Fauna

Auch in Skandinavien sind Umweltveränderungen in der Natur die größte Bedrohung für die **Tierwelt**. In einem Bericht des Direktorates für Naturverwaltung in Norwegen standen Ende der 1980er Jahre der Wolf, der große Salamander und vier Vogelarten, nämlich Zwerggans, Wanderfalke, Wachtelkönig und nördliche Heringsmöwe, auf der Liste der bedrohten Tiere. Zu den als schutzwürdig eingestuften Tier- und Vogelarten gehörten der Bär, Vielfraß, Otter, Seeadler, Königsadler, Fischadler, Papageientaucher, Trottellumme, Tordalk und Jagdfalke sowie der Tümmler als einziges Meeressäugetier.

Vogelparadies

Der Bestand an **Papageientauchern** beispielsweise war in der Vergangenheit zurückgegangen, weil infolge Überfischung der Heringe die Heringsbrut, das wichtigste Futter dieser Seevögel, ausgeblieben war und somit viele Tiere verhungerten. 1992 haben sich jedoch die Bestände der „Seepapageien" auf der Insel Røst am Rande der Lofoten erholt, wo rund 400.000 junge Papageientaucher die Vogelfelsen verließen. Allein in Nordland und Troms leben derzeit rund 1,5 Millionen Paare. Auf Kliffen und Vogelfelsen nisten ferner unzählige Seevögel wie Dreizehenmöwen, Trottellummen, Basstölpel, Seeschwalben, Austernfischer, Kormorane usw.

geschützter Wolf

Fast ausgerottet ist der **Wolf**. In Norwegen gibt es nur noch eine Gruppe von wenigen Tieren, die sich zwischen Hedmark und Värmland in Schweden bewegt. Nach einem Plan des Umweltschutzministeriums soll es in einigen Jahren 8-10 Familiengruppen von Wölfen geben, deren Aufbau dadurch gelingen soll, dass Tiere ausgesetzt werden. Wer einen Wolf erlegt, wird nach dem neuen Gesetz über Faunakriminalität streng bestraft.

Eine besondere Faszination geht für viele vom **Elch** aus, der zahlreich in den Wäldern Norwegens vorkommt. Da der Elchstamm inzwischen fünfmal so groß ist wie vor drei Jahrzehnten, schätzt man den Bestand auf gegenwärtig 200 000 Exemplare, die meisten Tiere leben in Hedmark, im Südosten des Landes, und in dem Raum um Trondheim. Einige tausend Tonnen Elchfleisch gelangen jährlich im Herbst in die Kühltruhen der Norweger.

Als Tier des Nordens gilt das **Ren**, das die Samen halbgezähmt halten. Die Zukunft der Rentierzucht als Wirtschaftszweig sieht gegenwärtig nicht rosig aus, da von rund 200.000 Tie-

Rentier in der Finnmark

3. Geographischer Überblick   **59**

ren, deren Weidegebiete weitgehend zerstört sind, für nur gut ein Viertel des Bestandes das Weideland ausreicht. Neben den zahmen Renen gibt es im Bereich der *Hardangervidda* etwa 10.000 in der Natur frei lebende wilde Rentiere, Bestände finden sich auch im *Dovrefjell* und *Rondane*.

gefährdete Rentierzucht

Neben der Wildrenpopulation ist die Hochebene der *Hardangervidda* der bevorzugte Lebensraum der **Lemminge**. Die rund 15 cm großen Wühlmäuse haben schon immer die Phantasie der Menschen beschäftigt. Hartnäckig hat sich die Vorstellung gehalten, die Lemminge würden sich in Massen ins Meer stürzen, um ihre zu große Population zu verringern. In Wirklichkeit zwingt, wenn sich der Bestand stark vermehrt hat, der Mangel an Nahrung die Tiere zu langen, strapaziösen Wanderungen, die viele Lemminge nicht überleben.

Eine Besonderheit in der norwegischen Tierwelt stellen die **Moschusochsen** dar, denen man im *Dovrefjell* begegnen kann. Die grönländische Rasse wurde nach dem Zweiten Weltkrieg erneut angesiedelt. Begegnet man den bis zu 300 kg schweren Tieren mit ihrem dunkelbraunen Fell, deren Deckhaare bis zu 90 cm lang sein können, ihren weißen Haaren auf Stirn und Oberkopf sowie ihren gelblichen Hörnern, sollte man vorsichtig sein – auch wenn die Moschusochsen nicht größer als ein Shetland-Pony werden.

Vorsicht im Dovrefjell

Zur Bedeutung des **Fischfangs** in den norwegischen Hoheits- und Binnengewässern s. S. 66ff.

4. WIRTSCHAFT

Allgemeiner Überblick

Die wirtschaftliche Entwicklung Norwegens spiegelt die Jahrhunderte während **Abhängigkeit von Dänemark (bis 1815) und Schweden (von 1815-1905)** wider. Lange Zeit gab es in der Vergangenheit eine weit verstreut lebende Bevölkerung der Bauern und Fischer, häufig waren beide Erwerbstätigkeiten auch miteinander kombiniert. Ihr gegenüber stand eine städtische Bevölkerung, deren Wohl und Wehe vom Außenhandel abhängig war, der zumeist von Ausländern dominiert wurde.

einseitiger Export

Mitte des 19. Jahrhunderts lag der Exportanteil von Holz, Fisch und Eisenwaren bei 90 Prozent. Um die Jahrhundertwende gingen von der international ausgerichteten norwegischen Handelsflotte, die zur drittgrößten Schiffahrtsnation hinter den USA und Großbritannien aufgestiegen war, eher unbedeutende Wachstumsimpulse auf die Binnenwirtschaft des Landes aus. Die Holzverarbeitung und die Eisenwarenproduktion waren vor allem der nachbarlichen schwedischen Konkurrenz ausgesetzt, eine nennenswerte Agrarmodernisierung fand kaum statt.

Wasserkraft als Motor

Seit etwa Anfang des 20. Jahrhunderts gewann die Erzeugung von Elektrizität auf der Basis heimischer Wasserkraft an Bedeutung, so dass mit der Produktion von Aluminium, Kupfer und Kunstdünger neue Industriezweige entstanden. Allerdings befanden sich viele neue Industrien wie auch die Wasserkraftwerke in ausländischer Hand, was das norwegische Parlament im ersten Jahrzehnt bewog, die großzügigen Investitionsgesetze, die ausländisches Kapital ins Land brachten, einzuschränken.

Langsam griff die wirtschaftliche Entwicklung in dem verkehrsgeographisch kaum erschlossenen Land auf Industriezweige wie Metallverarbeitung, Maschinenbau, Holzverarbeitung, Textilindustrie und Fischverarbeitung über. Die norwegische Handelsflotte ersetzte zunehmend Segelschiffe durch Dampfschiffe.

Heute ist die norwegische Offshore- und Handelsflotte die viertgrößte der Welt, die norwegischen Handelsschiffe machen 10 % der Welthandelsflotte aus.

Seefahrtsnation Norwegen

4. Wirtschaft

Gewerbe und Industrie haben in Norwegen gegenüber dem primären Sektor (Land-, Forstwirtschaft, Fischerei und Bergbau) und dem tertiären Sektor (Handel, Dienstleistungen und Verkehr) keine dominierende Rolle gespielt. **Lange Zeit war Norwegens Industrie einfach strukturiert**, die Produktionspalette kam nicht an die der großen Industrieländer heran. Bezeichnend ist, dass 1963 rund 70 % aller norwegischen Firmen weniger als zehn Personen beschäftigten.

Doch dann begann das Öl-Zeitalter...

Industrie

Gegenwärtig sind etwa 20 % der Erwerbstätigen in der Industrie beschäftigt, die in hohem Maße für den Export produziert, da der norwegische Markt zu klein ist. Die Produkte der Exportindustrie reichen von den stromintensiven Industriezweigen, also der elektrochemischen und der elektrometallurgischen Industrie, der chemischen Industrie und der Holzverarbeitung über *„intelligence based"*-Industrien wie Informationstechnologie, Industrieroboter und Spezialmaschinen bis zu modernen Schiffen und Spitzentechnologien auf dem Gebiet schwimmender Einheiten und Unterwasserinstallationen in der Öl- und Gasförderung.

exportorientierte Industrie

Die **Öl- und Gasproduktion** hat der norwegischen Zulieferindustrie einen bedeutenden Markt gebracht. Viele Unternehmen sind jedoch im Laufe der Jahre einseitig von Lieferungen an die Ölindustrie auf dem Kontinentalsockel abhängig geworden. Ferner haben die Öleinnahmen zu einer Kostenexplosion geführt, so dass sich die Konkurrenzbedingungen für traditionelle Industriezweige verschlechterten. Vor allem nach dem Ölpreisverfall von 1986 setzte sich die Auffassung durch, dass man die Weiterverarbeitungsindustrien stärker ausbauen müsse.

Abhängigkeit von Öl und Gas

Von besonderer Bedeutung für das Land sind die stromintensiven Industriezweige. Trotz reicher Öl- und Gasvorkommen wird fast der gesamte **Strom aus der Wasserkraft gewonnen**. Die elektrochemische und -metallurgische Industrie verbraucht allein ein Drittel des gesamten Stroms, bei der **Erzeugung von Rohaluminium und Eisenlegierungen** ist Norwegen in Europa führend. Obwohl der Rohstoff Bauxit eingeführt werden muss, können die Aluminiumwerke wettbewerbsfähig produzieren, da der Staat den Strompreis subventioniert und der heimischen Industrie somit Wettbewerbsvorteile verschafft. Norwegische Aluminiumprodukte werden heute von Zulieferern u.a. an europäische Automobilfabriken geliefert.

bedeutendes Aluminium

Über die Zukunftsaussichten der norwegischen Alu-Industrie gehen in Fachkreisen jedoch die Meinungen auseinander. Kritiker vertreten die Ansicht, die subventionierten Strompreise an die Alu- und Ferrolegierungsindustrie hätten nicht zu mehr Know-how geführt und somit keine Grundlage für neue Industrien geschaffen. Die Befürworter einer Produktionssteigerung gehen davon aus, dass die 1993 bei rund 900.000 Tonnen liegende Rohstoffproduktion in den nächsten 15 Jahren um 250.000 Tonnen höher sein wird, während die Produktion von Alu-Erzeugnissen um das Doppelte auf 700.000 Tonnen jährlich ansteigen wird. 2001 waren rund 18.000 Personen in Norwegen in der Aluminiumindustrie beschäftigt.

Neben den stromintensiven Industriezweigen wird die industrielle Zukunft Norwegens u.a. auf der Schifffahrt, der Offshore-Wirtschaft und der Telekommunikation basieren, da das Land in diesen Bereichen international wettbewerbsfähig ist.

Energiewirtschaft

Wasser, Öl, Gas

In energiewirtschaftlicher Hinsicht ist Norwegen ein von der Natur begünstigtes Land. Neben dem ungeheuren **Wasserkraftpotential**, das es dem Land als einzigem in Europa ermöglicht, seinen gesamten Strombedarf zu decken, verfügt es über **Öl- und Gasvorkommen, die weitgehend in den Export gehen.** Der Gedanke, Atomkraftwerke zu bauen wie im Nachbarland Schweden, kam den Norwegern zwar in den 1970er Jahren in den Sinn, doch wurde die Idee wegen massiver Proteste bald aufgegeben.

Während das „Ölzeitalter" für Norwegen erst 1970 begann, geht die Nutzung der Wasserkraft zur Gewinnung von Elektrizität auf das 19. Jahrhundert zurück. Aus der ersten offiziellen Karte über die ausgebaute Wasserkraft in Norwegen aus dem Jahre 1920 geht hervor, dass rund 2.000 Kraftwerke in Betrieb waren. Heute sind es etwa 800, nachdem viele der kleinsten aufgegeben worden sind.

mit Strom heizen

Die Struktur der Wasserkraftnutzung ist günstig, lange Kraftübertragungswege entfallen, da die Wasserkraftquellen über das ganze Land verteilt sind und jede Stadt, Region, ja selbst entlegene Inseln versorgt werden können. Einen Teil der Wasserkraftwerke betreibt der Staat, der den Strompreis über Subventionen niedrig hält. So verwundert es nicht, wenn die Norweger weltweit den höchsten Stromverbrauch pro Kopf der Bevölkerung haben, weil sich Wohnungen und Häuser bequem, preiswert und recht umweltfreundlich mit Strom beheizen lassen.

Verständlich wird auch die Sonderstellung der stromin-

Erdölplattform in der Nordsee vor Stavanger

4. Wirtschaft

tensiven Industriezweige, deren Exportanteil traditionell sehr hoch ist (s. S. 61f). Moderne Kraftwerke werden heute meistens im Gebirge angelegt, wo das Wasser aus den Stauseen in Druckrohren in die Tiefe donnert und Turbinen antreibt. Diese **Hochdruck-Fallkraftwerke** können eine Leistung von bis zu 2.000 Megawatt erzielen. Gegenwärtig ist nur etwas mehr als die Hälfte der möglichen Kapazität Norwegens ausgebaut. Angesichts einer erwarteten Liberalisierung des Energiemarktes in der EU kamen verschiedene Forschungsinstitute zu dem Ergebnis, eine bessere Ausnutzung des vorhandenen Wasserkraftpotentials könnte eine beträchtliche Elektrizitätsausfuhr ermöglichen, zumal auf den interessanten Märkten Schweden, Dänemark und Deutschland der Strom zu wettbewerbsfähigen Preisen verkauft werden könnte.

Vier südnorwegische Energiegesellschaften exportieren inzwischen über ein Unterseekabel von Südnorwegen Elektrizität in die Niederlande. Einem ökonomisch lohnenden Ausbau der Wasserkraft steht jedoch eine zunehmend geringere gesellschaftliche Akzeptanz großer Projekte gegenüber, da der Naturschutzgedanke immer populärer geworden ist.

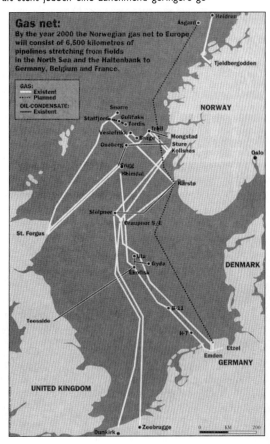

Zahlreiche Bürgerinitiativen haben einer breiten Öffentlichkeit wiederholt vor Augen geführt, welche massiven Eingriffe in den Naturhaushalt durch den Bau von Stauseen und die Regulierung von Flüssen vorgenommen werden. Es ist voraussehbar, dass die noch vorhandenen Reserven zur Versorgung des Landes mit Elektrizität nur sehr behutsam ausgebaut werden.

Die **Entdeckung** der unter dem Meeresboden im norwegischen Teil der Nordsee liegenden **Öl- und Gasvorkommen** im Frühjahr **1970** waren das herausragende Ereignis für die Wirtschaft und Gesellschaft des Landes im 20. Jahrhundert. Nachdem amerikanische Geologen nahe an der Grenze zu Dänemark das riesige Ölfeld „*Ekofisk*" gefunden hatten, ging es in den folgenden Jahren Schlag auf Schlag, als *Mobil Oil* mit „*Statfjord*" das größte Off-

4. Wirtschaft

wie im Märchen ...

shore-Feld der Welt entdeckte. 1979 kam, mit dem Namen „*Troll*" bezeichnet, das größte Gasfeld in den europäischen Gewässern hinzu.

Bereits 1975 erzielte Norwegen einen Überschuss an Öl und Gas, eine Öl-Pipeline nach *Teesside* in England wurde errichtet, 1977 begann die Gasproduktion vom *Ekofisk*-Feld, von dem aus eine Gasleitung nach *Emden* verlegt wurde. Nachdem anfangs die ersten norwegischen Erdöl- und Gasfelder von ausländischen Unternehmen erschlossen wurden, gingen die Norweger dazu über, eine Erdölpolitik zu entwickeln, deren vornehmliches Ziel darin bestand, eine zunehmende „Norwegisierung" des gesamten Sektors zu erreichen. Zu diesem Zweck wurden drei norwegische Ölgesellschaften gegründet, von denen „*Statoil*" zu 100 Prozent staatlich ist. *Statoil* exploriert zum Beispiel jetzt als Betriebsgesellschaft das *Statfjord*-Feld. Neben der Beteiligung des Staates sollte die Privatwirtschaft nach einer Schonfrist zunehmend in die Aktivitäten eingebunden werden. Die Entwicklung des Erdölsektors sollte jedoch behutsam erfolgen und keine negativen Folgen für Wirtschaft und Gesellschaft Norwegens nach sich ziehen. Von der allmählichen Nordwanderung der Öl- und Gasproduktion erhoffte man sich Wachstumsimpulse für jene Regionen, die deutlich hinter der wirtschaftlichen Entwicklung zurückgeblieben waren.

die Kehrseite

Besonders drastisch wurde dem Land die **Abhängigkeit vom Öl** 1986 vor Augen geführt, als ein dramatischer Preisverfall alle hochgerechneten Erwartungen für die nahe Zukunft empfindlich störte. In der zweiten Hälfte der 1980er Jahre schwankten die Einnahmen aus dem Verkauf von Öl und Gas zwischen rund 22 Mrd. € im Rekordjahr (1985) und knapp 7,5 Mrd. € trotz enorm gesteigerter Förderleistung. Der Reichtum an Öl und Gas hatte nicht zur Mäßigung geführt, sondern den Lebensstandard in die Höhe getrieben. Öffentliche Subventionen bescherten den Landwirten zeitweilig kräftige Erhöhungen der Realeinkommen, die Fischer profitierten vom Geldsegen, die Festlandwirtschaft war zugunsten der Industrie rund um die Offshore-Förderung vernachlässigt worden.

Der Anteil der einstigen Basisindustrien am Bruttosozialprodukt verringerte sich in einem Jahrzehnt von 25 auf nur 15 Prozent. Angesichts zu erwartenden Ölreichtums schnellten die Ausgaben für die soziale Sicherheit und das nationale Pensionssystem in die Höhe. So schlidderte das Land vom Ölrausch in die Krise. Norwegen muss seine Wirtschaft umstrukturieren, der Wohlstand kann nicht allein auf Öl und Gas basieren.

mehr Öl als Gas

Die Expansion nach Norden, wo die klimatischen Voraussetzungen und die Meeresbodenbeschaffenheit wesentlich höhere Kosten nach sich ziehen, ist notwendig, wenn man auch in 20 Jahren noch Öl auf dem gegenwärtigen Mengenniveau fördern will im Vergleich zu den unermesslichen Gasvorkommen, die in Zukunft weiter an Bedeutung gewinnen werden. Von den 50 neuen Explorationsblöcken, die das norwegische Erdöl- und Energieministerium für 1993 ausgeschrieben hatte, lagen 25 in der Nordsee, 13 vor Mittelnorwegen und 12 in der Barentssee.

Anders als beim Öl werden die bisher nachgewiesenen Gasreserven – ein Produktionsniveau wie Anfang der 90er Jahre vorausgesetzt – mehr als hundert Jahre

4. Wirtschaft   65

vorhalten. Die Entwicklung neuer Fördermethoden ermöglicht es inzwischen, mehr Öl aus den Lagerstätten herauszupressen, so dass auf fünf der großen Felder die Tagesproduktion allein um 100.000 Barrels (1 Barrel = 159 Liter) pro Tag gesteigert werden konnte. Gegenwärtig können nur 34 % des im Felsgestein vorhandenen Öls gefördert werden.

Als Beispiel für die ungeheuren technischen Herausforderungen, die auf der Nordsee zu bewältigen sind, sei nur eine Aktion der Ölgesellschaft *Phillips Petroleum* angeführt. Auf dem *Ekofisk*-Feld sinkt der Meeresboden ab, bisher um 5,4 Meter, so dass 1987 bei Kosten von einer halben Milliarde € die wichtigsten Plattformen angehoben wurden. 1994 stand ein ähnliches Projekt an, wenn das *Ekofisk*-Feld nicht geschlossen werden sollte. Damit drohte nämlich das norwegische Öldirektorat der Ölgesellschaft *Phillips*, da das Feld wegen alter Ausrüstung sowie schlechter Wartung und Instandhaltung ein Sicherheitsrisiko darstelle. Mehrmals musste bereits die Produktion gestoppt werden. Rund 30 Plattformen gehören zu dem Feld, aus dem ein Viertel der norwegischen Öl- und Gasproduktion stammt.

imponierende Technik

Heute verfügt Norwegen über Spezialisten, die das technisch anspruchsvollste Industrieprojekt des Landes, die Erschließung der riesigen Gasfelder „*Troll*" und „*Sleipner*", in Angriff genommen haben. Bis 1996 Gas vom *Troll*-Feld exportiert werden konnte, mussten etliche Hindernisse überwunden werden. Die Wassertiefen erreichen bis 350 Meter, eine Produktionsplattform, die 1995 aufs Meer geschleppt wurde, hat fast 470 Meter (!) Höhe. Wegen der schwierigen Bodenbeschaffenheit kann das *Troll*-Feld nicht von einer Plattform erschlossen werden, so dass die norwegischen Ingenieure sich für Fördereinrichtungen auf dem Meeresgrund entschieden. Aus Kostengründen erfolgt die Aufbereitung des Gases an Land.

Als Gasexporteur gehört Norwegen heute schon zu den zehn größten weltweit. Als Hauptlieferant von Gas an Europa wird es im kommenden Jahrhundert eine noch bedeutendere Rolle spielen. Außer durch die bereits existierende Pipeline nach *Emden* wird das Gas durch eine Leitung nach Belgien sowie durch die neue Gasrohrleitung „*Europipe*" vom norwegischen Festlandsockel quer durch Niedersachsen transportiert. Der norwegische Anteil der Gaslieferung an die Bundesrepublik wird auf rund 30% bis zum Jahr 2005 steigen.

Gas für Europa

2002 nimmt Norwegen unter den Erdölexporteuren der Welt den 2. Rang, bei Gas den 5. Rang ein. Die Überschüsse aus den Ölaktivitäten legt das Land inzwischen im Ausland an.

Fischereiwirtschaft

Bereits in der Steinzeit lebte die Küstenbevölkerung, wie Felszeichnungen und Abfälle ausgegrabener Wohnstätten dokumentieren, auch vom Fischfang. Hering und Dorsch wurden zur Zeit der Wikinger getrocknet exportiert. Seit dem Mittelalter entwickelten sich die **Lofoten** mit ihren reichen Dorschvorkommen zu Zentren dieses Wirtschaftszweiges.

Hering gegen Korn

Ein umfangreicher Handel mit dem Süden erfolgte über die **Hanse** und deren Kontor in Bergen. Nach dem Motto „Hering gegen Korn" entstand Mitte des 19. Jahrhunderts in einigen kleinen Städten der Westküste eine kommerzielle Fischerei auf der Grundlage überaus reicher Heringsvorkommen. Im östlichen Teil des atlantischen Ozeans, dem Europäischen Nordmeer, das zu den fischreichsten Gewässern unserer Erde gehört, treffen günstige Naturbedingungen zusammen.

Überaus groß ist der Anteil an Meeresgebieten mit einer geringeren Wassertiefe als 200 m *(Schelfmeere)*. Weil Gezeiten und Strömungen die verschiedenen Wasserschichten kräftig durchmischen, gelangen Nährstoffe aus den untersten Schichten bis nahe an die Wasseroberfläche, so dass die Planktonbildung gefördert wird. Die im Wasser schwebenden pflanzlichen und tierischen Lebewesen sind die Grundnahrung der Fische.

Hering und Dorsch waren immer schon die beiden bedeutendsten Arten, denen norwegische Fischer nachstellten, sieht man von der Lodde (die auch Kapelan genannt wird) in den 1970er Jahren einmal ab.

große Schwankungen

Ein Blick auf die Anlandungsmengen des Winterherings seit Mitte des 19. Jahrhunderts verdeutlicht, dass es neben ausgesprochenen Heringsperioden immer auch dramatische Einbrüche gab, die den Küstenbewohnern Hunger und Elend bescherten. Neben den großen Schwankungen bei der Fangmenge traten die Heringsschwärme häufig an verschiedenen Abschnitten der langen Küste auf, während der Dorsch – auch hier schwankten die Anlandungsmengen beträchtlich – „zuverlässiger" stets die bekannten Küstenabschnitte zur Laichzeit aufsucht.

Während frühere Einbrüche beim Heringsfang z.B. die Folge geringer Tem-

Stockfischgestell auf den Lofoten

peraturschwankungen in den Laichgewässern waren, also eine ökologische Ursache hatten, sind die heringsarmen Jahre nach der „fetten" Periode von 1950-1959 bis hin zur Gegenwart das Ergebnis einer hemmungslosen **Überfischung der Bestände.** An rein ökonomischen Prinzipien orientiert, wandte sich die Fischerei nach dem Ausbleiben des Winterherings dem Nordseehering zu, bis Makrele, Lodde und Seelachs gejagt wurden. Als auch deren Bestände infolge Überfischung markant zurückgingen, setzte sich langsam die Einsicht durch, dass besondere **Maßnahmen zum Schutz der Bestände** ergriffen werden mussten, wollten die Fischer nicht ihre Existenzgrundlage zerstören.

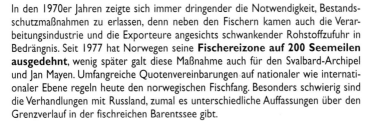

Die rasante Zunahme der Fangmengen nach dem Zweiten Weltkrieg ist die Folge einer Reihe von Neuerungen. Zu nennen sind vor allem:
- die Fischereiforschung
- effektivere Fangtechniken wie Ringnetze und hydraulische Netzwinden
- eine Änderung der Bootstypen; anstelle offener Boote gedeckte Stahlboote, meist Trawler.

In den 1970er Jahren zeigte sich immer dringender die Notwendigkeit, Bestandsschutzmaßnahmen zu erlassen, denn neben den Fischern kamen auch die Verarbeitungsindustrie und die Exporteure angesichts schwankender Rohstoffzufuhr in Bedrängnis. Seit 1977 hat Norwegen seine **Fischereizone auf 200 Seemeilen ausgedehnt,** wenig später galt diese Maßnahme auch für den Svalbard-Archipel und Jan Mayen. Umfangreiche Quotenvereinbarungen auf nationaler wie internationaler Ebene regeln heute den norwegischen Fischfang. Besonders schwierig sind die Verhandlungen mit Russland, zumal es unterschiedliche Auffassungen über den Grenzverlauf in der fischreichen Barentssee gibt.

Quoten statt Überfischung

Dass mit den Quotenregelungen keineswegs eine besser kalkulierbare Fischbewirtschaftung einhergeht, verdeutlichten Ende der 1980er Jahre zwei Problembereiche:
- zum einen war der Loddenbestand zusammengebrochen, so dass für 1987 ein Fangstopp verfügt wurde
- zum anderen erfolgte der Wiederaufbau des überfischten Bestandes von frühjahrslaichenden Heringen zu langsam.

Alle Bemühungen, eine langfristige Bestandssicherung als Basis einer kalkulierbareren Fischwirtschaft zu erreichen, scheitern offensichtlich daran, dass den Laichbeständen nicht ausreichend Zeit gelassen wird, solide Stämme zu bilden.

Nicht selten setzt die einflussreiche Lobby der Fischer ihre Interessen durch. Oft sind auch die Bestandsberechnungen recht unsicher, zumal man wenig weiß über die Fischsterblichkeit infolge moderner Fangtechniken oder über komplexe Räuber-Beute-Verhältnisse zwischen den Fischbeständen eines Meeresgebietes.

4. Wirtschaft

Robben als Konkurrenten

Eine ökologische Katastrophe suchte Anfang 1987 und auch 1988 die Küstenbewohner Norwegens, vor allem im Norden des Landes, heim. Zehntausende hungernder Sattelrobben haben auf der Suche nach Nahrung der Fischereiwirtschaft erhebliche Schäden zugefügt. Neben geringeren Fängen beklagten die Fischer massive Beschädigungen ihrer Fischereigeräte. Eine ähnliche Katastrophe hatte es einst kurz nach der Jahrhundertwende gegeben, doch verschwanden damals die Seehunde nach kurzer Zeit wieder im Meer. Als Ursache für die **Robbeninvasion** halten Forscher einen Zusammenhang zwischen dem Mangel an Lodde infolge Überfischung für wahrscheinlich, denn der kleine Fisch ist normalerweise ein wesentlicher Bestandteil der Nahrung der Robbe.

Ein Problem, das das norwegische Fischereidirektorat zur Zeit beschäftigt, liegt darin, ob seismische Untersuchungen im Zusammenhang mit der Ölsuche ein beträchtliches Fischsterben sowie eine nachhaltige Zerstörung der Reserven im Meer verursacht haben. Die Auffassung, der deutliche Rückgang der Fischbestände sei auf Überfischung zurückzuführen, wird von manchen Experten angezweifelt. Es war die auffällige Vermehrung einer kleinen Krebsart, der *„botnlus"*, die den Verdacht auf einen Zusammenhang zwischen seismischen Untersuchungen und dem Fischsterben lenkte, da dieser Krebs sich von toten Fischen ernährt.

Barentssee: mehr Dorsch

Erfreulicher stellte sich Mitte der 1990er Jahre die Situation in der Barentssee dar, die zur Zeit ein ökologisches Wachstum aufweisen konnte. Das Nahrungsangebot für Dorsche sei in diesen Gewässern größer, als die Fische ausnutzen können, glaubte man am Meeresforschungsinstitut in Bergen Ende der 1990er Jahre.

Unruhe verbreitete hingegen eine Nachrichtensendung des amerikanischen Fernsehsenders *ABC* im November 1992, die sich mit der Bedrohung durch radioaktive Stoffe aus dem gesunkenen russischen U-Boot *„Komsomolets"* auseinandersetzte. Von norwegischer Seite wurde erklärt, die Radioaktivität des russischen U-Bootes stelle für den Fisch in der Barentssee keine Verseuchungsgefahr dar. Unbedeutend sei das Leck, und es sei nur wenig wahrscheinlich, dass der gesamte radioaktive Inhalt des Bootes, das 1989 sank und in 1.700 m Tiefe liegt, zu einer messbaren Erhöhung der Radioaktivität im Fisch führe. Das Meeresforschungsinstitut in Bergen ergänzte in diesem Zusammenhang, die Radioaktivität in der Barentssee sei nur halb so hoch wie in der Nordsee und geringer als im Atlantik. Tatsache bleibt: Der bisher nicht bekannte Umfang der Ablagerung atomarer Abfälle im Meer zwingt Norwegen zu einer intensiven Zusammenarbeit in Umweltfragen mit Russland.

volkswirtschaftlich wichtiger Zweig

Die letzten Jahre waren besonders erfolgreiche Jahre für die norwegische Fischereiindustrie, die gegenwärtig 2.000 verschiedene Produkte in 155 Länder liefert. **Norwegen ist inzwischen der größte Seafood-Exporteur der Welt.** Nur der Verkauf von Rohöl lag in der Exportstatistik vor diesem Wirtschaftszweig, der inzwischen nur noch geringe staatliche Hilfen erhält.

Obwohl Norwegen zu den führenden fischfangenden Nationen, gemessen an der Fangmenge, zählt, finden nur etwa 2 % der Bevölkerung des Landes ganz oder teilweise Beschäftigung in diesem spezialisierten Wirtschaftszweig. Doch für viele Küstenabschnitte und Inselregionen, die nicht von den Segnungen der Öl- und Gasförderung profitieren, muss die Fischereiwirtschaft weiterhin die ökonomische Basis bilden.

In den nordnorwegischen Provinzen leben bis zu 20 % der Beschäftigten vom Fischfang und seiner Verarbeitung sowie angegliederten Industriezweigen und Dienstleistungsbereichen. Besiedlung und Kultur vieler Inseln und Küstenbereiche sind in Gefahr, wenn die Rentabilität dieses Wirtschaftszweiges nicht ausreicht.

Aquakultur

Seit einigen Jahren steht der Begriff **Aquakultur** für einen boomenden Wirtschaftszweig. Gemeint ist damit Farmfisch aus Netzkäfigen, vor allem die Aufzucht von Lachs, aber auch von Meerforellen, Austern und Miesmuscheln. In naher Zukunft sollen darüber hinaus sogar Dorsch, Heilbutt und Steinbutt auf rentable Weise in geschlossenen Systemen produziert werden. Regierung und Parlament sehen seit Jahren in der Meerwirtschaft einen Wachstumssektor, in den beträcht-

nicht nur Lachs

liche Forschungsmittel fließen. Einige tausend neuer Dauerarbeitsplätze sind inzwischen in der Aquakultur und ihr angegliederten Bereichen in Küstennähe entstanden.

Vor gut zwei Jahrzehnten begann die **Lachszucht** westlich von Bergen, die heute, sieht man von Öl und Gas einmal ab, **zum bedeutendsten Exportzweig aufgestiegen** ist. Mit seinen zahlreichen Fjorden und den der Küste vorgelagerten Inseln sowie den günstigen Wassertemperaturen besitzt Norwegen ideale Voraussetzungen für die Aquakultur.

Fischfarm im Fjordland

Schon bald nahm die norwegische Regierung diesen **expandierenden Wirtschaftszweig** an die Leine und steuerte die weitere Entwicklung über die Vergabe von Konzessionen. Die Lachszuchtindustrie sollte sich als **mittelständische Industrie** etablieren, so dass keine Anlage ein bewirtschaftetes Wasservolumen von zunächst 8.000 und später 12.000 Kubikmetern überschreiten durfte. In solch einer Farm werden jährlich etwa 200 bis 300 Tonnen Lachs produziert. Die Fischbrut stammt ebenso wie die Jungfische aus Spezialbetrieben. Nach etwa

Fischzucht wie Schweinezucht

einjähriger Aufzucht gelangen die Junglachse in die Zuchtfarmen, wo sie rund zwei Jahre in den Netzkäfigen bis zur Schlachtreife verbringen, bevor sie geschlechtsreif werden und an Qualität verlieren. Die größeren Aquakulturen sind inzwischen **vollmechanisiert**, automatische Fütterungsmaschinen setzen sich zunehmend durch und steuern die Futterzufuhr (= Fischabfälle verschiedener Art) für die Käfige.

Doch der Fischzüchter kann seine Hände nicht ruhig in den Schoß legen, denn der arbeitsintensiven Aquakultur drohen Gefahren von verschiedenen Seiten. Immer wieder treten **Seuchen** auf, sei es, dass Fische an akutem Herzversagen ohne Vorankündigung oder äußere Krankheitssymptome sterben oder von dem Parasiten Lachslaus befallen werden. Im Falle der Lachslaus ist die Fischereiforschung inzwischen der Auffassung, dass die Fischzüchter gesünderen Lachs heranziehen könnten, wenn sie auf Chemikalien verzichteten und statt dessen Lippfische, wie zum Beispiel den Klippenbarsch, mit den Lachsen zusammenbrächten.

Lachstreppe in Westnorwegen

Wie Versuche nämlich deutlich zeigen, reichen 600 Lippfische aus, um ein Gehege mit 26.000 Junglachsen von Läusen freizuhalten; der Klippenbarsch ist in norwegischen Gewässern heimisch und laicht entlang der Küste des Trondheimfjords. Doch die Wirklichkeit sieht anders aus. Um Infektionen mit Pilzen, Bakterien und Parasiten jeglicher Art zu begegnen, wurden in norwegischen Zuchtanlagen Ende der 1980er Jahre mehr Antibiotika eingesetzt als zur Behandlung von Menschen im Lande.

1988 führte die **Algenpest** in Kattegat und Skagerrak zu einer bedrohlichen Situation für Fischer und Fischzüchter. Aus den offenen Gewässern an den Mündungen der Fjorde mussten 125 Fischfarmen ins Innere der Fjorde geschleppt werden, weil das entgegenströmende Süßwasser wie eine Sperre gegen die Algenflut wirkte und somit größere finanzielle Schäden vermieden werden konnten.

Umweltbelastungen

Neben einer nicht artgerechten Massentierhaltung (qualvolle Enge in Netzkäfigen, unnatürlich ruhiges Wasser, Einsatz von Antibiotika) werfen Kritiker dem Wirtschaftszweig der Aquakultur vor, in bisher von der Gewässerverschmutzung verschonten Küstengebieten für gröbste Umweltverschmutzung zu sorgen, denn der Kot der Lachse belastet die Gewässer mit Phosphat, Stickstoff und anderen organischen Stoffen. Außerdem verseuchten aus den Zuchtanstalten entwichene Lachse die wilden Lachsbestände, so dass die Gefahr einer genetischen Verunreinigung bestehe. So fand das Direktorat für

4. Wirtschaft

Naturverwaltung in Westnorwegen in der Hälfte der 27 untersuchten Flüsse aus Zuchtanlagen entwichenen Lachs. In einigen Flüssen waren rund 50 Prozent der männlichen Fische Zuchtfische. Auch den frei lebenden Tieren wird übrigens 'auf die Sprünge' geholfen: Um ihnen die anstrengende Reise zu ihren Laichgebieten zu erleichtern, baut man verstärkt im Westland künstliche Lachstreppen.

1991 führte die **Überproduktion** norwegischer Lachszüchter zu einer bedrohlichen **Krise**. Längst hat der Lachs seine Exklusivität verloren. Wurden 1984 schon 22.000 Tonnen des Edelfischs geschlachtet, so waren es zwei Jahre später bereits 45.000 Tonnen, 1990 gar 140.000 Tonnen. Zu einem schweren Rückschlag für die Branche führte 1990 ein Antidumpingzoll auf norwegischen Zuchtlachs von 24 % in den USA, der die Norweger vom US-Markt verdrängte.

Ende 1991 lagen 30.000 Tonnen Lachs in den Kühlhäusern, und Staat und Banken mussten einem notleidenden Wirtschaftszweig unter die Arme greifen, da die zentrale Verkaufsorganisation den Züchtern die gelieferte Ware nicht bezahlen konnte. 1992 wurden fast 170.000 Tonnen Lachs verkauft mit einem Exportwert von ca. 700 Mio. €. Auch wenn einige wenige Farmer gut verdienen, so lag das Preisniveau für diesen Wirtschaftszweig Ende 1996 mit Erlösen zwischen ca. 3,80 und 4,80 € pro Kilo für den Züchter recht niedrig. Inzwischen erreicht die Jahresproduktion an Lachs ständig neue Rekorde. Im Jahr 2000 wurde mit 344.000 Tonnen die Hälfte der Weltjahresproduktion an Zuchtlachs exportiert. Längst hat die Globalisierung diesen Wirtschaftszweig erfasst. Während das größte Fischzuchtunternehmen des Landes Niederländern gehört, haben sich Norweger in Chile, Schottland und Irland eingekauft. *kein Luxus mehr*

Die Entwicklung der Aquakultur in den letzten Jahren zeigt deutlich, dass die zuständigen Behörden Konzessionen zunehmend nach regionalen Kriterien vergeben haben, da die nördlichsten Provinzen stärker berücksichtigt wurden. Vielleicht kann die Lachszuchtindustrie zur Entwicklung rückständiger Gebiete beitragen und sich zukünftig als regionalpolitisches Steuerungsinstrument erweisen. *Regionalpolitik*

Im Widerspruch zu den sozialen und bevölkerungspolitischen Zielen, die mit der Entwicklung der Aquakultur verbunden sind, steht eine Genehmigung des norwegischen Fischereiministeriums, das dem Unternehmen *Gigante A/S* an der Küste von Helgeland in Nordnorwegen gestattet hat, die **größte Lachsfarm der Welt** zu errichten. Zehn Kilometer von der Küste entfernt liegt eine Anlage, die etwa 30mal so groß wie eine normale Zuchtanlage ist. Die Betreiber verweisen darauf, dass die Baukosten niedriger seien als bei herkömmlichen Anlagen, die Fische verfügten über mehr Platz, seien somit weniger gestresst. Die Lage draußen im Meer sei günstig, weil große Wassermengen durch das Gehege strömten und sich unter der Anlage keine Abfallstoffe sammelten, die Krankheitserregern als Nährstoff dienten. Ferner halte die Lachsfarm den rauen Witterungsbedingungen in der Nordsee stand und könne im Notfall umgehend an einen anderen Ort transportiert werden. *immer mehr Fischfarmen*

Inzwischen steht der boomende Wirtschaftszweig mit seinen rund 1.000 Fischfarmen neuen Herausforderungen gegenüber. In der *Stolt Sea Farm* in Hordaland durchgeführte Versuche haben gezeigt, dass bei Lachsen, die dem Halogenlicht ausgesetzt wurden, die Effektivität der Futteraufnahme deutlich gesteigert werden konnte.

Die Tiere legen schneller an Gewicht zu, so dass Qualität, Gewicht und Schlachttermin noch kalkulierbarer werden. Lachs und Luxus passen in Zukunft noch weniger zueinander. Die Kritiker der Massentierhaltung sehen im Zuchtlachs nur noch das „Mastschwein der Meere".

Walfang

Svend Foyn

Der Walfang hat in Norwegen Tradition. Als der Reeder *Svend Foyn* aus Tønsberg 1868 eine Harpune entwickelt hatte, die mit einer Kanone in die Walkörper geschossen wurde, und er spezielle Dampfschiffe für den Walfang hatte bauen lassen, begann die Jagd auf die Giganten der Meere in großem Stil, zumal die alten Fangtechniken ungeeignet waren, wenn die bis zu 27 m langen und wendigen Finnwale erlegt werden sollten.

In den 1930er Jahren waren die Norweger weltweit die führende Walfangnation, die letzten beiden Landstationen im Westen und Norden des Landes wurden vor etwa zwei Jahrzehnten aufgegeben. Die Jagd auf große Wale hatte man 1971 offiziell beendet, da sich Walfang nicht mehr lohnte; viele Arten waren längst schon von der Ausrottung bedroht.

Bis zum Walfangstopp, der nach einem Beschluss der Internationalen Walfangkommission *(IWC)* 1986 in Kraft trat, wurden von norwegischen Fischern Zwergwale im Nordatlantik nach einer festgelegten Quote erlegt, 1983 zum Beispiel knapp 1.900 Exemplare.

sture Norweger?

In der letzten Zeit sorgt die norwegische Haltung in der Frage des Walfangverbots für internationales Aufsehen. Seit dem Auslaufen des von der *IWC* verfügten Walfangstopps 1990 muss jedes Jahr neu über den kommerziellen Walfang abgestimmt werden. Dabei erweisen sich Norwegen und Japan als Hardliner, die die Bestände des Zwergwals in Antarktis und Nordatlantik, die sich hinreichend erholt hätten, jagen wollen. Der Zwergwal, auch *Minkwal* genannt, gehört zu den kleinsten Exemplaren innerhalb der Familie der Großwale und wird bis ca. 10 m lang und bis zu 9 Tonnen schwer. Er lebt in den kälteren Gewässern der Weltmeere als Einzelgänger oder in Kleingruppen von zwei bis drei Tieren.

fragwürdige Schätzungen

Unter dem Deckmantel wissenschaftlicher Forschung hat Japan trotz Fangverbots in 6 Jahren fast 7.000 Wale erlegt. Das Fleisch des Zwergwals bringt hohe Preise, da es in Japan als Delikatesse gilt. 1991 entschied die norwegische Regierung, in den folgenden drei Jahren etwa 400 Zwergwale zu Forschungszwecken zum Fang freizugeben. Diese Position wurde ein Jahr später von norwegischer Seite dahingehend abgeändert, dass man beschloss, den kommerziellen **Zwergwalfang ab 1993** wieder aufzunehmen. Grundlage des Beschlusses der Regierung waren Schätzungen des Wissenschaftsausschusses der *IWC* über den Bestand der Wale, der bei rund 86.000 Exemplaren im Nordostatlantik gelegen haben soll. Doch diese Hochrechnungen sind Zahlen mit erheblichen Ungenauigkeiten, denn die auf Sichtungsfahrten beobachteten Wale werden nicht selten mehrfach gezählt. Außerdem werden die registrierten Wale mit einem Faktor multipliziert, um auch die nicht erfassten Meeressäuger zu berücksichtigen.

Warum beharren die Norweger auf ihrer Walpolitik, mit der sie den Rest der Welt gegen sich aufbringen, zumal der Walfang ökonomisch mehr als unbedeutend ist? Von norwegischer Seite wird argumentiert, nicht die Frage des Überlebens der heimischen Küstenbevölkerung sei für den Standpunkt in dieser Angelegenheit maßgebend, sondern es komme darauf an, mit den gesamten Ressourcen auf eine ganzheitliche Weise hauszuhalten.

Wenn ein wachsender Wal- und Robbenbestand sich von Fisch ernähre, werde das ökologische Gleichgewicht des Meeres gestört. Jeder Zwergwal verzehre täglich etwa drei Kilo Kabeljau, ca. eine Tonne pro Jahr, also 80.000-90.000 Tonnen jährlich. Das ist ein Viertel der gesamten jährlichen Kabeljau-Quote in der Barentssee. Der Wal ist somit Konkurrent des Menschen um den Kabeljau.

Walfangflotte in Honningsvåg

In der norwegischen Öffentlichkeit fand der Beschluss der Regierung, den Zwergwalfang erneut aufzunehmen, breite Zustimmung. Die Regierung hätte allerdings eine wirkungsvollere internationale Öffentlichkeitsarbeit leisten müssen, um zu verdeutlichen, dass Walfang wissenschaftlich notwendig ist und die angewachsenen Zwergwalbestände einen Abschuss von jährlich 1.500 bis 2.000 Tieren zulassen. Verständnis zeigen auch die beiden großen Naturschutzorganisationen Norwegens, der Norwegische Naturschutzverband und *Bellona*. Der Leiter der Organisation *Bellona* meint:

„Wir richten uns danach, was der Wissenschaftsausschuss der IWC als Fanggrundlage angibt. Unserer Meinung nach bricht Norwegen durch die Wiederaufnahme des kommerziellen Walfangs weder internationale Regeln, noch wird die Autorität der IWC untergraben."

Zustimmung

Inzwischen hat auch König *Harald* den norwegischen Zwergwalfang verteidigt. Die Wiederaufnahme zu erlauben, sei keine Frage des Umweltschutzes, da norwegische und ausländische Wissenschaftler zu dem Schluss gekommen seien, dass der Zwergwal keine bedrohte Art sei und deswegen gejagt werden dürfe. 1998 wurden 570 Zwergwale von norwegischen Fischern erlegt, für 2002 hat Norwe-

eine königliche Angelegenheit

gen eigenmächtig eine Fangquote von 671 Minkwalen festgelegt. Innerhalb der EU wurde die Entscheidung Norwegens im Sommer 2002 Walfleisch nach Island zu exportieren als Provokation aufgefasst.

Gegen-argumente

Kein Verständnis für Norwegens Walpolitik zeigen der *World Wildlife Fund (WWF)* und *Greenpeace*, die einen sofortigen und totalen Fangstopp als einzige Chance für die Meeressäuger sehen. Die Zwergwalpopulation im Atlantik habe nach dem Zweiten Weltkrieg drastisch abgenommen und sich bis heute nicht erholt. Die Hochrechnungen seien nichts als Zahlenspielereien. Die wirtschaftliche Not kleinerer Küstenfischer in Norwegen sei das Ergebnis effizienter Hochseefischerei und nicht die Folge des Walfangverbots. Für die rückläufigen Fischbestände seien nicht die Wale, sondern zu hohe Fangquoten für die Fischindustrie verantwortlich.

Subventionierte Landwirtschaft

kein Gunst-raum?

Von der Natur her ist Norwegen alles andere als ein ideales Agrarland. Riesige Flächen mit Gebirgen und Wildnis eignen sich nicht zur Besiedlung. Als eines der gebirgigsten Länder Europas, dessen durchschnittliche Höhe über dem Meeresspiegel bei etwa 500 m liegt, bietet es seinen Bewohnern **auf nur 3 Prozent des Landesterrains landwirtschaftliche Nutzfläche**. Auch wenn die verschiedenen Regionen sich hinsichtlich Klima und Topographie deutlich voneinander unterscheiden, so gilt doch grundsätzlich, dass die Winter zu lang und die Sommer zu kurz sind. Dennoch konnten Menschen über Jahrhunderte am Rande Europas siedeln und sich vom Lande ernähren.

Die wichtigsten Landbauregionen sind die Ebenen um den *Oslofjord*, einige Beckenlandschaften im *Ostland*, das *Trondheimfjordgebiet* sowie die *Jæren-Ebene* südlich der Stadt Stavanger. Die ackerbaulich nutzbaren Böden sind vor allem Ablagerungen aus Sand, Kies und Ton, Verwitterungsböden von Sedimentgesteinen oder Moränenmaterialien. Oft jedoch begrenzen die klimatischen Verhältnisse die Nutzbarkeit der Kulturflächen. Im Inneren Ostnorwegens betreibt man Landwirtschaft bis zu 700 m Höhe; im Küstenbereich mildert die warme Atlantikströmung, die im Winter die Wassertemperatur selten unter 5 °C absinken lässt, das Klima beträchtlich.

relative Klimagunst

In den inneren Fjordgebieten des Westlandes wird aufgrund der klimatischen Ausnahmesituation intensiv **Obst- und Gemüseanbau** betrieben, und zwar in Gegenden, deren Breitenlage der von Südgrönland entspricht. Entlang der Küste ist **bis weit in den Norden Landwirtschaft möglich**, oft nur noch in Kombination mit der Fischerei. Schwankende Witterungsabläufe beeinträchtigen nicht selten die Heu-, Kartoffel- oder Gemüseernte und zeigen dem Menschen die Grenzen agrarer Nutzungsmöglichkeiten auf.

Gegenwärtig sind 5 Prozent der erwerbstätigen Bevölkerung direkt in der Landwirtschaft beschäftigt. Da jeder Landwirt für zwei bis drei Arbeitsplätze in anderen Bereichen sorgt, ist die Landwirtschaft für den norwegischen Arbeitsmarkt

4. Wirtschaft

von großer Bedeutung. Der **Trend zu größeren Einheiten und verstärkter Mechanisierung** zeigt sich allerdings auch in Norwegen. Die Anzahl der Höfe mit über 2 ha Fläche, die im Jahre 1950 noch bei 225.000 lag, hat sich bis 1990 auf 85.000 Betriebe verringert. **Klein- und Kleinsthöfe** sind ein wesentliches Merkmal der

Landwirtschaft bei Voss/Westnorwegen

norwegischen Agrarwirtschaft; etwa die Hälfte aller Höfe verfügt über weniger als 5 ha bebauter Fläche. Es sind zumeist Familienbetriebe, die nicht auf ein Produkt spezialisiert sind.

kleine Betriebe

Die **Getreideproduktion** in Ostnorwegen auf größeren Flächen (die im internationalen Vergleich allerdings auch als klein anzusehen sind) stellt eine Ausnahme dar. Nie konnte Norwegen seinen Getreidebedarf decken. Beim Brotgetreide erreicht man heute einen Deckungsgrad von etwa 30 Prozent, mit Futtergetreide versorgt sich das Land weitgehend selbst. Die Erzeugung von **Milch** und **Milchprodukten** erfolgt über das ganze Land verteilt und ist ein Grundpfeiler der vorwiegend auf die Viehzucht ausgerichteten Landwirtschaft. Die Erzeugung von **Rind-**, **Schweine-**, **Schaffleisch** und **Geflügel** deckt ebenso die Binnennachfrage wie die Milchproduktion.

Da viele norwegische Betriebe eine Familie nicht ernähren können, sind Nebeneinnahmen unabdingbar. Häufig betreibt man eine **Nischenproduktion**, indem man Wild aufzieht, Pelztiere im Nebenerwerb züchtet, Honig produziert, traditionelle bäuerliche Kunst- und Gebrauchsartikel herstellt oder Ferien auf dem Bauernhof anbietet.

Nebenerwerb

Wer durch die Agrarlandschaften Norwegens fährt, gewinnt schnell den Eindruck einer Übermechanisierung der kleinen Familienbetriebe, die gemäß traditioneller Erbfolge an das älteste Kind übergehen, ein Erbrecht, das seit 1965 auch für die Töchter gilt.

Norwegens Landwirtschaft ist hoch subventioniert. Mitte der 1970er Jahre beschloss das norwegische Parlament Maßnahmen zur Unterstützung dieses Wirtschaftszweiges, die den Beschäftigten gleiche wirtschaftliche und soziale Bedingungen gewähren wie den in der Industrie Tätigen.

Subventionen

Ein Landwirt soll ein durchschnittliches Industriearbeitereinkommen erzielen können, nach 14 Karenztagen steht ihm ein staatliches Krankengeld zu; eine Ablöse-
regelung ermöglicht den Landwirten ferner, Urlaub zu machen. Zu den Zielset-
zungen der Agrarpolitik gehört neben einem höchstmöglichen Grad an Eigenver-
sorgung mit Lebensmitteln auch die Beibehaltung einer dezentralen Siedlungsstruktur, so dass die kleinsten landwirtschaftlichen Betriebe in naturräumlich
benachteiligten Regionen die relativ höchsten Beihilfen erhalten.

Strikte Importbegrenzungen und marktregulierende Maßnahmen sind die Überle-
bensversicherung des norwegischen Agrarmarktes; Importausnahmen werden zeitweilig vor allem für verschiedene Obst- und Gemüsesorten gemacht.

Kritik Kritiker der norwegischen Landwirtschaftspolitik fordern mehr Marktorientie-
rung und weniger öffentliche Subventionen, zumal die allgemeine wirtschaftliche
Internationalisierung auch Norwegens Landwirtschaft verändern wird. Vor Jahren
bereits hat die Regierung dem norwegischen Parlament einen neuen Kurs in der
Landwirtschaft vorgeschlagen, demzufolge das Einkommen eines Bauern nicht
mehr dem Durchschnittseinkommen eines Industriearbeiters entsprechen muss.

Außerdem soll es in Norwegen weniger getreideproduzierende Landwirte geben.
Die Produktion von Nahrungsmitteln, so die Regierung, müsse nicht teurer sein
als in den Ländern, mit denen man Handel treibe. Der einzelne Bauer werde
weniger direkte Subventionen bekommen, statt dessen werden die Zuschüsse in
Abhängigkeit von der Größe der Höfe und ihrer Lage im Lande gewährt.

5. GESELLSCHAFTLICHER ÜBERBLICK

Bevölkerung und Siedlungsstruktur

Rund 4,5 Millionen Menschen leben gegenwärtig in Norwegen, das sind nur 14 Einwohner pro km², die sich sehr ungleichmäßig über das Land verteilen. So ist die Bevölkerungsdichte um den Oslofjord etwa hundertmal höher als im nördlichen Finnmark. Neben der Hauptstadtregion weisen das westliche Rogaland und das Gebiet um Trondheim die größten Bevölkerungskonzentrationen auf. Die Nähe zur Küste als Lebens- und Wirtschaftsraum zeigt sich darin, dass 4/5 der Gesamtbevölkerung nicht weiter als 15 km von ihr entfernt wohnen.

menschenleerer Norden

Der bevölkerungsgeographisch bedeutende Gegensatz zwischen der Hauptstadtregion im Süden und dem spärlich besiedelten Nordnorwegen wird an folgenden Zahlen deutlich: In den Nordprovinzen Finnmark, Troms und Nordland leben auf etwa einem Drittel der Landesfläche, einem größeren Gebiet als der ehemaligen DDR, mit rund 460.000 (2001) Bewohnern ebenso viele Menschen wie in Oslo, darunter rund 30.000 Samen (s. S. 79) und einige tausend einst aus Finnland eingewanderte Kwänen.

Die jüngere Entwicklung der norwegischen Bevölkerung kennzeichnen folgende Merkmale:
* ein sehr langsames Wachstum der Bevölkerung;
* die Altersstruktur wird zunehmend ungünstiger, so dass die Versorgungslast der Gesellschaft immer größer wird. Gegenwärtig sind 14 % der Bevölkerung älter als 67 Jahre, immer mehr Norweger werden über 80 Jahre alt. Die durchschnittliche Lebenserwartung der Männer liegt inzwischen bei gut 73, für die Frauen bei rund 80 Jahren.
* eine umfassende räumliche und soziale Mobilität, die zur Konzentration der Menschen in wenigen Intensivräumen führte;
* nach 1970 ein Einwanderungsüberschuss, der für das Wachstum der norwegischen Bevölkerung bedeutsam war.

kein Einwanderungsland

Da Norwegen nicht zum Einwanderungsland werden wollte, beschloss man 1975 einen Einwanderungsstopp. Ausnahmeregelungen führten jedoch dazu, dass Familien zusammengeführt und dass Fachkräfte, die dringend in der Ölindustrie gebraucht wurden, aus den USA und England ins Land geholt wurden. Ferner wurde eine begrenzte Anzahl politisch Verfolgter aufgenommen, so dass rund 260.000 Ausländer (2000) in Norwegen leben, wenn man die Dänen, Schweden und Finnen nicht mit berücksichtigt, da sie sich im Rahmen des gemeinsamen skandinavischen Arbeitsmarktes frei bewegen und überall im Norden einen Job annehmen können. In Oslo sind inzwischen 11 % der Bevölkerung ausländischer Herkunft.

strenge Asylgesetze

Politisches Asyl kann in Norwegen nur erhalten, wer sich in Norwegen aufhält oder an die norwegische Grenze gekommen ist, sofern er nicht in Deutschland

5. Gesellschaftlicher Überblick

Einsame Fischersiedlung in Nordnorwegen

oder in einem anderen westeuropäischen Land schon um politisches Asyl ersucht hat. Eine begrenzte Anzahl schwierig gestellter Flüchtlinge nimmt das Land auf Antrag der Vereinten Nationen auf. Einreisegenehmigungen werden aber nur auf der Grundlage der jährlich vom norwegischen Parlament festgesetzten finanziellen Mittel genehmigt.

Eine mindestens ebenso große Herausforderung wie die Integration der Ausländer in die norwegische Gesellschaft ist es, die spärliche Besiedlung der ausgedehnten und unwirtlichen Räume aufrecht zu erhalten und den Menschen einen angemessenen Lebensstandard zu gewährleisten. Über Jahrzehnte wanderten vorwiegend junge Menschen aus dem hohen Norden in die Regional- und Landeszentren sowie in die Oslo-Region. Eine weit über dem Landesdurchschnitt liegende Geburtenrate verhinderte die Entvölkerung des Nordens, in dem die Bewohner ein hartes Leben führen.

Acht Monate Winter, fast drei Monate Polarnacht, Kälte, höhere Preise als im Landessüden wegen der Transportkosten, Unterbeschäftigung und hohe Arbeitslosigkeit sowie der Bedeutungsrückgang von Landwirtschaft und Fischerei sind die äußeren Bedingungen in einem Raum, in dem die Lebenserwartung der Menschen geringer ist als in Gesamtnorwegen.

Für Aufsehen sorgte vor Jahren eine Zeitungsanzeige, in der die 300 Einwohner der Gemeinde *Bugøynes* in Ost-Finnmark komplett vorzugsweise nach Südnorwegen umziehen wollten. Der Konkurs der einzigen Fischfabrik am Ort ließ die Arbeitslosigkeit auf über 40 % ansteigen. Aufgrund des stark ausgeprägten Gefühls der Zusammengehörigkeit beschloss die Gemeinschaft, nur gemeinsam einen Ortswechsel vorzunehmen, alle Rentner und die 50 Kinder eingeschlossen.

wichtiges Gleichheitsprinzip

Dass es vielen Fischern in den nördlichen Küstenprovinzen dennoch deutlich besser geht als ihren Kollegen in anderen europäischen Ländern, verdanken sie den umfangreichen Subventionen des Staates. Die Umverteilung aus den Aktivräumen im Landessüden in den Norden und auf die ländlichen Gebiete ist immens. Zwar sind die räumlichen Ungleichgewichte in Norwegen keineswegs beseitigt, doch scheinen sie in den letzten Jahren geringer geworden zu sein. **Das Prinzip der Gleichheit soll in die räumliche Dimension übertragen werden.**

Die Samen (Lappen)

Sie sind norwegische Mitbürger und doch ethnische Minorität und ein Volk für sich. Gemeint sind die **Samen**, eher bekannt unter der Bezeichnung 'Lappen', die für sie jedoch negativ besetzt ist. Die Norweger sprechen oft von den *finner*, wenn sie die von vielen als exotisch empfundene Minderheit meinen, die man meist nur aus den Medien kennt.

Eine genaue Abgrenzung des Lebensraumes der Samen ist schwierig, da die statistischen Methoden der Staaten Norwegen, Schweden, Finnland und Russland zur Erfassung von Anzahl und Verbreitung der Samen nicht einheitlich sind. Generell reichen die samischen Gebiete in Norwegen bis hinunter nach Hedmark und in Schweden südwärts bis weit nach Dalarna, nach Norden und Osten erstreckt sich der Wohn- und Wirtschaftsraum der Minorität bis *Utsjoki* in Finnland, *Varanger* in Norwegen und zur russischen Halbinsel Kola. Schätzungen zur Anzahl der Samen schwanken in der Literatur zwischen 50.000 und 70.000. **In Norwegen geht man von einer Bevölkerungszahl von 30.000 bis zu 45.000 Samen aus, wobei etwa die Hälfte in der Provinz Finnmark lebt**. Auf rund 15.000 Samen schätzt man ihre Zahl in Nordschweden, während in Finnland etwa 5.000 und in Russland 2.000 Menschen der samischen Minderheit angehören.

Lebens-raum

Anzahl

Nach norwegischer Definition gilt man als Same, wenn man sich der Minorität zurechnet und Samisch als Muttersprache spricht oder Eltern oder Großeltern das Samische als Muttersprache haben.

Nicht alle Fragen zur Herkunft und ethnischen Einordnung der Lappen sind heute beantwortet. Eine häufig in der Literatur vertretene Auffassung geht davon aus, dass sie als **alteuropide Bevölkerung vor rund 12.000 Jahren in Nordeurasien zwischen Nordskandinavien und Ostsibirien** lebten. Die alte Jäger- und Fischerbevölkerung wurde im Laufe der Zeit von mongoliden Gruppen, die aus Süden vordrangen, rassisch überlagert, was jedoch nicht für die Samen am Rande des Siedlungsraumes zutraf. Dass sie aufgrund ihrer harten Lebensbedingungen und einseitiger Ernährung einer vererbbaren Verzwergung ausgesetzt waren, ist in der anthropologischen Lappen-/Samenforschung lange Zeit als Beleg für die Verwandtschaft von Samen und Mongolen angesehen worden. Blutgruppenuntersuchungen haben diese Auffassung jedoch widerlegt.

Herkunft

In ethnischer Hinsicht lassen sich dagegen die Ost- von den Westlappen abgrenzen. Als Rentierjäger, so nimmt man an, folgten sie den Renherden in verschiedenen Etappen von Osten her nach Finnland, an die Eismeerküste und ins fennoskandische Inland. Archäologische Funde aus der Bronzezeit (1500-500 v.Chr.), die dem Küstenbereich von Finnmark und Kola entstammen, werden den Lappen zugeordnet.

Noch nach der Zeitenwende lebten die Lappen keineswegs nur im hohen Norden, sondern trafen in Süd- und Mittelfinnland mit dort einwandernden finno-

5. Gesellschaftlicher Überblick

ugrischen und nordgermanischen Stämmen zusammen. Vor der Wikingerzeit hielten sich die Samen nicht mehr in Südwestfinnland auf, während sie bis ins 14. Jahrhundert am Ladogasee und im 17. Jahrhundert im südlichen Ostfinnland anzutreffen waren.

ihre Sprache Die Sprache der Samen gehört zum finno-ugrischen Zweig und ist mit dem Finnischen, Estnischen und Ungarischen verwandt. Genau genommen gibt es nicht die samische Sprache, sondern mindestens drei verschiedene, nämlich Süd-, Ost- und Zentralsamisch, die an keine Staatsgrenze gebunden sind. Zentralsamisch lässt sich wiederum in ein Nord-, Lule- und Pitesamisch untergliedern.

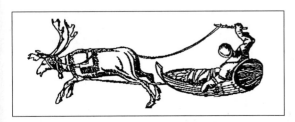

In den drei nördlichsten Provinzen Norwegens sprechen die meisten Samen Nordsamisch, in dem ein großer Teil der veröffentlichten Literatur abgefasst ist und das eine Rechtschreibung aufweist, die von norwegischen und schwedischen Samen akzeptiert worden ist. Die Sprachen der Samen sind reich an Wörtern aus dem Umfeld von Jagd, Fischerei und Rentierwirtschaft, über Kulturkontakte mit norwegischen Bauern gelangten aber auch viele Lehnwörter aus dem landwirtschaftlichen Bereich in urnordischer Zeit ins Samische. Die Übernahme des Finnischen soll bis etwa 600 n.Chr. erfolgt sein. *H. Bronny*, der sich intensiv mit den Samen beschäftigt hat, meint:

„*Die Übernahme des Finnischen – als Sprache des benachbarten, kulturell überlegenen Volkes – ist daraus zu erklären, dass die von allen Lappengruppen und den Finnen überall in Finnland und in Nordskandinavien ausgeübte Pelztierjagd und der sich daraus entwickelte Handel eine gemeinsame Sprache notwendig machten.*"

Besteuerung und Ausbeutung Zu ihren nordischen Nachbarn, die besser bewaffnet und organisiert waren, gerieten die Samen früh in ein Verhältnis der Abhängigkeit. Aus dem Tauschhandel mit Pelzen entwickelte sich eine erpresserische Besteuerung der Samen, indem Steuereintreiber die einzelnen Gebiete unter sich aufteilten. Aus der Wikingerzeit (Ende des 9. Jh.) ist der Bericht eines Großbauern namens *Ottar* an König *Alfred von England* bekannt. Dieser in Nordnorwegen ansässige *Ottar* kontrollierte die Samen seiner Umgebung und erhob Naturalsteuern. Wohlhabendere Samen mussten nach seinen Angaben 15 Marderfelle, 5 Rentiere, ein Bärenfell, 10 Eimer Federn, einen Mantel aus Bären- oder Otterfell sowie zwei sechzig Ellen lange Schiffsseile abliefern.

Steuern an drei Länder Vor dem 11. Jahrhundert schickten bereits die norwegischen Könige ihre Steuereintreiber bis in den Kola-Raum. Im Mittelalter kam es zu heftigen Auseinandersetzungen um das Recht der Besteuerung der Samen zwischen Dänemark/Norwegen, Schweden/Finnland und Russland/Karelien. Da die Staatsgrenzen im Norden nicht festgelegt waren (zwischen Norwegen und Schweden 1751, zwischen Norwegen und Russland erst 1826), hatten die Samen bisweilen an drei verschiedene Länder Steuern zu entrichten. Mit der Besteuerung durch die Staaten, die häufig einer Versklavung der Samen gleichkam, wuchsen auch die territorialen Ansprüche gegenüber den Samengruppen.

> **INFO** **Die Samen und das Ren**
>
> Leben, Wirtschaftsweise und Kultur der Samen wurden über Jahrtausende von den Lebensgewohnheiten des Ren bestimmt. Die Berglappen folgten noch bis vor wenigen Jahrzehnten als Nomaden dem natürlichen Wandertrieb der Bergrene, die bis zu 800 km jährlich zurücklegen. Die Wanderung von Weideplatz zu Weideplatz folgt einem festen Rhythmus, der vom Futterbedarf des Rens zu verschiedenen Jahreszeiten abhängig ist. Mit Elch und Rotwild verwandt, ist das Ren im Unterschied zu diesen ein Herdentier, das neben Lappland in Sibirien und Kanada zu finden ist. Für die Samen ist außer dem Bergren das ortstreue Waldren bedeutsam, das etwas schlanker ist und mit einer Höhe von 1,30 m ein wenig größer als das Bergren wird.
>
>
>
> *Same mit Rentieren in der Provinz Finnmark*
>
> Im 16. Jahrhundert gingen die Samen allmählich von der Jagd auf wilde Rene zur Rentierhaltung über. Die Haltung des Ren erfordert einen nur geringen Kostenaufwand, da es in idealer Weise die Pflanzen und Flechten im arktischen und subarktischen Raum nutzt. So halten sich die Tiere im Winter dort auf, wo sie sich durch die Schneedecke an die Flechten herangraben können. Eine verharschte Schneedecke kann aber einen reichen Rentierbesitzer innerhalb weniger Tage zu einem armen Mann machen.
>
> Damit das Ren Flechten und Moose aufnehmen kann, müssen diese feucht sein. Bis zu 8 kg Futter (Trockengewicht) benötigt ein ausgewachsenes Tier am Tag. Da die Flechten extrem langsam wachsen, müssen die Weidegebiete der Rene flächenmäßig groß sein. Einst lieferte das Ren den Samen Fleisch und Milch, das Fell wurde zu Kleidungsstücken verarbeitet, aus Sehnen, Horn und Knochen gewann man z.B. Nähfäden, Lassoringe, Löffel und Ahlen, so dass das Ren mit Haut, Huf und Haar genutzt wurde und einer Familie fast alles gab, was sie zum Leben benötigte. Kräftige Tiere zogen im Winter den Schlitten, im Sommer wurden sie als Lasttiere eingesetzt. Heute geht es nur noch um ein Ziel bei der Rentierzucht: die Fleischproduktion.

Im Mittelalter entwickelte sich allmählich aus der Rentierjagd die Rentierhaltung. Als die Samen Wildrene mit dem Gewehr erlegten, führte dieses Vorgehen zum Aussterben der Tiere in ihrem Lebensraum. In Südnorwegen gibt es heute noch einige tausend Wildrene. Im 17. Jahrhundert hat sich in vielen Gebieten im Norden die Rentierhaltung als Haupterwerbszweig durchgesetzt, wie sie die nomadisierenden Berg-Samen noch bis vor wenigen Jahrzehnten betrieben.

Träger der Kultur

Nachdem im 16./17. Jahrhundert christliche Missionare vehement die Naturreligion der Samen, in der Schamanismus und Bärenkult eine bedeutende Rolle spielten, bekämpften, kam der Rentierzucht als Hauptträger samischer Kulturtradition eine besondere Bedeutung zu. **Auch heute sind die 7 Prozent der samischen Bevölkerung Norwegens, die noch Rentierzucht betreiben, diejenigen, die sich auf die alten Traditionen besinnen und gegen den eigenen Identitätsverlust engagiert angehen.**

Die meisten Samen arbeiten also außerhalb der Rentierzucht in vielen verschiedenen Berufen, relativ schwach sind sie jedoch im Dienstleistungssektor vertreten. Ihre Verbundenheit mit der eigenen Kultur ist unterschiedlich ausgeprägt und reicht von völliger Identifikation mit der ethnischen Minderheit bis zur völligen Anpassung an die norwegische Bevölkerungsmehrheit.

Rentier-zucht heute

In den letzten Jahren hat der Modernisierungsdruck die Rentierhaltung grundlegend verändert, so dass möglicherweise ihre führende Rolle bedroht ist, wenn es gilt, samische Kultur und Identität zu wahren. Heute ist die extensiv betriebene **Rentierzucht ein kapitalintensiver Wirtschaftszweig,** in dem es ausschließlich um Fleischproduktion geht. Moderne Technologie macht es möglich, dass die Tiere in großen Herden ohne ständige Aufsicht gehalten werden können. Oft schließen sich Rentierhalter zusammen, um sich technischer Hilfsmittel wie Hubschrauber, Geländewagen, Schneemobile oder Funk und Datenverarbeitung zu bedienen. Statt in Stangenbogenzelten wohnen die Berglappen den überwiegenden Teil des Jahres in modernen Wohnsiedlungen.

Der **Druck auf den Lebens- und Wirtschaftsraum der Samen** hat deutlich zugenommen, denn neben der Überweidung lassen andere Nutzungen wie Tourismus, Straßenbau, Land- und Forstwirtschaft, militärische Interessen und der Ausbau der Wasserkraft zur Energiegewinnung die Weideflächen schrumpfen. Die Interessen der nordeuropäischen Wohlstandsstaaten reichen bis weit in den hohen Norden, auf den man als Ergänzungsraum nicht verzichten will. Flächennutzungskonflikte, die vor Gericht ausgetragen wurden, gingen in der Vergangenheit meistens zuungunsten der Samen aus.

Konflikte

In einem auf schwedischer Seite über fast zwei Jahrzehnte geführten Musterprozess, in dem die Samen ein Eigentumsrecht für ihre alten Siedlungsgebiete auf einer Fläche von 16.000 Quadratkilometern beanspruchten, bestätigte man den Renhirten zwar Nutzungsrechte, aber kein privates Eigentum an Land und Wasser. Zu einem Symbol für den entschlossenen Kampf norwegischer Samen gegen erzwungene Veränderungen ihres Lebens- und Wirtschaftsraumes wurde der Ausbau der Wasserkraft in Westfinnmark nördlich von *Masi*. Nach heftigen Protesten erzielten die Samen insofern einen Teilerfolg, als das Großprojekt mit einem niedrigeren Damm verwirklicht wurde. Dennoch hatte sich die Zentralregierung in Oslo wieder einmal zu Lasten der rentierzüchtenden Minderheit durchgesetzt.

Im Frühjahr 1986 stellte die **Kernkraftkatastrophe von *Tschernobyl*** mit einem Schlag die Zukunft der Rentierwirtschaft in Frage, denn die Weidepflanzen und Flechten waren in manchen Regionen hoch radioaktiv belastet. Dennoch waren die Folgen für die Rentierwirtschaft in Norwegen nicht so schwerwiegend wie im Nachbarland Schweden, wenngleich in der Schlachtsaison von September bis März 1986/87 fast 20.000 Tiere wegen hoher Cäsiumwerte vom Markt genommen werden mussten. 1989 lagen noch immer 95 % der radioaktiven Niederschläge in Norwegen in den obersten Erdschichten. Saure Niederschläge und andere Verwitterungsvorgänge in der Natur könnten in den kommenden Jahren den Umsatz der *Tschernobyl*-Niederschläge in der Nahrungskette noch vermehren.

Tschernobyl und die Folgen

Nach Jahrhunderten der Unterdrückung, die aus den scheinbar unzivilisierten Samen „gute" Skandinavier machen sollte, fördern die nordischen Staaten seit drei Jahrzehnten eine Politik, die die samische Kultur als Bestandteil eines gemeinsamen Kulturerbes versteht. Ohne ihr neues Selbstbewusstsein, ohne ihr politisches Engagement – auch auf internationaler Ebene – hätte die samische Bevölkerung Norwegens nicht erreicht, dass 1989 das **„*Sameting*", das Parlament der Samen in *Karasjok***, eingerichtet worden ist. In diesem gewählten, ratgebenden Organ der norwegischen Samen sitzen 39 Vertreter aus 13 Wahlkreisen.

gemeinsames Kulturerbe

Als Institution, die der öffentlichen Verwaltung unterstellt ist und nur Empfehlungen aussprechen kann, ist das *Sameting* jedoch kein echtes Parlament. Folglich verlangen die Samen, die sich als Urbevölkerung des Nordens sehen, mehr Rechte. Sie fordern angesichts der Notlage der Seesamen eine eigene Fischereizone vor der Küste Nordnorwegens und das Nutzungsrecht auf über- und unterirdische Ressourcen in samischen Gebieten.

Urbevölkerung des Nordens

Der Präsident des Samenparlaments beruft sich auf das internationale Völkerrecht und stellte im Herbst 1992 fest, dass die Urbevölkerungen in anderen Ländern, so etwa die Indianer Brasiliens und Venezuelas, weiter gekommen seien als die norwegischen Samen, was die Rechte an den natürlichen Ressourcen anbetrifft. Lange wird man den norwegischen Samen einen wirklichen Einfluss auf den höchsten Ebenen des politischen Systems wohl nicht vorenthalten können.

Buchtipp
J. Turi, Erzählung vom Leben der Lappen, Frankfurt/M 1992

Der Wohlfahrts- und Sozialstaat

Die Nordischen Länder gehören heute zu den führenden Wohlfahrtsgesellschaften der Erde. Jahrzehnte galt **Schweden** vielen **als internationales Vorbild**, das für einen goldenen Mittelweg zwischen kapitalistischer Produktion und sozialistischer Umverteilung stand.

Vorbild Schweden

Den übergeordneten Zielen der Gleichheit und Solidarität verpflichtet, errichteten die Schweden einen über extrem hohe Abgaben finanzierten Wohlfahrts- und Sozialstaat, an dem sich die Norweger jahrelang orientierten, ohne das schwedische Vorbild vollständig zu kopieren. Während der schwedische Wohlfahrtsstaat schon lange an seine Grenzen gestoßen ist und viele Sozialleistungen eingeschränkt werden müssen, kann sich Norwegen mit seinen Öl- und Gaseinnahmen eine überaus großzügige **Subventionspolitik** leisten und Gelder in den Wohlfahrtsstaat pumpen.

Solidarität

Norwegens **Landwirte** sind die höchstsubventionierten der Welt, da wird die Furcht vor einer EU-Mitgliedschaft verständlich. Auch die **Fischereiwirtschaft** erhält reichlich Subventionen; zwei Drittel des Landes, Nordnorwegen und die meisten Küstenregionen, könnten ohne regionalpolitische Fördermittel kaum existieren. Selbst die **Forstwirtschaft** empfängt Investitionshilfen, der Bau von Schiffen und Fischerbooten wird bezuschusst. Die ungeheure Last des Raumes und der Entfernungen erfordert die Solidarität der städtischen Regionen des Südens und die Solidarität des norwegischen Steuerzahlers. Denn trotz sprudelnder Ölquellen ist die steuerliche Belastung des einzelnen beträchtlich.

Nach der letzten **Steuerreform** hat zwar der größte Teil der Bevölkerung von einer Absenkung der Steuersätze profitiert, und diejenigen, die in der Vergangenheit hohe Schulden machten, um über Abschreibungen und Sonderregelungen kräftig Steuern einzusparen, zahlen nun höhere Abgaben, doch ist gleichzeitig auch die Grundlage des Steueraufkommens erheblich vergrößert worden. Die **Mehrwertsteuer** liegt inzwischen bei stolzen **23 Prozent**. Angesichts des immer noch beträchtlichen Steuerdrucks blüht die Schattenwirtschaft, werden Dienste gegen Dienste getauscht.

Arbeitgeber Staat

Der Ausbau des Wohlfahrtsstaates ließ den öffentlichen Sektor stark anschwellen. Mehr als zwei Drittel der Erwerbstätigen sind heute im tertiären Sektor beschäftigt: Fast 40 % der Beschäftigten sind im Bereich der öffentlichen, sozialen und privaten Dienstleistungen tätig. Viele Norweger arbeiten inzwischen im Bildungswesen, jeder zehnte im Gesundheitswesen, das vor allem Frauen Arbeitsplätze bietet. Ärzte und Krankenschwestern kommen inzwischen wegen der besseren Bezahlung aus dem Nachbarland Schweden nach Norwegen.

Der überwiegende Teil des **Gesundheitswesens**, finanziert durch eine obligatorische Mitgliedschaft in der staatlichen Sozialversicherung, liegt im Verantwortungsbereich der öffentlichen Hand. Ob mehr private Anbieter von ärztlichen Leistungen zugelassen werden sollten, wird gegenwärtig diskutiert. Wer einen Arzt aufsucht, zahlt wie in Schweden eine feste Gebühr. In den 1980er Jahren

5. Gesellschaftlicher Überblick

sind in Norwegen die Ausgaben für ärztliche Betreuung zurückgegangen, seit ein sog. „Freikartensystem" in Kraft trat. Danach übernimmt der Staat die Kosten für ärztliche Leistungen und lebensnotwendige Medikamente, die über einen Betrag von rund NOK 1.000 pro Jahr hinausgehen. Patienten, die nicht mehr im schulpflichtigen Alter sind, bezahlen zahnärztliche Behandlungen aus eigener Tasche.

In den letzten Jahren häufen sich die Probleme im Gesundheitswesen, dessen Verstaatlichung diskutiert wird, nachdem bisher die 19 Provinzialgemeinden die Verantwortung trugen. Gegenwärtig warten Patienten monatelang auf eine Operation, liegen auf den Korridoren der Krankenhäuser, so dass Patienten inzwischen zur Behandlung ins Ausland geschickt werden.

Das soziale Netz ist recht eng geknüpft. Alle Bürger haben Zugang zu umfassenden Leistungen, so dass die Zahlungen der Sozialversicherung, die einen Verdienst ersetzen, ermöglichen, den gewohnten Lebensstandard in etwa beizubehalten. Einig ist man sich in Norwegen, dass die Kosten für das Krankengeld und die Invaliditätsversicherung gekürzt werden müssen. So gibt es in einigen alten Arbeitervierteln Oslos Männer und Frauen über 40 Jahre, von denen jeder bzw. jede Dritte Frührentner ist. Erst mit 67 Jahren erreicht man in Norwegen das Rentenalter. Korrekturen im Rentensystem scheinen unausweichlich, da die Zahl der Menschen über 80 Jahre deutlich ansteigen wird. Eine sinkende Zahl Berufstätiger wird zukünftig immer mehr ältere Menschen mitversorgen müssen.

ein engmaschiges Netz

Die Osloer Universität

Trotz des Infragestellens bestimmter sozialer Maßnahmen und Praktiken gibt es in Norwegen eine breite allgemeine Zustimmung, dass der öffentliche Sektor eine besondere Verantwortung für Arme und Kranke, für Familien mit Kindern, alte Menschen und Behinderte hat. Wer sich nicht selbst versorgen kann, soll einen Mindestlebensstandard aufrecht erhalten können. Die Einkommen gleichmäßiger über den Lebenszyklus des einzelnen zu verteilen, die Unterschiede zwischen den sozialen Schichten zu verringern und jeden mit einem soliden Angebot an öffentlichen Dienstleistungen zu versorgen, sind immer noch die übergeordneten Ziele des norwegischen Sozialwesens.

Nicht immer ist es leicht für Frauen, Familie und Beruf zu vereinbaren, da die Plätze in Kindergärten und Kindertagesstätten nicht ausreichen. 74 % der norwe-

Frau und Beruf

5. Gesellschaftlicher Überblick

gischen Frauen gaben in einer Umfrage an, dass ein Elternteil zu Hause sein sollte, bis die Kinder das schulpflichtige Alter erreichen. Eine größere Zahl von Frauen würde offensichtlich lieber daheim bleiben, statt einer Arbeit nachzugehen, wenn die wirtschaftlichen Verhältnisse der Familie es zuließen.

Ideal und Wirklichkeit

Das gesellschaftliche Leitbild der **Gleichstellung der Geschlechter** bestimmt zwar alle Felder der Politik seit Jahren, doch ist es bis zur tatsächlichen Gleichstellung noch ein recht weiter Weg. Darüber kann auch nicht hinwegtäuschen, dass die Vorsitzenden der drei großen norwegischen Parteien in den letzten Jahren Frauen waren. In der norwegischen Wirtschaft stellen Frauen keine 5 % der Führungskräfte. Es gibt weiterhin einen „männlichen" und einen „weiblichen" Arbeitsmarkt. Realistisch sieht die Gleichstellungsbeauftragte die Gegenwart, wenn sie sagt: *„Die niedrigen Löhne in den sozialen Berufen werden nicht besser dadurch, dass wir alle Schreiner und Bauarbeiter werden oder die Männer Pflegetätigkeiten in Heimen und Krankenhäusern übernehmen. (...) Nur gleicher Lohn für gleiche Arbeit kann aus der Misere heraushelfen."*

Belastete Umwelt

Naturparadies Norwegen?

Umweltprobleme im Naturparadies Norwegen? Es gibt sie, auch wenn der Reisende nicht ständig mit ihnen konfrontiert wird. Viele Veröffentlichungen der Tourismusbranche übersehen gern, dass Norwegen, das auf internationaler Ebene eine Vorreiterrolle in der globalen Klima-Diskussion spielt, vollwertiger Partner einer Gemeinschaft der Umweltsünder ist. Da die Luftmassen keine nationalen Grenzen kennen, gehört das Land zusammen mit seinen skandinavischen Nachbarn zu den Umweltgeschädigten, da der überwiegende Teil der Schwefel- und Stickstoffverbindungen aus dem Ausland herangeweht wird. **Die Versauerung von Boden und Gewässern belastet vor allem den Süden des Landes.** Auch Emissionen aus der heimischen Landwirtschaft gelten als mögliche Ursache für eine Reihe verunreinigter Seen. Nach einer Untersuchung der Staatlichen Umweltaufsichtsbehörde sind aber mehr als 70 Prozent aller norwegischen Binnenseen sauber.

Für eine Reihe von Bodenmoosen der Wälder Südnorwegens wurden schwerwiegende Schäden nachgewiesen, wie sie außerhalb von Stadt- und Industriegebieten erstmals registriert wurden. Die größten Schäden traten dort auf, wo aufgrund sauren Niederschlags auch das Fischsterben am häufigsten beobachtet wurde.

rote Algen

Der rote Algengürtel, der 1988 entlang der norwegischen Süd- und Westküste bis zu einer Tiefe von maximal 20 m ein totes Meer zurückließ und Millionenschäden in der Fischereiwirtschaft anrichtete, ist möglicherweise nicht eine Folge der vom Menschen verursachten Verunreinigung der Natur. Ein norwegisch-schwedisches Forscherteam gelangte zu dem Ergebnis, dass es schon vor 2.000 Jahren giftige Algen im Kattegat gegeben habe. Eine Analyse von Meeresbodenproben stützt die Theorie, höhere Meerwassertemperaturen könnten als Ursache des Algenblü-

5. Gesellschaftlicher Überblick

hens in Frage kommen. **In den Sedimenten des Bodens im Skagerrak, im Kattegat und in der Norwegischen Rinne** haben Mitarbeiter des Meeresforschungsinstituts in Bergen **hohe Konzentrationen organischer Umweltgifte** wie PCB und Pestizide gefunden, die auch bei Fischen aus diesen Regionen nachgewiesen werden konnten.

Eindeutig messbar sind die **Nachwirkungen der Tschernobyl-Katastrophe**, denn das Osloer Isotopenlabor hat für Pflanzen und Boden in Mittelnorwegen eine zehnfach höhere Menge an Strontium 90 nachgewiesen, als ursprünglich angenommen worden war. Von der Norwegischen Geologischen Anstalt *(NGU)* an zwei Stellen in Trondheim von 1986, also nach dem Gau, bis Juni 1989 durchgeführte Messungen der Cäsium-Werte zeigten das Zwanzigfache der natürlichen Werte.

Risiko Russland

Zunehmend beunruhigt zeigt sich die norwegische Bevölkerung über Umweltgefahren, die ihr von russischer Seite her drohen. Ein Kernkraftwerkunfall in St. Petersburg oder auf der Halbinsel Kola kann nach einem Bericht der norwegischen Arbeitsgruppe *„Nukleare Bedrohung für Norwegen"* einen zehnmal höheren radioaktiven Niederschlag nach sich ziehen als beim Tschernobyl-Unfall.

Zu dem Risiko der russischen Reaktoren kommen 125 Atom-U-Boote und Überwasserschiffe, alte Schiffe, die Atommüll lagern, sowie 60 ausgediente Atom-U-Boote, die entlang der norwegischen Küste verrotten. Inzwischen weiß man von zahlreichen Atommülldeponien, die ihre Radioaktivität in die Barentssee und die Karasee abgeben. Die norwegische Umweltorganisation *Bellona* wirbt in ihren Informationskampagnen für folgende Lösung:
„Wir möchten der norwegischen Öffentlichkeit bewusst machen, dass Russland auf diesem Gebiet Unterstützung braucht. Die Russen brauchen Hilfe zur Selbsthilfe."

Eine weitere Gefahr für die Umwelt geht von ausländischen Schiffen aus, die wiederholt an verschiedenen Küstenabschnitten Schiffbruch erlitten haben, so dass auslaufendes Öl das Meer belastet. In Norwegen verspricht man sich, unter Umständen nach einer Ausweitung der Territorialgrenze von vier auf 12 Seemeilen, wenn also ein breiterer Küstenstreifen norwegischer Gesetzgebung unterstellt wird, effektivere und strengere Schiffskontrollen durchführen zu können.

Öl im Meer

Aber nicht nur unzureichend gewartete und schlecht ausgerüstete Schiffe bedrohen die Umwelt, sondern auch alte Schiffswracks, von denen über 2.000 registriert sind. Allein 270 Kriegsschiffe aus der Zeit des Zweiten Weltkriegs werden auf ihre mögliche Belastung für die Umwelt untersucht. Besonderer Handlungsbedarf besteht bei der *„Blücher"* im Oslofjord und der *„Tirana"* in Troms, bei denen es darauf ankommt, Öllecks zu verhindern.

Kriegsschiffe

Zu den größten Umweltsündern des Landes, die erheblich zum Treibhauseffekt beitragen, gehören die Öl- und die Metallindustrie. Allein auf dem *Ekofisk*-Feld werden jährlich knapp 2 Millionen Tonnen CO_2 beim Abfackeln des Gases freigesetzt. Vielleicht wird es in Zukunft möglich sein, wie die norwegische Gesellschaft *Statoil* in Aussicht stellt, Kohlendioxyd unter dem Meeresboden zu lagern,

Öl- und Metallindustrie

statt in die Atmosphäre abzugeben. Mehr als bisher geglaubt, trägt auch die Aluminiumindustrie zum Treibhauseffekt bei, da sie neben CO_2 die Gase CF_4 und C_2F_6 mit langer Lebensdauer und beträchtlicher Erwärmungswirkung entweichen lässt. Die Industrie selbst geht von Schätzungen der Emissionen aus, die etwa der Größenordnung der gesamten Abgasmenge aller Kraftfahrzeuge in Norwegen entsprechen.

Der norwegische Naturraum befindet sich also keineswegs mehr in einem paradiesischen Zustand. Wer sich länger oder wiederholt in dem Land aufhält, hat nicht den Eindruck, als sei man zum Beispiel in der Abfallbehandlung weiter gekommen als in Deutschland. Es bleibt aber festzuhalten, dass das Land seinen Einsatz für den Schutz der Umwelt intensiviert. So wurde der Ausstoß klimaschädigender Gase in den letzten Jahren deutlich verringert. In weiten Kreisen der Bevölkerung stellen die Demoskopen ein wachsendes Bewusstsein für Fragen der Umwelt fest, auf allen Ebenen der Gesellschaft gewinnen Umweltrücksichten zunehmend zentrale Bedeutung.

wachsendes Bewusstsein

6. NORWEGENS BAUKUNST

Stein- und Holzbaukunst

In Norwegen trifft der Reisende auf eine Reihe bemerkenswerter Baudenkmäler. Auf dem Gebiet der **Holzbaukunst** wurden einzigartige Leistungen hervorgebracht, von denen insbesondere die Stabkirchen (s. S. 91ff) zu nennen sind, während die **Steinarchitektur** durch alle großen europäischen Baustile ab der Romanik, wenn auch mit teilweise zeitlicher Verzögerung, vertreten ist. Holz- und Steinbauten wurden gleichzeitig errichtet, aber während die originäre bäuerliche Lebensweise auf dem Lande zu ihrer eigenen Holzarchitektur findet, orientiert sich die städtische Kultur in der Steinbaukunst stark am ausländischen Beispiel.

einzigartige Stabkirchen

Die reichen Holzvorkommen und eine lange Tradition sind die Voraussetzungen für den hohen Standard der norwegischen Holzbaukunst bis in die Gegenwart.

In der Profanarchitektur ist die Gildehalle von Voss (*Finnesloftet*, ca. 1250) das älteste Holzbauwerk des Landes. In den zahlreichen Freilichtmuseen (u.a. Lillehammer: *Maihaugen*, Oslo: *Folkemuseet*) ist die Holzbaukunst in 'Stab'- oder 'Loft'-Bauweise (s. S. 93) repräsentativ vertreten. Vom Reichtum der Bürger und Händler der letzten beiden Jahrhunderte zeugen Stadtteile (z.B. das *Hanseatische Viertel* in Bergen), Dörfer auf den Lofoten oder Städte (z.B. das ostnorwegische *Røros*) wie Einzelgebäude.

Holzhäuser im Osloer Volksmuseum

Beispiele

Oft dokumentieren sie, wie die europäische Steinarchitektur in die Formensprache des norwegischen Holzes übertragen wurde. Ihren überzeugendsten Ausdruck finden sie in den großen Bürgerbauten des Südlandes, in den mächtigen Palais der Städte (z.B. *Stiftsgården* in Trondheim), in großen Kirchenbauten sowie in den viktorianischen Villen (wie *Troldhaugen* bei Bergen) und Jugendstil-Hotels (wie *Kviknes* in Balestrand). Auf dem Land belegen ärmliche Katen (wie Hamsuns Geburtshaus bei Lom) aber auch das karge Leben der bäuerlichen Mehrheit.

Steinkirche von Vik (Fjordland)

Die **Steinbaukunst** kommt verhältnismäßig spät nach Norwegen, da das Land niemals von den Rö-

späte Steinbaukunst

mern besetzt worden ist. In den wirtschaftlichen und politischen Zentren werden ab dem 11. Jahrhundert Kirchen und Profangebäude aus diesem Baumaterial errichtet. Einige kleine **romanische Steinkirchen** wie die *Gamle Aker-Kirche* (Oslo) oder die Kirche von *Vik* am Sognefjord sind aus dieser Zeit erhalten.

sehenswerte Kirchen

Nach der normannischen Eroberung Englands gelangen ab dem 12. Jahrhundert **normannische**, später **englisch-gotische** Strömungen, Ideen und Bauleute nach Norwegen. Die Entwicklung findet ihren Höhepunkt im Bau und der Ausgestaltung der prächtigen **Kathedralen von Stavanger** und besonders von **Trondheim**.

Nicht vergessen werden darf die Bautätigkeit auf jenen Inseln, die damals noch zum Königreich gehörten. Während die Magnús-Kathedrale auf den Färöern heute nur noch als Ruine erhalten ist, stellt die Domkirche von Kirkwall auf den Orkneys das vielleicht schönste und reinste Beispiel norwegischer Architektur im normannischen Stil dar.

Moderne Betonbrücke im Norden

Kühler und sparsamer in der Formensprache dringt die Steinarchitektur auch in den Norden des Landes vor bis hin zu den Vesterålen (*Trondenes*-Kirche bei Harstad, ca. 1250, die nördlichste gotische Kirche der Welt). Zur gleichen Zeit errichtet die Krone Festungen aus Stein, um ihre Macht zu konsolidieren und zu repräsentieren. Die stark restaurierten Residenzen der *Håkonshalle* in Bergen und der *Akershus*-Festung in Oslo entsprechen bestem mitteleuropäischem Standard in jener Zeit. In der dänischen Zeit gelangen unter dem Einfluss des „Architektenkönigs" *Christian IV.* **Renaissance-Ideen** nach Norwegen, die sich in Einzelgebäuden wie auch ganzen Stadtanlagen widerspiegeln. Bis heute ist allein Oslo eine „Steinstadt" geblieben, die mit anderen europäischen Großstädten verglichen werden könnte.

mitteleuropäischer Standard

Stadtbild Oslo

Neben Elementen der Renaissance (u.a. *Akershus*-Umbau in Oslo, *Rosenkrantz*-Turm in Bergen) ist es der **Neoklassizismus**, der das heutige Stadtbild prägt. In der Achse der *Karl-Johan-Gate* mit dem *Königlichen Schloss* und der *Universität* ist ein eindrucksvolles städtisches Ensemble entstanden, das durch Bauten des **Historismus** (*Parlament* und *Ostbahnhof*) und des **Funktionalismus** (*Rathaus*) vervollständigt wird.

Obwohl Norwegen bei der Errichtung und Gestaltung moderner Kirchen (*Sletten* bei Bergen, *Eismeerkathedrale* in Tromsø), Rathäuser (Molde), Museen (*Munch-Museum*, Oslo; *Henie-Onstad-Museum*, Baerum), Konzerthallen (*Grieg-Halle* in Bergen) und anderer Großprojekte durchaus eigenständige Wege ging, konnte das Land lange Zeit keine solch bedeutenden Architektennamen wie die anderen skandinavischen Länder aufweisen und wurde in der internationalen Bauszene oft nur aufgrund der beeindruckenden Leistungen von Technikern und Ingenieuren beim Bau von Brücken, Wasserkraftanlagen und Bohrinseln erwähnt. Dies änderte sich seit Ende der 1980er Jahre, wobei der Einfluss der Olympischen Spiele von Lillehammer immens wichtig war.

Heutzutage haben norwegische Architekturbüros einen guten Namen in aller Welt und konnten sich Großaufträge beispielsweise für die neue Hauptniederlassung der Fluggesellschaft *British Airways* nahe dem Flughafen Heathrow in London *(Niels Torp A/S Arkitekter)*, für die Bibliothek in Alexandria, die 1997 als größtes afrikanisches Bauvorhaben der Jetztzeit realisiert wurde *(Snøhetta)*, oder für das schottische Architektur- und Design-Center in Edinburgh *(Naruid-Stokke-Viig)* sichern.

Olympiahalle („Wikingerschiff") von Hamar

Auch im eigenen Land bauen die norwegischen Architekten immer mutiger und unkonventioneller, wie u.a. die Olympiahalle von Hamar mit ihrer weltweit größten frei gespannten Holzkonstruktion, das 1998 fertiggestellte Polaria-Museum von Tromsø oder die ebenfalls 1998 vollendete Überdachung der romanischen Domruine von Hamar beweisen.

immer mutiger ...

Stabkirchen

Kaum ein Norwegenreisender ist nicht fasziniert, wenn er vor einer alten, völlig aus Holz gebauten **Stabkirche** steht, deren Giebeldächer steil übereinander geschichtet sind. Aus den Giebeln weisen oft stilisierte Drachenköpfe, die eher an Asien erinnern, in alle Himmelsrichtungen.

Von den einst mindestens 750 Stabkirchen sind keine dreißig mehr erhalten. Noch Mitte des 19. Jahrhunderts fehlte den Gemeinden in Norwegen jedes Verständnis für den Wert der alten Gebäude, die in großer Zahl abgerissen wurden, zumal sie auch zu klein geworden waren.

Auf die besondere Bedeutung der Stabkirchen hatte 1836 der bekannte Maler *Johan Christian Dahl* mit einem Bildband aufmerksam gemacht. Als König *Oscar II.* 1885 die Kirche aus *Gol* im Hallingdal in den königlichen Park auf Bygdøy bei Oslo umsetzen ließ, ging von dieser Maßnahme eine Signalwirkung aus. Seit dem Ende des 19. Jahrhunderts entwickelte sich ein Bewusstsein für die kulturgeschichtliche Eigenart jener Holzarchitektur, so dass die Stabkirchen konserviert und teilweise restauriert wurden. Neben der Kirche aus *Gol*, die heute im Freilichtmuseum in Oslo steht, befindet sich die Kirche von *Garmo* auf dem *Maihaugen* in Lillehammer und die von *Haltdalen* in Trondheim. Die bei vielen bekannte *Fantoft*-Kirche nahe der Stadt Bergen brannte Pfingsten 1992 nach dem Brandan-

den Wert spät erkannt

6. Norwegens Baukunst

Stabkirchen in Norwegen

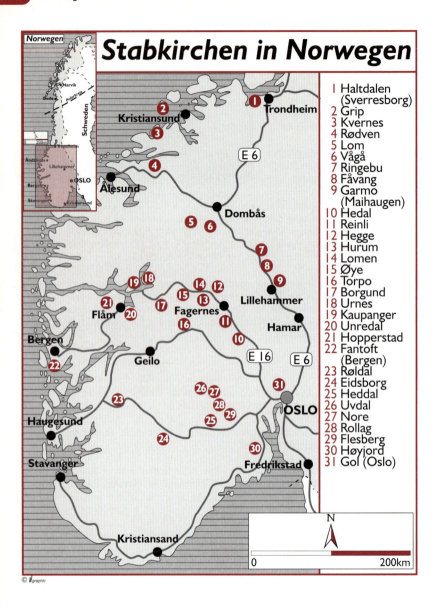

1 Haltdalen (Sverresborg)
2 Grip
3 Kvernes
4 Rødven
5 Lom
6 Vågå
7 Ringebu
8 Fåvang
9 Garmo (Maihaugen)
10 Hedal
11 Reinli
12 Hegge
13 Hurum
14 Lomen
15 Øye
16 Torpo
17 Borgund
18 Urnes
19 Kaupanger
20 Unredal
21 Hopperstad
22 Fantoft (Bergen)
23 Røldal
24 Eidsborg
25 Heddal
26 Uvdal
27 Nore
28 Rollag
29 Flesberg
30 Høyjord
31 Gol (Oslo)

schlag einer Sekte vollständig nieder, konnte jedoch inzwischen wieder rekonstruiert werden. Ein reicher Bürger Bergens hatte das Gebäude Ende des 19. Jahrhunderts erworben und auf seinem Landsitz in *Fantoft* aufstellen lassen, um sie vor der Zerstörung zu retten. Auch wenn diese Stabkirche nicht die kulturgeschichtlich wertvollste Anlage ist, so trägt sie nach Ansicht von Denkmalpfleger *Tryggve Fett* unweit Norwegens zweitgrößter Stadt zu einem beträchtlichen Vermittlungseffekt und Bekanntheitsgrad bei.

Was macht die Einzigartigkeit der Stabkirchen aus, deren Besonderheit in der Geschichtsschreibung der Holzarchitektur immer wieder betont wird? Welcher historische Hintergrund liegt den hölzernen Zeugen der nordischen Vergangenheit zugrunde?

Entscheidend war die Zeit der Christianisierung Norwegens unter den Königen *Olaf Tryggvasson* (996-1000) und *Olaf Haraldsson* (1015-1030), der unter dem Beinamen „der Heilige" bekannt wurde. Beide waren Wikingerhaudegen, die Macht und Ruhm in England gewonnen hatten und sich daheim die königliche Gewalt eroberten. Beide zwangen das Volk, notfalls mit der Streitaxt, den neuen Glauben anzunehmen, tatkräftig unterstützt von mehreren Missionaren aus England.

Stabkirche Urnes am Lusterfjord

gewaltsame Christianisierung

Als **Olaf der Heilige** 1030 in der legendären Schlacht bei *Stiklestad* im Kampf um die Macht starb, verbreitete sich rasch die Kunde von Wundern an seinem Grabe, die ihn bald zum Märtyrer werden ließen, der als christlicher König im Kampf gegen die Heiden gefallen sei. Die große Popularität, die der Heilige als *rex perpetuus Norvegiae* (= „Norwegens ewiger König") auch außerhalb des Landes gewann, stärkte die Christianisierungsbemühungen bis hinauf in den hohen Norden. Mitte des 12. Jahrhunderts hatte sich der neue Glaube durchgesetzt. Mit der Einführung eines Kirchenzehnten erhielt der Kirchbau, an den ein Viertel der Einnahmen ging, sein materielles Fundament.

Die Kunst der Holzbearbeitung hat eine lange Tradition in den waldreichen nordischen Ländern, so dass es nahe lag, die neuen Gotteshäuser aus Holz zu fertigen. Die beiden Grundmuster des Holzbaus, die sich im Norden entwickelt haben, sind *lafteverk* (= 'Loftbauweise') und *stavverk* ('Stabbauweise'). Als 'Loft' bezeichnet man den eher profanen Blockbau, bei dem die tragenden Stämme waagerecht übereinander liegen und an den Ecken miteinander verbunden sind, während die Stabbauweise (norw.: *stav* = 'Mast', 'Stab') den Masten- oder Ständerbau mit senkrechten Stämmen meint.

Loft- und Stabbauweise

6. Norwegens Baukunst

vom Mast ausgehend

Bei den Stabkirchen wird die Bauweise immer vom Mast geprägt, der den Dachstuhl trägt. Aus der einfachen **Wandstabkirche** entwickelten sich später diffizilere Typen wie die **Einmast-, Viermast-** und **Vielmastkirche**.

Grundprinzip des Aufbaus

Am Beispiel der am besten erhaltenen und wohl berühmtesten **Stabkirche von Borgund**, die in einem engen Tal an der E 16 nahe dem Sognefjord liegt, lässt sich das Grundprinzip der Stabkirchen des Mittelalters aufzeigen: Wahrscheinlich wurde sie im 12. Jahrhundert errichtet und um Anbauten im Mittelalter erweitert. Der Kernraum besteht aus einem rechteckigen Schiff von zwölf hohen Säulen. Im 12. Jahrhundert wurde es üblich, die Masten in sich rechtwinklig kreuzende Schwellen einzuzapfen, die auf einem Steinfundament auflagen, um sie somit gegen Feuchtigkeit vom Boden her zu schützen. Stützen aus Krummhölzern, Riegel und Andreaskreuze stabilisieren die Säulenkonstruktion im Zentralraum. Die mächtigen Pfeiler müssen den Dachstuhl und den Dachreiter tragen sowie die Plankenwand abstützen.

Stabkirche Hopperstad

Einst hingen die Glocken im Dachreiter, dem in *Borgund* noch ein Doppeltürmchen aufgesetzt ist. Im Osten des Schiffes ist ein quadratischer Chor angebaut; oft – so auch in *Borgund* – wurde noch eine halbrunde Apsis angefügt, die ein kleiner Rundturm schmückt. Um den Bau herum verläuft ein schmaler, überdachter laubenähnlicher Umgang, norwegisch *„svalgang"* genannt. Hier legte man früher die Waffen ab, regelte vor oder nach dem Gottesdienst Gemeindeangelegenheiten oder tätigte Geschäfte. Die Dächer, an deren Giebeln Drachenköpfe nach Osten und Westen zeigen, die wohl vor bösen Geistern schützen sollten, sind mit Holzschindeln gedeckt. Die verschachtelte, sich nach oben verjüngende Dachkonstruktion erweckt den Eindruck, als strebe die Kirche zum Himmel empor. Einige Interpretatoren sehen in diesem Streben

Drachenköpfe

in die Höhe und in der Skelettbauweise bereits in romanischer Zeit Wesenszüge der Gotik vorweggenommen.

Kunstvoll geschnitzte Portale liegen im Westen und Süden sowie ein dem Priester vorbehaltener enger Eingang zum Chor. Aus winzigen Öffnungen unterhalb der Dachschwellen gelangt nur wenig Licht in den geheimnisvoll wirkenden Innenraum.

Es sind nur wenige Gebäude wie die Kirchen in *Borgund, Heddal, Kaupanger* oder die abgebrannte von *Fantoft*, die ihre ursprüngliche Form bewahrt bzw. wiedererhalten haben. Sie repräsentieren den Typ der architektonisch vielgliedrig entwickelten Säulenstabkirche mit überhöhtem Zentralraum, innerem Umgang, Laubengang und Dachreiter, die jeweils eine gesonderte Dachkonstruktion aufweisen. Der am meisten verbreitete Typ aber dürfte die Wandstabkirche gewesen sein, die aus einem ungegliederten Rechtecksaal mit quadratischem Chor bestand. Für diesen schlichten Typus steht zum Beispiel die kleine Kirche aus

6. Norwegens Baukunst

Haltdalen, die heute im Freilichtmuseum in Trondheim zu sehen ist.

Die genialen Zimmerleute und Baumeister, die in den reichen Gemeinden der inneren Fjordgebiete wirkten, wo es weniger feucht ist als an der Küste, so dass das Holz besser erhalten blieb, konnten auf eine reiche Tradition der Holzverarbeitung zurückgreifen. Viele Techniken gingen auf den Schiffbau der Wikingerzeit zurück. Ein Blick in den Dachstuhl mancher Stabkirchen lässt deutlich Parallelen zwischen der Versteifung der Sparrendächer und den Spanten der Wikingerboote erkennen.

Als Bauholz wurden gerade gewachsene Fichtenstämme ausgewählt, die häufig schon im Wald vorbehandelt wurden. Um getrocknetes, widerstandsfähiges Holz zu erhalten, schnitt man die Stämme ringförmig ein und kappte Äste und Baumkrone. Dann ließ man die Bäume einige Jahre stehen, das Harz imprägnierte das Holz. Im Kircheninneren wurde nach der Errichtung der Bauten das Holz nicht mehr konserviert, von außen wurde regelmäßig eine schützende Pechhaut aufgetragen.

geniale Holzverarbeitung

In heidnische Zeiten zurückversetzt fühlt sich der Betrachter einer Stabkirche nicht nur beim Anblick der kunstvoll geschnitzten Drachenköpfe an den Giebelfirsten oder der unheimlich wirkenden Masken an den Säulenenden unterhalb der Decke. Das ganze Können norwegischer Holzschnitzer, das in der Wikingerzeit wurzelt, zeigt sich an den reich geschnitzten Portalen. Kämpfende Fabeltiere sind häufig vorkommende Motive; da speit ein Tierkopf eine Ranke aus oder ein Drachen- bzw. Lindwurmkopf durchbeißt eine Ranke. Oft findet man Szenen in das Flechtwerk integriert, die der germanischen Mythologie entstammen. Darstellungen aus der *Sigurdsage* gibt es gleich auf mehreren Portalen, von denen sich heute einige in den Altertumssammlungen der Universität Oslo befinden. Wesentlich seltener trifft man dagegen auf christliche Motive.

germanische Mythologie

Als Höhepunkt wikingischen Kunstempfindens gilt ein an der Nordseite der *Urnes*-Kirche, die idyllisch am Lusterfjord liegt, angebrachtes Portal aus dem 11. Jahrhundert.

Portal und Wandplanken stammen von einer Vorgängerkirche und wirken recht unsensibel in die Wand der wahrscheinlich kurz nach 1200 errichteten Kirche eingefügt. Noch in der Tradition germanischer Tierornamentik stellen die Urnes-Schnitzereien einen Übergangsstil dar, der namensgebend für den *Urnesstil* wurde. Zwei Bohlen umschließen eine schmale, schlüssellochähnliche Tür mit flachem Relief. Auf der linken Wandbohle ist ein großes, hirschähnliches Tier zu erkennen, eng verflochten mit anderen Fabeltieren, deren Körper sich in bewegten Linien auflösen. Typisch für den Urnesstil sind deutlich herausgearbeitete Gelenkspira-

Urnesstil

6. Norwegens Baukunst

Das berühmte Urnes-Portal

len. Kraft und Dynamik kennzeichnen das berühmte Schnitzwerk, dessen Deutung mehr als unsicher erscheint. Manche Experten glauben, in dem Kampfgewirr den symbolhaft dargestellten Sieg des Christentums über das Heidentum zu erkennen.

Dass die nordische Mythologie in der Frühzeit des Christentums die Menschen beschäftigte, zeigt sich auch in der exzellenten Schmiedekunst der Schlösser und Schlüsselbleche, der Türringe und manchmal der Türbeschläge. So sieht man zum Beispiel aus den vier Ecken eines Schlüsselblechrahmens Drachenköpfe herauswachsen, und die Türringe stellen häufig eine sich selbst in den Schwanz beißende Schlange dar.

Unumstritten zählen die norwegischen Stabkirchen neben den Felsritzungen aus Stein- und Bronzezeit und den faszinierenden Bildsteinen auf der Insel Gotland zu den **größten Kulturleistungen Skandinaviens**. Sie sind Manifestation einer selbstbewussten bäuerlichen Gesellschaft in den Fjordtälern, die sich mit ihrer *einmalige Holzarchitektur* bewusst gegen den internationalen sakralen Baustil der damaligen Zeit abhebt. **Die Stabkirchen sind Norwegens eigenständiger Beitrag zur Architekturgeschichte der Welt.**

Reiseimpressionen **97**

Die Ureinwohner der Nordkalotte sind die Samen, von denen die Mehrzahl in Norwegen und hier wiederum die meisten in der Provinz **Finnmark** *leben. Allerdings ist in den letzten Jahrzehnten die Bedeutung des traditionellen Lebenserwerbes Rentierzucht immer mehr zurückgegangen.*

*Zwischen dem Nordkap und Kirkenes liegen an der Küste des **Eismeeres** nur wenige kleine Siedlungen, deren Einwohner unter klimatisch äußerst schweren Bedingungen leben. Ihr wirtschaftliches Standbein sind Erzabbau und Fischerei, jedenfalls solange die hier vermuteten Erdölbestände nicht ausgebeutet werden.*

*Der Blick vom „Hausberg" Fløyen auf **Bergen** zeigt den vorzüglichen Naturhafen der alten Hauptstadt des Landes. Sie gilt zwar als einer der regenreichsten Orte Europas, zieht trotzdem aber viele Touristen aus aller Welt an. Kein Wunder: mit ihrem berühmten Fischmarkt, dem Holzhausviertel des hansischen Kontors und anderen mittelalterlichen Baudenkmälern sowie ihrer einzigartigen Lage ist die Stadt zweifellos eine der schönsten und interessantesten in Skandinavien.*

Reiseimpressionen **99**

Lange Zeit lagen die **Vesterålen** und der benachbarte Archipel der Lofoten abseits der Reiserouten in Europa. Inzwischen ist es einfacher, ihre grandiose Natur kennen zu lernen. Dafür sorgen neue Straßen mit spektakulären Brückenbauten und eine allgemein verbesserte touristische Infrastruktur.

Hoch und spitz ragt die Bergkette hinter dem Lofotenort **Reine** in den Himmel und gibt ihm eine fast schon alpine Kulisse. Angesichts dieser unverwechselbaren und märchenhaften Landschaft über dem Polarkreis ist es verständlich, dass der Fremdenverkehr stetige Zuwachszahlen verzeichnet und dabei ist, dem traditionellen Dorschfang den Rang abzulaufen.

Reiseimpressionen

*Vom nordnorwegischen Gletscher **Svartisen**, dem zweitgrößten des Landes, schiebt sich eine Zunge dem Holandsfjord entgegen und erreicht fast schon Meeresniveau. Trotz der weltweiten Klimaerwährmung hat das Volumen des Svartisen genau wie das der Gletscher in Westnorwegen in den letzten Jahren signifikant zugenommen.*

*Bis über 1.200 m tief ragt der **Sognefjord**, der „König der Fjorde", rund 200 Kilometer in das westnorwegische Hinterland. Im historischen Rückblick war der Fjord mit seinem weitverzweigten System von Wasserstraßen ein enorm wichtiger Faktor bei der Erschließung des Landes.*

Reiseimpressionen **101**

*Einsam zieht die „MS Nordkapp", eins der 11 Schiffe der berühmten **„Hurtigrute"**, ihre Bahn durch die nordnorwegischen Sunde. Die Route der bereits 1893 gegründeten Postdampfergesellschaft wurde mehrfach als „schönste Seereise der Welt" bezeichnet, ist für die Norweger aber schlicht ihre „Reichsstraße Nr. 1". Jeden Tag verlässt ein Hurtigrutenschiff den Hafen von Bergen in Westnorwegen und ein anderes den von Kirkenes an der russischen Grenze. Insgesamt ist die Strecke der Postschiffe 2.500 Seemeilen lang und berührt 34 Städte und Ortschaften.*

102 Reiseimpressionen

1904 zerstörte ein verheerender Brand die westnorwegische Stadt **Ålesund**. Beim Wiederaufbau, der u. a. von Kaiser Wilhelm II. finanziell unterstützt wurde, verzichtete man auf Holzbauten und machte innerhalb von drei Jahren Ålesund zur einzigen „Jugendstil-Stadt" des Landes. Den schönsten Blick auf Stadt und Hafen erhält man vom Aksla-Berg, den man auf 418 Stufen erklimmen kann.

Wie schwierig die Erschließung des Fjordlandes für den neuzeitlichen Autoverkehr war, macht die Anlage des **Trollstigen** südlich von Åndalsnes deutlich. Mit seinen 11 Haarnadelkurven und einer zwölfprozentigen Steigung ist der 18 km lange „Zauberweg" die wohl bekannteste Serpentinenstraße Norwegens.

Reiseimpressionen **103**

*Obwohl die westnorwegischen Fjorde als idealtypische norwegische Landschaft weltweit und erfolgreich vermarktet werden, bietet die Küstenszenerie der Provinzen **Troms** und **Nordland** durchaus ebenbürtige Natureindrücke – und als zusätzliche Attraktion die Mitternachtssonne. Obwohl viel weiter nördlich gelegen, sind hier außerdem in guten Sommern auch mindestens die gleichen Temperaturen möglich.*

*Da das auf 70°39'48" nördlicher Breite liegende **Hammerfest** schon im Jahre 1795 die Stadtrechte erhielt, gilt der 7.000-Einwohner-Ort zu Recht als „nördlichste Stadt der Welt". Nach der völligen Zerstörung im Jahre 1944 ist ihr heutiges Erscheinungsbild durchweg modern und funktional.*

104 *Reiseimpressionen*

*Der Einzug der Moderne, der das gesamte Land erfasst hat, machte natürlich auch vor der Lofoten-Hauptstadt **Svolvær** nicht Halt. Sichtbarer Ausdruck dafür sind Wasserflugzeuge, neue Yachten und ein im traditionellen Lofoten-Stil erbautes First-Class-Hotel.*

*Angesichts der grünen Vegetation und des tiefblauen Meeres könnte man an einem schönen, warmen Sommertag beim Städtchen **Alta** – mehrere hundert Kilometer nördlich des Polarkreis – vergessen, wo man eigentlich ist. Die schneebedeckten Berge im Hintergrund erinnern jedoch an jene Temperaturen, die für die subpolare Zone während der längsten Zeit des Jahres charakteristisch sind.*

Reiseimpressionen **105**

Der im Südosten, unterhalb von Lillehammer gelegene, rund 100 km lange, 15 km breite und bis zu 443 m tiefe **Mjøsa-See** *ist der größte Binnensee des Landes. Die nur leicht hügelige und fruchtbare Landschaft, in die er eingebettet ist, hat nichts von der majestätischen Größe und Wildheit der westnorwegischen Fjorde und Fjells, ist dafür aber beruhigend und außerdem mit wenig Niederschlägen und vielen Sonnenscheinstunden gesegnet.*

Reiseimpressionen

1.465 m hoch ist der Gipfel des **Dalsnibba** und damit der höchste Punkt, der mit dem normalen Pkw im Königreich erreicht werden kann. Von hier aus geht der Blick tief hinab bis zum Geirangerfjord, dem vielleicht bekanntesten aller norwegischen Fjorde. Wie überall im Hochgebirge ist es auch auf dem Dalsnibba üblich, zur Erinnerung kleine Steinpyramiden zu errichten.

Ganz weit im Norden, nur rund 1.300 km vom Nordpol entfernt, liegt der Archipel **Spitzbergen**, der etwa doppelt so groß ist wie Belgien. Zu zwei Dritteln von Gletschern bedeckt, im Winter manchmal kälter als −45 °C, weist die Inselgruppe für Eisbären bessere Lebensbedingungen auf als für Menschen – trotzdem leben hier mehr als 3.000 Norweger und Russen. Dazu kommen immer mehr Touristen, die von der unglaublich schönen arktischen Landschaft angezogen werden.

Reiseimpressionen 107

Packhäuser auf Holzstelzen flankieren das Ufer des Nid-Flusses in **Trondheim**. *Der tausendjährige Ort – einst erste Hauptstadt und größtes Gemeinwesen des Landes – ist heute nur noch die drittgrößte Gemeinde des Königreichs, stellt aber aus historischen Gründen, wegen ihrer herrlichen Nidaros-Kathedrale und mehrerer Lehranstalten immer noch eine Art geistiges Zentrum Norwegens dar.*

Über die Parkanlagen des Studentenlunden in **Oslo** *geht der Blick zum Gebäude des Storting, dem norwegischen Parlament. Nach einer 450jährigen Abhängigkeit von Dänemark und einer knapp hundertjährigen Union mit Schweden erlangte Norwegen 1905 wieder die völlige staatliche Souveränität. Hier in Oslo, einer gleichermaßen alten wie modernen Halbmillionen-Metropole, schlägt das demokratische Herz des Königreiches.*

Reiseimpressionen

Im kühnen Schwung überbrückt eine Betonkonstruktion den Tromsø-Sund vom Zentrum der nordnorwegischen Provinzkapitale **Tromsø** zur berühmten „Eismeerkathedrale". Die nördlichste Universitätsstadt der Welt ist heute die größte Gemeinde oberhalb Trondheims und spielt bei dem Bemühen, die Landflucht von Norden nach Süden aufzuhalten, eine wichtige administrative, wirtschaftliche und kulturelle Rolle.

Das auf 70° 10′ 21″ nördlicher Breite gelegene **Nordkap** gilt als „nördlichster Punkt Europas". Wenn auch dieser Superlativ so nicht ganz richtig ist, zieht die schwarze Schieferklippe alljährlich mehr als 200.000 Touristen an. Tatsächlich ist die seit 1998 durch einen Tunnel mit dem Festland verbundene Nordkap-Insel der nördlichste per Pkw und Bus erreichbare Ort überhaupt und wird allein schon deshalb auch zukünftig nichts an Attraktivität verlieren.

Reiseimpressionen **109**

Ein ungewöhnlich hoher und zudem rotgestrichener Turm ziert die Stabkirche von **Ringebu** im Gudbrandsdal. Mit den hölzernen Stabkirchen, deren Blütezeit im 12. und 13. Jahrhundert lag, leistete Norwegen seinen eigenständigen und unverwechselbaren Beitrag zur Weltarchitektur – wenn auch nur rund dreißig Stabkirchen die Stürme der Zeit überdauert haben.

Reiseimpressionen

*Aus Holz, mit Grassoden bedeckt und mit einem zweiten Eingang im Obergeschoss (wegen der Schneefälle) – so präsentiert sich das sog. „Røros-Haus" im Volksmuseum von **Trondheim**. Kaum sonstwo ist die altertümliche Profan- und Sakralarchitektur eines Landes so breitgefächert und gut erhalten wie in den vielen Freilichtmuseen Norwegens.*

*Stolz präsentieren zwei Norwegerinnen ihre Trachten in einem Hotel nahe der Holmenkollen-Sprungschanze in **Oslo**. Zwar ist die Folklore immer noch fest im norwegischen Leben verankert – u. a. beim Mittsommer-Fest –, doch unterscheiden sich die jungen Landeskinder hinsichtlich Mode und Trends in nichts von den Gleichaltrigen in Mitteleuropa oder Amerika.*

Reiseimpressionen **111**

*Versteckt zwischen Felsbrocken und Bäumen schmiegt sich ein Ferienhäuschen ans Ufer eines Fjordes der **Vesterålen**. Ein Ferienhaus im Gebirge oder am Wasser sowie ein Freizeitboot – das sind nicht nur Statussymbole, sondern nahezu unverzichtbare Bestandteile des „Norwegian Way of Life". Dementsprechend nimmt das Königreich hierbei einen Spitzenplatz in Europa ein.*

*Fast senkrecht ragen die Felswände am **Nærøyfjord** auf, dem westlichen Teil des Aurlandsfjordes und sicher einem der schönsten aller Fjorde. An seinem Anfang liegt die Ortschaft Gudvangen, die durch Fähren, Serpentinenstraßen und einem über 11 km langen Tunnel an das westnorwegische Verkehrsnetz angeschlossen ist.*

112 Reiseimpressionen

Das schmale Band eines Wasserfalles steht wie eine Rauchsäule über einer Siedlung im **Fjordland**. Norwegen besitzt einige der längsten Wasserfälle überhaupt. Diese Naturschönheiten sind aber nicht nur für den Fremdenverkehr, sondern mehr noch für die Energieversorgung des Landes von großer Bedeutung.

7. NORWEGEN ALS REISELAND

Benutzerhinweise
Die gelben Seiten (bis S. 200) werden regelmäßig aktualisiert, so dass sie auf dem neuesten Stand sind. In den Allgemeinen Reisetipps *(ab S. 114) finden Sie – alphabetisch geordnet – reisepraktische Hinweise für die Vorbereitung Ihrer Reise und Ihren Aufenthalt in Norwegen. Die* Regionalen Reisetipps *(ab S. 157) geben Auskunft über Unterkunftsmöglichkeiten etc. in den – ebenfalls alphabetisch geordneten – wichtigsten Ortschaften.*

News im Web:
www.iwanowski.de

Allgemeine Reisetipps von A-Z

Adressen 114	Feiertage 122	Klima 127
Ärztliche Versorgung ... 114	Ferien 122	Kreditkarten 127
Alkohol 114	Flüge 122	Kreuzfahrten 128
Angeln 114	Fotografieren 123	Nationalparks 128
Auto fahren 115	Fremdenverkehrsamt .. 123	Notruf 129
Autoverleih 117	Geld 123	Öffnungszeiten 129
Bahn 118	Geschäfte 123	Post/Porto 129
Banken 118	Getränke 123	Rauchen 129
Benzin 118	Haustiere 124	Reisezeit 130
Bergwandern 118	Hotels 124	Restaurants 130
Botschaften 118	Inlandsflüge 124	Sommerzeit 130
Busse 119	Internet-Adressen 124	Sprache 130
Camping 119	Jagd 125	Telefonieren 131
Einkaufen 119	Jedermannsrecht 125	Unterkunft 131
Eintrittsgelder 120	Jugendherbergen 126	Wandern 134
Eisenbahn 120	Kanusport 126	Wörterbuch 135
Essen 120	Kartenmaterial 126	Zoll 136
Fähren 121	Kleidung 127	Züge 136

A

⇨ **Adressen**

Umfangreiche Informationen über Norwegen sind in Hamburg erhältlich: Norwegisches Fremdenverkehrsamt, Postfach 11 33 17, 20433 Hamburg, Tel.: 040-2294150, 0180-5001548, Fax: 040-22710815, Internet: www.visitnorway.com; das Fremdenverkehrsamt ist für den Publikumsverkehr nicht geöffnet. Das Norwegische Fremdenverkehrsamt ist auch der Herausgeber des *"Offiziellen Norwegenkatalogs"*, der in den vergangenen Jahren das touristische Angebot des Landes, unterstützt von vielen Firmen, repräsentierte.

Ausführliche Informationen über Norwegen als Urlaubsland versendet *Norwegen Versand*, Postfach 940 296, 60460 Frankfurt/M.

Wer sich in Oslo aufhält, wird bestens über die Hauptstadt und das Land im *Info-Zentrum* gegenüber dem Rathaus, *Brynjulf Bulls plass (Vestbanen)* 1, informiert, und zwar Mo-So von 09.00-20/21.00 Uhr im Sommer, Mo-Fr von 09.00-16.00 Uhr im Winter. Ein weiteres Info-Zentrum befindet sich im Osloer Hauptbahnhof, täglich von 08.00-23.00 Uhr geöffnet.

⇨ **Ärztliche Versorgung**

Denken Sie daran, notwendige Medikamente mitzunehmen, da Sie diese nur über ein Rezept erhalten. In Norwegen gelten strenge Arzneimittelgesetze. Seit Juli 1994 gilt offiziell das E 111-Formular der deutschen Krankenkassen. Der Abschluss einer privaten Versicherung wird weiterhin empfohlen.

Anfallende Kosten im Falle medizinischer Versorgung müssen unmittelbar bezahlt werden. Unter *"legevakten"* findet man auf Seite 2 eines norwegischen Telefonbuches die Telefonnummern von Ärzten.

⇨ **Alkohol**

s. S. 142

⇨ **Angeln**

Die Küste und die Naturräume im Binnenland bieten ideale Angelmöglichkeiten in einem Land, dessen Umwelt weniger belastet ist als die der meisten anderen Länder. Flüsse und Seen stehen allen Urlaubern unter bestimmten Voraussetzungen zur Verfügung.

Zu unterscheiden ist zwischen einer *staatlichen Angelabgabe*, die jede Person über 16 Jahre beim Binnenfischen oder Angeln von Lachs, Seeforelle und Seesaibling entrichten muss, und der zusätzlichen *Angelkarte*, die für ein bestimmtes Gebiet gilt. Die staatliche Angelabgabe, die man per Vordruck bei allen Postämtern überweisen kann, kostet ca. 10 € für das Süßwasserangeln und ca. 25 € für das Angeln von Lachs, Meerforelle und Saibling. Die Wochenlizenz kostet für das Süßwasserangeln ca. 7 €/Pers. und ca. 9 €/Familie. Kinder unter 16 J. sind von der staatlichen Abgabe befreit. Besondere Regeln gelten für die Provinz Finnmark. Zum Meeresangeln benötigt man keine Angelkarte, sofern man nicht Lachse oder Seeforellen fangen möchte. Dorsch, Köhler, Schellfisch, Makrele und Hering findet man das ganze Jahr über reichlich.

Die Kosten für eine Angelkarte können sehr variieren. Will man in Binnengewässern sein Glück versuchen, zahlt man in der Regel 8-13 € in der Woche. Wesentlich höher sind die Preise, wenn man in den besten Lachsflüssen des Landes angeln möchte. Da kostet die Angelkarte einige hundert Kronen pro Tag oder noch mehr. Angelkarten erhält man bei den lokalen Fremdenverkehrsämtern, auf Campingplätzen, in Sportgeschäften, in Hotels oder auch an Tankstellen.

In Norwegens Binnengewässern finden sich über 40 Arten von Fischen, während in Nordnorwegen und teilweise im südnorwegischen Gebirge fast nur Forelle und Saibling vorkommen. Die beste Angelzeit in den tieferen Lagen sind die Monate Mai und Juni, im Fjell ist der Spätsommer günstiger. Die Schutzzeiten fallen in etwa mit der Laichzeit der Fische zusammen, werden aber von den Kommunen genau festgelegt. Für viele geht von der Jagd nach dem Lachs eine besondere Faszination aus, der in rund 400 Flüssen Norwegens anzutreffen ist. In Nordnorwegen kann man auch Seesaiblinge angeln. In einigen Flüssen erreichen die Lachse ein Gewicht von 15-30 kg, in anderen Gewässern werden sie nur 2-5 kg schwer. Es gibt aber auch Flüsse, in denen einzelne Lachsstämme durch Vermischung mit aus der Aquakultur entwichenen Tieren genetisch verunreinigt worden sind.

In über 70 norwegischen Flüssen dürfen Lachse momentan nicht gefangen werden. In der Regel ist das Lachsfischen in den Flüssen in der Zeit vom 01.06.-16.08. gestattet, in Flüssen mit Seeforelle und Seesaibling noch 14 Tage länger. Im Meer dürfen Lachse, Seeforellen und -saiblinge vom 01.06.-04.08. gefangen werden, ganzjährig mit der Rute vom Land aus. Die günstigste Angelzeit variiert von Fluss zu Fluss. Lachs und Seeforelle sollten eine Mindestgröße von 30 cm aufweisen.

Buchtipp
J. Berge, Angeln in Norwegen, Nortrabooks (Norweg. Fremdenverkehrsamt)

⇨ **Auto fahren**

Das Straßennetz ist in der jüngsten Vergangenheit in beeindruckender Weise ausgebaut worden, dennoch darf man die Entfernungen nicht unterschätzen, denn viele Strecken sind kurvenreich, weisen erhebliches Gefälle oder starke Steigungen auf. Viel mehr als 300 km sollte man am Tag nicht zurücklegen, wenn die Reise nicht zur Tortur werden soll. Obwohl die Straßenschilder die Distanzen immer in km anzeigen, rechnen Norweger oder auch Schweden die Entfernungen in ihren Ländern häufig nach *mil* (= Meile), wobei die skandinavische Meile 10 km umfasst.

Entfernungsanzeiger in Narvik

Zur Finanzierung teurer privater oder staatlicher Brücken-, Tunnel- und Straßenprojekte wird dem Autoreisenden an manchen Stellen ein Wegegeld abverlangt (norweg. *bompenger*), meistens zwischen 1,50 und 3 €, manchmal mehr, wenn Brücken und Tunnel ehemalige Fähren ersetzen, auch deutlich mehr. Auch bei der Einfahrt nach Oslo, Bergen und Trondheim werden geringe Gebühren fällig.

Die Geschwindigkeitsbegrenzungen sind natürlich den topographischen Verhältnissen des Landes angepasst, so dass man nur auf einigen Schnellstraßen 90 km/h fahren darf, ansonsten gilt außerhalb geschlossener Ortschaften Tempo 80, die Höchstgeschwindigkeit für Kfz über 3,5 t beträgt immer 80 km/h. Für Gespanne mit ungebremstem Anhänger gilt maximal Tempo 60. Innerhalb geschlossener Ortschaften darf grundsätzlich nicht schneller gefahren werden als 50 km/h. Der Reisende ist gut beraten, sich an die vorgeschriebenen Geschwindigkeiten zu halten, da häufig Kontrollen durchgeführt werden und Touristen nicht mit einer milderen Behandlung rechnen können. Die Geldstrafen sind für unsere Verhältnisse hoch. Die Mindestbuße bei Überschreiten der Geschwindigkeit beträgt rund 55 €.

Selbst wenn es noch so hell ist und die Sonne scheint, muss tagsüber mit Abblendlicht gefahren werden, will man ein Bußgeld ca. 55 € vermeiden. Wer ein Rotlicht überfährt oder das Überholverbot nicht beachtet, zahlt ein Bußgeld von rund 340 €.

Natürlich werden in einem Land, das eine restriktive Alkoholpolitik betreibt, auch Alkoholsünder hart bestraft. Wer die 0,2-Promille-Grenze überschreitet (seit 1.1.2001 statt 0,5 Promille), läuft Gefahr, ein norwegisches Gefängnis kennenzulernen und seine Fahrerlaubnis für mindestens ein Jahr zu verlieren. Hohe Strafen drohen auch, wenn gegen die Anschnallpflicht verstoßen wird.

Wer im Winter/Frühjahr Norwegen besucht, sollte auf jeden Fall Schneeketten mitnehmen, die im Gebirge vorgeschrieben sind; erlaubt sind auch Spikes, die man im Land ausleihen kann (häufig in den Fährhäfen). Erkundigen Sie sich vorher nach der Befahrbarkeit von Straßen im Gebirge, da diese oft bis Mitte Mai oder noch länger gesperrt sind. Ganzjährig geöffnet ist nur die "Hardangervidda-Straße Nr. 7", wenn die Witterungsverhältnisse nicht zu extrem sind. Das Norwegische Fremdenverkehrsamt informiert.

Wer im Inland Mitglied eines Automobilclubs ist, kann sich im Schadensfall an den *NAF*, den Norwegischen Automobilclub, wenden. Per Auslandsschutzbrief erhält man Kosten für die Pannenhilfe daheim zurück. NAF, Storgt. 2, N-0105 Oslo 1, Tel.: 22341400, Fax 22428830.

Neben dem NAF ist auch der Kongelig Norsk Automobilklub (*KNA*), 0255 Oslo 2, Drammensveien 20 C, Telefon 22561900, Partnerclub des ADAC.

7. Norwegen als Reiseland: Allgemeine Reisetipps von A-Z **117**

	Öffnungszeiten der wichtigsten Pass-Straßen		
		geöffnet ab ca.	*geschlossen ab ca.*
7	Hardangervidda (1.250 m ü. M.)	ganzjährig (je nach Witterung)	
51	Valdresflya (1.389 m ü. M.)	15.5.	15.11.
55	Sognefjellsveien (1.450 m ü. M.)	10.5.	15.11.
63	Geiranger (1.038 m ü. M.)	15.5.	15.11.
63	Trollstigen (850 m ü. M.)	15.5.	15.10.
258	Gl. Strynefjellsvegen (1.139 m ü. M.)	15.6.	1.10.

Hinweis
*Die Staatliche Norwegische Straßenverwaltung hat eine Reihe von **Umbenennungen** im norwegischen **Europa- und Landstraßennetz** vorgenommen, die seit dem 27.5.1997 in Kraft getreten sind.*

Neue	*alte*	*Strecke*
Nummer	*Bezeichnung ( )*	
E 39	*(E 18,1,70,65,71)*	*Kristiansand-Stavanger-Bergen-Molde-Klett südl. Trondheim*
E 75	*(E 6, 98)*	*Roavvegiedde-Varangerbotn-Vardø*
E 105	*(886)*	*Bjørkheim-Landesgrenze bei Storskog*
134	*(11)*	*Drammen-Notodden-Haukelifjell-Haugesund*
E 136	*(9)*	*Ålesund-Dombås*
9	*(39)*	*Kristiansand-Haukeligrend*
44	*(1)*	*Stavanger*
70	*(1)*	*Kristiansund-Bergsøja südl. Kristiansund*
83	*(850)*	*Harstad-Revsnes Fähranleger*
124	*(105)*	*Sekkelsten-Strømsfoss*
509	*(E 18)*	*Stavanger*

⇨   **Autoverleih**

In den größeren Städten und fast allen Orten mit Flughäfen kann man Autos mieten, die zumeist nur an Personen über 25 Jahren abgegeben werden. Am häufigsten ist *Avis* im Lande vertreten. Achten Sie auf Sondertarife, die an Wochenenden und im Sommer gewährt werden. Die Kosten liegen für einen Kleinwagen (Renault Clio o.ä.) bei *Hertz* z.B. bei 85 € aufwärts ohne km-Begrenzung, inkl. Versicherung und Steuern, der Wochenendpreis (Fr 12.00 Uhr-Mo 10.00 Uhr) beträgt ca. 140 €. Die Hinterlegung einer Kaution ist üblich, einfacher ist es für Kreditkarteninhaber, die nur ihre Karte vorzeigen.

B

⇨ **Bahn**

s. S. 146ff

⇨ **Banken**

s. unter "Öffnungszeiten"

⇨ **Benzin**

Die Preise im Ölland Norwegen sind deutlich höher als bei uns, nur Diesel ist relativ preiswert. Das Tankstellennetz wird nach Norden hin dünner, so dass man einen Reservekanister dabei haben sollte. Mit Deutschland verglichen, spielen Geld- und Kreditkartenautomaten eine größere Rolle. In Norwegen gibt es kein Benzin, das exakt deutschem Normalbenzin entspricht. Tanken Sie also 95 Oktan bleifrei, das "Super bleifrei" in Deutschland entspricht; "Super Plus" hat 98 Oktan.

Die Preise lagen im Juli 2003 in Oslo bei:

Bleifrei 95 Oktan	1,24 €
Bleifrei 98 Oktan	1,27 €
Diesel	0,97 €

⇨ **Bergwandern**

s. unter "Wandern"

⇨ **Botschaften**

- In **Deutschland**: Kgl. Norwegische Botschaft, Rauchstraße 1, 10787 Berlin, Tel.: 030-505050, Fax 030-505055
- In **Österreich**: Kgl. Norwegische Botschaft, Bayerngasse 3, A-1037 Wien, Tel.: 222-7156692/93/94, Fax 01-7126552
- In der **Schweiz**: Kgl. Norwegische Botschaft, Bubenbergplatz 10, CH 3001 Bern, Tel.: 031-3105555
- Diplomatische Vertretungen **in Norwegen**:
- Botschaft der Bundesrepublik Deutschland: Oscarsgate 45, N-0258 Oslo 2, Tel.: 0047-22552010, Fax 0047- 22447672
- Botschaft der Republik Österreich, Sophus Lies gate 2, N-0244 Oslo 2, Tel.: 0047-22552348, Fax 0047-22554361
- Botschaft der Schweiz, Bygdøy Allé 78, N-0268 Oslo 2, Tel.: 0047-22430590, Fax 0047-22446350

7. Norwegen als Reiseland: Allgemeine Reisetipps von A-Z

⇨ **Busse**

s. S. 146ff

C

⇨ **Camping**

s. unter "Unterkunft", S. 134

E

⇨ **Einkaufen**

Im ganzen Land gibt es fast 3.000 Geschäfte, in denen man "tax-free" einkaufen kann, also mehrwertsteuerfrei. Wenn Sie mehr als 300 norwegische Kronen bezahlen, können Sie zwischen 10 und 15 % des Warenpreises zurückbekommen. Die Höhe der Rückvergütung ist dabei vom Kaufbetrag abhängig. Von der Mehrwertsteuer, die gegenwärtig bei 23 % liegt, wird eine Bearbeitungsgebühr abgezogen. Wenn Sie also etwas kaufen, zeigen Sie – was manchmal auch nicht nötig ist – Ihren Pass vor, damit deutlich wird, dass Sie außerhalb Skandinaviens wohnen. Zusammen mit der versiegelten Ware erhalten Sie einen Scheck, auf dem der Mehrwertsteuerbetrag eingetragen ist. Bevor Sie den Scheck beim Verlassen des Landes an einem der Tax-Free-Schalter an Flughäfen mit internationalem Flugverkehr, auf Norwegen verlassenden Fähren oder an größeren Grenzübergängen einlösen (Rückerstattung in Kronen), tragen Sie Name, Anschrift und die Pass- bzw. Personalausweisnummer ein. Wichtig ist, dass die gekauften Waren im Land nicht benutzt werden dürfen.

Zuständig für Kontrolle und Erstattung ist nicht der Zoll, sondern die Privatgesellschaft *Norway Taxfree Shopping*. Schecks, die in Norwegen ausgestellt worden sind, können auch bei *Europe Tax-free Shopping Denmark*, *Sweden Tax-free Shopping* und *Finland Tax-free Shopping* eingelöst werden.

Weitere Informationen
bei: Norway Tax-Free Shopping AS, *Postboks 48, N-1345 Österås*

Wer neben seinen persönlichen Eindrücken und Bildern eventuell andere Reiseandenken mit nach Hause nehmen möchte, sei auf die norwegischen Traditionen im **Kunsthandwerk** verwiesen. Das Angebot an Holzgegenständen, Textilien, hochwertigem Glas, Keramik, Schmuck oder Zinnwaren ist sehr beachtlich. Überall findet man Geschäfte, in denen gestrickte Kleidungsstücke angeboten werden, also auch die in aller Welt bekannten **Norweger-Pullover**. Viele Muster und Farben gehen auf verschiedene Landschaften Norwegens zurück, wenngleich die Tradition, mit mehreren Farben zu stricken, nicht zu den ältesten gehört.

7. Norwegen als Reiseland: Allgemeine Reisetipps von A-Z

Eine lange Tradition hat dagegen die **Goldschmiedekunst**. Neben modernem Design gibt es Schmuck, bei dem sich die Künstler immer wieder von Funden aus altnordischer oder der Wikingerzeit inspirieren lassen. Die Auflagen für Gold- und Silberschmuck schreiben einen Mindestgehalt an Edelmetallen vor: laut Stempelgesetz gelten für Gold 14 K. und für Silber 830 S. Auch **Steine** werden zu Schmuck verarbeitet, was in einem an Mineralien so reichen Land nicht verwundert. Als eine Art Nationalstein gilt der Thulit, der an den griechischen Namen für Norwegen (Ultima Thule) erinnert.

Norwegische **Zinnwaren** sind frei von Blei, das TK-Zeichen steht für geprüfte Qualität.

Groß ist die Auswahl an **Pelzen** erlesener Qualität in den zahlreichen Fachgeschäften. In der Blaufuchszucht liegt Norwegen weltweit an dritter Stelle, wobei die Skandinavier mit insgesamt vier Fünftel der Weltproduktion den Markt bestimmen. Das Markenzeichen ''Saga Furs'' steht als Gütezeichen für im Norden Europas gezüchtete Minke und Füchse. Aus Wettbewerbsgründen werden die Felle zumeist außerhalb Norwegens verarbeitet, so dass die Pelze vom Preis her konkurrenzfähig sind.

⇨ **Eintrittsgelder**

Es gibt reichlich Museen in Norwegen. Wer nur einen Bruchteil während seines Aufenthaltes besuchen möchte, wird seine Reisekasse strapazieren, denn die Eintrittspreise haben es in sich. NOK 30-60 (Kinder die Hälfte) sind üblich, oft zahlt man deutlich mehr. Ermäßigungen für Senioren und Familien gibt es fast immer. Für Oslo und Bergen lohnt sich vielleicht die entsprechende ''Card'', die neben freier Fahrt mit den öffentlichen Verkehrsmitteln viele Vergünstigungen bei Eintritten gewährt. Der Besuch von Kirchen ist kostenlos, nicht jedoch in den meisten Stabkirchen, die von kunsthistorischem Interesse sind. Unangemessen hoch erscheint die Zutrittsgebühr zum Nordkap (ca. 25 €, Ki ca. 7 €).

Die Eintrittspreise für Museen und Sehenswürdigkeiten werden in diesem Reisehandbuch nur angegeben, wenn sie deutlich von den üblichen Preisen nach oben abweichen.

⇨ **Eisenbahn**

s. S. 146ff

⇨ **Essen**

s. S. 138ff

F

⇨ **Fähren**

Für alle Nordeuropa-Interessierten gibt es ein Nachschlagewerk, das einen Weg durch den Dschungel der Fährverbindungen nach Skandinavien weist. Es heißt *"Fähren in Europa"* und berücksichtigt neben dem Mittelmeerraum u.a. alle Fähren zwischen Deutschland, Dänemark, Finnland, Island, Norwegen und Schweden sowie lokale Linien. Fahrpläne, Fahrpreise und eine Streckenkarte vervollständigen die Übersicht, die beim Achilles Verlag, Schreberstr. 19, 22453 Hamburg, Tel.: 040-55 76 32 12, Fax: 040-55 76 32 17, zum Preis von 14 € erhältlich ist.

Der bequemste und schnellste Weg ist der einer kleinen Seereise mit den Komfortfähren von Kiel nach Oslo, der einzigen Direktverbindung zwischen Deutschland und Norwegen. Das Schiff fährt 14.00 Uhr ab Kiel und legt am anderen Tag um 09.30 Uhr in Oslo an. Einziger Nachteil: der Preis, der für eine einfache Fahrt für 4 Personen inkl. Pkw in der Hochsaison je nach Kabinenstandard ab 300 € aufwärts beträgt.

Preiswerter ist es, über Puttgarden-Rødby (Vogelfluglinie) und eine weitere kurze Fährstrecke (Öresund) über Dänemark nach Helsingborg zu fahren bzw. die neue Öresundbrücke zwischen Kopenhagen und Malmö zu benutzen. Von dort geht es auf dem Landweg entlang der schwedischen Westküste bis nach Oslo. Für diese Alternative braucht man einen Tag länger.

Die *Stena Line* verkehrt von Kiel nach Göteborg und ermöglicht Norwegenreisenden gleichfalls, die abwechslungsreiche schwedische Westküste sowie Göteborg miteinzubeziehen. Die Schnellfähre zwischen Frederikshavn in Nordjütland und Göteborg wurde inzwischen wieder in Betrieb genommen.

Eine weitere Möglichkeit besteht darin, bis zur Nordspitze Dänemarks zu fahren und von dort mit der Fähre nach Oslo, Larvik oder Kristiansand zu fahren. Schnell nach Norwegen gelangt man mit dem Katamaran der Larvik-Line vom dänischen Skagen nach Larvik am Westufer des Oslofjords (Fahrzeit weniger als 3 Stunden).

Wer direkt ins Fjordland reisen möchte, kann vom nordjütländischen Hanstholm mit der *Fjord Line* nach Egersund (südl. von Stavanger) oder nach Stavanger und Bergen übersetzen. Im Sommer erfolgen 4 Fährfahrten von Hanstholm nach Egersund (Fahrzeit ca. 6 Std.), 3 bzw. 4 nach Stavanger und Bergen (13 bzw. 17 Std.); www.fjordline.com.

Auch nach der Fertigstellung von Europas längster Hängebrücke über den Großen Belt wird die Vogelfluglinie mit der Fährüberfahrt nach Rødby für die meisten Skandinavienreisenden ihre Bedeutung beibehalten, denn wer von Hamburg nach Kopenhagen über die neue Brücke fährt, legt gegenüber der Vogelfluglinie 160 km mehr zurück. Die Brückenmaut kostet für einen Pkw ca. 28 €, Motorradfahrer zahlen den halben Preis, Wohnwagengespanne 50 % mehr. Eine Alternative stellt die imposante Verbindung zwischen Fünen und Seeland für Reisende aus Nordwestdeutschland dar, die an den Hauptreisetagen im Sommer stundenlanges Warten am Fährort Puttgarden umgehen wollen.

7. Norwegen als Reiseland: Allgemeine Reisetipps von A-Z

Die Fährgesellschaften DFO und Scandlines haben auf der Vogelfluglinie vier Fähren in Dienst gestellt, die zwischen Fehmarn und Lolland nur noch 45 Minuten brauchen. Die Konkurrenz zur Brücke wirkt sich günstig auf die Preise aus. So wurden Zuschläge am Wochenende und für Fahrzeuge über 1,95 m Höhe abgeschafft. Für das Schwedenticket, das neben der Fähre Puttgarden-Rødby auch Helsingør-Helsingborg mit einschließt, zahlt man in der Hochsaison hin und zurück 148 €.

Wer zur Hauptreisezeit per Fähre nach Norwegen möchte, sollte auf jeden Fall, um Wartezeiten und Enttäuschungen zu vermeiden, die Buchung rechtzeitig vornehmen, die in allen Reisebüros erfolgen kann.

Wer in Norwegen größere Strecken mit dem Auto oder Zweirad zurücklegt, wird häufiger eine der Fähren benutzen, die trotz neuer Brücken, Straßen und Tunnels immer noch ein unverzichtbarer Bestandteil der norwegischen Verkehrsinfrastruktur sind. An touristischen Brennpunkten können in den Sommerwochen gelegentlich längere Wartezeiten entstehen, in den Wintermonaten verkehren die Fähren seltener.

Obwohl vom Staat kräftig subventioniert, fallen für den Reisenden Gebühren an, die sich in Grenzen halten, aber im Rahmen einer längeren Norwegen-Reise zu Buche schlagen. Im amtlichen Kursbuch, dem "Rutebok for Norge", das man an den Zeitungskiosken in Norwegen bekommen kann, erfährt man alles Wesentliche zu den innernorwegischen Fährverbindungen. Auskünfte erteilen auch die lokalen Fremdenverkehrsämter, oder erkundigen Sie sich in den Hotels.

⇨ **Feiertage**

1. Januar: Neujahr	17. Mai: Nationalfeiertag
Gründonnerstag	Christi Himmelfahrt
Karfreitag	Pfingstmontag
Ostermontag	24.-26. Dezember: Weihnachten
1. Mai: Tag der Arbeit	31. Dezember: Silvester

⇨ **Ferien**

Der kurze, von den Nowegern besonders intensiv erlebte Sommer bestimmt die Ferienordnung des Landes. So dauern die Sommerferien von Mitte Juni bis Mitte August. Viele größere Firmen schicken ihre Belegschaft im Juli in Urlaub. Die Osterferien in der Woche nach Palmsonntag bis nach den Osterfeiertagen nutzen viele Norweger zum Winterurlaub in den Skizentren des Landes. Eine Woche Wintersportferien gibt es außerdem im Februar.

⇨ **Flüge**

s. S. 146ff

⇨ **Fotografieren**

Da Filmmaterial in Norwegen doppelt so teuer ist, sollte man sich bei der Vorbereitung der Reise darauf einstellen.

⇨ **Fremdenverkehrsamt**

s. unter "Adressen"

G

⇨ **Geld**

Die norwegische Währung ist die Krone (1 Krone = 100 Öre), die zur Unterscheidung von der schwedischen (skr) und dänischen Krone (dkr) nkr oder – international üblich – NOK abgekürzt wird. An Münzen sind 5 Öre- bis zu 20 Kronen-Stücke im Umlauf. Geldscheine gibt es im Wert von 10, 50, 100, 200, 500 und 1.000 Kronen. Für Irritation sorgen gelegentlich neue Münzen mit nordischen Motiven. Das 20-Kronen-Stück mit König Harald auf der Vorder- und einem Wikingerschiff auf der Rückseite wird häufig mit der derzeitigen 5-Kronen-Münze verwechselt, während das 10-Kronen-Stück mit dem Dach einer Stabkirche als Motiv fast größengleich mit der 1-Kronen-Münze ist.

Der Wechselkurs für 100 NOK lag im Herbst 2003 bei ca. 12 €.

In der Regel ist es günstiger, erst in Norwegen Geld einzutauschen. Da die Banken unabhängig von der Summe recht hohe Wechselgebühren berechnen, sollte man nur höhere Beträge wechseln. Euroschecks werden in Norwegen überhaupt nicht mehr akzeptiert. In Geschäften und an Tankstellen kann man am besten mit Kreditkarten (vor allem *VISA* und *Eurocard/Mastercard*) bezahlen; auch Reiseschecks sind ein übliches Zahlungsmittel. An den meisten Geldautomaten kann man mit der deutschen EC-Karte Bargeld bekommen. Von deutschen Postsparbüchern ist es in Norwegen nicht mehr möglich, Geld abzuheben.

Zwar ist es inzwischen grundsätzlich erlaubt, norwegische und ausländische Devisen in unbegrenzter Höhe einzuführen, doch muss ein über 25.000 NOK hinaus gehender Betrag beim Zoll deklariert werden.

⇨ **Geschäfte**

s. unter "Öffnungszeiten" und "Einkaufen"

⇨ **Getränke**

s. S. 142

H

⇨ **Haustiere**

Die Einfuhr von Tieren nach Norwegen ist recht kompliziert. Für Hunde und Katzen gelten bestimmte medizinische Bestimmungen, die es erforderlich machen, spätestens ein halbes Jahr vor Beginn einer geplanten Reise mit den Vorbereitungen zu beginnen. Die erforderlichen Unterlagen sind beim Fremdenverkehrsamt in Hamburg oder bei der Norwegischen Botschaft in Berlin erhältlich. Erkundigen Sie sich auch bei der Reederei nach den Bestimmungen für den Transport von Haustieren.

⇨ **Hotels**

s. unter "Unterkunft"

I

⇨ **Inlandsflüge**

s. S. 149

⇨ **Internet-Adressen**

www.visitnorway.com, www.tourist.no (touristische Informationen); www. turistföreningen.no (Norwegischer Bergwanderverein/DNT); www.nsb.no (Bahnreisen in Norwegen); www.nor-way.no (Expressbusverbindungen); Flugverbindungen: www.sas.no (SAS); www.brathens.no (Brathens); www.wideroe. no (Wideroe); www.colorair.no/inform.htm (Color Air); Unterkunft: www. vandrerhjem.no (Jugendherbergen); www.camping.no (Camping); www.hytte.no (Freizeithäuser); www.aktiv-urlaub.com (Urlaub auf dem Lande); www.rica.no (Rica Hotels); regionale Fremdenverkehrsämter: www.oslopro.no (Oslo); www.visitBergen.com (Bergen); www.destinasjon-stavanger.no (Stavanger); www.vestfold.com; tellus.no/FjellogFjord (Ostnorwegen); www.hedmark.com (Ostnorwegen); www.hardangerfjord.com (Hardangergebiet); www.telemark reiser.no (Südnorwegen); www.sydnorge.no (Südnorwegen); www.fjordnorway. com (Fjordnorwegen); www. sfr.no (Sogn u.Fjordane); www.travel-norway.com/dest/vestkysten; www.trondheim.com (Trondheim); www.sognefjorden.no; www.nordlandreiseliv.no (Nordnorwegen); www. topofeurope.no (Nordnorwegen); www.lofotr.no (Lofoten); Fähren: www.stenaline.de; www.color-line.de; fjordline.com

J

⇨ **Jagd**

Das Jagen ist in Norwegen kein Privileg einiger weniger, sondern eher eine Art Volkssport, ein altes 'Jedermannsrecht'. Dieses nehmen jährlich mehr als 150.000 Norweger wahr, wenn sie ihren Jahresjagdschein lösen, der um die 30 € kostet. Für nur wenige hundert Kronen kann man sich an der Niederwildjagd beteiligen, sofern man als deutscher Jagdtourist den deutschen Jagdschein besitzt. Für den Abschuss eines Elches zahlt man ca. 1.000 €.

Problemlos erhalten deutsche Jäger den norwegischen Jahresjagdschein. Eingeführt werden dürfen Jagdwaffen, die an der Grenze angemeldet werden müssen. Wer über Dänemark und Schweden reist, muss dort seine Waffen gegen Vorlage der deutschen Waffenbesitzkarte an- und abmelden. Gejagt werden nicht nur der Elch, sondern auch Rotwild, Moorhühner, Gänse entlang der Küste, Auer- und Birkwild.

Der Norwegische Verband der Fischer und Jäger befürchtete im Falle eines EU-Beitritts eine Einschränkung des Jagdrechts. EU-Bestimmungen hätten dazu führen können, dass einige Tierarten, darunter Vögel, die heute noch gejagt werden dürfen, unter Naturschutz gestellt worden wären. Verboten werden können hätte dann auch das Fangen von Schneehühnern mit Dohnen.

Genauere Auskünfte
Direktoratet for Naturforvaltning, Tungasletta 2, N-7004 Trondheim, Fax 0047-73915433

⇨ **Jedermannsrecht**

Zu Recht sind die Norweger stolz auf ihr "Jedermannsrecht", das allen die Möglichkeit bietet, sich draußen in der Natur frei zu bewegen und die Vorzüge der Natur zu genießen. Das Recht zum Gemeingebrauch, das aus vortouristischer Zeit stammt, regelt aber auch die Pflichten für einen verantwortungsvollen Umgang mit der Natur.

Auf nicht bewirtschafteten Gebieten darf man sich bewegen, selbst wenn es sich um Privatbesitz handelt. Es ist z.B. immer erlaubt, eine Nacht zu zelten, wenn man sich nicht auf landwirtschaftlicher Nutzfläche oder in unmittelbarer Nähe eines Wohnhauses befindet. Wenn der Standort eines Zeltes nicht mindestens 150 m vom nächsten Haus entfernt ist, muss der Eigentümer um Erlaubnis gebeten werden. In der weiten, wilden Natur darf man ohnehin unbegrenzt übernachten. So war es jedenfalls bis in jüngster Zeit. Doch der zunehmende Tourismus und das unverantwortliche Verhalten einer Reihe von Reisenden in der Natur erfordern Einschränkungen und Verbote. Die von der Marketingorganisation *Nortra* ausgesprochenen Forderungen, Zelte, Wohnmobile und -wagen nicht auf öffentlichen Rastplätzen aufzustellen, für Pausen Rast- und Parkplätze zu benutzen sowie die Natur in ihrem Zustand zu belassen und keine Gewächse herauszureißen, sprechen für sich.

Genauere Auskünfte
erteilt das Norwegische Fremdenverkehrsamt in Hamburg und das Staatliche Amt für Naturschutz in Trondheim: Direktoratet for Naturforvaltning, *Tungasletta 2, N-7004 Trondheim, Tel.: 73580500.*

➪ **Jugendherbergen**

s. unter "Unterkunft"

K

➪ **Kanusport**

Norwegens Gewässer sind weitgehend Wildwasser. Kanusportler kommen hier voll auf ihre Kosten. Aufgrund des dominierenden Gebirgscharakters des Landes sind die Flüsse Wildwasser, die in einschlägigen Führern als 'mäßig' bis 'sehr schwer' klassifiziert werden. Flüsse, die im Gletscherbereich entspringen, erreichen Mitte Juni bis August ihren höchsten Wasserstand, während die Gewässer aus dem nichtvergletscherten Bereich der Skanden im Sommer eher wenig Wasser führen. Die Flüsse der Talungen im Osten Norwegens sind durch Kraftwerksbauten und Staudämme verbaut und oft nur in Teilabschnitten befahrbar.

Im Süden und Osten des Landes gibt es zahlreiche Seen, die zum Kanu fahren einladen, doch wer längere Strecken zurücklegen will, kommt nicht umhin, sein Boot häufiger zu tragen, als ihm lieb ist.

Konflikte zwischen Sportfischern und Kanuten sind nicht ganz auszuschließen. Gesetzliche Bestimmungen, die das Kanu fahren auf den Lachsflüssen reglementieren, gibt es nicht, einzelne Eigentümer lukrativer Lachsflüsse, die Abschnitte der Flüsse für gutes Geld verpachten, versuchen jedoch, Einschränkungen mit dem Recht auf ihrer Seite durchzusetzen, wenn es z.B. um das Ein- und Aussetzen der Boote geht. Die Empfehlung des norwegischen Kajak-Verbandes, die Flüsse in der Lachssaison, also von Anfang Juni bis Anfang September, zu meiden, mutet sehr unrealistisch an, da dies ja die Haupturlaubszeit ist. Kanuten sollten also einen möglichst großen Bogen um die Angler machen. In Norwegen gibt es eine Reihe von Campingplätzen, die besonders für Kanuten geeignet sind, da man auf mehr als 75 Anlagen sein Boot zu Wasser lassen kann.

 Weitere Auskünfte
Norges Kajakkforbund, *Hauger Skolevei 1, N-1351 Rud, Tel. 0047-67154823*

➪ **Kartenmaterial**

Neben der diesem Buch beigefügten Karte im Maßstab 1:800.000 gibt es eine Reihe guter Karten über Norwegen. Von vielen Norwegen-Urlaubern wird die *Cappelen*-Kartenserie geschätzt, die neben wesentlichen Reiseinformationen auch Wanderwege und Hütten im Gebirge aufführt. Fünf Blätter im Maßstab 1:325.000 bzw. 400.000 decken das ganze Land ab. Für Reisende mit Wohnmobil, Wohnwagen oder Fahrrad bieten sich die Straßenkarten Norwegen im Maßstab 1:250.000 an, da die Kartenreihe mit ihren 21 Blättern detaillierte Informationen über Straßen und Wege liefert. Beachten Sie unbedingt die neuen Straßenbezeichnungen in Teilen des norwegischen Europa- und Landstraßennetzes, die seit Mai 1997 gelten.

Neben den topographischen Karten im Maßstab 1: 50.000 hat das Norwegische Landesvermessungsamt *(Statens Kartverk)* eine Serie von über 50 Blättern der wichtigsten Wander- und Skigebiete im Maßstab von 1:50.000 bis 1:200.000 herausgegeben.

Verschiedene Karten im Buchformat enthält der *Bilatlas Norge* (= Autoatlas Norwegen), der Norwegen im Maßstab 1:400.000 abdeckt und viele Stadtpläne im Maßstab 1:25.000 enthält. Neben Angaben zu Hotels, Sehenswürdigkeiten etc. sowie einem umfassenden Register weist der Autoatlas auch eine Legende in deutscher Sprache auf. Der Preis liegt bei etwa 40 €.

Ein umfangreiches Angebot an Karten aller Art hat in Deutschland das **Internationale Landkartenhaus/Geo Center**, Postfach 800830, D-70508 Stuttgart, Tel.: 0711-7889340. Daneben haben sich auf Kartenmaterial und Literatur Skandinaviens zwei Versandbuchhandlungen spezialisiert:
- NORDIS-Buch- und Landkartenhandel, Abt. 37, Postfach 100343, 40767 Monheim, Tel.: 02173-56665 oder 50095, Fax: 02173-54278
- Versandbuchhandlung A. Haardiek, Postfach 5, D-49585 Neuenkirchen Tel.: 05465-476, Fax: 05465-834

⇨ **Kleidung**

Da das Wetter recht wechselhaft sein kann, sollte man sich als Reisender auf alle Eventualitäten einstellen. Zum Reisegepäck gehören sowohl Sonnenschutzmittel als auch Regenschutz, Wanderschuhe oder Gummistiefel und warme Kleidung. Generell kleiden sich die Norweger ungezwungen, elegantere Kleidung ist aber in vielen Restaurants am Abend gang und gäbe.

⇨ **Klima**

s. S. 51

⇨ **Kreditkarten**

Die Norweger zahlen immer häufiger per Kreditkarte, vor allem in Hotels, Restaurants, an Tankstellen, in Fachgeschäften. *Visa* und *Eurocard/Mastercard* sind besonders verbreitet; auf den Schiffen der Hurtigrute werden z.B. *VISA*, *American Express*, *Eurocard/Mastercard* und *Diners Club* als Zahlungsmittel akzeptiert.

⇨ **Kreuzfahrten**

s. S. 150

N

⇨ **Nationalparks**

Rund 20.000 km², das sind 6,3 % des norwegischen Festlandes, sind gemäß Naturschutz-gesetz geschützt. Es gibt rund *1.030 Reservate*, die in Norwegen die strengste Art von Naturschutz darstellen, da in diesen Gebieten die Lebensbedingungen seltener und bedrohter Pflanzen- und Tierarten bewahrt werden sollen. Den flächenmäßig größten Anteil haben die *18 Nationalparks* (ohne Svalbard); etwa ein Zehntel ihrer Fläche neh-men produktive und unproduktive Wälder ein, während der überwiegende Teil aus gebirgigen und vergletscherten Gegenden besteht. Die Nationalparks sind jedermann unter bestimmten Auflagen zugänglich.

Als **Verhaltensregeln**, die man beim Besuch eines Nationalparks berücksichtigen muss, gelten:
- Motorisierter Verkehr ist grundsätzlich nicht erlaubt
- Pflanzen und Bäume sind vollständig geschützt
- Das Angeln ist unter Berücksichtigung örtlicher Bestimmungen erlaubt
- Pilze und Beeren dürfen in der Regel gesammelt werden
- Vom 15.04.-15.09. ist es strengstens untersagt, offenes Feuer zu machen
- Verlassen Sie nicht die markierten Wege.

Die Nationalparks sind über das ganze Land verteilt und reichen vom Osten der Finnmark bis hinunter zur *Hardangervidda*, die flächenmäßig fast 3.500 km² umfasst. Zu den bekanntesten Nationalparks gehört *Jotunheimen* östlich des Sognefjords, das "Heim der Riesen", mit Norwegens höchsten Bergen, drei großen Binnenseen und zahlreichen Gletscherflüssen. Wanderer finden hier zahlreiche markierte Wege und teilweise bewirt-schaftete Hütten vor.

Nicht weniger bekannt sind der Nationalpark *Dovrefjell* zu beiden Seiten des Lachsflus-ses *Driva* und der sich südlich anschließende *Rondane*, in dem neben Rentier, Fuchs, Hermelin und Vielfraß auch Moschusochsen anzutreffen sind.

Der *Jostedalsbreen*, Europas größter Festlandsgletscher, der zwischen dem Sogne- und dem Nordfjord liegt, wurde 1992 zum Nationalpark erklärt. Wer in dieses Gebiet reist, sollte das Nationalpark-Zentrum "Jostedals-Gletscher" besuchen, das am herrlichen *Strynsvatn* liegt und reichhaltige Informationen über den Gletscher sowie die 18 Natur-parks Norwegens bietet.

Nachdem bisher nur staatlicher Grund bei der Einrichtung von Nationalparks berück-sichtigt wurde, sollen in naher Zukunft auch private Flächen eingebunden werden, wenn nach Plänen der Regierung weitere 20.000 km² norwegischer Landschaft unter Natur-schutz kommen.

Bis zum Jahr 2008 werden noch 20 weitere Nationalparks geschaffen werden, so dass dann insgesamt 1/10 der Landfläche Norwegens zu dieser Raumkategorie gehören.

⇨ **Notruf**

Seit 1994 gilt auch in Norwegen die Polizeinotruf-Nummer 112, Krankenwagen 113, Feuerwehr 110.

O

⇨ **Öffnungszeiten**

Die **Geschäfte** haben gewöhnlich von 09.00-18.00 Uhr geöffnet, im Sommer in den kleineren Orten oft nur bis 16.00 Uhr, Do und Fr bis 18/20.00 Uhr, im Sommer hingegen bis 18.00 Uhr. In den *Narvesen*-Kiosken kann man oft auch bis 22.00 Uhr und sonntags einkaufen. Viele Tankstellen, in denen Lebensmittel erhältlich sind, haben bis ca. 23.00 geöffnet.

Die Schalterstunden der **Banken** liegen Mo-Fr zwischen 08.15 und 15.30 Uhr, im Sommer schließen die banken jedoch bereits um 15.00 Uhr; Do sind sie bis 17.00 Uhr geöffnet.

Sehr unterschiedlich sind die Öffnungszeiten der Museen.

P

⇨ **Post/Porto**

Die Öffnungszeiten der Postämter, in denen man übrigens *nicht* telefonieren kann, sind: Mo-Fr von 08.00/08.30 Uhr bis 16.00/16.30 Uhr, Sa von 08.00-13.00 Uhr.

Briefmarken erhält man zumeist auch in Kiosken und Schreibwarengeschäften. Für Briefe und Postkarten bis 20 g beträgt das Porto innerhalb Skandinaviens NOK 7, innerhalb Europas NOK 9, in andere Länder NOK 10.

R

⇨ **Rauchen**

Nachdem schon 1975 ein Verbot gegen Tabakwerbung erlassen worden war, wurde 1988 ein Gesetz verabschiedet, das das Rauchen in allen der Öffentlichkeit zugänglichen Räumen, in Transportmitteln und am Arbeitsplatz verbietet. In Restaurants, Cafés und anderen Dienstleistungsbetrieben müssen für Raucher und Nichtraucher abgeteilte Zonen geschaffen werden. Für den Kauf von Tabak und Zigaretten wurde das Alter von 16 auf 18 Jahre angehoben. Norwegen soll zu einer vom Rauch befreiten Gesellschaft werden. Das norwegische Versicherungsunternehmen UNI Storebrand will starken Rauchern den Versicherungsschutz gegen die Folgen schwerer Krankheiten verweigern. Gemäßigte Raucher müssen sich auf höhere Prämien einstellen.

Die skandinavische Fluggesellschaft *SAS* bot auf allen Europaflügen bis zu einer Dauer von zweieinhalb Stunden nur noch Nichtraucherplätze an, nahm diese Maßnahme jedoch wieder zurück. Auf innerskandinavischen Strecken gilt bereits seit 1988 ein Rauchverbot.

⇨   **Reisezeit**

Die eigentliche Saison, in der die meisten Reisenden das Land besuchen, reicht von Anfang Juni bis Mitte/Ende August. Im Juni kann es recht warm sein. Vor Mai, wenn der Frühling die Fjordlandschaften Westnorwegens in einen blühenden Riesengarten verwandelt, sind die Straßen im Bergland und im Norden meistens nicht befahrbar.

Zur Reisezeit zählt zunehmend auch der September, der sich für ausgedehnte Wanderungen anbietet, wenn der Herbst mit seinen leuchtenden Farben die Natur überzieht. Immer häufiger entdecken ausländische Touristen die vielfältigen Wintersportmöglichkeiten, und die Olympischen Spiele in Lillehammer 1994 haben viele Orte im Süden des Landes, in denen die Saison von Dezember bis Ende April oder gar in den Mai hinein dauert, einem breiteren Publikum bekannt gemacht.

⇨   **Restaurants**

s. S. 138ff

S

⇨   **Sommerzeit**

Vom 28. März bis zum 26. September wird in Norwegen wie im übrigen Mitteleuropa die Sommerzeit eingeführt. In Norwegen und Schweden gilt wie in Mitteleuropa die MEZ, in Finnland die OEZ, d.h., in Finnland ist es eine Stunde später.

⇨   **Sprache**

s. S. 137 und unter "Wörterbuch"

T

⇨ **Telefonieren**

Ganz Norwegen erhielt während des Jahres 1993 neue Telefonnummern. Bei der rasanten Zunahme der Teledienstleistungen musste der alte Nummerierungsplan mit einer Kapazität von 8 Mio. Nummern durch ein System mit 80 Mio. Rufnummern ersetzt werden. Die Umstellung besteht darin, dass die alten Vorwahlnummern durch neue Ziffern ersetzt wurden; so erhielt z.B. Oslo anstelle von 02 die Ziffern 22, die übrigen Ziffern blieben in den meisten Fällen erhalten, so dass jeder Anschluss eine achtstellige Nummer aufweist.

Es ist gleich, von wo man anruft: Immer gilt die neue achtstellige Nummer (auch aus dem Ausland). Im Rahmen fortschreitender Anpassung an das übrige europäische Telenetz gilt inzwischen auch in Norwegen die normierte europäische Notrufnummer 112. Telefonieren kann man von öffentlichen Telefonzellen aus, in denen man zumeist auch angerufen werden kann. Möglich ist dies natürlich auch von Telegrafenämtern, jedoch nicht von der Post aus. In den ländlichen Gebieten kann man von entsprechend gekennzeichneten Privathäusern aus telefonieren.

Aus Norwegen lautet die Vorwahl nach **Deutschland 0049**, nach **Österreich 0043** und in die **Schweiz 0041**. Wer aus Deutschland, Österreich oder der Schweiz **nach Norwegen** anruft, wählt **0047** als Vorwahl, anschließend die achtstellige Anschlussnummer.

Mit dem Mobiltelefon kann man im D1-und D2-Netz telefonieren, mit einem Dual-Band-Handy ist das auch im E-Netz möglich.

U

⇨ **Unterkunft**

Norwegen bietet dem Reisenden eine Reihe verschiedener Unterkunftsmöglichkeiten an, so dass der inzwischen große Touristenstrom in der Sommersaison bewältigt werden kann.

In den landschaftlich schönsten Gegenden findet man vorzügliche Berg- und Fjordhotels, machmal in einer beeindruckenden Holzarchitektur. In den letzten Jahren sind zahlreiche moderne Hotelkomplexe errichtet worden, in denen es an nichts fehlt. Der Standard norwegischer **Hotels** ist hoch. An den größeren Straßen ist es häufiger möglich, die Nacht in einem der **Motels** zu verbringen, die etwas preiswerter sind als Hotels. Motels verfügen oft über Zimmer mit begrenzter Selbstverpflegung. Doch sollte man sich vorher vielleicht die Zimmer ansehen, die oft recht klein sind und manchmal nicht halten, was das Gebäude von außen betrachtet erwarten lässt. Bewährt haben sich **Sommerhotels**, das sind Studentenheime, die während der Ferien zu preiswerten Hotelunterkünften ohne großen Luxus umgewandelt werden. Eine preiswerte Alternative stellen die norwegischen **Jugendherbergen** dar, die nicht nur Jugendlichen zugänglich sind. In größeren Städten, wie z.B. Bergen oder Bodø, kann man in **Privatzimmern** übernachten, die zum Preis von 25-30 € über die Touristeninformationen gegen Zahlung einer geringen Gebühr vermittelt werden. In den meisten touristisch interessanten Gebieten findet man häufig **Pensionen**, in denen ein Zimmer ca. 25-35 € kostet, machmal inklusive Frühstück. Bezeichnungen wie "vaerelser", "rom" oder "overnattning" weisen auf private Übernachtungsgelegenheiten hin.

Wer nach Norwegen reist, um dort Aktivferien zu verbringen, wohnt vielleicht am besten in den im ganzen Land angebotenen Hütten oder Ferienhäusern, vor allem, wenn man zu mehreren Personen unterwegs ist. Vorzüglich ist auch das Angebot an **Campingplätzen**, auf denen zumeist auch einfachere Hütten zu haben sind. In den letzten Jahren bieten immer mehr norwegische Bauern **Ferienwohnungen auf dem Bauernhof** an.

Hotels

Hotels werden in Norwegen wie in den übrigen Ländern Skandinaviens nicht offiziell nach einem Sterne-System klassifiziert, sondern man benutzt – nach Angaben des Hotel- und Restaurant-Verbandes – ein System mit Symbolen für die einzelnen Leistungen, die ein Hotel seinen Gästen bietet.

Die Preise können nach Jahreszeit stark variieren. Abgesehen von Hotels in den touristischen Zentren sind gute und beste norwegische Hotels keineswegs so teuer, wie Reisende oft vermuten. In den Sommermonaten, wenn die Geschäftsreisenden weitgehend ausbleiben, werden Touristen bis zu 50 % ermäßigte Preise mit zahlreichen Angeboten für Familien gewährt. Stark reduzierte Preise gelten auch an den Wochenenden. Um die günstigen Angebote nutzen zu können, braucht man häufig, aber keineswegs immer, einen Hotelpass oder -scheck. Manchmal ist die Frist für die Vorausbestellung einer Unterkunft genauer festgelegt. In den guten bis sehr guten Hotels ist immer ein vorzügliches Frühstücksbuffet eingeschlossen.

Wer z.B. den *Fjordpass* zum Preis von 12 € erwirbt, der für zwei Erwachsene und Kinder unter 15 Jahren gilt, erhält in rund 250 Hotels und Pensionen in Norwegen auf die Sommerpreise 20 % Rabatt auf Übernachtung und Frühstück. Wer überwiegend in Hotels übernachten möchte, sollte sich ein kostenloses Unterkunftsverzeichnis des Norwegischen Fremdenverkehrsamtes zuschicken lassen.

Empfehlenswert wegen ihres guten Standards und ihrer Familienfreundlichkeit sind auch die Scandic-Hotels. Für ein DZ einschl. zweier Kinder unter 13 Jahren zahlt man im Sommer und an den Wochenenden ca. 90 € inkl. Frühstücksbuffet. Für Senioren gilt die Scandic Card ganzjährig. Zentraler Buchungsservice: Frankfurt, Tel. 069-8007160.

Hütten oder Ferienhäuser

Hütten oder Ferienhäuser finden sich in großer Zahl und allen Standards über das Land verteilt. Fast jeder Norweger, sofern er nicht Besitzer ist, hat Zugang zu einer *feriehytte*. Die Häuser für jeden Ferienwunsch liegen am Meer, an den Fjorden, im Fjell und in den weiten Waldgegenden. Sie gehören zumeist Privatpersonen, wie z.B. Landwirten, die so einen Nebenverdienst erwirtschaften. Diese Art der Unterkunft ist familienfreundlich, da viele Häuser für 4 oder mehr Personen ausgelegt sind. Die Preise sind verhältnismäßig niedrig, vor allem in Relation zu den allgemein recht hohen norwegischen Preisen.

Besonders günstig kann man im frühen und im späten Sommer, also im Mai und im September, Urlaub machen, wenn die Preise für die Ferienhäuser mehr als ein Drittel niedriger liegen als in der kurzen Hochsaison. Extrem teuer sind komfortable Hütten in der Osterwoche in den Skizentren, wenn die Norweger mit Kind und Kegel in den Schnee ziehen. Fast alle Ferienhäuser haben fließendes Leitungswasser, geheizt werden die Gebäude meistens elektrisch, offene Kamine haben einen nur geringen Heizwert und dienen vor allem der Behaglichkeit. Nach Beendigung des Aufenthaltes ist der Mieter dafür zuständig, dass die Hütte wieder sauber verlassen wird. Außer Handtüchern, Geschirrtüchern, Spüllappen und Bettwäsche braucht man meist nichts mitzubringen.

Ferienhäuschen im Fjell

Häuser u.a. bei:
- Norsk Hytteferie, Den Norske Hytteformidling A.S., Postboks 3404 Bjølsen, N-0406 Oslo, Tel. 0047-22356710, Fax 0047-22719413
- Novasol, Postboks 309 Sentrum, N-0103 Oslo, Tel. 815 44 270, Fax 0047-23356275
- Dansommer, Katalog über Postfach 800869, 21008 Hamburg, Tel. 0421-874122

Unterkünfte für Angler finden sich unter www.fjordfiske.com.

Jugendherbergen

In Norwegen heißen sie *vandrerhjem* (= "Wandererheim"), wodurch deutlich werden soll, dass sie nicht nur Jugendlichen Unterkunft bieten wollen. Die rund 100 Familien- und Jugendherbergen, oft mit beachtlichem Standard, sind über das Land verteilt bis hinauf zur Provinz Finnmark. Manchmal sind es traditionsreiche Gebäude an der Küste, im Fjordland oder im Gebirge, in denen Einzel-, Doppel- und Familienzimmer angeboten werden. Die Aufenthaltsräume sind oft geräumig und mit offenem Kamin eingerichtet. Die Preise pro Übernachtung schwanken je nach Standard erheblich, liegen in der Regel zwischen 13 und 20 €, machmal ist ein Frühstück eingeschlossen; ansonsten kostet es ca. 7 €, eine warme Mahlzeit 8-12 €. Kinder (3-15 Jahre) im Zimmer der Eltern zahlen für Übernachtung und Mahlzeiten die Hälfte. Nichtmitglieder des Jugendherbergsverbandes zahlen einen Aufpreis von ca. 4 € pro Nacht. In der Hochsaison ist es ratsam, sich vorher direkt an der Jugendherberge anzumelden. Die meisten Wandererheime haben vom 01.06. bis Mitte August geöffnet, es gibt aber auch Häuser in den Wintersportgebieten, die in den Wintermonaten Unterkunft und Vollpension bieten.

Eine Mitgliedschaft im norwegischen Jugendherbergsverband kostet pro Jahr NOK 250 für das Hauptmitglied, für weitere Familienmitglieder NOK 25.

Ein Verzeichnis mit einer Kurzbeschreibung aller Herbergen erhalten Sie kostenlos bei: *Norske Vandrerhjem*, Torggata 1, N-0181 Oslo, Tel.: 0047-22239300, Fax 0047-23139350, Internet: www.vandrerhjem.no.

Camping

Es gibt rund 1.500 Campingplätze, die nach einer Klassifizierung durch den Norwegischen Automobilverband in drei Kategorien (*, **, ***) eingeteilt werden:
- * = einfache Ausstattung, Toiletten und Waschgelegenheiten, tägliche Aufsicht
- ** = warmes Wasser, Kochgelegenheit, Kiosk, Aufsicht von 07.00-23.00 Uhr, Stromanschlüsse für Wohnwagen
- *** = zusätzlich zur Ausstattung mit zwei Sternen: dauernde Aufsicht, Laden oder größerer Kiosk, Einzäunung, Spiel- und Freizeiteinrichtungen. Entscheidend für die Klassifizierung ist also das Serviceangebot, nicht der tatsächliche Zustand der Anlage, der wesentlich vom Engagement des Betreibers abhängt.

Wiederholt warnen Reisende (Leserbriefe) vor dem auch schon in der Vorsaison ungepflegten Bogstad Camping-Platz in Oslo, besonders die sanitären Anlagen seien in schlechtem Zustand. Als ungepflegt wurden ferner genannt: Storsand Camping Malvik, Vennesund Brygge og Camping, Saltstraumen Camping, Ramberg Gjestegärd, Sandvika Kabelv. und Tromsdalen Camping.

Auf den meisten Campingplätzen gibt es als preiswerte Unterkunft **Campinghütten** mit 2-6 Betten. Auf einem **-Platz sind einfache Hütten für 25-35 € für zwei Personen pro Nacht zu bekommen, auf ***-Plätzen sind die Hütten komfortabler ausgestattet, kosten ein paar hundert Kronen, können aber oft von vier oder auch sechs Personen belegt werden. Eine andere Bewertung durch die Verteilung von 1-5 Sternen nimmt der kostenlos beim Norwegischen Fremdenverkehrsamt erhältliche Campingführer mit Campingkarte vor.

Hinweis
Während Camper im Rahmen des "Jedermannsrecht" in freier Natur zelten dürfen, müssen Wohnwagenfahrer ihre Fahrzeuge auf offiziellen Campingplätzen abstellen. Die Kosten für Wohnwagen/Wohnmobile liegen ca. bei 15-20 € pro Nacht.

W

Wandern

Immer mehr Norweger und ausländische Touristen verbringen einen Teil ihres Urlaubs im norwegischen Gebirge. Der Norwegische Bergwanderverein (*Den Norske Turistforening, DNT*), schon 1868 gegründet, hat wesentlich dazu beigetragen, das Bergwandern zu einem Volkssport in Norwegen zu machen. Der *DNT* zählt inzwischen 160.000 Mitglieder, darunter auch einige tausend aus dem Ausland, denen über 360 Hütten und Berghöfe zur Verfügung stehen. Deren Standard kann zwischen einer schlichten Steinhütte und einem komfortablen Gebirgshotel variieren. Die 40 bewirtschafteten Hütten, in denen man Vollpension buchen kann, stehen auch Nichtmitgliedern zur Verfügung, von den

7. Norwegen als Reiseland: Allgemeine Reisetipps von A-Z **135**

unbewirtschafteten Unterkünften sind rund 125 verproviantierte Selbstbedienungshütten, die restlichen Hütten stehen *DNT*-Mitgliedern ohne Proviant zur Verfügung.

Neben den Hütten hat der *DNT* ein Netz markierter Wanderwege – ein rotes *T* weist den Weg – im ganzen Land angelegt, das 20.000 km (!) umfasst; dazu kommen noch 5.500 km an markierten Loipen im Winter.

In den bewirtschafteten Unterkünften zahlt der Gast für Übernachtung und Essen je nach Standard und Essenswunsch zwischen 20 und 50 € (halber Preis für Kinder zwischen 6 und 15 Jahren), in den Selbstbedienungshütten kostet die Nacht ca. 12 €. Aus dem Vorratslager nimmt man sich, was man an Lebensmitteln benötigt, und legt das Geld in eine Büchse. In den Unterkünften ohne Proviant kann die Übernachtung noch preiswerter sein, vor allem hoch im Norden.

Eine Mitgliedschaft im *DNT* jeweils für ein Jahr lohnt sich wegen der verbilligten Dienstleistungen schnell. Sie kostet rund 60 € im Kalenderjahr.

Die Hochsaison im Gebirge, in der es in einigen Hütten eng werden kann, liegt zwischen dem 15. Juli und 15. August.

Neben den vielfältigen Möglichkeiten, eigene Wandertouren zusammenzustellen, bietet der *DNT* eine Reihe vorzüglicher geführter Wanderungen für Interessierte, die noch keine größeren Erfahrungen im Bergwandern haben. Der Prospekt *"Guided Mountain Hiking Tours in Norway"* z.B. bietet im Sommer 7-12tägige organisierte Touren über die Hardangervidda, durch Jotunheimen, im Raum Dovrefjell-Rondane oder auf der Finnmarksvidda an.

ℹ️ Weitere Informationen
beim DNT, Storgaten 3, Postboks 7 Sentrum, N-0101 Oslo, Tel. 0047-22822800. www.turistforeningen.no – Der DNT verschickt auch kostenlos Übersichtskarten über die verschiedenen Wanderregionen mit Tourenvorschlägen und Zeitangaben, wie lange man von Hütte zu Hütte braucht. Die Übersichtskarten ersetzen aber nicht genauere topographische Karten.
Hüttenwandern in Norwegen ist auch online planbar. Unter www. huettenwandern.de liefert die deutsche DNT-Repräsentantin Helga Rahe Informationen zu den Selbstversorger-Hütten. Auf der homepage von Nach Norden ist es möglich, eine Mitgliedschaft im norwegischen Bergwander-Verein (DNT) zu beantragen.

⇨ **Wörterbuch**

Die am häufigsten vorkommenden norwegischen Wörter in Flur- oder Ortsnamen bzw. auf Hinweistafeln oder Landkarten sind:

bekk - Bach	*bree* - Gletscher	*båt* - Schiff
bil - Automobil	*bru/bro* - Brücke	*dal* - Tal
bompenger - Mautgebühr	*by* - Stadt	*elv* - Fluss

7. Norwegen als Reiseland: Allgemeine Reisetipps von A–Z

ferje - Fähre
fjell - Berg, Gebirge
fjord - Fjord
foss - Wasserfall
fylke - Regierungsbezirk
gard/gård - Hof
gate - Straße
helleristninger - Felsritzungen, Felszeichnungen
hamar - steiler Fels

hav - Meer
havn - Hafen
holm - kleine Insel
hytta - Hütte
kirke - Kirche
kjør sakte - langsam fahren
landsby - Dorf
-rud - Rodung, häufige Ortsnamensendung
sjø - See
skog - Wald

stasjon - Bahnhof
svake kanter - Fahrbahnrand nicht befahrbar
tind - (hoher) Gipfel
vatn - See
vik - Bucht
vær - Fischerdorf
våg - Bucht
øy - Insel
å - Bach
ås - Hügel, Bergrücken

Hinweis
Da es zwei offizielle Landessprachen sowie Unterschiede in den Dialekten gibt, sind unterschiedliche Schreibweisen möglich.

Z

⇨ **Zoll**

Wer das Nicht-EU-Land besucht, muss einige Zollbestimmungen beachten, deren Einhaltung ratsam ist, da Verstöße empfindliche Strafen nach sich ziehen. Es ist verboten, Pflanzen, Eier, Kartoffeln und Fleisch einzuführen. Pro Person dürfen aber bis zu 3 kg Fleisch- und Wurstkonserven mitgebracht werden. Nicht gestattet ist ferner die Einfuhr von Rauschgiften, Waffen, Munition und Sprengstoffen (ausgenommen sind Jagdgewehre und dazugehörige Munition) sowie Ausrüstung für den Krebsfang und Angelnetze. Zur Einfuhr von Tieren s. unter Haustiere.

Für Tabakwaren und Alkoholika gelten besondere Bestimmungen.
Zollfrei sind Tabakwaren (ab 18 Jahren) in folgenden Mengen:
• 250 g Tabak oder 200 Zigaretten

Zollfrei sind Alkoholika in folgenden Mengen:
ab 18 Jahren
• 2 Liter Bier und 2 Liter Wein (bis 22 % Vol.) ab 20 Jahren!
• statt 2 Litern Wein auch 1 Liter Wein und 1 Liter Spirituosen

Bis zu 4 Liter Spirituosen/Wein und 10 Liter Bier kann man außerdem einführen, wenn man bereit ist, Zollgebühren zu zahlen.

⇨ **Züge**

s. S. 146ff

Zwei Sprachen

Von den gut vier Millionen Menschen im Lande haben mehr als 95 % das Norwegische als Muttersprache. Aber alle, die norwegisch sprechen, sprechen nicht eine gemeinsame Sprache, denn Norwegen ist offiziell ein zweisprachiges Land. Briefmarkenliebhaber werden wissen, dass der Landesname "Noreg" auf einigen Marken anstelle des üblichen "Norge" kein Fehldruck, sondern die zweite offizielle Version zur Bezeichnung des Landes ist.

Die beiden norwegischen Schriftsprachen heißen *bokmål* und *nynorsk*, also "Buchsprache" und "Neunorwegisch". Wer im Ausland Norwegisch lernt, setzt sich mit *bokmål* auseinander, das für 80 % der norwegischen Schulkinder die Hauptsprache ist, während etwa 16 % *nynorsk* lernen. Die Bewohner in den Kommunen bestimmen selbst, in welcher Sprache ihre Kinder unterrichtet werden.

Die Gleichstellung beider Sprachen hat in den Massenmedien zu einer Quotenregelung geführt, so dass ein Viertel der Beiträge in Radio und Fernsehen in Neunorwegisch abgefasst sind, was häufig zu Streitereien darüber führt, welche Sendungen in welcher Sprache produziert werden sollen. Auch wenn in den letzten 20 Jahren der prozentuale Anteil der Schüler an beiden Sprachen gleich geblieben ist, gibt es keine völlige Ruhe an der Sprachenfront, wenngleich der Streit recht friedlich ausgetragen wird.

Die große Mehrheit der *bokmål*-Sprechenden wohnt in den Städten und dichter besiedelten Gebieten, während *nynorsk* vor allem in den ländlichen Gegenden des Westens und südöstlichen Landesinneren dominiert, wo traditionelle lokale Dialekte gesprochen werden.

Die heutige Situation im Lande lässt sich nur aus der norwegischen, oder besser: nordischen, Geschichte verstehen. Das Norwegische ist eine germanische Sprache, die mit dem Schwedischen und Dänischen eng verwandt ist, so dass sich die Angehörigen aller drei Länder im großen und ganzen weitgehend problemlos verständigen können. Vor rund tausend Jahren gab es so etwas wie eine gemeinsame Ursprache der Menschen im Norden *(Altnordisch)*. Im späten Mittelalter entfernte sich das Dänische aufgrund kultureller Einflüsse weiter von der einst gemeinsamen Sprache als das Norwegische.

Da Dänemark aber im Mittelalter die politisch und wirtschaftlich stärkste Macht in Skandinavien war und Norwegen völlig unter seinen Einfluss geriet (bis 1814; vgl. S. 25ff), wurde das Dänische um 1500 Verwaltungssprache in Norwegen. Zwar wurde in der Provinz immer schon die dänische Schriftsprache durch eine spezifisch norwegische Aussprache modifiziert, doch wollten nationalistisch gesinnte Kräfte nach der Trennung von Dänemark eine völlig eigene norwegische Sprache. Eine Möglichkeit dazu war, das Dänische mit einer Vielzahl von Elementen der gesprochenen norwegischen Sprache zu durchsetzen. Eine radikalere Lösung sah jedoch vor, auf der Basis eines "guten" alten norwegischen Dialektes eine neue Schriftsprache zu entwickeln.

Der Sprachenforscher und Dichter *Ivar Aasen*, Sohn eines Bauern aus Westnorwegen, schuf Mitte des 19. Jahrhunderts ein Konstrukt auf der Grundlage verschiedener Dialekte, das *landsmål* (= "Landessprache"). Es dauerte einige Jahre, bis *landsmål* 1884 als offizielle Sprache anerkannt wurde. Eine Reform 1901 führte dazu, dass sehr altertümliche Formen durch solche ersetzt wurden, die stärker in den Dialekten verankert waren. Mehrheits-fähig war das von den Gegnern als "Bauernsprache" abgewertete *landsmål* jedoch nicht. Die Konservativen wollten auf jeden Fall die Sprache des Stadtbürgertums, die "Reichssprache", beibehalten und verwahrten sich gegen eine "geschmacklose Vermengung" der alten dänischen Schriftsprache mit norwegischen Wörtern und Formen. Je mehr sich aber Norwegen von Dänemark entfernte, desto mehr wurde die dänische Schriftsprache immer stärker in Wortschatz, Schreibweise und Satzbau norwegisiert. Viele Wörter im gesprochenen Norwegisch mit den Konsonanten *p, t* und *k* , die im Dänischen *b, d, g* aufwiesen (z.B: dän. *bage* = 'backen' = norweg.: *bake*) wurden nun gemäß norwegischer Aussprache geschrieben.

Dies betraf auch die Schreibweise von Ortschaften, wo z.B. die Hauptstadt nicht mehr *Christiania*, sondern *Kristiania* geschrieben werden musste. So entstand eine Sprache, die man *bokmål* nannte, die "Büchersprache". Sie war und ist die Sprache der Mehrheit, die das *riksmål* ablöste, während das *landsmål*, von altertümlichen Formen gereinigt, in *nynorsk* umgetauft wurde. Alle Versuche, beide Sprachen zu einer zusammenzufassen, sind in der Vergangenheit gescheitert. Dass sich das *nynorsk* vom *bokmål* durch seinen volleren, vokalreicheren Klang, durch mehr Diphtonge, durch differenziertere Endungen und durch drei Geschlechter anstelle von zwei unterscheidet, tut der Kommunikation keinen Abbruch. Die Norweger leben kompromissbereit und ohne große Probleme mit dieser Situation.

Wer Norwegisch – das meint in der Regel *bokmål* – lernen will, hat dabei keine größeren Hindernisse zu überwinden, denn die Grammatik ist ausgesprochen einfach, die Ausnahmen halten sich in Grenzen. Gewöhnen muss man sich allerdings an die singende Intonation der Sprache mit ihrer Hebung am Satzende. Bleibt zu erwähnen, dass viele Norweger hervorragend Englisch sprechen und viele recht gut Deutsch, so dass für den Touristen die Erlernung der Landessprache absolut keine Notwendigkeit darstellt.

Hinweis
In den Allgemeinen Reisetipps von A-Z finden Sie unter dem Stichwort "Wörterbuch" eine kurze Liste häufig vorkommender Bezeichnungen auf Hinweistafeln oder Landkarten.

Die norwegische Küche

Speisen

Lange Zeit hatte die norwegische Küche nicht einmal den schlechten Ruf, den man der Kochkunst der Briten nachsagt, sondern gar keinen. Die zahlreichen Imbissbuden, Pizzerien und internationalen Restaurants im Lande lassen beim Besucher den Eindruck entstehen, als gäbe es gar keine norwegische Küche. Dabei gehört die norwegische Kochkunst seit einigen Jahren zu den besten der Welt, jedenfalls im Bereich der Spitzengastronomie, ausgezeichnet mit vielen Preisen bei der Olympiade der Köche oder mit der Goldmedaille, wie *Bent Stiansen* bei den Weltmeisterschaften *(Bocuse D'Or)*.

Der Reisende bemerkt von alledem recht wenig, wenn er eine einfache Mahlzeit zu sich nehmen will. Vielleicht hat er in einer *Gatekjøkken* (wörtlich: "Straßenküche" – Cafeteria, Imbissstube) *fiskeboller,* das sind Fischklößchen, in weißer Soße gegessen oder zum erstenmal Stockfisch probiert, der nicht Jedermanns Sache ist.

Fischmarkt in Stavanger

In einem Land, dessen Wirtschaft auf den Ressourcen des Meeres basiert, ist es natürlich, dass man viel Fisch isst. Sogar die McDonald's-Kette, die weltweit ihre Einheitsgerichte anbietet, lässt in Norwegen, dem Land des Zuchtlachs, eine besondere Variante zu: *laksburgare* mit Dillsauce und Salat.

Wer also Qualität und Besonderheit der norwegischen Küche erleben und landestypisch essen möchte, kommt an Lachs, Goldbarsch, Steinbutt, Seezunge, Dorsch, Hering, Garnelen und Muscheln nicht vorbei. Auf dem Fischmarkt fangfrisch gekauft oder selbst gefangen und zubereitet, sind die Meeresprodukte schon wegen ihres vorzüglichen Eigengeschmacks Spezialitäten. Neben vielen anderen Fischgerichten ist norwegischer Lachs, gekocht, geräuchert, gebraten oder gebeizt, inzwischen dank Fischzucht zu erschwinglichen Preisen zu haben. Empfehlenswert ist der *gravet laks*, eine mindestens zwei Tage in eine Beize aus Salz, Pfeffer, Zucker und Dill eingelegte Köstlichkeit.

Nicht zu vergleichen mit artverwandten Meeresfrüchten südlicher Länder sind die schmackhaften, großen und gesunden *reker,* Garnelen, die in Gewässern leben, in denen die Wassertemperatur nicht über +8 °C liegt. Auf den Speisekarten mancher Restaurants wird *reker* gelegentlich falsch mit "Krabben" übersetzt. Norweger treffen sich schon einmal zu einem *rekekveld*, einem Garnelenabend, bei dem die *reker* am Tisch geschält und mit Butter auf Weißbrot oder Toast und Zitrone gegessen werden. In Cafeterien gibt es Garnelen oft auf Sandwiches oder in vielen Salaten. Eine Besonderheit sind auch die Variationen marinierter Heringe, mal in Senf-Sauce oder süß-sauer zubereitet. Sie fehlen auf keinem Buffet und werden bereits zum Frühstück *(frokost)* angeboten, das in der Regel im Preis für die Übernachtung eingeschlossen ist.

Wer hier seine ersten kulinarischen Norwegen-Erfahrungen macht, wird angenehm überrascht sein über ein Buffet, das mit einem kontinentalen Frühstück nicht zu vergleichen ist. Da gibt es Butter, Margarine, Marmeladen, Honig, verschiedene Brotsorten und Brötchen, Cornflakes, Müsli, Joghurt, Fleischscheiben, Schinken und Wurst, verschiedene Käsesorten, Eier, Fischbeilagen, Frikadellen, machmal auch noch Hefeteilchen sowie Kaffee, Tee, Milch und Orangensaft. Angesichts eines solchen Frühstücks wird verständlich, dass man im normalen norwegischen Alltag zu Mittag *(lunch/lunsj)* meist nur ein Brot oder eine Kleinigkeit isst. Das Abendessen *(middag)* wird früh eingenommen, oft zwi-

7. Norwegen als Reiseland: Die norwegische Küche

Feinschmeckerlokal in Oslo

schen 17.00-18.00 Uhr, so dass im Sommer die langen, hellen Abende für Spaziergänge, Angeltouren oder Besuche im Sommerhäuschen genutzt werden. Gegen 21.00 Uhr oder auch später nimmt man dann noch ein Abendbrot ein, das *aftensmat*, manchmal auch aus Kaffee und Kuchen bestehend.

Wer reichlich essen möchte und ein norwegisches kulinarisches Erlebnis sucht, dem sei ein traditionelles Buffet, *koldtbord* genannt, empfohlen, wie es manche Restaurants/Hotels mittags und/oder abends zum Pauschalpreis anbieten. Da finden sich neben Räucherlachs und mariniertem Lachs geräucherte und marinierte Forellen, gelaugter Stockfisch, Heringsvariationen, gekochter Dorsch, Fladenbrot, Fleischklöße, Hammelkeule, Rentier- und Elchfleisch sowie köstliche Desserts, wie etwa Multebeercreme oder Karamellpudding.

Wer als Reisender unterwegs ist und zu Mittag eine recht preiswerte Mahlzeit zu sich nehmen möchte, achte auf ein Tagesmenu *(dagens rett)*, das in vielen Restaurants und Cafeterien angeboten wird. Ein Besuch bei *McDonald's* oder ähnlichen Ketten fällt doppelt so teuer aus wie bei uns. Relativ preiswert isst man auch in einem chinesischen Restaurant, das es in fast jeder Stadt gibt. Manchmal bekommt man dort sogar norwegische Hausmannskost geboten. Für Touristen sollte es in größeren Orten möglich sein, in einem Café, einem China- oder Pasta-Restaurant ein Hauptgericht für 10 € zu finden. In den besten Restaurants Oslos, Bergens oder Trondheims zahlt man für ein 3-Gänge-Menu pro Person ab 60 € aufwärts (ohne Getränke).

In den letzten Jahren fällt ohnehin auf, dass zunehmend mehr Restaurants unabhängig vom Preisniveau traditionelle norwegische Gerichte anbieten. Achten Sie auf gastronomische Betriebe mit dem Signet *Det Norske Kjøkken*, d.h. "Die Norwegische Küche".

Einige der traditionellen Gerichte und Spezialitäten des Landes sind allerdings für Kontinentaleuropäer etwas gewöhnungsbedürftig. Dazu gehört wohl *rømmegrøt*, eine Art gelber Brei, gekocht aus dickem Sauerrahm und weißem Mehl oder Gries, serviert mit Zucker, Zimt und Butterkugel. Geradezu als Nationalgericht können Fleischklöße in brauner Soße *(kjøttkaker)* gelten, genauso wie *fårikål*, das sind Lammfleischscheiben mit Kohl gekocht. Dazu isst man Kartoffeln. Die traditionellen Gerichte sind auf alte Konservierungsmethoden zurückzuführen, derer die Menschen sich bedienten, um den langen Winter zu überstehen. Dazu gehört das *pinnekjøtt*, geräuchertes Hammelfleisch, das ursprünglich aus Westnorwegen stammt, inzwischen aber als Delikatesse zusammen mit Kohlrabimus und Kartoffeln im ganzen Lande geschätzt wird. Geräuchertes Fleisch und getrockneten Fisch nahmen schon die Wikinger auf ihre ausgedehnten Reisen mit.

Ein altes norwegisches Gericht ist der *lutefisk*, in Lauge und Wasser geweichter Stockfisch, der in Norwegen im Herbst und vor allem zu Weihnachten populär ist. Das

GRAND
CAFE

Vegetar - Vegetarian

Grønnsakslasagne servert med tomatsaus   kr 95,-
Vegetable lasagne served with tomato sauce

Ristet nøttestek servert med dagens grønnsaker og soppsaus   kr 98,-
Hazelnut steak served with vegetables and mushroom sauce

Safran- og steinsopprisotto servert med ristet sopp   kr 115,-
Saffron- and cepe risotto with fried mushrooms

Pasta tilberedt med teriaki grønnsaker   kr 89,-
Homemade buckwheat nudles served with vegetables teriaki style

Fisk - Seafood

**Marinert breiflabb på spyd servert med
gressløk-hollandaise og ris   kr 195,-**
Marinated monkfish served with a Chive-Hollandaise sauce and rice

**Smørstekt uerfilet anrettet på en basilikum- og koriandersaus
med sauterte sukkererter og kokte poteter   kr 179,-**
*Butterfried filet of redfish garnished with a basil- and coriander sauce,
sautèed sweet peas and boiled potatoes*

**Skalldyrsymfoni anrettet i kamskjell og
gratinert med safransabayonne   kr 230,-**
Symphoni of shellfish arranged in scallops and gratinated with a saffron-sabayonne sauce

**Rulade av laks og steinbit på spinatseng servert med en aubergine- og
balsamicosaus og dillstuede poteter   kr 185,-**
*Roulade of salmon and catfish on spinach served with
an aubergine- and balsamico sauce and creamy dill potatoes*

"allernorwegischste" Produkt, so behaupten die meisten Landeskinder, ist der *geitost*, der Ziegenkäse, von dem jährlich 14.000 Tonnen produziert werden. Man köchelt die Ziegenmilch so lange, bis sie eine braune Karamellfarbe annimmt und süßlich schmeckt.

Da im Norden mit Hafer und Gerste überwiegend Getreidearten angebaut wurden, die sich nicht zur Herstellung von Hefebroten eigneten, gab es diese nur zu besonderen festlichen Anlässen. Üblich war das *flatbrød*, ein dünnes, hartes, haltbares Fladenbrot, das heute in Norwegen fast identisch ist mit der Marke *Ideal*. *Lefse* hingegen ist ein weiches Fladenbrot aus Kartoffeln und Mehl, das die Norweger mit Butter bestreichen, mit kleingeschnittenen Fleischklößchen füllen und wie eine Wurst zusammenrollen.

In Voss und Umgebung, im Herzen Fjord-Norwegens, kennt man mit *smalehove* ein Gericht, bei dem die Meinungen auseinander gehen: Schafskopf geräuchert und gekocht.

Getränke

Jeder, der Finnen, Schweden und Norwegern im Sommer- oder Winterurlaub begegnet ist, hat erleben können, dass die Skandinavier ganz offensichtlich Probleme im Umgang mit dem **Alkohol** haben. Wie wohl nirgendwo in Europa sehen sie sich daheim einer breiten und massiven Bewegung gegen den "Teufel Alkohol" ausgesetzt. Wie in Schweden ist auch in Norwegen der Ausschank alkoholischer Getränke nicht in jeder Gaststätte oder jedem Restaurant, nicht zu jeder Tageszeit und nicht an jedem Tag gestattet. Nur in den staatlichen *Vinmonopol*-Läden erhält man Wein und höherprozentige Alkoholika sowie Bier der Steuerklasse 3, also Bier mit einem Alkoholgehalt zwischen 4,75 und 7 Prozent.

Beim Bier entscheiden die Gemeinden selber über die Art und Weise des Verkaufs, was immerhin dazu geführt hat, dass in einigen norwegischen Kommunen kein Bier vertrieben wird. Eine lange puritanische Tradition reicht bis in die Gegenwart hinein. Die Christliche Volkspartei *(Kristelige folkepartiet)* setzt sich noch immer für ein Totalverbot im Lande ein. Wer die hohen Preise der eher unauffälligen staatlichen Monopolläden nicht zahlen will oder kann, greift häufig auf selbstgebrannte Produkte zurück – schließlich ist der Hefeverbrauch in Norwegen beträchtlich! Das Schwarzbrennen ist zwar strafbar, aber wo es in dem dünnbesiedelten Land keinen Kläger gibt, gibt es auch keinen Richter. Oberstes Ziel der staatlichen Alkoholpolitik ist es, die gesundheitlichen Schäden durch den Verbrauch von Alkohol möglichst gering zu halten.

Deshalb wird über aktive Preis- und Kontrollmaßnahmen der Zugang reglementiert, werden privatwirtschaftliche Interessen beim Verkauf von Wein und Branntwein eingeschränkt. Durch vorbeugende Maßnahmen und ausführliche Informationen soll die Nachfrage abgesenkt und der Konsument zu Getränken mit geringem Alkoholgehalt hingeführt werden. Aufgrund der restriktiven Alkoholpolitik ist der jährliche Pro-Kopf-Alkoholverbrauch von über 4 l im internationalen Vergleich recht gering (z.B. gegenüber Frankreich mit dreimal höherem Verbrauch).

Eine Art Nationalgetränk sind Kaffee *(kaffe)* und Milch *(melk)*, die hier preiswert sind. Teuer ist hingegen Mineralwasser, das zumeist eingeführt wird. Das nach dem Reinheitsgebot gebraute norwegische Bier *(øl)* ist schmackhaft und wird reichlich getrunken. Nach dem Alkoholgehalt wird es in vier verschiedene Steuerklassen eingeteilt. Eine 0,35-l-Flasche ohne Pfand kostet in der Steuerklasse 3 rund 2,50 €, im Restaurant zahlt man für einen halben Liter etwa 7 € oder mehr.

Dass Norwegen kein Weinland ist, lässt sich aus den naturräumlichen Bedingungen heraus verstehen. Im *Vinmonopolet* kostet die preiswerteste Flasche ca. 7 €, im Restaurant zahlt man für einen Wein des Hauses 20-30 €, in Spitzenrestaurants gibt es die Flasche kaum unter 60 €. Gesalzen sind die Preise für hochprozentige Alkoholika. So ist die preiswerteste Flasche Cognac (0,7 l) erst ab ca. 40 € zu haben. Wer sich eine Flasche des bekannten und guten *Linie-Aquavit* zulegen möchte, der spektakulär in alten Sherry-Fässern auf norwegischen Schiffen durch die weite Welt geschaukelt wird, erwirbt ihn ebenso wie den preiswerteren *Loiten* oder den exklusiven *Gilde* am besten daheim oder im Duty Free-Shop auf der Reise.

Wintersport in Norwegen

Nicht nur norwegische Fußballfans waren außer sich vor Freude, als sich die Fußball-Nationalmannschaft für die Weltmeisterschaft in den USA (1994) und Frankreich (1998) qualifizieren konnte. Seit 1938 waren die Norweger, die traditionell zu den schwächeren Fußballnationen gehörten, zum erstenmal wieder bei einer WM dabei, 1998 konnten sie sogar Brasilien bezwingen. Weniger überraschend ist es, wenn sich norwegische Spitzensportler in verschiedenen Wintersportarten international behaupten.

Nur die ehemalige Sowjetunion konnte bei allen Olympischen Winterspielen mehr Medaillen erringen als Norwegen, das als Wiege des weißen Sports gilt. *Ski* (von altnordisch *skid* = 'Holzbrett'), *Slalom* (von *sla låm* = 'Hangspur') und *Loipe* (von *løpe* = 'laufen') finden sich in allen Sprachen der Welt. In einem Land, das teilweise sechs Monate oder noch länger unter Schnee liegt, hat die Fortbewegung über den Schnee eine lange Tradition, die bis in die Steinzeit zurückverfolgt werden kann, wie der *Rødøymann*, eine 4.000 Jahre alte Felszeichnung aus dem Norden, belegt.

Mittelalterlichen Ursprungs ist einer der härtesten Langlaufwettbewerbe, *Birkebeinerrennet* genannt. 1206 brachten die königstreuen *Birkebeiner*, deren Schneeschuhe aus Birkenrinden geflochten waren, auf Skiern den zweijährigen Königssohn *Håkon* vor Feinden des Königshau-

Bronzezeitliche Darstellung eines Skiläufers

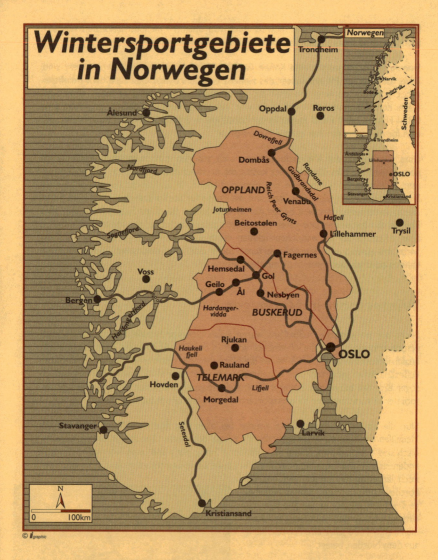

ses in Sicherheit; heute starten rund 6.000 Läufer jährlich von Rena nach Lillehammer zu einem Wettlauf über 55 km, das norwegische Gegenstück zum schwedischen *Vasa-Lauf*.

Die Entwicklung des Skilaufens zum Volkssport ist eng mit dem Namen eines Bauern aus der Provinz Telemark verbunden. *Sondre Norheim*, der Vater des modernen Skilaufs, konstruierte um 1850 zur Mitte hin ein wenig schmalere Ski sowie steife Bindungen aus

Weidengerten. Damit wurde es möglich, Kurven besser zu nehmen, und dank der Hackenbindung fielen die Skier bei leichteren Sprüngen nicht sogleich ab.

Norwegische Auswanderer und Studenten sorgten im 19. Jahrhundert für eine weltweite Verbreitung des Skisports, der auch durch die norwegischen Polarforscher an Popularität gewann. Nach der Überquerung des Grönlandeises von Osten nach Westen auf Skiern im Jahre 1888 stellte *Fridtjof Nansen* fest: "*Das Skilaufen ist die norwegische Nationalsportart schlechthin, und es ist ein herrlicher Sport – wenn ein Sport es verdient, als Sport aller Sportarten bezeichnet zu werden, dann ist es der Skisport.*" 1911 gelangte *Roald Amundsen* auf Skiern zum Südpol, und ganz in der Tradition der großen Polarforscher kämpfte sich 1993 der Osloer Rechtsanwalt *Erling Kagge* in 50 Tagen über 1.310 km auf Skiern zum Südpol durch.

Die äußeren Bedingungen im Land des weißen Sports sind nahezu ideal. 30.000 km Loipen durchziehen das weite Land, darunter befinden sich allein 2.500 Flutlichtloipen. Der alpine Skisport ist populärer geworden, schließlich haben norwegische alpine Skiläufer Spitzenplätze auf den Weltranglisten erfahren, gewannen *Ketil André Aamodt* und *Christian Jagge* Gold im Super-G sowie im Slalom bei den Olympischen Spielen 1992 in Albertville. Der alpine Skisport erreicht trotz einiger Zentren in verschiedenen Landesteilen aber nicht die Bedeutung des Langlaufs, eine Disziplin, die von der Forschung über optimale Skiausrüstung und den Erkenntnissen der Medizin über die Leistungsfähigkeit der Läufer bestimmt wird. Auch 2002 bei den Winterspielen in Salt Lake City konnten sich die Norweger eindrucksvoll behaupten.

Neben der berühmtesten aller Skisprungschanzen, der Holmenkollen-Schanze in Oslo, finden sich noch 600 weitere Sprungschanzen im Lande. Ein Name wie der des *Bjørn Wirkola*, der in den 1960er Jahren das Skispringen weitgehend beherrschte und dreimal hintereinander die deutsch-österreichische Vierschanzentournee gewinnen konnte, ist gegenwärtig nicht in Sicht.

Rasch nimmt die Zahl an Ski-Spielanlagen zu, auf denen die Kinder schon früh das Skilaufen erlernen. Sollte es in den Küstenbereichen West- und Südnorwegens an Schnee mangeln, bleibt noch die Möglichkeit, Schlittschuh zu laufen. Fußball- und Spielplätze werden kurzerhand zu Eisflächen umgewandelt. Der Eisschnelllauf, der in den 1950er und 60er Jahren Zehntausende von Zuschauern zu den Wettkämpfen lockte und einen Stellen-

*Der Holmenkollen –
die wohl berühmteste Skisprungschanze überhaupt*

wert wie der Langlauf einnahm, hat an Beliebtheit verloren, während Eishockey in der Gunst der Norweger deutlich gestiegen ist. Der Abstand zu der einst übermächtigen Eishockeynation Schweden ist in den letzten Jahren geringer geworden.

Die überragenden Leistungen norwegischer Wintersportler sind nur möglich auf der Grundlage einer langen Tradition und einer breiten Verankerung in der gesamten Bevölkerung, quer durch alle Schichten und Altersgruppen. Wintersport ist auch eine Sache der Behinderten. Dem Rehabilitations-Sportzentrum *Beitostølen* im südnorwegischen Valdres, einem vorzüglichen Wintersportgebiet, kam lange eine Vorbildfunktion zu. So wird verständlich, dass die Entscheidung, die XVII. Olympischen Winterspiele 1994 in der Kleinstadt Lillehammer auszutragen, in Norwegen, vor allem im Südosten des Landes, stürmischen Jubel auslöste.

Verkehrsschild für Wintersportler

Während die Entwicklung des Wintersports in den Alpen stürmisch und häufig ökologisch bedenklich verlief, bietet das Ursprungsland des Wintersports bei schneesicheren Verhältnissen viel Platz, erholsame Ruhe und Naturgenuss. Loipen und Pisten finden sich vom Süden bis zum Nordkap für den alpinen wie nordischen Skilauf in allen Schwierigkeitsgraden. Alles ist möglich an Aktivitäten wie Abfahrtslauf, Langlauf, Skisprung, Nordische Kombination, Rodeln, Schlittschuhlaufen, Eishockey, Schneescooter- und Hundeschlittenfahrten oder Eisangeln.
Informationen im Internet: www.skiinfo.no und www.skiingnorway.com.

 Hinweis
U.a. machen folgende Reiseveranstalter, die Spezialbroschüren herausgeben, Winterurlaubsangebote in Norwegen: Norden Tours, *Ost-West-Str. 70, 20457 Hamburg, Tel.: 040-360015-0.* Wolters Reisen, *Postfach 1151, 28001 Stuhr/Bremen, Tel.: 0421-89990.* NSA *(Norwegische Schifffahrts-Agentur); Kleine Johannisstr. 10, 20457 Hamburg, Tel.: 040-37693-0.* Troll Tours Reisen, *Hinterstr. 8, 59964 Medebach, Tel.: 02982-8368.* Polarkreis Reisebüro, *Odd H. Andreassen, Bahnstr. 18, 46535 Dinslaken, Tel.: 02064-55396.*

Norwegen ohne Auto
(Eisenbahn, Kreuzfahrten, Busse, Flugreisen)

Wer nicht mit dem Auto nach Norwegen reisen möchte, kann aus einem großen Angebot komfortabler Reisemöglichkeiten wählen, denn mehrmals täglich verkehren Fernzüge, Busse und Flugzeuge von Deutschland nach Norwegen sowie einmal täglich die großen Fähren der *Color Line* von Kiel nach Oslo. In den Sommermonaten bieten zudem mehrere Reedereien Kreuzfahrten entlang der norwegischen Küste an.

Eisenbahn

Täglich gibt es von Hamburg mehrere Zugverbindungen am Tage sowie den Nachtzug "*Alfred Nobel*" nach Oslo. Die Strecke führt in 16 Stunden über Kopenhagen, Helsingborg, Göteborg, Halden und Fredrikstad in die norwegische Hauptstadt. Im Sommer 2003 kostete die Rückfahrkarte 2. Klasse Hamburg-Oslo zwischen 340 und 440 €, je

7. Norwegen als Reiseland: Norwegen ohne Auto 147

nach Zug zwischen Göteborg und Oslo. Die Norwegischen Staatsbahnen *(NSB)* unterhalten ein Streckennetz von rund 4.200 km Länge, das von Oslo aus sternförmig angelegt ist. Bei Fauske/Bodø endet das Netz, und wer weiter in den Norden will, muss auf Bus, Schiff oder Flugzeug umsteigen. Nur in Narvik gibt es ein kleines Teilstück, das im Zusammenhang mit den Erztransporten aus Schweden angelegt worden ist und die nordnorwegische Stadt über Kiruna und Luleå mit Stockholm (und weiter nach Kopenhagen) verbindet. In Norwegen kommt der Zugreisende auf seine Kosten, denn der Komfort ist hoch, die Preise sind – vor allem bei längeren Distanzen – recht günstig, und einige Strecken gehören sicherlich zu den interessantesten weltweit.

Wie sehr die norwegische Natur die Anlage des Streckennetzes geprägt hat, wird daran deutlich, dass etwa 60 % der Schienen in Kurven liegen. Ca. 775 Tunnels und 3.000 Brücken mussten angelegt werden, um die Bahn durchs Gebirge und über die Flüsse zu führen.

Es gibt eine Reihe von Ermäßigungen, von denen der Scan-Rail-Pass in drei Varianten hervorzuheben ist: Für 10 frei wählbare Tage innerhalb von 2 Monaten zahlt ein Erwachsener 302 € in der 2. Klasse, bei 21 Tagen Gültigkeit kostet der Pass 350 € (außerhalb Deutschlands). Im Sommer empfiehlt es sich, vor allem für die Fahrt mit dem Schlaf- oder Liegewagen, zu reservieren. Wie ein Leser schreibt, gebe es mit dem genannten Ticket keine Ermäßigungen für die Fahrt mit den Schiffen der Hurtigrute, jedoch 50 % Rabatt für die Fahrt mit den Überlandbussen, was sich nördlich von Bodö deutlich bemerkbar mache.

Auf der Flåm-Bahn, einer Nebenstrecke der Bergen-Bahn, werden regelmäßig Foto-Stopps eingelegt

Folgende Hauptstrecken stehen Bahnreisenden im Königreich zur Verfügung:
- Die *Bergenbahn*, eine der wichtigsten und bekanntesten Strecken, verbindet Oslo mit Bergen (471 km, ca. 6,5 Stunden Fahrzeit). An Gletschern, Bergen und Hochebenen vorbei überquert sie in 1.301 m Höhe den höchsten Punkt.
- Die *Sørlandbahn* führt über eine Strecke von rund 580 km nach Stavanger, immer parallel zur Küste.
- Die *Dovrebahn* verbindet Oslo mit Dombås und Trondheim.
- Die *Røros-Bahn* verkehrt von Oslo zur alten Bergbaustadt Røros, von dort geht es weiter nach Trondheim.
- Die *Nordlandbahn* führt von Trondheim hinauf bis zum Endpunkt des Eisenbahnnetzes nach Bodø, eine Strecke von 730 km.

Busse

Ein dichtes Netz von Überlandbussen ergänzt das Eisenbahnnetz oder bietet Alternativen zur Fahrt mit dem Zug. Überregional verkehrende Busse der Gesellschaft Nor-Way Bussekspress, in der sich mehrere norwegische Busunternehmen zusammengeschlossen haben, fahren auf rund 50 Strecken quer durch das Land. Das Netz umfasst rund 18.000 km. Neben den recht günstigen Preisen bietet die Fahrt mit den vorzüglich ausgestatteten Bussen durch die herrliche Landschaft den Vorteil, dass auf den meisten Strecken keine Reservierung erforderlich ist. Kinder zwischen 4 und 16 Jahren sowie Senioren ab 67 zahlen den halben Fahrpreis. Mit dem Nor-Way Busspass können Sie zusammenhängend 7 Tage (ca. 190 €) oder 14 Tage (ca. 300 €) unbegrenzt durchs Land reisen. Direktverbindungen von Deutschland nach Norwegen: 3 x wöchentl. Hamburg-

Kristiansand-Stavanger; 1 x wöchentl. Berlin-Göteborg-Oslo (im Sommerhalbjahr 2 x wöchentl.)

i **Informationen**
einschl. Streckenheft bei:
• NOR-WAY Bussekspress A.S., Bussterminalen Galleriet, Tel. 0047-81544444, Fax 004723002449, Postanschrift: Karl Johansgt. 2,N-0154 Oslo, Internet: http://www.nor-way.no
• Deutsche Touring GmbH, Adenauerallee 87, D-20097 Hamburg, Tel. 040-249818, Fax 040249495

Flugverkehr

Die teuerste, aber auch bequemste Art der Anreise ist der Flug. Lufthansa/SAS (Scandinavian Airlines) fliegen inzwischen täglich von 8 deutschen Flughäfen nach Norwegen, und zwar von Berlin, Düsseldorf, Frankfurt, Hamburg, Hannover, München, Stuttgart und Leipzig. Spezielle Tarife, im Vergleich zum Normaltarif bis zu 60 % ermäßigt, gelten das ganze Jahr über, so dass der Preisunterschied zu einer Bahnfahrt nicht mehr erheblich ist. In der Weihnachtszeit und im Sommer gelten besondere Skandinavien-Spezial-Tarife, die den Flug noch preiswerter machen. Zeitlich günstige Anschlussflüge gibt es mit SAS von Oslo nach Bergen, Trondheim, Stavanger und Haugesund, in Nordnorwegen werden u.a. Bodø, Harstad/Narvik, Tromsø, Alta und Hammerfest unweit des Nordkaps angeflogen. Inzwischen fliegt das irische Unternehmen Ryanair von Frankfurt (Hahn) den kleinen Flughafen Torp bei Sandefjord an.

Der innernorwegische Flugverkehr ist in der Nachkriegszeit hervorragend ausgebaut worden, so dass heute täglich rund 50 Flughäfen mehrmals am Tag angeflogen werden. Sonderpreise für Urlaubs- und Freizeitflugreisen erhält man bei Braathens, einer norwegischen Gesellschaft, die auf ihren Linien innerhalb des Flugnetzes von Kristiansand im Süden bis nach Tromsø Jet-Maschinen vom Typ Boeing 737 mit 125 und 156 Sitzplätzen einsetzt.

Interessant für Touristen, die ihren Wohnsitz außerhalb der skandinavischen Länder haben und sich ein SAS-Ticket von einem europäischen Flughafen nach Skandinavien kaufen, ist der Visit Scandinavia Air Pass (Visca). Er berechtigt zum Kauf von bis zu 6 Coupons. Ein Coupon ermöglicht einer Person einen Flug innerhalb Skandinaviens, also z.B. von Oslo nach Trondheim oder nach Stockholm.

Gute Angebote im Sommer gibt es bei Wideröe mit dem Sommerpass. Eine Flugstrecke kostet 69 €, einige Strecken gar nur 56 €. Mit dem Norwegen-Entdecker-Ticket kann man in der Zeit vom 28.6.-18.8. 14 Tage lang unbegrenzt für 545 € fliegen.

Die dänische Gesellschaft Maersk Air fliegt tägl. (Mo-Fr) von Frankfurt über Billund nach Bergen. Bei innernorwegischen Flügen bietet Braathens Sonderpreise für Norwegenbesucher, die ihre Reise zwischen 1.5. und 30.9. antreten und außerhalb Skandinaviens wohnen. So kostet die Kurzstrecke Oslo-Trondheim 90 €, die Langstrecke Oslo-Tromsø 175 € (einfacher Preis, exkl. Flughafengebühr). Auch SAS senkt inzwischen die Inlandsflugpreise und gleicht sich an Braathens und Wideröe an.

Weitere Auskünfte
• Lufthansa/SAS Service Center Deutschland, Tel.: 01803-234023, oder bei der deutschen Direktion von SAS, Saonestr. 3, 60528 Frankfurt/M.; Fax 069-6668379
• Braathens, *Postboks 55, N-1330 Oslo Lufthavn*, Tel.: 0047-67597000, Fax 0047-67586261, www.braathens.no

Die grün-weißen Maschinen der Gesellschaft *Widerøe* ergänzen das Netz von SAS und Braathens, indem 40 Flughäfen vor allem im Westen und Norden des Landes angeflogen werden. Günstige Tarife in den Sommerwochen; Kinder von 2-15 Jahren zahlen die Hälfte.

Auskunft
bei Widerøe, *Eyvind Lyches vei 10, N-1303 Sandvika*, Tel.: 0047-67116000, www.wideroe.no

Kreuzfahrten

Besonderer Beliebtheit erfreuen sich in den letzten Jahren Kreuzfahrten entlang der norwegischen Küste. Abstecher in die Fjorde des Westens, der Besuch der Lofoten und des Nordkaps gehören zu den Höhepunkten einer größeren Seereise. Tausende von Kreuzfahrern zieht es noch weiter nördlich bis in den Raum Spitzbergen. Mehrere Reedereien bieten Kreuzfahrten entlang Norwegens Küste an, ein kreuzfahrtähnliches Erlebnis besonderer Art ermöglichen die Kombischiffe der Hurtigrute (s. Kapitel 10) zwischen Bergen und Kirkenes.

Die Preise auf den Kreuzfahrtschiffen unterscheiden sich erheblich je nach Dauer der Reise, Komfort des Schiffes, Wahl der Kabine und des Zusatzangebotes an Bord sowie der Landausflüge. Gerade für ältere Teilnehmer stellen Kreuzfahrten eine ideale Art des Reisens dar, da häufige Hotelwechsel und Gepäcktransporte nicht erforderlich sind. Da im hohen Norden die Sonne bis zu mehreren Wochen nicht untergeht, ermöglichen auch die Nachtfahrten faszinierende Landschaftserlebnisse. Ein großes Angebot verschiedener Seereisen mit Schiffen der Mittelklasse und der Spitzenklasse, die Norwegen, häufig auch in Kombination mit Island und/oder Spitzbergen, als Ziel anlaufen, findet sich im *seetours-Katalog*, der in jedem Reisebüro erhältlich ist.

Wie eine klassische Seereise entlang der norwegischen Küste aussehen kann, soll im folgenden anhand eines Logbuchauszugs der "MS Hanseatic" verdeutlicht werden, die vom 10.-24. Juli 1993 über einen Abstecher zu den Shetlandinseln von Ålesund an der norwegischen Westküste über die Lofoten Kurs zum Nordkap nahm. Von dort ging es weiter über die Eismeerstadt Tromsø südwärts zum Svartisen-Gletscher, in die Fjorde Westnorwegens, nach Bergen und nach einer Fahrt im Hardangerfjord zurück nach Hamburg, eine Strecke von fast 3.600 Seemeilen.

Polartaufe auf dem Kreuzfahrtschiff

Logbuchauszug "MS Hanseatic" S. 141

"Ins Land der Mitternachtssonne" vom 10. Juli bis 24. Juli 1993

Datum	Position	Zeit	Seem.	Wind	Temp.
10.7.93	Hamburg	17.00	---	---	---
11.7.93	auf See	---	---	SW 5	13,5°
Mittagsposition: 56°24'N, 04°57 O					
12.7.93	Lerwick	12.00-17.00	559	W 4	10,5°
13.7.93	Ålesund	13.00-17.00	260	N 5	10,5°
14.7.93	Trondheim	08.00-13.00	160	var.1/2	15°
15.7.93	Røst/Lofoten	09.00-12.00	285	N 2	15°
16.7.93	Hammerfest	13.00-17.00	360	var.1/2	15°
16.7.93	Skarsvåg/Nordkap	22.30	70	O 8	9°
17.7.93	Tromsø	14.00-19.00	185	O 4	14°
18.7.93	Svolvaer	07.00-11.00	152	S 2	14,5°
18.7.93	Svartisen-Gletscher	20.00-24.00	127	var.1	11°
19.7.93	auf See			SW 2/3	12°
Mittagsposition: 64°51'N, 09°15'O					
20.7.93	Hellesylt	08.00-09.00	417	var.1	11°
20.7.93	Geiranger	12.00-17.00	11		
21.7.93	Vik	09.00-13.00	253	var.1/2	12,5°
21.7.93	Gudvangen	16.00-19.00	.33		
22.7.93	Bergen	08.00-14.00	138	NW 1	12°
23.7.93	Auf See			WNW 4	13°
Mittagsposition: 56°09'N, 06°39'O					
24.7.93	Hamburg	08.00	583		
Zurückgelegte Seemeilen auf dieser Reise: 3.593 n.m.= ca. 6.655 km					

Entfernungstabelle
(Entfernungen in km)

	Bergen	Bodø	Fagernes	Hamar	Hammerfest	Kirkenes	Kristiansand	Kristiansund	Larvik	Lillehammer	Narvik	Nordkapp	Oslo	Røros	Stavanger	Svinesund	Tromsø	Trondheim	Ålesund
Bergen		1.420	368	476	2.256	2.685	398	513	465	440	1.590	2.306	484	656	149	598	1.751	682	401
Bodø	1.420		1.132	1.160	953	1.389	1.611	930	1.374	1.098	296	1.002	1.277	892	1.557	1.396	556	738	1.166
Fagernes	368	1.132		135	1.968	2.397	477	437	278	114	1.302	2.018	186	358	436	299	1.563	394	422
Hamar	476	1.160	135		1.996	2.425	451	465	256	62	1.330	2.044	123	278	563	236	1.611	422	450
Hammerfest	2.256	953	1.968	1.996		497	2.447	1.766	2.210	1.934	666	164	2.113	1.728	2.393	2.232	442	1.574	2.002
Kirkenes	2.685	1.389	2.397	2.425	497		2.876	2.195	2.593	2.363	1.093	501	2.541	2.157	2.822	2.661	841	2.003	2.431
Kristiansand	398	1.611	477	451	2.447	2.876		916	198	513	1.781	2.497	328	729	256	296	2.042	873	901
Kristiansund	513	930	437	465	1.766	2.195	916		691	403	1.100	1.816	588	302	662	701	1.361	192	134
Larvik	465	1.374	278	256	2.210	2.593	198	691		291	1.544	2.260	131	517	443	112	1.805	636	678
Lillehammer	440	1.098	114	62	1.934	2.363	513	403	291		1.268	1.983	185	261	542	298	1.529	360	388
Narvik	1.590	296	1.302	1.330	666	1.093	1.781	1.100	1.544	1.268		739	1.447	1.062	1.727	1.566	261	908	1.336
Nordkapp	2.306	1.002	2.018	2.044	164	501	2.497	1.816	2.260	1.983	739		2.163	1.778	2.443	2.282	464	1.624	2.052
Oslo	484	1.277	186	123	2.113	2.541	328	588	131	185	1.447	2.163		401	584	113	1.708	539	573
Røros	656	892	358	278	1.728	2.157	729	302	517	261	1.062	1.778	401		804	514	1.323	154	402
Stavanger	149	1.557	436	563	2.393	2.822	256	662	443	542	1.727	2.443	584	804		565	1.988	819	528
Svinesund	598	1.396	299	236	2.232	2.661	296	701	112	298	1.566	2.282	113	514	565		1.827	658	686
Tromsø	1.751	556	1.563	1.611	442	841	2.042	1.361	1.805	1.529	261	464	1.708	1.323	1.988	1.827		1.169	1.587
Trondheim	682	738	394	422	1.574	2.003	873	192	636	360	908	1.624	539	154	819	658	1.169		428
Ålesund	401	1.166	422	450	2.002	2.431	901	134	678	388	1.336	2.052	573	402	528	686	1.587	428	

Ausgewählte Routenvorschläge

Nachfolgend seien in Kurzform einige Routen vorgestellt, teils zum ersten Kennenlernen, als Reise durch das Fjordland oder aber als große Norwegen- bzw. Skandinavienreise. Abgesehen von einem Kurzbesuch in der norwegischen Hauptstadt, verstehen sich die Routen als Reisen mit dem Pkw.

Stippvisite Oslo

Mit der Fähre von *Color Line* ist eine **2½-Tage-Reise** von Kiel nach Oslo möglich. Nach der Anreise am ersten Tag auf dem komfortablen Schiff mit einer Fahrt durch den Oslofjord steht die Besichtigung der Metropole am zweiten Tag im Mittelpunkt. Im Rahmen einer 3-stündigen Rundfahrt erhält man einen ersten Überblick über die Stadt.

Günstiger ist da schon ein **Oslo-Wochenende** mit einer Hotelübernachtung in der Hauptstadt, so dass 1½ Tage zum ersten Kennenlernen der sehenswerten Stadt zur Verfügung stehen.

Gründlicher lernt man die Hauptstadt allerdings im Rahmen einer **4-Tage-Reise** kennen. Besorgen Sie sich die Oslo-Karte und machen Sie sich selbst auf den Weg.

Oslo ist übersichtlich, der Gebrauch der öffentlichen Verkehrsmittel problemlos. Die Fährfahrt einschl. Doppel-Innenkabine sowie 3 Hotelübernachtungen (ohne Stadtrundfahrt) bietet *Color Line* ab ca. 350 € je nach Reisezeit und Hotelkategorie an. Wer (z.B. aus Zeitgründen) auf die schöne Fährfahrt durch den Oslofjord verzichten muss, der sei auf die günstigen Flugangebote hingewiesen, die Reisebüros und Fluggesellschaften bisweilen im Programm haben.

Südnorwegen-Rundreise

Für diese Tour sollte man sich mindestens 6 Tage Zeit nehmen, kann sie aber auch beliebig verlängern. Zur Frage, wie eine solche Rundreise gestaltet werden könnte, folgender Vorschlag:

1. Tag:	Empfehlenswert ist die Fähre von **Hirtshals** in Nordjütland nach **Kristiansand** (Fahrzeit: 4½ Stunden). Am frühen Abend Ankunft in der Hauptstadt des Sørlands.
2. Tag:	Weiterfahrt nach **Stavanger**, eine Strecke von rund 250 km, über Mandal und Flekkefjord. Die E 18 verläuft durch das Binnenland nach Stavanger, wählen Sie die küstennahe Nordseestraße (Nr. 44) über Egersund nach Stavanger. Besichtigung der Stadt (u.a. Dom, Altstadt, Konservenmuseum).
3. Tag:	Abstecher zur Felsenkanzel (Prekestolen) über dem Lysefjord, weiter über Randaberg (Fjordfähre nach Skudeneshavn; Fahrzeit: 1 Stunde). Weiterfahrt nach **Haugesund**, einer Stadt mit Seefahrts- und Fischereiatmosphäre, wo der Überlieferung nach der erste König Norwegens, Harald Schönhaar, begraben sein soll (Haraldshaugen).

4. Tag:	Von Haugesund verläuft die Straße Nr. 11 in nordöstlicher Richtung ins norwegische Gebirge. Bis zum Wasserfall "Låtefoss" sind es rund 120 km. Danach führt die Route ins nördliche Setesdal. Bei Haukeligrend zweigt die Reichsstraße 39 ab, erreicht mit 917 m ü.d.M. den höchsten Punkt der Strecke. **Hovden** als größtes Gebirgs- und Wintersportzentrum im Setesdal bietet sich zur Übernachtung an.
5. Tag:	Fahrt durch das Setesdal südwärts, Besuch der Kirche von Bykle (Rosenmalerei), Besuch des Setesdalsmuseums bei Flateland, Fahrt über Valle (Kunsthandwerkszentrum), Helle (Silberschmiede), am Byglandsfjord entlang. Übernachtung in **Evje** (Mineralienpfad).
6. Tag:	Weiterfahrt durch die Traditionslandschaft (60 km) bis nach Kristiansand zur Fähre und Rücktransfer nach **Hirtshals** (Abfahrtszeit je nach Saison).

Durchs Fjordland

Bei einer Fahrt durch die Welt der Fjorde gibt es eine Fülle von Möglichkeiten, die Route zusammenzustellen. Ein gutes Angebot einer ausgedehnteren Fahrt durch das Fjordland mit einer Dauer von 18 Tagen bietet *Fjordtra Nordreisen* an. Die Ziele sind geschickt ausgewählt, denn neben den schönsten Fjorden wurden einige interessante Ziele abseits der bekannten Hauptverkehrsstraßen berücksichtigt. Auch die attraktiven Städte Oslo, Bergen und Ålesund gehören zum Pauschalprogramm, das neben der Fährfahrt (inkl. Pkw) von Kiel nach Oslo oder Hirtshals nach Kristiansand die vorbestellten Hotelunterkünfte (3 Übernachtungen mit Halbpension) mit einbezieht. Ferner gehören umfangreiches Karten- und Informationsmaterial sowie die Bergen- und Oslo-Karte zum Leistungsangebot.

In der Hochsaison kostet die Reise pro Person mit der Fähre Kiel-Oslo etwas über 1.500 €. Wer beim Übernachtungskomfort sparen möchte, kann anstelle der Hotels auch Jugendherbergen und einfache Campinghütten wählen.

Der Verlauf der Route, der natürlich auch Individualtouristen ohne Vorbuchung folgen können, in Stichworten:

1. Tag:	Abreise mit der Fähre nach Oslo bzw. **Kristiansand**
2. Tag:	Fahrt nach **Rauland**, von Oslo über Drammen-Kongsberg-Stabkirche Heddal-Telemark bzw. von Kristiansand durch das Setesdal über Evje und Hovden
3. Tag:	Haukeligebirge-nördliches Hardangergebiet
4. Tag:	Vøringfoss (Wasserfall)-Utne-Sørfjord
5. Tag:	Hardangerfjord, Bergen
6. Tag:	Bergen
7. Tag:	Dale-Voss-Vikafjell-Sognefjord (Balestrand, Wikingerzentrum Dragsvik)
8. Tag:	Fjaerland (Gletscherzentrum), äußerer Sognefjord-Bereich
9. Tag:	Dragsvik-Jølster-Sunnfjord (Freilichtmuseum)-Nordfjord-Ålesund
10. Tag:	Ålesund
11. Tag:	Åndalsnes/Romsdal-Trollstigen-"Adlerstraße"-Geiranger, Fjordfahrt nach Hellesylt-Hornindal
12. Tag:	Stryn-Strynsfjell-Ottadal-Lom-Sognefjell-Luster

13. Tag:	innerer Sognefjord (u.a. Urnes-Stabkirche)
14. Tag:	Laerdal (Borgund Stabkirche)-Filefjell-Slidre/Valdres
15.-16. Tag:	Besichtigungen in Valdres und Umgebung mit typisch norwegischer Kultur (Stabkirchen, Grabfunde aus Wikingerzeit, Freilichtmuseen)
17. Tag:	Begnatal-Tyrifjord-Oslo
18. Tag:	Oslo und Rückfahrt nach Kiel bzw. Hirtshals

Von Oslo zum Nordkap

"Reise im Zauber der Mitternachtssonne zum Nordkap", so oder ähnlich lauten die werbenden Anzeigen von Reisebusunternehmen, die in 14 Tagen eine Reise zum Nordkap bewältigen. Der Reisepreis pro Person bei Unterkunft im DZ mit unter 1.000 € für eine große Skandinavienrundreise im Komfortbus einschließlich der Fährpassagen und Stadtrundfahrten in Oslo, Helsinki, Stockholm sowie mit 12 Hotelübernachtungen inkl. Frühstücksbuffet kann sich sehen lassen. Wie sachkundig die Führungen auf solch einer Reise sind, ist eine andere Frage.

Das Hauptproblem besteht aber nach Aussagen von Teilnehmern solcher Reisen in der zu kurzen Zeit angesichts der zu bewältigenden Strecken. Viele machen sich vorher nicht klar, wie groß die einzelnen Tagesetappen sein müssen angesichts einer Mammutstrecke von Oslo zum Nordkap und über Finnland und Schweden wieder zurück, z.B. bis nach Göteborg, die in 12 Tagen abgefahren wird.

Von sehr zweifelhaftem Wert ist eine Busreise, die gar in 9 Tagen (!) jeweils hin und zurück über Schweden und Finnland zum Nordkap angeboten wird. Das Norwegische Fremdenverkehrsamt in Hamburg vergibt deshalb einen *"Qualitätsstempel Nordkapreisen"*, den nur Reiseveranstalter erhalten, die eine Reihe von Qualitätsmerkmalen erfüllen wie:

- Mindestens 12 Tage Reisedauer ab deutscher Grenze
- Nachtfähren nur mit Kabinen
- Fremdenführer in den Hauptstädten
- Jede Nacht im Hotel mit Du/WC und Halbpension
- Mindestens eine Übernachtung im Bezirk Finnmark vor oder nach dem Nordkapbesuch
- Nordkapgebühr/-eintritt inklusive

Von Oslo bis zum Nordkap über die E 6 fallen ohne so interessante Abstecher über die Lofoten, nach Tromsø und Hammerfest schon rund 2.200 km an. Die kürzeste Verbindung vom Nordkap durch Finnland über Enontekiö und Karesuando nach Helsinki beträgt etwa 1.570 km, nach Stockholm 1.870 km. Von Stockholm nach Göteborg müssen knapp 500 km bewältigt werden, so dass zu den gut 4.500 km noch die nicht geringen An- und Rückreisekilometer addiert werden müssen.

Wer also eine Reise in den hohen Norden plant, sollte sich mindestens **drei**, besser **vier** oder **fünf Wochen** Zeit lassen, damit die Reise nicht zur Strapaze wird und viele Eindrücke allzu oberflächlich bleiben.

7. Norwegen als Reiseland: Ausgewählte Routenvorschläge

Zur Wahl der Strecke von Südnorwegen bis zum Nordkap folgender Vorschlag, der das Fjordland mit der Hansestadt Bergen nicht berücksichtigt:

Straße	Route	Kilometer-leistung	Tage	Alternativroute
E 6	Oslo-Otta	298 km	2	E 4 (Gjøvik), E 6, 255 (Fåberg-Vinstra) oder Peer-Gynt-Weg ab Svingvoll an der 254
E 6	Otta-Trondheim	247 km	2	
E 6	Trondheim-Mosjøen	395 km	2-3	nördl. von Steinkjer auf die Straße Nr. 17 bis Bodø
E 6	Mosjøen-Fauske	280 km	1-2	
E 6	Fauske-Narvik	233 km	1-3	über Bodø/Fähre, Straße 10 über die Lofoten und Vesterålen nach Narvik
E 6	Narvik-Nordkjosbotn	186 km	2-3	Abstecher über die E 8 nach Tromsø
E 6	Nordkjosbotn-Alta	336 km	2-3	Abstecher Alta-Skaidi-Hammerfest
E 6	Alta-Olderfjord	110 km	1	
E 69	Olderfjord-Nordkap	107 km	1	

Eine neue Variante sind Flug-Bus-Reisen zum Nordkap und den Lofoten. Der Flug erfolgt von Frankfurt bis nach Tromsø. Die Höhepunkte Nordnorwegens inkl. 7 Übernachtungen in erstklassigen Hotels kosten pro Person im DZ knapp 1.200 € (Informationen über das Norweg. Fremdenverkehrsamt in Hamburg)

Hinweis
Zur **Rückfahrt** und den Alternativen siehe S. 368ff

Regionale Reisetipps von A-Z

Die in diesem Reiseführer verwendete **Klassifizierung der Hotels** orientiert sich am offiziellen Zimmerpreis und kann nur eine vage Richtschnur sein. Die Symbole wurden nach folgendem Preisschlüssel für ein Standard-Doppelzimmer einschließlich Frühstück (Stand 2003) vergeben:

$	bis 30 €
$$	30-80 €
$$$	80-120 €
$$$$	120-200 €
$$$$$	über 200 €

News im Web:
www.iwanowski.de

Wichtiger Hinweis

Der offizielle Zimmerpreis kann durch Wochenend- und Sommertarife, das Hotelscheck-System oder Gruppentarife z.T. erheblich gesenkt werden. Wer online bucht, kann gelegentlich bis zu 30% im Vergleich zu den normalen Preisen sparen.

Inhalt

Alta	158	Molde	176
Balestrand	159	Mosjøen	176
Bergen	159	Narvik	176
Bodø	164	Oslo	177
Egersund	165	Røros	186
Førde	165	Sandefjord	186
Fjaerland	165	Skjolden	187
Geiranger	165	Sogndal	187
Grong	166	Stavanger	187
Hammerfest	166	Steinkjer	189
Hurtigrute	167	Svalbard/Spitzbergen	190
Karasjok	168	Tønsberg	190
Kautokeino	169	Tromsø	191
Kirkenes	170	Trondheim	193
Kristiansand	170	Ulvik	196
Kristiansund	171	Vadsø	197
Lakselv	171	Vardø	197
Lofoten	172	Vesterålen	198
Lom	174	Voss	199
Magerøy (Insel)/Nordkap	174	Ålesund	199
Mo i Rana	175		

Alta (S. 345f)

Information
Destinasjon Alta, *Sorenskriverveien 13, 9511 Alta, Tel. 78457777*

Hotels
Es gibt ein recht großes Angebot an Unterkunftsmöglichkeiten; empfehlenswert sind u.a.:
• **Rica Hotel Alta $$$**, *Løkkeveien 61, Tel. 78482700, Fax 78482777; mit 321 Betten das größte und teuerste Hotel am Ort, aber Sommerpreise 20.6.-20.8.).*
• **Alta Gjeststue $$**, *Bossekop, Bekkefaret 3, Tel. 78435566, Fax 78435080, 48 Betten,*
• **Norlandia Altafjord Hotell $$$**, *Bossekop, Bossekopveien, Tel. 78437011, Fax 78437013, 31 Betten,*
• **Öytun Gjesteheim $$**, *Övre Alta, Tel. 78435577, Fax 78436040, 108 Betten, geöffnet von ca. 20.5.-10.8.*

Camping
• **Alta Strand Camping og Apartment**, *Straße 93, Stenfossvn., Tel. 78434022, 28 Einheiten mit 134 Betten, für körperlich Behinderte geeignet, ganzjährig geöffnet; Bootsverleih, Angelmöglichkeiten.*
• **Alta River Camping**, *Övre Alta, Tel. 78434353, 23 Hütten mit 90 Betten, ganzjährig geöffnet; Bootsverleih, Angeln.*

Jugendherberge
Alta Vandrerhjem, *Midtbakkveien 52, 9511 Alta, Tel. 78434409, geöffnet vom 20.6.-20.8., 16 Zimmer mit 54 Betten. Die nächsten Jugend-/Familienherbergen befinden sich in Tromsø (270 km) und in Lakselv (173 km)*

Sport/Aktivitäten
Der Altaelv ist einer der lachsreichsten Flüsse Norwegens trotz der Eingriffe am Fluss im Zusammenhang mit dem Ausbau der Wasserkraft. Schon im 19. Jahrhundert kamen englische Adlige, die Lachse und Forellen mit Angel und Fliege fingen. Der berühmteste Angler war der 1955 verstorbene Herzog von Westminster, der 20 Sommer in der fischreichen Gegend verbrachte. Eine exklusive Angelegenheit ist das Lachsangeln im Altaelv auch heute noch, denn eine Tageskarte (nur 20 werden pro Tag ausgestellt) kostet rund 100 €.
• **Informationen** *bei Alta Laksefiskeri Interessentskap, Övre Alta, 9500 Alta, Tel. 78434535 und Aune Sport, Bossekop*
• **Angel- und Jagdtouren** *auf der Finnmarksvidda, Auskunft unter Tel. 78433823*
• **Wanderungen** *auf markierten Wegen von der Gargia-Berghütte, Tel. 78433351*
• **Touren mit Schlittenhunden, Schneescooter-Safaris, Sami-Kultur** *über Destinasjon Alta (s.o.)*

Balestrand (S. 270f)

Hotel
Kvikne's Hotel $$$-$$$$, *originelles Holzgebäude im Schweizerstil mit modernem Anbau, 365 Betten, Tel. 57694200, eines der bekanntesten Hotels im Lande; schon Kaiser Wilhelm II. war hier oft zu Gast.*

Jugendherberge
Balestrand Vandrerhjem, *Kringsjå, 6899 Balestrand, Tel. 57691303, geöffnet 1.7.-15.8.*

Bergen (S. 241ff)

Information
Turistinformasjon Vågsallmenningen 1, *N-5014 Bergen, Tel. 55552000; Fax 55552001, geöffnet täglich von 8.30-22.00 Juni, Juli u. August - Mai u. Sept. täglich 09.00-20.00 Uhr; sonst 09.00-16.00 Uhr (außer sonntags); gegenüber vom Fischmarkt gelegen, Informationen sowie Tourenvorschläge, die Bergen einbeziehen, gibt es auch beim Norwegischen Fremdenverkehrsamt in Hamburg (Adresse s. S. 114).*

Bergen-Besucherkarte
Die Bergen-Besucherkarte ermöglicht den preiswerten Besuch von Bergens Sehenswürdigkeiten, wenn man das Angebot zu nutzen weiß. Erhältlich ist sie u.a. in der Touristeninformation, vielen Hotels und im Busbahnhof. Beim Kauf erhält man eine Karte als Eintritts- und Rabattkarte (Bergen Card) für Museumsbesuche und andere kulturelle Veranstaltungen, ferner eine Buskarte (Bus Card) für die Benutzung der Stadtbusse usw. sowie der Standseilbahn Fløibanen und einen Parkschein (Parking Card), der innen an der Windschutzscheibe angebracht wird. Dieser ermöglicht kostenloses Parken auf allen Parkplätzen mit Parkautomaten bzw. an Parkuhren. Einzelheiten zur Nutzung der Bergen-Besucherkarte entnehmen Sie bitte einem Leitfaden, den Sie auch in deutscher Sprache erhalten.
Die Karte gibt es als

24-Stunden-Karte	48-Stunden-Karte
Erwachsene NOK 165	*Erwachsene NOK 245*
Kinder (3-16 J.) NOK 70	*Kinder NOK 105*

Flughafen
Der moderne Airport liegt 20 km südlich von Bergen bei der Ortschaft Flesland. Reguläre internationale Verbindungen bestehen z.Zt. zwischen Bergen und London, Kopenhagen, Hamburg, Newcastle und Stockholm. Busse zum Flughafen verkehren ab SAS Royal Hotel, Hotel Norge und dem Busbahnhof.

Schiffsverbindungen (international)
Die Schiffe nach Aberdeen, Newcastle, Dänemark, Färöer, Island und zu den Shetlands liegen am Skoltegrunnskai; Fjord Line verkehrt vom norddänischen Hanstholm nach Bergen (Fjord Line).

Fjord- und Küstenschiffe

Hochgeschwindigkeitskatamarane nach Stavanger und Haugesund (Tel. 55238780) sowie zum Hardangerfjord und nach Sunnhordland verkehren ab Strandkaiterminalen. Zum Sognefjord, Nordfjord und Sunnfjord fahren Katamarane ebenfalls ab Strandkajen (Tel. 55324015). Die Hurtigruten-Schiffe legen täglich nach Nordnorwegen von Frieleneskaien, Dokken, ab.

Eisenbahn
Täglich gibt es 5 Verbindungen der Norwegischen Staatsbahn (NSB) nach Oslo, darunter auch eine Nachtfahrt (Schlafwagen). Von dieser Strecke zweigt in Myrdal die berühmte Flåm-Bahn ab. Der Kopfbahnhof befindet sich, in gut 10 Minuten zu Fuß vom Fischmarkt in südlicher Richtung zu erreichen, an der Kreuzung Strømgaten/Kaigaten.

Stadtbusse
Die lokalen Stadtbusse sind gelb und von besonderer Bedeutung zur Bewältigung des Verkehrs; die mit Nummern gekennzeichneten Linienfahrzeuge zeigen die jeweilige Endstation an.

Taxis
Taxis sind problemlos u.a. am Bahnhof und am Hafen zu bekommen, der Taxiruf ist Tel. 07000, Sightseeing per Taxi kostet ca. 50 € pro Stunde.

Autofahrer
Bygarasjen, Vestre Strømkai, Parkgelegenheit für 1.500 Autos nahe Stadtzentrum unweit des Bus- u. Hauptbahnhofs, Tag u. Nacht geöffnet
Die Fahrt ins Stadtzentrum kostet eine geringe Mautgebühr.

Wohnmobile
Die einzige Langzeit-Parkmöglichkeit für Wohnmobile nahe dem Zentrum ist Bergen Bobil-Senter, Sandviksboder 1, nicht weit vom Terminal der Fähren ins Ausland entfernt; Tel. 55568850

Gästehafen
An der Zachariasbrücke innen im Hafenbecken beim Fischmarkt gibt es einen modernen Gästehafen mit allem Komfort.

Hotels
In Bergen findet der Besucher eine Reihe guter und bester Hotels vor, alle bekannten Ketten sind hier vertreten. In den letzten Jahren sind die Preise für Übernachtungen deutlich angehoben worden. Trotz des Touristenandrangs im Sommer gibt es, wenn die Geschäftsleute ausbleiben, auch in den Luxushotels erhebliche Rabatte. Ermäßigte Preise gelten in vielen Häusern zwischen dem 21.6. und dem 15.8. Ein kleiner Nachteil: Eine Vorausbuchung ist erst 48 Stunden vor Ankunft möglich. Pensionen, Jugendherbergen, Sommerhotels und Campingplätze bieten ein breites preiswerteres Angebot. Eine kleine Auswahl empfehlenswerter Häuser:
• **Radisson SAS Royal Hotel $$$$$**, Bryggen, Tel. 55543000, Fax 55324808; Luxushotel in bester Lage an der "Deutschen Brücke" mit Gourmet-Restaurant

7. Norwegen als Reiseland: Regionale Reisetipps von A-Z (Bergen)

• **Radisson SAS Hotel Norge $$$$$**, Ole Bulls Plass 4, Tel. 55573000, Fax 55573001; traditionelles Luxushotel im Zentrum Bergens mit eigener Garage
• **Clarion Hotel Admiral $$$$-$$$$$**, C. Sundtsgate 9-13, Tel. 55236400, Fax 56236464; First-Class-Hotel im Jugendstil am Hafen mit Blick auf die Deutsche Brücke
• **Quality Hotel Edvard Grieg $$$$**, Sandsliåsen 50, Tel. 55980000, Fax 55980150; ein Choice-Hotel nach dem Motto: jedes Zimmer eine Suite; das Hotel liegt in ländlicher Umgebung gut 15 km außerhalb von Bergen unweit des Flughafens
• **Grand Hotel Terminus $$$$**, Kong Oscarsgate 71, Tel. 55212500, Fax 55212501; nahe dem Hauptbahnhof gelegen, bietet dieses Haus u.a. norwegisches Lunch-Buffet, Familienzimmer, Garage
• **Tulip Inn Rainbow Hotel Bryggen Orion $$$**, Bradbenken 3, Tel. 55308700; ein Hotel der gehobenen Mittelklasse in zentraler Lage beim Rosenkrantz-Turm
• **Fantoft Sommerhotell $$$**, N-5036 Fantoft, Tel. 55276000; 6 km vom Zentrum entfernt nahe der berühmten Stabkirche; freundliche, helle Zimmer in der Touristenklasse; auch Familienzimmer; kostenloses Parken
• Ein großes Angebot privater Unterkünfte vermittelt die Touristeninformation in der alten Börse gegenüber dem Fischmarkt.

Restaurants
Feinschmeckern hat Bergen eine Menge zu bieten, und die gastronomische Palette ist so umfangreich wie sonst nur in der Hauptstadt. Die besten Restaurants sind zumeist in den ersten Hotels am Ort zu finden.
Nur wenige Gaststätten haben sich allerdings auf norwegische Gerichte spezialisiert, wenngleich norwegische Küche und Eßkultur häufiger anzutreffen sind als vor Jahren. Durchweg empfehlenswert ist ein Buffet (koldtbord), das in vielen Hotels mittags oder abends angeboten wird. Die meisten Restaurants, aber nicht alle, haben das Schankrecht für Wein und Spirituosen, die grundsätzlich teuer sind.
Eine kleine Auswahl:
• **Lucullus**, Neptun Hotel Rica Partner, Valkendorfgate 8, Tel. 55306800; auf Fischgerichte spezialisiertes Gourmetrestaurant
• **Olde Hansa**, Bryggen, Tel. 55314046; bietet norwegische Küche auf "Bryggen" in klassischer Hanse-Umgebung
• **Enhjørningen**, Bryggen, Tel. 55327919; empfehlenswertes, nicht gerade preiswertes Fischrestaurant auf "Bryggen" im traditionsreichen Hanseviertel, täglich gutes kaltes Fischbuffet von 12-16 Uhr
• **Yang Tse Kiang**, Torget 3, Tel. 55316666; chinesisches Restaurant am Fischmarkt mit schönem Blick auf den Hafen; es bietet über 100 chinesische Spezialitäten an
• **Mozart Gourmet Restaurant**, Suitell Edvard Grieg, Sandsli, Tel. 55229901; vorzügliches Restaurant mit internationaler und norwegischer Küche, ca. 15 km außerhalb des Zentrums gelegen
• **China Palace**, Strandgaten 2, Tel. 55212838; exklusives China-Restaurant nahe dem Blumen- und Fischmarkt
• **Holbergstuen**, Torgalm. 6, Tel. 55318015; bietet norwegische Küche "im gemütlichen Milieu aus Ludvig Holbergs Zeit"
• **Fiskekrogen**, Zachariasbryggen/Auf dem Fischmarkt, Tel. 55559640; exklusives Fisch- und Wildrestaurant mit schöner Aussicht auf den Hafen

7. Norwegen als Reiseland: Regionale Reisetipps von A-Z (Bergen)

Camping
- **Lone Camping**, ca. 20 km von Bergen entfernt an der Straße 580 gelegen, auch Motel und Hütten, ganzjährig geöffnet, Tel. 55392960
- **Bergen Camping Park**, Haukås i Åsane, E39, 15 km nördlich von Bergen, auch Motel, Tel. 55248808
- **Midttun Motell og Camping**, an der Straße 580, ca. 11 km südlich von Bergen, Tel. 55103900

Jugendherberge
NTF Vandrerhjem "Montana", Johan Blydtsvei 30, Landås, Tel. 55208070; auch Familienzimmer; zu erreichen mit dem Lokalbus Linie 31, ca. 5 km vom Zentrum entfernt, gute Parkmöglichkeiten

Einkaufen
Bergen bietet vielfältige Möglichkeiten zum Shopping. Rund 220 Geschäfte sind dem System zur Rückerstattung der Mehrwertsteuer angeschlossen (s. S. 119). Neben den größeren Einkaufszentren "Galleriet" (Torgalmenningen, mit mehr als 60 verschiedenen Geschäften) und "Bystasjonen" (am Ende des Sees Lille Lungegårdsvatn, mit etwa 40 Läden), die Mo-Fr von 9.00-20.00 Uhr geöffnet haben (Sa bis 16 Uhr), gibt es eine große Auswahl an Kunstgewerbeläden in den Fußgängerzonen Strandgaten, Torgalmenning und Marken. Einige Lebensmittelgeschäfte haben gleichfalls Mo-Fr bis 20.00 Uhr geöffnet. Viele Geschäfte schließen im Sommer jedoch schon um 16.30 Uhr (Do 19 Uhr).
Aus der Vielzahl der interessanten Geschäfte seien nur drei genannt, in denen es typisch norwegische Produkte zu kaufen gibt:
- **"Husfliden"**, Vågsalmenning 3, nahe dem Fischmarkt, bietet norwegisches Kunsthandwerk an;
- **Juhls' Silver Gallery** auf der "Deutschen Brücke" neben dem SAS Royal Hotel verkauft ausgefallenen Silberschmuck;
- Im **Kjøttbasaren**, Vetrlidsalmenning 2, gegenüber dem Fischmarkt, gibt es geräucherten Lachs – wie natürlich auf dem Fischmarkt auch –, Rentierschinken, norwegischen Käse und die schmackhaften Moltebeeren.

Verschiedene kunsthandwerkliche Betriebe finden sich in den alten Holzgebäuden auf Bryggen.

Folklore
Zweimal pro Woche (Di und Do, 21.00 Uhr) findet im Bryggens Museum zwischen Anfang Juni und Ende August eine Folklore-Veranstaltung statt. Geboten werden traditionelle Musik und Volkstänze in den typischen Trachten verschiedener Landesteile. Karten sind bei der Touristeninformation oder am Eingang erhältlich.
Ein buntes Folklore-Programm inklusive einem Essen mit westnorwegischen Spezialitäten wird von Juni bis August in Fana, ca. 20 km südlich von Bergen, viermal wöchentlich angeboten (Mo, Di, Do, Fr. 19.00-22.30 Uhr). Karten: Fana Folklore, Tel. 55915240, in den Hotels der Stadt oder AIS Kunst, Torgalmenning 9. Das Arrangement mit Bustransport ab "Festplassen" im Zentrum, Besuch der mittelalterlichen Steinkirche in Fana, Essen mit westnorwegischen Spezialitäten, Musik, Tanz und Gesang kostet NOK 260 p.P.

7. Norwegen als Reiseland: Regionale Reisetipps von A-Z (Bergen)

Sport/Aktivitäten
Die Landschaft um Bergen bietet Möglichkeiten zum Aktivurlaub in Hülle und Fülle. Spezielle Infos gibt es bei den Touristeninformationen in Bergen und im Hordaland. Aus der Vielzahl der Angebote seien zwei hervorgehoben:

Angeln
Die westnorwegische Küste und das Fjordland sind ein Anglerparadies erster Güte. Mit Angelrute oder -schnur darf im Meer frei geangelt werden. Lachse und Forellen gibt es in vielen Flüssen, doch sind hier Angelscheine erforderlich, die es in sehr unterschiedlichen Preisklassen gibt. Die staatliche Lizenz zum Süßwasserangeln bekommt man in den Postämtern, die örtlichen Angelscheine erhält man bei Touristeninformationen, in Geschäften, an Tankstellen, auf Campingplätzen usw. Oft kann man die Ausrüstung mieten, häufig werden auch organisierte Hochseeangeltouren angeboten. Im Juni und Juli gibt es kaum einen Ort, der nicht ein Angelfestival veranstaltet.

Gletscherwanderungen
Zu den denkbaren Urlaubsaktivitäten in den Bergen von Hordaland gehören auch Gletscherwanderungen, denn der Folgefonna und der Hardangerjøkulen gehören zu den größten Gletschern des Landes. Immer sollte man sich jedoch einem Gletscherführer anvertrauen, denn eine Tour auf dem Eis ist nicht ungefährlich. Die Touristeninformationen vor Ort informieren.
Ein beliebtes Ausflugsziel ist der Hardangerjøkulen, für den die Haltestelle von Finse an der Bergenbahn in 1.222 m Höhe ein idealer Ausgangspunkt ist. Der Folgefonna als drittgrößter Gletscher des Landes ist 37 km lang, das Eis bis zu 170 m dick. Zu Ausläufern des Folgefonna gelangt man von Odda durch das Buardalen und auf der gegenüberliegenden Seite von Sunndal am Maurangerfjord durch das Bondhusdalen. Von Jondal am Hardangerfjord führt eine 19 km lange Straße zum Folgefonna Gletscher- und Sommerskizentrum (Parkplatz); täglich startet um 10.30 Uhr ein Bus ab Jondal, der um 16.15 Uhr zurückfährt.

Internationale Festspiele
Jährlich feiert Bergen seinen berühmtesten Sohn der Stadt, den Komponisten und Pianisten Edvard Grieg.
Jährlich finden die internationalen Festspiele mit Konzerten, Theater, Ballett, Folklore usw. statt. Die Festspiele, deren künstlerische Qualität häufig mit dem Festival im schottischen Edinburgh verglichen wird, finden in der Kulturmetropole Ende Mai/Anfang Juni statt; auch dann steht natürlich die Musik des Bergenser Komponisten im Mittelpunkt.

Stadtrundfahrt
Einen guten Überblick über die Stadt und ihr Umland bekommt man auf einer geführten Bustour. Alle Abfahrten erfolgen von der zentral gelegenen Touristeninformation, in der auch die Karten erhältlich sind. Stadtrundfahrten werden in drei verschiedenen Varianten angeboten:
- Die große Stadtrundfahrt dauert etwa 3 Stunden und sieht einen Besuch von Troldhaugen, dem ehemaligen Heim des Komponisten Edvard Grieg, sowie des Freilicht-Museums Gamle Bergen (= Alt-Bergen) vor. Start täglich 10.30 Uhr (2.5.-30.9.).
- Eine zweistündige Nachmittagsfahrt führt durch die alten und neuen Stadtteile und schließt einen Besuch von Damsgård Hovedgård, einem Herrenhaus im Rokoko-Stil, mit ein. Start täglich 14.30 Uhr (1.6.-31.8.).

• Eine spätere Nachmittagsfahrt führt in ca. 1½ Stunden durch zentrale Teile der Stadt und bietet einen Überblick über die Hauptsehenswürdigkeiten. Die Fahrt beginnt täglich um 17.00 Uhr (1.6.-31.8.).

Tipp
Auto wandern/carwalks
ist ein Angebot für Reisende, die Norwegen nicht nur vom Autofenster aus erleben wollen. Die Touristenbüros im Fjordland haben einfache Karten mit Texten über interessante Wander- und Spazierwege erstellt. Für die Wanderungen/Spaziergänge, die nicht anspruchsvoll und gut markiert sind, benötigt man zwischen 1-3 Stunden. Die Provinz Hordaland hat man in 8 interessante Ausflugsgebiete eingeteilt. Informationen bei: Hordaland u. Bergen Reiseliv, Tel. 55316600, Fax 55315208 sowie den örtlichen Touristenvereinen und Hotels der Region.

Bodø (S. 312f)

Information
Destinasjon Bodø, Sjøgata 21, 8001 Bodø; Tel. 75548000 Fax 75548001

Hotels
• **Radisson SAS Hotel Bodø** $$$$-$$$$$, Storgate 2, Tel. 75524100, Fax 75527493; das erste Hotel am Ort mit 190 Zimmern bietet günstige Sommerpreise: ab 780 NOK für ein Doppelzimmer mit einem vorzüglichen Frühstücksbuffet sind ihr Geld wert. Neu renoviertes Haus mit Zimmern im japanischen, chinesischen, britischen und skandinavischen Stil.
• **Norrøna Hotel** $$-$$$, Storgate 4B; Tel. 75525550; Fax 75523388, 101 Zimmer, eine preiswertere Alternative in der Stadtmitte, Familienzimmer.

Camping
• **Bodøsjøen Camping**, 3 km vom Zentrum entfernt, Tel. 75522902, hier kann man auch Hütten mit 2-4 Betten mieten, Preis 250-600 NOK pro Hütte.
• **Geitvågen Bad og Camping**, 11 km nördlich von Bodø an der Straße 834, Tel. 75510142, auch hier Vermietung von Hütten.

Jugendherberge
Bodø Vandrerhjem, *Sjøgata 55, 8001 Bodø, im Zentrum gelegen, Tel. 75521122 oder 91547703, ganzjährig*

Verkehrsverbindungen zu den Lofoten
Ein Schiff der Hurtigrute verläßt jeden Nachmittag um 15.00 Uhr Bodø und fährt den Hafenort **Stamsund**, *Ankunft 19.30 Uhr, auf den Lofoten an. Wer mit dem Auto übersetzen möchte, nimmt am besten die recht große Autofähre nach* **Moskenes**. *Dies hat den Vorteil, dass man sich ganz im Süden der Lofoten befindet, so dass man von dort aus die Inselgruppe durchfahren kann. In der Hochsaison muss jedoch eventuell mit langen Warteschlangen gerechnet werden. Die Touristeninformation informiert über die Möglichkeit einer Vorbestellung der Überfahrt, die knapp 4 Stunden dauert. Mit dem Expressschiff ist Svolvær in rund 3,5 Stunden zu erreichen.* **Wer sich seiner Sache sicher**

sein möchte, wende sich zur Vorbestellung einer Autofähre an die Reederei OVDS, Abt. Stokmarknes, Box 375, N-8455 Stokmarknes, Tel: 76 96 76 00, Fax 76 11 82 01. Im Winter werden nicht alle Fährhäfen täglich angelaufen.

Egersund (S. 232)

Information
Touristeninformation Tel. 51468233

Unterkunft
- Eiger Motell $$$, Årstadalen, Tel. 51490200, 52 Betten, Sommerpreise
- Eiger Sentrum Hotell $$$, Johan Feyersgate 3. Tel. 51493646, 58 Betten, Sommerpreise

Førde (S. 264)

Information
Touristeninformation Tel. 57721951

Hotel
Rica Sunnfjord Hotell $$$-$$$$, Tel. 57834000, Fax 57834001, 330 Betten, Schule für Sportangler sowie zahlreiche andere sportliche Aktivitäten

Jugendherberge
Førde Vandrerhjem, Postboks 557, 6801 Førde, Tel.57826500, 32 Betten, geöffnet 15.6.-31.8.

Fjaerland (S. 264f)

Information
Touristeninformation (Sommer) Tel. 57693233

Hotel
Hotell Mundal $$$-$$$$, Tel. 5769 3101, Fax 57693179; sehenswertes Gebäude von 1890, 58 Betten

Geiranger (S. 278)

Information
Touristeninformation (Sommer) Tel. 70263099

Hotels
- Grande Fjord Hotel $$$$, Tel. 70263090, Fax 70263177, idyllische Lage am Geirangerfjord, neues Haus mit 48 Zimmern im traditionellen norwegischen Stil, 18 Hütten, Bootsverleih

• **Hotel Geiranger** $$$$, Tel. 70263005, Fax 70263170, komfortables Hotel mit 143 Zimmern, internationale Atmosphäre

Grong (S. 306)

Information
• Touristeninformation Tel. 74331550
• Das **Grong Fritidssenter**, N-7870 Grong, Tel. 74131550, informiert Sie u.a. über mögliche Freizeitaktivitäten in und um Grong. Lachsangeln in den beiden Flüssen der Umgebung wird hier für NOK 150 pro Tag angeboten, Bootsangeln (ohne Ruderer) ab NOK 800 pro Tag.

Hotels
• **Grong Gård och Gjestegård** $$$, nahe dem Zentrum, an der Straße 760, Tel. 74131116, Sommerpreise
• **Heia Gjestegård** $$$, südlich von Grong an der E 6, Tel. 74131755, Sommerpreise

Camping
Nördlich von Grong gibt es eine Reihe von Plätzen mit Hütten/Häusern in der Umgebung des Namsenflusses (z.B. Harran Camping, Tel. 74132990).

Hammerfest (S. 347ff)

Information
Die Touristeninformation befindet sich an der Kirkegate 21, Tel. 78412185; Anschrift: Hammerfest Turist AS, P.O.Box 304, N-9600 Hammerfest.

Schnellboot
Das Unternehmen FFR (Finnmark Fylkesrederi og Ruteselskap) bietet von Hammerfest aus eine Fahrt mit dem Schnellboot zum Nordkap an. In der Zeit von etwa 6.6.-9.8. verkehren die schnellen Katamarane jeden Abend (19 Uhr) zwischen Hammerfest und Honningsvåg. Zu- und Aussteigen ist in Havøysund möglich. Von dort geht es weiter mit dem Bus bis zum Nordkap. Die Nordkap-Tour (hin und zurück) einschließlich Busfahrt kostet NOK 620 (Ki 310). Nicht eingeschlossen ist die Eintrittskarte am Nordkap für stolze NOK 185 (Ki 50), Familienticket NOK 370 (2 Ew.ß 2 Ki), Tel.78407000

Hotels
• **Rica Hotell Hammerfest** $$$$, Sørøygate 15, Tel. 78411333, Fax 78411311, das größte Hotel, mitten im Zentrum der Stadt gelegen, 170 Betten, Restaurant, Tanzbar, Pizza Pub (Sommerpreise vom 1.6.-31.8.). Im Komfort bescheidener als die meisten anderen Hotels dieser Kette.
• **Quality Hammerfest Hotel** $$$-$$$$, Strandgate 2-4, Tel. 78411622, Fax 78412127, im Zentrum an der Hauptstraße gelegenes Hotel mit 113 Betten
• **Håja Hotell** $$$, Storgate 9-11, Tel. 78411822, Fax 78414398, gleichfalls im Zentrum gelegen, 80 Betten, teilweise Zimmer ohne Dusche/WC, Restaurant, Tanzbar

- **Hammerfest Turistsenter $$$**, Storsvingen, Tel. 78411126, Fax 78411926, außerhalb des Zentrums Richtung Skaidi gelegen, geöffnet vom 20.6.-20.8., Zimmer und Appartements für 2-4 Personen

Tipp
Wer dem Trubel im Zentrum von Hammerfest in den Sommerwochen entgehen möchte, wenn sich die endlosen Autokolonnen durch das Zentrum quälen und Benzingeruch und Abgase die Arktikluft durchsetzen, dem seien zwei Hotels in **Skaidi** nahe der E 6 in naturschöner Umgebung empfohlen:
- **Skaidi Arctic Hotel $$$**, N-9626 Skaidi, Tel. 78416120, ca. 125 km + Fähreüberfahrt vom Nordkap entfernt, 108 Betten; Restaurant, Bar, Pub
- **Skaidi Touristhotell $$$**, N-9626 Skaidi, Tel. 78416121, 175 Betten in Hotel-, Motelzimmern, Hütten und Appartements; Restaurant, Bar, Sauna, Solarium; ebenso wie das **Skaidi Arctic Hotel** ein idealer Ausgangspunkt für Tagestouren mit dem Auto in der Umgebung sowie ausgedehnte Wanderungen in der Wildnis.

Camping
- **NAF Camping Storvannet**, gute Lage neben dem Storvannet-See in Hammerfest, geöffnet vom 1.6.-15.9., Tel. 78411010, nur 7 einfache Hütten, 100 Stellplätze für Wohnmobile.
- **Hammerfest Motell og Camping**, Storsvingen, Tel. 78411126, außerhalb des Zentrums Richtung Skaidi, geöffnet 15.5.-1.10.

Jugendherberge
Fehlanzeige für Jugend-/Familienherbergen in Hammerfest und Umgebung; die nächsten Herbergen liegen in Alta, Lakselv und Honningsvåg.

Restaurants
Aus dem nicht übermäßig großen und eher durchschnittlichen Angebot an Restaurants sei ein vorzügliches hervorgehoben, bei dem auch das Preis-Leistungs-Verhältnis stimmt. Es ist **Odds Mat og Vinhus**, Strandgaten 24, Tel. 78413766, vor Jahren in einer populären Radiosendung zum Restaurant des Jahres gewählt. Spezialitäten sind Fleisch- und Fischgerichte auf der Grundlage lokaler Rohstoffe. Die Preise für ein Hauptgericht liegen zwischen ca. NOK 150-300. Geöffnet: Mo-Fr von 13-01.00 Uhr, Sa 18-01.00 Uhr

Sport/Aktivitäten
U.a. sind **Wanderungen** auf zahlreichen markierten Wegen möglich, die Broschüre "Paths and Ski Trails", erhältlich bei der Touristeninformation, enthält nähere Auskünfte.
Alpiner Skisport ist im Reindalen-Zentrum zu Hause, wo es u.a. beleuchtete Abfahrten über 850 m und 1.100 m gibt. **Meeresangeln** vermittelt Hammerfest Turist AS.

Hurtigrute (S. 384ff)

Information
Informationen erteilt die Generalagentur für Deutschland und Österreich NSA (Norwegische Schiffahrts-Agentur), Postfach 110833, D-20408 Hamburg, Tel.: 040-

376930. Die NSA bietet außerdem zahlreiche Abreisevarianten zur Hurtigrute per Flug, Schiff und Bahn an.

Preise
Der Preis pro Person für die beschriebene Rundreise (S. 387ff) einschließlich Kabine und Vollpension (ohne Getränke) schwankt erheblich je nach gewählter Kabinenkategorie und Reisezeit. Inzwischen gehören die 11 Schiffe der Hurtigrute verschiedenen Generationen an. 2002 sind mit MS Trollfjorden und MS Finnmarken zwei hochmoderne Schiffe (ca 1.000 Passagiere/650 Betten) in Dienst getsellt worden. Am höchsten sind die Preise im Zeitraum vom 11.5.-15.8., am niedrigsten vom 1.11.-10.3., ausgenommen die Tage um Weihnachten.
Preisbeispiel: Die 2-Bett-Außenkabine, Du/WC, 2 Unterbetten kostet in der Hochsaison ca 2.000 Euro pro Person, in der Wintersaison gut 1.000 € pro Person.
Der Preis für die einfache Reise Bergen-Kirkenes beträgt 60 % des Rundreisepreises, die Strecke Kirkenes-Bergen kostet 55 % – ferner können Sie auch jede Teilstrecke buchen.
Die Pkw-Beförderung für die Strecke Bergen-Kirkenes oder umgekehrt kostet, wenn der Fahrer als Passagier mitreist, ca. 250 €.

Landausflüge
Landausflüge werden das ganze Jahr über angeboten, im Winter eingeschränkt. So kostet ein Paket mit 7 Ausflügen, die im Voraus gebucht werden können, bei der Generalagentur NSA ca. 200 €; andere Landausflüge können nur an Bord gebucht werden.
Seit einem Jahr wird von April bis September der Storfjord/Geirangerfjord angelaufen. Die Abfahrt in Bergen erfolgt dann um 20 Uhr und mehrere Liegezeiten sind gegenüber dem klassischen Schema stark gekürzt bzw. verändert.

Tipp
Im Winter ist die norwegische Landschaft besonders faszinierend, die Schiffe sind nicht ausgebucht, die Preise liegen bis zu 40 % niedriger.
Wer im Sommer mit dem Auto im Norden Norwegens unterwegs ist und die weiten Strecken nördlich von Tromsø nicht fahren möchte, dem sei das Teilstück Tromsø-Kirkenes-Tromsø empfohlen.

Karasjok (S. 364f)

Information
Touristeninformation Tel. 78468810
Die im Zentrum gelegene Touristeninformation Karasjok Opplevelser AS (P.O.Box 192, N-9735 Karasjok, Tel. 78468810, Fax 78468811) berät Sie über Möglichkeiten der Übernachtung und Aktivitäten.

Bus
Während der nächste Flughafen 75 km entfernt in Lakselv liegt, fährt der Norway Busexpress jeden Tag Karasjok an. Außerdem gibt es Busverbindungen zu vielen zentralen Orten in Finnmark; Auskunft bei FFR in Karasjok unter Tel. 78466124.

Hotels
- Rica Hotell Karasjok $$$$, P.O.Box 94, N-9730 Karasjok, im Zentrum gelegen, ganzjährig geöffnet, Tel. 78467400, Fax 78466802, 112 Betten, ermäßigte Preise zwischen dem 22.6. und 16.8. sowie an Wochenenden.
- Anne's Overnattning og Motell $$, ganzjährig geöffnet, Tel. 78466432, Fax 78466432, einfache Unterkunft, 9 Betten, Doppelzimer, ohne Frühstück.

Camping
Karasjok Camping, Strandveien 10, 9730 Karasjok, Tel. 78466135, Fax 78466623, großer, komfortabler Platz, geöffnet vom 1.6.-30.8. sowie in der Osterwoche; 40 Zeltstellplätze sowie 25 für Wohnwagen, 17 Campinghütten, behindertengerecht

Jugendherberge
Karasjok Engholm Husky Vandrerhjem, 9730 Karasjok, Tel. 78467166, ganzjährig geöffnet, 20 Betten; die nächste Herberge befindet sich in Lakselv (70 km).

Restaurant-Tipp
Ein ausgefallenes Restaurant in traditioneller samischer Bauweise ist **"Storgammen"**, Porsangerveien, im Zentrum. Auf Rentierfellen um offene Feuerstellen sitzend, werden vorzügliche samische Gerichte geboten; Spezialität: Rentierfleisch; der Preis für ein Hauptgericht liegt zwischen ca. NOK 120-200

Kautokeino (S. 365ff)

Information
Die Touristeninformation befindet sich direkt im Zentrum, N-9520 Kautokeino, Tel. 78456500.

Verkehrsverbindungen
Tägliche Busverbindungen zu den meisten größeren Orten in Finnmark; die Linie Express 2000 ist eine Busverbindung Hammerfest/Alta/Kautokeino nach Oslo über Schweden und Finnland. Der nächste Flughafen liegt in Alta (130 km), per Bus oder Mietwagen erreichbar. Auskünfte erteilt: FFR, Alta, Tel. 78435211

Hotel
Norlandia Kautokeino Hotell $$$$, einziges Hotel am Ort, Tel. 78456205, Fax 78486701, 96 Betten, ermäßigter Wochenendpreis, behindertengerecht.

Camping
Kautokeino Camping og Motell, Tel. 78455400, Fax 78487800, ganzjährig geöffnet, 25 Campinghütten, 50 Wohnwagenstellplätze, Bootsverleih, Angelmöglichkeiten, Kiosk.

Kirkenes (S. 361ff)

Information
Die Touristeninformation liegt im Zentrum der Stadt neben dem Rica Hotel, Postboks 184, N-9901 Kirkenes, Tel. 78992501; geöffnet vom 1.5.-31.8.

Verkehrsverbindungen
Tägliche Flugverbindungen von und nach Oslo sowie weiteren Zielen in Finnmark; der Flughafen liegt 20 Autominuten vom Zentrum entfernt. Anschluss an den Norway Busexpress bis hinunter nach Fauske; Endpunkt der Hurtigrute: tägliche Ankunft der Schiffe aus südlicher Richtung 9.30 Uhr oder 11.45 Uhr je nach Wochentag, Abfahrt der Schiffe täglich 11.30 Uhr oder 13.45 Uhr je nach Wochentag.

Hotels
• **Rica Arctic Hotel Kirkenes** $$$$, Kongensgate 1-3, Tel. 78992929, Fax 78991159, 160 Betten, guter Standard, Durchgangshotel vieler Reisender mit der Hurtigrute, Ermäßigung am Wochenende, für Behinderte geeignet
• **Rica Hotel Kirkenes** $$$-$$$$, Pasvikveien 63, Tel. 78991491, Fax 78991356, 85 Betten, 600 m vom Zentrum entfernt, Preise wie im Rica Arctic Hotel, jedoch geringerer Komfort
• **Sollia Gjestgiveri** $$-$$$, Storskog, an der Straße 886 etwa 16 km vom Zentrum entfernt gelegen, nahe am einzigen offiziellen Grenzübergang nach Russland, Tel. 78990820

Privat
Preiswerte Übernachtungen mit Frühstück bietet **Barbara Lund**, eine Deutsche, die seit Jahren in der entlegenen Stadt nahe der russischen Grenze wohnt. Ganzjährig bietet sie 2 DZ in zentraler Lage zwischen dem Zentrum von Kirkenes und dem Hurtigrute-Kai, Tel. 004778993207, E-Mail barbara.lund@sorvaranger.folkebibl.no.

Camping
• **Neiden Camping**, 9930 Neiden, ca. 45 km von Kirkenes entfernt, Tel. 78996131, geöffnet 1.6.-30.9., Zelt- und Wohnwagenstellplätze, Campinghütten, Bootsverleih.
• **Grense Jakobselv Camping**, Grense Jakobselv, 9900 Kirkenes, Tel. 78996510, geöffnet 1.6.-31.8., Zelt- und 10 Wohnwagenstellplätze, 5 einfache Campinghütten, kein Komfort, aber eine faszinierende Landschaft.
• **Svanvik Camping og Kafé**, Pasvikdalen, an der Straße 885, vom Ort Hesseng vor Kirkenes gut 40 km in das Pasviktal hinein, Tel.: 78995080, 8 Campinghütten, Angelmöglichkeiten

Kristiansand (S. 231)

Information
Destinasjon Kristiansand, Dronningsgate 2, Postboks 592, N-4601 Kristiansand, Tel. 38121314; hier erhalten Sie Auskunft über Hotels und andere Übernachtungsmöglichkeiten, die im Sommer familienfreundliche Preise anbieten.

Hotels
- Quality Kristiansand Hotel $$$$, Sørlandsparken, Tel. 38177777, Fax 38177780
- Radisson SAS Caledonien Hotel Kristiansand $$$$$, Vestre Strandgt. 7, Tel. 38020000, Fax 38025990
- Ansgar Sommer Hotell $$$, Fredrik Fransonsvei 4, Tel. 38043900, Fax 38044054, preiswertere Alternative gegenüber den beiden erstgen. Unterkünften

Verkehrsverbindungen
Mit Oslo, Bergen und Stavanger gibt es Flugverbindungen, 3-4 mal täglich verkehrt die Fähre von/nach Hirtshals (Dänemark), per Bahn existieren Verbindungen mit Oslo und Stavanger

Kristiansund (S. 286)

Information
Tel. 71585454

Hotels
U.a. sind folgende Hotels empfehlenswert, die alle Sommerpreise anbieten:
- Tulip Inn Rainbow Hotell Kristiansund $$$, Tel. 71673211, Fax 71672501
- First Hotel Grand $$$-$$$$, Bernstorffgate 1, Tel. 71673011, Fax 71672370
- Hotel Kristiansund $$$, Storgate 17, Tel. 71673211

Jugendherberge
Kristiansund Vandrerhjem Atlanten, Tel. 71671104; Jugend-/Familienherberge 2 km außerhalb des Zentrums

Lakselv (S. 356f)

Informationen
Turistinformasjion Lakselv, 9700 Lakselv, Tel. 78462145 (10.6.-31.8.) und 78461786 (1.9.-9.6.)

Hotels
- Best Western Lakselv Hotell $$$$, Lakselv, Karasjokveien, Tel. 78461066, Fax 78461299, 84 Betten, mit Restaurant, Nachtclub, für Behinderte geeignet, günstiger Preis zwischen 10.6.-15.8. bei Buchung frühestens 24 Std. vor Ankunft.
- Banak Motell, Lakselv $$, Tel. 78461031, Fax 78461376. 36 Betten, Mini-Appartements NOK 150 p.P.

Camping
Banak Camping, Lakselv, Tel. 78461376, 36 Hütten, Stellplätze für 60 Wohnmobile

Jugendherberge
Lakselv Vandrerhjem, Karalaks, Postboks 74, 9701 Lakselv, Tel. 78461476; 7 km vom Zentrum entfernt, in naturschöner Umgebung gelegen, geöffnet vom 1.6.-

1.9., die nächsten Herbergen befinden sich in Alta (173 km), Honningsvåg (130 km) und Karasjok (70 km).

Lofoten (S. 318ff)

Informationen
Seit 1993 gibt die Tourismusorganisation **Destination Lofoten AS** eine informative Broschüre mit dem Titel Lofoten Info-Guide heraus, die auch in deutscher Sprache erscheint. Auf rund 30 Seiten erfährt der Reisende Wissenswertes über die Hauptinseln, Aktivitätsangebote, Museen, Unterkunftsmöglichkeiten, Veranstaltungen und Fährverbindungen.
Die kostenlosen Informationen sind z.B. beim Norwegischen Fremdenverkehrsamt in Hamburg oder bei auf Skandinavien spezialisierten Reisebüros erhältlich. Wer sich auf den Lofoten aufhält, kann die Broschüre in den lokalen Touristeninformationen oder auch größeren Hotels bekommen.

TOURISTENINFORMATION
- **Svolvaer**, Tel. 76069800, geöffnet Mo-Fr 9.00-16.00 Uhr; in der Saison auch bis 22.00 Uhr und auch Sa-So geöffnet.
- **Moskenes**, Tel. 76091599; geöffnet vom 1.5.-31.10. tägl. 10.00-16.00 Uhr; vom 7.6.-30.8. 9.00-20.00 Uhr.
- Weitere Touristeninformationen finden sich von Anfang/Mitte Juni bis Mitte/Ende August in den Orten **Kleppstad** (Tel. 76077905); **Stamsund** (Tel. 76089792); **Leknes** (Tel. 76060594); **Flesa** (Tel. 76082367); **Ramberg** (Tel. 76093450); sowie auf den Inseln **Vaerøy** (Tel. 76095210) und **Røst** (Tel. 76096411).

Flugverbindungen
Flugverbindungen gibt es von Bodø nach Svolvaer, Leknes und zur Insel Røst, Helikopterverkehr zwischen Bodø und Vaerøy.

Schiffs- und Fährverbindungen
Die **Hurtigrute** läuft täglich nord- und südwärts die Orte **Stamsund** und **Svolvaer** an.
Besonders wichtig sind die **Fährverbindungen** zwischen **Skutvik** und **Svolvaer** mit jeweils 7 Abfahrten im Sommer (Fahrzeit 2 Stunden), Preis: Erwachsene NOK 47, Kinder NOK 24, Auto bis 6 m NOK 280. In der Sommersaison verkehrt zweimal täglich die Autofähre M/F Lødingen zwischen Bodø und **Moskenes** (Fahrzeit 4 Stunden, 20 Minuten) – beachten Sie hier den etwas unregelmäßigen Fahrplan. Vorbestellungen zum Preis von NOK 100 sind in der Hochsaison sinnvoll unter Tel. 76051422; Preis pro Strecke: Erwachsene NOK 89, Kinder NOK 45, Auto bis 6 m NOK 605; wer die Fähre um 21.00 Uhr ab Bodø nimmt, um Licht und Mitternachtssonne zu genießen, sollte vorher seine späte Ankunft am Übernachtungsort regeln.
Eine andere Fährverbindung gibt es von Bodø über **Røst** (2 x wöchentlich) und **Vaerøy** (4 x wöchentlich) nach **Moskenes**. Vorbestellung unter Tel. 76151422.
Expressboote verkehren zwischen Svolvaer und den Vesterålen, nach Bodø und Narvik sowie zwischen Bodø und Leknes.

Busverbindungen
Überregionale Busse fahren zwischen Svolvaer und den Vesterålen, Narvik und Bodø/Fauske. Auf dem Archipel verkehren Lokalbusse zwischen Fiskebøl und Svolvaer bis hinunter nach Reine bzw. Å.

Hotels
Fordern Sie beim Norwegischen Fremdenverkehrsamt den Lofoten Info-Guide an, der ein Verzeichnis über die verschiedenen Übernachtungsmöglichkeiten enthält: Angeboten werden Rorbuer (Fischerhütten) und Seehäuser, Hotels, Pensionen, Jugend- und Familienherbergen sowie Motels und Campingplätze. Wer sich im Juli länger an einem Ort aufhalten will, muss sich Monate vorher um eine Unterkunft kümmern. Besonders gilt dies für Rorbuer. Die *Hotels*, von denen die meisten in Svolvaer liegen, haben einen guten Standard. Im folgenden sei eine kleine Auswahl an Hotels und Rorbuer genannt:
• **Havna Hotel** $$$, Svolvaer, Tel. 76071055 Fax 76072850, 57 Betten, Familienzimmer
• **Rica Hotel Svolvaer** $$$$, Svolvaer, Tel. 76072222, Fax 76072001, 88 Betten, Familienzimmer, wunderschöne Lage
• **Best Western Svolvaer Hotell Lofoten** $$$$, Tel. 76071999, Fax 76070909, 34 Betten, Familienzimmer
• **Norlandia Royal Hotel** $$$$, Svolvaer, Tel. 76071200, Fax 76070850, 88 Betten, Familienzimmer
• **Lofoten Sommerhotell** $$-$$$, Kabelvåg, Tel. 76079880, 120 Betten – eine preiswerte Alternative zu den anderen genannten Hotels, geöffnet vom 25.5.-15.8.
• Die Rorbuer, in denen einst die Lofotfischer während der Fangsaison wohnten, dienen heute den Touristen als Unterkunft. Es gibt sie schlicht und einfach wie früher oder aber auch mit allem Komfort. Aus der Vielzahl der Fischerdörfer sei eines wegen seiner idyllischen Lage hervorgehoben, in denen Rorbuer ganzjährig angeboten werden:
- In **Nusfjord**, 8380 Ramberg, 6 km von der E 10 entfernt, werden 34 Fischerhütten von der Nusfjord A/S angeboten, Tel. 76093020, 4-6 Betten pro Rorbu, Preise in der Hochsaison: NOK 400-750 pro Tag, sonst NOK 300-560

Hütten
In **Reine** vermietet **Reine Rorbuer** 20 Fischerhütten, Tel. 76092222, 4-8 Betten pro Rorbu, pro Haus und Nacht NOK 300-1.000 in der Hochsaison, in der Nebensaison NOK 300-800

Jugendherbergen
Jugend-/Familienherbergen gibt es in **Å**, 8392 Sørvågen, Tel. 76091121, **Kabelvåg**, Finnesveien 24, 8310 Kabelvåg, Tel. 76069880 (-98), 1.6.-15.8., **Stamsund**, 8378 Stamsund, Tel. 76089334, 1.1.-15.10. u. 15.12.-31.12., auf **Vaerøy**, Langodden, 8063 Vaerøy, Tel. 92618477, 1.5.-31.8.

Camping
Auf den Lofoten gibt es insgesamt 12 Anlagen, dennoch kann es in der Hochsaison eng werden. Die Preise sind recht moderat.

Restaurants
Viele Reisende meinen, man esse nicht besonders gut auf den Lofoten, und teuer sei es allemal. Im Unterschied zu den Imbissbuden und Selbstbedienungsrestau-

rants sind Restaurants nicht wesentlich teurer, man erhält aber mehr für sein Geld. Es versteht sich, dass vor allem Fischliebhaber auf ihre Kosten kommen. Eine Auswahl empfehlenswerter Restaurants:
• **Norlandia Royal Hotel**, Svolvaer, im Zentrum gelegen, Tel. 76071200, bekannt wegen seines kalten Buffets
• **Rainbow Vestfjord Hotel**, Svolvaer, am Hafen, Tel. 76070870, Fisch- und Meeresfrüchte, relativ hohes Preisniveau
• **Gammelbua**, Reine, Tel. 7609222, gemütlich und originell eingerichtetes Restaurant, Fischspezialitäten (Dorschzunge, Stockfisch)
• **Fiskekrogen**, Henningsvaer Feriebrygge, Tel. 76074652, in typischem Lofotenmilieu gelegenes Restaurant, Fischspezialitäten, recht zivile Preise

Lom (S. 274)

Hotel
Lom bietet zahlreiche Unterkunftsmöglichkeiten; am besten ist:
Fossheim Turisthotell $$$, Tel. 61211205, 110 Betten, sehenswertes Gebäude, desssen älteste Teile von 1650 stammen; angeschlossen ist das vorzügliche Restaurant **Det Norske Kjøkken**, Tel. 61211005, geöffnet Mo-So 13.00-17.00 Uhr und 19.00-22.30 Uhr.

Magerøy (Insel)/Nordkap (S. 350ff)

Information
Nordkapp Reiseliv, Honningsvåg; Tel. 78473543

Hotels
Da es auf dem Nordkap keine Übernachtungsmöglichkeiten gibt, müßte Honningsvåg oder auch das kleine Fischerdorf Skarsvåg, etwa 15 km vom Nordkap entfernt, je nach individueller Planung, als Übernachtungsort in Frage kommen:
• **Rica Hotell Honningsvåg $$$$**, Storgate 4, Honningsvåg, Tel. 78472333, Fax 78473379, 314 Betten, bietet Juni bis August ein Doppelzimmer für ca. NOK 1.100 an.
• **Rica Hotell Nordkapp**, Skipsfjorden $$$, 12 km vom Nordkap-Plateau entfernt, 1991 eröffnet, Tel. 78473388, Fax 78473233, komfortables Hotel mit 570 Betten in architektonisch interessanter Bauweise; geöffnet vom 20.5.-31.8.
• **Hotel Havly AS $$$**, Storgate 12, Honningsvåg, Tel. 78472966, Fax 78473010, 91 Betten, ganzjährig geöffnet.
Preiswertere Alternativen gibt es in **Skarsvåg**, wo die Bettenkapazitäten aber recht gering sind:
• **Nordkapp Turistsenter $$**, Skarsvåg, Tel. 78475267, Fax 78475210, 52 Betten, ganzjährig geöffnet.
• **Mini-price-Motellet $$**, Skarsvåg, Tel. 78475215, Fax 78475248, 28 Betten, geöffnet vom 15.5.-15.9., kein Frühstück.

Camping
• **Nordkapp Camping og Vandrerhjem**, Skipsfjorden (Honningsvåg), Tel. 78473377, Fax 78471177, geöffnet vom 20.5.-30.9., 17 Hütten, Stellplätze für Wohnmobile.

7. Norwegen als Reiseland: Regionale Reisetipps von A-Z (Magerøy/Nordkap, Mo i Rana) 175

- **Kirkeporten Camping** Skarsvåg, Tel. 78475267, Fax 78475210, geöffnet vom 20.5.-31.8., 18 Hütten, Stellplätze für Wohnmobile.
- **Gjesvaer Turistsenter**, Gjesvaer, Tel. 78425773, Fax 78475707, geöffnet vom 1.5.-15.9., Stellplätze für Wohnmobile, großes Angebot an Aktivitäten (Meeresangeln, Vogelfelsen, Wanderungen, Bootsverleih).

Jugendherberge
Nordkapp Vandrerhjem (s.u. Camping), 9750 Honningsvåg, ca. 8 km vom Hafen entfernt, mit dem Bus zu erreichen, Tel. 78473377, geöffnet vom 1.6.-30.8., einfache Unterkunft, Bett pro Nacht NOK 100, Vorbestellung unter P.B.450, N-9751 Honningsvåg; die nächsten Herbergen befinden sich in Lakselv (130 km) und in Alta (160 km).

Sport/Aktivitäten
Eismeer-Rafting und **Wanderung** durch subarktische Natur. Fahrten im Juli und August je nach Witterung; Dauer ca. 4 Stunden, Preis ca. NOK 600/Person, Nordkapp Turistkontor, Honningsvåg, Tel. 78472599. **Meeresangeln** und **Bootsfahrten** bieten an: Nordkapp Båtservice in Honningsvåg, Tel. 78472008, ferner Skarsvåg Turist og Fiskeriservice AS in Skarsvåg, Tel. 78475280 und Gjesvaer Turistsenter in Gjesvaer, Tel. 78425773. **Hundeschlitten-Touren, Eisangeln** kann man im Winter bei Roar Pedersen (Tel. 78475264) buchen.

Kommunikation
6,8 km misst der Unterwassertunnel, der das Festland mit der Nordkap-Insel verbindet. Der tiefste Punkt des Tunnels liegt in 212 m Tiefe. Damit entfallen lange Warteschlangen vor der Fähre. Zur Finanzierung des bisher größten Projektes der Finnmark wird von den Reisenden eine Gebühr erhoben. Für 2 Personen im Auto kostet die Fahrt durch den Tunnel ca. 23 €.

Mo i Rana (S. 309f)

Information
Turistinformasjon, Jernbaneplassen, Tel. 75139200

Hotels
- **Meyergården Hotell** $$$-$$$$, Tel. 75134000, Fax 75134001, mit 150 Zimmern das größte und auch teuerste Hotel am Ort; doch ermäßigte Sommerpreise, behindertengerecht
- **Best Western Holmen Hotell A.S.** $$$$, Tel. 75151444, Fax 75151876, 44 Zimmer, ermäßigte Sommerpreise.
- **Mofjell Turistgård** $$, Grubhei, Tel. 75130300, 58 Zimmer

Camping
Fageråsen Camping, 200 m von der E 6 am Fuße des Berges Mofjell gelegen, zehn Minuten zum Bahnhof, Tel. 75151530, Stellplätze für Wohnwagen, Vermietung von Hütten (120-200 NOK)

Jugendherberge
Mo Vandrerhjem Fageråsen, siehe Camping Fageråsen, Tel. 75150963, Familienzimmer, ein Doppelzimmer (ohne Frühstück) kostet 200-250 NOK.

Molde (S. 284f)

Information
Tel. 71257133

Hotels
Neben Pensionen und Campingplätzen sind folgende gute Mittelklassehotels empfehlenswert, die allesamt Sommerpreise anbieten:
- Hotell Molde $$$, Storgate 19, Tel. 71215888
- First Hotel Alexandra $$$$, Storgate 1-7, Tel. 71251133, Fax 71216635
- Tulip inn Rainbow Hotell Knausen $$$, Molde, Tel. 71251133,, Fax 71215287
- Hotell Nobel $$$-$$$$, Amtmann Krohgsgate 5, Tel. 71251555

Mosjøen (S. 308f)

Information
(Sommer) Tel. 75111240

Hotels
- Fru Haugans Hotell $$$-$$$$, Tel. 75170477, mit 81 Zimmern das größte Hotel am Ort, Familienzimmer und Räume für Allergiker.
- Norlandia Lyngengården Hotell $$$-$$$$, Tel. 75174800, Fax 75171326, 51 Zimmer, Familienzimmer, für Rollstuhlfahrer geeignet.
- Franks Kro og Motell $$$, Tel. 75171600, 14 Zimmer

Camping
- Sandvik Camping og Gjestegård, Tel. 75187811.
- Mosjøen Camping, Kippermoen, Tel. 75170314, Hüttenvermietung, NOK 200-300 pro Hütte (4 Betten) und Tag, geöffnet ab 1.6.-31.12.

Sport/Aktivitäten
Möglich sind u.a. See- und Flussangeln, Kleintierjagd, Wanderungen auf markierten Wegen, Wintersport (beleuchtete Loipen, Biathlon-Anlage), Informationen bei Vefsn Kulturkontor, Tel. 75110292.

Narvik (S. 316f)

Information
Die Touristeninformation befindet sich nur wenige Minuten vom Bahnhof entfernt auf der Kongensgate 66, Tel. 76943309

Busverbindung
Vom Busbahnhof fährt der Nordnorwegen-Bus nordwärts bis Kirkenes oder südwärts bis Fauske, wo Anschluss an die Zugverbindung Bodø-Trondheim besteht.

Hotels
• **Grand Royal Hotel $$$**, Kongensgate 64, Tel. 76977700, Fax 76977707, 107 Zimmer, ermäßigte Sommerpreise. Moderner Komplex an der E6 , ca. 400 m vom Bahnhof entfernt, großzügige Räume, Freizeitaktivitäten
• **Norlandia Narvik Hotell $$$**, Skistuaveien 8, Tel. 76964800, Fax 76964805, oberhalb des Zentrums nahe der Kabinenbahn gelegen, 40 Zimmer, günstige Sommerpreise.
• **Breidablikk Gjestehus $$**, Tore Hunds gate 41, Tel. 76941418, Fax 76945786, 22 Zimmer, zentrale Lage, von den einfachen Zimmern meist schöner Blick auf Stadt, Fjord und Gebirge

Jugendherberge
Narvik Vandrerhjem, Turveien 22, 8505 Narvik, 2 km vom Zentrum gelegen, ganzjährig geöffnet, Tel. 76962200, Fax 76962025, geöffnet v. 22.6.-16.8., 2- u. 4- Bett-Zimmer

Camping
Narvik Camping, 2 km nördlich von Narvik, Tel. 76945810, Fax 76941420 mit 55 zu mietenden Hütten (4-6 Betten); Preis: 450-600 NOK pro Hütte

Aktivitäten
Führungen (1,5 Stunden) durch die Erzverschiffungsanlagen des Unternehmens LKAB, das die Stadt geprägt hat, vermittelt in der Zeit vom 15.6.-15.8. die örtliche Touristeninformation im Zentrum

Oslo (S. 201ff)

Informationen
In Oslo gibt es zwei Anlaufstellen, und zwar Norwegens Informationszentrum schräg gegenüber vom Rathaus im Gebäude des alten Westbahnhofs und die Touristeninformation im Osloer Hauptbahnhof:
• **Norwegens Informationszentrum**, Vestbaneplassen 1, N-0250 Oslo, Tel. 23117880; Fax 22838150, hier finden Sie die zentrale Touristeninformation für Oslo, Akershus und ganz Norwegen. **Öffnungszeiten:** 01.01.-30.04. Mo-Fr 9.00-16.00 Uhr; Mai Mo-Fr 9.00-18.00 Uhr; Sa-So 9.00-16.00 Uhr; 01.06.-30.08. Mo-Fr 9.00-20.00 Uhr, Sa-So 9.00-16.00 Uhr; Sept. Mo-Fr 9.00-18.00 Uhr; Sa-So 9.00-16.00 Uhr; 01.10.-31.12. Mo-Fr 9.00-16.00 Uhr
• **Oslo Hauptbahnhof**, Jernbanetorget 2, N-0194 Oslo, Tel. 22117880; Fax 22838150, Touristeninformation für Oslo; u.a. Pensionen und Privatunterkünfte am Schalter oder auf schriftliche Anfrage aus dem Ausland. **Öffnungszeiten:** 01.01.-30.04. Mo-Mi 8.00-23.00 Uhr; Do-So 8.00-15.00 u. 16.00-23.00 Uhr; 01.05.-30.09. tägl.8.00-23.00 Uhr; 01.10.-30.12. Mo-Mi 8.00-23.00 Uhr; Do-So 8.00-15.00 u. 16.00-23.00 Uhr

7. Norwegen als Reiseland: Regionale Reisetipps von A-Z (Oslo)

Öffentlicher Nahverkehr/Verkehrsverbindungen
Das Informationsbüro vor dem Hauptbahnhof heißt **Trafikanten**. Hier erfahren Sie alles über den öffentlichen Nahverkehr in Oslo und Umgebung. **Öffnungszeiten:** Mo-Fr 17.00-20.00 Uhr, Sa und an Feiertagen 08.00-18.00 Uhr. Telefonservice unter Tel. 81500175 (bis 23.00 Uhr). Die Norwegischen Staatsbahnen (NSB) informieren über Bahnverbindungen in Norwegen und Europa Kundentelefon 81500888 (07.00-23.00 Uhr)

Oslo hat ein gut ausgebautes Netz, bestehend aus U-Bahnen (T-Bane), Buslinien, 5 Straßenbahnlinien, Schiffsverbindungen und Lokalzügen. Die fünf westlichen **U-Bahnlinien**, die über den Bahnhof Majorstuen fahren, und die fünf östlichen über Tøyen treffen an der zentralen Station Stortinget zusammen. Für den **Busverkehr** liegt der Knotenpunkt Oslo M im Osten des Zentrums (Vaterland) nahe dem Bahnhof. Die meisten der das Stadtzentrum durchfahrenden Busse, erkennbar an den zweistelligen Nummern, halten nahe dem Parlament am Wesselsplatz, an der Universität sowie am Nationaltheater. Viele **Fähren** und **Lokalboote** verkehren nur im Sommer; ganzjährig gibt es Verbindungen nach Hovedøya (Klosterruinen) und einigen Inseln im Bereich des inneren Oslofjords von Vippetangen aus (Bus 29) sowie von Aker Brygge im Zentrum nach Nesodden. Falls Sie nicht die Oslo-Karte (s. unten) erwerben, kaufen Sie sich ein Touristen-Ticket oder Mehrfahrtenkarten, Einzelfahrscheine sind relativ teuer.

Zum **Flughafen Gardermoen,**
dem Hauptflughafen Oslos für internationale Flüge und Inlandsflüge, 50 km vom Zentrum entfernt, gelangt man am besten mit dem Schnellzug, der nach anfänglichen Schwierigkeiten gut funktioniert. Umstritten bleibt die gewählte Lage des Flughafens, der im Winter wegen Nebelbildung und häufigen Eisregens immer wieder Störungen erfährt. **Informationen zu In- und Auslandsflügen** erhalten Sie bei:
- SAS Airline Norge, N-0080 Oslo Lufthavn, Tel. 81003300
- Braathens, Flygterminalen, Jernbanetorget 1, Tel. 81520000, Tel. 67597070
- Widerøes Flyveselskap A/S; N-1301 Sandvika, Tel. 67116000

Fährlinien
von und nach Oslo:
- **Fredrikshavn (Dänemark)**

Stena Line A/S, Jernbanetorget 2, N-0106 Oslo, Tel. 23179100, Fahrkarten und Reservierung Tel. 22179000
- **Kiel, Hirtshals (Dänemark)**

Color Line, Hjortneskaja, N-0250 Oslo, Fahrkarten und Reservierung Tel. 81000811
- **Kopenhagen**

DFDS Scandinavian Seaways Norge, Postboks 564, 1411 Kolbotn, Buchung Tel. 22419090

Busreisen
Norway Busexpress, Schweigaardsgate 8-10, N-0185 Oslo, bietet zahlreiche Verbindungen von und nach Oslo, auch nach Schweden, Dänemark oder Warschau. Informationen unter Tel. 23002400 oder www.nor-way.no

Mit dem Auto in Oslo
Wer mit dem Auto in die Innenstadt fährt, zahlt eine Mautgebühr von NOK 12 (für Fahrzeuge unter 3,5 Tonnen). Wer außerhalb des Zentrums übernachtet,

erspart sich einigen Stress, wenn er mit öffentlichen Verkehrsmitteln in die Innenstadt fährt. Falschparken kann zu einer teuren Angelegenheit werden. Auf vielen Parkplätzen ist die Parkdauer zeitlich stark begrenzt. Wer sein Fahrzeug mit ins Zentrum nimmt, findet allerdings ein recht gutes Angebot an großen Parkhäusern/Tiefgaragen in zentraler Lage vor. Günstig liegt das große Parkhaus Ibsen, von wo Sie in wenigen Minuten zu Fuß die Hauptstraße Karl Johans gate erreichen. Das Ibsen P-Hus können Sie leicht über den Ring 1 im Zentrum anfahren. Die Parkdauer ist zeitlich unbegrenzt, Inhaber der Oslo-Karte erhalten 20 % Rabatt. Die Karte berechtigt ferner zum kostenlosen Parken auf allen öffentlichen Parkplätzen der Stadt, allerdings unter Berücksichtigung der Höchstparkdauer. Größere Parkflächen stehen auch am Bahnhof zur Verfügung.

Die Oslo-Karte (Oslo-Kortet)

Eine gute Möglichkeit, den Aufenthalt in Oslo recht preiswert zu gestalten, bietet die Oslo-Karte, die man das ganze Jahr hindurch erhalten kann und deren Preis für Kinder und Erwachsene je nach Gültigkeitsdauer von 1-3 Tagen gestaffelt ist. Sie bietet die freie Benutzung der öffentlichen Verkehrsmittel, also von Bus, U-Bahn, Straßenbahn, Fähre und Bus, innerhalb von vier Zonen, kostenloses Parken auf öffentlichen Parkplätzen der Stadt, freien Eintritt zu den meisten Museen und Sehenswürdigkeiten Oslos, den halben Preis für Rundfahrten mit Bus und Boot, Ermäßigungen bei Kino-, Theater- und Opernvorstellungen oder im Parkhaus Ibsen, Sonderangebote in manchen Geschäften, Rabatte beim Ausleihen von Skiern und Fahrrädern sowie 30 % Ermäßigung auf Bahnfahrkarten nach und von Oslo innerhalb Norwegens beim Erwerb einer 3-Tages-Oslo-Karte für Erwachsene.

Die Oslo-Karte gibt es in folgender Staffelung (Preise von 2003):
- 24-Stunden-Karte   Erwachsene NOK 180,-   Kinder NOK 60,-
- 48-Stunden-Karte   Erwachsene NOK 290,-   Kinder NOK 80,-
- 72-Stunden-Karte   Erwachsene NOK 390,-   Kinder NOK 110,-

Familienkarte, 1 Tag, 2 Erw. + 2 Kinder NOK 395,-

Erhältlich ist sie in den Touristeninformationen, in den meisten Hotels, in der Verkehrsinformation Trafikanten am Bahnhof, in den Narvesen-Zeitungskiosken im Zentrum Oslos, auf den Campingplätzen von Oslo sowie auf allen Postämtern im Lande.

Weitere nützliche Adressen und Telefonnummern in Oslo
- Bei **Feuer** und größeren Unfällen Tel. 110
- **Polizei-Notruf** Tel. 112
- **Krankenwagen** Tel. 113
- **Ärztlicher Bereitschaftsdienst** (Oslo Kommunale Legevakt), Storgate 40 (beim Anker Hotell), Tel. 22118080
- **Zahnarzt-Notdienst** (Oslo Kommunale Tannlegevakt), Sentralstasjon, Tel. 22673000
- **Dienstbereite Apotheke** Jernbanetorget Apotek, gegenüber dem HBf., Tel. 22412482

Post
Hauptpostamt in Oslo mit Serviceschalter, Geldwechsel usw., Dronningensgate 15, Eingang Ecke Prinsensgt., Tel. 22407823, geöffnet Mo-Fr 8.00-20.00 Uhr, Sa 9.00-15.00 Uhr. Die meisten anderen Postämter haben geöffnet: Mo-Fr 8.00-17.00, Sa 9.00-13.00 Uhr

Fundbüro
Bei der Polizei, Tel. 22669865, und bei Oslo Sporveier (öffentlicher Nahverkehr), Tel. 22085361

Banken/Geld/Kreditkarten
Schecks/Kreditkarten: Traveller-Cheques und Eurocheques werden von allen Banken und in den meisten Hotels akzeptiert. In den meisten Hotels, Restaurants, Kaufhäusern und Geschäften kann man mit Kreditkarten (American Express, Diners, Visa, Mastercard/Eurocard) bezahlen.
Sperren von verlorenen Kreditkarten:
American Express Tel. 80033244 Diners Club Tel. 23001000, Eurocard/Mastercard Tel. 80030250, Visa Tel. 80030250
Öffnungszeiten der Banken:
Mo-Fr 8.15-15.30 Uhr, Do 8.15-17.00 Uhr, in der Sommerzeit (15.05.-15.09.): Mo-Fr 8.15-15.00 Uhr, Do 8.15-17.00 Uhr
Geldwechsel:
Neben Banken und Hauptpostämtern bei der Touristeninformation/Vestbanen, im Flughafen und im Hauptbahnhof (bei den 3 letztgenannten Stellen auch am Wochenende)

Taxis
Oslo Taxi: Tel. 02323

Mietwagen
- Avis Oslo, Tel. 232392000
- Hertz, Tel. 22210000
- Sixt, Tel. 07050 (Flughafen Gardermoen)

Einkaufen
Innerhalb der letzten Jahre sind neue Einkaufszentren in Oslo und außerhalb der Stadt errichtet worden, die das reiche Angebot der großen Kaufhäuser, der Fachgeschäfte und Boutiquen, der Kunstgewerbe- und Antiquitätenläden noch erweitern. Shopping in Oslo ist kein unbedingt preiswertes Vergnügen, doch sind die Preise in den letzten Jahren nur recht moderat gestiegen.
Das Einkaufszentrum Oslo City gegenüber dem Bahnhof ist das größte mit rund 100 Geschäften sowie 16 Cafés und Restaurants (Mo-Fr 9.00-20.00 Uhr, Sa 9.00-18.00 Uhr). Im Hafengebiet der Stadt ist mit Aker Brygge ein lebendiges Geschäfts- und Vergnügungsviertel entstanden, in dem Sie in 60 verschiedenen Geschäften einkaufen können. Die neueste und eleganteste Ansammlung von 40 Geschäften und kleineren Restaurants unter einem Dach heißt Paleet und liegt an der Karl Johansgate Nr. 37-41 zwischen Parlament und Schloss. Hier finden Sie u.a. mit Tanum-Libris ein hervorragend sortiertes Buchfachgeschäft mit vielen internationalen Titeln und allen Informationen über Oslo und Norwegen. An der Karl Johan liegen viele Boutiquen und Fachgeschäfte, wie z.B. der bekannte Juwelier David

Andersen *(Karl Johansgt. 20)*. *Die Karl Johansgate führt in die Fußgängerstraßen im Zentrum und Stortorvet mit einer großen Zahl von Geschäften. Hier liegen Kaufhäuser wie das älteste Norwegens, Steen og Strøm, das 1797 gegründet wurde, oder Christiania Glasmagasin, Stortorvet. Schöne Ladenstraßen finden sich in der Storgaten, Møllergaten und Torggaten; in der Møllergaten bietet Husfliden hinter dem Kaufhaus Glasmagasinet hochwertige kunstgewerbliche Artikel aus ganz Norwegen an. Eine Geschäftsstraße nicht weit von Aker Brygge ist die Vikaterrasse mit mehreren internationalen Geschäften. Im Westen der Stadt gibt es mit Hegdehaugsveien und Bogstadsveien vom Schlosspark nach Majorstuen die beliebte lokale Geschäftsstraße mit kleinen Geschäften und Boutiquen, die viele Osloer als Oslo's Oxford Street bezeichnen, ein etwas gewagter Vergleich für die recht ruhige Straße.*

Wer es etwas exotischer mag, der kann einen Abstecher in den Ostteil der Stadt nach "Little Karachi" unternehmen, wo im Einwandererviertel in Grønland ein buntes Allerlei aus vielen Ländern der Erde angeboten wird.

Die Öffnungszeiten

der meisten Geschäfte in Oslo liegen zwischen 9.00 und 17.00 Uhr, donnerstags bis 19.00 oder 20.00 Uhr, samstags bis 14.00 Uhr, am 1. Samstag des Monats bis 19.00 Uhr.

Hotels

Oslo bietet eine reiche Auswahl an Übernachtungsmöglichkeiten, insgesamt rund 13.000 Hotelbetten. Von Privatquartieren über Pensionen, vielen Mittelklassehotels bis hin zu noblen Luxusherbergen reicht das Angebot, dessen Standard, generell betrachtet, recht hoch ist. Die Konzentration in der Hotelbranche hält an, häufig wechseln Hotels ihre Namen, da sie einer neuen Kette einverleibt wurden.

In den Sommermonaten bieten die besten Hotels am Ort stark ermäßigte Sommerpreise an, so dass die Kosten für eher einfache Unterkünfte, wie z.B. auch Sommerhotels, die außerhalb des Zentrums liegen, nicht immer erheblich niedriger sind. Schon bei Ankunft mit der Fähre aus Kiel kann man am Kai erleben, dass Hotels mit Sonderpreisen um die Gunst der ankommenden Reisenden buhlen. Das Frühstück, in allen Hotels als reichhaltiges Buffet dargeboten, kann sich sehen lassen.

Alle Hotels offerieren das ganze Jahr hindurch günstige Wochenendangebote, die vom Preis her mit den Sommerangeboten vergleichbar oder weitgehend identisch sind. Die Reservierung von Privatquartieren, Pensionen und Hotels in Oslo und Umgebung kann bei persönlichem Erscheinen in den beiden genannten Touristeninformationen der Stadt erfolgen.

Ein Verzeichnis über Unterkünfte in Norwegen mit genaueren Angaben zu Ausstattung, Preisen etc. ist beim Norwegischen Fremdenverkehrsamt in Hamburg kostenlos erhältlich.

Für Reisende, die im Sommer oder am Wochenende nach Oslo kommen, ist das sog. **Oslo-Paket** *ein interessantes Angebot, da zusammen mit Übernachtung und Frühstück in rund 40 Hotels der unterschiedlichsten Kategorien auch noch die* **Oslo-Karte** *im günstigen Gesamtpreis eingeschlossen ist. Zwei Kinder unter 16 Jahren übernachten außerdem in eigenen Betten im Zimmer der Eltern.*

Aus der Vielzahl der Hotels kann nur eine Auswahl vorgenommen werden, die sich primär an der zentralen Lage orientiert.

Hinweis:

Wenn ein Haus das Oslo-Paket anbietet, versteht sich der Preis pro Person/Nacht im Doppelzimmer einschließlich der Oslokarte in der Zeit vom 24.6.-16.8. und an den Wo-

7. Norwegen als Reiseland: Regionale Reisetipps von A-Z (Oslo)

chenenden von Donnerstag bis Montag das ganze Jahr hindurch. Außerhalb der angegebenen Zeiten kostet ein Einzelzimmer (ohne Oslo-Karte) wochentags etwa 40-50 % mehr.
• **Anker Hotell $$$**, Storgt. 55, 0182 Oslo, Tel. 22997500, Fax 22997520, liegt zentral, nur wenige Minuten zu Fuß zur Karl Johan, 1985 erbaut, 240 Betten, helle, praktisch eingerichtete Zimmer, nicht alle mit TV; zusätzliche Kapazitäten im Sommer, Familienzimmer, gute Parkmöglichkeiten für Autos und Busse; Cafeteria, Restaurant
• **Triaden Hotel $$$**, Gamleveien 88, 1476 Rasta, Tel. 67972700, familienfreundliche Anlage in ländlicher Umgebung 12 km außerhalb Oslos Zentrum (Lørenskog), 255 Zimmer, helle Räume, Restaurant, Bar, Pub, neues Sportzentrum; 15 Min. U-Bahnfahrt ins Zentrum
• **Tulip Inn Rainbow Gyldenløve Hotel $$$$**, Bogstadveien 20, 0355 Oslo, Tel. 22601090, Fax 22603603, zwischen Majorstuen und dem Zentrum an einer der beliebtesten Einkaufsstraßen, Frogner- und Schlosspark sind leicht zu Fuß zu erreichen, renoviertes Haus mit 330 Betten, ein recht komfortables Frühstückshotel; großes norwegisches Frühstücksbuffet
• **Tulip Inn Rainbow Cecil Hotel $$$$**, Stortingsgaten 8, 0161 Oslo, Tel. 23314800, Fax 22314850, zentrale Lage, 1989 erbaut, 196 Betten, helle, gemütliche Räume, die praktisch eingerichtet sind. Die meisten Zimmer liegen ruhig nach innen (Atrium); häufig ausgebucht
• **Best Western Hotell Bondeheimen $$$$**, Rosenkrantzgt. 8, 0159 Oslo, Tel. 23214100, Fax 23214101, zentrale Lage, 136 Betten, traditionelles norwegisches Hotel mit dem bekannten Restaurant Kaffistova und einem Geschäft für Kunsthandwerk; Sommerpreise von Ende Juni bis Anfang August
• **Norlandia Saga Hotel $$$$**, Eilert Sundtsgt. 39, 0259 Oslo, Tel. 22430485, Fax 22440863, Mittelklasse-Hotel, Lage hinter dem Königl. Schlosspark in ruhiger Umgebung, 66 Betten, eigene Parkplätze
• **Golden Tulip Rainbow Hotel Stefan $$$$**, Rosenkrantzgt. 1, 0159 Oslo, Tel. 23315500, Fax 23256650, zentrale Lage, komfortable Zimmer, 210 Betten, Ibsen-Parkhaus in der Nähe, berühmt für sein vorzügliches Buffet mit traditionellen norwegischen Spezialitäten
• **Ritz Hotell $$$$**, Fredrik Stangsgt. 3, 0272 Oslo, Tel. 22926100, Fax 22926160, ruhige Lage im Westen der Stadt, Familienhotel in französischem Stil, höchster Standard, 90 Betten, keine Sommerpreise
• **Ambassadeur Hotel Best Western $$$$**, Camilla Collettsv. 15, 0258 Oslo, Tel. 23372300, Fax 22444791, kleines, stilvolles Hotel hinter dem Königl. Schloss; 26 Einzelzimmer, 8 Suiten und 8 Kombizimmer; Restaurant und Bar gehören zu den besseren in Oslo
• **Holmenkollen Park Hotel Rica $$$$$**, Kongev. 26, 0390 Oslo, Tel. 22922000, Fax 22146192, außerhalb Oslos unterhalb der Holmenkollen-Schanze liegender Hotel-Komplex (340 Betten) mit allem Komfort, der in verschiedenen Bauphasen entstanden ist. In dem ältesten Teil aus dem Jahre 1894 mit seiner eigenwilligen, faszinierenden Holzarchitektur, der einst für Tuberkulosepatienten errichtet worden war, befindet sich heute ein Gourmet-Restaurant. Die 1982 fertiggestellten Zimmer bieten einen herrlichen Blick auf Oslo und den Fjord; Sommerpreise vom 1.6.-31.8.
• **Radisson SAS Scandinavia Hotel $$$$$**, Holbergsgt. 30, 0166 Oslo, Tel. 23293000, Fax 23293001, First-Class-Hotel nahe dem Königl. Schloss, 960 Betten, renovierte Zimmer in vier verschiedenen Stilarten, alle Annehmlichkeiten, 3 Restaurants, 3 Bars;
• **Continental Hotel $$$$$**, Stortingsgt. 24-26, 0161 Oslo, Tel. 22824000, Fax 22429689, zwischen Königl. Schloss und Rathaus gelegenes Hotel der internationalen Spitzenklasse, 304 Betten, einziges norwegisches Mitglied von "The Leading Hotels of the World"; Institutionen wie die Restaurants "Annen Etage" und "Theatercaféen" gehören zum gesamten Komplex

7. Norwegen als Reiseland: Regionale Reisetipps von A-Z (Oslo)

- **Radisson SAS Plaza Hotel Oslo $$$$$**, *Sonja Henies plass 3, 0185 Oslo, Tel. 22058000, Fax 22058010, zentrale Lage gegenüber dem Einkaufszentrum "Oslo City"; das mit 117 m höchste Gebäude und mit 1.554 Betten größte Hotel Skandinaviens, ein 1990 fertiggestellter Luxusbau; herrliche Aussicht vom Nachtclub in der 33. Etage; bietet alle erdenklichen Annehmlichkeiten*
- **Grand Hotel $$$$$**, *Karl Johansgt. 31, 0159 Oslo, Tel. 23212000, Fax 23212100, immer schon Oslos erste Adresse in bester Lage und 'große alte Dame' der Hotellerie; ein traditionsreiches Haus mit 275 komfortablen Zimmern, darunter eine Reihe von Suiten und Räumen für Nichtraucher; die Restaurants bieten norwegische und internationale Küche; im stilvollen Grand Café (interessante Wandmalerei) ging schon Henrik Ibsen ein und aus.*

Restaurants

Das Angebot an guten und hervorragenden Restaurants hat in Oslo in den vergangenen Jahren deutlich zugenommen. Die Stadt ist internationaler geworden, die Café- und Restaurantszene reicher. Sie können japanisch, vietnamesisch, chinesisch, isländisch, kreolisch oder mongolisch essen wie in anderen vergleichbaren Städten auch, aber vielleicht lassen Sie sich einmal auf die norwegische Küche ein, zumal wenn Sie Fisch mögen. Norwegische Köche gehören inzwischen zu den weltweit besten, ausgezeichnet mit Gold- und Silbermedaillen bei den Olympiaden der Meisterköche.

*Es muss nicht immer Lachs sein. Gekochter Dorsch mit Rotwein ist eine **norwegische Spezialität** ebenso wie Lutefisk, der gelaugte Stockfisch, den einige Restaurants im frühen Herbst auf ihrer Speisekarte haben, der aber nicht jedermanns Sache ist. Die Norweger schätzen ihn, sonst wären einige der Restaurants nicht auf Wochen im voraus ausgebucht. Ein kulinarisches Ereignis zu erschwinglichen Preisen ist das traditionelle norwegische Buffet, das z.B. im Holmenkollen Restaurant, im Restaurant Najaden oder im Vika Atrium Hotel angeboten wird. Typisch norwegische Gerichte zu erschwinglichen Preisen bei nicht zu knapp bemessenen Portionen können Sie im Restaurant **Kaffistova** im Hotel Bondeheimen genießen, wenn Sie die Selbstbedienung nicht stört.*

Viele kleine Restaurants sind in den großen Shopping-Zentren wie Pilze aus dem Boden geschossen. Rund 35 relativ preiswerte Lokale, Imbissstände, Pizzerien etc. findet man z.B. auf Aker Brygge, und selbst auf der Karl Johan zahlt man im Palé Kjelleren, wo es dänische, burmesische, ungarische, mexikanische, italienische oder chinesische Küche gibt, zwischen NOK 60-100 für ein Gericht, allerdings ohne Getränk.

*Der Besuch eines guten Restaurants oder gar eines der Spitzenklasse, von denen Oslo einige zu bieten hat, ist keine preiswerte Angelegenheit: ein Menu mit drei Gängen und einem Glas Wein kostet in den Top-Restaurants der Hauptstadt zwischen NOK 400-600. Ein Restaurant wie Bagatelle ist das erste seiner Art in Skandinavien, das mit zwei Sternen im Guide Michelin verzeichnet wurde; der Chefkoch des noblen **Fem Stuer** im Holmenkollen Park Hotel, Bent Stiansen, gewann 1993 sogar den Oscar der Gastronomie (Bocuse d'Or).*

Es sind vor allem die Getränke, die maßgeblich bewirken, wie die Rechnung schließlich ausfällt. Wer zum Essen Wein trinken möchte, sollte auf einen Wein des Hauses zurückgreifen, den viele Restaurants anbieten. Der Preis bewegt sich so um NOK 150 und in teureren Restaurants um NOK 200 für einen durchschnittlichen Wein pro Flasche. Ansonsten gibt es nicht viele Weine in norwegischen Restaurants unter NOK 400. Ein Bier (0,4 l) kostet um NOK 50, mal weniger, machmal auch noch mehr (s. S. 142ff). Das strenge Alkoholgesetz schreibt vor, dass an Sonn- und Feiertagen keine Spirituosen ausgeschenkt werden dürfen.

7. Norwegen als Reiseland: Regionale Reisetipps von A-Z (Oslo)

Eine kleine Auswahl empfehlenswerter Speisegaststätten:

• **Vegeta Vertshus**, *Frisksport Restauranten, Munkedamsveien 3 B, Tel. 22834020, ein vegetarisches Restaurant mit gut zubereiteten Speisen und recht günstigen Preisen, gilt auch für Getränke; Buffet-Pauschalpreis NOK114; täglich 11.00-23.00 Uhr geöffnet*

• **Theatercaféen**, *Stortingsgt. 24-26, Tel. 22824050, gegenüber dem Nationaltheater; beliebter Treffpunkt von Künstlern, Politikern, Journalisten im Stil eines Wiener Kaffeehauses aus der Zeit um 1900, große Auswahl an relativ einfachen Gerichten, die meisten Hauptgerichte kosten um NOK 100. Geöffnet Mo-Sa von 11.00-00.30 Uhr; So 15.00-22.00 Uhr*

• **Peppes Pizza**, *u.a. Stortingsgt. 4, Karl Johans gate 1, Tel. 22225555, das beste Peppe-Restaurant in Oslo, zuvorkommender Service und viel mehr als nur gute Pizzen, Mo-Sa 11.00-24.00 Uhr; So 13.00-24.00 Uhr*

• **Restaurant Gamle Raadhus**, *Nedre Slottsgate 1, Tel. 22420107, das älteste Restaurant der Stadt in einem Gebäude von 1641, nicht weit von Festung und Schloss Akershus entfernt, Fischspezialitäten, norwegische Gerichte, Platz für 100 Gäste; geöffnet Mo-Fr 11.00-23.00 Uhr; Sa 17.00-23.00 Uhr*

• **Holmenkollen Restaurant**, *Holmenkollveien 119, Tel. 22139200, liegt unweit der Holmenkollen-Schanze; bekannt wegen seines reichhaltigen Lunchbuffets werktags von 11.30-14.30 (NOK 230), So Brunch 12.00-15.00, schöne Aussicht; großer Parkplatz, Behinderteneingang*

• **Kaffistova**, *Rosenkrantzgt. 8, Tel. 22429974, zentral gelegenes Restaurant, das norwegische Hausmannskost bietet; täglich vegetarisches warmes Essen; werktags 11.00-20.00 Uhr; Wochenende 11.00-18.00 Uhr*

• **Engebret Café**, *Bankplassen 1, Tel. 22822525, gegenüber dem Museum für zeitgenössische Kunst in einem der ältesten Gebäude von Oslo; 1857 gegründet, verkehrten hier aufgrund der Nähe zum Christiania Theater schon Ibsen und Bjørnson; geboten wird eine reiche Auswahl norwegischer und internationaler Spezialitäten; ein Menü kostet ca. NOK 300. Geöffnet Mo-Fr 11.00-23.00 Uhr; Sa 12.00-23.00 Uhr; So geschlossen*

• **Lofoten Fiskerestaurant**, *Stranden 75, Aker Brygge, Tel. 22830808, wohlschmeckende Fischgerichte in maritimer Umgebung am Ende der Aker Brygge, 300 Plätze im Freien, Preis für ein Hauptgericht zwischen ca. NOK 150 und 300, geöffnet Mo-Sa 15.00-00.30 Uhr; So 15.00-23.30 Uhr*

• **Palé Kjelleren** *im Einkaufszentrum Paléet, Karl Johans Gate 37-41, mehrere kleine internationale Restaurants (Den Grimme Aelling, Mr. Hong, Lille Budapest, Mandalay, Rancho und Pasta og Pizza da Bruno) bieten eine Reihe recht preiswerter Gerichte, oft spezielle Angebote*

Nachfolgend seien die **exklusivsten Restaurants** *genannt, von denen einige inzwischen zu den besten in Europa gehören. In ihnen wird nur zu Abend gegessen (in Norwegen isst man selten später als gegen 20.00 Uhr). Die angegebenen Preise dienen der Orientierung und beziehen sich auf ein Gericht pro Person mit drei Gängen und einem Glas Wein inklusive Trinkgeld:*

• **Annen Etage** *im Hotel Continental, Stortingsgata 24/26, Tel. 22824070, NOK 600*

• **De Fem Stuer** *im Holmenkollen Park Hotel Rica, Kongeveien 26, Tel. 22922000, NOK 500*

• **Bagatelle**, *Bygdøy Allé 3, Tel. 22121440, NOK 450/500*

• **Julius Fritzner Restaurant** *im Grand Hotel, Karl Johansgt. 27, Tel. 22429390, Preis pro Hauptgericht NOK 250-350*

7. Norwegen als Reiseland: Regionale Reisetipps von A-Z (Oslo)

Camping
In Oslo ist es nicht erlaubt, in Wohnmobilen auf Parkplätzen oder an anderen Stellen zu übernachten. Leider halten sich nicht alle Reisenden daran, obwohl das Angebot an Camping-Möglichkeiten in Oslo und Umgebung gut ist. In Oslo gibt es fünf Camping-Plätze, darunter zwei sehr große, weitere vier befinden sich in Akershus.
• **Bogstad Camping**, Ankerveien 117, N-0757 Oslo, Tel. 22510800, Fax 22510850, 9 km nordwestl. von Oslo, nicht weit vom Holmenkollen entfernt, in naturschöner Umgebung; vom Nationaltheater aus Buslinie 41; ganzjährig geöffnet; 1.200 (!) Wohnwagenstellplätze, davon 160 mit Stromanschluss, verschiedene Campinghütten; Cafeteria, Restaurant, Strand, Angeln, Fahrradverleih
• **Ekeberg Camping**, Ekebergveien 65, N-1181 Oslo, Tel. 22198568, Oslo-Ost, ca. 3 km vom Zentrum entfernt, liegt auf einem Höhenzug mit Blick auf die Stadt und den Fjord; geöffnet vom 1.6.-31.8., gute Ausstattung; Wohnwagenstellplätze; Bank, Postamt, Supermarkt, Gasflaschenverkauf; Vorteil gegenüber Bogstad Camping: Nähe zum Zentrum und etwas besseres Preis-/Leistungsverhältnis
• **Stubljan Campingplass**, Ljan, Tel. 22612706, 9 km südlich von Oslo an der E 6 gelegen, geöffnet vom 1.6.-31.8., 60 Wohnwagenstellplätze, davon 40 mit Stromanschluss, gute Ausstattung, Cafeteria, Angelmöglichkeiten

Jugendherbergen
• **Oslo Vandrerhjem Haraldsheim**, Haraldsheimvn. 4, Postboks 41, Grefsen, N-0409 Oslo, Tel. 22222965, geöffnet 2.1.-22.12., vom Zentrum mit der Straßenbahn Nr. 1 oder 7 bis Sinsen (Endhaltestelle) oder mit dem Zug von Oslo Zentrum bis Grefsen, im Sommer oft voll belegt, 270 Betten, überwiegend 4-Bett-Zimmer, Bett mit Frühstück ca. NOK 140-160, Zweibettzimmer ca. NOK 400-470
• **Oslo Vandrerhjem Holtekilen**, Micheletsvei 55, N-1368 Stabekk, Tel. 67518040, neue Sommerherberge seit 1993, ganzjährig geöffnet; Lokalzug vom Zentrum in Richtung Drammen zur Station Stabekk (10 Min.), von dort folgen Sie der Beschilderung; oder mit den Bussen 151, 153, 161, 162, 252 oder 261 vom Zentrum nach Kveldsroveien, von dort ausgeschildert; mit dem Auto E 18 Richtung Drammen bis zur Abfahrt bei Strand, 9 km vom Zentrum; 157 Betten
Von den beiden genannten Herbergen sind es bis zu den nächsten in Drammen 30 km, Moss 70 km und Hønefoss 50 km.

Sport/Aktivitäten
Die Oslomarka ist ein beeindruckendes Naherholungsgebiet, das zu einer Vielzahl von Aktivitäten einlädt. **Wanderungen** bieten sich z.B. von der Holmenkollenschanze oder von Frognerseteren, dem Endpunkt der Holmenkollenbahn, aus an. DNT, Turistforeningen for Oslo og Akershus, Stortingsgatan 28, 0161 Oslo, Tel. 22832550 erteilt nähere Auskünfte über die Oslo- und Baerumsmarka. **Wintersportler** kommen in der Umgebung von Oslo voll auf ihre Kosten, da ein ausgedehntes Loipennetz von zusammen 2.000 km Länge, teilweise beleuchtet, und alpine Anlagen zur Verfügung stehen. Im Sommer kann man im Oslofjord ein erfrischendes Bad nehmen. Populäre **Badeplätze im Fjord** liegen an der Süd- und Westküste der Museumshalbinsel Bygdøy, wie z.B. der Strand von Huk oder die Paradies-Bucht, die von der Endstelle der Buslinie Nr. 30 zu erreichen sind; beliebte Plätze an der Ostseite des Oslofjordes sind Ingierstrand, Katten, Hvervenbukta, Bekkensten og Fiskevollbukta. Baden kann man auch schön in den nahgelegenen Seen, z.B. im Sognsvann (mit der U-Bahn zu erreichen).

Fahrrad fahren
Den Rustne Eike, Vestbaneplassen 2, N-0250 Oslo, Tel. 22837231, vermietet verschiedene Fahrradtypen zu vernünftigen Preisen und bietet geführte Touren an.

Vermietung von Segel-, Motor- und Ruderbooten
durch Oslo Yachting, Stranden 91, 0250 Oslo, Tel. 22836440

Unterhaltung
Oslo ist längst nicht mehr "die geschlossene Stadt", in der nach 23.00 Uhr die Bordsteine hochgeklappt werden. Das reiche, häufig wechselnde Unterhaltungsangebot lässt sich am besten in der monatlich aktualisierten, kostenlosen Information "What's on in Oslo" überblicken, erhältlich in den Touristeninformationen und den meisten Hotels.

Stadtrundfahrten
Wer im Rahmen einer Stadtrundfahrt Oslo und seine Highlights näher kennen lernen möchte, kann z.B. ganzjährig täglich an einer Halbtagesfahrt mit Besuch des Vigeland-Parks, der Holmenkollen Sprungschanze, des Wikingerschiff- und Kon-Tiki-Museums teilnehmen. Abfahrt um 10.00 Uhr vor dem Rathaus (Seeseite); in der Sommersaison verschiedene andere Rundfahrten ab Rathaus; Rundfahrten mit dem **Boot** oder mit Boot und Bus von der Hafenrundfahrt bis zum Tagesausflug bietet Båtservice, Rådhusbrygge 3, Rådhusplassen, Tel. 22200715. Die Rundfahrten beginnen am Kai 3 vor dem Rathaus.

Røros (S. 372f)

Informationen
bei Røros Turistinform, Peder Hiortsgt.2, 7461 Røros, Tel. 72411165

Hotel
Quality Røros Hotel $$$$, An-Margrittsvei, Tel. 72411011, Fax 72410022

Jugendherberge
Røros Vandrerhjem, Öra 25, 7374 Røros, Tel. 72411089, ganzjährig, 86 Betten

Sandefjord (S. 228f)

Informationen
bei der Touristeninformation im Zentrum, Tel. 33460590

Hotels
• Comfort Home Hotel Atlantic $$$, Jernbanealleen 33, Tel. 33468000, Fax 33468020, 71 Zimmer im Zentrum
• Rica Park Hotel $$$$, Strandpromenaden 9, Tel.33463117, Fax 33447500, 181 Zimmer, Restaurant mit Tanz, Bar, Salzwasserbecken, nahe am Meer gelegen, Sommershow im Juli
• Preiswertere Alternative: Granerød Hotell $$-$$$ (Sommerhotel), Krokemoveien 41, Tel.33477077, Fax 33475804, 93 Zimmer, 16 behindertengerecht, 1 km vom Zentrum im Bugårds-Park gelegen, Familienzimmer

Skjolden (S. 273)

Hotels
In Skjolden und Umgebung gibt es viele, auch preiswerte Übernachtungsmöglichkeiten, z.B.:
Skjolden Hotel $$$, *5833 Skjolden, Tel. 57686720, 100 Betten*

Jugendherberge
Skjolden Vandrerhjem, *5833 Skjolden, Tel. 57686615, Jugend-/Familienherberge, geöffnet: 15.5.-15.9.*

Sogndal (S. 271f)

Information
Tel. 57673083

Hotels
• Hofslund Fjordhotel $$$, *Sogndal, Tel. 57671022, 90 Betten*
• Quality Sogndal Hotell $$$$-$$$$$, *Sogndal, Tel. 57672311, Fax 57672665, 188 Betten, Komfortklasse*
• Loftenes Pensionat $$, *Fjøreveien 17, Tel. 57671577, 30 Betten, die preiswertere Alternative*

Stavanger (S. 232ff)

Information
Destinasjon Stavanger, *Rosenkildetorget 1, Tel. 51859200, Fax 51859202*

Flugverbindungen
Wer ohne Auto reist und auf die Schönheiten der Strecke verzichten kann oder muss, kommt von Stavanger am schnellsten mit dem Flugzeug nach Bergen. Die SAS fliegt täglich von Stavanger nach Bergen. Braathens SAFE verkehrt gar 10-12 x täglich zwischen beiden Städten. Der Flughafen liegt 12 km außerhalb des Zentrums.

Schiffsverbindung
Zwischen beiden Städten verkehrt das Schnellboot "Flaggruten", das für die Strecke 4 Stunden benötigt (Preis: ca. NOK 590 Ew.). Ab Randaberg bei Stavanger gibt es außerdem eine Autofähre, und zwar die Nachtfähre, die Bergen morgens gegen 6.00 Uhr erreicht, und die Tagesfähre, die gegen 13.00 Uhr den Hafen verläßt und gegen 18.00 Uhr in Bergen ankommt (Preis ca. NOK 600 für Pkw inkl. Fahrer, Mitreisender NOK 250, Kinder unter 16 Jahren NOK 60, Ermäßigungen bei 4 Personen und Pkw).

Busverbindung
Eine andere Möglichkeit ist die Fahrt mit dem Expressbus, tägliche Abfahrten ab Busbahnhof (am Bahnhof).

Sightseeing
Sightseeing-Touren in und um Stavanger per Bus finden vom 1.6.-31.8. täglich ab 13.00 Uhr vom Gästehafen, Vågen, statt; Dauer: 2 Stunden; geführte Stadtspaziergänge vom 15.6.-15.8. tägl. außer Mo vom Info-Zentrum im Gästehafen; Dauer: 2 Stunden;

 Öffnungszeiten
Die meisten Geschäfte haben Mo-Mi und Fr 9.00-17.00 Uhr, Do 9.00-20.00 Uhr, Sa 9.00-14.00 Uhr geöffnet, Einkaufszentren bis 20.00 Uhr (Sa 16.00 Uhr), größere Lebensmittelgeschäfte bis 22.00 Uhr, Sa 20.00 Uhr

Hotels
Das Angebot an Hotels ist hervorragend und im Standard auf die Ansprüche der internationalen Geschäftswelt eingestellt. Im Sommer profitiert der Reisende von dem Überangebot, wenn die Geschäftsleute ausbleiben und selbst die ersten Häuser am Platze mit stark ermäßigten Preisen locken. Die Gültigkeit der Sommerpreise ist nicht einheitlich und kann an bestimmte Auflagen wie Hotel-Pass oder bestimmte Buchungsbedingungen gebunden sein. Zu den **besten Hotels** der Stadt gehören:
• **Comfort Hotel Grand $$$-$$$$**, Klubbgate, Tel. 51201400, Fax 51201401, zentrale Lage, 132 Betten, Sommerpreise
• **Skagen Brygge Hotell $$$$**, Skagenkaien 28-30, Tel. 5185000, Fax 5185001 141 Betten, Sommerpreise
• **Radisson SAS Royal Hotel $$$$$**, Løkkeveien 26, Tel. 51766000, Fax 51766001, 287 Betten, im Sommer bis ca.50 % Ermäßigung
Zu den **preiswerteren** Alternativen gehören:
• **Commandør Hotell $$$**, Valberggate 9, Tel. 51895300, Fax 51895301, 50 Betten,
• **Best Western Havly Hotel $$$**, Valberggate 1, Tel. 51895005, Fax 51895025, 90 Betten
• **Mosvangen Parkhotel $$$$**, Henrik Ibsensgate, Tel. 51870977, 106 Betten, liegt außerhalb der Stadt in naturschöner Umgebung am See Mosvannet

Restaurants
Das Angebot ist überaus vielfältig. Sie können gut norwegisch, japanisch, chinesisch, mexikanisch oder vegetarisch essen. Das japanisch-chinesische Restaurant Mikado og Hong Kong Garden bietet z.B. ein Lunch für NOK 50. Zu den empfehlenswerten der hervorragenden Restaurants, von denen es in Stavanger eine ganze Reihe gibt, gehören:
• **Chicago Bar og Grill**, Løkkeveien 26, Tel. 51567000, Restaurant im SAS-Hotel, Mo-So 18.00-23.00 Uhr, Hauptmenü ca. NOK 250
• **Straen Fiskerestaurant**, Strandkaien, Tel. 51843700, zentrale Lage mit Blick auf den Hafen Vågen, Tagesmenü (3 Gänge) ca. NOK 400, Mo-Sa 18.00-23.30 Uhr
• **Jans Mat og Vinhus**, Breitorget, Tel. 51824502, gilt als bestes Restaurant der Stadt, Tagesmenü (4 Gänge) ca. NOK 500, Tischbestellung empfohlen, Mo-Sa 18.00-22.00 Uhr
• **Sjøhuset Skagen**, Skagenkaien 16, Tel. 51895180, zentrale Lage am Hafen in einem der ältesten Seehäuser aus dem 18. Jahrhundert, Platz für 150 Gäste, Hauptmenü NOK 160, Mo-Sa 11.30-22.30 Uhr

 Camping
In Stavangers Umgebung gibt es zwei empfehlenswerte Campingplätze:
• **Mosvangen Camping og hytter** (***), 3 km vom Zentrum entfernt am

Mosvannet-See gelegen, Platz für 200 Zelte und Wohnwagen, 80 Stromanschlüsse, 19 Campinghütten, Kiosk, Angelmöglichkeiten, geöffnet vom 28.5.-1.9., Tel. 51532971
• **Kongeparken Camping** (***), Ålgård, 20 km südlich von Stavanger, Tel. 51617576, Campinghütten, ganzjährig geöffnet

Jugend-/Familienherberge
Stavanger Vandrerhjem Mosvangen, H. Ibsensgate 21, 4021 Stavanger, Tel. 51543636, geöffnet 6.6.-24.8., 118 Betten (35 Doppelzimmer), nächste Herberge in Sand (80 km)

Aktivitäten
Baden (Solastrand, Godalen), Tauchen, Golf (18 Löcher am Store Stokkavann), Jagen und Fischen, Reittouren (z.B. zur Felsenkanzel), Segeln, Wanderungen (Dalsnuten, Bynuten, Månafossen); Auskunft bei der Touristeninformation in Stavanger oder den lokalen Büros in der Umgebung.

Steinkjer (S. 303f)

Information
Die Touristeninformation **Steinkjer Servicekontor** befindet sich im Zentrum von Steinkjer an der E 6, Tel. 74166700, geöffnet ganzjährig Mo-Fr 12.00-17.00 Uhr; in der Saison von Ende Juni bis Anfang August Mo-Fr von 8.00-18.00, Sa 10.00-17.00, So 12.00-17.00 Uhr. Hier bekommen Sie auch einen Pass, der für die Fähren auf der Reichsstraße 17 bei bestimmten Abfahrtszeiten bis zu 33 % ermäßigte Preise gewährt.

Hotels
• **Quality Grand Hotel** $$$$, 220 Betten, im Zentrum gelegen, Kongensgate 37, Tel. 74164700, Fax 74166287, ermäßigte Preise im Sommer, das teuerste Hotel am Ort mit allen Annehmlichkeiten
• **Sentrumshotellet** $$$, Kongensgate 36, Tel. 74167644, Mittelklassehotel im Zentrum, mit Familienzimmern, Bistro mit norwegischen Gerichten; Preisermäßigungen vom 1.6.-30.9.
• **Best Western Tingvold Park Hotel** $$$, Gamle Kongeveien 47, Tel. 74161100, Fax 74161117, kleines, komfortables Hotel (23 Zimmer) in landschaftlich reizvoller Lage, Ermäßigung mit Fjordpass; die regulären Preise liegen etwa um die Hälfte niedriger als im Grand Hotel. Die ermäßigten Sommerpreise liegen für ein Doppelzimmer auf dem gleichen Niveau wie die des Grand Hotel.

Camping
• **Haugåsen Camping**, am Snåsavatnet (Snåsasee), 15 km nördlich von Steinkjer, Tel. 74147036, mit Stellplätzen für Wohnwagen, Bootsverleih, Angel- und Bademöglichkeiten.
• **Kvam Motell og Camping**, Klingsundet am Snåsasee, Tel. 74149730, u.a. 26 Hütten, Zimmer, Angel- und Bademöglichkeiten

Sport/Aktivitäten
Im Bereich des Byafjell gibt es einen 10 km langen **Naturlehrpfad**, unterwegs schöne Aussicht auf Steinkjer; Angelausflüge organisiert die Touristeninformation.

Kanu und **Rafting** ist auf dem Fluss Ogna möglich, knapp 10 km von Steinkjer entfernt (Straße 762, Ort Røysing, Tel. 74144278).

Svalbard/Spitzbergen (S. 379ff)

Information
Touristeninformation: Info-Svalbard, Postboks 323, 9171 Longyearbyen, Tel. 79025550, Fax 79025551

Touren
• Verschiedene Tourenangebote sind bei **SpiTra, Spitzbergen Travel A/S**, erhältlich; Anschrift: **SpiTra**, Postbox 548, N-9170 Longyearbyen, Tel. 79022410
• Ausgearbeitete Winter- und Sommerprogramme bietet **Spitzbergen Tours Andreas Umbreit**; neben Kurzaufenthalten von 3-7 Tagen zum Kennenlernen vermittelt der Spezialist Reisen auf Küstenschiffen zwischen 3-26 Tagen, Wander- und Trekkingtouren und je nach Wunsch auch individuell zusammengestellte Programme auf Svalbard. Dammstr. 36, D-24103 Kiel, Tel. 0431-91678, Fax 0431-93733
• Erlebnis- und Expeditionsreisen auf Spitzbergen bietet ferner **Svalbard Polar Travel (SPOT)**, Postboks 540, 9170 Longyearbyen, Tel. 79023400, Fax 79023401; das Norwegische Fremdenverkehrsamt in Hamburg sendet auf Anfrage eine Übersicht über deutsche Veranstalter, die SPOT-Arrangements verkaufen.

Flugverbindungen
Mehrmals wöchentlich fliegen **SAS und Braathens** Longyearbyen von Tromsø an.

Hotels
Verhältnismäßig einfach und recht teuer sind die Unterkünfte im stark saisonal geprägten Tourismus.
• **Funken Hotell $$$$$**, Spitsbergen Travel Hotel, Postboks 500, 9170 Longyearbyen, Tel. 79026200, Fax 79026201, ganzjährig geöffnet, vom 1.4.-16.5. etwas höhere Preise (DZ NOK 1.600). Der Name der Unterkunft erinnert an das ehemalige Funktionärsheim der Kohlegesellschaft
• **Radisson SAS Polar Hotel $$$$$**, Postboks 554, 9170 Longyearbyen, Tel. 79023450, Fax 79023451, ganzjährig geöffnet, etwas höhere Preise 15.3.-16.5. (DZ NOK 1.600)

Jugendherberge
Svalbard Vandrerhjem, s. Spitsbergen Travel Hotel, geöffnet 23.2.-30.9., (EZ NOK 300-380, DZ NOK 400-500)
Genauere Angaben zu den Unterkünften auf Spitzbergen finden sich unter www.svalbard.net.

Tønsberg (S. 228)

Information
Touristeninformation nur im Sommer unter Tel. 33350200

Hotels
- Hotell Maritim $$$, Storgate 17, Tel. 33317100, 54 Betten, etwas günstigere Sommerpreise
- Hotel Klubben $$$$, Nedre Langgate 49, Tel. 3331511, 200 Betten
- Borge Hotell $$$, Husøy, 5 km außerhalb, Tel. 33381850, 84 Betten, schönes Familienhotel

Jugend-/Familienherberge
Tønsberg Vandrerhjem, Dronning Blancasgate 22, 3111 Tønsberg, Tel. 33312175

Tromsø (S. 333ff)

Information
Tromsø Turistinformasjon, Storgata 61, Tel. 77610000, Fax 77610010, geöffnet 1.6.-15.8. von 8.30-18.00 Uhr, Sa-So 10.00 (10.30) - 17.00 Uhr, außerhalb der Saison Mo-Fr 8.30-16.00 Uhr

Verkehrsverbindungen
Die **Hurtigrute** fährt täglich 18.30 Uhr von der Anlegestelle Dampskipskaia in nördlicher Richtung, nachts um 01.30 Uhr südwärts. Im Bezirk Troms laufen die Schiffe der Hurtigrute neben Tromsø die Orte Harstad, Finnsnes und Skjervøy an. Neben lokalen Schnellbootverbindungen verkehren **Schnellboote** zwischen Tromsø und Harstad, Auskunft: Troms Fylkes Dampskibsselskap, Kirkegate 1, Tel. 77686088.

Busse
Von Prostneset, wenige Meter von der Anlegestelle der Hurtigrute entfernt, fahren täglich **Busse** nach Narvik, Alta, Karlsøy, Lyngen und Balsfjord. Innerhalb von Tromsø gibt es ein sehr gut ausgebautes Netz von Stadtbus-Linien. Eine Tageskarte kostet NOK 50 (auch für Kinder).

Taxis
Der Taxiruf ist Tel. 77688020.

Parken
Im Zentrum gibt es ein unterirdisches Parkhaus mit 800 Einstellplätzen, jedoch nicht für Fahrzeuge mit Anhänger/Campingwagen

Flughafen
3 km außerhalb des Zentrums liegt der **Flughafen** Langnes, durch einen Tunnel erreichbar.

Sightseeing
Von Dampskipskaia am Hafen finden täglich zwischen dem 22.6. und 16.8. Stadtrundfahrten statt. Abfahrt 11.30 Uhr, Dauer 2½ Stunden einschließlich Besuch des Tromsø Museum und der Eismeerkathedrale; Preis: NOK 110/NOK 50

Hotels
Die Stadt hat ein gutes Hotel-Angebot, von denen die besten günstige Sommerpreise anbieten, so dass der Preisunterschied zu einfacheren Mittelklassehotels oder Frühstückhotels nur gering oder ganz aufgehoben ist. Die an die Sommerpreise geknüpften Bedingungen sind jedoch von Hotel zu Hotel verschieden.
Eine kleine Auswahl:
- **Radisson SAS Hotel Tromsø $$$$$**, Sjøgate 7, Tel. 77600000, Fax 77656110, mit 331 Betten das größte und auch das teuerste Hotel in zentraler Lage, Sommerpreis ca. NOK 995, für Behinderte geeignet.
- **Grand Nordic Hotel $$$$**, Storgate 44, Tel. 77753777, Fax 77753778, 175 Betten, zentrale Lage, günstiger Sommerpreis
- **Scandic Hotel Tromsø $$$$**, Heiloveien 23, Tel. 77755000, Fax 77755011, ca. 3 km außerhalb des Zentrums nahe am Flughafen gelegen, 318 Betten, Sommerpreis, für Behinderte geeignet.

Zu den einfacheren und preiswerteren Unterkünften zählt z.B.:
- **Hotel Nord $$**, Parkgate 4, Tel. 77683159, Fax 77613505

Die Touristeninformation vermittelt außerdem private Zimmer.

Camping
- **Tromsdalen Camping og hytter**, Tel. 77638037, Fax 77638524, 3 km vom Zentrum entfernt, Bus Nr. 36, einfache und teure Hütten zu mieten.
- **Skittenelv Camping**, Tel. 77690026, Fax 77690050, ca. 25 km vom Zentrum entfernt, 20 Hütten, Bootsverleih.
- **Hella Camping**, Straumhella, Tel. 77693146, 27 km in südlicher Richtung von Tromsø auf der Insel Kvaløy, nahe bei den Felszeichnungen, geöffnet vom 15.5.-30.9.

Jugendherberge
Tromsø Vandrerhjem, Elverhøy, Gitta Jønsonsvei 4, Tel. 77657628 oder 23139300, 2 km westlich des Zentrums gelegen, 77 Betten, geöffnet von ca. 20.6.-20.8., Vorbestellung außerhalb der Saison: **Norske Vandrerhjem**, Region Nord-Norge, P.b.654, 9401 Harstad

Restaurants
In der lebendigen Stadt gibt es eine ganze Reihe vorzüglicher und guter Restaurants, von denen einige an der Hauptstraße Storgata liegen. Besonders hervorzuheben sind:
- **Peppermøllen Mat og Vinhus**, Storgate 42, Tel. 77686260, bekannt wegen seiner vorzüglichen Fischgerichte, Preis für ein Hauptgericht zwischen NOK 200-280, Mo-Sa 14-23.00 Uhr, So 14-21.00 Uhr.
- **Grillen Restaurant** (SAS Royal Hotel), Sjøgate 7, Tel. 77656000, reiche Menüauswahl in einem Restaurant der Spitzenklasse, Preis für ein Hauptgericht zwischen NOK 240-300, geöffnet Mo-Sa 11.30-00.30, So 14.00-23.00 Uhr.
- **Brankos Mat og Vinhus**, Storgate 57, Tel. 77682673, ein slowenisches Restaurant mit internationalen und slowenischen Gerichten, Preis für ein Hauptgericht zwischen ca. NOK 160-280, geöffnet Mo-Sa 18.00-00.30 Uhr.
- **Compagniet Restauration**, Sjøgate 12, Tel. 77664222, von Frankreich inspirierte Küche auf der Grundlage nordnorwegischer Rohwaren, Preis pro Hauptgericht zwischen NOK 250-300, geöffnet Mo-Sa 18.00-23.30 Uhr, vom 1.5.-15.9. von 11.00-23.30 Uhr.

Eine Übersicht über viele empfehlenswerte Restaurants, auch preiswertere Alternativen, sowie Cafés und Gaststätten, Bars, Kneipen, Nachtclubs und Discos in einer für norwegische Verhältnisse ungewöhnlichen Dichte findet sich im Info-Guide der Touristeninformation.

Sport/Aktivitäten

2 km vom Zentrum entfernt liegt der See Prestvann, ein ideales **Wandergebiet**. Auch zum **Fahrrad fahren** bieten sich Stadt und Insel an; Fahrradverleih: Sporthuset AS, Storgata 91, Mo-Fr 9.00-16.30 Uhr; Sa 10.00-14.00 Uhr. Im arktischen Naturparadies der Lyngsalpen bietet Lyngen Adventure verschiedene Aktivitäten an, u.a. den Besuch einer Fischzuchtanalage mit Angeln (Rutenangeln auf Saibling), Kanupaddeln oder eine **Abenteuerwoche** in der Wildnis. Adresse: Lyngen Adventure AS, N-9060 Lyngseidet, Tel. 77710692. Da der Winter in Troms ein richtiger Winter ist und etwa ein halbes Jahr dauert, ergeben sich viele Möglichkeiten: **Langlauf** auf gespurten, den ganzen Tag im Winter beleuchteten Loipen, **Alpinski**, **Klettern** an vereisten Wasserfällen, **Eisangeln**, Touren mit **Schlittenhunden** und vieles mehr.

Trondheim (S. 287ff)

Information

Die Touristeninformation liegt zentral am Marktplatz, Munkegate, Tel. 73807660; Fax 73807670, Öffnungszeiten: 24.5.-22.8. werktags von 8.30-20 Uhr (Sa 8.30-18 Uhr; So 10-18 Uhr); 23.8.-23.5. nur werktags von 9-13 Uhr. Neben vielfältigem Informationsmaterial kann der Besucher u.a. folgende Dienstleistungen erhalten: Vermittlung von Unterkünften, Auto- und Fahrradverleih, Geldwechsel außerhalb der Öffnungszeit der Banken, Verkauf von Büchern, Karten, Souvenirs etc.

Flugverbindungen

Trondheim hat gute Flugverbindungen mit dem ganzen Land. 35 km nordöstlich vom Zentrum liegt der Flughafen Vaernes, von dem auch Kopenhagen (außer So) und Stockholm direkt angeflogen werden. 75 Minuten vor Abflug mit SAS und Braathens SAFE fährt ein Flughafenbus über die Stationen Busbahnhof, Hotel Britannia und Royal Garden Hotel nach Vaernes.

Eisenbahn

Es gibt Tag- und Nachtzüge nach Oslo und nach Bodø sowie eine Tagesverbindung nach Storlien in Schweden.

Bus

Täglich verkehren Expressbusse nach Bergen, Røros und Ålesund, Abfahrt am Busbahnhof (Rutebilstationen), Leüthenhaven, Erling Skakkesgate 40. Die meisten lokalen Busse halten Munkegate/Dronningensgate.

Schiffsverbindungen

Tägliche Abfahrt der Hurtigruten-Schiffe in südlicher (10.00 Uhr, Kai 16) und nördlicher (12.00 Uhr, Kai 1) Richtung, Auskunft unter Tel. 73527960. Schnellboote, mit denen man einen Ausflug auf dem Trondheimsfjord unternehmen kann, verkehren nach Fosen, Hitra, Frøya und Sula (Fosenkaia, gegenüber dem Bahnhof); Auskunft in der Touristeninformation. Daneben gibt es eine Autofähre nach Vanvikan auf der Fosen-Halbinsel.

Taxis
Taxis stehen in ausreichender Zahl zur Verfügung, Taxiruf Tel. 73505073; Sightseeing per Taxi kostet ca. 300 NOK pro Stunde

Mautgebühr
Wer mit seinem Auto zwischen 6 und 18 Uhr in die Stadt hineinfährt, zahlt für seinen Pkw 12 NOK, für ein größeres Fahrzeug 20 NOK, und zwar von Mo-Fr 6-17 Uhr. Von der Gebühr befreit sind Autofahrer, die aus östlicher Richtung (von Hommelvik) über die E6 nach Trondheim kommen, da sie zuvor einen Obulus zur Nutzung der E6 gezahlt haben.

Parken
In Trondheim ergeht es dem Autofahrer nicht anders als in anderen größeren Städten. Das Zentrum ist in verschiedene Parkzonen eingeteilt. Parken ist nur erlaubt an Parkscheinautomaten mit der Bezeichnung avgift oder mot avgift. An rot gekennzeichneten Automaten mit der Höchstparkdauer von 30 Minuten zahlt man NOK 5 für 15 Minuten, an den meisten Stellen kann man bis zu 3 Stunden parken bei progressiv ansteigender Gebühr (NOK 8/18/33). Außerhalb des Zentrums ist die Parkhöchstdauer nicht begrenzt (NOK 3 je Stunde). Im Sommer gibt es zentral gelegene Parkmöglichkeiten ohne zeitliche Einschränkung auf dem Hof der Kathedralschule, Bispegate 6. Innerhalb der City parkt man preiswerter und ohne Zeitbegrenzung in verschiedenen Parkhäusern, vor allem im Bakke P-hus an der Bakke-Brücke. Zwei zentrale Parkhäuser liegen nahe am Marktplatz (Torget P-hus, Tinghusplassen, und Leüthenhaven P-hus, Erling Skakkes Gate 40). Parkmöglichkeiten (gegen Gebühr) für Autos mit **Wohnwagen** finden sich am Stadion (Nidarø) und hinter dem Bahnhof (Brattøra). Übernachtungen sind nicht erlaubt.

Einkaufen
Die Einkaufsmöglichkeiten sind in Trondheim nicht so vielfältig wie in Bergen, dennoch findet man in der Innenstadt eine Reihe kleinerer Geschäfte und Boutiquen mit einer reichen Auswahl typisch norwegischer Produkte. **Kunsthandwerk** aus dem Trøndelag-Gebiet gibt es bei Yvonne Verkstedutsalg og Galleri, Örjaveita 6 (geöffnet Mo-Fr 10.00-17.00, Do 10.00-19.00, Sa 10.00-14.00 Uhr). Qualitativ hochwertiges Kunsthandwerk aus dem gesamten Land führt Husfliden, Olav Tryggvasonsgate 18 sowie Glas Magasinet Andreas Moe, Olav Tryggvasonsgate 29-31. Norwegische **Strickwaren** in den traditionellen Mustern gibt es u.a. bei A. Rønning, Nordre Gate 10 oder bei Sjøberg in derselben Straße Nr. 16. Ausgefallenen **Silberschmuck** erhält man in Juhls' Sølvgalleri und neben anderen Souvenirs auch bei Møllers Gullsmetsforretning, Munkegate 3 nahe am Dom.
Ein beliebtes Mitbringsel ist die **Trondheim-Rose** als Anhänger, Brosche oder Ohrringpaar in der Nachbildung des Rosenfensters des Nidaros-Domes. Die Rose von Trondheim, die seit dem 18. Jahrhundert eine Art Stadtsymbol gewesen ist, ziert noch heute die Stadtflagge. Dabei handelt es sich um eine fünfblättrige Rosette, die es in vielen Variationen als Schmuckgegenstand zu kaufen gibt. Direkt am Marktplatz liegt das **Einkaufszentrum** Trondheim Torg mit insgesamt 45 Geschäften, wo man von Lebensmittel bis hin zu kunsthandwerklichen Produkten aus dem Raum Trondheim eigentlich alles bekommt. Das Einkaufs-

zentrum hat werktags bis 20.00 Uhr geöffnet und hebt sich dadurch von vielen anderen Einzelgeschäften ab, die im Sommer schon um 16.30 oder 17.00 Uhr schließen.

Hotels
Wie in Bergen oder Oslo gibt es auch in Trondheim eine ganze Reihe guter und hervorragender Hotels, auch hier sind die meisten größeren Hotelketten vertreten. Zwischen Juni und August kann der Reisende meist erhebliche Preisnachlässe erwarten, die Bedingungen im einzelnen, vor allem die zeitliche Geltungsdauer der Rabatte, sind aber von Hotel zu Hotel unterschiedlich.
Aus dem großen Angebot seien hier nur folgende empfehlenswerte Häuser genannt:
• **Radisson SAS Royal Garden Hotel $$$$**, Kjøpmannsgate 73, Tel. 73803000, Fax 73803050; es ist das größte (600 Betten) und eleganteste Hotel der Stadt mit einer sehenswerten, an die Umgebung angepassten Architektur, es bietet u.a. drei Restaurants, Bar, Nachtclub etc.
• **Britannia Hotel $$$$**, Dronningensgate 5, Tel. 73800800, Fax 73800801; das Hotel gehört zu den besten der Stadt, zentrale Lage
• **Comfort Hotel Augustin $$$**, Kongensgate 26, Tel. 73547000, Fax 73547001; gutes Frühstücks-Hotel mit freundlichen, hellen Zimmern; ermäßigte Preise zwischen Juni und August, gute Parkmöglichkeiten, zentrale Lage
• **Clarion Hotel Grand Olav $$$**, Kjøpmannsgate 48, Tel. 73808080, Fax 73808081; komfortables Hotel an der Nidelva mit allen Annehmlichkeiten, gute Parkmöglichkeiten
• **Trondheim Leilighetshotell $$**, Gardemoensgate 1 a, Tel. 73523969, Fax 73518135; eine preiswerte Alternative außerhalb des Zentrums bei Lademoen, auch mit dem Bus Nr. 4 zu erreichen

Privatunterkünfte
vermittelt **Trondheim Aktivum AS** in der Touristeninformation am Marktplatz, Tel. 73807660.

Restaurants
Das gastronomische Angebot in Trondheim ist vorzüglich. Neben vielen internationalen Gaststätten (indisch, italienisch, chinesisch, mexikanisch) bieten die ersten Hotels am Platz hervorragende Restaurants. Norwegische Spezialitäten sind seltener zu finden, im Vergleich zu Bergen oder dem wesentlich kleineren Ålesund fällt das geringere Angebot an reinen Fischrestaurants auf. Viele gute Speisemöglichkeiten befinden sich in der Kjøpmannsgate an der Nidelva im Milieu der alten Packhäuser. Eine kleine Auswahl:
• **Vertshuset Grenaderen**, Kongsgårdsgatan 1, tel. 73516680, nahe dem Dom und dem erzbischöflichen Palais gelegen, bietet in historischer Umgebung und gemütlicher Atmosphäre Hauptgerichte zwischen NOK 100 und 240 an; geöffnet tägl. von 12 Uhr an
• **Lian Restaurang**, Lian, Tel. 72559077; es liegt einige Kilometer südwestlich des Zentrums in landschaftlich schöner Lage und bietet norwegische Spezialitäten
• **Chablis Brasserie und Bar**, Övre Bakklandet 66, Tel. 73874250, einfacheres, gemütliches Restaurant nahe der alten Brücke mit angemessenen Preisen, inzwischen von vielen Tondheimern geschätzt
Aus der Reihe der traditionellen Restaurants der führenden Hotels seien genannt:
• **Prins Olav Grill** und das
• **Restaurant Cicignon Dancing**, beide im Radisson SAS Royal Garden Hotel, Kjøpmannsgate 63, Tel. 73803000

- **Palmehaven**, Britannia Hotel, *Donningensgate 5*, Tel. *73535353*; die Restaurants im Britannia-Hotel hatten die Ehre, bei den Hochzeitsfeierlichkeiten von Prinzessin Märtha Louise für Speis und Trank verantwortlich zu sein.
- **Scenario'n** im Grand Hotel Olav, *Kjøpmannsgate 48*, Tel. *73535310*

Camping
- **Flakk Camping**, *ca. 10 km westlich von Trondheim an der Straße 715, Tel. 72843900, geöffnet 1.5.-5.9., Anlage für Zelte und Wohnwagen, Bademöglichkeiten*
- **Sandmoen Camping**, *Tel. 72848222, ca. 10 km südlich von Trondheim an der E 6 gelegen, 53 Hütten, 250 Stellplätze*
- **Vikhammer Gård og Camping**, *Malvik, Tel. 73976360, an der E 6 nördlich der Stadt, 15 km vom Zentrum entfernt; Anlage für Zelte und Wohnwagen, 22 Hütten, Bademöglichkeiten*

Jugendherberge
Trondheim Vandrerhjem Rosenborg, *Weidemannsveien 41, Tel. 73874450, Fax 73874455, 40 Räume mit rund 200 Betten; knapp 30 Minuten Fußweg vom Zentrum in östlicher Richtung*

Angeln
Die Nidelva ist einer der besten Lachsflüsse des Landes, Angelscheine sind in den Sportgeschäften der Stadt erhältlich. Auch der Fjord, in dem kein Angelschein erforderlich ist, gilt als fischreich; Angelfahrten werden von etwa Mitte Juni bis Ende August vom Fischmarkt Ravnkloa aus angeboten, und zwar Di und Do um 17.00 Uhr (Dauer 4 Stunden); Karten sind auf dem Boot oder in der Touristeninformation erhältlich.

Wandern
Ein paar Kilometer in westlicher Richtung (Gebiet Bymarka) und nach Osten (Estenstadmarka) sowie bei Vanvikan auf der anderen Seite des Fjordes liegen wunderschöne Wandergebiete. Im Winter eignet sich die Umgebung zum Skilanglauf.

Baden
In den Sommerwochen kann es angenehm warm werden; gute Bademöglichkeiten in unmittelbarer Umgebung der Stadt gibt es z.B. am Strand auf der Insel Munkholmen oder in der Ringvebucht.

Tipp
Einwohnern und Besuchern der Stadt stehen 200 Fahrräder zum kostenlosen Gebrauch zur Verfügung, die an zentralen Plätzen der Stadt stehen. Man braucht nur ein 20-Kronenstück für das Fahrradschloss. Das Geld erhält man zurück, wenn man das Rad wieder in eines der Stative stellt.

Ulvik (S. 240)

Information
Touristeninformation nur im Sommer Tel. 56526360

Hotels
In Ulvik finden sich verschiedene Unterkunftsmöglichkeiten, von einfachen Pensionen bis zur gehobenen Mittelklasse (Rica Ulvik Hotel, Tel. 56526200, Fax 56526641 u. Rica Brakanes Hotel, Tel. 56526105, Fax 56526410). Wunderschön liegt das **Rica Brakanes Hotel $$$-$$$$** am Fjord mit vielen Aktivitätsangeboten.

An Aktivitäten
werden u.a. Flüge mit dem Wasserflugzeug zum Gletscher Folgefonn angeboten.

Vadsø (S. 358f)

Information
Turistinformasjon Vadsø, im Zentrum, Tel. 78951079.

Hotels
• **Rica Hotell Vadsø $$$-$$$$**, Oscarsgate 4, Tel. 78951618, Fax 78951002, 103 Betten, ermäßigte Preise vom 20.6.-20.8, für Behinderte geeignet.
• **Lailas Hotell $$$**, Brugate 2, Tel. 78953335, Fax 78953435, 55 Betten

Camping
• **Vadsø Camping**, Tel. 78951622, geöffnet vom 20.6.-20.8., Hütten und Appartements können recht preiswert gemietet werden.
• **Vestre Jakobselv Camping**, ca. 18 km westlich von Vadsø gelegen, gute Angelmöglichkeiten, Tel. 78956064, geöffnet vom 1.6.-1.9.

Vardø (S. 359f)

Information
Turistinformasjon, Postboks 45, 9951 Vardø, Tel. 78988270. Hier können Sie auch über Möglichkeiten zum Meeresangeln beraten werden.

Verkehrsverbindungen
Täglich legt die Hurtigrute auf Süd- und Nordfahrt an. Vom Svartnes Flughafen, 4 km außerhalb gelegen, gibt es Flugverbindungen mit Kirkenes und Båtsfjord: weiter bestehen tägliche Busverbindungen zur übrigen Finnmark.

Hotel
Gjestegården Bed & Breakfest $$, Vardø, Tel. 78987529, 11 Betten, Frühstück NOK 50, geöffnet 1.1.-31.12.

Camping
Svartnes Motell und Camping, Vardø, Tel. 78987160, geöffnet 1.6.-30.9., 40 Betten

7. Norwegen als Reiseland: Regionale Reisetipps von A-Z (Vardø, Vesterålen)

> **Tipp**
> Ein besonderes Natur-Erlebnis ist die Strecke zwischen Vardø und dem verlassenen Fischerdorf Hamningberg (Spuren der Plattenbewegungen der Erdkruste, Wirkungen des Eises während verschiedener Eiszeiten, Strandlinien).

Vesterålen (S. 329ff)

Information
Vesterålen Reiselivslag, Postbox 243, N-8401 Sortland, Tel. 76111480

Verkehrsverbindungen
Die Vesterålen erreicht man von Süden über die **Fährverbindung** Bognes-Lødingen oder über die Lofoten mit der Fähre von Fiskebøl nach Melbu (Fahrzeit 25 Minuten). Ohne Fähre gelangt man von Bjerkvik an der E 6 unweit Narvik über die **E 10** in das Inselreich. Von Bjerkvik bis Sortland sind es rund 170 km. Per **Schnellboot** erreicht man Sortland von Bodø aus. Die Hurtigrute läuft Sortland, Harstad und Stokmarknes an. Nahe Stokmarknes gibt es eine tägliche **Flugverbindung** mit Bodø.

Hotels
Zu den Unterkünften gilt grundsätzlich, was schon im Kapitel über die Lofoten gesagt worden ist. Überall werden Rorbuer angeboten. Eine Reihe von Häusern und Hütten bieten "Norwegens Hüttenspezialisten" in ihrem Katalog "Ferienhäuser in Norwegen" an. **Hotels** gibt es in den zentralen Orten der Vesterålen. Eine Auswahl:
• **Turistsenteret A/S Kinnarps/Hotel Vesterålen $$$$**, Stokmarknes, Tel. 76152999, Fax 76152995, 250 Betten, auch Fischerhütten
• **Sortland Nordic Hotel $$$$**, Vesterålsgate 59, Tel. 76121833, Fax 76122202, 133 Betten
• **Sortland Camping og Motell $$**, Vesterveien 51, Tel. 76121377, Fax 76122578, 140 Betten
• **Norlandia Andrikken Hotel $$$$**, Andenes, Storgate 53, Tel. 76141222, Fax 76141933, Sommerpreise

Jugendherberge
Jugend-/Familienherbergen gibt es in **Melbu**, Kvaalsgate 5, 8490 Melbu, Tel. 76157106 (geöffnet 1.5.-30.9.), eine empfehlenswerte Unterkunft mit u.a. 20 Doppelzimmern; in **Bø**, Fjaervoll, 8470 Bø i Vesterålen, Tel. 76135668, sehr klein, keine Familienzimmer, geöffnet 15.6.-1.9.; in **Andenes**, Lankanholmen Sjøhus, 8480 Andenes, Tel. 76142850, 14 Betten, geöffnet 15..5.-15. 9.

Camping
Auch auf den Vesterålen gibt es zwar eine Reihe von Camping-Möglichkeiten, z.B. **Straumsjøen/Bø**, in Stokmarknes oder auf der Westseite der Insel Andøya "Stave Camping", das Angebot ist insgesamt aber dürftiger als auf den Lofoten.

Restaurants
Wie auf den Lofoten haben auch hier die größeren Hotels eigene Restaurants. Origineller und meistens gut sind Gaststätten, die in alten Gebäuden Fischspezialitäten anbieten. Empfehlenswert ist z.B. **Damperiet** in Straumsjøen auf Langøya, Tel. 761383707

Aktivitäten

*Die Vesterålen sind ein Erlebnisreich, das zum Aktivurlaub herausfordert. Das Meer, vor allem im Westen, ist ein Paradies für **Sportangler**. Ideal sind die **Wandermöglichkeiten** auf markierten Wegen, die immer wieder neue Panoramablicke bieten. Im Westen von Hadseløya kann man z.B. bei Taen an einem herrlichen Sandstrand baden und die Mitternachtssonne beobachten. Mehrere **Vogelinseln** weisen große Bestände an Seevögeln auf, so dass im Sommer täglich Ausflüge in Begleitung einheimischer Ornithologen angeboten werden (z.B. Bleiksøya, Nykan und die Umgebung von Nykvåg). Im Juli findet in Melbu jährlich das internationale **Kulturfestival** mit Konzerten und Theateraufführungen statt.*

Voss (S. 280ff)

Information
Tel. 56520800

Hotel
Aus dem reichen Übernachtungsangebot sei das in Norwegen bekannte, seit 1889 bestehende traditionsreiche **Fleischer's Hotel $$$$** *hervorgehoben, Tel. 56520500, ein Haus mit günstigen Sommerangeboten, 200 Betten, 30 Appartements, DZ ca. NOK 1.000, im Sommer ca. NOK 800. Das Restaurant ist bekannt für sein vorzügliches Buffet (norsk koldtbord; im Sommer 13.00-14.30 Uhr)*

Ålesund (S. 266ff)

Information
Das Fremdenverkehrsamt im Rathaus, N-6025 Ålesund, Tel. 70157600, informiert über das touristische Angebot in Ålesund und Umgebung sowie Sightseeing-Touren zur Vogelinsel Runde.

Hotels
Die Stadt verfügt über ein breit gefächertes Angebot an Unterkunftsmöglichkeiten. Alle Hotels gewähren besondere Ermäßigungen in den Sommerwochen sowie an den Wochenenden, fast immer gilt der Fjordpass in der Zeit vom 15.6-15.8. Nicht zuletzt aufgrund der vielen Übernachtungsmöglichkeiten bietet sich die Stadt als Standort an für Ausflugsfahrten in die Welt der Fjorde und Berge von Møre und Romsdal.
- **Rainbow Hotel Atlantica $$$**, *Rønnebergsgate 4, Tel. 70129100, Fax 70126252, renoviertes Familienhotel im Zentrum von Ålesund*
- **Norlandia Baronen-Hotel $$$**, *Vikasenteret, 6010 Ålesund, Tel. 70147000, Fax 70147006, ansprechend eingerichtetes, gemütliches Familienhotel außerhalb des Zentrums im Stadtteil Spjelkavik*
- **Comfort Home Hotel $$$**, *Apotekergate 1-3, Tel. 70126400, Fax 70121180, ein neues Hotel (82 Zimmer) in einem ehemaligen Speicher am alten Fischereihafen Brosund*
- **Hotel Noreg $$$**, *Kongensgate 27, Tel. 70122938, Fax 70126660, größeres Hotel mit Tanzbar, Pub und Schwimmhalle, architektonisch nicht gerade aufregend*

- **Quality Scandinavie Hotel $$$**, Løvenvoldgate 8, Tel. 70123131, Fax 70132370; prächtiges Gebäude im Jugendstil, innen modernste Ausstattung
- **Rica Parken Hotel $$$$**, Storgate 16, Tel. 70125050, Fax 70122164, das größte und teuerste Hotel, modern, mit allen Annehmlichkeiten
- **Scandic Hotel Ålesund $$$**, Moloveien 6, Tel. 70128100, Fax 70129210, Hotel in Ålesund mit 118 Zimmern, allen denkbaren Angeboten
- Preiswerte Alternative: **Hansen Gaarden $$**, Kongensgt.14, Tel. 70121029, geöffnet 15.6.-15.8.

Jugendherberge
Ålesund Vandrerhjem, Parkgata 14, 6003 Ålesund, Tel.70115830, geöffnet 1.5.-30.9., 72 Betten

Camping
- **Prinsen Strandcamping**, Gåseid, Tel. 70135204, Fax 70154996, am Meer gelegener, familienfreundlicher 4-Sterne-Platz ein paar km östlich von Ålesund, 26 Hütten zur Selbstbewirtschaftung
- **Volsdalen Camping**, Volsdalsberga, Tel. 70125890, 3-Sterne-Platz ca. 2 km östlich vom Stadtzentrum am Meer gelegen, 16 Hütten zur Selbstbewirtschaftung, geöffnet 1.5.-15.9.

Restaurants
Für norwegische Verhältnisse bietet die Jugendstilstadt ein überaus reichhaltiges Angebot verschiedener Restaurants und Cafés.

Wer Fischgerichte bevorzugt, hat gute Aussichten, auf seine Kosten zu kommen. Eine Art "Lokalgericht" ist Bacalao, das aus den südlichen Ländern übernommen worden ist: ein Labskausgericht aus Klippfisch – Ålesund gilt als weltweit größter Exporthafen für Klippfisch – mit Zwiebeln, Nelkenpfeffer, Öl und Kartoffeln. Wer weniger für Fisch zu begeistern ist, findet aber auch italienische, chinesische oder französisch ausgerichtete Restaurants. Eine kleine Auswahl empfehlenswerter Gaststätten:
- **Brasserie Normandie**, Storgate 16, Tel. 70125050, Restaurant des Rica Park Hotel, das als eines der besten in Norwegen gilt, recht teuer
- **Kaptein Brude Grill**, Løvenvoldgate 8, Tel. 70123131, Restaurant des Quality Scandinavie Hotel mit guten Fleischgerichten; Räumlichkeiten im Original-Jugendstil aus dem Jahr 1905
- **China City**, Parkgate, Tel. 70129126, eines der neuen China-Restaurants mit reichhaltiger Menüauswahl
- **Molja Restaurant**, Moloveien, Tel. 70128100, ein Spitzenrestaurant des Scandic Hotel; zu den Spezialitäten gehören u.a. Fischgerichte.
- **Sjøbua Fiskerestaurant**, Brunholmgate 1, Tel. 70127100, es liegt in einem alten Speicherhaus und zählt zu den besten norwegischen Fisch-Restaurants mit eigenem Aquarium und Salzwassertank, wo man sich seinen Hummer aussucht.

Sightseeing
Im Sommer erfolgen täglich Rundfahrten mit Bus und Fähre zum Geiranger-Fjord; Ausgangspunkt: Bus-Terminal (Mo-Fr 8.50 und 11.15 Uhr, So 11.15 Uhr).

IWANOWSKI'S
Das kostet Sie Norwegen

News im Web:
www.iwanowski.de

- Stand: Herbst 2003 -

Auf den 'grünen Seiten' geben wir Ihnen Preisbeispiele für Ihren Norwegen-Urlaub, damit Sie sich ein ungefähres Bild über die Kosten Ihrer Reise machen können. Norwegen gehört nicht zu den preiswerten Urlaubsländern, vieles ist erheblich teurer als daheim. Natürlich können die Preisangaben nur eine vage Richtschnur sein. Sie finden sich auch in den "Allgemeinen Reisetipps von A-Z" sowie zu einzelnen Streckenbeschreibungen, doch sollen zur besseren Übersicht an dieser Stelle wichtige Preisinformationen zusammengefasst werden. In dem Nicht-EU-Land Norwegen zahlt der Käufer weiterhin in Kronen und Öre.

Wechselkurs: 100 NOK = ca. 12 €

BEFÖRDERUNGSKOSTEN

Flug

Lufthansa/SAS bieten inzwischen eine Reihe verschiedener Tarife an, die besonders über Weihnachten und im Sommer attraktiv sind.

Günstig können die Tarife im innernorwegischen und skandinavischen Flugverkehr sein. Mit dem *Visit Norway Pass* der Gesellschaft *Braathens* zahlt man für eine Kurzstrecke (z.B. Oslo-Bergen) ca. 70 €, für eine Langstrecke (z.B. Oslo-Tromsø) ca. 143 €; Kinder zwischen 2-12 Jahren erhalten 50 % Ermäßigung. Voraussetzung: Der Wohnsitz liegt außerhalb Skandinaviens, und für den Visit Scandinavia Air Pass von SAS ist der Kauf eines Tickets von einem Flughafen in D, AU, CH nach Skandinavien erforderlich.

Das Unternehmen Widerøe bietet einen Sommerpass, mit dem eine Flugstrecke in dem in 4 Zonen eingeteilten Sommer-Norwegen 69 € kostet (1.6.-31.8.). Mit dem Norwegen-Entdecker-Ticket kann man 14 Tage lang zum Preis von 545 € unbegrenzt fliegen (28.6.-18.8.): Widerøe Tel. 81001200, Fax 67116195, Internet: www.widerøe.no.

Bahn

Die Rückfahrkarte 2. Klasse Hamburg-Oslo kostet für einen Erwachsenen im Normaltarif ca. 300 €, Hamburg-Bergen ca. 410 €; den *Scanrail*-Pass, mit der Möglichkeit ganz Norwegen, Schweden, Finnland und Dänemark per Bahn zu erkunden, gibt es in drei Varianten: Für 10 frei wählbare Tage innerhalb von 2 Monaten kostet er 302 € für Erwachsene (2. Klasse), Jugendliche (12-25 Jahre) zahlen 211 €. Bei 21 Tagen Gültigkeit kostet der Pass für einen Erwachsenen 350 € und 244 € für einen Jugendlichen. Eventuell lohnend ist die *Kundenkarte* zum Preis von ca. 45 €, die 30-50 % Ermäßigung gewährt. Die Bahnfahrt Oslo-Bergen mit einem Abstecher auf der "Flåmbahn" (Myrdal-Flåm) kostet ca. 80 € pro Erwachsener. Ein Angebot der Norwegischen Staatsbahnen NSB nennt sich "Norwegen en miniature": Es schließt die Reise mit der Bergenbahn sowie mit der Flåmbahn, Minicruise auf dem Sognefjord und eine Busreise über Stalheim nach Voss ein. Mit Ausgangspunkt und Rückkehr in Oslo kostet die Rundreise ca. 130 €.

Der Transport eines Fahrrades erfolgt je nach Entfernung für ca. 8-16 € (keine Beförderung in Expreßzügen).

Bus

Die Überland-Busverbindungen sind hervorragend. Preisbeispiele: Hamburg-Oslo ca. 100 €, Oslo-Kristiansand ca. 45 €, Oslo-Tromsø ca. 130 €, Bodø-Nordkap ca. 115 €.

Mietwagen

Im Sommer und an den Wochenenden werden Sondertarife angeboten. Preisbeispiel: Bei *Hertz* zahlt man für einen Renault Clio ohne km-Begrenzung, inkl. Versicherung und Steuern, pro Tag ca. 80 € als Normalpreis. Der Wochenendtarif (Fr 12.00-Mo 10.00 Uhr) liegt bei ca. 130 €.

Fähren

Der bequemste und schnellste Weg Kiel-Oslo kostet in der Hochsaison (einfache Fahrt für 4 Personen inkl. Pkw) je nach Kabinenstandard ab ca. 390 €. Das Schwedenticket über die Vogelfluglinie und Helsingør-Helsingborg schlug 2003 hin und zurück (1 Pkw + 9 Personen) mit 148 € in der Hochsaison zu Buche. Neu ist ein Kombiticket Fähre Puttgarden-Rødby / Öresundbrücke zum Preis von 77 € je Strecke (PKW + 9 Personen). Die Kosten für die Nutzung der norwegischen Binnenfähren richten sich nach Überfahrtsdauer, Fahrzeuglänge und Anzahl der Passagiere und liegen zumeist für ein Fahrzeug mit max. 5 m Länge einschließlich 2 Personen bei ca. 6-15 €.

Straßengebühren

Die Nutzung einiger neuer Brücken, Straßen und Tunnels ist gebührenpflichtig. Das Wegegeld (*bompenger*) beträgt i.d.R. 2-16 €. Auch auf abgelegenen Privatstraßen können kleine Gebühren anfallen.

Benzinpreise (Oslo, Sommer 2003)

Bleifrei 95 Oktan	1,24 €	Diesel	0,97 €
Super Bleifrei 98 Oktan	1,27 €		

AUFENTHALTSKOSTEN

Unterkunft

Hotelunterkünfte auch bei gutem oder bestem Standard müssen nicht teuer sein, da in den Sommermonaten und an den Wochenenden bis zu 50 % ermäßigte Preise gelten. In den zentral gelegenen *Rainbow Hotels* beginnen die ermäßigten Preise bei ca. 30 € pro Person im Doppelzimmer (einschließlich Frühstücksbuffet), Kinder unter 12 übernachten kostenlos im Zimmer der Eltern. Mit dem *Fjordpass* (Kosten: 12 €), der den Sommer über für 2 Erwachsene und deren Kinder unter 15 Jahren gilt, kann man recht preisgünstig in vielen guten Hotels und **Gebirgsgasthöfen** wohnen. Der Preis für eine Übernachtung pro Person im DZ liegt zwischen 28 und 81 € je nach Kategorie. Allerdings zahlen Kinder von 3-15 Jahren den halben Preis. Familienfreundlicher sind die Scandic-Hotels, da in dem Zimmerpreis von ca. 90 € Kinder unter 13 J. kostenlos im Zimmer der Eltern wohnen. In **Pensionen** kostet die Übernachtung etwa 25-35 € pro Person. **Hütten** und **Ferienhäuser** können höchst unterschiedlichen Komfort aufweisen. In den **Jugendherbergen** kostet die Übernachtung pro Person je nach Standard ca. 13-20 €. Auf **Campingplätzen** zahlt man 6-10 € für den Stellplatz, für Wohnwagen/Wohnmobile ca. 15-20 €. Eine einfache **Campinghütte** für 2 Personen schlägt mit ca. 25-35 € zu Buche.

Pauschalangebote

Bei Buchung mehrerer touristischer Leistungen (z.B. Kombination Fähre/Hotel) hat der Reisende oft größere Preisvorteile. So bietet *Color Line* eine sechstägige Rundreise durch Norwegens Süden mit dem eigenen Pkw einschließlich Fährpassage Hirtshals-Kristiansand und den Hotelübernachtungen ab ca. 400 € an. Die vollständige Reise mit der Hurtigrute ist im März ab und bis Hamburg (per Bahn und Fähre) von ca. 1.300 € an zu buchen. Eine viertägige Städtereise nach Oslo mit Linienflug ab Hamburg, Übernachtung im DZ, kostet z.B. ca. 540 €, mit der Fähre ab Kiel ca. 400 € pro Person. Eine 9-Tage-Flug-Bus-Rundreise zum Nordkap und zu den Lofoten (Flug Frankfurt-Tromsø) gibt es für 1.165 € im DZ.

Essen und Trinken

Ein Hauptgericht in einem Café, China- oder Pasta-Restaurant kostet ab ca. 10 €. Die Preise bei *McDonald's* sind etwa doppelt so hoch wie in der Bundesrepublik. Sehr lohnend ist in der Regel das Buffet, das zum Preis von etwa 25 € in vielen Hotels angeboten wird. Ein 3-Gänge-Menü im Luxus-Restaurant beläuft sich auf ca. 60-100 € (ohne Getränke). Extrem teuer sind Alkoholika. So kostet ein halber Liter Bier im Restaurant etwa 6-8 €, eine Flasche Wein des Hauses ca. 25-30 €, in Spitzenrestaurants zahlt man ab ca. 50 € aufwärts für die Flasche.

Lebensmittel sind deutlich teurer als in Deutschland. An der Grenze zu Schweden lebende Norweger kaufen lieber bei ihren Nachbarn ein. Relativ günstig kann man sich in den über das ganze Land verteilten Rimi-Filialen mit Lebensmitteln versorgen.

Angeln und Jagen

Die staatliche Angelabgabe beträgt 2003 für Binnengewässer ca. 10 €, für das Lachsangeln ca. 25 €. Die Angelkarte kostet in Binnengewässern pro Woche ca. 6-12 €, für manche Lachsgewässer allerdings 50 € und noch weit mehr pro Tag.

Für den Jahresjagdschein sind 2003 etwa € 25 zu zahlen, für den Abschuss eines Elches muss man rund 1.000 € auf den Tisch legen.

Golf

Auch in Norwegen wird der Golfsport immer populärer: green fee zwischen 20 und 40 €.

Oslo- und Bergen-Cards

In den beiden Städten werden die City-Cards angeboten. Sie kosten:

Oslo-Card
1 Tag Erw. ca. 24 €, Kind 8 €
2 Tage Erw. ca. 39 €, Kind 12 €
3 Tage Erw. ca. 55 €, Kind 15 €

Bergen-Card
1 Tag Erw. ca. 20 €, Kind ca. 9 €
2 Tage Erw. ca. 31 €, Kind 13.50 €

8. REISEN IN NORWEGEN

Oslo

Aktuelle regionale Reisetipps (Hotels, Restaurants etc.) zu Oslo
entnehmen Sie bitte den Seiten 177ff

Überblick

Wer heute nach mehreren Jahren der Abwesenheit wieder in die norwegische Kapitale reist, bemerkt sehr schnell, dass es in dieser Stadt an allen Ecken und Enden boomt. Die Milliarden aus den Öleinnahmen verhelfen zunehmend einer modernen Architektur, wenn auch nicht immer harmonisch, zum Durchbruch und lassen völlig neue Stadtviertel entstehen. Oslo streift sein provinzielles Kleid ab und hinkt nicht mehr den anderen skandinavischen Hauptstädten hinterher, was auch für die überaus lebendige Kulturszene gilt. Endlich bekommt die Hauptstadt jetzt auch ein Opernhaus. In Oslo gibt es inzwischen die größte überdachte Fußgängerzone Europas, bieten sich unbegrenzte Shoppingmöglichkeiten, halten Restaurants der Spitzenklasse jedem internationalen Vergleich stand.

Die am inneren Ende des Oslofjordes gelegene Stadt mit heute etwas mehr als 450.000 Einwohnern dehnt sich auf einer Fläche von rund 450 km² aus. Nur etwa ein Fünftel des Areals ist bebaut, bewaldete Flächen überwiegen, selbst 40 Inseln und 343 Seen (!) gehören zum Stadtgebiet.

Der hohe Freizeitwert der Umgebung ermöglicht Bewohnern wie Besuchern im Sommer und im Winter eine Fülle von Aktivitäten vor der Haustür. Während die Temperaturen im Frühling und im Herbst recht mild,

hoher Freizeitwert

Blick auf die Front der Akerbrygge im Osloer Zentrum

die Sommer angenehm warm und laut Statistik sonnenreicher als in den anderen skandinavischen Hauptstädten sind, bleibt der Schnee auf den Höhenzügen in 300 bis 600 m ü.d.M. um Oslo meist 3-5 Monate liegen und bietet gute Skibedingungen.

Von Nachteil ist die Kessellage jedoch häufig im Winter, wenn bei Inversionswetterlagen die Emissionen über Oslo niedergehen und nicht abziehen können.

Oslofjord In geologischer Hinsicht gehört Oslo zu einem der weltweit interessantesten Gebiete, da der Oslofjord als Teil des europäischen Grabenbruches gilt, der noch nicht völlig zur Ruhe gekommen ist, so dass gelegentlich geringe Erdbeben registriert werden. Im Gebiet des Oslofjordes gewannen die Geologen wichtige Einsichten über die Wechselbeziehungen zwischen Meer, Eis, Land und Vegetation im Zusammenhang mit der letzten Vereisung.

Die ältesten Spuren menschlicher Besiedlung in diesem Raum reichen rund 7.000 Jahre zurück, Felszeichnungen stammen aus der Stein- und Bronzezeit. In der Völkerwanderungszeit gewinnt die Stelle der heutigen Hauptstadt zunehmend Bedeutung als Handelsplatz. Die Bedeutung des Namens *Oslo* ist nicht eindeutig geklärt, denn neben "ebene Fläche" oder "Ebene der Götter" kann der Name auch "Flussmündung" bedeuten.

geschicht- Als Gründungsdatum der Stadt gilt das Jahr 1048 (König *Harald Hardråde*). Kirch-
liche lich-geistiges Zentrum ist jedoch von Anfang an Trondheim, während Bergen
Entwick- zeitweilig die Hauptstadtrolle übernimmt, da damals als Hauptstadt der Ort galt,
lung an dem sich der König mit seinem Gefolge aufhielt.

In diesem Sinn wird Oslo zu Ende des 13. Jahrhunderts dann unter König *Håkon Magnusson*, der westlich der alten Stadt die Festung *Åkershus* errichten lässt, Reichshauptstadt. Der Handel mit deutschen Kaufleuten aus dem Ostseeraum kommt nach der großen Pest um 1350, die viele Norweger dahinrafft, zum Erliegen. Bald gewinnen die Hanse-Kaufleute die Oberhand und bauen in Bergen an der Westküste ihr Handelszentrum auf, während infolge der politischen Abhängigkeit Norwegens von Dänemark Kopenhagen zur dominierenden Stadt aufsteigt.

Christiania Nachdem Oslo 1624 niedergebrannt war, ließ der dänische König *Christian IV.* unterhalb der Festungsmauern von *Åkershus* eine neue Stadt im Schachbrettmuster aufbauen, der er seinen Namen gab: *Christiania* (später *Kristiania* geschrieben, 1925 wieder in *Oslo* umbenannt).

Der neuen Stadt kam die Funktion zu, ein Teil der äußeren Festungsanlagen zu sein, um somit effektiven Schutz vor den Schweden zu bieten, mit denen der König ständig kriegerische Auseinandersetzungen führte. Im 17. und 18. Jahrhundert erlebt Christiania einen wirtschaftlichen Aufschwung auf der Grundlage des Holzhandels mit Holland und England, und mit der aufkommenden Industrialisierung und der größeren Autonomie Christianias nach dem Bruch mit Dänemark steigt die Bevölkerungszahl von rund 30.000 zur Mitte des 19. Jahrhunderts auf ca. 230.000 im Jahre 1900 an. Wenig später ist Oslo auch die größte Hafenstadt des Landes.

Seitdem hat sich die Einwohnerzahl verdoppelt, rund 20 % aller Norweger leben heute im Großraum. Die Konzentration und Zentralisierung in Handel, Industrie, Verwaltung und Kultur haben Oslo mit dem Sitz des Parlaments und der Residenz der Königsfamilie zur mit Abstand bedeutendsten Stadt des spärlich besiedelten Landes werden lassen, in der jeder dritte Erwerbstätige beim Staat oder der Kommune angestellt ist.

Stadtspaziergang im Zentrum

Unser **Stadtspaziergang** soll aus naheliegenden Gründen am Hauptbahnhof beginnen, da viele Reisende mit dem Zug nach Oslo kommen und Selbstfahrer in diesem Bereich ganztägig parken können. Die am Wege liegenden Sehenswürdigkeiten sind kein Muss, sondern verstehen sich als Angebot je nach Interesse und Zeitplan.

Oslo ist übersichtlich, die Orientierung fällt leicht, und die bedeutenderen Sehenswürdigkeiten sind gut zu Fuß zu erreichen. Nach dem Verlassen von **Oslo Sentral (1)**, dem großen Reisezentrum, das mit dem alten Bahnhof zusammengebaut worden ist, liegt in nördlicher Richtung im Anschluss an den Bahnhofsplatz das größte Einkaufszentrum Norwegens, **Oslo City,** mit über hundert Geschäften und zahlreichen Restaurants.

Ausgangspunkt Reisezentrum

Gegenüber überragt mit 117 m Höhe Oslos neues Wahrzeichen alle Gebäude, der Glaspalast des *Oslo Plaza-Hotel* mit seinen 37 Stockwerken. Beim viereckigen Lichtturm auf dem Bahnhofsplatz mit der Aufschrift **"Trafikanten"** erfährt man alles Wissenswerte zum öffentlichen Nahverkehr.

Hier am Hauptbahnhof beginnt Oslos berühmte **Karl Johans gate**, die in nordwestlicher Richtung bis zum Königlichen Schloss hinaufführt. Als breiter, lebendiger Boulevard verleiht sie der Metropole fast etwas Weltstädtisches, vor allem in den warmen Sommerwochen. Benannt ist Oslos Prunkallee nach dem einstigen König *Karl XIV. Johan* aus dem Hause *Bernadotte,* der von 1818-1844 Regent von Norwegen und Schweden war. In den 80er Jahren des 19. Jahrhunderts flanierten die jungen Damen und Offiziere auf der *Karl Jo-*

Redaktions-Tipps für Oslo

- Besuchen Sie die zentrale Touristeninformation für Oslo und Norwegen am Vestbaneplassen (S. 177).
- Das "Oslo-Paket" bietet preisgünstig Hotelübernachtung (inkl. Frühstück) **und** Oslo-Karte (S. 179).
- Fahren Sie mit der kleinen Fähre von der Rathausbrücke zur Museumsinsel Bygdøy. Besuchen Sie dort das Haus der Wikingerschiffe (Vikingskipshuset) (S. 212) und das Fram-Museum (S. 215)
- Wanderungen auf eigene Faust ab Holmenkollenschanze oder Frognerseteren (Holmenkollenbahn Linie 15) (S. 219)
- Wenn Sie im Sommer ein Bad nehmen möchten, fahren Sie mit der Sognsvann-Bahn (Linie 13) zum Badesee Sognsvann mit herrlichem Waldgebiet (S. 185).
- Typisch norwegische Küche zu relativ günstigen Preisen gibt es im Restaurant Kaffistova (Bondeheimen Hotel) (S. 184). Lohnend ist das Buffet im Holmenkollen Restaurant (S. 184).

8. Reisen in Norwegen: Oslo

Hotels
a Radisson SAS Plaza
b Grand Hotel
c Bondeheimen Hotell (Best Western)
d Radisson SAS Scandinavia Hotel
e Tupil Inn Rainbow Cecil Hotel
f Anker Hotel

Restaurants
A Engebret Café
B Lofoten Fiskerestaurant
C Theatercaféen
D Bagatelle

1 Bahnhof/Reisezentrum
2 Dom
3 Parlament (Storting)
4 Nationaltheater
5 Universität
6 Nationalgalerie
7 Historisches Museum
8 Schloß
9 Rathaus
10 Touristeninformation
11 Stadtviertel Aker Brygge
12 Schloß u. Festung Akershus
13 Verteidigungsmuseum
14 Heimatfrontmuseum
15 Museum für zeitgenössische Kunst
16 Theatermuseum
17 Postmuseum, Hauptpost
18 Ibsen-Museum

Oslos Prachtstraße han, wie die Osloer sie nennen, um zu sehen und gesehen zu werden, hier spazierten einst Ibsen und Munch. Am 17. Mai steht sie jährlich im Mittelpunkt der Umzüge anlässlich des Nationalfeiertags, wenn die Kinder zum königlichen Schloss ziehen, um der Königsfamilie zuzuwinken. An der Prachtstraße sind außer dem Schloss so bedeutende Gebäude wie das Parlament, das Nationaltheater und die alte Universität zu finden.

Knapp 200 m vom Anfang der Karl Johan entfernt liegen auf der rechten Seite die **Basarhallen** *(Basarhallene)* aus der Zeit um 1850, in denen früher Lebensmittel verkauft wurden; heute bestimmen Kunstgewerbe oder seltener auch Antiquitäten den Handel unter den Arkaden. Die Basarhallen sind um den **Dom (2)** herum gebaut worden. 1697 wurde die aus Backstein errichtete barocke Kirche eingeweiht, die in der Mitte des 19. Jahrhunderts gründliche Umbauten erfuhr. Weitere Änderungen erfolgten nach dem Zweiten Weltkrieg, so dass anlässlich der 900-Jahr-Feier Oslos 1950 die Erlöserkirche den Namen "Oslo Domkirche" erhielt.

Von der wertvollen Inneneinrichtung aus dem Zeitalter des Barock ist kaum etwas geblieben, abgesehen von dem Altarbild und der alten Kanzel eines unbekannten holländischen Holzschnitzers sowie dem Taufstein und der schönen Orgelfassade aus der Zeit um 1730. Anfang des 20. Jahrhunderts schuf Emanuel Vigeland die Glasmalereien; die monumentalen Gewölbedekorationen von *H.L. Mohr*

Im Kirchhof der Domkirche

auf einer Fläche von 1.500 qm stammen aus den Jahren zwischen 1935 und 1950.

Vorbei am Marktplatz *(Stortorvet)* und einigen Kaufhauszeilen liegt auf der linken Seite das **Parlamentsgebäude**/*Stortinget* **(3)**, aus den Jahren 1861-1866 mit dem **Eidsvollplatz** davor. Architekt des Gebäudes aus gelbem Backstein und Granit, das eine Mischung aus italienischer und nordischer Bautradition darstellt, war der Schwede *E. Langlet*, obwohl andere Architekten den Wettbewerb gewonnen hatten. Nach einem rund 30 Jahre währenden Streit über den Standort und das Aussehen des Bauwerkes sprach schließlich der Dichter *Bjørnstjerne Bjørnson* ein Machtwort. Ein eigenes Parlament hat Norwegen seit dem Jahr 1814. Das Parlamentsgebäude ist nicht generell für die Öffentlichkeit zugänglich, täglich kann man jedoch an Führungen teilnehmen und sich die künstlerische Ausschmückung des Treppenhauses und Plenarsaales ansehen.

das Parlament

Unweit des Parlaments führt der Weg auf der rechten Seite am noblen **Grand Hotel** und dem legendären Grand Café vorbei, bald folgt das exklusive Einkaufszentrum **Paléet** gegenüber dem Eidsvoll-Platz, der sich bis zur Universitetsgata erstreckt. Über die Verlängerung, **Studenterlunden** genannt, gelangt man schließlich zum **Nationaltheater (4)**. Vor dem klassizistischen Theatergebäude, das 1891-99 entstand, stehen die Skulpturen der beiden Dramatiker *Ibsen* und *Bjørnson*. Jugendstil und Neo-Rokoko prägen die Innenräume (Saal mit 800 Plätzen).

die alte Nobelherberge

Jedes Jahr werden mehrere Stücke von *Ibsen* gespielt. Etwa von Mitte Juni bis zum 20. August ist das Theater geschlossen, kann aber auf Anfrage besichtigt werden. Die Wohnung, in der Norwegens größter Dramatiker seine letzten Lebensjahre von 1895-1906 verbrachte, ist seit dem Sommer 1993 als **Museum (18)** Besuchern zugänglich. Sie liegt im Zentrum Oslos in der Arbiens gate 1, nicht weit vom Nationaltheater entfernt *(Eintritt, geöffnet tägl., außer Mo, von 12-15 Uhr)*.

INFO **Wer war Henrik Ibsen (1828-1906)?**

Während die bekannten norwegischen Autoren Sigrid Undset, Knut Hamsun und Bjørnstjerne Bjørnson allesamt mit dem Nobelpreis für Literatur ausgezeichnet wurden, erhielt der wohl bedeutendste norwegische Dichter, Henrik Ibsen, diese Ehrung nicht. 1828 in Skien, 150 km südlich von Oslo, geboren, muss er mit 15 Jahren sein Zuhause verlassen und für sich selbst sorgen, nachdem sein Vater bei Spekulationsgeschäften alles verloren hatte. Schon als Apotheker wendet er sich der Dichtung zu, und so lebt er von 1850 an in Kristiania (Oslo) und Bergen als Theaterautor, wird 1857 Direktor des Theaters in der Hauptstadt, doch die folgenden Jahre sind künstlerisch und materiell eine einzige Enttäuschung für Ibsen. Als das Theater 1862 aus finanziellen Gründen geschlossen wird, verlässt Ibsen resigniert seine Heimat und hält sich 27 Jahre in Rom, Dresden und München auf. "Das Ausland ist es, wo wir Nordländer unsere Feldschlachten gewinnen müssen", schreibt er einem Freund. Fern von Norwegen verfasst er seine bekannten Ideendramen wie "Brand" (1866) und "Per Gynt" (1867). Radikale Kritik an den gesellschaftlichen Verhältnissen übt Ibsen in "Die Stützen der Gesellschaft" (1877), wo er die Verlogenheit der führenden Schicht aufzeigt. In "Nora oder ein Puppenheim" (1879), "Gespenster" (1881) und "Ein Volksfeind" (1882) behandelt er das Problem der Lebenslüge, schonungslos zeigt er die Brüchigkeit zwischenmenschlicher Beziehungen auf. Ibsen dramatisiert, was sich hinter der Fassade des bürgerlichen Heims verbirgt: Unfreiheit, Doppelmoral und Betrug.

Henrik Ibsen gilt als Wegbereiter des Naturalismus in Deutschland und Skandinavien, dessen europäische Allgemeingültigkeit seiner Fragestellungen auch die neuere deutsche dramatische Dichtung stark prägte (u.a. Gerhart Hauptmann). Zur Popularität Ibsens trugen die preiswerten Übersetzungen des Leipziger Verlages Reclam bei, da die bekanntesten Dramen sechsstellige Auflageziffern erreichten, sowie die Ibsen-Aufführungen der führenden Theater in Berlin, München und Wien, die zu den herausragenden Ereignissen des damaligen Theaterlebens gehörten.

Als Ibsen 1891 nach Oslo zurückkehrt, ist er ein berühmter Mann, der täglich seinen Spaziergang über die Karl Johan macht, um seinen Tisch im Grand Café aufzusuchen. In dieser Zeit entsteht u.a. "John Gabriel Borkman" (1896), ein Drama, in dem ein rücksichtsloser Egoist das Glück seiner Familie zerstört, um seine eigenen Machtgelüste auszuleben. Sein letztes Drama "Wenn wir Toten erwachen" (1899) nannte der Dichter selbst einen dramatischen Epilog. 1906 verstarb Ibsen in Oslo. Den Beitrag des großen Norwegers zur Theatergeschichte würdigt der norwegische Literaturwissenschaftler Bjørn Hemmer: "Ihm gelang wie keinem anderen, der Theaterkunst neue Impulse zu geben, indem er dem europäischen bürgerlichen Drama einen ethischen Ernst und eine psychologische Tiefe sowie eine gesellschaftliche Bedeutung zuführte, die das Theater seit den Tagen Shakespeares nicht mehr erlebt hatte."

INFO **Alfred Nobel und der Friedensnobelpreis**

Bekannt wurde Alfred Nobel (1833 - 1896) als Erfinder des Dynamits. Sein Sprengstoff hat die industrielle Entwicklung weltweit beschleunigt, indem z.B. Bodenschätze schneller abgebaut und der Bau von Eisenbahnstrecken und Fernstraßen quer durch die Kontinente erleichtert wurden. Heute sind mit dem Namen des schwedischen Industriellen jene Preise verbunden, die als höchste zivile Auszeichnungen auf der ganzen Welt geschätzt werden. Jedes Jahr werden am 10. Dezember, dem Todestag des Stifters, in Stockholm feierlich die Nobelpreise für Physik, Chemie, Physiologie oder Medizin, Literatur und seit 1968 – von der Schwedischen Reichsbank gestiftet – für Wirtschaftswissenschaft vergeben. An diesem Tag erfolgt auch die Verleihung des Friedenspreises in der Universität zu Oslo. Ausgewählt werden sollen von verschiedenen Komitees laut Nobels Testament jene, "die im verflossenen Jahr der Menschheit den größten Nutzen geleistet haben."

Die Wissensgebiete spiegeln deutlich Nobels Interessen in damaliger Zeit wider, so dass er Kunst, Architektur oder Musik nicht berücksichtigte. Da er sich intensiv mit dem Problem des Friedens befasste und die Initiativen der ihm nahestehenden Baronin Bertha von Suttner aus Österreich unterstützte, verfügte er in seinem Testament, demjenigen den Friedenspreis zuzusprechen, "der am meisten oder besten für die Verbrüderung der Völker gewirkt hat und für die Abschaffung oder Verminderung der stehenden Heere sowie für die Bildung und Verbreitung von Friedenskongressen." Keine leichte Aufgabe für das norwegische Nobel-Komitee, das vom Parlament, dem Storting, gewählt wird. Den Grund, warum gerade Norwegen ausgewählt wurde, den Friedensnobelpreis zu verleihen, hat Nobel nie genannt. Zu seinen Lebzeiten waren jedoch Schweden und Norwegen (bis 1905) in einer Union vereinigt, so dass es für ihn selbstverständlich war, die Preisverleihungen auf beide Teilstaaten zu übertragen.

Vielleicht liegt der Grund auch in Nobels Verehrung für den großen norwegischen Dichter Bjørnstjerne Bjørnson, der 1903 den Literaturpreis erhielt. Eine glückliche Wahl traf das Nobel-Komitee in Oslo in den vergangenen Jahren, als es sich wiederholt verfolgten Minderheiten zuwandte, indem es 1991 die Birmanesin Suu Kyi und im Kolumbusjahr 1992 die indianische Menschenrechtlerin Menchu auszeichnete. 1993 erhielten Nelson Mandela und Frederik de Klerk den Friedensnobelpreis für ihren Einsatz zur friedlichen Überwindung der Apartheid in Südafrika. 1997 wurde der Preis zu gleichen Anteilen an die Internationale Kampagne zum Verbot von Landminen und ihre Sprecherin Jody Williams aus den USA vergeben und in 2001 an Kofi Annan, den Generalsekretär der Vereinten Nationen.

Gegenüber dem Nationaltheater liegt der Mitte des 19. Jahrhunderts errichtete Gebäudekomplex der alten **Universität (5)**, drei klassizistische Gebäude, deren Planung von *Christian Heinrich Grosch* von dem bekannten Architekten *Karl Friedrich Schinkel* korrigiert wurde. In der Aula finden sich Wandmalereien von *Edvard Munch*.

Öffnungszeiten: Die Aula kann Mitte Juni bis Ende August tägl. 12.00-14.00 Uhr besichtigt werden

Der "Munch-Saal" in der Nationalgalerie

Über die Universitetsgata gelangt man in zwei Minuten zur **Nationalgalerie (6)**, in der sich Norwegens größte und bedeutendste Sammlung norwegischer und ausländischer Kunst befindet. In der 1. Etage erhält der Besucher einen Überblick über die Perioden der norwegischen Kunst mit dem Schwerpunkt der Nationalromantik. Zu den bekanntesten Bildern gehört *Tidemands* und *Gudes* "Brautfahrt in Hardanger" (Saal Nr. 29). In einem Saal (Nr. 24) sind einige berühmte Werke *Edvard Munchs* (u.a. "Der Schrei") ausgestellt. In der internationalen Abteilung findet man Bilder von z.B. *Monet*, *Renoir*, *Gauguin*, *van Gogh*, *Picasso* und *Rodin*.

interessante Altertumssammlung

Eine Querstraße weiter, an der Frederiksgate, liegt ein schöner Jugendstilbau, das **Historische Museum (7)**, das um 1900 nach Plänen des Architekten *Henrik Bull* errichtet wurde. Neben einer reichen Münzsammlung samt anderen Zahlungsmitteln aus verschiedenen Teilen der Erde von der Antike bis zur Gegenwart und einer ethnographischen Abteilung, z.B. zur Indianerkultur Nord- und Südamerikas und den Eskimos, ist die Altertumssammlung der Universität besonders sehenswert. Hier finden sich u.a. interessante Gegenstände aus der Wikingerzeit sowie zur mittelalterlichen Kirchenkunst. Nahe dem Eingang stehen zwei Runensteine, darunter der wohl aus der Zeit um 400 n.Chr. stammende von Tune.

Öffnungszeiten: 15.5.-14.9. tägl. außer Mo 11.00-15.00 Uhr; 15.9.-14.5. tägl. außer Mo 12.00-15.00 Uhr; Eintritt frei

Vom Historischen Museum führt der Rundgang zu den großzügigen Parkanlagen um den Schlosshügel mit dem **Königlichen Schloss**/*Slottet* **(8)**. Das klassizistische Gebäude des Architekten *Hans Ditlev Linstow* am Ende der Prachtstraße wurde 1848 für den damaligen schwedisch-norwegischen König *Karl Johan* fertiggestellt, der bereits zuvor verstorben war.

Das Gebäude ist der Öffentlichkeit nicht zugänglich, der Besucher kann sich aber täglich um 13.30 Uhr die Ablösung der elegant gekleideten Leibgarde ansehen. Die rote Königsstandarte zeigt die Anwesen-

Das Königliche Schloss

heit des Königs an, der mit seiner Familie jedoch nicht im Schloss wohnt. Der jedem zugängliche Park, den einige Skulpturen des Bildhauers *Gustav Vigeland* schmücken, ist eine Oase der Ruhe. Er bietet sich geradezu für eine kleine Pause auf unserem Spaziergang an.

eine Oase der Ruhe

Vorbei an der Statue der Königin Maud im Dronning-Park auf der Südseite des Schlosses führt der Weg zum Platz des 7. Juni, der an die Rückkehr des Königs *Håkon VII.* am 7. Juni 1945 aus dem Exil erinnert. Hier ist auch das Außenministerium angesiedelt. Vom Platz geht es weiter zur Amundsens gate, einer Straße mit Banken, Verwaltungsinstitutionen und Restaurants, über die man bis zum Rathausplatz am Hafen gelangt.

Das **Rathaus**/*Rådhuset* **(9)** steht dort, wo einst die alten Elendsviertel Oslos lagen. Der klotzige, zweitürmige Bau aus Backstein, dessen Architektur schon immer umstritten war, konnte 1940 nach den Plänen von *Arnstein Arneberg* und *Magnus Poulsson* fertiggestellt werden, doch wurde er wegen des Krieges erst 1950 eingeweiht. Das Gebäude nimmt eine Fläche von fast 5.000 qm ein, die Türme mit rund 270 Büroräumen der Abgeordneten und der Verwaltungsbeamten sind 63 und 66 m hoch; im niedrigeren Mittelteil befinden sich die imponierende Rathaushalle und der Saal der Stadtverordnetenversammlung.

sehenswerte Rathaushalle

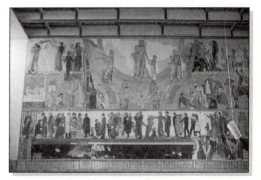

Im Inneren des Rathauses

Die künstlerische Ausgestaltung – innen wie außen – als Ergebnis eines Wettbewerbs, an dem sich die führenden Maler, Bildhauer und Textilkünstler des Landes beteiligten, lässt das Rathaus als ein Spiegelbild der norwegischen Kunst in der ersten Hälfte des 20. Jahrhunderts erscheinen. Die Motive entstammen der Mythologie, Geschichte, Kultur und Wirtschaft Norwegens, wie z.B. das 24 x 12 m große Ölgemälde "Arbeit, Verwaltung und Fest" von *Henrik Sørensen*, Munchs Gemälde "Leben" oder der handgewebte "Osloteppich" mit dem Schutzpatron Oslos, *St. Hallvard*, als zentralem Motiv. Zahlreiche Skulpturen finden sich an den Fassaden.

Spiegelbild norwegischer Kunst

Am Ostturm zur Fjordseite ist Europas größte Turmuhr mit einem Durchmesser von 8,6 m angebracht, während zur Stadtseite hin eine astronomische Uhr bei genauerem Hinsehen eine Fülle von Informationen preisgibt. Die Gebäude rund

INFO St. Hallvard, Oslos Stadtpatron

Schon um 1300 enthielt Oslos Stadtwappen eine Darstellung der St. Hallvard-Legende. Der Gedenktag am 15. Mai, auch Oslo-Tag genannt, wird immer noch zu Ehren des Heiligen gefeiert, dessen Leben ein durchgängiges Motiv in der künstlerischen Ausgestaltung des Rathauses darstellt. Hallvard, Sohn eines Bauern aus dem Ort Lier, setzte sich 1043 für eine schwangere Frau ein, die von Übeltätern gejagt wurde. Um die Verfolgte in Sicherheit zu bringen, nahm Hallvard sie in sein Boot und ruderte auf die andere Seite des Drammensfjordes, wo er von den Banditen abgefangen und durch drei Pfeile getötet wurde. Das Wunder geschah, als Hallvards Leiche, zuvor mit einem Mühlstein versenkt, samt Gewicht wieder an die Oberfläche kam. Bald danach wurde Hallvard heiliggesprochen, fast hundert Jahre später wurden seine Reliquien in die 1130 fertiggestellte Osloer Kathedrale überführt, die später seinen Namen erhielt. Die 1966 errichtete Kirche des Franziskanerklosters, eine der schönsten modernen Norwegens (Enerhauggata 4), ist nach St. Hallvard benannt.

Der ehemalige Westbahnhof

um den F. Nansen-Platz sind dem Rathaus architektonisch angepasst. Eine Innenbesichtigung des Rathauses lohnt. *Öffnungszeiten: tägl. Mo-So von 9-17 Uhr in der Zeit vom 1.5.-31.8., übrige Zeit 9-16 Uhr; Eintritt kostenlose Führungen Mo-Fr um 10.00, 12.00, 14.00 Uhr (Juni/Juli auch an Sonn- u. Feiertagen)*

An der Fjordseite des Rathauses liegt die Bucht "Pipervika" mit den Kaianlagen der Fähren und Ausflugsschiffe. Von hier, am Kai 3, legt die Fähre hinüber zur Museumshalbinsel Bygdøy ab. In Blickrichtung Fjord fällt auf der rechten Seite am Vestbaneplassen das alte (West-)Bahnhofsgebäude auf, in dem die **Touristeninformation (10)** untergebracht ist, in der man sich auch über andere Ziele in Norwegen informieren kann.

gute Infoquelle

Wendet man sich beim Verlassen des Gebäudes nach rechts, so führt der Weg in das neue Stadtviertel **Aker Brygge (11)**, das auf einem ehemaligen Werftgelände aus dem Boden gestampft worden ist und ein wenig an die Docklands in London erinnert. 60 Geschäfte, 40 Pubs und Restaurants, Galerien, teure Appartements und Büroräume entstanden ganz im Zeichen einer Architektur der Moderne. Hier tobt vor allem im Sommer das Leben, wenn Norweger und Touristen in südländischer Atmosphäre in den Straßencafés und Kneipen am Fjord sitzen und ihnen ihr Bier lieb und teuer ist.

lebendiges Stadtviertel

Von dem neuen Viertel wollen wir zum Rathausplatz und zur Rådhusgata zurückgehen. Der Autoverkehr über die E 18 wird in diesem Bereich seit Jahren durch

einen Tunnel geführt. Der Rådhusgata in östlicher Richtung bis zur Kreuzung
Akersgata folgend, führt die Straße rechts zu Schloss und Festung **Akershus**/
Akershus Festning **(12).** Von den Wällen der Burgmauern hat man einen herrlichen
Blick auf den Hafen, den Rathausplatz sowie *Aker Brygge*.

schöne Aussicht

Die erste Anlage wurde bereits um 1300 unter *Håkon V.* errichtet, um Oslo vor
Angriffen von der Seeseite zu schützen. Zwischenzeitlich verfallen, ließ der Dänenkönig *Christian IV.* die mittelalterliche Anlage zu einem Renaissance-Schloss
umbauen, das 1627 fertiggestellt wurde und noch heute den Gesamteindruck des
Komplexes bestimmt, der dann im 18. Jahrhundert verfiel. Im Zweiten Weltkrieg
hatten die Nazis hier ihr Hauptquartier. Heute dient Akershus der Militärverwal-
tung, die Regierung unterhält Gebäude zu Repräsentationszwecken.
*Das große Freigelände mit seinen schönen Baumbeständen und Grünflächen ist
jedermann täglich von 06.00-21.00 Uhr zugänglich.*

Das Innere des Schlosses mit der Kapelle, dem Königlichen Mausoleum und den Repräsentationsräumen kann
besichtigt werden.
*Öffnungszeiten: 02.05.-15.09. Mo-Sa 10.00-16.00 Uhr; So
12.30-16.00 Uhr; Führungen 11.00, 13.00, 15.00 Uhr; So
13.00 und 15.00 Uhr; Eintritt*

Auf dem Gebiet der Akershus-Anlage liegen zwei bedeu-
tendere Museen, das Verteidigungs- und das Heimatfrontmuseum:
• Das **Verteidigungsmuseum**/*Forsvarsmuseet* **(13)** dokumentiert die norwegische Militärgeschichte von der
Wikingerzeit über die nordischen Kriege bis hin zur Gegenwart anhand von rund 50.000 Gegenständen.
*Öffnungszeiten: 01.06.-31.08. Mo-Fr 10.00-18.00 Uhr; Sa-
So 11.00-16.00 Uhr; 01.09.-31.05. Mo-Fr 10.00-15.00 Uhr;
Sa-So 11.00-16.00 Uhr; Eintritt frei*
• Das **Heimatfrontmuseum**/*Norges Hjemmefrontmu-
seum* **(14)** zeigt in einem alten Festungsgebäude die in-
teressante Chronologie der Besatzungszeit von der Inva-

Festung Akershus

sion der deutschen Truppen bis zum Frieden im Mai 1945. Bilder, Urkunden,
Plakate, Untergrundzeitungen und selbsthergestellte Waffen vermitteln einen Eindruck von den Kriegsgeschehnissen und vom norwegischen Widerstand gegen
die Besatzungsmacht. Die Beschriftung der Dokumente erfolgte meist auf Norwegisch, teilweise in englischer Sprache.
*Öffnungszeiten: 15.06-31.08. Mo-Sa 10.00-17.00 Uhr; So 11.00-17.00 Uhr; 15.04.-
14.06. und Sept. Mo-Sa 10.00-16.00 Uhr; So 11.00-16.00 Uhr; sonst Mo-Sa 10.00-
15.00 Uhr; So 11.00-16.00 Uhr; Eintritt*

*Erinne-
rungen
an den
Zweiten
Weltkrieg*

Nördlich des Festungsgeländes, Bankplassen 4, ist das **Museum für zeitgenössische Kunst**/*Museet for Samtidskunst* **(15)** angesiedelt, in dem seit 1990 norwegische und internationale Kunst der Nachkriegszeit gezeigt wird. Viele Bilder und
Grafiken stammen aus der Nationalgalerie.

Öffnungszeiten: Di, Mi, Fr 10.00-17.00 Uhr; Do 10.00-20.00 Uhr Sa 10.00-16.00 Uhr; So 11.00-17.00 Uhr; Eintritt frei für Ki

Vom Bankplassen führt die Kongens gate wieder auf die Rådhusgata. Etwa 50 m nach links liegt an der Nedre Slottsgate das **Theatermuseum**/*Teatermuseet* **(16)** im alten Rathaus aus dem Jahre 1641. Hier fand 1667 die erste Theateraufführung einer vermutlich holländischen Wanderbühne statt. Anhand von Bildern, Bühnenbildern, Kostümen, Karikaturen etc. wird die Theatergeschichte seit Beginn des 19. Jahrhunderts lebendig.
Die **Öffnungszeiten** *sind beschränkt auf: ganzjährig nur Mi 11.00-15.00 Uhr; Do 12.00-18.00 Uhr, So 12.00-16.00 Uhr; Eintritt*

Vom Theatermuseum sind auf der Nedre Slottsgate etwa 100 m in nördlicher Richtung bis zur Tollbugata zurückzulegen, an der wir nach rechts abbiegen. Nach der zweiten Straße liegt links das **Postmuseum**/*Postmuseet* **(17)**, das die 350jährige Geschichte der norwegischen Post zeigt.
Öffnungszeiten: Mo-Fr 10.00-17.00 Uhr; Sa 10.00-14.00 Uhr, So 12.00-16.00 Uhr; Eintritt frei

zurück zur Karl Johan
Inzwischen haben wir uns wieder der Karl Johan genähert, die über die Dronningens gate in zwei Minuten zu erreichen ist. Rechter Hand liegt der Bahnhofsplatz, der Ausgangspunkt unseres Rundgangs.

Bygdøy

Auch bei einem nur kurzen Besuch der Hauptstadt sollten Sie die Museumshalbinsel Bygdøy aufsuchen, ein kleines Paradies mit weißgetünchten Villen aus Holz, großzügigen Parkanlagen, Wäldern, Badestränden, wie man es in der Nähe einer Großstadt nicht vermutet. Hier liegen sie in einer der schönsten und teuersten Wohngegenden Oslos dicht beieinander. Sehenswürdigkeiten wie das *Norwegische Seefahrtsmuseum,* das legendäre *Polarschiff "Fram", das Kon-Tiki-Museum* sowie das "Muss" eines jeden Oslo-Besuchers, das *Wikingerschiff-Haus.* Nur wenige Minuten zu Fuß sind von den Schiffen und sehenswerten Funden aus der Wikingerzeit bis zum lohnenden *Norwegischen Volksmuseum* zurückzulegen, in dessen Freilichtabteilung über 140 Gebäude aus verschiedenen Landesteilen wieder aufgebaut worden sind.

sehenswerte Museen

Da im Sommer täglich große Besucherscharen die Highlights aufsuchen und Parkplätze knapp sind, empfiehlt sich auf jeden Fall, die grüne Halbinsel mit öffentlichen Verkehrsmitteln aufzusuchen. Empfehlenswert ist die Benutzung der Fähre vom Kai 3 aus an der Rückseite des Rathauses (Schrifttafel *Bygdøy*).

Villenviertel auf Bygdøy

8. Reisen in Norwegen: Oslo **213**

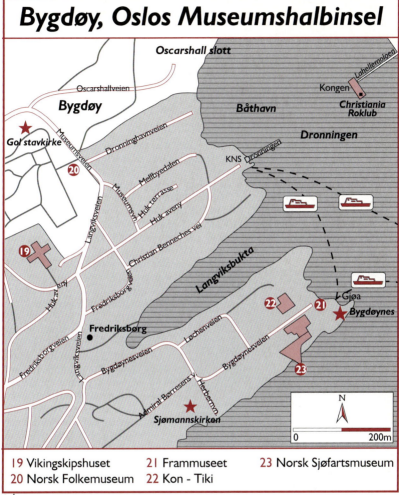

| 19 Vikingskipshuset | 21 Frammuseet | 23 Norsk Sjøfartsmuseum |
| 20 Norsk Folkemuseum | 22 Kon - Tiki | |

Die Überfahrt dauert etwa 10 Minuten, die Boote verkehren von Mai-September. Wenn Sie bis zur ersten Anlaufstelle fahren, die *Dronningen* heißt, gehen Sie von dort zu Fuß ein Stück die *Huk Aveny* hoch und folgen der Beschilderung zum Haus der Wikingerschiffe (Vikingskipshuset). Von der Anlegestelle *Dronningen* sind es nur wenige Minuten mit der Fähre zum Fram-, Kon-Tiki- und Seefahrtsmuseum. Im Sommer verkehren keine öffentlichen Busse zurück ins Zentrum von diesen drei Schiffsmuseen. Die Bus-Linie 30 (Zentrum) hält gegenüber dem Norwegischen Volksmuseum (Norsk Folkemuseet).

mit der Fähre zur Halbinsel

Wer sich alle fünf Museen auf der Halbinsel Bygdøy ansehen möchte, sollte einen Tag veranschlagen. Wer öffentliche Verkehrsmittel benutzt, sollte mit der Fähre zu den drei Schiffsmuseen fahren, von dort einen Spaziergang zum Haus der Wikingerschiffe unternehmen und den Tag im Volksmuseum ausklingen lassen. Von dort nimmt man den Bus zurück ins Zentrum.

Das **Wikingerschiffs-Haus**/Vikingskipshuset (19)
*Tel. 22135280; **Öffnungszeiten**: Mai-September tägl. 9.00-18.00 Uhr; Oktober bis April 11.00-16 Uhr; Eintritt*

Sobald man das Gebäude betritt, fällt der Blick auf das einzigartige *Osebergschiff*, das prächtigste von drei Wikingerschiffen, die zusammen mit einer Reihe von anderen Funden, in enger Verbindung zu den Schiffen stehend, hier ausgestellt sind. Entdeckt und ausgegraben wurden die drei Schiffe zwischen 1867 und 1904 am Oslofjord in den Orten Oseberg, Gokstad und Tune, deren Namen sie tragen. Im 9. Jahrhundert waren Verstorbene aus reichen Königsfamilien in den Schiffen beigesetzt und für die lange Reise ins Totenreich mit allem Notwendigen ausgestattet worden. Die Grabbeigaben reichten von Lebensmitteln und Schmuckstücken bis hin zu getöteten Sklaven. Während das *Tune-Schiff* nur bruchstückhaft erhalten ist, vermittelt das *Gokstad-Schiff* eine genaue Vorstellung von den hochseetauglichen Fahrzeugen, mit denen die Wikinger Amerika erreichten.

das prächtige Oseberg-schiff

Das Oseberg-Schiff von ca. 800 n.Chr.

Mit einer Nachbildung dieses Schiffes gelang es bereits 1892, zur Weltausstellung nach Chicago über den Atlantik zu segeln. Das prächtige *Oseberg-Schiff* mit wunderschönen Holzschnitzereien, welche die Wikinger als feinsinnige Künstler ausweisen, wird der Königin *Åsa* zugeordnet. Es handelt sich bei diesem nicht hochseetauglichen Schiff um ein Küstenfahrzeug, das eine Art Luxusschiff darstellt. Ohne Zweifel gehören die Schiffe und anderen Gegenstände wie Schlitten, Wagen, Schmuck, Werkzeuge und Textilien zu den kulturhistorisch wichtigsten Sehenswürdigkeiten Oslos.

ein Muss!

Das **Norwegische Volksmuseum**/Norsk Folkemuseet (20)
Öffnungszeiten: 15.5.-14.9. tägl. 10.00-18.00 Uhr, ansonsten. tägl. 11.00-15.00 bzw. 16.00 Uhr; Eintritt; Tel. 22123700; der Bus Nr. 30 gegenüber dem Eingang fährt ins Zentrum, doch machen Sie einen etwa 20-Minuten-Spaziergang und folgen Sie den Hinweisschildern zum Fram-, Kon-Tiki- und Seefahrtsmuseum.

typisch norwegisch

Das Volksmuseum in unmittelbarer Nähe der Wikinger-Schiffe ist das größte kulturgeschichtliche im Lande, das schon 1894 gegründet wurde. Auf weitläufigem

Gelände bietet der Freiluftteil ein umfassendes Bild, wie Arme und Reiche in der Stadt und auf dem Lande von der Reformation bis hin zur Gegenwart gelebt haben. Die zahlreichen Holzgebäude stammen aus allen Teilen des Landes. Besonders sehenswert ist die *Stabkirche von Gol* aus der Zeit um 1200, die König *Oscar II.* 1885 kaufte und dem Museum als Grundstock zur Verfügung stellte.

Im Sommer beleben Handwerker, Tanz- und Folkloregruppen in ihren typischen Trachten die Häuser und Plätze. In einzelnen Museumsgebäuden finden sich umfangreiche Sammlungen, thematisch geordnet, von sakralen Gegenständen oder Musikinstrumenten bis hin zur Lebensweise der Samen.

Auf der Freilichtbühne des Museums nahe der Stabkirche werden während des Sommers jeden Sonntag um 16.00 Uhr Volkstänze vorgeführt.

Die Stabkirche von Gol

Tipp
Kaufen Sie sich an der Kasse einen übersichtlichen Führer in deutscher Sprache, der Ihnen die Orientierung erheblich erleichtert.

Das **Fram-Museum**/Frammuseet (21)
Öffnungszeiten: Mitte Mai-Ende August tägl. 9.00-18.45 Uhr; März/April tägl. 11.00-15.45 Uhr; 1.-15.5. tägl. 10.00-16.45 Uhr; Sept. 9.00-16.45 Uhr; Okt. 10.00-15.45 Uhr; Nov/Dez. Sa-So 11.00-15.45 Uhr; Eintritt; Tel. 23282950

Dieses Museum beherbergt das legendäre Polarschiff *"Fram"*, das Besucher von außen und innen besichtigen können. Für seine Driftfahrt durch das Polarmeer ließ *Fridtjof Nansen* auf der Werft von *Colin Archer* in Larvik ein besonderes Schiff bauen, das dem Druck des Eises standhalten musste. 1893 machte sich Nansen mit 12 Mann Besatzung und Proviant für 5 Jahre auf den Weg und folgte der Nordostpassage, aber die Drift durchs Eismeer führte ihn nicht so nahe an den Nordpol heran, wie er vermutet hatte. 1898-1902 ging *Otto Sverdrup* mit dem 400-Tonnen-Schiff auf große Fahrt zu den arktischen Inseln nördlich von Kanada. Die *Fram* diente wiederholt als Ausgangsbasis für viele Expeditionen, in deren Verlauf rund 18.000 km zurückgelegt und riesige Flächen kartiert und erforscht wurden.

das Polarschiff "Fram"

Auch nach Süden kam kein Schiff so weit wie der dickwandige, unförmige Dreimaster, denn *Roald Amundsen* wählte das erprobte Schiff schließlich für seine Südpolexpedition von 1910-1912.

Direkt im Anschluss an das Museum liegt draußen am Fjord die *"Gjøa"*, mit der Amundsen 1903-05 die Nordwestpassage bewältigte. Erst 1972 kam das Schiff aus San Francisco nach Norwegen zurück.

Das **Kon-Tiki-Museum**/Kon-Tiki-Museet (22)
Öffnungszeiten: Mitte Mai-Ende August tägl. 9.30-17.45 Uhr; 1.4.-Ende Mai tägl. 10.30-17.00 Uhr; Sept. tägl. 10.30-17.00 Uhr; übrige Zeit tägl. 10.30-16.00 Uhr; Eintritt; Tel. 23086767

Hier erwarten die Besucher Boote und Gegenstände von *Thor Heyerdahls* berühmten Expeditionen. Eine der Attraktionen ist das Floß aus Balsaholz, *Kon-Tiki*, mit dem der Forscher zusammen mit 5 Begleitern 1947 eine Strecke von 8.000 km von Peru zur Koralleninsel Raroia in Polynesien zurücklegte. Mit der Fahrt über 97 Tage sollte die Theorie bewiesen werden, dass die Südseeinseln nicht von Asien, sondern von Südamerika aus hätten besiedelt werden können. Zu sehen ist ferner das 14 m lange Papyrusboot *Ra II*, mit dem Heyerdahl mit seiner internationalen Mannschaft 1970 von Marokko aus bis nach Barbados gelangte. Zuvor hatte die *Ra I* sich als Fehlkonstruktion erwiesen und war auf offenem Meer gesunken. Also war es, wie der zweite Versuch zeigte, auch in früheren Zeiten möglich, mit einfachsten Booten aus der Mittelmeergegend Amerika zu erreichen.

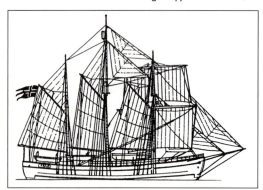

Thor Heyerdahl

Zwischen den beiden besonders spektakulären Expeditionen befasste sich der Norweger mit der Kultur der Osterinseln. Systematische archäologische Untersuchungen führten zu dem Ergebnis, dass die Osterinseln mindestens tausend Jahre eher besiedelt waren, als die Wissenschaft angenommen hatte. Heyerdahl und sein internationales Team konnten dort zwei verschiedene, aufeinander folgende Kulturen nachweisen. Einige eindrucksvolle Gegenstände sind im Museum ausgestellt, u.a. die Kopie einer 9 m hohen Statue. Vor allem Kinder sind schließlich fasziniert von der Unterwasser-Abteilung mit einem 10 m langen konservierten Walhai.

Das **Norwegische Seefahrtsmuseum**/Norsk Sjøfartsmuseum (23)
Öffnungszeiten: 15.5.-30.9. tägl. 10.00-18.00 Uhr; 1.10.-14.5. 10.30-16.00 Uhr; Do 10.00-18.00 Uhr; Eintritt; Tel. 24114150

Schifffahrtsnation Norwegen

Dieses benachbarte Backsteinhaus liegt unmittelbar am Wasser, so dass der Besucher gelegentlich den Eindruck hat, auf einem Schiff auf hoher See zu sein. Gezeigt wird die Seefahrtsgeschichte und -kultur Norwegens, so dass der Besucher verstehen kann, wie sich das Land in Fischerei und Seefahrt zu einer der führenden Nationen der Welt entwickeln konnte. Im Unterschied zu vergleichbaren Museen ist das Gebäude nicht mit Schiffsmodellen überfrachtet. Der Besucher kann z.B. an Bord eines Passagierschiffes gehen, das einst zwischen Bergen und Stavanger verkehrte, Karten und Dokumente veranschaulichen die Entwicklung des Schiffsbaus von den Wikingern bis zur Gegenwart, oder eine Ausstellung zeigt den traditionellen Dorschfang im Winter auf den Lofoten.

Gegenüber dem Haupteingang liegt die Bootshalle mit einer sehenswerten Sammlung alter Kleinbootstypen aus verschiedenen Regionen des Landes, darunter auch ein zwölfrudriger "fembøring" aus Nordland. Das Museum zeigt also vor allem das Leben an der langen Küste Norwegens.

Hinweis
Wer öffentliche Verkehrsmittel benutzt, kann mit der Linie 30 zurück ins Zentrum fahren (Nationaltheater) oder schöner (allerdings nur im Sommer) von Bygdøynes, *der Landzunge mit den drei letztgenannten Museen, mit der Fähre zum Rathausplatz zurückkehren.*

Holmenkollen, Vigeland-Park und Munch-Museum

Drei lohnende Ziele liegen ein wenig außerhalb des Zentrums, die aber mit dem eigenen Pkw oder vielleicht besser mit öffentlichen Verkehrsmitteln rasch erreicht werden können (ca. 20-30 Minuten). Die mit Abstand meisten Oslo-Besucher wollten auch 2001 den *Vigeland-Park* und die *Holmenkollen-Anlage* sehen. Ein Besuch der Skulpturen des Bildhauers Gustav Vigeland im schönsten und weitläufigsten Park im Westen Oslos lässt sich gut mit einer Weiterfahrt zum Holmenkollen, der legendären Schanze am Nordrand der Stadt, verbinden. Einen halben Tag sollte man dafür aber schon einkalkulieren. Das *Munch-Museum* mit den Werken des bedeutendsten norwegischen Malers liegt im östlichen Teil der Stadt.

Oslos Hauptattraktionen

Vigeland-Park	Industriemuseum Blaafarvevaerket
Holmenkollen mit Skimuseum	Kon-Tiki-Museum
Vergnügungspark Tusenfryd	Fram-Museum
Haus der Wikingerschiffe	Norweg. Volksmuseum

Attraktionen im Frogner Park und Umgebung

Der Vigeland-Park/Frogner-Park

Der Vigeland-Park ist leicht mit der Straßenbahn Nr. 2 *(Majorstua)* vom Bahnhofsplatz oder Nationaltheater aus zu erreichen, indem Sie bis zur Haltestelle *Vigelandsparken* fahren.

Hinweis
Steigen Sie nicht schon vorher am Frognerplass *aus, auch wenn die Vigeland-Anlage im Frogner-Park liegt. Vom Parlament kostet die Fahrt mit dem Taxi ca. NOK 70.*

Hauptattraktion Vigeland-Park

Die Vigeland-Anlage im weitläufigen Frogner-Park, den die Osloer zum Picknick, Jogging, Spazierengehen oder Sonnenbaden nutzen, zeigt das monumentale Lebenswerk des norwegischen Bildhauers *Gustav Vigeland* (1869-1943), von dem 192 Skulpturen mit insgesamt 650 Figuren zu sehen sind. 1921 überließ er sein gesamtes Werk der Stadt Oslo, die ihm ein Atelier einrichtete und ihn finanziell absicherte. Auch wenn der künstlerische Wert der Arbeiten Vigelands umstritten ist und die kraftvollen, fast lebenden Skulpturen nicht jeden ansprechen, so beeindrucken doch der gesamte Komplex und die ungeheure Schaffenskraft des Bildhauers.

Blickfang des Gesamtkunstwerkes ist ein 17 m hoher Obelisk aus Granit, der 121 ineinander verschlungene Menschen zeigt, umgeben von 36 Skulpturengruppen aus Granit. Der Lauf des Lebens ist das zentrale Motiv Vigelands, das auch die Fontäne mit über 60 Bronzereliefs unterhalb des Monolithen zeigt. Empfehlenswert ist ein Besuch der Anlage gegen Abend, wenn der Besucherstrom abebbt und man in Ruhe die Skulpturen auf sich wirken lassen kann.

der Lauf des Lebens

Unweit des Frogner Plass liegt das **Vigeland-Museum**, Nobelsgate 32, mit dem früheren Atelier und der Wohnung des Künstlers mit einer Fülle von Zeichnungen, Skulpturen, Holzschnitten und Modellen.

Öffnungszeiten: Der *Vigeland-Park ist ständig geöffnet, im Sommer bis 20.30 Uhr; Eintritt frei. Das* Vigeland-Museum *ist geöffnet 1.5.-30.9. Di-Sa 10.00-18.00 Uhr; So 12.00-18.00 Uhr; 1.10.-30.4. Di-So 12.00-16.00 Uhr; Tel. 22542530, Eintritt*

Granit-Figuren am Obelisken

Einen Steinwurf entfernt befindet sich **das Stadtmuseum/Oslo Bymuseum,** Frognerveien 67, im 1790 fertiggestellten Gebäude des Herrenhauses Frogner. Es ist ein kulturgeschichtliches Museum, in dem neben bürgerlichen Wohnungseinrichtungen die Stadtplanung und Entwicklung Oslos gezeigt werden.

Öffnungszeiten: 15.1.-31.5. Di-Fr 10.00-16.00 Uhr; Sa-So 11.00-16.00 Uhr; 1.6.-31.8. Di-Fr 11.00-17.00 Uhr; Sa-So 10.00-18.00 Uhr;; 1.9.-15.12. Di-Fr 10.00-16.00 Uhr; Sa-So 11.00-16.00 Uhr; Tel. 23284170, Eintritt

Attraktionen auf dem Holmenkollen

Wenn man die Vigeland-Anlage durch den Haupteingang verlässt und durch die schmiedeeisernen Tore auf den Kirkeveien kommt, so kann man links die verkehrsreiche Straße etwa 700 m zu Fuß bis zur U-Bahnstation Majorstuen gehen und dort in die Holmenkollenbahn (Linie 15 Richtung *Frognerseteren*) steigen. Langsam klettert die Bahn immer höher, fährt durch schöne Wohngebiete in ländlicher Umgebung und bringt Sie an der 17. Haltestelle von Majorstuen aus in knapp einer halben Stunde zur Station Holmenkollen. Wer vom Zentrum aus direkt zum Holmenkollen fahren möchte, kann am Parlament oder Nationaltheater in die Linie 15 steigen.

Das Holmenkollen Park Hotel unterhalb der Schanze

Skisprungschanze/
Holmenkollbakken

Von der Station Holmenkollen sind es zu Fuß gut 200 m bis zur weltweit berühmten Sprungschanze (371 m ü.d.M.), auf der sich am ersten Sonntag im März die besten Skispringer der Welt zu ihrem Wettkampf treffen, der jährlich über 60.000 Zuschauer anlockt. Schon 1892 fand der erste Sprungwettbewerb hier statt; damals erreichte der Sieger eine Weite von 21½ m, heute sind 125 m möglich.

Während der Sommerwochen finden unterhalb des Schanzentisches Konzerte der Osloer Philharmoniker vor bis zu 30.000 Zuschauern statt. Ein Lift führt auf die 56 m hohe Sprungschanze, so dass man sich von der Aussichtsplattform in die Situation der Springer hineinversetzen kann, die hier oben stehen und sich auf ihren Sprung konzentrieren. Ob sie den phantastischen Blick auf Oslo und den Fjord wahrnehmen?

welch ein Blick auf Oslo

Skimuseum/*Skimuseet*
Öffnungszeiten: *Jan.-Apr. Mo-So 10.00-16.00 Uhr Mai und Sept. Mo-So 10.00-17.00 Uhr; Juni bis Aug. Mo-So 9.00-20.00 Uhr; Tel. 22923200, Eintritt; auch vom Restaurant genießt man einen herrlichen Blick auf Oslo.*

Unterhalb der Sprungschanze lohnt ein Besuch des Skimuseums, wo eindrucksvoll die Geschichte der Skier und des Skilaufs gezeigt wird. Die ältesten "Bretter", die man gefunden hat, sind sage und schreibe 2.500 Jahre alt, doch belegen Abbildungen auf Felszeichnungen eine noch frühere Nutzung von Skiern. Im Museum sind ferner die Ausrüstungen der Südpolexpedition von *Amundsen* in den Jahren 1910-1912 sowie Gebrauchsgegenstände von *Nansens* Grönlandüberque-

Geschichte der Skier

rung auf Skiern 1888 und der Nordpolexpedition 1893-1896 zu sehen. Eine kleine Spezialausstellung ist dem verstorbenen König *Olav V.* gewidmet, der ein besonderes Interesse für den Skisport hegte.

Von der Holmenkollen-Schanze kann man einen kleinen Spaziergang Richtung Frognerseteren (Restaurant mit schönem Panorama) unternehmen, das mit 433 m ü.M. noch etwas höher liegt als die Skisprungschanze, oder zum **Aussichtsturm Tryvannstårnet** gehen, dessen Aussichtsplattform fast 600 m ü.M. bei gutem Wetter eine Sicht über den Oslofjord und bis zur schwedischen Grenze gewährt.

Öffnungszeiten: Jan.-Apr. Mo-Fr 10.00-15.00 Uhr; Sa-So 11.00-16.00 Uhr; Mai und Sept. Mo-Fr 10.00-17.00 Uhr; Sa-So 10.00-17.00; Juni Mo-So 10.00-19.00 Uhr; Juli Mo-So 10.00-20.00 Uhr; Aug. Mo-So 9.00-20.00 Uhr; Tel. 22146711, Eintritt

Von der Endstation der Holmenkollenbahn *Frognerseteren* gelangt man zurück ins Zentrum.

Das **Munch-Museum**/*Munch-Museet*

Tøyengata 53, Tel.: 22241400; Öffnungszeiten: 1.6.-15.9. Mo-Fr 10.00-18.00 Uhr; Sa/ So 11.00-17.00 Uhr; übrige Zeit Di-Fr 10.00-16.00 Uhr; Sa/So 11.00-17.00 Uhr; Eintritt

Busverbindung

Das Munch-Museum liegt im östlichen Teil der Stadt und ist mit den Bussen Nr. 20/29 oder den U-Bahnen 3, 4, 5, 6 zu erreichen. Von der Station Stortinget (Parlament) fahren Sie nur bis zur dritten Haltestelle Tøyen. Von hier gelangen Sie über die Ringgata zum Museumsgebäude.

*unglaub-
liche
Schaffens-
kraft*

Das sehr sehenswerte Museum ist ganz dem umfangreichen Werk des großen norwegischen Malers *Edvard Munch* (1863-1944) gewidmet, der seine rund 1.100 Gemälde, 4.500 Zeichnungen und Aquarelle und 18.000 Drucke mit über 800 verschiedenen Motiven und 12 Skulpturen der Stadt Oslo ohne jede Auflage testamentierte. Seit der Eröffnung des Museums im Jahre 1963 ist die Sammlung infolge von Schenkungen noch umfangreicher geworden. Die 1.500 qm Ausstellungsfläche reichen nicht aus, um Munchs Werk vollständig auszustellen. Einzelne Bilder werden oft im Ausland gezeigt, so dass einzelne Ausstellungsobjekte auch deshalb häufiger wechseln.

Wer ein spezielles Interesse an Bildern hat, die nicht in der Ausstellung zu sehen sind, kann über den Konservator an den Fundus herankommen.

Neben den Ausstellungsräumen gibt es in dem Gebäude einen Sitzungssaal, Forschungszimmer, eine Bibliothek und Buchhandlung sowie ein Restaurant.

INFO Edvard Munch (1863-1944)

Norwegens berühmtester Maler, Edvard Munch, gilt als Wegbereiter des Expressionismus in der modernen Malerei. 1863 nahe Oslo geboren, erlebt er im Alter von fünf Jahren den Tod seiner Mutter, die an Tuberkulose litt. Einige Jahre später stirbt seine Schwester Sophie mit 15 Jahren ebenfalls an dieser Krankheit. Diese Schicksalsschläge und die Angst vor dem Höllenfeuer, von dem der Vater häufig in einer Art religiöser Wahnvorstellungen erzählt, prägen den jungen Munch. Krankheit, Tod und Lebensangst sind die durchgängigen Motive, die ihn, nachdem er 1880 seine Ingenieurausbildung abgebrochen hat, um Maler zu werden, in den nächsten Jahren beschäftigen.

1885 begibt er sich für kurze Zeit nach Paris. Schon vorher unterhält er Kontakte zu einem Kreis radikaler Anarchisten, die ihn dahingehend beeinflussen, dass er wahrheitsgetreue Nahaufnahmen von den Sehnsüchten und Qualen des modernen Menschen schaffen will. "Es sollen nicht mehr Interieurs mit lesenden Männern und strickenden Frauen gemalt werden. Es müssen lebende Menschen sein, die atmen und fühlen, leiden und lieben. Ich fühlte, dass ich das machen würde."

Wandmalerei nach einem Munch-Motiv

Munch will vor allem sein eigenes Leben malen. 1889 hat er seine erste Einzelausstellung in Kristiania (Oslo), erntet viel Kritik, erhält aber ein Staatsstipendium zum Studium in Paris und lebt eine Zeit in Nizza. Zum Eklat kommt es 1892, als eine Munch-Ausstellung vom "Verein Berliner Künstler" einen solchen Skandal hervorruft, dass sie nach wenigen Tagen geschlossen werden muss. Die Konservativen haben kein Verständnis für Munchs Bilder und sehen in ihnen nur eine anarchistische Provokation. Doch Munch hat bald einen Namen.

1894 entsteht "Der Schrei", sein wohl bekanntestes Bild, und "Der Tod im Krankenzimmer", wo ihn der Tod seiner Schwester wieder einholt. Es folgen produktive Jahre mit vielen Ausstellungen, doch Nervosität und unregelmäßiger Lebenswandel führen zu massiven Alkoholproblemen und einem Nervenzusammenbruch. Ab 1909 wohnt Munch wieder dauernd in Norwegen, inzwischen anerkannt und ausgezeichnet. Ab 1910 beteiligt er sich an den Dekorationen für die Osloer Universität; 1912 wird ihm eine besondere Ehre zuteil, als er als einziger lebender Künstler neben Picasso einen eigenen Raum bei der Kölner Sonderbundausstellung erhält. Nach produktiven und erfolgreichen Jahren behindert ihn ab 1930 eine Augenkrankheit. 1937 erklären die Nazis 82 Werke Munchs als "entartete Kunst".

1944 stirbt Edvard Munch auf seinem Gut Ekely bei Oslo, nachdem er zuvor der Stadt sein gesamtes Werk vermacht hat.

Ziele in der weiteren Umgebung

Im Folgenden sollen einige Ziele kurz vorgestellt werden, die sich von Oslo aus als Halbtages- oder Tagesausflüge in der Umgebung anbieten. Einige Ausflugsziele liegen **westlich** oder **nordwestlich** der Hauptstadt, andere an beiden Seiten des **Oslofjordes,** der sich vom Skagerrak über mehr als hundert Kilometer bis Oslo erstreckt. Die Strände und Schären sowie historisch bedeutenden Siedlungen am West- und Ostufer sind beliebte Ausflugsziele der Hauptstadtbewohner.

Wer mit der Fähre von Kiel nach Oslo fährt, macht eine erste Bekanntschaft mit den schönen Landschaften und belebten Orten rund um den Oslofjord.

Henie-Onstad-Kunstzentrum
Öffnungszeiten: Di-Do von 10.00-21.00 Uhr; Fr-Mo 11.00-18.00 Uhr); Tel. 67804880

Anfahrt
Das Henie-Onstad-Kunstzentrum liegt 12 km vom Zentrum Oslos entfernt Richtung Drammen. Vom Zentrum Oslos erreicht man diese Attraktion mit den Bussen Nr. 151, 161, 251, 252, 261; Autofahrer nehmen die E 18 Richtung Drammen; der Ort heißt Høvikodden.

Eiskunst-läuferin und Reeder

Sonja Henie (1912-1969), eine der bekanntesten und mit drei Goldmedaillen bei Olympischen Spielen erfolgreichsten Eiskunstläuferinnen aller Zeiten, gründete zusammen mit ihrem Mann, dem Reeder *Niels Onstad,* Norwegens Museum für internationale moderne Kunst, das 1968 eröffnet wurde.

Der Komplex ist zugleich ein lebendiges Kulturzentrum, denn neben wechselnden Ausstellungen finden hier Musik-, Tanz-, Theater- und Filmvorführungen statt. Rund 7.000 Arbeiten sind hier von so renommierten Künstlern wie *Picasso, Matisse* oder *Beuys* und dem Verpackungskünstler *Christo* zusammengetragen. Das Zentrum liegt in naturschöner Umgebung direkt am Oslofjord. Es gibt dort ein Café, eine Buchhandlung sowie ausreichende Parkmöglichkeiten.

Baerums Verk
Öffnungszeiten: Mo-Fr 10.00-2000 Uhr; Sa 09.00-17.00 Uhr; Museum (auf Wunsch und Sa/So 12.00-16.00 Uhr), Eintritt.

Anfahrt
15 km westlich von Oslo liegt Baerums Verk, ein Ziel, das sich leicht mit dem Besuch des zuvor genannten Kunstzentrums verbinden lässt. Die Stätte erreicht man ab der Haltestelle Triangelen mit Bus Nr. 143, 153.

In der idyllischen Umgebung der alten Eisenhütte aus dem Anfang des 17. Jahrhunderts gibt es in historischen Gebäuden Läden, Galerien, Werkstätten, Gaststätten und ein Ofenmuseum.

Norwegens älteste **Gaststätte**, *Vaertshuset Baerums Verk*, ist heute ein vorzügliches Restaurant, das die alte Atmosphäre bewahrt hat. Es befindet sich am Verthusveien 10.
*Tel. 67560608; **geöffnet** Di-Fr 11.00-14.00 Uhr und 16.00-23.00 Uhr; Sa 16.00-23.00 Uhr; So 16.00-20.00 Uhr*

Modum Blaafarveverket
von Mitte Mai bis Ende September geöffnet.

Anfahrt
Eine der größeren Touristenattraktionen ist das Modum Blaafarveverket (= "Blaufarbewerk"), eine gute Autostunde von der Hauptstadt entfernt nahe Vikersund in westlicher Richtung. Von Oslo fahren Sie die E 18 über Baerum westwärts bis Sandvika (13 km), die E 16 Richtung Hønefoss bis Skaret, etwa 30 km von Oslo entfernt, dort links auf die Straße 285, einige km bis Sylling zur Straße 284, die südlich am Tyrifjord entlang führt bis nach Vikersund. Von dort fahren Sie auf der Straße 35 bis Åmot, folgen Sie den Hinweisschildern. Von Åmot sind es 4 km zum Industriemuseum.

Ziel des Ausflugs ist ein Industriemuseum, in dem der Besucher den Produktionsprozess des Kobalt-Blau von der Grube bis zur fertigen Farbe nachvollziehen kann. Anfang des 19. Jahrhunderts sollen mehr als 80 % der blauen Farbe, die weltweit zur Herstellung von Glas und Porzellan benötigt wurde, aus dieser Gegend stammen.

begehrtes Kobalt-Blau

Zwischen 1776 und 1894 wurde hier Kobalterz abgebaut, ein mühsames Unterfangen, da das Erz oft weniger als 1 % Kobalt enthielt. König *Christian VII.* von Dänemark/Norwegen forcierte seinerzeit die Produktion der blauen Farbe, um die Königlich-Dänische Porzellanmanufaktur in Kopenhagen damit zu beliefern.

Bis zu 2.000 Menschen arbeiteten in den Gruben und in dem Betrieb, in dem das Erz angereichert wurde. Zur weitläufigen Anlage gehören u.a. Gruben, verschiedene Gebäude, Ausstellungen, die größte europäische Sammlung von Glas und Keramik in Kobaltblau. Sehenswert ist auch der größte Wasserfall Ostnorwegens, der *Haugfossen*.

Die Hadeland-Glaswerke

Jevnaker, Tel. 61316600; geöffnet Mo-Fr 9.00-16.30 Uhr; Sa 10.00-16.00 Uhr; So 11.00-78.00 Uhr; den Glasbläsern kann man bis 15.00 Uhr zusehen. 22.6.-18.8. Mo-Fr 09.-18.00 Uhr; Sa 10.00-17.00 Uhr; So 11-18 Uhr; Führungen in verschiedenen Sprachen

sehens-wertes Glas-museum

Einen guten Ruf haben ebenfalls die *Hadeland*-Glaswerke in *Jevnaker* nahe bei Hønefoss, die im Jahre 1762 gegründet worden sind. Das Werk liegt etwa eine Autostunde von Oslo entfernt. Hier kann man den Glasbläsern zuschauen oder sich auch selbst in der Technik versuchen. Sehenswert ist das größte Glasmuseum des Nordens. Natürlich werden Glaswaren aus der eigenen Produktion zum Kauf angeboten.

Vikinglandet, Themenpark über die Wikingerzeit

Vikinglandet liegt an der E 18 bei Tusenfryd 10 km südlich von Oslo, Bus (Pendelver-kehr) ab Oslo Zentrum; geöffnet vom 1.5.-22.9. (nur Sa/So, Feiertage im Mai, tägl. Juni - Mitte August, danach nur an Wochenenden), Eintritt; Tel. 64946363

lebendige Wikinger

Vikinglandet vermittelt dem Besucher ein umfassendes Bild über das Leben der Wikinger. In dieser lebendigen Siedlung sehen Sie Handwerker bei der Arbeit, beim Boots- und Häuserbau, in der Schmiede und bei vielen anderen Tätigkeiten. Speisen werden nach 1.000 Jahre alten Rezepten zubereitet. Wer will, kann mit dem Entdecker Amerikas eine Schiffsfahrt unternehmen. In verschiedenen Sprachen werden historische Führungen angeboten. Vikinglandet lässt sich auch mit einem Besuch des Vergnügungsparks Tusenfryd kombinieren.

Von Oslo ins Fjordland

Überblick und alternative Routen

Trotz der räumlichen Entfernung ist Oslo das Haupteinfallstor ins Fjordland.

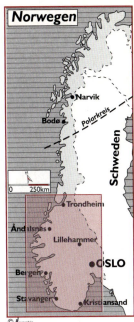

Die **Flug-Verbindungen**

sind hervorragend: dreizehn- bis sechzehnmal täglich bedient die SAS die Strecke Oslo - Bergen (50 Minuten), viermal die Gesellschaft Braathens. Flüge mit Widerøe erfolgen aus der Hauptstadt nach Førde, Florø, Sogndal und Sandane.

Wichtige tägliche **Expressbus-Verbindungen**

sind der "Haukeliexpressen" (Oslo - Telemark - Odda - Bergen) und der "Geiterryggexpressen" (Oslo - Gol - Aurland - Voss - Bergen).

Per **Eisenbahn**

ist es fünfmal täglich möglich, nach Bergen zu fahren. Über die berühmte Nebenstrecke Myrdal-Flåm gelangt der Reisende in das **Sognefjord-Gebiet**.

Mit dem **Auto**

führen viele Straßen von Oslo in die Fjordlandschaften, die wichtigsten verbinden die Hauptstadt mit **Bergen**, dem zweiten großen Einfallstor in die Welt der Fjorde. Alle Wege führen durch imposante Naturräume, und gleich, für welche Strecke, die immer schon auch ein Ziel ist, man sich entscheidet, stets ist das Plateau der **Hardangervidda** "im Weg", so dass die Straßenbauer verschiedenen Talzügen folgten, um eine Verbindung zu den Fjorden und den Küstenräumen herzustellen.

Am schnellsten gelangt man von **Oslo** nach Bergen durch das **Hallingdal** (über Hønefoss, Gol, Geilo, Eidfjord, Ålvik), allerdings ist diese Strecke recht stark befahren.

Eine Alternative führt durch das herrliche, landschaftlich sehr abwechslungsreiche **Numedal** (Oslo - Drammen - Kongsberg - Geilo - Eidfjord - Ålvik - Bergen). Empfehlenswert ist auch die Verbindung durch **Telemark** (Oslo - Drammen - Kongsberg - Seljord - Haukeligrend - Kinsarvik - Bergen).
Wer Meer und Fjell miteinander kombinieren möchte, kann von Oslo über die **E 18** bis **Kristiansand** und

Redaktions-Tipps

- Besuch der Altstadt von Stavanger (S. 235) mit Konservenmuseum (Hermetikkmuseet) und Domkirche (S. 233)
- Ausflug zum Lysefjord mit Besteigung der 597 m hohen Felsenkanzel (prekestolen) (S. 237)
- Der Wasserfall Vøringfossen bei Fossli (S. 239)
- Wandertouren auf der Hardangervidda (S. 238)

Von Oslo ins Fjordland - Übersicht -

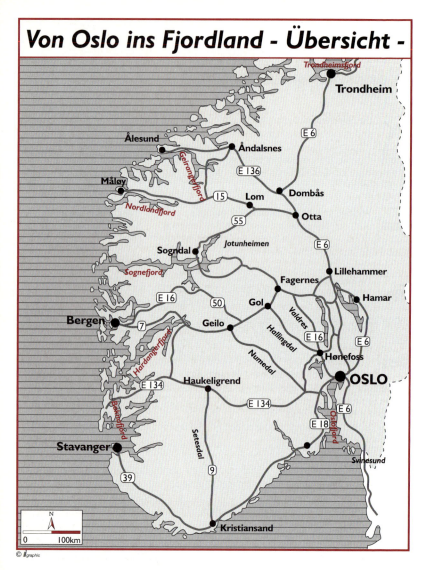

weiter durch das Setesdal bis **Haukeligrend** fahren, wo er auf die zuvor genannte Strecke trifft.

Wer nicht nach Bergen an die Westküste möchte, sondern von Oslo die **Sognefjord-Region** ansteuert, sollte von der Hauptstadt, wenn es die schnellste Verbindung sein soll, die **E 16** über **Fagernes** bis nach **Laerdal** benutzen (von dort weiter mit der Fähre nach Kaupanger).

*Eine weitere Alternative bietet die "Märchenstraße" (Eventyrveien), die Straße **50** von **Hol** nach **Aurland**, nachdem Sie zuvor von Oslo durch das Hallingdal Richtung **Geilo** gefahren sind. Bei Aurland kann man wählen, ob man Laerdal am Sognefjord ansteuert oder über **Flåm** durch den Tunnel oder per Fähre nach **Gudvangen** am engen Naerøyfjord und weiter nach **Voss** und **Bergen** fährt.*

Nach Stavanger über die Südküste

Entfernungen

0 km Oslo	364 km Mandal
40 km Drammen	446 km Flekkefjord (Straße 44)
118 km Sandefjord	513 km Egersund
256 km Arendal	598 km Stavanger
322 km Kristiansand	

Diese Route führt von Oslo über die E 18 teilweise am Oslofjord entlang, bleibt immer in Küstennähe, auch wenn sie durch das Sørland, den sonnigsten Teil Norwegens, verläuft. Daher ist es sinnvoll, die eine oder andere Nebenstrecke zu wählen, um zu den lieblichen Gemeinden mit ihren weißen Häuschen und engen Straßen an den kleinen Buchten zu gelangen. Wenn Sie Zeit haben, besuchen Sie

Norwegens sonnigster Teil

Orte wie Risør, Tvedestrand, Grimstad und Lillesand. Bei Flekkefjord, der westlichsten Stadt des Sørlandes, wollen wir die Hauptstrecke verlassen und auf die Straße 44 wechseln, die durch die abwechslungsreiche Natur- und Kulturlandschaft der südlichsten Provinz Westnorwegens führt. Die nah an der Küste verlaufende Straße ist meist 6 m breit, wird an einigen Stellen schmaler und verläuft am Jøssingfjord in Serpentinen. Enge Fjorde, senkrechte Felshänge, fruchtbarstes Ackerland und lange Sandstrände wechseln einander ab. Über die Straße 44 gelangen Sie direkt bis nach Stavanger.

die "Spirale"

Von Oslo verläuft die E 18 nahe am alten Flughafen Fornebu und bei **Høvikodden** nicht weit am *Henie-Onstad-Kunstzentrum* vorbei. In **Asker** ist die norwegische Königsfamilie zu Hause, und nach 40 km folgt mit **Drammen** (56.000 Ew.) eine Industriestadt, deren größte Touristenattraktion die *"Spirale"* ist, ein in den Berg gesprengter 1.650 m langer Spiraltunnel (Mautgebühr), der vom Plateau eine herrliche Aussicht bietet. Danach folgt eine 2 km lange Autobahnbrücke, nach **Sande** verläuft die E 18 wieder nahe am *Oslofjord* und wird bei **Holmestrand** durch einen Tunnel am Ort vorbeigeführt.

Danach kommt man über die Nebenstraße 310 zur Wohnstadt **Horten** (23.000 Ew.) am *Oslofjord*, einst Hauptbasis der Marine (Marine-, Foto- und Oldtimer-Museum). 4 km südlich von Horten folgt an der Nebenstraße 310 der bekannte Ort **Borre** mit seiner mittelalterlichen Steinkirche und den Königsgräbern im Borre Nationalpark. 10 km von Horten entfernt (Straßen 310, 311) finden Sie das hübsche **Åsgårdstrand** mit dem "Glückshaus" des Malers Edvard Munch (Museum).

Tønsberg

Aktuelle regionale Reisetipps (Hotels, Restaurants etc.) zu Tønsberg entnehmen Sie bitte den Seiten 190f

Fahren Sie über die Nebenstraße weiter nach Tønsberg (31.000 Ew.), eine der ältesten Städte Skandinaviens, die im 19. Jahrhundert Zentrum des norwegischen Walfangs war. Lohnend ist ein Besuch des Volksmuseums auf dem Schlossberg *(Slottsfjellet)*, das u.a. die Geschichte des Walfangs dokumentiert.
Vestfold-Fylkesmuseum: geöffnet tägl. 10.00-17.00 Uhr, So 12.00-15.00 Uhr), Eintritt

Sandefjord

Aktuelle regionale Reisetipps (Hotels, Restaurants etc.) zu Sandefjord entnehmen Sie bitte der Seite 186

Von **Tønsberg** geht es entweder über die Nebenstraße **303** oder zurück zur **E 18** mit der Abfahrt Straße **305** (4 km) nach **Sandefjord**. Der Ort war um

1900 die weltweit bedeutendste Walfangstadt. Heute hat er ca. 35.000 Einwohner *einst vom* und lebt von Schifffahrt und Industrie. Sehenswert ist – der Geschichte des *Walfang* Ortes entsprechend – das hiesige **Walfangmuseum (Hvalfangstmuseet**, Mu- *abhängig* seumsgt. 39, Eintritt), das die Entwicklung des Walfangs beleuchtet. Beeindruk- kend ist das Modell eines Blauwals von 21 m Länge. An die große Zeit des Walfangs erinnert auch das Walfängermonument an der "Strandpromenade".

Von Sandefjord gibt es täglich mehrere Fährverbindungen nach **Strömstad** in Schweden. Südlich der Stadt, der Straße 303 nach Larvik folgend, trifft man schöne Badestrände an. Von der Hafen- und Fährstadt **Larvik** (38.000 Ew.), die durch ihre 2-3 täglichen Verbindungen nach Frederikshavn/Dänemark zu einem der Einfallstore für Touristen vom Kontinent gehört, kann man einen 8 km langen Abstecher nach **Stavern** über die Straße 301 unternehmen, einen kleinen Ort mit schönen, alten Häusern.

Auf der **E 18** geht es bei **Langangen** über zwei Brücken, danach folgt eine Mautstation und bei **Moheim** der Abzweig der Straße 36, die zu den Industrie- städten am *Skienfjord* und nach **Telemark** führt.

Ausflugsziel in der Umgebung: Telemark-Kanal

*Von **Skien**, dem Geburtsort Henrik Ibsens und der mit ca. 50.000 Einwoh- nern wichtigsten Stadt Telemarks, verläuft der bekannte **Telemark-Kanal** über eine Gesamtlänge von 105 km durch Seen und Flussläufe nach **Dalen** 72 m über dem Meeresspiegel im Landesinneren. 1892 wurde einer der ungewöhnlich- sten Wasserwege Europas fertiggestellt, auf dem die Schiffe mit Hilfe von 8 Schleu- eine sen mit 18 Kammern 72 m Höhenunterschied überwinden. Die meisten der Schleu- unge- sen werden von Hand geöffnet und geschlossen. Heute ist die Wasserstraße, die wöhnliche längst ihre wirtschaftliche Bedeutung verloren hat, eine Touristenattraktion, die sich Wasser- mit Booten und Passagierdampfern befahren lässt. Wer mit der 1882 erbauten "MS straße Victoria" oder einem anderen historischen Kanalschiff eine Fahrt auf dem Kanal machen möchte, wende sich an **Telemark Reiser**, Nedre Hjellegt. 18, 3703 Skien, Tel. 35530300, Fax 35527007 (Platzreservierung in der Ferienzeit erforderlich). Die Schiffe verkehren ab Mitte Mai bis zum 8. September.*
Wer mit einem Freizeitboot, Kanu oder Kajak den Kanal befahren möchte, kann keine Zeiten vorbestellen und muss damit rechnen, evtl. 2-3 Tage unterwegs zu sein. Auch Radfahrer können die imposante Strecke entlang dem Telemarkkanal von Skien nach Dalen genießen. Man kann zwischen Abschnitten verschiedener Länge, die gut markiert sind, wählen. Möglich ist auch die Kombination mit einem der Kanalschiffe, auf denen man das Rad mitnehmen kann.
***Auskunft bei Telemarkreiser** Tel. 004735900020, Fax 004735900021, www.telemark reiser.no*
Das komplette Radwegenetz Telemarks gibt es in einem 4-teiligen Kartensatz.

Auch in **Breivik** finden sich schöne Häuser aus dem 18./19. Jahrhundert; die fast 700 m lange Brücke führt über den *Breivikstrom*. Über eine kleine Straße (6 km) kommt man zu dem idyllischen Fischer- und Hafenort **Langesund**, der mit sei- nen weißgetünchten, unter Denkmalschutz stehenden Häusern an die große Zeit der Segelschifffahrt erinnert.

Von der E 18 bieten sich auf dem folgenden Teilstück in Richtung Arendal immer wieder Abstecher in zauberhafte Küstenorte mit typischem Sørland-Milieu an, wie z.B. **Risør** oder **Tvedestrand**.

Tipp
Nehmen Sie bei schönem Wetter an einer Schiffsfahrt mit der "Søgne" durch den Schärengarten teil.

Unterkunft
Alle touristisch geprägten Orte bieten verschiedene Unterkunftsmöglichkeiten (u.a. die Jugend-/Familienherbergen in Kragerø und Risør).

Arendal

interessante Architektur

Arendal, das heute eine Industrie-, Handels- und Seefahrtstadt mit 14.000 Einwohnern ist, gehört zu den ältesten Städten Südnorwegens. Ein Besuch ist vor allem wegen der Fülle schöner Holzhäuser lohnend, insbesondere im charmanten Viertel *Tyholmen*. Am sehenswertesten und bekanntesten ist das Empirepalais des Konsul *Kallevig* aus der Zeit um 1815, eines der größten Holzhäuser des Landes, das seit 1844 als Rathaus fungiert.

Typisches Südland-Haus in Arendal

Wer hier die Küste verlassen möchte, gelangt ab Arendal über die Straße 42 ins Setesdal. Auf der vorliegenden Route bleibt man jedoch auf der E 18, die dem Küstenverlauf folgt und einen nach **Grimstad** (16.000 Ew.) bringt, dessen Zentrum sie allerdings in weitem Bogen umfährt. Dabei ist der Abstecher in den Kern des hübschen Städtchens durchaus empfehlenswert. In Grimstad lebte *Henrik Ibsen* ein paar Jahre und erlernte den Beruf des Apothekers (Stadtmuseum in der alten Apotheke). In der Umgebung kann man im Sommer an schönen Sandstränden baden.

Sandstrände

Über das herrliche **Lillesand** (im Sommer Schiffsfahrten durch Inseln und Schären nach Kristiansand und zurück), dem vielleicht malerischsten der Sørlandorte, verläuft die E 18 vorbei am größten Tierpark Norwegens, *Dyreparken*, nach Kristiansand.

Eine landschaftlich wunderschöne Nebenstrecke (Straße 401) zweigt bei **Vestre Vallesverd** ab und erreicht nach 18 km **Strømme**. Von der E 18 gelangt man über die Straße 41 nach Telemark.

Kristiansand

Aktuelle regionale Reisetipps (Hotels, Restaurants etc.) zu Kristiansand entnehmen Sie bitte den Seiten 170f

Mit 65.000 Einwohnern ist Kristiansand zwar die Metropole, nicht aber die Perle des Südens. Die 1641 zu Verteidigungszwecken vom Dänenkönig errichtete Stadt mit ihrem rechtwinkligen Straßensystem im Kern ist heute ein wichtiges Handels-, Bildungs-, Verkehrs- und Wirtschaftszentrum. Sehenswert ist außer den erhaltenen Holzgebäuden des 19. Jahrhunderts das *Vest-Agder-Fylkesmuseum*, das die reiche Kulturgeschichte der Provinz dokumentiert.
Vest-Agder-Fylkesmuseum: 4 km außerhalb gelegen, geöffnet Mo-Sa 10.00-18.00 Uhr, So ab 12.00 Uhr.

Tipp
Besucher mit etwas mehr Zeit sollten bei schönem Wetter unbedingt an einem Bootsausflug durch die Schärenlandschaft nach Lillesand bzw. nach Grimstad, Arendal und Lyngør teilnehmen.

Mandal

Über die E 18, die ab Kristiansand etwas weiter von der Küste entfernt verläuft, erreicht man anschließend Mandal (12.000 Ew.), die südlichste Stadt Norwegens. Mit ihren von pittoresken Holzhäusern gesäumten schmalen Gassen und der beeindruckenden *Mandal-Kirche* im Empirestil von 1821 (1.800 Sitzplätze) zieht sie im Sommer viele Touristen an. Auch der nahe gelegene Sandstrand trägt zur Popularität des Ortes bei. Will man den **südlichsten Punkt** des Königreiches kennen lernen, muss man 12 km weiter über eine Nebenstraße nach links zum **Kap Lindesnes** abbiegen.

sehenswerte Kirche

Über die kurvenreiche Straße, deren höchster Punkt bei 326 m ü.d.M. liegt, kommt man nach **Flekkefjord** (9.000 Ew.), einer hübschen Kleinstadt, die im 19. Jahrhundert von den reichen Heringsvorkommen profitierte. Wer die Ölmetropole schnell erreichen will, fahre ab hier weiter auf der E 18.

Landschaftlich interessanter jedoch ist die Straße 44, die ab Flekkefjord küstennah über Egersund nach Stavanger verläuft, vorbei an vielen Fischersiedlungen und historisch interessanten Plätzen. Im Raum Flekkefjord geht die Schärenlandschaft in das Fjordland über. Die Straße führt in eine eigenartige Felslandschaft, und kurz nach dem Fischerdorf **Åna-Sira** erreicht die Strecke mit 275 m östlich des *Jøssingfjords* den höchsten Punkt auf diesem Teilstück. Zwischen dem kleinen Fischerdorf und **Hauge i Dalane** (Baden am Soknadalstrand) klettert und fällt die Straße in 14 Kehren, verläuft am Fjord durch Tunnel und zwingt immer wieder dazu, an besonders schmalen Stellen auszuweichen. Es geht nur langsam voran.

vorbei an Fischersiedlungen

Egersund

Aktuelle regionale Reisetipps (Hotels, Restaurants etc.) zu Egersund
entnehmen Sie bitte der Seite 165

30 km hinter Hauge kommt man schließlich nach Egersund, mit 12.000 Einwohnern eine der größeren Siedlungen des Südlandes. 85 km vor Stavanger kann man hier eine Ruhepause, vielleicht auch einen Übernachtungsstopp einlegen. Manches schön erhaltene, weißgestrichene Holzhaus, vor allem aber der Fischereihafen – einer der größten des Landes – bieten hübsche Fotomotive. Auch ab Egersund gibt es eine Fährverbindung zum jütländischen Hanstholm.

fruchtbares Jaeren

Nach Egersund ändert sich der Landschaftscharakter grundlegend, die Felsen treten zurück, und bis Stavanger folgt mit Jaeren die am intensivsten genutzte Agrarlandschaft des Landes, die schon vor Jahrtausenden die Menschen hier siedeln ließ. Hunderte von Grabhügeln aus der Eisenzeit und andere prähistorische Stätten finden sich in diesem Gunstraum, der auch zahlreiche attraktive Strände zu bieten hat.

Tipp
Badelustige gelangen zwischen Egersund und Stavanger über die Straße 507 (Orre) zu den schönsten Sandstränden.

Die Straße 44 führt über den Industrieort **Bryne** nach **Sandnes**, das bereits im Einzugsgebiet der Ölmetropole liegt und im Sog von Stavanger auf derzeit 45.000 Einwohner anwuchs.

Stavanger

Aktuelle regionale Reisetipps (Hotels, Restaurants etc.) zu Stavanger und Umgebung
entnehmen Sie bitte den Seiten 187ff

die Ölmetropole

Mit fast 100.000 Einwohnern ist Stavanger, am Nordende der Jaeren-Halbinsel gelegen, die viertgrößte Stadt des Landes. Die Entwicklung der heutigen Ölmetropole über die Jahrhunderte ist von einem ständigen Auf und Ab begleitet. Der Ursprung der Stadt geht auf das Jahr 1125 zurück, als Stavanger Bischofssitz wurde und noch im selben Jahr mit dem Bau des sehenswerten Doms begonnen wurde. Die Stadtrechte erhielt die Mittelaltersiedlung 1245, doch die Bevölkerungszahl stagnierte. Später, im 17. Jahrhundert, als Stadtrechte und Bischofssitz (nach Kristiansund verlegt) verloren gingen, büßte die Stadt auch wirtschaftlich an Bedeutung ein. Erst mit den guten Jahren in der Heringsfischerei und dem Bau von Segelschiffen stieg auch die Bevölkerungszahl, die um 1800 bei rund 2.000 lag, auf etwa 30.000 im Jahre 1900 an.

Der Fang von Sprotten führte zum Aufbau einer Konservenindustrie, die Arbeitskräfte aus dem weiteren Umland in die Stadt brachte, so dass dieser Erwerbszweig bis zum Zweiten Weltkrieg das Wirtschaftsleben dominierte. Das interessante Konservenmuseum in der Altstadt dokumentiert den wirtschaftlichen und sozialen Wandel in jener Zeit. Nicht nur damals kam das Heil für Stavanger aus der Nordsee, sondern auch in den schwierigen sechziger Jahren erfolgte mit den Öl- und Gasfunden die Rettung aus dem Meer und damit der Aufstieg Stavangers zur Ölmetropole. Neben der Nähe zu den Öl- und Gasfeldern, der Hafengunst und den internationalen Flugverbindungen sowie einem breiten Dienstleistungsangebot, die für Stavanger als Zentrum der *Offshore*-Aktivitäten sprachen, begünstigten staatliche Maßnahmen, wie z.B. den Sitz des Öldirektorates und der staatlichen Gesellschaft *Statoil* nach Stavanger zu legen, die rasante Entwicklung.

Erdölplattform im Hafen von Stavanger

Fischkonserven-Museum

Nach dreißig Jahren wirtschaftlichen Wachstums hat die Internationalisierung natürlich deutliche Spuren hinterlassen, zu denen nicht nur die Hochhaus-Skyline am Breiasee *(Breiavatn)* gehört. Gigantische Bohrtürme und Plattformen liegen im Fjord, viele Hotels und Restaurants haben sich auf die internationale Geschäftswelt eingestellt. Von den rund 7.000 Ausländern in der Stadt arbeiten viele als Spezialisten in der Ölindustrie. Auch der Reisende bekommt zu spüren, dass Stavanger eine teure Stadt ist. Dennoch hat der Hauptort der Provinz Rogaland viel vom Charme der Vergangenheit in der Gegenwart bewahrt, denn in *Gamle Stavanger*, der stimmungsvollen Altstadt westlich des Hafenbeckens *Vågen*, sind rund 170 Holzhäuser, viele weißgetüncht, unter Denkmalschutz gestellt.

eine weltoffene, internationale Stadt

Stadtbesichtigung in Stavanger

Ein Stadtspaziergang beginnt am besten am Dom, der größten Sehenswürdigkeit Stavangers, die erhöht über dem Marktplatz am Ende der Hafenbucht *Vågen* gelegen ist.

Die **Domkirche (4)**
Stavanger Domkirken: geöffnet 15.5.-15.9., Mo-Sa 9.00-18.00 Uhr, So 13.00-18.00 Uhr, 16.9.-14.5. Mo-Sa 9.00-14.00 Uhr

Der Bau des Domes begann in romanischer Zeit, direkt nach der Ernennung der Stadt zum Bischofssitz. Da der erste Bauherr der aus Winchester stammende Bischof *Reinald* war, ist es kein Wunder, dass der langgestreckte, turmlose Westteil als normannische Basilika errichtet wurde. Sowohl am äußeren Portalschmuck als auch an den Kapitellen der mächtigen Rundsäulen im Inneren ist dieser romanische Stil deutlich sichtbar. Nach einem Brand im Jahre 1272 war ein Neubau des

ursprüngliche Architektur

234 8. Reisen in Norwegen: Von Oslo ins Fjordland

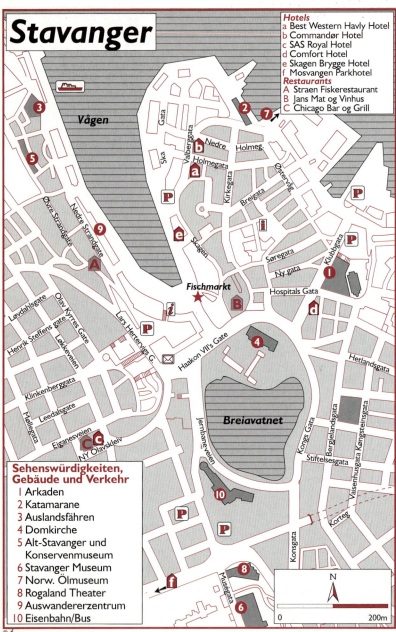

Chores notwendig, der die Formensprache der Gotik bekam. Sehenswert ist hier vor allem die reich dekorierte, östliche Doppelturmfassade mit geradem Chorabschluss. Im Inneren sollten Sie besonders auf den gotischen Taufstein und die idealisierten Königsköpfe im Chor achten.

Da das Gotteshaus später nie verändert wurde, gilt es als einzige norwegische Steinkirche aus dem Mittelalter, die in ihrer ursprünglichen Architektur erhalten geblieben ist.

Nach der Besichtigung des Inneren darf man nicht versäumen, einmal um den Kirchenbau herumzugehen. An der Nordseite befindet sich ein sehr schönes Chorportal, diesem gegenüber die Bischofskapelle, ein Juwel der Hochgotik (leider meist geschlossen). Daran schließt sich der **Kongsgård** (= 'Königshof') an, früher der Sitz des Bischofs und in dänischer Zeit Residenz des Königs. Das heutige Gebäude, das die mittelalterlichen Mauern als Fundament nimmt, stammt aus dem 18. Jahrhundert und dient seit 150 Jahren als Gymnasium.

Königskopf am Dom von Stavanger

um die Kirche herum

Nur wenige Meter sind es von hier zum Stadtsee *Breiavatn,* der inmitten eines hübschen Parks liegt und an dessen jenseitigem Ufer sich die Hochhäuser des Ölzeitalters erheben.

Im Westen unterhalb des Domes, überragt von einem modernen Schiffsdenkmal und der Statue *Alexander Kiellands,* der Stavanger einmal als Bürgermeister vorstand, erstreckt sich der **Marktplatz** (Fisch, Obst, Gemüse, Blumen). Von hier aus bietet sich ein Spaziergang in die Altstadt an. Dazu passiert man links (vom Markt aus gesehen) das **Seefahrtsmuseum**/*Sjøfartsmuséet* auf der Nedre Strandgate 17/19, das interessante Einblicke in die lange Seefahrtstradition der Stadt gewährt. Danach gehen Sie eine der vielen schmalen Gassen und Treppenstiegen von der Strandgate hinauf und sind dann schon mitten in der **Altstadt**/*Gamle Stavanger* **(5),** wo entlang der gepflasterten und mit alten Gasleuchten ausgerüsteten Straßen sich ein kleines weißes Holzhaus an das nächste reiht. In diesem größten zusammenhängenden 'Bewahrungsgebiet' (= Denkmalschutz) des Königreichs

Haus in Stavangers Altstadt

unter Denkmalschutz

besteht die Bausubstanz aus Gebäuden des 18./Anfang des 19. Jahrhunderts. Doch Alt-Stavanger ist alles andere als ein Freilichtmuseum, es ist ein lebendiger Stadtteil einer modernen, weltoffenen Stadt.

Zu den **weiteren Sehenswürdigkeiten** der Stadt gehört die gesamte Landzunge, die gegenüber von Alt-Stavanger am Hafen liegt. Auch hier gibt es etliche gut erhaltene Holzhäuser, allerdings durchmischt mit (post)moderner Bebauung und durch Geschäftsstraßen und Fußgängerzonen weitaus betriebsamer. Überragt wird das Viertel vom alten **Feuerwachturm**, in dem sich ein Souvenirladen befindet und der im obersten Geschoss eine herrliche Aussicht bietet.

originelles Museum

Wem der Sinn mehr nach **Museen** steht, hat in der Stadt mehrere gute Adressen. Neben dem erwähnten Seefahrtsmuseum ist hier das **Stavanger Museum (6)** auf der Muségate 16 zu nennen, das Sammlungen zur Zoologie und Kulturgeschichte zeigt. Besonders interessant, weil einzigartig in seiner Art und eng mit der wirtschaftlichen und kulturellen Entwicklung Stavangers verbunden, ist jedoch das **Konservenmuseum**/*Hermetikkmuséet* (Övre Strangate 88 A), das in einer einst führenden Sardinenfabrik vom Ende des 19. Jahrhunderts untergebracht ist. Im Laufe der Zeit gab es nicht weniger als 400 Konservenfabriken in der Stadt, deren Erzeugnisse zu 90 % in den Export gingen.

Unweit des Konservenmuseums liegt die Königsresidenz und Herrschaftsvilla **Ledaal** (Eiganesveien 45), in der das norwegische Königspaar wohnt, wenn es sich in Stavanger aufhält. Hier wohnte einst der berühmteste Sohn der Stadt, der Dichter *Alexander Kielland*, der in seinen Romanen das Stavanger des 19. Jahrhunderts schildert und *Thomas Mann* Anregungen für die "Buddenbrooks" gegeben hat.

Öffnungszeiten der genannten Museen: 15.6.-15.8. Di-Sa 11.00-15.00 Uhr, So 11.00-16.00 Uhr, sonst So 11.00-16.00 Uhr, Eintritt

Sehenswert in der norwegischen Ölmetropole ist das 1999 eröffnete **Norsk Oljemuseum (7)** am Hafen unweit der Anlegestelle der Katamarane. Das moderne Gebäude erinnert an eine Bohrplattform. Der Besucher erfährt anschaulich Wissenswertes zur jungen Geschichte der Öl- und Gasvorkommen des Landes, über die harten Lebens- und Arbeitsbedingungen auf den Bohrplattformen sowie zur Erdgeschichte allgemein.
Öffnungszeiten: Juni-August tägl. 10-19 Uhr, Sept.-Mai Mo-Sa 10-16, So 10-18 Uhr, Eintritt

Ausflugsziele in der Umgebung

Prekestolen

Wer sich in Stavanger und Umgebung aufhält, sollte auf jeden Fall den berühmten Felsen *prekestolen* (= 'die Kanzel') am **Lysefjord** aufsuchen. Der Blick von dem fast 600 m hohen, senkrecht abfallenden Felsklotz hinunter in den Fjord und in die weite Umgebung ist herrlich, aber auch der Weg dorthin. Bei Regen und Nässe kann der Weg beschwerlich sein.

berühmtes Fotomotiv

Folgende Anreise-Möglichkeiten bestehen von Stavanger aus:
* Von Stavanger mit der Fähre (8.30 Uhr) nach Tau, von dort 9.15 Uhr per Bus zur *Prekestolhytta* (Mitte Juni-Ende August). Von hier wandert man etwa 2 Stunden bis zur 'Kanzel'. Rückkehr wieder mit Bus und Fähre.
* Vom Skagenkai in Stavanger gut dreistündige Bootsfahrt zum Lysefjord und der Kanzel (von unten); Preis: Erwachsene ca. NOK 250, Kinder NOK 125; Information & Tickets: Rosenkildetorget 1, Tel.: 51859200.
* Mit der Autofähre von Stavanger durch den Lysefjord nach **Lysebotn**, von wo man z.B. weiter durch das Setesdal fahren kann. Eine Vorbestellung der Fähre in der Hochsaison ist sinnvoll (Tel.: 51820065). Von Lysebotn führt vom Fjord eine unglaubliche Serpentinenstraße in 27 Haarnadelkurven an der senkrecht abfallenden Bergseite hinauf (Steigung/Gefälle 1:9, Straßenbreite 3 m).

Ullandshaug

Der *Ullandshaug* (*haug* = 'Hügel') liegt 10 Autominuten südlich der Stadt. Dort befindet sich eine rekonstruierte Hofanlage aus der jüngeren Eisenzeit (Völkerwanderungszeit), die im wesentlichen aus drei Häusern besteht. Im Inneren der rustikalen Gebäude, die über originalen Fundamenten errichtet wurden, können Gegenstände der Epoche besichtigt werden. Nicht weit von hier kann man dem historischen Ort des **Hafrsfjord** einen Besuch abstatten. Drei überdimensionierte Schwerter erinnern an jene Schlacht von 872, in der Harald Schönhaar seine Widersacher bezwang und als erster gesamtnorwegischer König in die Geschichte einging.

historisches Monument

Utstein-Kloster
Geöffnet: 1.5.-31.10, 13.00-16.00 Uhr, Eintritt

Das Kloster von Utstein war ursprünglich ein Königshof, der im 13. Jahrhundert von den Augustinern übernommen wurde. Die Vierflügel-Anlage mit Kreuzgang, die am besten erhaltene Norwegens, liegt auf der Insel *Mosterøy*. Man erreicht sie entweder in 50 Minuten mit der Fähre von Stavanger aus oder über die *Rennfast*-Strecke über Brücken und durch Tunnel (Richtung Bergen/Mautgebühr).

Von Oslo über die Hardangervidda

Entfernungen

0 km Oslo
58 km Hønefoss
173 km Nesbyen
244 km Geilo
334 km Eidfjord
345 km Brimnes (Fähre nach Bruravik)
480 km Bergen

Die Strecke **Oslo - Hønefoss - Hallingdal - Geilo - Hardangervidda - Hardangerfjord - Bergen** ist eine der wichtigsten Verbindungen zwischen Ostnorwegen und der Fjordregion. Über eine Entfernung von ca. 480 km führt die Route durch das fruchtbare Hallingdal, über die Hardangervidda, Europas größte Hochebene, durch das wilde Måbødal mit imposanten Wasserfällen bis an den Hardangerfjord und weiter nach Bergen. Zwischen Brimnes und Bruravik muss eine Autofähre über den Eidfjord benutzt werden (Fahrzeit 10 Minuten). Obwohl dies von vielen Reisebus-Unternehmen so gemacht wird, ist es nicht ratsam, die Gesamtstrecke zwischen Oslo und Bergen an einem Tag zurückzulegen. Nehmen Sie sich die Zeit für längere Pausen und die eine oder andere Wanderung.

Lassen Sie sich Zeit!

Hinweis
Zahlreiche markierte Wanderwege durchziehen die Hardangervidda; Hütten bieten im Sommer und zu Ostern Unterkunft.

Streckenbeschreibung

Von der Hauptstadt fahren Sie westwärts auf der E 18 und der E 16 über **Skaret** am *Tyrifjord* (Mautgebühr) nach **Hønefoss**, einer Handels- und Industriestadt mit 14.000 Ew. Hier folgen Sie der Straße 7 vorbei an **Sokna** mit dem größten Holzverarbeitungsbetrieb des Landes. Weiter geht es am See *Krøderen* entlang bis nach **Nesbyen** (sehenswert das Freilichtmuseum Hallingdal), wo im Juni 1970 mit 35,6 °C die höchste Temperatur im Lande gemessen wurde. Vorbei an den Außenanlagen des Wasserkraftwerks **Nes** (max. 250.000 kW) erreichen Sie nach fast 200 km den Handels- und Ferienort **Gol** (Wintersport). Die Straße 52 führt von Gol über Hemsedal Richtung Laerdal. Nach 14 km folgt **Torpo** mit einer Stabkirche aus dem 12. Jahrhundert mit sehenswerten Deckenmalereien. Bei **Hagafoss** zweigt die Straße 50 nach Aurland in Sogn ab mit Anschluss an Voss und Bergen.

schöne Deckenmalereien

Geilo (2.500 Ew.) ist mit Lillehammer Norwegens bekanntester Wintersportort mit entsprechender Infrastruktur. Ab Geilo fahren Sie über die Hardangervidda-Hochebene. Etwa 10 km weiter folgt mit **Ustaoset** ein Gebiet, in dem es Hunderte von Hütten gibt, die zusammen mit einer Vielzahl von markierten Wegen und zahlreichen Angelseen die *Hardangervidda* zu einem äußerst populären Wandergebiet machen.

beliebtes Wandergebiet

Nach **Haugastøl**, Ferienort und Station der Bergenbahn, folgt mit **Halne** (Gebirgspension) ein idealer Ausgangspunkt für Wandertouren. Die Übernachtungen in Zimmern und Hütten längs der Straße sind preiswert. Wenige Kilometer weiter erreicht die Strecke mit 1.250 m ihren höchsten Punkt. Den *Hardangerjøkul-*

8. Reisen in Norwegen: Von Oslo ins Fjordland 239

Gletscher kann man von der Straße aus im Norden sehen, ebenso den 81 m hohen Staudamm für das Sima-Kraftwerk.

Unterkunft
Auch in Maurseth und Garen gibt es viele einfache, preiswerte Unterkünfte.

Einer der Höhepunkte auf der Fahrt nach Bergen ist der 182 m hohe Wasserfall Vøringsfossen. Bei **Isdøla** zweigt eine 1 km lange Nebenstraße nach **Fossli** ab, wo man vom Fossli Hotel einen herrlichen Blick auf den Wasserfall hat.

sehenswerter Wasserfall

Tipp
Gehen Sie den Fußweg zum unteren Ende des Vøringfossen (½ Stunde) von der durch das Måbøtal führenden Straße aus.

Ein weiteres Highlight ist anschließend die 7 km lange Straße durch das **Måbødal**, die durch zahlreiche Tunnel führt. Im Naturlehrpark *Måbødalen* und beim alten Bauernhof *"Måbø gård"* erfahren Sie Kulturgeschichtliches zur Umgebung. Info-Tafeln stehen an der Straße.

Vor der Fährfahrt über den *Eidfjord* folgt der gleichnamige Ort **Eidfjord** mit seiner mittelalterlichen Kirche. Wenn Sie Zeit haben, besichtigen Sie das **Sima-Kraftwerk**, das Touristen im Sommer um 10.00, 12.00 und 14.00 Uhr Führungen auch in deutscher Sprache anbietet (Eintritt). Vom Berghof Kjeåsen, 600 m oberhalb des Hardangerfjords, hat man einen herrlichen Ausblick (Serpentinenstraße vom Simadal nach Kjeåsen). Direkt an der Str. 7 liegt das *Hardangervidda Natursenter Eidfjord,* das als Erlebniszentrum in Ausstellungen und Filmen Wissenswertes über Natur und Kultur auf der Hardangervidda vermittelt.
Öffnungszeiten: April-Mai/Sept.-Okt. tägl. 10-18 Uhr; Juni-August tägl. 9-20 Uhr, Tel. 53665900

Informationen über die Hardangervidda

Information
Die Eidfjord Turistinformation, N-5786 Eidfjord, Tel.: 53673400, berät Sie über Unterkunft und mögliche Aktivitäten. www.eidfjordinfo.com

Von **Brimnes** nehmen Sie die Autofähre nach **Bruravik** (10 Minuten). Ab dort besteht die Möglichkeit zu einem kleinen Abstecher auf der Straße 572 in den schönen Ort **Ulvik**, der "Perle des Hardangerfjords". Hjeltnes Gartenbauschule mit schönen Parkanlagen, Kräuter- und Rosengarten sowie einer Sammlung alter Apfelsorten ist die älteste des Landes. Hervorragend sind auch die Wandermöglichkeiten in der näheren Umgebung. Von Ulvik aus kommt man über das Gebirge nach Granvin und kann in Richtung Voss oder Bergen weiter fahren.

Aktuelle regionale Reisetipps (Hotels, Restaurants etc.) zu Ulvik
entnehmen Sie bitte den Seiten 196f

Von **Bruravik** verläuft die Straße durch einen 7,5 km langen Tunnel nach **Granvin**, das gute Angelmöglichkeiten bietet. Die Straße 13 biegt nach Norden Richtung *Sognefjord* ab. Die Straße nach Bergen verläuft am *Hardangerfjord* entlang durch **Øystese** und **Norheimsund**.

der nächste Wasserfall 2 km weiter folgt der Wasserfall *Steindalsfossen*, den man gut von der Straße aus sehen kann. Lassen Sie sich hier die Chance nicht entgehen, einmal einen Wasserfall 'von hinten' zu betrachten: zwischen Felswand und Wasser führt ein schmaler Pfad entlang.

Im Raum **Kvam**, den die Bergenser als Ausflugsgebiet nutzen, werden Ferien auf dem Bauernhof angeboten. Über das Bergplateau *Kvamskogen* verläuft die Straße durch zwei kleinere Tunnel. Bevor es wieder bergab geht, folgt der *Bratte-Wasserfall*. Bei **Trengereid** trifft die Straße 7 auf die E 16, die in Richtung Dale und Voss geht. In **Arna** muss man sich entscheiden, ob man das Stadtzentrum Bergens über die Straße 580 oder die E 16 von Norden her anfährt.

Bergen

Aktuelle regionale Reisetipps (Hotels, Restaurants etc.) zu Bergen und Umgebung
entnehmen Sie bitte den Seiten 159ff

Überblick

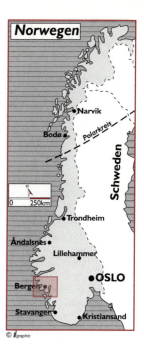

Rund sechshundert Jahre ist es her, als Bergen (von *bjørg vin* = 'Bergweide') bedeutender als Kopenhagen oder Stockholm war und als prächtige "Hauptstadt des Nordens" galt. Noch immer sehen viele Bergenser ihre Hauptstadt des Fjordlandes als "heimliche Hauptstadt Norwegens", auch wenn die Stadt mit etwas mehr als 200.000 Einwohnern deutlich hinter Oslo an zweiter Stelle rangiert.

Die bereits in der Wikingerzeit an einer langgezogenen Bucht bestehende Siedlung, die im 11. Jahrhundert von *Olav Kyrre* als mittelalterliche Stadtanlage gegründet wurde, profitierte von ihrem Naturhafen, schützenden Inseln und der Nähe zum Meer, so dass Bergen bald Bedeutung als Markt- und Umschlagplatz gewann. Die verkehrsgünstige Lage führte schon im 12. Jahrhundert deutsche Kaufleute hierher, die Stock- und Klippfisch als Fastenspeise des christlichen Europa einkauften.

Als **um 1350** das **Hanseatische Kontor** in Bergen errichtet wurde, verschaffte die Hanse der Stadt das Handelsmonopol für ganz Nordnorwegen. Dadurch wurde Bergen zu einer Art Drehscheibe für den Handel mit Grönland, Island und den Shetlands. Gleichzeitig geriet die Stadt politisch und wirtschaftlich unter die Kontrolle der deutschen Hansekaufleute. Zwar wurde das Hanseatische Kontor erst 1750 aufgelöst, aber um 1550 gingen Macht und Einfluss an die norwegischen Behörden. Den Norwegern gelang es bald, eine eigenständige Handelsschifffahrt aufzubauen. Als Handels- und Hafenstadt hat Bergen immer in besonderer Weise davon profitiert (zur Hanse vgl. S. 245f unter "Bryggen").

die Zeit der Hanse

Redaktions-Tipps

- Sehen Sie sich Bergen vom Aussichtsberg *Fløyen* an (Standseilbahn) (S. 243).
- Machen Sie einen Tagesausflug auf eigene Faust: *Bergen-Flåm* (Zug), *Flåm-Gudvangen* (Schiff), *Gudvangen-Voss* (Bus), *Voss-Bergen* (Zug) (S. 259).
- Werkstätten verschiedener Kunsthandwerker finden sich in den alten Speicherhäusern auf *Bryggen* (S. 245).
- Besuchen Sie ein *Konzert auf Troldhaugen*, dem Heim des norwegischen Komponisten Edvard Grieg (S. 256).

Heute ist Bergen nicht nur **Handels- und Hafenstadt** (als Verkehrsknotenpunkt für die Passagier- und Frachtschifffahrt mit Fährver-

8. Reisen in Norwegen: Bergen

Blick auf die Bryggen-Front und Marienkirche am Bergenser Hafen

Metropole des Fjordlands

bindungen nach Großbritannien, Dänemark, Niederlande, den Färöern und Island), sondern bedeutende **Universitätsstadt** mit zahlreichen Hochschulen und Forschungsinstituten, Stammsitz bedeutender **Banken und Zeitungsverlage** sowie Standort zukunftsorientierter **Industrien**. Inzwischen profitiert die Stadt auch ein wenig von den Ölaktivitäten vor der Küste. 1988 wurde ein hochmoderner Flughafen eröffnet. Ferner ist die Stadt das zweitwichtigste Kulturzentrum des Landes mit zahlreichen Museen, den Festspielen und einem international angesehenen Symphonieorchester.

Von der Hauptstadt des Fjordlandes führt eine große Zahl an Fähren und Expressbooten zur Südküste und ins Fjordland, die Schiffe der Hurtigrute haben hier ihren Ausgangspunkt nach Norden, und in den Sommerwochen drängeln sich die Kreuzfahrtschiffe in den Hafenbecken.

südländischer Charme

Für viele Bahnreisende ist die Fahrt auf der legendären Strecke **Oslo-Bergen** schon Ziel an sich. Längst ist die schöne, saubere Stadt am Meer in einem der regenreichsten Gebiete Europas zu einem Touristenmagneten geworden, denn wer ins Fjordland kommt, kommt natürlich auch nach Bergen. Neben ihrer **Lage** auf einer Halbinsel, eingerahmt von sieben hohen Bergen, prägen das milde Klima und eine üppige Vegetation, die fast südländisch anmutet, Charme und Atmosphäre der vielleicht schönsten Hafenstadt Europas, die im Bezirk Hordaland liegt.

Die meisten **Sehenswürdigkeiten** befinden sich im Zentrum der Stadt. Noch drei der ehemals 27 mittelalterlichen Kirchen sind erhalten geblieben, von denen die *Marienkirche* besonders sehenswert ist. Die malerischen *Holzhäuser*, die Festung *Bergenhus* (das königliche und kirchliche Zentrum im Mittelalter), der Fischmarkt, das hanseatische Viertel *Bryggen*, die zahlreichen Museen und der Aussichtsberg *Fløyen* ziehen viele Menschen an. Somit ist das **Verkehrsaufkommen** in den Sommermonaten extrem hoch, denn auch eine geringe *City-Mautgebühr* hält viele Autofahrer nicht davon ab, innerhalb der Stadt einen freien Parkplatz zu suchen. Über die Parkmöglichkeiten für Autos und Wohnmobile im Zentrum informiert eine kostenlose Straßenkarte mit Parkplatzverzeichnis, die bei der Touristeninformation erhältlich ist.

Fakten über Hordaland und Bergen	
Fläche:	15.653 km²
Einwohner:	410.000
Städte:	Bergen (215.000)
Fläche über 900 m:	38 %
Küstenlinie:	5.421 km
Zahl der Inseln:	9.167
Straßennetzlänge:	5.789 km
Flugplätze:	Bergen und Stord
Eisenbahn:	Bergenbahn (Oslo-Bergen)
Längster Fjord:	Hardangerfjord (179 km)
Gletscher:	Folgefonn (212 km²), Hardangerjøkulen (78 km²)
Höchster Wasserfall:	Skykkjedalsfossen (300 m)
Nationalpark:	Hardangervidda (3.430 km²)
Naturschutzgebiete:	34
Größte Insel:	Osterøy (254 km²)
Andere Merkmale:	Norwegens Obstgarten (ca. 1.400.000 Obstbäume), Hauptregion für Aquakultur

Sehenswertes in Bergen

Bergen hat viel zu bieten. Wenn man die wichtigsten Dinge der Stadt sehen will, sollte man sich zwei oder drei Tage Zeit nehmen. Zusätzlich müsste man ein oder zwei Tage für die interessante Umgebung veranschlagen. Wer nur einen Tag in Bergen verbleibt, sollte sich vielleicht nach einem Spaziergang über den Fischmarkt dem mittelalterlichen Bergen zuwenden. Die Hauptsehenswürdigkeiten sind *am besten* leicht zu Fuß zu erreichen (Hanseatisches Museum, Bryggen mit den alten Kauf- *zu Fuß* mannshäusern, die Marienkirche und das königliche und kirchliche Zentrum im Mittelalter mit König Håkons Halle und dem Rosenkrantz-Turm).

Wenn Sie möchten, folgen Sie dem auf der Karte "Bergen" eingezeichneten **Stadtrundgang**. Die Route beginnt auf dem *Fischmarkt (9)*, dann gehen Sie an der *Kreuzkirche (12)* und der *Domkirche (8)* vorbei. Über die *Lille Övregaten* gelangen Sie zur Talstation der *Fløyenbahn (6)*.

Bei klarer Sicht lohnt eine Fahrt mit der Standseilbahn zum Aussichtspunkt *Fløyen* mit einem herrlichen Blick auf Bergen und das Meer. Danach gehen Sie etwa 150 m Richtung Fischmarkt und biegen nach rechts ab. Dort liegt das kleine *Hanseatische Museum (5)*. Gehen Sie an der *Bryggenfront* mit den Resten der hanseatischen *Speicherhäuser* entlang, und versäumen Sie nicht, nach rechts in die

8. Reisen in Norwegen: Bergen

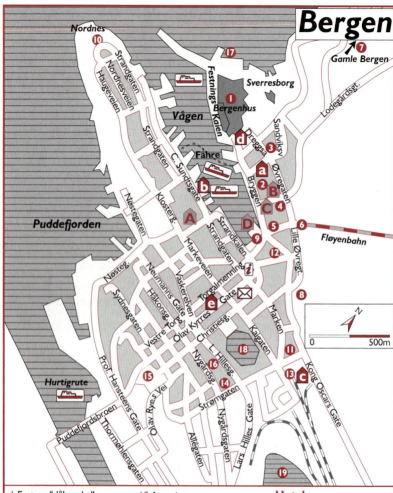

1 Festung/Håkonshalle
2 Bryggen
  (frühere Deutsche Brücke)
3 Mariakirche
4 Schøtstuene
  (hanseat. Gesellschaftsräume)
5 Hanseatisches Museum
6 Fløyenbahn
7 Richtung Gamle Bergen
  (Freilichtmuseum)
8 Domkirche
9 Marktplatz
10 Aquarium
11 Lepramuseum und
   St. Jørgens Hospital
12 Kreuzkirche
13 Bahnhof
14 Grieghalle
15 Kulturhistorisches Museum /
   Seefahrtsmuseum
16 Rasmus Meyers Sammlungen
17 Fischereimuseum
18 Lille Lungegårdsvann
19 Store Lungegårdsvann

Hotels
a Radisson SAS Royal Hotel
b Hotel Admiral
c Grand Hotel Terminus
d Hotel Bryggen Orion
e Radisson SAS Hotel Norge

Restaurants
A Lucullus
B Bryggen Tracteursted
C Enhjørningen
D Fiskekrogen

schmalen Gassen abzubiegen. Werfen Sie einmal einen Blick in die *Schøtstuben* (4), die alten Gesellschaftsräume der Hanseaten.

Von dort ist es nicht weit bis zur sehenswerten *Marienkirche* (3) und dem benachbarten kulturhistorischen Museum (*Bryggens Museum*). Nach der Besichtigung der Festung *Bergenhus* mit der *Halle des Königs Håkon* (1) können Sie an den schönen Fassaden der *Speicherhäuser* und am Hafenbecken *Vågen* entlang spazieren; über *Torgalmenningen* gelangt man in das *moderne Zentrum* von Bergen.

Die Sehenswürdigkeiten des Stadtrundganges

Bryggen (2)

Zu den herausragenden Sehenswürdigkeiten der malerischen Stadt gehören die Anlagen von Bryggen, früher auch *Tyske Bryggen* (= 'Deutsche Brücke') genannt,

Giebelhäuser des Hanseatischen Viertels

in denen die deutschen Kaufleute in Bergen wohnten. An der Nordseite des Hafenbeckens Vågen liegen Kaufmannshäuser, die nach dem **Brand** von 1702 wieder errichtet wurden. Die dreigeschossigen, spitzgiebligen Holzhäuser unmittelbar am Hafen mit kurzem Weg zu den Schiffen waren die begehrtesten Gebäude.

besonders sehenswert

INFO Bergen und die deutsche Hanse

Schon im frühen Mittelalter war Bergen ein bedeutendes Handelszentrum im Norden Europas. Bevor **deutsche Kaufleute**, die 1186 zum erstenmal in Bergen urkundlich erwähnt werden, den Handel übernahmen, wurden vor allem Engländer des Fischhandels wegen angelockt. Getrockneter Fisch aus Norwegens Norden war in Deutschland gefragt und wurde über die Donau sogar bis in den Orient transportiert. **Stockfisch** war eine begehrte, billige Fastenspeise in ganz Europa. Vor allem nach Brotgetreide und Salz verlangten die Menschen in Norwegen. Als Mitte des 13. Jahrhunderts der Hunger die Menschen am Rande Europas bedrohte, stattete König Håkon Håkonsson die Lübecker Kaufleute mit großzügigen Privilegien aus. Da für den Großteil der norwegischen Bevölkerung der deutsche Roggen wesentlich erschwinglicher war als englischer Weizen, der eher einer kleinen wohlhabenden Schicht zugute kam, verlor die Getreidezufuhr aus England zunehmend an Bedeutung. Bald darauf durften deutsche Kaufleute in Bergen Eigentum erwerben, so dass am Hafen Handels- und Lagerhäuser errichtet wurden.

Die Deutsche Brücke in Bergen entwickelte sich zu einer Stadt in der Stadt, nachdem die Hansekaufleute sich zu einer Gemeinschaft mit der Bezeichnung "Das Deutsche Kontor" zusammengeschlossen hatten. **Unter der Oberhoheit des Lübecker Rates wurde die Faktorei verwaltet und Recht gesprochen.** Zeitweilig erreichte der Anteil der Deutschen, die im 15. Jahrhundert den Außenhandel Bergens bzw. Norwegens fest im Griff hatten, rund ein Drittel bei einer Gesamteinwohnerzahl von ca. 6.000 Menschen. Das Verhältnis zur einheimischen Bevölkerung war nicht immer frei von Konflikten. Mord und Totschlag kamen vor, aber sie bestimmten nicht die Beziehungen der Einheimischen zu den deutschen Kaufleuten. Meist stritt man um den Umfang der Privilegien und die Art der gegenseitigen Handelswaren.

Bis die Macht und Kultur der Hanse verfielen, brauchte man in Bergen offensichtlich die wirtschaftlichen Impulse, die trotz Monopolstellung des Deutschen Kontors von ihm für Stadt und Land ausgingen.

Die Deutsche Brücke in Bergen war der einzige Stapelplatz für ganz Norwegen. In den Orten nördlich Bergens durfte laut königlichem Erlass kein direkter Import- und Exporthandel getrieben werden. Also mussten alle Fischer in die Hafenstadt kommen, um ihren Fang im Ausland abzusetzen und gegen überseeische Waren zu tauschen.

In Bergen unterstand das Kontor anfangs sechs, dann zwei sog. Älterleuten, die Bürger einer Stadt mit Lübischem Recht sein mussten. Jährlich wurden aus den 300-400 Inhabern der Handelsstuben seit Mitte des 15. Jahrhunderts 18 Beisitzer gewählt, die eine Art Regierung der deutschen Niederlassung bildeten und zum Beispiel als Frachtherren, Branddirektoren, Kirchenvorsteher und Leiter des Armenhauses fungierten.

Rau waren die Sitten in der **reinen Männergesellschaft.** Jeder Neuangekommene oder wer nach der Lehre in den Gesellenstand aufgenommen werden wollte, musste einen Härtetest besonderer Art über sich ergehen lassen. An die Äquatortaufe der Seeleute erinnernd, wurden die Jungen mit einem Tau unter dem Schiff hergezogen, von älteren Gesellen durchgeprügelt oder im Rauchspiel über qualmendem Feuer aufgehängt und kräftig durchgeräuchert.

Dem späteren Stralsunder Bürgermeister wurde beim "Spiel" mit einem Rasiermesser die Lippe durchgeschnitten. Die älteren Gesellen rächten sich am Nachwuchs für eigene erlittene Rohheiten und Gewalttätigkeiten.

Die **berüchtigten Bergener Spiele** wurden kurz nach dem letzten Hansetag im 17. Jahrhundert von den Dänen schließlich verboten. 1702 fielen große Teile der Brücke, die so genannt wurde, weil die Häuser zum Be- und Entladen der Schiffe unmittelbar am Hafenbecken lagen, einem Brand zum Opfer. Als die Marienkirche 1766 in den Besitz des Königs überging, war die Zeit der Hanse in Bergen endgültig abgelaufen.

Durch einen schmalen Hofdurchgang gelangt man nicht etwa in einen Hinterhof, sondern in eine Gasse von bis zu 140 m Länge. **Speicher, Wohn- und Geschäftshäuser** bilden lange Häuserzeilen mit offenen Laubengängen, "Garten" genannt (von norw. *gård* = 'Hof'). Bis zu 150 Bewohner lebten und arbeiteten in einem *gård*, die manchmal auch eine Gemeinschaft mit einem gegenüber liegenden "Garten" bildeten.

In solch einem kleinen **Junggesellenstaat** herrschten strenge Zucht und Ordnung, meistens jedenfalls. So sah zum Beispiel eine Regel des genossenschaftlichen Zusammenlebens vor, dass jemand, der mit *"irgendwelche lose Frauenzimmer"* am Feiertag oder Vorabend erwischt wurde, eine Tonne Bier an die Gesellen der Gartengemeinschaft zu zahlen hatte, während die Frau ins Hafenbecken geworfen wurde. Gemeinsamer Besitz der Bewohner waren einstöckige Häuser wie *"dat Elthus"*, das Feuerhaus, in dem das Essen für eine Häuserzeile gekocht wurde. Denn wegen der Brandgefahr war offenes Feuer an anderen Orten der Anlage verboten.

Von großer Bedeutung für alle war ferner **der Schütting**, der einzige heizbare Raum, ein Versammlungsraum, in dem eine Art Klubleben in den Wintermonaten stattfand. Hier aß man gemeinsam, trank sein Bier, beriet über alle Angelegenheiten der Gemeinschaft, hielt Andachten ab und führte Spielabende durch. Den Sommer über blieb der Schütting geschlossen.

Typische Gasse in Bryggen

Bryggen gilt als ein Beispiel norwegischer Architektur des Mittelalters, auch wenn nur noch zehn Giebel nach dem Großbrand des Jahres 1702 erhalten werden konnten und ein Brand noch im Jahre 1955 großen Schaden anrichtete. Das Viertel mit den Kaufmannshäusern der Hanse steht auf der UNESCO-Liste der weltweit unter Denkmalschutz stehenden Kulturgüter.

unter Denkmalschutz, doch sehr lebendig

Ein Spaziergang durch die schmalen Gassen ist eine lohnende Angelegenheit, zumal sich hier in den alten Gebäuden neben mehreren Restaurants und Galerien die Werkstätten verschiedener Kunsthandwerker befinden.

Das **Hanseatische Museum (5)**

Das Hanseatische Museum an der Bryggenfront, schräg gegenüber vom Fischmarkt gelegen, zeigt einen alten hanseatischen Kaufmannshof, den *Finnegård*, der im 19. Jahrhundert von dem Kaufmann *Johan Wilhelm Olsen* eingerichtet wurde. Das Museum vermittelt eine Vorstellung vom Kaufmannsleben zur Zeit der Hanse, auch wenn das gut erhaltene Holzgebäude im Stil des 18. Jahrhunderts ausgestattet ist. In der Sommerzeit (Eintritt) ist das kleine Gebäude allerdings oft überlaufen.

248 *8. Reisen in Norwegen: Bergen*

Bryggens Museum (3)
Bryggens Museum: Dregsalmenning 3, geöffnet 1.5.-31.8. 10.00-17.00 Uhr; 1.9.-30.4. Mo-Fr 11.00-15.00 Uhr (Sa 12.00-15.00 Uhr, So 12.00-16.00 Uhr), Eintritt, Ki frei

Das moderne, nahe der bekannten Marienkirche gelegene Museum hat kulturhistorische Sammlungen und wurde 1976 eröffnet. Es dokumentiert die Ergebnisse umfangreicher Ausgrabungen aus dem Bryggen-Viertel aus den Jahren zwischen 1955 und 1972.

Samm-
lungen
zur
Kultur-
geschichte

Gezeigt werden dem Besucher Überreste der ältesten Ansiedlungen, u.a. auch Funde aus der Wikingerzeit (z.B. die in einen Knochen geritzten Konturen von Schiffen, die als überdimensioniertes Bronzerelief auch an der Außenfassade angebracht sind). Ferner vermittelt die Ausstellung ein Bild vom Leben im mittelalterlichen Bergen um 1300; zusätzlich gibt es wechselnde Ausstellungen.

Außerhalb des verglasten Gebäudes können Sie freigelegte Häuserfundamente des Hanseatischen Kontors besichtigen. Achten Sie auch auf die Statue *Snorri Sturlusons*, des größten isländischen Gelehrten des Mittelalters, der sich häufig in Bergen aufhielt.

Tipp
Wer sich für die Geschichte Bergens und die Kulturgeschichte der Hansekaufleute interessiert, kann an einer Führung in deutscher/englischer Sprache teilnehmen. In der Zeit vom 1.6.-31.8. beginnen die geführten Rundgänge um 11.00 und 13.00 Uhr im Bryggens Museum, dann geht es weiter durch das Kaufmannsviertel mit einem Besuch der **Schøtstuene (4)** *(= 'Schöttstuben' oder 'Schütting'), den Gesellschaftsräumen der Kaufleute, zum Hanseatischen Museum. Die Führung dauert etwa 1½ Stunden.*

Der **Marktplatz**/Torget (9)
Der Markt ist werktags von 8.00-15.00 Uhr geöffnet, an manchen Tagen, wenn sich besonders viele Touristen in Bergen aufhalten, auch länger.

berühmter
Fischmarkt

Der von Bronzelöwen bewachte Marktplatz ist vor allem wegen des Fischmarkts ein besonderer Anziehungspunkt. Hier können Sie ausgezeichneten, fangfrischen Fisch (z.T. noch lebend), gerade angelandete Garnelen, Walfleisch und weitere Köstlichkeiten kaufen. Billig ist dieses Vergnügen nicht, denn der schönste Fischmarkt des Königreichs ist gleichzeitig (wegen der Touristen) dessen teuerster. Daneben gibt es aber auch Fleisch (u.a. auch Ren), Blumen, Obst (probieren Sie einmal norwegische Erdbeeren aus dem Fjordland!), Gemüse und Kunstgewerbe.

Von der mittelalterlichen Bausubstanz der **Kreuzkirche (12)** unweit des Marktplatzes ist nicht mehr viel erhalten geblieben, und auch die **Domkirche (8)**, deren ältester Teil gleichfalls aus dem 12. Jahrhundert stammt, ist in den nachfolgenden Jahrhunderten stark verändert worden.

Die **Marienkirche (3)**

Öffnungszeiten: 22.5.-31.8. täglich von 11.00-16.00 Uhr (außer Sa und So); ab 1.9. 12.00-13.30 Uhr; ab und zu finden Orgelkonzerte statt.

Die Marienkirche ist das bedeutendste sakrale Gebäude der Stadt, weil sie schon in der ersten Hälfte des 12. Jahrhunderts erbaut worden ist und eine der beeindruckendsten romanischen Kirchen Norwegens darstellt. In ihr ist wesentlich mehr Ursprüngliches erhalten als in den anderen Kirchen Bergens. 1408 ging sie bis zur Mitte des 18. Jahrhunderts in den Besitz der deutschen Kaufleute in Bergen über, die sie im Laufe der Zeit prächtig ausschmückten.

eine romanische Kirche

Sie ist eine dreischiffige Basilika mit zwei Türmen. Obwohl nur eine einfache Gemeindekirche, deuten die Doppelturmfassade und die der Kathedralarchitektur entstammenden, dreiteiligen Mittelschiffsmauern den besonderen Stellenwert des Gotteshauses an. Analog zu anderen Hauptkirchen der Hanse, etwa in Lübeck oder Visby, ist es der Muttergottes geweiht. Ein äußerer Rundgang, vorbei an vielen Grabsteinen mit deutschen Inschriften, zeigt in den Portalen und Rundbogenfriesen die Formensprache der Romanik; wahrscheinlich kamen die Steinmetze, angeregt von der Kirchenbaukunst des Rheinlands und Norditaliens oder vom Dombau zu Lund, aus Südschweden nach Bergen. Der nach einem Brand im 13. Jahrhundert neuerrichtete Ostteil mit geradem Chorabschluss ist frühgotisch beeinflusst. Ein besonders schönes **Portal**, das normannische Elemente aufweist, befindet sich an der Südseite der Kirche. Normannisch-Englisches gibt es auch im Inneren zu sehen, etwa in den Faltenornamenten an den Kapitellen der Arkadenpfeiler. Diese tragen die Innenmauern der Basilika, die wie bei einer Kathedrale mit Triforiengängen und Obergadenfenstern ausgestattet sind (allerdings nur in der Südmauer).

Triptychon in der Marienkirche

Formensprache der Romanik

Besonders sehenswert ist ein dreiteiliger **Flügelaltar**, ein Triptychon, aus dem Ende des 15. Jahrhunderts, bei dem es sich um eine norddeutsche Arbeit handelt. Der früher nur an besonderen Festtagen geöffnete Altarschrein zeigt im mittleren Teil Maria mit dem Kinde, umgeben von dem großen norwegischen Nationalheiligen St. Olav und dem Pestheiligen St. Antonius sowie St. Dorothea und St. Katharina, deren Namen einst Zünfte in Bergen trugen. Ein Blickfang besonderer Art ist die barocke **Kanzel**, die vermögende Kaufleute der Deutschen Brücke der Kirche im Jahre 1676 schenkten. Unbekannt sind Künstler und Herkunft der ungewöhnlichen Arbeit, bei der Schildpatt, also die Hornplatten von Seeschildkröten, und Lack verwendet worden sind. Die Materialien deuten möglicherweise auf Beziehungen zu Ländern hin, die mit dem ostasiatischen Raum in Verbindung standen.

ein norddeutscher Flügelaltar

Unter den im 13. Jahrhundert angebrachten Gewölben sind mittelalterliche Kalkmalereien zu sehen; im südlichen Seitenschiff hängt darunter ein großes Votivschiff. An den Wänden finden sich Erinnerungstafeln und Bilder honoriger Bürger aus dem 17. und 18. Jahrhundert. Auch die Grabsteine deutscher Schiffer, Kaufleute und Pfarrer auf dem Boden der Kirche belegen, dass die Marienkirche lange Zeit *Tyskekirken*, die "Kirche der Deutschen", gewesen ist.

Kirche der Deutschen

Die **Festung Bergenhus**/*Bergenhus festning* (1)
Öffnungszeiten: 15.5.-31.8.. von 10.00-16.00 Uhr (außerhalb der Saison 12.00-15.00 Uhr; Do 15.00-18.00 Uhr); Eintritt, Führungen in Håkonshalle und Turm jede Stunde ab Håkonshalle.

Der hinter Mauern an der Einfahrt zum Hafenbecken Vågen gelegene Komplex ist genau genommen Bergens königliches und kirchliches Zentrum des Mittelalters, das erst in späterer Zeit zu Schloss und Festung unter der Bezeichnung *Bergenhus* ausgebaut wurde. Auf dem historischen Grund sind es zwei Gebäude, die dem Besucher der Stadt auffallen, nämlich die **Håkonshalle** als königlicher Krönungssaal und der nach dem dänischen Reichsrat benannte **Rosenkrantz-Turm**.

eine gotische Festhalle ...

Schon früh zeigte das norwegische Königshaus seine Vorliebe für den aufstrebenden Handelsort, und bereits *Olav Kyrre*, der als Gründer der Stadt gilt, wollte Bergen zur Bischofsstadt machen. Als Bergen unter *Håkon Håkonsson* im 13. Jahrhundert zur Reichshauptstadt erhoben wurde, musste ein repräsentativer Königssitz errichtet werden. Zur Hochzeit und Krönung seines Sohnes *Magnus* 1261 war die gotische Steinhalle im englischen Stil fertiggestellt, die im Mittelalter lange Zeit als Repräsentationsraum genutzt wurde. Das Gebäude bestand ursprünglich aus zwei parallelen Hallen, von denen die zur Hafenseite gelegene nur noch anhand der Grundmauern erkennbar ist. Mit der Dänenherrschaft verkam die Håkonshalle zum Lagerschuppen, blieb aber immerhin erhalten, bis sie in nationalromantischer Zeit wiederentdeckt und restauriert wurde. Die Explosion eines Munitionsschiffes im Hafen zerstörte 1944 die Steinhalle und ließ nur die Grundmauern stehen.

Die Håkonshalle von der Seeseite gesehen

1944 zerstört

Am 700. Jahrestag nach der Krönung von König *Magnus* wurde die Håkons-halle 1961 wieder der Öffentlichkeit zugänglich, die nach der letzten Restaurierung deutlich ihren mittelalterlichen Charakter bewahrt hat. Die Deckenkonstruktion aus Holz, die an ein gekipptes Wikingerschiff erinnert, der Wandteppich in leuchtenden Farben an der nördlichen Giebelseite mit dem Ehrensitz und der gewebte Fries an der Längswand, dessen Motive auf uralte und christliche Symbole der frühen Holzkalender, der *Primstäbe*, zurückgehen, fügen sich harmonisch in den Raum ein, der heute als Fest- und Konzertsaal genutzt wird.

heute Fest- und Konzert- saal

Der Rosenkrantz-Turm *(Rosenkrantz Tårnet)* wurde ebenfalls in der Zeit König *Håkons* errichtet, diente der Verteidigung des Königshofes und fungierte als Wohnturm. Diese ältere Anlage wurde zusammen mit einem Vorwerk aus den Jahren um 1520 im 16. Jahrhundert von *Erik Rosenkrantz*, dem damaligen Schlosshauptmann, in einen größeren Wohnturm im Stil der Renaissance integriert. Dazu ließ er als Bausteine Material der säkularisierten Klöster einfügen, wie an der Außenfassade deutlich zu sehen ist. Auch im Inneren spiegeln sich die drei Hauptphasen der Baugeschichte des Rosenkrantz-Turmes wider, der wie die königliche Halle nach der Explosion des Jahres 1944 gründlich restauriert werden musste.

Die beiden genannten Hauptsehenswürdigkeiten sind eingebunden in ein Bau-Ensemble der dänischen sowie der Zeit des schwedisch-norwegischen Königs *Karl Johan*, u.a. Offiziers- und Kasernengebäude. Ein Teil des Terrains gehört immer noch dem Militär. Lohnenswert ist ein kleiner Spaziergang über das Gelände; man sieht die Grundmauern der zweiten mittelalterlichen Festhalle, den markierten Standort der ehemaligen gotischen Hauptkirche der Stadt und kommt schließlich zur Statue König *Håkons VII.* (schöner Blick auf den Hafen).

In einiger Entfernung kann man zur Landseite am Hang die Ruinen einer weiteren, frühmittelalterlichen Festung des Königs *Sverri* bemerken.

Weitere Sehenswürdigkeiten im Zentrum

Das **Aquarium (10)**
Öffnungszeiten: *1.5.-30.9. täglich 9.00-20.00 Uhr; 1.10.-30.4. täglich 10.00-18.00 Uhr; Eintritt*

Das Aquarium gehört zu den besten in Europa, das wie kaum ein anderes so viele Arten von Meerestieren aus Nordsee und Nordatlantik vorweisen kann. Vom Marktplatz läuft man gut 20 Minuten (oder Bus Linie 4) bis zur äußersten Spitze der Halbinsel (*Nordnesparken*). Wer zu Fuß am Hafen entlang geht, passiert einige sehr schöne Gebäude, ein mittelalterliches Stadttor (mit Flohmarkt) und die *Nykirke*, die Neue Kirche. Im Aquarium verlangen die verschiedenen Arten unterschiedliche Wasserqualitäten und Temperaturen. Kein Problem, denn bis aus einer Tiefe von 125 m wird das benötigte Wasser aus dem Byfjord in ein rund 8 km langes Leitungssystem innerhalb des Aquariums gepumpt. Sechs verschiedene Wasserqualitäten gelangen so in 9 große und 42 kleinere Aquarien.

viele Arten aus Nordsee und Nord- atlantik

Museen, Kunstsammlungen und Galerien (Auswahl)

Bergen besitzt als Kulturmetropole eine ganze Reihe an sehenswerten kommunalen und privaten Museen, Kunstsammlungen und Galerien. Dabei ist eine gewisse Konzentrierung festzustellen, nach der der Bereich 'Kunst' am Stadtteich *Lille*

*Zentrum
von Kunst
und Kultur*

Lungegårdsvatn und der Bereich 'Naturwissenschaft und Geschichte' etwas weiter am *Sydneshaugen* ihren Sitz haben.

Alle Ziele können leicht zu Fuß vom Markt aus erreicht werden. Dem Vorteil der Nähe steht allerdings der Nachteil seltsam kurzer Öffnungszeiten gegenüber, der es unmöglich macht, mehrere der Museen/Kunstsammlungen in angemessener Zeit an einem Tag aufzusuchen.

Zu den Kunstmuseen geht man vom Markt an der Statue *Ludvig Holbergs* und der *Bergens Bank* (schauen Sie sich die Fresken im Foyer an!) vorbei zur *Torgalmenningen,* deren Breite im Fall eines Stadtbrandes ein Übergreifen des Feuers verhindern soll. Jenseits der Querstraße, die nach links zum alten Rathaus führt, erhebt sich ein Bronzemonument, das die Bergenser Seefahrt in ihren unterschiedlichen Epochen dokumentiert. Die *Torgalmenningen* ist heute eine Fußgängerzone, an der Buchläden, Modegeschäfte und das modernistische Einkaufszentrum *"Galleriet"* (mit mehr als 60 Geschäften) auf Kundschaft warten.

Gehen Sie hier nach links, so erreichen Sie den achteckigen Kunstsee *Lille Lungegårdsvatn,* der von schönen Parkanlagen umgeben ist und am jenseitigen Ufer vom Bahnhof begrenzt wird. Nach rechts, an den Standbildern *Edvard Griegs* und *Ole Bulls* sowie auf der anderen Seite am hübschen Musikpavillon vorbei, erreicht man *Rasmus Meyers Allé.* Dort finden Sie zwischen Nr. 3 und Nr. 7 folgende Kunstsammlungen:

Stenersens Samling

*beachtens-
werte
Kunst-
samm-
lungen*

Hier finden sich rund 250 Werke namhafter moderner Künstler wie von Picasso, Klee und dem Norweger Edvard Munch.

Bergens Billedgalleri

Häufig als Norwegens 'zweite Nationalgalerie' bezeichnet, weist das Museum eine Sammlung norwegischer Malerei des 19. und 20. Jahrhunderts auf sowie, weniger umfangreich, europäische Kunst (u.a. Picasso und Braque).

Rasmus Meyers Samlinger (16)

Die Erben des Kaufmanns und Kunstmäzens *Rasmus Meyer* überließen der Stadt Bergen eine der umfangreichsten Sammlungen norwegischer Kunst, die ihrerseits eigens ein besonderes Gebäude bis zum Jahre 1924 fertig stellen ließ. Besonders sehenswert ist eine Reihe norwegischer Gemälde von *Dahl, Krohg, Munthe* und vor allem *Edvard Munch.* Wer in Oslo die Nationalgalerie oder das Munch-Museum verpasste, hat hier die Gelegenheit, einige der bekannteren Bilder des norwegischen Expressionisten zu sehen.

Öffnungszeiten aller drei Sammlungen: 15.5.-15.9. von 11.00-17.00 Uhr; außerhalb der Saison tägl. außer Mo , Eintritt

Der Hügel *Sydneshaugen,* auf dem sich weithin sichtbar die Johanniskirche erhebt, liegt in der Verlängerung der *Torgalmenningen* und ist vom Markt in etwa 20 Minuten zu Fuß bequem erreichbar. Man gelangt dabei in ein idyllisches Viertel,

*ein
idyllischer
Stadtteil*

das von Holzhäusern, Bürgerhäusern im viktorianischen Stil, Standbildern, Gebäuden der Universität, Parkanlagen und Museen geprägt ist und schöne Ausblicke zu allen Seiten bietet.

Knapp unterhalb des Hügels befindet sich das große **Naturkundemuseum** im neoklassizistischen Stil, das die Geologie, Flora und Fauna der Region dokumentiert (u.a. ein großes Walskelett). Von dort aus ist ein kurzer Spaziergang durch den **Botanischen Garten** empfehlenswert, der sich zwischen dem Naturkunde- und dem Historischen Museum erstreckt.

Das Historische und das Seefahrtsmuseum sind altertümliche, aneinander gebaute Häuser, die im Kontrast zur benachbarten modernen Mensa der Universität stehen.

Szene vor dem Naturhistorischen Museum

Kulturhistorisches Museum/*Historisk Museum* (15)
Öffnungszeiten: tägl. außer Fr 11.00-14.00 Uhr; Eintritt frei

Das Historisk Museum ist als Zentralmuseum für die Kulturgeschichte des Raumes um Bergen zweifellos die wichtigste der Institutionen auf dem *Sydneshaugen*; es zeigt reichhaltige Sammlungen aus vorhistorischer Zeit, der Zeit der Völkerwanderung und der Wikingerzeit sowie beeindruckende Exponate mittelalterlicher Kirchenkunst. So zum Beispiel eine romanische Madonna aus der Urnes-Kirche in Sogn. Ferner findet sich dort eine Textilabteilung und eine ethnographische Sammlung zur Kulturgeschichte der Lappen/Samen und der Grönländer, wobei die letztere von Roald Amundsen stammt.

Wikinger, Samen, Grönländer ...

Im Garten sieht man Felszeichnungen *(helleristninger)* der Bronzezeit sowie Kult- und Gedenksteine aus der Eisenzeit.

Seefahrtsmuseum
Öffnungszeiten: tägl. außer Sa 11.00-14.00 Uhr; Eintritt, Kinder frei

Im direkt anschließenden Seefahrtsmuseum wird die Geschichte der Schifffahrt dokumentiert, die für Norwegen wie für kaum ein anderes Land von so elementarer Bedeutung gewesen ist. Funde und Modelle reichen vom ältesten norwegischen Bootsfund von ca. 200 v.Chr. über die bekannten Wikingerschiffe, die Hansekoggen bis hin zur Gegenwart.

Bevor Sie den *Sydneshaugen* wieder verlassen, sollten Sie (falls geöffnet) einen Blick in die Johanniskirche werfen, deren beeindruckender offener Dachstuhl aus Holz englische Vorbilder nachahmt.

Lepramuseum (11)

Lepramuseum: St. Jørgens Hospital, *Kong Oscarsgate 59*; *Öffnungszeiten*: Mitte Mai bis Ende August 11.00-15.00 Uhr; Eintritt

Das nahe dem Bahnhof gelegene Lepramuseum war im Mittelalter das Hospital für Aussätzige (*St. Jørgens Hospital*), das nach dem Stadtbrand 1702 wieder aus Holz errichtet wurde. Heute befindet sich hier ein medizinhistorisches Museum. Norwegische Ärzte leisteten wertvolle Arbeit im Kampf gegen die Leprakrankheit, vor allem *Armauer Hansen* wurde bekannt, dem es als erstem gelang, den Leprabazillus zu isolieren.

Fischereimuseum (17)

Fiskerimuseet: Bontelabo; *Öffnungszeiten*: täglich 11.00-17.00 Uhr; Eintritt

Im zentral gegenüber von Bergenhus gelegenen Fischereimuseum erhält der Besucher interessante Informationen zum norwegischen Fischfang, zur Küstenkultur und den Grundlagen des Meeres.

Ziele in der Umgebung von Bergen

Alt-Bergen/*Gamle Bergen* (7)

Öffnungszeiten: 16.5.-1.9. von 11.00-18.00 Uhr; stündlich Führungen (auch in deutsch)

sehenswertes Freilichtmuseum

Alt-Bergen, Sandviken, ca. 4 km außerhalb des Zentrums am Nordufer des Byfjords gelegen, mit dem Bus Linie 1 oder 9 gut zu erreichen, ist ein liebevoll angelegtes Freilichtmuseum, in dem ältere Holzhäuser der Stadt Bergen aus dem 18. und 19. Jahrhundert vor der Zerstörung bewahrt und in dieser kleinen Stadt in der Stadt wieder aufgebaut worden sind. Zu der Anlage gehört auch das Elternhaus von Edvard Grieg.

Im Laufe der Zeit sollen den bisher gut 35 bunten Holzhäusern mit ihren malerischen Türen und verzierten Gesimsen noch weitere Gebäude folgen. Viele der Häuser sind im Stil des 18., 19. oder Anfang des 20. Jahrhunderts eingerichtet, so dass der Besucher eine Vorstellung davon bekommt, wie der Bäcker, Friseur, Uhrmacher oder Zahnarzt damals lebte. Natürlich gab es große soziale Unterschiede zwischen den einzelnen Klassen, aber eine strikte räumliche Trennung in einen West- und einen Ostteil gab es in Bergen nicht. Der reiche Schiffseigner wohnte durchaus neben dem einfachen Handwerker.

Häuserzeile in Alt-Bergen

Nicht immer war die Einstellung der Bergenser zu ihren alten Häusern so uneingeschränkt bejahend, wie dies heute der Fall ist, so dass vor einigen Jahrzehnten einige Bürger, die den kulturhistorischen Wert der Holzhäuser erkannten, die Initiative zur Errichtung des Freilichtmuseums ergriffen.

INFO Wer war Edvard Grieg?

Grieg ist der bekannteste Komponist Norwegens, der in Europa und in der Welt zu großem Ansehen gelangte. 1843 wird Edvard Grieg in Bergen als Sohn eines Kaufmanns und englischen Konsuls geboren; seit seinem sechsten Jahr erhält er von seiner Mutter Klavierunterricht und empfängt erste Eindrücke der Musik Mozarts, Webers und Chopins. Für seine künstlerische Entwicklung ist die Begegnung mit dem berühmten Geigenvirtuosen Ole Bull im Sommer 1858 von Bedeutung, der Grieg zum Musikstudium auf dem Leipziger Konservatorium veranlasst. Doch die Jahre in Leipzig sind aus Griegs Sicht eher enttäuschend. Wenig später erfolgt über die Freundschaft mit Richard Nordraak, dem Schöpfer der norwegischen Nationalhymne, eine Wende in Griegs künstlerischer Entwicklung, indem er den Weg hin zu einer nationalen, an der heimatlichen Volksmusik orientierten Kunstmusik findet.

"Es fiel mir wie Schuppen von meinen Augen; erst durch ihn lernte ich die nordischen Volkslieder und meine eigene Natur kennen."

Vor allem in Klavier- und Chorwerken bringt er die bodenständige Volksmusik, die sich in den nordischen

Bronzebild des Komponisten in Troldhaugen

Ländern bis ins Mittelalter zurückverfolgen lässt, in die Kunstmusik ein. Zahlreiche Reisen führen Grieg als Pianisten und Dirigenten ins Ausland. International bekannt macht ihn vor allem seine Orchestermusik zu Ibsens Schauspiel "Peer Gynt". In der Heimat wird er bald als der große Repräsentant der nationalen Musik verehrt. 1885 bezieht er, wirtschaftlich unabhängig und sich ganz seinem Schaffen widmend, seinen Landsitz "Troldhaugen" nahe Bergen, heute ein vielbesuchtes Museum. Zu einem herausragenden Ereignis in der norwegischen Musikgeschichte werden unter Griegs Regie die ersten Musikfestspiele in Bergen (1898). 1907 stirbt Grieg in Bergen, dessen Kunst norwegische Musik weltweit bekannt gemacht hat.

Trotz einiger Brände in der Vergangenheit gibt es in vielen Stadtteilen nahe dem Zentrum unzählige gepflegte alte Holzhäuser, die zweifellos den besonderen Charme der Hauptstadt des Fjordlandes ausmachen.

Troldhaugen

Öffnungszeiten: 1.5.-30.9. täglich 9.00-18.00 Uhr; außerhalb der Saison alltags 10.00-14.00 Uhr; Sa/So 12.00-16.00 Uhr; Eintritt; Karten für Konzerte gibt es bei der Touristeninformation, in der Festspielzeit auch an der Kasse der Grieghalle im Zentrum von Bergen.

Edvard Griegs Wohnsitz

Troldhaugen in Hop, ca. 10 km südlich vom Zentrum gelegen, ist der im viktorianischen Stil vor gut hundert Jahren errichtete Wohnsitz des Komponisten Edvard Grieg, wo er mehr als zwei Jahrzehnte mit seiner Frau Nina lebte. Troldhaugen war für ihn eine bedeutende Inspirationsquelle, denn in der Landschaft am Nordås-See entstanden viele seiner Kompositionen. Unterhalb der pittoresken Villa

Landschaft als Inspiration

liegen die Urnen von Edvard Grieg und seiner Frau in einem Felsen. Das in seinem ursprünglichen Zustand bewahrte Haus ist seit 1907 eine Stätte der Erinnerung und Huldigung an den großen Norweger.

Neben der Komponistenhütte gibt es seit 1985 einen Kammermusiksaal für 200 Zuhörer, die einen ähnlichen Blick in die Natur genießen wie Grieg bei seiner Arbeit.

Tipp

Troldhaugen ist eine der ganz großen Touristenattraktionen. Vor allem wenn größere Kreuzfahrtschiffe im Hafen liegen und zahlreiche Busse Griegs Heim anfahren, ist die Anlage völlig überlaufen. Dies gilt auch für die Stabkirche von Fantoft. Nach eigenen Erfahrungen ist ein Besuch gleich am Morgen günstig.

Fantoft Stabkirche

Mit dem Bus erreicht man die Stabkirche vom Busbahnhof ab Bahnsteig 18-19-20 mit jedem der dort abfahrenden Busse (bis Haltestelle "Fantoft", von dort Spaziergang von wenigen Minuten); wer nach Troldhaugen weiterfährt, nimmt von der Haltestelle "Fantoft" den Bus bis zum Haltepunkt "Hopsbroen"; vom Troldhaugsvegen ganz in der Nähe führen Wegweiser nach Troldhaugen, das Sie nach einem etwa halbstündigen Spaziergang erreichen.

neu rekonstruierte Stabkirche

Auf dem Weg nach Troldhaugen sollte man in der Ortschaft mit dem hübschen Namen *Paradis* auf jeden Fall die Stabkirche von Fantoft "mitnehmen". Zwar ist die Holzkirche im Juni 1992 von einer Sekte bis auf die Grundmauern niedergebrannt worden, sie konnte aber inzwischen wieder weitgehend rekonstruiert werden.

Ein Privatmann aus Bergen sorgte im 19. Jahrhundert dafür, dass die ursprünglich im 12. Jahrhundert in Fortun am Sognefjord gebaute Stabkirche, die abgerissen werden sollte, da sie der dortigen Gemeinde zu klein geworden war, in Fantoft wieder errichtet wurde. Vom Typ her ist die Stabkirche eine Vielmastkirche mit hohem Zentralraum (s. auch Kapitel 6).

Lysøen

Öffnungszeiten: 19.5.-31.8. täglich 12.00-16.00 Uhr, sonntags 11.00-17.00 Uhr; Eintritt.
*Zu erreichen mit dem **Bus** vom Busbahnhof, Bahnsteig 20 (Lysefjordlinie); etwa 50 Minuten bis Haltestelle "Helleskaret"; mit dem **Auto** aus Bergen über die Straße 1 nach Süden, weiter über die 546 Richtung Fana, an der Rådal-Kreuzung links nach Fana, dann über das Fana-Gebirge nach Sørestraumen und hier dem Wegweiser zum Buena-Kai folgen; Fahrzeit etwa 30 Minuten. Außerdem fährt vom Buena-Kai das **Personenschiff** "Ole Bull" jede volle Stunde zur Insel (Mo-Sa 12.00-15.00, So 11.00-16.00 Uhr).*

Auf der Insel Lysøen, ca. 26 km südlich von Bergen, liegt eine kleine Perle norwegischer Holzarchitektur, die Villa des Ole Bull aus dem Jahre 1873. Während Musikliebhaber heute Norwegen und Bergen mit dem Namen *Griegs* verbinden, so war dies im 19. Jahrhundert der Name des Geigenvirtuosen und Komponisten *Ole Bull* (1810-1880), der ein Schüler *Paganinis* war. Mit seiner Musik, in die auch Elemente der Volksmusik eingingen, unterstützte er nationalromantische Ideen und leistete seinen Beitrag zur Befreiung Norwegens von der langen Dänenherrschaft. Nach seinen Konzertreisen durch die Welt kehrte er jeden Sommer wieder nach Bergen und später Lysøen zurück. Die Holzvilla mit einem Musiksaal ist im maurischen Stil gebaut, der Eckturm gleicht einem Minarett. Die Insel selbst steht unter Naturschutz und ist ein beliebtes Ausflugsgebiet.

ein Schüler Paganinis

Lysekloster

Wer mit dem Auto bis zur Inselvilla des *Ole Bull* fährt, sollte vielleicht auch einen kleinen Abstecher zu den Ruinen von Norwegens ältestem Zisterzienser-Kloster unternehmen, zumal beide Orte zu Bergens Nachbargemeinde Os gehören. Mitte des 12. Jahrhunderts wurde das Kloster von Mönchen aus Yorkshire gegründet, nach der Reformation aufgegeben und zerstört. Seit ca. 1560 diente es nur noch als Steinbruch, denn die Steine der Anlage wurden zum Bau des Rosenkrantz-Turmes in Bergen und des Schlosses Kronborg in Helsingør verwendet.

Ruinen

Tipp
Die Insel Lysøen mit Ole Bulls Villa, die Ruinen des Zisterzienserklosters sowie ein Lunch im Solstrand Fjordhotel gibt es auch als organisierte Rundfahrt. Information und Buchung bei der Touristeninformation am Marktplatz.

Ulriken

So heißt der höchste der sieben Berge, die die Stadt umgeben. Mit einer Gondelbahn erreicht man in wenigen Minuten den Gipfel, 643 m über dem Meeresspie-

herrliche gel, und hat bei entsprechendem Wetter eine phantastische Aussicht. In den
Aussicht Sommermonaten verkehrt von der Touristeninformation, Bryggen, zwischen 9.00 und 21.00 Uhr jeweils halbstündlich ein Zubringerbus zur Gondelbahn.

Von Bergen ins Fjordland

Neben vielen anderen Attributen ist Bergen auch das Tor zum Reich der Fjorde. Bergen liegt in Hordaland, so heißt der Bezirk Westnorwegens, in dem es bekannte und weniger bekannte Fjorde gibt. Ein von Touristen aus aller Welt besuchtes Reiseziel ist der **Hardangerfjord**, der sich von der Küste über fast 180 km ins
Tages- Land hinein erstreckt und in mehrere Fjordarme gliedert. Attraktiv ist aber auch
fahrten ab die abwechslungsreiche Schärenküste westlich und südlich von Bergen, die als
Bergen **Sunnhordland** bezeichnet wird, während die Küstenregion nördlich der Hauptstadt des Fjordlandes den Namen **Nordhordland** trägt. Die vorzügliche Verkehrsinfrastruktur im Raum Hordaland ermöglicht es außerdem, Tagesfahrten zu verschiedenen Zielen am **Sognefjord** durchzuführen.

Aus der Fülle der Angebote und Möglichkeiten seien einige wenige Tagestouren ab Bergen näher vorgestellt. Dabei handelt es sich entweder um organisierte Rundfahrten oder Fahrten mit öffentlichen Verkehrsmitteln, die man auf eigene Faust unternehmen kann. Bei allen Vorschlägen stehen einzigartige Naturlandschaften im Vordergrund.

Tagestour ins Hardangergebiet

Rundfahrt mit dem Bus ab Bergen Busbahnhof (Bahnsteig 2, 9.00 Uhr) und dem Fjordschiff MS "Turnus" auf dem Hardangerfjord; Besuch eines Bauernhofs in Botnengrend, wo Kaffee und Lefse-Gebäck serviert werden, dann von Norheimsund Rückfahrt mit dem Bus nach Bergen (Rückkehr gegen 17.45 Uhr). Die Touren werden von Ende Mai bis Ende August angeboten (Di, Do, So).

Informationen
und Fahrkarten bei der Touristeninformation in Bergen

In das innere Hardangergebiet

In das innere Hardangergebiet führt eine Tour mit dem Bus ab Bergen Busbahnhof (Bahnsteig 2, 7.30 Uhr) und einem Hochgeschwindigkeitskatamaran von Norheimsund nach Utne und Kinsarvik. Rückkehr des Busses in Bergen gegen 18.00 Uhr. Die Rundfahrten werden von Mo-Sa zu einem Preis von NOK 300 p.P. durchgeführt.

Baronie Rosendal

Auch diese Tour beginnt in Bergen am Busbahnhof (Bahnsteig 4, 9.10 Uhr) und führt nach Rosendal, der einzigen Baronie Norwegens, am Hardangerfjord, wo in einer herrlichen Parkanlage ein hübsches Renaissanceschloss als Hauptgebäude aus dem 17. Jahrhundert steht. Ab Sunde geht es mit dem Schiff durch die Schären in Sunnhordland nach Os und von dort weiter mit dem Bus nach Bergen (Ankunft gegen 19.00 Uhr). Die Tour wird von Mo-Fr zu einem Preis von ca. NOK 260 p.P. durchgeführt. Informationen und Fahrkarten für die letztgenannten Touren wie bei 1.)

Sognefjord und Stalheim

Die Tagestour ohne Führung mit öffentlichen Verkehrsmitteln beginnt ab Bergen, Strandkaiterminalen (8.00 Uhr), und führt mit einem Katamaran zum Sognefjord und durch den Aurlandsfjord nach Flåm. Von dort geht es mit dem Schiff weiter durch den engen Naerøyfjord nach Gudvangen. Mit dem Bus fahren Sie dann durch das schmale Naerøytal über Stalheim nach Voss. Von dort erfolgt die Fahrt mit der Bahn nach Bergen, wo der Zug kurz vor 20.00 Uhr eintrifft. Die Rundfahrten sind täglich zwischen Mitte Mai und Mitte September möglich.

Sognefjord und Flåm-Tal

Die Tagestour beginnt wie unter 4.) mit dem Katamaran bis Flåm. Von hier startet die faszinierende Fahrt mit der legendären Flåmbahn nach Myrdal (867 m ü.d.M.) über eine Strecke von 20 km, die steiler als irgendeine andere Bahnstrecke in Norwegen ansteigt. Von Myrdal erfolgt die Weiterfahrt mit der Bergenbahn zum Ausgangspunkt (Ankunft in Bergen 18.16 bzw. 18.26 Uhr). Auch diese Rundreise wird ohne Führung mit öffentlichen Verkehrsmitteln im gleichen Zeitraum wie die Tour Sognefjord-Stalheim angeboten.

Informationen
und Fahrkarten zu den Sognefjord-Fahrten sind bei der Touristeninformation in Bergen erhältlich.

Hinweis
Zu anderen Alternativen mit dem eigenen Pkw oder Zweirad durch Hordaland und andere Fjordregionen siehe S. 260.

Tipp
Wer es zeitlich einrichten kann, dem sei ein Aufenthalt in Fjordnorwegen im Frühling oder im Herbst empfohlen. Wenn um Pfingsten am Fjord die Obstbäume blühen, während in den Bergen noch reichlich Schnee liegt oder im September/Oktober die Farbenpracht des Herbstes die Natur verwandelt, lohnt Westnorwegen für Naturliebhaber in besonderer Weise.

Obstbaumblüte

Durch das Fjordland

Überblick und alternative Routen

Mit dem Begriff **'Fjordland'** ist in Norwegen jener Raum gemeint, der die Bezirke **Rogaland** mit Stavanger als Zentrum, **Hordaland** mit der Stadt Bergen, **Sogn og Fjordane** mit Sogne- und *Nordfjord* und das nördliche **Møre og Romsdal** mit der Jugendstilstadt Ålesund umfasst. Weit ragen die Fjorde mit ihren Armen und Nebenarmen in das Land hinein, wenn auch nicht alle die Dimensionen des 200 km langen **Sognefjords** erreichen.

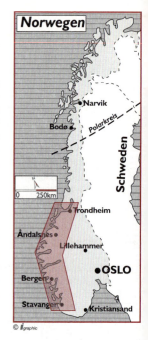

Natur und Kultur

Zur Welt der Fjorde gehören aber auch bis 1.000 m hohe, fast senkrecht aus dem Wasser ragende Bergwände und tosende Wasserfälle. Seit jeher erfolgte die Kommunikation in erster Linie auf dem Wasserweg, während Bergkämme nur mühsam überwunden wurden. Obwohl ständig neue Brücken- und Tunnelverbindungen gebaut werden und der Flugverkehr stark an Bedeutung gewonnen hat, sind Fähren und Schnellboote auch heute nicht aus den Fjorden wegzudenken.

Die ungebrochene Anziehungskraft des Fjordlandes ist neben der einzigartigen Naturlandschaft auch auf kulturelle Besonderheiten zurückzuführen, zu denen beispielsweise die im inneren Gebiet bewahrten **Stabkirchen** wie die von **Urnes, Borgund** oder **Hopperstad** gehören.

Redaktions-Tipps

- Besichtigung der Stabkirchen von Urnes (S. 272), Borgund (S. 272) und Hopperstad (S. 282). Siehe auch Kapitel "Stabkirchen" S. 91.
- Boots- oder Fährfahrt auf dem Geiranger- (S. 278), Sogne- und Naerøyfjord (S. 282f)
- Sommerski auf dem Strynsfjell (S. 278)
- Helikopterrundflug über die Gletscher Jostedalsbreen oder Folgefonn (S. 273)
- Gletscherwanderungen in Olden (S. 279)
- Auffahrt auf den Dalsnibba (S. 280)
- Benutzung der Gebirgsstraßen Trollstigen (S. 276) und Örneveien (= 'Adlerstraße' (S. 277)
- Tour mit der Flåm-Bahn (Nebenstrecke der Bergenbahn) bis Myrdal (S. 282)

Ein Blick auf die Straßenkarte zeigt, wie der Mensch den Naturraum durch eine Vielzahl teils abenteuerlicher Straßen erschlossen hat. Nicht unumstritten ist das Mammutprojekt, eine fährfreie Straßenverbindung von Stavanger nach Trondheim zu errichten.

Zu den zentralen Routen, die durch das Fjordland führen, gehört die Küstenstraße **E 39** von **Stavanger** nach **Bergen**, der "Hauptstadt des Fjordlandes", und die Fortsetzung von **Bergen** bis **Ålesund**. Die Strecke **Bergen - Dombås** folgt teilweise einem alten Handelsweg über *Sognefjord* und *-fjell* ins

8. Reisen in Norwegen: Durch das Fjordland 261

Von Stavanger nach Bergen

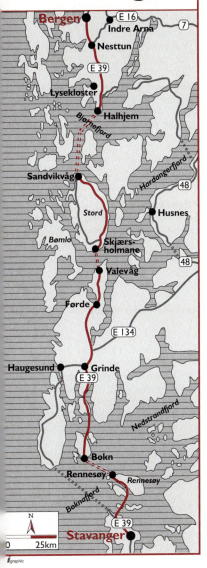

Binnenland. Aus der Fülle von Nebenstrecken im Fjordland sollen drei näher vorgestellt werden, die sicherlich zu den besonderen gehören.

Stavanger - Bergen

Will man mit dem **Auto** entlang der zerklüfteten Küste fahren, gibt es verschiedene Möglichkeiten:

Die Küstenstraße E 39
(174 km)

In Norwegen träumen die Verkehrsplaner von einer durchgehenden **Küstenstraße von Stavanger bis Trondheim**, der *ein Traum* **E 39**, vormals **Reichsstraße Nr. 1**, auch Küstenstammstraße genannt.

Bisher galt die *Hurtigrute* als bedeutendste "Straße" des Küstenraumes. Rohr- und Schwimmbrücken sowie Tunnels unter dem Meeresboden sollen zukünftig jegliche Fähre ersetzen. Die Normalfahrzeit von 48 Stunden soll dann 15 Stunden kürzer sein. Der erste Schritt zur zukünfti- *"Rennfast"* gen Küstenhauptstraße ist im Raum Stavanger mit "Rennfast" verwirklicht, einem aufsehenerregenden Projekt, das aus 11 km Straße, neuen Brücken, einem neuen Fähranleger und zwei unterseeischen Tunnels besteht, von denen der 5.830 m lange **Byfjordtunnel** 233 m unter dem Meeresspiegel verläuft. Vom Zentrum Sta-

Das Fjordland – Region der Stabkirchen

vangers fahren Sie eine halbe Stunde bis zur Spitze der Insel **Rennesøy**. Von dort verkehrt zweimal pro Stunde die Fähre nach **Arsvågen** *(Bokn)*, Fahrzeit 25 Minuten, so dass die Reisezeit zwischen **Stavanger** und **Haugesund** um zwei Stunden verkürzt wird.

Hinweis
Die "Rennfast"-Strecke ist gebührenpflichtig, eine Mautstation befindet sich hinter dem Byfjordtunnel; Preise für die einfache Fahrt: Fahrzeuge bis 6 m NOK 90, Erwachsene ca. NOK 30, Kinder (4-16 Jahre) NOK 15, Motorrad/Moped NOK 30.

Durch die Fjordlandschaft nordöstlich von **Haugesund** führt die Küstenstraße bis zur Fährverbindung **Valevåg-Skjaerholmene** (Fahrzeit 20 Minuten). Über die Insel **Stord** folgt von deren Nordende eine letzte Fährfahrt zur Bergenhalbinsel über die Verbindung **Sandvikvåg-Halhjem** (Fahrzeit 60 Minuten). Vom Fährort sind bis Bergen noch 36 km zurückzulegen.

Strecke Tau-Sand-Røldal-Odda-Kinsarvik-Bergen

Diese Strecke führt von **Stavanger** mit der Fähre nach **Tau** durch die westnorwegische Fjordwelt über die Straße **Nr. 13**, vorbei an faszinierenden Wasserfällen; eine abwechslungsreiche Route mit manchmal schmalen, kurvenreichen Straßen.

drei Fähren   Insgesamt muss dreimal eine Fähre benutzt werden. Die Etappe **Stavanger-Bergen** beträgt auf dieser Strecke ca. 350 km, unterwegs sollten Sie eine oder zwei Übernachtungen einplanen.

Strecke Stavanger-Haugesund (Aksdal)-Jøsendal-Odda-Kinsarvik-Bergen

Auf der Höhe von **Haugesund** trifft die Küstenstraße **E 39** auf die Straße **E 134**, die am Åkrafjord entlang nach **Jøsendal** verläuft. Dort stößt die **E 134** auf die **13**, die nach **Odda** führt, dann weiter wie unter 2.).

Låtefoss – Doppelwasserfall bei Odda

Bergen - Ålesund

Entfernungen
0 km Bergen
120 km Oppedal (Sognefjord)
184 km Førde
390 km Ålesund
250 km Byrkjelo
325 km Volda

Flugverbindung
Braathens fliegt viermal täglich die Strecke (40 Minuten), eine Eisenbahnverbindung gibt es nicht.

Busverbindung
Eine tägliche Verbindung existiert per Expressbus, und zwar über Førde und Nordfjordeid bzw. über Stryn;

Schiffsverbindung
Möglich ist auch die Fahrt mit der Hurtigrute, die Bergen um 20 Uhr (April-Sept.) bzw. 22 Uhr verlässt und Ålesund am nächsten Tag mittags erreicht.

Mit dem Auto
sind 390 km über die E 39 bis **Spjelkavik** und von dort nach **Ålesund** zurückzulegen.

Auf der Strecke zwischen **Bergen** und **Ålesund** geht es über die Küstenstraße **E 39** durch die zerrissene Fjordküstenlandschaft. Die Breite der Straßen schwankt zwischen 4 und 8 m. Nördlich von Bergen und vor Ålesund finden Sie kurze Schnellstraßenabschnitte vor. Der höchste Punkt auf dieser Strecke liegt 430 m ü.d.M., die Steigungen sind unbedeutend. Inzwischen sind nur noch vier

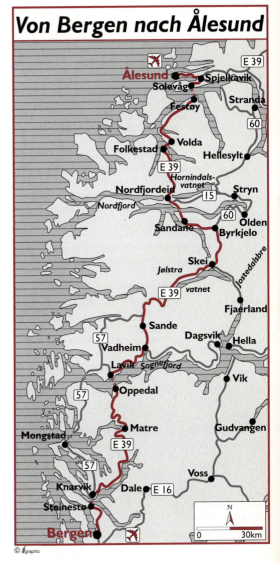

Von Bergen nach Ålesund

Fährfahrten auf dieser Strecke erforderlich, und zwar zwischen **Oppedal** und **Lavik, Anda** und **Lote, Folkestad** und **Volda** sowie **Festøy** und **Solevåg** mit einer Fahrzeit von insgesamt einer Stunde.

Brücken, Tunnel, Fähren

20 km nördlich von Bergen ist 1993 die meistbenutzte Fährverbindung innerhalb Norwegens zwischen Steinestø und Knarvik eingestellt und durch eine Brückenkonstruktion ersetzt worden. Von **Knarvik** besteht die Möglichkeit, auf einer alternativen Route (Straße 57) über zwei Fährverbindungen in den Zentralort **Førde** zu gelangen.

Auf der Küstenstraße folgen zwischen **Bjørsvik** und **Vikanes** gleich fünf Tunnel, von denen der längste, der *Eikeset*-Tunnel, fast 5 km lang ist. Rund 70 km von Bergen entfernt folgt bald danach zwischen *Oster-* und *Matrefjord* der mit 430 m ü.d.M. höchste Punkt der Verbindung. Bei **Matre** führt eine kleine Nebenstraße über zahlreiche Kurven ins Gebirge nach **Bjordal** und **Ortnevik** an den *Sognefjord* (Fähre, Alternative nach **Vadheim** an der E 39).

Auf der Hauptstrecke folgen weitere Tunnelkonstruktionen; vor dem Fährort **Oppdal** zweigt eine kleine Straße nach **Brekke** ab. Die Fährfahrt von **Oppdal** nach **Lavik** (sehenswert die achteckige Kirche aus dem 19. Jahrhundert) dauert 15 Minuten, dann geht es am **Sognefjord** entlang bis **Vadheim**, von wo die Straße **55** an der Nordseite des "Königs der Fjorde" Richtung **Balestrand** verläuft.

Von **Vadheim** sind rund 20 km bis **Sande** zurückzulegen, ab da noch einmal 18 km, bis man den Zentralort **Førde** erreicht (5.000 Einwohner).

Aktuelle regionale Reisetipps (Hotels, Restaurants etc.) zu Førde entnehmen Sie bitte der Seite 165

Abstecher Florø

Wer die Zeit für einen 70-km-Abstecher hat, dem sei die Straße Nr. 5 empfohlen, die in **Førde** *zur westlichsten Stadt Norwegens, nach* **Florø**, *abzweigt. Sehenswert ist dort das Küstenmuseum der Fjordprovinz Sogn og Fjordane sowie die Kinnarkyrkja, eine romanische Steinkirche auf der Insel* **Kinn**.
Weiter auf der Küstenstraße erreicht man zunächst den Jølstra-See, der gute Angelmöglichkeiten bietet. Lohnend ist auch ein Besuch des Astruptunet gegenüber der Hauptstraße mit Galerie und Museum. Anschließend bietet sich bei der Kirche von **Helgheim** *ein phantastischer Blick auf den Jostedalsbre.* **Skei** *als altes Web- und Kunsthandwerkszentrum ist der Zentralort von* **Jølster**.

Abstecher Fjaerland

Aktuelle regionale Reisetipps (Hotels, Restaurants etc.) zu Fjaerland entnehmen Sie bitte der Seite 165.
Von **Skei** *lohnt auf jeden Fall der 30 km lange Abstecher nach* **Fjaerland**, *wobei man den über 6 km langen und unter dem Jostedalsgletscher verlaufenden Fjaerlandstunnel benutzt. Sehenswert in Fjaerland ist das* **Gletschermuseum (Norsk Bremuseum)**, *Tel. 57693288. Vom Ort aus werden u.a. Gletschertouren organisiert.*

*Über **Byrkjelo** (Abzweig der Straße 60) und **Sandane** (große Lachsleitern beim Eidsfoss, Freilichtmuseum **Nordfjord**), vorbei am Flughafen folgt der Fährort **Anda**. Nach **Lote** dauert die Überfahrt 10 Minuten. Nach Durchfahren des fast 3 km langen Tunnels folgt wenig später der kleine Zentralort **Nordfjordeid**, bekannt wegen seines Pferdezuchtzentrums.*
*Bei **Folkestad** ist noch einmal die Benutzung einer Fähre nötig, es sei denn, Sie umfahren das Ende des Voldafjordes auf einer Nebenstraße. Die Fährfahrt **Folkestad-Volda** dauert 15 Minuten. Am Voldafjord entlang folgt der Ort **Åsen** (Museum), aus dem der bekannte Dichter und Sprachforscher Ivar Aasen stammt.*
*Nach **Örsta** (5.000 Ew; Lachsfang im Örstaelva) und dem Küstenort **Vartdal** folgt kurz vor dem Hjørundfjord der Ort **Barstadvik**, von dem man 4 km abseits der Hauptstraße zum Wasserfall "Barstadfoss" gelangt. 20 Minuten braucht die Fähre*

Gletschertouren in Fjaerland

INFO Die Gletscher der Westküste

Die Gletscher im Westen des Landes haben in den letzten Jahren und Jahrzehnten deutlich an Eismasse zugenommen, während die ostnorwegischen Gletscher schlanker geworden sind. Der bekannte **Briksdalsbreen,** Nebengletscher des **Jostedalsbreen,** stieß von 1992-1998 ganze 322 m vor, das sind 18 cm täglich. Der im Osten Norwegens im Jotunheimen-Massiv liegende **Gråsubreen** schrumpfte dagegen in den letzten drei Jahrzehnten um eine Wassermenge, die einem See mit der Fläche des Gletschers und einer Tiefe von 7 m entspricht.

Scheinbar im Widerspruch zu allen Meldungen über die weltweite Klimaerwärmung **wachsen die Gletscher an der norwegischen Westküste,** und zwar rekordartig! Interessanterweise liegt der Grund für dieses Wachstum der Gletscher aber genau in der allgemeinen Erderwärmung. Denn durch die höheren Temperaturen hat die Verdunstungsfeuchtigkeit der Ozeane weltweit zugenommen, was zu höheren Niederschlägen führte. In Westnorwegen gab es außerdem in den vergangenen Jahren verhältnismäßig milde Winter, die den westlichen Berghängen reiche Schneefälle bescherten. Wenn in der sogen. Akkumulationszeit von Anfang Oktober bis Anfang April mehr Schnee fällt als in den fünf wärmeren Monaten abschmilzt, nehmen die Eismassen der Gletscher zu und sie geraten in Bewegung, was bei kürzeren und steileren Gebirgsgletschern innerhalb weniger Jahre geschehen kann. "In den letzten tausend Jahren gab es eine vergleichbare Akkumulation nur in der sogen. "Kleinen Eiszeit" vom Ende des 17. bis zum Anfang des 18. Jahrhunderts", meint der Geograph Atle Nesje von der Universität Bergen, der Touristen zur Vorsicht mahnt, sich auf das Firneis der Gletscherzungen zu wagen. **Vorsicht** also **vor abbrechenden Eisbrocken bei Wanderungen** oder den beliebten Fotos am Fuß der Gletscherstirn (Quelle: Norway now, versch. Ausgaben)

Gletscherzunge des Jostedalsbreen

von *Festøy* nach *Solevåg*. In *Spjelkavik* geht es dann über die Schnellstraße die letzten 11 km nach *Ålesund*.

Von Bergen nach Ålesund sind also 1-2 Übernachtungen angebracht. Verlockend ist sicher auch die eine oder andere Nebenstrecke an die Küste, die hier nicht berücksichtigt werden konnte.

Ålesund

Aktuelle regionale Reisetipps (Hotels, Restaurants etc.) zu Ålesund *entnehmen Sie bitte den Seiten 199f*

die Jugendstil-Perle

Die Bilderbuchstadt **Ålesund** mit ihren heute 35.000 Einwohnern liegt auf den Inseln *Hessa, Nørvøy* und *Aspøy*, untereinander und mit dem Festland durch Brücken- und Tunnelbauten der letzten Jahre verbunden. Immer mehr Bewohner sind in das Umland gezogen, um auf dem Lande zu wohnen. Von ihrem einstigen Charakter als Fischereistadt hat Ålesund ein wenig eingebüßt, seitdem Liegeplätze der Schiffe, Fischereibetriebe und Werften aus dem Stadtkern ausgelagert wurden. Dennoch zählt sie zu den führenden fischverarbeitenden und -exportierenden Standorten des Landes, auch wenn ehemalige Bootshäuser und Speicher heute als Büros, Hotels, Wohnungen und Geschäfte genutzt werden.

Die sehenswerte Hafenstadt, deren Architektur vom Jugendstil bestimmt wird, sieht sich selbst als "Urlaubsziel und Konferenzstadt, Zentrum für Kultur, Geschichte, Handel, Industrie und Fisch-Export."

Der Beiname **"Jugendstilstadt"** geht auf den Wiederaufbau Ålesunds nach einem verheerenden **Brand im Jahr 1904** zurück. Damals brach am Westende der Stadt ein Feuer aus, das 850 Häuser innerhalb kurzer Zeit niederbrannte und 10.000 Menschen obdachlos werden ließ. Danach durften nur noch Steinbauten innerhalb der damaligen Stadtgrenzen errichtet werden. Innerhalb von drei Jahren entstand eine neue Stadt, die dem Stilideal der damaligen Zeit entsprach.

Kaiser Wilhelm II., der eine Vorliebe für Norwegen hegte und sich häufig mit seiner Yacht *Hohenzollern* den Sommer über in norwegischen Gewässern aufhielt, unterstützte tatkräftig den Wiederaufbau Ålesunds und gewann die Sympathie vieler Norweger. Zahlreiche norwegische Gebäude flaggten sogar am Geburtstag des Kaisers, der

Ålesund: Hafen und Jugendstilhäuser

8. Reisen in Norwegen: Durch das Fjordland **267**

in seiner romantischen Begeisterung hier im Norden Europas das "Ursprungsland *Norwe-*
der Germanen" sah. Mit 25 Norwegen-Besuchen war der Kaiser ein wichtiger *gen-*
Wegbereiter für den deutschen Massentourismus in Norwegen. *Verehrer*

Im Zusammenhang mit der Christianisierung wurde Ålesund, das seinen Namen
dem Sund zwischen den Inseln *Nørvøy* und *Aspøy* verdankt, 1027 erstmals erwähnt. Archäologische Funde aus der Umgebung dokumentieren jedoch, dass
schon zur Steinzeit Menschen hier wohnten. Vom 14. bis zum frühen 16. Jahrhundert erlebte Ålesund als bedeutender Handelsplatz eine vorübergehende Blütezeit. Die Stadtrechte erhielt die reizvoll gelegene Stadt erst 1848. Nach dem
Wiederaufbau von 1904 expandierte der Handel, stieg die Stadt zum bedeutendsten norwegischen Fischereihafen auf. Heute ist sie ein modernes Dienstleistungszentrum, das ein weites Umland versorgt. Rund 200.000 Touristen besuchen
inzwischen jährlich die reizvoll gelegene Jugendstilstadt.

Stadtbesichtigung in Ålesund

• Aalesunds Museum
Öffnungszeiten: Juni-August 11.00-15.00 Uhr; Eintritt

Einen guten Überblick über die Geschichte der Stadt, über ihre Anlage vor und
nach dem großen Brand, bekommt man in dem kleinen Stadtmuseum **Aalesunds
Museum**, das nahe am *St. Olavs Plass* liegt. Die enge Verbindung der Stadt zur
Seefahrt und zum Fischfang wird im ersten Stock dokumentiert, wobei der Schwer-
punkt auf der bautechnischen Entwicklung der Fischerboote liegt. Ålesunds enge *besonders*
Beziehung zum Nordpolargebiet zeigt die kleine Polarabteilung, die mit einigen *für Kinder*
Exemplaren ausgestopfter Tiere Kinder besonders anspricht.

• Fiskerimuseet

Museum zur Geschichte der Fischereiwirtschaft, u.a. zur Klippfisch- und Tranher-
stellung, im Zentrum der Stadt gelegen, Molöveien 10, Eintritt.

Interessante Glasmalereien und Fresken finden sich in der **Ålesund Kirke**, 1909
nach Plänen von *Sverre Knudsen* erbaut.

Einen schönen Eindruck von der **Architektur der Jugendstilstadt** bekommt *lohnender*
man, wenn man vom Hafen aus einen kleinen Spaziergang durch Straßen und *Spazier-*
Gassen wie *Kongensgate, Apotekergate, Løvenvoldgate* oder *Kirkegate* unternimmt. *gang*

• Stadtberg Aksla

Ein touristisches 'Muss' ist der **Stadtberg Aksla**, den man über 418 Stufen vom
Stadtpark aus bezwingen kann oder in einer langen Schleife mit dem Auto erreicht. Bei gutem Wetter ermöglicht er einen phantastischen Blick auf die farben-

Was für eine Aussicht! frohe Stadtanlage, die zahlreichen Inseln und die Gipfel der *Sunnmøre*-Alpen. Auf dem Aussichtsberg befindet sich auch ein Restaurant mit Aussichtsplattform. Das Hinweisschild *Fjellstua* weist auf die Gaststätte (gesalzene Preise!) auf dem Aussichtspunkt hin. Den Blick auf Ålesund stört nur der klotzige Rathausbau, der architektonisch nicht ins Stadtbild passt.

Im Stadtpark am Fuße des *Aksla* erinnert ein Gedenkstein an die Hilfeleistungen Kaiser Wilhelms II. Eine Statue ist dem Wikingerhäuptling *Hrolfr Gangi* gewidmet, der unter dem Namen *Rollo* als erster Herzog der Normandie in die Geschichte einging. Wenn ihn auch Ålesund als berühmtesten Sohn der Stadt feiert, ist seine Herkunft doch umstritten (laut Meinung der Forschung könnte er auch ein Däne gewesen sein).

Hinweis
Wer von der Innenstadt mit dem Taxi auf den Aksla fahren will, zahlt hin/zurück samt 30 Minuten Aufenthalt ca. NOK 200.

Ziele in der Umgebung

- **Sunnmøre Museum**
Öffnungszeiten: 21.6.-22.8. Mo-Fr 10.00-17.00, Sa-So 12.00-17.00 Uhr; vor und nach der Saison zwischen 24.5. und 3.10. jeweils Mo-Fr 11.00-15.00, So 12.00-15.00 Uhr); Eintritt

Gedenkstein für Wilhelm II.

4 km östlich des Ålesunder Stadtzentrums liegt das lohnende Freilichtmuseum *Sunnmøre* in **Borgundgavlen**. Auf einer Fläche von 120 ha dokumentieren 50 alte Häuser die traditionelle Bau- und Lebensweise der Menschen dieser Region. Sehenswert ist auch die Bootssammlung mit typischen Fischerbooten aus vorindustrieller Zeit sowie originalgetreuen Nachbauten des Kvalsundschiffes und von Booten aus dem 7./8. Jahrhundert. Die archäologische Abteilung des Museums bietet einen kulturgeschichtlichen Einblick von der älteren Steinzeit bis zum 14. Jahrhundert.

In der Nähe liegt auch die **Steinkirche** von **Borgund**, die freilich nicht mit der berühmten Stabkirche von Borgund im Raum Laerdal verwechselt werden darf. Sie stammt aus dem Jahre 1250 und wurde nach einem Brand 1904 restauriert.

- **Atlantik-See-Park**
Geöffnet in der Hauptsaison tägl. 10-19 Uhr (Sa bis 17 Uhr), Sept.-Mai tägl. 11-18 Uhr; Eintritt Ew NOK 85, Kl NOK 55, Familienkarte NOK 230

Der **Atlantik-See-Park**, Norwegens neues Erlebniszentrum, wurde im Sommer 1998 eröffnet. Er liegt in Tueneset, ca. 3 km westlich von Ålesund, und gilt als die größte Aquariumsanlage in Skandinavien. Gezeigt wird die Tierwelt des Atlantik mit dem Schwerpunkt Westnorwegen. In den ersten zehn Wochen nach der Eröffnung wurden über 80.000 Besucher gezählt.

größte Aquariumsanlage Skandinaviens

- **Giske**

Etwa 15 Autominuten vom Zentrum entfernt liegt in nordwestlicher Richtung die Insel-Gemeinde **Giske**, die inzwischen durch beeindruckende Untersee-Verbindungen mit dem Festland verbunden ist (Mautgebühr). Im einstigen Zentrum der Wikingerzeit lohnt die kleine Marmorkirche aus dem 12. Jahrhundert einen Besuch, weiter der Fischerort Alnes auf der Insel **Godøy** mit schönen Stränden oder das Vogel-Sumpfgebiet *Makkevika*.

- **Runde**

Das draußen im offenen Meer gelegene Eiland **Runde** ist eine der bekanntesten und größten Vogelinseln des Königreiches. Über Bootsausflüge dorthin oder Spaziergänge auf der Insel informiert das Fremdenverkehrsamt im Ålesunder Rathaus (Tel.: 70121202).

die Vogelinsel

Bergen - Dombås

Entfernungen
0 km Bergen
90 km Matre
147 km Vadheim (Straße 55)
216 km Balestrand
262 km Sogndal
400 km Lom (Straße 15)
462 km Otta (E 6)
508 km Dombås

Diese Route verläuft von **Bergen** nordwärts zum *Sognefjord*, folgt dessen Nordufer vorbei an **Balestrand** und **Sogndal** zum schönen *Lustrafjord*, dann geht es über die *Sognefjellstraße* mit dem höchsten Gebirgspass des Landes durch herrliche Täler nach **Lom** und **Otta**, wo das letzte Stück auf der **E 6** nach **Dombås** führt. Einige schmale, kurvenreiche Abschnitte gibt es zwischen **Gaupe** und dem *Bøverdal*.

Hinweis
Die Straße über das Sognefjell ist von Mitte Oktober bis Anfang Juni gesperrt.

Streckenbeschreibung

Das erste Teilstück von Bergen über die Küstenstraße nach **Vadheim** am Sognefjord zur Straße 55 wurde bereits auf den Seiten 263ff beschrieben. Nach Vadheim wird die Straße durch einen Tunnel geführt. Der nächste etwas größere Ort

Von Bergen nach Dombås

ist **Høyanger** mit einem Aluminiumwerk; auf dem Weg nach Balestrand geht es dann zunächst durch einen 7,5 km langen Tunnel.

Balestrand

Aktuelle regionale Reisetipps (Hotels, Restaurants etc.) zu Balestrand entnehmen Sie bitte der Seite 159

Das inmitten fruchtbarer Böden gelegene **Balestrand** war schon in vorhistorischer Zeit besiedelt. Der Name leitet sich vom nordischen Gott *Baldr* (= Baldur) ab. Auch in der Welt der Sagas und Mythen hatte der Ort einen bedeutenden Klang, spielte hier doch ein Teil der berühmten *Fridhjofs-Sage*. Die Geschichte war zu Beginn des 20. Jahrhunderts gerade auch in Deutschland populär und trug dazu bei, dass **Kaiser Wilhelm II.** am Sognefjord einige der Helden in Bronze

im Zeichen der Fridhjofs-Sage

Das Kvikne´s Hotel in Balestrand

darstellen ließ. In Balestrand ist dies die sitzende Figur des Königs *Bele*, der dem jungen *Fridhjof* seine Tochter nicht zur Frau geben wollte. *Fridhjof* selbst, der dadurch in die Ferne gedrängt wurde, wo er als Held Reichtum und Ehre erwarb, steht mit erhobenem Schwert auf dem gegenseitigen Ufer des Fjordes – er erinnert nicht zufällig an den *Hermann* bei Detmold. Kaiser Wilhelm II. war es auch, der von der majestätischen Natur des Fjordes und der umgebenden schneebedeckten Berge so angetan war, dass er des öfteren vor Balestrand ankern ließ. Auf seine Anregung hin entstand das eindrucksvolle **Kvikne's Hotel** mit seiner filigranen Holzarchitektur, womit der Startschuss zur Entwicklung Balestrands als Fremdenverkehrsort gegeben war.

Auf einer Halbinsel in der Gemeinde Balestrand liegt das 1992 eröffnete **Wikingerzentrum**, das vornehmlich aus dem Wikingerhof besteht, einer Rekonstruktion von Gebäuden und Einrichtungen der Wikingerzeit (ca. 800-1050): Zur Anlage, die noch stufenweise ausgebaut werden soll, gehört ferner ein Informationszentrum, ein Bootshaus und ein Spielplatz. Der Eintritt erscheint etwas zu hoch.
Sognefjord Vikingersenter: geöffnet Mai-Sept. täglich 10.00-18.00 Uhr; April und Okt. 10.30-16.00 Uhr; Eintritt

Tipp
Fahren Sie mit der Fähre nach Fjaerland (Besuch des Gletscherzentrums), dann mit dem Bus zu den Gletscherzungen Bøyumsbreen *und* Suphellebreen.

Bei der Weiterfahrt muss man hinter Balestrand in **Dragsvik** die Fähre nach **Hella** nehmen (10 Minuten), die einzige übrigens auf dieser Strecke. Immer mit Blick auf den Fjord geht es nun weiter nach Sogndal.

Sogndal

Aktuelle regionale Reisetipps (Hotels, Restaurants etc.) zu Sogndal
entnehmen Sie bitte der Seite 187

Der 3.000-Seelen-Ort ist das kommerzielle Zentrum für den inneren Teil des *Sognefjords* mit einer breitgefächerten Angebotspalette für Einheimische und Tou-

risten. Sehenswert in **Sogndal** und naher Umgebung sind zwei kulturelle Attrak-
tionen:
- Die **Kaupanger Stabkirche**, geöffnet ca. 7.6.-20.8. tägl. 9.30-18.30 Uhr, Ein-
tritt.
- Das **Sognefjord Bootsmuseum**, geöffnet 1.6.-31.8. Mo-Fr 9.00-18.00 Uhr,
Sa-So 12.00-18.00 Uhr, Eintritt

Bei der Weiterfahrt folgt wenige Kilometer hinter Sogndal einer der berühmtesten und teuersten Lachsflüsse, der *Årøyelva*, mit dem Wasserfall "Höllenfall".

Umgebungsziele

Setzt man mit der Fähre von **Kaupanger** über nach **Laerdal**/Laerdalsøyri, so
lohnt sich ein Besuch des *Norwegischen Wildlachszentrums*. Neben lebendigen
Wildlachsen gibt es einen interessanten Film über die atlantischen Lachse, verschiedene Ausstellungen sowie eine Fliegenbindewerkstatt zu sehen.
*Norsk Villakssenter, N-5890 Laerdal, Tel. 0047-57666771, geöffnet Mai u. Sept. 10-
18 Uhr, Juni-Aug 9-21 Uhr, Okt. 10-16 Uhr, Eintritt Erw. NOK 65, Ki NOK 30,
Familien NOK 140*

• Der Laerdaltunnel zwischen Oslo und Bergen

Neu ist der mit 24,5 km längste Straßentunnel der Welt im Verlauf der E 68
zwischen Oslo uns Bergen. Er verkürzt die Fahrt um bis zu 2 Stunden und
ermöglicht eine sichere Verbindung auch mitten im Winter, besonders für die
Lokalbevölkerung. Kleine Gemeinden wie **Laerdal** und **Aurland** sind jetzt direkt
verbunden, während bisher die Gebirgsstraße im Winter gesperrt war und die
Bewohner eine dreistündige Fährfahrt in Kauf nehmen mussten. Die Nutzung des
Tunnels ist kostenlos.

Da einer Untersuchung zufolge jeder Norweger Angst hat durch einen langen
Tunnel zu fahren, haben die Ingenieure 15 Wendeplätze und drei große hallen
entworfen, ein besonderes Licht, Blautöne an decken und Wänden sowie Gelb-
töne zur Straße hin sollen die Monotonie brechen. Rund 1.000 Fahrzeuge passieren täglich den Tunnel, der ganze 7,5 km länger ist als der St.-Gotthard-Tunnel.

Etwa 30 km in östlicher Richtung liegt direkt an der **E 16** dann die berühmte,
eindrucksvolle **Stabkirche von Borgund**, die von allen am besten erhalten ist,
mit ihrem sechsstufigen Dach und den Drachenköpfen an den Firstenden (s.
S. 91ff), geöffnet Mai-Sept., Eintritt.

Ausflug Urnes
*Die **Urnes-Stabkirche**, eine der ältesten und interessantesten des Landes
(vgl. S. 91ff), liegt am jenseitigen Ufer des wunderschönen Lustrafjordes.
Man erreicht sie, wenn man vor **Hafslo** nach rechts über die kleine, 3 km lange
Nebenstraße zum Ort **Solvorn** abzweigt. Ab dort verkehrt eine Fähre direkt zur
Siedlung **Urnes** (Ornes). Von der Fährstation sind es etwa 15 Minuten zu Fuß auf*

der zwar asphaltierten, aber recht steilen Straße hinauf zur Kirche. Das ca. 1130-1150 erbaute Gotteshaus, dessen reich geschnitztes Portal auf der Nordseite zu den vornehmsten Kunstschätzen Skandinaviens gehört, steht auf der UNESCO-Liste der weltweit schützenswertesten Bauwerke (s. S. 91ff).
Urnes Stavkirke: *28.5.-30.8. geöffnet 10.30-17.30 Uhr; Führungen zu festen Zeiten, Eintritt, Kinder unter 12 Jahren frei; Führungen außerhalb der Öffnungszeiten können über Tel. 57683945/57685307 arrangiert werden.*
Es gibt die Möglichkeit, mit dem Auto von **Urnes** *über die Uferstraße nach* **Skjolden** *zu fahren, die Straße ist jedoch sehr schmal und erfordert ständig Ausweichmanöver.*

ein besonderer Kunstschatz

Bei der Weiterfahrt auf der Straße **55** geht es am *Lustrafjord* entlang nach **Gaupe**, dem Gemeindezentrum von Luster. Eine Touristen-Information hält Material und Auskünfte über mögliche Übernachtungsplätze und Aktivitäten bereit. Der besondere landschaftliche Reiz der Gegend ergibt sich aus der Tatsache, dass in Luster der *Sognefjord*, die Gebirgswelt *Jotunheimen* und der Gletscher *Jostedalsbreen* zusammentreffen.

Fjord, Gebirge, Gletscher

Hier lohnt ein **Abstecher ins Jostedal** (Mautgebühr) über die Straße 604 zum **Nigardsbreen**, der leicht zugänglichen Gletscherzunge des Jostedalsbreen.

Wanderung
Gletscherwanderungen und Familientouren werden vom 1.7.-20.8. täglich 12.00-14.00 Uhr durchgeführt.

Skjolden

Aktuelle regionale Reisetipps (Hotels, Restaurants etc.) zu Skjolden
entnehmen Sie bitte der Seite 187

Das am inneren Ende des malerischen Fjordes gelegene **Skjolden** erreicht man über **Luster** mit der mittelalterlichen *Kirche von Dale*. Eine Touristen-Informationsstelle gibt Ihnen u.a. Hinweise für Aktivitäten in der Umgebung. Empfehlenswert ist ein Helikopter-Rundflug über Fjord, Fjell und Gletscher (ca. NOK 500 pro Person, Tickets bei den Touristenbüros in Gaupne und Skjolden).

malerischer Fjord

Nach Skjolden geht es über **Fortun** hinauf ins Fjell: Die 11 km zwischen **Fortun** (25 m ü.d.M.) und **Turtagrø** (909 m ü.d.M.) gehören zu den schönsten Straßenabschnitten des Landes (10 Kehren, Steigung zwischen 1:9 und 1:12, 1938 gebaut). **Turtagrø** mit dem gut hundert Jahre alten Hotel ist das Gebirgszentrum (Bergsteigerschule); 24 der Berge in der Umgebung sind höher als 2.000 m. Danach folgen noch einige Haarnadelkurven, bei **Hervasdamm** (Sommerski) liegt die Straße bereits in 1.400 m Höhe. Genießen Sie die Aussicht! Bei der *Sognefjell Turisthytte* wird mit 1.440 m der höchste Punkt erreicht (Wanderungen). Dann folgen einige Gebirgsunterkünfte, die immer auch Ausgangspunkte für Wanderungen sind. **Elveseter** ist eine alte Hofanlage aus dem 17. Jahrhundert, die heute als

schöne Aussicht

Hotel dient. 20 km vor **Lom** erreichen Sie **Galdesand**, den Zentralort im schönen *Bøverdal*.

Eine gebührenpflichtige Straße führt über 15 km zur *Jyvasshytta*: Von hier gibt es täglich geführte Touren zum *Galdhøppigen*, dem höchsten Berg des Landes mit 2.469 m. (3 Stunden hin, 2 Stunden zurück), ferner sind Slalom und Langlauf möglich. 550 m hoch im Talzug liegt **Røisheim**, ein Hotel seit 1858 in noch älteren Gebäuden.

Lom

Aktuelle regionale Reisetipps (Hotels, Restaurants etc.) zu Lom entnehmen Sie bitte der Seite 174

Stabkirche von Lom

Der 1.000-Seelen-Ort ist ein lokales Zentrum und wichtiger Verkehrsknotenpunkt, von dem u.a. die Straße 15 über **Stryn** und **Geiranger** nach Westnorwegen führt. Seine größte Attraktion ist die *Stabkirche* mitten im Ort.

Auf der Straße 15 geht es weiter in Richtung **Otta** durch Gebiete, die im Regenschatten liegen und die Menschen immer schon zwangen, Bewässerungsanlagen zu bauen (z.B. Gebirgsstraße nach Soleggen). In **Garmo** steht am Wegrand das winzige Geburtshaus *Knut Hamsuns*, 10 km weiter zweigt bei **Randen** die Straße 51 nach Jotunheimen und Valdres ab. Der letzte größere Ort vor Otta ist **Vågåmo** (1.500 Ew.) mit zahlreichen alten, unter Denkmalschutz stehenden Gebäuden.

attraktive Aussicht

Die *Kirche von Vågå* ist eine umgebaute Stabkirche. Vorbei am Wasserfall *Eidefoss* trifft die Straße in **Otta** (2.500 Ew.) auf die **E 6**. Von dem Zentralort des nördlichen *Gudbrandsdals* zweigt die *Rondane-Straße* nach **Raphamn** ab (herrlicher Blick auf Otta und das Gudbrandsdal).

Anschließend verläuft die **E 6** durch ein enges Tal bei **Rosten** (Wasserfälle); eine 8 km lange Nebenstraße führt zum Rondane-Ferienort **Høvringen**. Von **Dovre** kann man auch über die alte Straße östlich der E 6 vorbei am *Königshof Tofte* (10 km nördlich von Dovre) nach **Dombås** gelangen. Nördlich von **Tofte** biegt *der alte Königsweg*, ein schöner Wanderweg, nach **Fokstua** ab.

Dombås

508 km von **Bergen** entfernt ist das Etappenziel **Dombås** (1.200 Ew.) erreicht. Bekannt ist der Ort weniger aufgrund kultureller oder landschaftlicher Sehenswürdigkeiten, sondern wegen seiner Rolle als wichtiger Verkehrsknotenpunkt. Neben der **E 6** ist hier die Straße **E 136** zu nennen, die nach **Åndalsnes** und **Ålesund** abzweigt. Auch die Eisenbahn *(Raumabahn)* verläuft nahe der Straße durch die Talungen nach Åndalsnes.

Nebenstrecken im Fjordland

Aus der Fülle möglicher Nebenstrecken im Fjordland, die aus touristischer Perspektive oft Hauptwege sind, seien im folgenden nur drei ausgewählt: erstens die klassische Route von **Åndalsnes** nach **Geiranger**, zweitens die Strecke **Hellesylt-Hornindal-Stryn-Videseter-Grotli-Dalsnibba-Geiranger** und drittens die Straße von **Voss** über **Stalheim** und **Gudvangen** nach **Flåm**.

1. Åndalsnes - Geiranger

Die 85 km lange Route von **Åndalsnes** nach **Geiranger** ist für viele Reisende das Highlight ihres Aufenthaltes in Westnorwegen überhaupt.

Åndalsnes

Das über mehrere Straßen, Fährverbindungen und die *Raumabahn* perfekt an das norwegische Verkehrssystem angeschlossene **Åndalsnes** (3.000

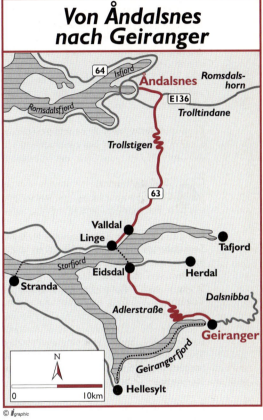

Die "Trollzinnen" mit einem Teil des Trollstigen

Ew.) ist ein altes Handelszentrum am inneren *Romsdalfjord*. Nach Zerstörungen im Zweiten Weltkrieg hat es heute ein eher modernes Gepräge, wenn auch noch manch schönes Holzhaus aus vergangenen Zeiten erhalten ist. Wegen seiner verkehrstechnisch exponierten Lage konnte sich der Ort als stark besuchtes Fremdenverkehrsziel mit vielfältigen Unterkunftsmöglichkeiten (Hotels, Pensionen, Campingplätze) etablieren, in dem ein Tou-

verkehrsgünstige Lage

ristenbüro u.a. Auskünfte über Ausflugsziele in der Umgebung gibt. Insbesondere einige alte Holz- und Stabkirchen bieten sich Gästen mit etwas mehr Zeit zum Besuch an.

Von **Åndalsnes** aus geht es zunächst 5 km über die Straße **E 136** in Richtung **Dombås** bis **Sogge bro**, wo nach rechts die Straße **63** zum *Trollstigen* (s.u.) abzweigt.

eine Herausforderung
Wer die **E 136** aber noch nicht von der Hinfahrt nach Åndalsnes kennt und noch zwei Stunden Zeit übrig hat, sollte nicht sofort zur Serpentinenstraße abbiegen, sondern zunächst noch ein Stück auf die *Trolltindene* (= 'Trollzinnen) zufahren. Sie sind berühmt wegen ihres 1.000 m hohen, senkrechten Abschnitts in der Gebirgswand *(Trollveggen)*, dem höchsten Europas, der schon viele Bergsteiger herausgefordert hat. Nach mehreren tödlichen Unfällen ist es seit 1986 verboten, mit dem Fallschirm vom Gipfel der Trollwand zu springen.

Schöne Aussicht
Den besten Blick auf die Steilwand hat man vom modernen Haltepunkt rechts der Straße mit Picknickplätzen, Cafeteria und Touristeninformation.

Die Gebirgsszenerie gegenüber den Trolltindene ist nicht weniger interessant. Hier überragt das **Romsdalshorn**, das auch das 'norwegische Matterhorn' genannt wird, mit seinem Gipfel die sog. *Romsdalsalpen*. Das Innere des Berges ist übrigens von Fallrohren durchlöchert, in denen Turbinen die herabstürzenden Wassermassen in Elektrizität umwandeln.

die Serpentinenstraße schlechthin
Zurück in **Sogge bro** nimmt man den Abzweig der Straße 63, die in das grüne, fruchtbare und z.T. bewaldete *Isterdal* hineinführt, das sich zwischen senkrechten Bergwänden ausbreitet. Bald sieht man schon die abenteuerlichen Windungen des **Trollstigen** (= 'Troll-' oder 'Zauberweg'). Dieser ist mit 11 Kehren und einer Steigung von 12 % bei rund 18 km Länge die wohl bekannteste Serpentinenstraße Norwegens.

Etwa auf halber Höhe überquert die Passstraße den Wasserfall *"Stigfossen"* mit 180 m Fallhöhe. Weiße Markierungen an den Felswänden zeigen den Verlauf des früheren Saumpfades an.

lohnende Aussicht
Zu beiden Seiten des Trollstigen blickt man auf die Gipfel markanter Berge wie die von *Bispen* (= 'Bischof'), *Kongen* (= 'König'), *Dronningen* (= 'Königin'), *Karitind* und *Trolltindene* (= 'Trollzinnen'). Angesichts der wilden und märchenhaften Natur ist es leicht zu verstehen, dass viele Flurnamen nach jenen Zauberwesen benannt sind, die in der touristischen Souvenirindustrie zu Kobolden degeneriert wurden, in Wirklichkeit aber riesenhafte Gestalt tragen. Den besten Überblick über Gipfel, Tal und die Windungen des **Trollstigen** hat man vom Plateau *"Stigrøra"*, an dem rechts der Straße eine Cafeteria mit großem Parkplatz auf die Besuchermassen gerüstet ist. Von hier aus geht man an etlichen Souvenirbuden vorbei in 5 Minuten zu Fuß bis zur Aussichtsplattform *"Utsikten"* auf der anderen Straßenseite. Die Passhöhe liegt bei 850 m ü.d.M.

INFO Was sind Trolle?

Trolle (von 'trylle' = 'zaubern') sind im nordischen Volksglauben Dämonen in Riesengestalt. Die übernatürlichen Geschöpfe hatten nach alten Vorstellungen mehrere Köpfe und verkörperten das Böse schlechthin. Mit den Bergtrollen legt man sich auch heute besser nicht an, furchterregend sind die Waldtrolle, während der Nøkk als Süßwassertroll die Menschen gar mit List und Tücke in die Tiefe zieht. Ihre Heimat haben die meisten Wesen irgendwo im Norden oder in den Bergen. Über ihre Herkunft gibt es unzählige Mythen. Sind sie vielleicht die ungepflegten und missratenen Kinder der Nachkommen von Adam und Eva, die schnell in den Bergen versteckt wurden, als Gott unerwartet zu Besuch kam? Peer Gynt, Ibsens negativer Held und Phantast im gleichnamigen Versdrama, hatte seine liebe Not und Mühe, der Heirat mit der Tochter des "Dovre-Alten", des Trollkönigs, zu entkommen.

Viele Namen erinnern an die übernatürlichen Wesen wie Trollheimen, eine Gebirgslandschaft im westlichen Norwegen, oder die berühmten *Trolltindene*, eine Gebirgswand nahe der Stadt Åndalsnes, der *Trollstigveien*, die bekannte Serpentinenstraße, oder Edvard Griegs Heim *Troldhaugen*.

Kein Künstler hat die Vorstellung der Norweger von den Trollen so geprägt wie der Zeichner Theodor Kittelsen (1857-1914). Genau genommen gehören Trolle wie die gutmütigen Nisse, die unseren Gartenzwergen ähnlich sehen, ebenso in die große Familie des Huldrefolk wie die verführerischen Hulder mit ihrem Kuhschwanz. Der Julenisse als Weihnachtsmann ist das genaue Gegenteil der übelsten der übernatürlichen Geschöpfe: Er erweist sich als lieb, großzügig und gutmütig, vor allem, wenn er seine Schüssel mit Weihnachtsgrütze serviert bekommt.

Die Straße verläuft weiter über die Wasser- und Wetterscheide des Fjells und dann hinunter über **Valldal** (Erdbeeranbau) nach **Linge** am *Norddalsfjord*. Von hier verkehrt die Fähre (15 Minuten) nach Eidsdal.

Der nächste Höhepunkt ist sicherlich die **Adlerstraße (Örneveien)**, die bei **Korsmyra** beginnt, eine Serpentinenstraße von fast 9 km Länge (11 Kehren, Gefälle 1:10, Straßenbreite 4,25 m). Von ihr hat man einen herrlichen Blick auf den **Geirangerfjord**, das Aushängeschild der norwegischen Tourismuswerbung, mit den Wasserfällen der "Sieben Schwestern" und der "Kanzel", einem markanten Felsvorsprung auf der anderen Uferseite.

Geiranger

Aktuelle regionale Reisetipps (Hotels, Restaurants etc.) zu Geiranger
entnehmen Sie bitte den Seiten 165f

Mit nur 200 Einwohnern hat **Geiranger** nur bescheidene Größe, ist im Sommer jedoch ein überlaufener Fremdenverkehrsort mit einigen Hotels, Hütten und Campingplätzen sowie zu wenig Parkmöglichkeiten. Kaum ein Kreuzfahrtschiff, das nicht im Fjord vor Anker geht. Doch es ist der Weg und nicht so sehr das Ziel, das sich im Falle des Fjordortes lohnt. Wer über den Adlerweg nach Geiranger gelangt ist, sollte, auch wenn er die **Autofähre** nach **Hellesylt** benutzt (im Sommer bis zu zehn Abfahrten täglich), die Serpentinenstraße zur anderen Seite und zum *Dalsnibba* hinauf (s.u.) nicht versäumen. Dabei passiert man die größeren und modernen Hotels sowie die pittoreske, achteckige Holzkirche, von der sich ein schöner Blick auf den Fjord ergibt.

Tipp
Empfehlenswert ist in Geiranger eine Bootsrundfahrt auf dem Fjord, vorbei an den zahlreichen Wasserfällen (Dauer ca. 1½ Stunden). Möglichkeiten zum 'Flightseeing' mit Wasserflugzeugen.

Die "Sieben Schwestern" im Geirangerfjord

2. Hellesylt - Geiranger auf dem Landweg
(ca. 150 km)

Bei dieser Strecke geht es vom Fjordort **Hellesylt** am *Sunnylfsfjord* (Autofähre nach Geiranger), an der Straße 60 gelegen, über eine im Wald liegende Anhöhe durch ein langgestrecktes Tal, das *Langdal*, das anschließend in das *Hornindal* übergeht. Der gleichnamige Ort (Landwirtschaft und Kleinindustrie) liegt am **mit 514 m tiefsten Binnensee Europas**. Die Straße führt am landwirtschaftlich genutzten Ostufer des Sees entlang, durchquert ein Waldgebiet und erreicht den *Innvikfjord*, einen Nebenarm des *Nordfjords*.

Stryn

Skilaufen im Sommer

20 km entfernt von **Hornindal** liegt **Stryn** (1.100 Ew.), Zentrum des inneren Nordfjordgebietes, wo Fjord, Gletscher und Berge aufeinandertreffen. Zwei Ausläufer des Jostedalsbreen sind leicht zugänglich, Sommerskilauf ist möglich. Innerhalb der Gemeinde gibt es viele Übernachtungsmöglichkeiten (3.000 Betten, Campingplätze) in allen Preisklassen.

Die Straße verläuft weiter in östlicher Richtung, wo das Gelände etwas ansteigt. Man erreicht den Süßwassersee *Strynsvatn*, dessen Wasser sich im Sommer auf 17-18 °C erwärmen kann und in dem Forellen geangelt werden können. An seiner Südseite erheben sich bis zu 1.900 m hohe Berge, deren Gipfel stark vergletschert sind.

In **Oppstryn** befindet sich das lohnende **Jostedalsbreen Nationalparkzentrum** (Saison Mitte Mai-Sept.) mit einer Dokumentation der Natur der Region.

Umgebungsziel Olden

Tipp
Geführte Gletscherwanderungen (z.B. 2-3 Stunden) und Eisklettern für Anfänger (ab 12 J. ca. NOK 400), Buchung unter Tel. 57873888,

Die Hauptstraße unterquert durch einen neuen Tunnel den kleinen Ort **Hjelle** mit seinem charmanten Hotel und führt weiter talaufwärts. Bald schon ändert sich der Landschaftscharakter, karge Fjell- und Firnflächen bestimmen das Bild.

Nach einigen Kehren und Haarnadelkurven muss man sich kurz vor dem Hochgebirgshotel **Videseter** (Cafeteria, Restaurant, Souvenirshop) entscheiden: Fährt man durch den modernen, langen Tunnel, der die Strecke zu einer ganzjährig befahrbaren gemacht hat, oder wählt man die alte *Strynsfjell*-Straße 258? Bei nur wenig Zeit und schlechten Witterungsverhältnissen sollte man die zum *Djupvatn*see (s.u.) führende neuere Strecke nehmen, die nach 14 km bei **Langevatnet** auf die Straße **63** nach **Geiranger** abzweigt.

Tunnel oder Natur?

Lohnender ist jedoch die alte *Strynsfjell*-Straße am Videseter-Hotel vorbei. Sie wurde 1974 zu einer gut befahrbaren Schotterstraße ausgebaut. Bis in den Hochsommer hinein reichen die Schneewände direkt bis an den Straßenrand, ein Umstand, der zur Installierung des bedeutendsten Sommerskizentrums (Lifte) genutzt wurde.

Das Strynsfjell – Norwegens Sommerskigebiet

Weiter geht es über die majestätische Weite des baumlosen Fjells, wobei die Strecke 12 km vor **Grotli** mit 1.139 m ü.d.M. ihren höchsten Punkt erreicht.

im Fjell

In **Grotli**, einem Verkehrsknotenpunkt mit Tankstelle, Cafeteria und Hotel, geht es auf der Straße **15** vorbei am See **Breidalsvatn** bis nach **Langevatnet**, dann weiter über die neu ausgebaute Straße **63**, an der man manchmal die Souvenirstände von Samen (u.a. Rentierfelle) sieht. Bald folgt der **Djupvatn**, der "tiefe See", an dessen Westende sich der Berggasthof *Djupvasshytta* in rund 1.000 m

Blick vom Dalsnibba in das Geirangertal

Höhe befindet. Hier zweigt nach rechts eine enge, gebührenpflichtige Serpentinenstraße zum **Dalsnibba** ab, die in 10 Kehren auf 1.465 m Höhe führt. Bei gutem Wetter hat man vom Gipfel einen phantastischen Blick auf die Bergwelt, das gewundene Band der Straße, die noch vor einem liegt, sowie das Geirangertal mit dem Fjord.

Auch von der *Djupvasshytta* geht es wieder über atemberaubende Serpentinen aus der kargen Gebirgswelt bergab zum Geirangertal mit immer neuen Ausblicken auf den Fjord. 5 km vor Geiranger folgt der Aussichtspunkt *Flydalsjuvet* mit dem bekannten Motiv des Geirangerfjords. Wenig später kündigt sich durch Hotels und die achteckige Holzkirche aus dem 19. Jahrhundert der Touristenort **Geiranger** an (s.o.).

3. Voss-Stalheim-Gudvangen-Flåm
(63 km)

Von **Voss** nach **Flåm** handelt es sich um eine recht kurze Strecke, die auch mit öffentlichen Verkehrsmitteln bewältigt werden kann, denn von Voss, das leicht mit Bus und Bahn ab Bergen zu erreichen ist, verkehren Busse nach **Gudvangen**. Von Gudvangen empfiehlt sich die Fähre nach Flåm, anstatt den ca. 11 km langen Tunnel zu benutzen. Von Flåm geht es mit der legendären Bahn nach **Myrdal,** wo die *Flåm-Bahn* die *Bergenbahn* erreicht. Mit der Bahn erfolgt die Fahrt zurück nach Voss.

Das Rundreiseticket Voss-Flåm-Voss ist am Bahnhof von Voss erhältlich und kostet ca. NOK 300 (Ki 50 %); täglich von Mitte April bis Mitte September.

Voss

 Aktuelle regionale Reisetipps (Hotels, Restaurants etc.) zu Voss *entnehmen Sie bitte der Seite 199*

ganzjähriger Fremdenverkehr

Das an einem See gelegene **Voss** (6.000 Ew.) ist das administrative, kommerzielle und touristische Zentrum eines ausgedehnten Tals *(Vossevangen)* inmitten der Bergwelt zwischen *Sogne-* und *Hardangerfjord*. Die fruchtbaren Böden haben die Region zum bedeutendsten landwirtschaftlichen Nutzgebiet nach Südostnorwe-

8. Reisen in Norwegen: Durch das Fjordland 281

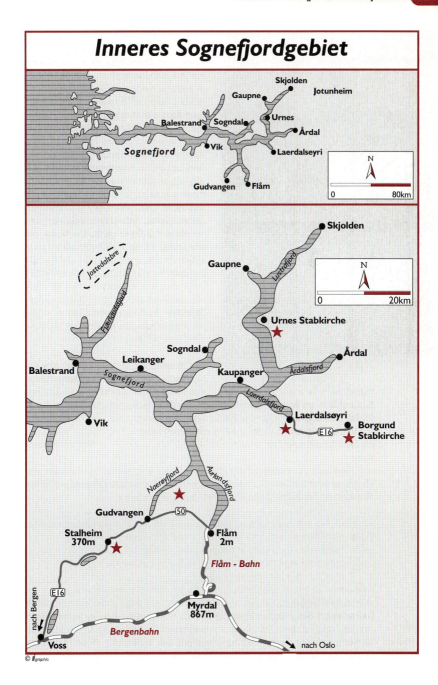

Wassersymphonie: der Tvindefoss

gen, Trondheimgebiet und Gudbrandsdal gemacht. Haupteinkunftsquelle ist inzwischen jedoch der ganzjährige Fremdenverkehr, der im Sommer von Attraktionen wie Berg steigen, Drachen fliegen, Fallschirm gleiten, Wildwasser fahren und Angeln lebt sowie von den Ausflugszielen, die nach einer Autostunde ab Voss bequem zu erreichen sind (z.B. Bergen, Hardangervidda, Sognefjord). Mit dem See, Pisten, Loipen, Sprungschanzen und Lifts findet auch der Wintersportler in Voss ein breites Angebot. Die Geschäfts- und Einkaufsstadt profitiert dabei von ihren ausgezeichneten Verkehrsverbindungen, von denen die **Bergenbahn,** die **E 16** und die Straße 13 die wichtigsten sind.

Sehenswert in Voss sind die mitten im Ort liegende mittelalterliche Steinkirche sowie das ca. 2 km außerhalb befindliche *Finneloftet*, ein 1270 erbautes Gilde- und Versammlungshaus, das älteste nichtkirchliche Holzgebäude des Landes.

Außerordentlich lohnend ist auch das kulturgeschichtliche Museum **Mølstertunet**, das zu Fuß 2 km nördlich vom Zentrum zu erreichen ist (oder mit dem Auto auf einem 3½ km langen Umweg).
Mølstertunet: geöffnet Mai-August täglich 10.00-17.00 Uhr; Sept. täglich 10.00-15.00 Uhr; Oktober-April Mo-Fr 10.00-15.00 Uhr; Eintritt

Von **Voss** geht es nordwärts auf der Straße **13/E 16** vorbei am See *Lønavatn* zum 10 km entfernten **Tvinde** mit dem direkt links der Straße gelegenen, schönen **Wasserfall** *Tvindefoss* (Shop, Campingplatz, Ferienhütten).

Stabkirche

Ab **Vinje**, wo man nach links auf der Straße 13 wieder über ein schneebedecktes Fjell nach **Vik** am *Sognefjord* (mit der Hopperstad-Stabkirche und der romanischen Steinkirche von Hove) abzweigen kann, verläuft die **E 16** am *Oppheim-See* entlang.

Was für ein Ausblick!

Kurz bevor es anschließend durch einen langen Tunnel zum *Nærøytal* geht, ist es sehr empfehlenswert, die schmale Straße nach links zum rotverkleideten **Stalheim-Hotel** hinauf zu fahren. Gehen Sie dort auf jeden Fall in das Hotel hinein, wo man mit Cafeteria, Restaurant, Souvenirshop und einer umfangreichen Antiquitätensammlung auf Tagesbesucher eingerichtet ist. Von der Hotelterrasse auf der Rückseite hat man einen phantastischen Blick auf das vom Gletschereis rundgehobelte **Naerøytal** und den Zuckerhutberg *Jordalsnuten* (936 m). Dass diese exponierte Lage auch militärisch interessant war, beweisen verschiedene Geschütze und Unterstände hinter dem Hotel. Nach dem Besuch des Stalheim-Hotels können Sie dem angeschlossenen, privaten Freilichtmuseum mit alten Holzhäusern einen Besuch abstatten.

Für die Weiterfahrt folgen Sie der bisherigen Richtung (Wohnwagen müssen zurück zur Europastraße und den Tunnel benutzen!), die einen bald zur berühmten **Stalheim-Schlucht** bringt. Hier windet sich die 2 km lange Strecke mit 13 Kehren und einem Gefälle bis zu 1:5 hinunter, vorbei an den Wasserfällen "*Sivle*" und "*Stalheim*", bis sie wieder auf die **E 16** am hinteren Tunnelausgang stößt. Auf dieser geht es durch das atemberaubende *Naerøytal* nach **Gudvangen**, dem kleinen Fährort am Ende des *Naerøyfjords*. Hier wurde inzwischen das ehrgeizige Projekt des 11,4 km langen *Gudvangentunnels* nach **Flåm**, der einer der längsten Skandinaviens ist, fertiggestellt.

Blick ins Naerøytal

Fähren
Autofähre nach Revsnes gut 2 Stunden, nach Kaupanger 2½ Stunden, nach Aurland 1½ Stunden.

Tipp
Benutzen Sie auf dem Weg nach Flåm am Ende des Aurlandsfjordes nicht den Tunnel, sondern eine Fähre durch den herrlich engen Naerøyfjord und in den Aurlandsfjord.

Mittelnorwegen

Von Ålesund nach Trondheim

Entfernungen
0 km Ålesund
68 km Molde
145 km Kristiansund
360 km Trondheim

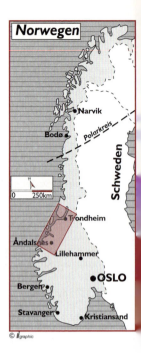

Wer diese Strecke fährt, sollte auch **Molde** und **Kristiansund** mit einbeziehen, zumal Molde direkt am Weg liegt und Kristiansund seit kurzem als letzte Stadt des Königreichs mit dem Festland verbunden ist. Die Route führt über die **E 39** bis Kristiansund, von dort südlich ein kleines Stück über die Straße 70, weiter über die E 39 bis kurz vor Trondheim und über die E 6 zum Endpunkt der Strecke, auf der inzwischen nur noch zwei Fährüberfahrten einzuplanen sind. Die Straßen sind in gutem Zustand, 6 - 8 m breit. Der höchste Punkt der Route erreicht 330 m ü.d.M.

Streckenbeschreibung

Nach dem Verlassen der liebenswerten Stadt **Ålesund** über den Vorort Spjelkavik geht es durch die Seen- und Fjordlandschaft über die Berge nach **Vestnes**. Während kurz zuvor die **E 136** bei **Kjelbotn** am *Tresfjord* Richtung **Åndalsnes** abbiegt, geht es auf der E 39 weiter bis **Furneset**, wo die Fähre über den *Romsdalsfjord* nach Molde (35 Minuten) ablegt.

Redaktions-Tipps

- Der *Vårstigen* (Frühlingsweg), Teil des alten Königsweges mit herrlichen Aussichtspunkten (S. 372)
- Moschus-Safari im Dovre-Nationalpark (S. 372)
- Panoramablick in Molde vom Aussichtspunkt *Varden* (S. 285)
- Mittelalterliche Kirche und "St. Olav-Spiele" in Stiklestad (S. 302)
- Ausgiebige Besichtigung Trondheims (S. 290)

Molde

 Aktuelle regionale Reisetipps (Hotels, Restaurants etc.) zu Molde entnehmen Sie bitte der Seite 176

Das als "Rosenstadt" bekannte **Molde** (ca. 17.000 Ew.) ist ein Verwaltungszentrum mit vorwiegend modernem Gepräge, das dem Besucher nicht viel an Sehenswürdigkeiten bieten kann, aber mit seinen Läden und Boutiquen, Cafés, Hotels, gepflegten Gärten und dem

8. Reisen in Norwegen: Mittelnorwegen   285

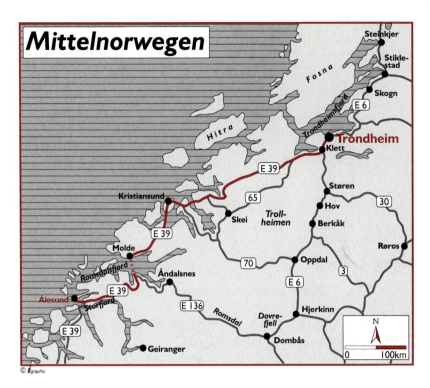

Hafen durchaus Charme besitzt. Musikliebhaber sollten sich nach den Jazztagen erkundigen, die weit über die Landesgrenzen hinaus bekannt sind.

Bei einem Stadtspaziergang schlendern Sie zum Hafen, an dem wochentags ein schöner Markt abgehalten wird. Vis-à-vis erhebt sich der moderne, Bronzeglasverspiegelte Bau des Rathauses, von dessen Terrasse sich ein hübscher Blick bietet. Hier wie auf dem Vorplatz sind etliche Arten von Rosen angepflanzt, die aufgrund des günstigen Lokalklimas besonders üppig wachsen, worauf auch die Bronzefigur des "Rosenmädchens" hinweist. Nahe am Rathaus lohnt die moderne Kathedrale (Molde ist lutherischer Bischofssitz) einen Besuch. Ferner kann man sich mit einem Boot zum vorgelagerten Inselchen *Hjertøya* übersetzen lassen, das über ein sehr interessantes Fischereimuseum verfügt.

klimatisch günstige Lage

Tipp
Wer gut zu Fuß ist, sollte eine ca. 45minütige Wanderung zum rund 400 m hohen Hausberg Varden unternehmen, der jedoch auch auf einer Autostraße erreicht werden kann. Dort oben (Cafeteria) kann man weitere Wanderungen zu Seen und durch Wälder unternehmen, vor allem aber das bekannte "Moldepanorama" genießen, denn man hat einen herrlichen Blick über den Fjord, das entfernt liegende Åndalsnes und auf 87 schneebedeckte Gipfel der Umgebung.

berühmt

Von Molde geht es weiter über die **E 39** nach **Oppdøl**, wo die Straße **62** nach Sunndalsøra abzweigt. Über den kleinen Zentralort **Batnfjordsøra**, in dem die Landwirtschaft dominiert, verläuft die Straße am *Batnfjord* entlang nach **Høgset**, wo nach Eröffnung der beeindruckenden Festlandverbindung die Fähre stillgelegt wurde. Nach der Fahrt über die 1.257 m lange Hängebrücke folgt in **Hamna** die Mautstation. Die Nutzung der aufwendigen Brücken- und Tunnelkonstruktionen zur Anbindung Kristiansunds an das Festland (*Krifast* genannt) ist mautpflichtig. Nach Durchfahren des 5 km langen unterseeischen Tunnels 130 m unter der Wasserfläche ist nach 20 km **Kristiansund** erreicht.

Krifast

Alternative

Statt auf der E 39 weiter zu fahren bietet sich als attraktive Alternative bei Molde die Straße 64 Richtung Eide am Kornstadfjord an. Bei Vevang beginnt die imposante "Atlantikstraße" (Atlanterhavsveien), die über beeindruckende Brücken und viele kleine im Meer liegende Inseln bis zur Insel Averöy führt. "Die Strecke ist bei jedem Wetter empfehlenswert", schrieb eine Leserin.

Kristiansund

Aktuelle regionale Reisetipps (Hotels, Restaurants etc.) zu Kristiansund entnehmen Sie bitte der Seite 171

Fisch und Öl

Die Fischereistadt (knapp 20.000 Ew.) mit Zulieferbetrieben für die Ölindustrie liegt auf drei Inseln. Sehenswert sind: das Nordmøre Museum, die 1964 gebaute Kirche, alte Kaufmannshäuser und das verlassene Fischerdorf **Grip** nördlich der Stadt sowie die im 17. Jahrhundert stark umgebaute *Kvernes-Stabkirche* 14 km außerhalb der Stadt.

Von **Kristiansund** geht es über die Straße 70 in südöstlicher Richtung bis **Öydegard**. Von diesem Ort sind es etwa 8 km bis zum *Halsafjord* (Fähre Kanestraum-Halsanaustan, 20 Minuten); gute Angelmöglichkeiten; wenig später bietet sich bei **Betna** eine Alternative auf dem Weg nach Trondheim über die Straße 65 an, die über 105 km nach **Forve** verläuft, aber durch gebirgige Gegenden führt und 700 m ü.d.M. erreicht. Bei **Baeverfjord** gibt es verschiedene Möglichkeiten zu angeln. Danach verläuft die Straße über **Skei i Surnadal** durch das breite *Surnadal*, vorbei an Häusern im Nordmøre-Stil. Am Fluss *Surna* ist auf einem längeren Teilstück Lachs- und Meerforellenfang möglich, Angelscheine erhält man auch in **Bolme** (Campingplatz). Nach **Bjørnås** erreicht die Strecke mit 330 m ü.d.M. ihren höchsten Punkt.

Lachs und Meerforellen

Bei **Svorkmo**, 60 km von Trondheim entfernt, zweigt die Straße 700 nach Süden zur Hauptroute Trondheim-Dombås (E 6) ab, 16 km weiter folgt nach **Forve** der Industrieort **Orkanger** (6.000 Ew.). Am Ufer des *Gaulosen* und *Orkdalsfjord* geht es über **Buvik** mit seiner achteckigen Kirche nach **Klett**, wo die E 6 die Straße 65 aufnimmt und bis **Trondheim** noch 15 km zurückzulegen sind.

Trondheim

*Aktuelle regionale Reisetipps (Hotels, Restaurants etc.) zu Trondheim und Umgebung
entnehmen Sie bitte den Seiten 193ff*

Überblick

Mit gegenwärtig rund 140.000 Einwohnern ist **Trondheim** die drittgrößte Stadt Norwegens. Sie liegt noch deutlich in der südlichen Hälfte des Landes, obwohl die Entfernung zur Hauptstadt 540 und nach Bergen 682 Straßenkilometer beträgt. Lange Zeit galt sie als "Tor zum Norden", doch Städte wie Bodø, Harstad und vor allem die Universitätsstadt Tromsø sind inzwischen von größerer Bedeutung für Nordnorwegen, so dass Trondheim heute als Sitz der Bezirksverwaltung von Sør-Trøndelag das **Zentrum Mittelnorwegens** darstellt. Für ein weites Umland ist der Zentralort Handels-, Verwaltungs- und Ausbildungsstadt, deren Universität mit naturwissenschaftlichem Schwerpunkt im Lande einen guten Ruf genießt; mit 14.000 Studierenden ist sie die zweitgrößte Norwegens. Neben dem Sitz des Bischofs kommt der Stadt aber auch als recht vielseitigem Industriestandort eine führende Rolle zu, denn neben der Eisen- und Metallverarbeitung, dem Fahrzeugbau, der Elektrotechnik, Holzverarbeitung und dem Nahrungsmittelbereich gewinnt die Öl- und Gaswirtschaft zunehmend an Bedeutung für die Wirtschaft der Region, nicht zuletzt weil Trondheim in den letzten Jahren zur **Technologiehauptstadt Norwegens** aufgestiegen ist.

Eine Sonderstellung kam dem geschichtsträchtigen Trondheim, damals noch **Nidaros** (= ' Mündung der Nid') genannt, als erster Hauptstadt des norwegischen Reiches und Sitz des Erzbischofs zu. Die günstigen naturräumlichen Bedingungen trugen entscheidend dazu bei, dass an den Ufern des **Trondheimsfjords** eine Stadt entstehen konnte, die lange Zeit die mit Abstand bedeutendste des Landes war. Eine fruchtbare Hügellandschaft bot den Menschen immer schon gute Möglichkeiten landwirtschaftlicher Nutzung, Holz war stets reichlich verfügbar. Der sehr breite Fjord, der im Unterschied zu den klassischen Fjorden

Redaktions-Tipps

- Musikliebhaber sollten unbedingt das musikhistorische *Museum Ringve* mit Instrumenten aus aller Welt besuchen (S. 297).
- Badelustige fahren im Sommer mit dem Boot von der Ravnkloa-Fischhalle zum *Inselchen Munkholmen* (S. 295).
- Nach der Besichtigung des Trøndelag-Folkemuseum Pause im historischen Restaurant *Tavern* mit traditioneller norwegischer Küche (S. 297).
- Ein historischer Markt sowie kirchliche und kulturelle Veranstaltungen im Rahmen der *Olavs-Tage* finden Ende Juli/Anfang August statt (S. 290).
- Besuch eines Orgelkonzertes im *Nidaros-Dom* sowie Besichtigung des Bauwerkes (S. 290f)
- Ganztagestour mit Leih-Fahrrad und Fähre nach Vanvikan und über die *Fosen-Halbinsel* (Tipp S. 196)

8. Reisen in Norwegen: Mittelnorwegen

Blick auf Trondheim (in der Mitte der Nidaros-Dom)

eher einem Binnensee gleicht, erfährt durch eine Fülle von Inseln und Schären Schutz vor den Stürmen des Nordatlantiks und bietet geschützte Naturhäfen.

Ein Blick auf die Karte verdeutlicht die **verkehrsgünstige Lage der Stadt**: Im Westen liegt das Meer als wichtiger Verkehrsweg und nutzbarer Wirtschaftsraum, der 130 km lange, immer eisfreie Fjord mit seinem Hinterland erschließt einen großen Teil des Nordens, zum Osten gibt es einen günstigen Übergang nach Schweden, den heute die **E 14** bzw. die Eisenbahn nach Stockholm nimmt. In südlicher Richtung gelangt man durch ein breites Tal, das über Passhöhen schließlich ins *Gudbrandstal* übergeht. Heute verläuft hier die bedeutende **E 6** bzw. die Eisenbahnstrecke zur Landeshauptstadt.

ein alter Kulturraum

Die vielen Felsritzungen aus Stein-, Eisen- und Bronzezeit in der Umgebung belegen die frühe Nutzung dieses Raumes durch den Menschen. Ausgrabungen im Stadtgebiet in jüngster Zeit erbrachten immer wieder den Nachweis, dass die Besiedlung viel früher erfolgte, als es die auf das Jahr 997 festgelegte Stadtgründung vielleicht nahelegt. Während der Wikingerzeit waren die Grafen von Lade (die *Lade-Jarle*) – so nannte man das Gebiet um die Mündung des Nid-Flusses – die unangefochtenen Herrscher. Als die Herren von Lade von *Olav Tryggvason*, dem Urenkel des ersten Norwegerkönigs *Harald Schönhaar* und Gründer Trondheims, in die Schranken gewiesen wurden und *Olav* eine Königsresidenz errichten ließ, waren die Grafen innenpolitisch noch keineswegs bedeutungslos. Denn in der Schlacht von Stiklestad erschlugen sie 1030 **König *Olav Haraldsson* ("Olav der Heilige")**, da er sich ihrem Streben nach Eigenständigkeit widersetzt hatte.

Norwegens "ewiger König"

Das Jahr 1030 ist in der norwegischen Geschichte und in der Stadtgeschichte Trondheims bedeutsam. Von diesem Zeitpunkt an gilt das Heidentum als definitiv besiegt, und für die Entwicklung der Stadt wirkten sich Gerüchte über Wunder am Grabe des Königs, die bis nach Rom und Konstantinopel drangen, sowie seine Heiligsprechung als Märtyrer überaus positiv aus. Norwegens *rex perpetuus* (= "ewiger König") wurde zum Schutzpatron des Landes, Trondheim aber stieg zu einem der großen Wallfahrtsorte in Europa auf. 340 Kirchen in Norwegen, England und Schweden verehrten St. Olav als Namenspatron. Der **Olavskult** brachte Pilger, Händler, Handwerker und somit Wohlstand in die Stadt, die **bis Anfang des 13. Jahrhunderts das politische und geistige Zentrum** war. Auch der

Handel mit Nordnorwegen, Island und Grönland erfolgte über Trondheim. Das 1152 gegründete Erzbistum schloss damals neben ganz Norwegen auch Grönland, Island, die Orkneys und Man mit ein und war das größte der Christenheit. Vorher begann man schon mit dem Bau des Nidaros-Domes, der großartigsten Kirchenanlage des Nordens, über dem Grab des Heiligen Olav.

Herbe **Rückschläge** gab es für die Stadt, als mit der norwegisch-dänischen Union im 14. Jahrhundert Trondheim in eine Abseitslage geriet und die Hansekaufleute in Bergen zunehmend den Handel an sich zogen. Zuvor hatte die Pest Land und Stadt heimgesucht. Mehrere Stadtbrände, Überfälle schwedischer Plünderer und die Reformation, die ein Ausbleiben der Pilger bewirkte, beendeten ihre herausragende Rolle.

im Abseits

In völlige Bedeutungslosigkeit versank Trondheim aber nicht, denn zum Ende des 16. Jahrhunderts exportierte man Holz und Heringe. Für neuen Schwung sorgten vorwiegend Kaufmannsfamilien, die aus England, Schottland, den Niederlanden und aus Schleswig-Holstein hierhin gekommen waren, da sie ein Handelsverbot für Ausländer von dänischer Seite durch die Annahme der norwegischen Staatsbürgerschaft umgehen konnten. Als **Zeichen eines erneuten Aufstiegs der Stadt** müssen in späteren Jahren die herrschaftlichen Holzgebäude an der Munkegate, die Gründung der Gesellschaft der Wissenschaften (1760), der ersten Zeitung (1767) und des ersten Theaters von Norwegen (1803) gesehen werden. Zu Beginn des 19. Jahrhunderts war Trondheim die zweitgrößte Handelsstadt nach Bergen, und mit 10.000 Einwohnern übertraf es Kristiania (später Oslo). Mit dem Ausbau der Eisenbahn und der Einrichtung der Hurtigrute wurde die Stadt zum Tor des Nordens, auch wenn sie weiter von Bodø oder Narvik entfernt lag als von Kristiania/Oslo.

der Aufstieg

Selbst in den Plänen Hitlers spielte Trondheim eine Rolle. Schließlich sollte die Stadt zum Endpunkt einer Reichsautobahn werden, die die dänischen Meerengen überspannt. Speer sollte der zweite große Stadtplaner sein, nachdem bereits im 17. Jahrhundert der dänische General und Architekt **de Cicignon** nach einem verheerenden Brand die Stadt völlig neu geplant hatte. Das heutige Stadtbild mit den auffallend breiten, sich rechtwinklig kreuzenden Straßen, dem Marktplatz und der Festung Kristiansten geht auf seine Ideen zurück. König Christian V. sah damals vor dem Hintergrund des Konfliktes Dänemark-Schweden Trondheim wegen seiner Verkehrsgunst als wichtige strategische Basis.

Alte und neue Häuser am Nid-Fluss

Hitlers Pläne

Hauptsehenswürdigkeiten der Stadt, in der es im Jahresmittel mit 857 mm nur halb soviel regnet wie in Bergen, sind neben dem alles überragenden **Dom**, der im Sommer große Touristenströme aus aller Welt anzieht, die hölzernen **Packhäuser** am *Nid*-Fluss, die barocke Stadtplanung des Architekten de Cicignon, mittelalterliche Kirchen und Klosteranlagen in der nahen Umgebung, **Museen** wie das Kunstgewerbemuseum und die Kunstgalerie, der **Palast des Erzbischofs** von 1160 sowie das hölzerne Palais **Stiftsgården.**

Außerhalb des Stadtzentrums liegen die Grundmauern der alten **Festung Sverresborg**, von der man einen schönen Blick auf die Stadtanlage und den Fjord hat. Ein Besuch lohnt im nahegelegenen **Freilichtmuseum** für Trondheim und Trøndelag sowie zur benachbarten Lade-Insel mit dem Gut **Ringve**, in dem das sehr beachtenswerte Musikhistorische Museum untergebracht ist. Auch die 'Mönchsinsel' **Munkholmen**, nur einen Steinwurf weit vom Hafen entfernt, lohnt die kurze Bootsfahrt.

immer Olav

Sollten Sie sich in der Zeit um den 29. Juli in der Stadt aufhalten, dürfen Sie sich die *Olavsdagene* nicht entgehen lassen: Die Tage zu Ehren des heiligen Olav werden seit 1963 jährlich begangen und sollen an den Tod des Heiligen erinnern, der 1030 in der Schlacht bei Stiklestad umgekommen ist. Etwa zehn Tage lang finden Konzerte, Vorlesungen, Gottesdienste, Wanderungen, Ausstellungen etc. statt. Seit 1992 wird auch ein historischer Markt am Nidaros-Dom abgehalten.

> **Tipp**
> *Einen guten Überblick erhält man durch eine geführte **Stadtrundfahrt** durch Trondheims Zentrum und die nähere Umgebung, die Trondheim Aktivum in der Zeit vom 1.6.-22.8. täglich um 12.00 Uhr anbietet. Die Fahrt dauert 1½ Stunden und beginnt vom Marktplatz/Touristeninformation. Karten sind beim Stadtführer und in der Touristeninformation, die Teilnahme an der Stadtrundfahrt ist auch direkt von den Hotels Scandic, Prinsen, Britannia, Quality Panorama und Royal Garden möglich, die zuvor angefahren werden.*

Ausgangspunkt Dom

Die einfachste Art, Trondheim kennenzulernen, ist ein **Spaziergang durch das Zentrum um den Marktplatz**, zumal die Stadt sehr übersichtlich angelegt ist und die Entfernungen der einzelnen Sehenswürdigkeiten untereinander nicht zu groß sind. Für die wichtigsten Ziele im Zentrum und in der näheren Umgebung sollte man zwei Tage veranschlagen. Solch ein Spaziergang könnte am Dom beginnen und dann zunächst gemäß den in der Übersichtskarte von 1-8 angegebenen Sehenswürdigkeiten erfolgen, die nachstehend näher beschrieben sind.

Stadtrundgang

Der Nidaros-Dom (1)

Nidaros-Domen: geöffnet in der Hochsaison vom 19.6.-15.8. Mo-Fr 9.30-17.30, Sa 9.30-14.00, So 13.00-16.00 Uhr; vom 1.5.-18.6. und 16.8.-14.9. Mo-Fr 9.30-14.30, Sa 9.30-

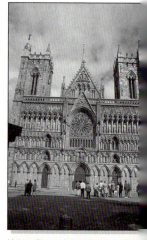

Nidaros-Dom, rekonstruierte Westfass

14.00, So 13.00-16.00 Uhr; vom 15.9.-30.4. Mo-Fr 12.00-14.30, Sa 11.30-14.00, So 13.00-15.00 Uhr; Eintritt. Orgelkonzerte finden Mo-Fr um 13.00 Uhr statt, regelmäßige Führungen in deutscher Sprache um 11.00, 14.00 und 16.00 Uhr.

Im Rahmen einer Stadtbesichtigung sollte auf jeden Fall die Trondheimer Kathedrale – auch **Nidaros-Dom** genannt – besucht werden. Sie ist nicht nur der schönste sakrale Steinbau des Landes, sondern neben dem gotischen Dom zu Uppsala und dem von der deutschen Romanik geprägten Dom zu Lund in Südschweden "die großartigste Kirche des Nordens".

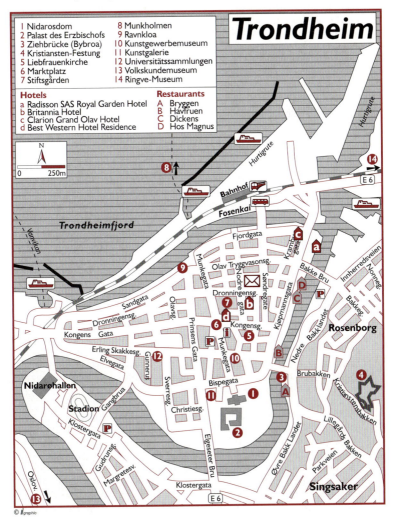

8. Reisen in Norwegen: Mittelnorwegen

Wo heute der Dom steht, wurde im 11. Jahrhundert über dem Grab des Heiligen Olav eine kleine Holz-, dann eine Steinkirche errichtet. **Die Baugeschichte des Doms beginnt im Jahre 1152.** Zunächst orientierten sich die Erzbischöfe an dem durch England vermittelten **romanisch-normannischen Baustil**, der in den unteren Teilen des südlichen und nördlichen Querschiffes sowie der Sakristei zu erkennen ist. Doch Ende des 12. Jahrhunderts setzen sich beim Bau des Chores und Hochchores die **Stilmerkmale der englischen Gotik** durch.

verschiedene Einflüsse

Nachdem nämlich der ab 1161 mit dem Bau befasste Erzbischof *Eystein Erlandson* nach Streitigkeiten mit dem König *Sverre* für einige Jahre das Land verlassen musste, gelangte er nach Canterbury, wo er dem Stilideal der damaligen Zeit begegnete. Als der Erzbischof sich mit seinem Widersacher aussöhnte, konnte er 1183 nach Norwegen zurückkehren und den Dombau wieder aufnehmen.

Innerhalb weniger Jahre entstanden im Osten des Langchores die unteren Teile eines prachtvollen Achteckbaus mit reicher Ausstattung und schönen Gewölben. Erneuter Streit zwischen Staat und Kirche verzögerte jedoch die Fertigstellung des architektonisch besonders gelungenen Oktagons, an dem Steinmetzen aus Lincoln tätig waren.

von der Romanik zur Gotik

Um 1230 dürfte anstelle des romanischen Hauptschiffs ein gotisches aufgeführt worden sein, das ebenso wie die reich geschmückte Westfassade mit ihren zwei Türmen auf englische Vorbilder zurückgeht. Dennoch ist der Nidaros-Dom keine englische Kirche, die gewissermaßen nach Norwegen verpflanzt worden ist, denn viele Details der überreichen Ausschmückung zeigen wikingischen Einfluss in der Pflanzen- und Tierornamentik. Der weiche Seifenstein (norweg.: *klebersten*) kam den geschickten norwegischen Handwerkern, die eher den Umgang mit Holz gewohnt waren, sicherlich entgegen.

Nach der weitgehenden **Fertigstellung des Domes um ca. 1320** begannen bald die **Kräfte der Zerstörung** ihr Werk. Zahlreiche Brände, der Bildersturm in der Reformationszeit und plündernde Schwedentruppen sind die Hauptursachen für den Verfall der Kathedrale, die **ab 1869 unter großen Anstrengungen wieder aufgebaut** wurde. Da es kaum verwertbare Unterlagen zur Rekonstruktion des Bauwerkes gab, beruhten viele Vorschläge, die verwirklicht wurden, auf kunsthistorischer Spekulation, was vor allem für die Skulpturenwand der Westfassade gilt. Der Wiederaufbau des nationalen Denkmals, der erst in den 1980er Jahren abgeschlossen war, erfolgte maßgeblich unter der Leitung des Norwegers *Christie* und des Deutschen *Schirmer*.

Spekulationen

Es empfiehlt sich, zunächst einmal außen um den Dom herumzugehen, um die Abfolge normannischer, frühgotischer, hochgotischer und rekonstruierter Stilelemente zu beobachten. Besonderes Augenmerk sollten Sie dabei auf die Portale und die zierlichen Strebebögen des östlichen Oktogons legen. Dann betritt man das in mystisches Dunkel gehüllte Innere durch die monumentale Westseite, die eine herrliche Fensterrose schmückt. Der Maler und Architekt *Gabriel Kielland* hat seine Lebensaufgabe darin gesehen, den Dom mit **Glasmalereien** auszuschmücken (von 1908-1934 stand er einer Werkstatt vor, in der die Fenster des

ein Lebenswerk

8. Reisen in Norwegen: Mittelnorwegen **293**

Domes gefertigt wurden). Im Querschiff mit seinen normannischen Zackenbändern und Kapellen stößt man auf mehrere Gedenksteine norwegischer Könige. Das norwegische Königshaus ist seit jeher eng mit Tondheim verbunden: Sieben Könige wurden in der Kathedrale gekrönt und zehn begraben. Die Verfassung aus dem Jahre 1814 schrieb vor, dass der norwegische König im Nidaros-Dom gekrönt werden müsse, eine Bestimmung, die 1908, zwei Jahre nach der letzten Krönungszeremonie, aufgegeben wurde. König *Harald* wurde jedoch 1991 auf eigenen Wunsch im Nidaros-Dom gesegnet. Auch Königin Sonja nahm den Segen der Kirche entgegen.

Achten Sie dann im Langhaus auf die qualitätsvolle Säulenordnung. Der östliche Teil wird durch eine Chorbogenwand abgetrennt, deren farbige Skulpturen vom Bildhauer *Gustav Vigeland* stammen. Hier beginnt auch der innere Umgang um das **Oktogon**, durch den damals die Pilger zur Olavsquelle geleitet wurden. Wenn Sie linkerhand den Umgang betreten, werden Sie an der unbedingt sehenswerten **Marienkapelle**, an einem farbigen Altarvorsatz mit Szenen der legendären Schlacht von Stiklestad bis zur Heiligsprechung des norwegischen Königs und an der Öffnung zur Heiligen Quelle vorbeigeführt und betreten das Langhaus wieder am hochgotischen Taufstein. Die Konstruktion dieser phantastisch ausgeschmückten, oktogonalen Grabkapelle hinter dem Chor ist einmalig in der abendländischen Baugeschichte.

eine außergewöhnliche Grabkapelle

Erzbischöflicher Palast/*Erkebispegården* (2)
Erkebispegården: geöffnet 1.6.-15.8. Mo-Fr 9.00-15.00, Sa 9.00-14.00, So 12.00-15.00 Uhr; Eintritt. Die Eintrittskarte gilt auch für den Besuch des Domes und umgekehrt.

Der Palast des Erzbischofs liegt unmittelbar südlich des Domes; in der zweiten Hälfte des 12. Jahrhunderts erbaut, gehört er zu den ältesten Profanbauten des Nordens. Die dreiflügelige Anlage diente den Erzbischöfen als Residenz, bis die Reformation sich durchsetzte und der letzte katholische Bischof fliehen musste. Danach ließen sich hier die dänischen Statthalter nieder. In dem Gebäude befindet sich heute ein militärhistorisches Museum und das Museum der Widerstandsbewegung 1940-45. Im Südflügel sind Originalskulpturen der Kathedrale zu sehen. Der älteste Teil, der Nordflügel, dient dem Land und der Gemeinde zu Repräsentationszwecken. 1983 zerstörte ein Brand Teile des Bauwerkes, das bis 1997, zum 1.000-jährigen Jubiläum der Stadt, in seinen ursprünglichen Zustand wiederhergestellt wurde.

Bybroa (3)

Von der Nordseite des Domes geht man entlang dem (oder über den) Friedhof auf das Flussufer der Nid zu, das zur Stadtseite von der idyllischen *Kjøpmannsgate* begrenzt wird. Sofort zu Anfang sieht man die schöne *Bybroa* oder *Gamle Bybro*, eine alte, hölzerne Ziehbücke. Sie selbst bildet zusammen mit der geschlossenen Reihe alter **Pfahlhäuser**, die sich von ihr bis zur Bakke-Brücke hinzieht, ein

ein beliebtes Fotomotiv

häufig fotografiertes Panorama. Die auf Stelzen im Fluss stehenden Pack- und Lagerhäuser sind breiter angelegt als die der Bergenser Brygge, die ältesten stammen aus dem 18. Jahrhundert. Heute sind Büros und stimmungsvolle Restaurants in diesem einmaligen Ambiente untergebracht.

Kristiansten (4)

Auf der anderen Seite des Flusses liegt das *Bakklandet*, ursprünglich ein altes Arbeiterviertel mit einer Holzhausbebauung, nach gründlicher Renovierung heute ebenfalls verschiedenen Funktionen dienend. Überragt wird es von dem strahlend weißen Kubus der **Festung *Kristiansten***, die einst im 17. Jahrhundert beim Wiederaufbau Trondheims zur Verteidigung gegen die Schweden errichtet wurde. Besucher mit Zeit und Kondition sollten sich ruhig auf den 20-Minuten-Weg dorthin aufmachen, denn von *Kristiansten* bietet sich (vor allem morgens) ein schöner Blick auf Stadt und Dom.

Blick auf Stadt und Dom

Zurück zum Zentrum gehen Sie von der Bybroa entweder über die *Kjøpmannsgate* bis zur Bakke-Brücke und dann über die Kongensgate in Richtung Marktplatz, oder Sie nehmen eine der schmalen Gassen linkerhand, die man hier *Veitene* nennt. Überall stößt man auf die pittoresken Holzhäuser, die typisch für das alte Trondheim sind, insbesondere in dem alten Viertel zwischen *St. Olavsgate* und *Tordenskioldsgate*. Auf dem Weg zum Marktplatz passieren Sie nach wenigen Minuten die Liebfrauenkirche.

Liebfrauenkirche/Vår Frue Kirke (5)

Vår Frue Kirke: Kongensgate, geöffnet Juni-August Di-Fr 10.00-14.00, Sa 11.00-14.00 Uhr)

Das an der Kongensgate nahe dem Markt gelegene Gotteshaus ist eine von zehn Kirchen, die damals im mittelalterlichen Trondheim gebaut wurden. Sie stammt aus der Zeit um 1150, doch hat sie infolge von Um- und Erweiterungsbauten im 17. und 18. Jahrhundert viel von ihrem ursprünglichen gotischen Aussehen eingebüßt.

Die Liebfrauenkirche

Sehenswert im Innern der Kirche ist eine barocke Altarwand, die als eine russisch-dänisch-schwedische Gemeinschaftsarbeit einst für den Nidaros-Dom bestimmt war. An den in Trondheim geborenen dänischen Seehelden Tordenskjold, der im Nordischen Krieg gegen die Schweden zu Ruhm gelangte, erinnert ein Denkmal vor der Kirche.

Marktplatz/*Torget* (6)

Im Schnittpunkt der breiten, das Stadtbild prägenden Achsen *Munkegate* (= 'Mönchsstraße') und *Kongens Gate* (= 'Königsstraße') erhebt sich inmitten eines Rondells eine hohe Säule mit Standbild, das an *Olav Tryggvason* erinnert. Er war nicht nur der 'offizielle' Gründer der Stadt, sondern auch jener Wikingerkönig, der vor fast 1.000 Jahren Leif Eriksson von Trondheim aus nach Westen schickte und unbeabsichtigt die nordamerikanische Küste entdecken ließ. Gleichzeitig dient die Säule als Zeiger einer imposanten Sonnenuhr.

Die nordöstliche, von einigen modernen Skulpturen geschmückte Ecke ist dem Wochenmarkt vorbehalten. Erwähnenswert sind am bzw. nahe dem Marktplatz drei Holzpalais, die noch aus der Zeit erhalten sind, bevor ein Gesetz 1832 in Kraft trat, das den Bau von Holzhäusern innerhalb der Stadt verbot. Direkt am Markt steht die *Svaneapotek* (= 'Schwanenapotheke'), die ebenso aus dem Ende des 18. Jahrhunderts stammt wie der *Hornemannsgård*, den ein Holzhändler und Industrieller einst erbauen ließ.

Olav-Tryggvason-Säule

Holzpalais

Heute befindet sich in diesem Gebäude die **Touristeninformation**.

Stiftsgården (6)

Stiftsgården: Munkegate, geöffnet 1.6.-19.6. Mo-Fr 10.00-15.00, So 12.00-16.00 Uhr; 20.6.-20.8., Mo-Fr 10.00-17.00 Uhr; So 12.00-17.00 Uhr; Eintritt

Entlang der *Munkegate*, die im Süden den Dom und im Norden den Hafen bzw. die Insel Munkholmen als Fixpunkte hat, befinden sich einige sehenswerte Gebäude, Kulturinstitutionen, Hotels und Kaufhäuser. Geht man Richtung Norden, passiert man nach wenigen Schritten rechterhand den 'Stiftshof' *Stiftsgården*, der als größtes Holzpalais Skandinaviens gilt. In den Jahren um 1775 wurde das zweistöckige Anwesen im Rokokostil für die Geheimrätin *Schøller* errichtet. Seit fast zweihundert Jahren ist das imposante Gebäude im Besitz des norwegischen Staates und dient dem König und der Königin als offizielle Residenz in Trondheim.

offizielle königliche Residenz

Munkholmen (8)

Folgt man der Munkegate bis zu ihrem nördlichen Ende, erreicht man **Ravn-kloa (9)**, den Fischmarkt, und die Fischhalle der Stadt. Von hier aus verkehren täglich Boote zur Insel 'Mönchsinsel' **Munkholmen**, und zwar stündlich zwischen 10.00 und 18.00 Uhr; bei gutem Wetter fährt das Boot kontinuierlich. Zur Zeit der Stadtgründung war *Munkholmen* bereits ein Richtplatz, kurz nach 1000 ließen sich hier die Benediktiner nieder und bauten ein Kloster, das 1531 einem Brand zum

beliebter Ausflugsort

Opfer fiel. Im 17. Jahrhundert wurde die 'Mönchsinsel' zu einer Festung umgebaut, von der nur noch die Ruinen übrig geblieben sind. Für die Trondheimer ist Munkholmen heute ein beliebter Ausflugs- und Badeort mit Restaurant.

Es lohnt sich übrigens, zwischen *Ravnkloa* und Bahnhof oder zur anderen Seite am gebogenen Verlauf des Nidflusses entlangzuschlendern. Hier wie auch in den vielen Nebengassen finden sich etliche gut erhaltene Holzhäuser, die zum Fluss hin von Stelzen abgestützt werden.

Kunstgewerbemuseum/*Nordenfjeldske Kunstindustrimuseum* (10)

Nordenfjeldske Kunstindustrimuseum: Munkegate 5, geöffnet 20.6.-20.8. Mo-Fr 10.00-17.00, So 12.00-17.00 Uhr; 21.8.-19.6. Di/Mi u. Fr 10.00-15.00, Do 10.00-17.00, So 12.00-16.00 Uhr; Eintritt

Geht man vom Markt über die Munkegate wieder in südliche Richtung, stößt man unweit des Domes auf das sehenswerte Kunstgewerbemuseum, in dem altes und modernes Kunsthandwerk ausgestellt ist. Neben wertvollen Sammlungen von Möbeln, Glas, Silber, Porzellan sowie Norwegens größtem Bestand an Wandteppichen der Künstlerin *Hannah Ryggen* beeindrucken viele Gegenstände aus Japan. Der Besucher erhält ferner einen Überblick über skandinavisches Design in den 1950er Jahren.

skandinavisches Design

Das ganze Jahr über gibt es wechselnde Ausstellungen norwegischer und internationaler Kunsthandwerker.

Außer dem genannten liegen noch zwei weitere bedeutende Museen innerhalb des historischen Stadtkerns:

• Kunstgalerie/*Trøndelag Kunstgalleri* (11)

Trøndelag Kunstgalleri: Bispegate 7 B, geöffnet 1.6.-31.8. täglich 11.00-16.00 Uhr; 1.9.-31.5. Di-So, 12.00-16.00 Uhr; Eintritt

Die Kunstgalerie der Region Trøndelag sei allen ans Herz gelegt, die weder die Kunstmuseen von Oslo noch die in Bergen anschauen konnten. Der Schwerpunkt der Sammlung liegt bei den Werken norwegischer Maler wie dem Romantiker *J.C.C. Dahl* und *Kristian Krohg*. Von *Edvard Munch* finden sich hier Lithographien und Holzschnitte mit typischen Munch-Motiven. Eine Abteilung widmet sich der europäischen Kunst des 20. Jahrhunderts.

norwegische Maler

• Universitätssammlungen/*Vitenskapsmuseet* (12)

Vitenskapsmuseet: Erling Skakkes Gate 47, geöffnet 1.6.-31.8. Di-Fr 10.00-18.00, Sa-So 11.00-18.00 Uhr; 1.9.-31.5. Di-Sa 10.00-15.00, So 11.00-17.00 Uhr; Eintritt

Dieses sehr sehenswerte kultur- und naturhistorische Museum zeigt u.a. Funde aus der Stein-, Bronze-, Eisen- und Wikingerzeit. Der Themenschwerpunkt liegt auf der Natur- und Kulturgeschichte des Trøndelag-Gebietes während des Mittelalters; eine Ausstellung widmet sich der Kultur der Samen sowie sakraler Kunst vom Mittelalter bis zum 18. Jahrhundert. Die naturhistorischen Ausstellungen zeigen die Tier- und Pflanzenwelt Norwegens, insbesondere Mittelnorwegens, und der Polargebiete.

u.a. Kultur der Samen

Besichtigungsziele in der Umgebung von Trondheim

Volkskundemuseum/*Trøndelag Folkemuseum* (13)
Trøndelag Folkemuseet: geöffnet 20.5.-31.8. täglich 11.00-18.00 Uhr; Führungen durch die Anlage auch in deutscher Sprache; Eintritt. Zu erreichen mit Bus 8 und 9 von Dronningens gate bis Wullumsgården

Westlich des Stadtzentrums lohnt zunächst die Fahrt zum Aussichtspunkt *Sverres-li*, der unterhalb der Grundmauern der alten Festung **Sverresborg** gelegen ist. Von dort hat man einen herrlichen Ausblick auf die Biegung des Nidflusses, den Dom, die Festung Kristiansten und den Fjord.

herrlicher Panorama-blick

Wenige hundert Meter von hier entfernt befindet sich oberhalb, auf dem Gelände der ehemaligen Burg König *Sverres*, das Freilicht-Volkskundemuseum zur Wohn- und Baukultur der Bewohner Trøndelags. Eine umfangreiche Sammlung alter Gebäude reicht von einfachen Behausungen der Samen über Fischerhütten und Bauernhöfe bis hin zu stolzen Bürgerhäusern. Ein besonders interessanter Bestandteil des Freilichtmuseums ist die sehenswerte *Haltdalen-Stabkirche* aus der Zeit um 1170, die im 19. Jahrhundert aus einem anderen Tal hierher gebracht wurde. Auch ein Skimuseum gehört zu dem recht weitläufigen Komplex. In dem stimmungsvollen Restaurant *Tavern* (einem der ältesten des Landes aus dem Jahre 1739) gibt es norwegische Gerichte zu akzeptablen Preisen.

Ringve-Museum (14)
Ringve-Museet: Mitte Mai-Mitte Sept. 11.00-15.00 Uhr; Juli 11.00-17.00 Uhr geöffnet, danach nur So 11.00-16.00 Uhr. Tägliche Führungen in deutscher Sprache in der Zeit vom 20.5.-30.6. um 12.00 Uhr, zwischen dem 1.7.-10.8. um 13.00 und 15.00 Uhr; vom 11.8.-31.8. um 12.30 und 14.30 Uhr sowie zwischen dem 1.9.-30.9. um 12.00 Uhr; in der Zeit vom 1.10-19.5. gibt es So um 13.30 Uhr eine Führung in norwegischer und englischer Sprache; Eintritt. Zu erreichen mit Bus Nr. 4 (Lade) bis Fagerheim, ab da zu Fuß.

Zu den außergewöhnlichsten und schönsten Museen Norwegens gehört zweifellos **das musikhistorische Museum Ringve**. Es liegt 4 km nordöstlich vom Stadtzentrum entfernt auf der fruchtbaren *Lade*-Insel, auf der sich überdies einige sehenswerte Herrenhöfe des 17.-18. Jahrhunderts mit ihrer typischen, in Weiß gehaltenen Holzarchitektur befinden.

In solch einem weißen Herrenhof, dem Gut *Ringve*, ist das musikhistorische Museum untergebracht, das vor allem das Werk einer Frau ist. Zusammen mit ihrem Mann *Christian*, einem vermögenden Kaufmann, richtete *Viktoria Bachke*, die aus

seltene Instru-mente aus aller Welt

Russland nach Norwegen gelangt war, Anfang des 20. Jahrhunderts das Museum ein. Sie reiste durch Europa und sammelte eine Vielzahl seltener Instrumente verschiedenster Epochen. 1952 wurde das Museum eröffnet, das nach *Viktoria Bachkes* Tod 1963 noch um eine ethnographische Abteilung mit faszinierenden Musikinstrumenten aus aller Welt erweitert wurde. Zum 40-jährigen Jubiläum der Ringve-Einrichtung kam schließlich eine Sammlung moderner Instrumente hinzu.

natur-
schöne
Umgebung

Die stilvoll und original eingerichteten Räume des Herrenhauses, in dem die wertvollen Ausstellungstücke wie etwa der Flügel von *Chopin* untergebracht sind, vermitteln dem Besucher das Gefühl, als gehöre alles hierher. Zeitweilig vergisst er, dass er sich in einem Museum befindet. Großartig ist auch die natürliche Umgebung mit dem herrlichen Park in Sichtweite des Fjordes. Geöffnet für Besucher ist auch der botanische Garten nebenan, der zum Gut gehört. Führungen durch das Museum sind nur mit einem örtlichen Führer möglich. Zumeist sind es Schüler der Musikhochschule, die während des Rundgangs Klangbeispiele einzelner Instrumente geben.

In einem Gebäude des Anwesens ist ein kleines Museum eingerichtet, das an *Peder Wessel* (1671-1720) erinnert, bekannter unter dem späteren Adelsnamen *Tordenskjold*, der hier seine Kindheit verbrachte und als Admiral und Seeheld von Dänemark-Norwegen, das damals eine beachtliche Flottenmacht war, mit seinen kühnen Angriffen auf schwedische Kriegs- und Nachschubschiffe die schwedischen Eroberungszüge in Norwegen im Großen Nordischen Krieg vereitelte.

Entlang dem Trondheimsfjord

Als amerikanische Soziologen vor einiger Zeit Trondheim zur weltweit besten und lebenswertesten Stadt auserkoren, hatten sie vielleicht auch das nähere und fernere Umland zu beiden Seiten des Trondheimsfjordes mit berücksichtigt.

der Weg
als Ziel

Die Vielseitigkeit der Naturlandschaften und die reiche Kultur Mittelnorwegens machen diesen Raum zu einem bevorzugten Gebiet im Rahmen einer Norwegenreise. Für Reisende nach Nordnorwegen sollte die Strecke entlang der E 6 am Ostufer des schönen *Trondheimsfjords* keinesfalls nur eine schnell zu bewältigende Etappe auf dem Weg in den hohen Norden sein, sondern der Weg am Fjord entlang das (Teil-) Ziel selbst.

Redaktions-Tipps

- Besichtigung der *Felsritzungen* von Hell, Bardal und Bøla (S. 300, 304)
- Teilnahme an den *St. Olavs-Festspielen* in Stiklestad (S. 302)
- Besichtigung der Kirchen *Vaernes* (S. 300), *Maere* (S. 303) und *Stiklestad** (S. 302)
- Angeln und Baden im Trondheimsfjord (S. 303)
- Fahrt über die Skarnsundbrücke (S. 302)

Die landwirtschaftlichen Gunsträume am *Trondheimsfjord*, der **Kornkammer des Landes**, haben einige kleinere zentrale Orte entstehen lassen, wie **Stjørdal, Levanger, Verdalsøra und Steinkjer**, die allesamt geschichtsträchtig sind.

Von Trondheim bis Tromsø

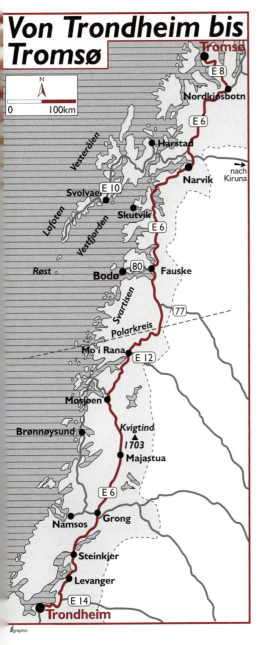

Die norwegische Geschichte zur Zeit der Wikinger ist ganz wesentlich an diesen Raum im Herzen des Landes gebunden. Zahlreiche Felszeichnungen und große Grabstätten dokumentieren die Siedlungsdichte um den Fjord schon in vorgeschichtlicher Zeit. Die Fülle der vorzüglichen Freizeitangebote, wie z.B. Lachsangeln in den besten Flüssen Norwegens, Gebirgs- und Hochseeangeln, Kanufahrten, Radtouren, Kleinwildjagd und Wanderungen mit allen Schwierigkeitsgraden, kann nur angedeutet werden. Die beschriebene Strecke zwischen **Trondheim** und **Steinkjer** beträgt entlang der **E 6** rund 125 km.

Entfernungen
 0 km Trondheim
 35 km Stjørdal
 83 km Levanger
 95 km Verdalsøra
125 km Steinkjer

Von Trondheim nach **Stjørdal** führt die gut ausgebaute **E 6** nahe am Ufer des breiten Fjords entlang, der mit fast 130 km Länge der drittgrößte des Landes ist. Auf dem ersten Teilstück zwischen **Trondheim** und **Hommelvik** wird eine Mautgebühr erhoben (in beide Richtungen). Wer die Gebühr sparen möchte, kann die Straße durch die kleinen Ortschaften Ranheim, Vikhamar, Malvik, Storsand bis Hommelvik nehmen.

Kurz nach Hommelvik beginnt der Regierungsbezirk Nord-Trøndelag.

Hell

Von dem Zentralort der Gemeinde sind es nur ein paar Kilometer bis nach **Hell**, unmittelbar vor dem Flughafen **Vaernes**, wo die nach Schweden führende Bahnlinie abzweigt.

Hier in Hell auf der rechten Seite an der **E 6** weist ein Schild mit der Aufschrift *Helleristninger* (= Felszeichnungen) auf die bekannten Felsbilder hin. Folgt man dem Hinweisschild, so geht man nur einen kurzen Weg abseits der Straße zu Fuß.

> **INFO** Die Felsbilder von Hell
>
> An drei Hängen eines Schiefergesteins finden sich die Ritzungen von Rentierabbildungen, die aus der Steinzeit stammen, d.h. die Darstellungen dürften **etwa 5.000 Jahre alt** sein. Bei dem oberen Tierpaar handelt es sich um eine naturgetreue Wiedergabe, wie sie für die Berg- und Höhlenkunst auf dieser Kunststufe auch außerhalb Norwegens kennzeichnend ist. Die Tiere sind gewissermaßen als Schattenfiguren kräftig in das Gestein eingeritzt, da sie nur im Umriss mit je einem Vorder- und Hinterbein erscheinen.
>
> Zu den naturnahen Darstellungen gesellen sich solche, deren Stil abstrakter und schemenhafter ist. Sicher haben auch diese Felsritzungen einen magisch-religiösen Hintergrund, über den man nur Vermutungen anstellen kann. Vielleicht wollten die Jäger über die Abbildung der Tiere ihr Jagd- und Fangglück beschwören. Denkbar ist aber auch, dass sich hinter den Urbildern der Menschheit rein religiöse Motive und Vorstellungen verbergen, deren Sinn sich uns nicht erschließt.

Stjørdal

Information
*Das Fremdenverkehrsbüro für **Stjørdal** und Umgebung liegt an der E 6 an der Abfahrt zum Flughafen Vaernes, Tel.: 74822270.*

Die **E 6** führt dann unter dem Flughafen von **Vaernes** her, dem Hauptflughafen für Mittelnorwegen, der weiter ausgebaut wird und bald der erste Flughafen im Norden mit einem Eisenbahnanschluss sein wird. Der Zentralort mit seinen knapp 10.000 Einwohnern heißt **Stjørdal**, eine kleine Dienstleistungs- und Industriegemeinde, die zugleich ein recht bedeutender Verkehrsknotenpunkt ist, denn von hier führt ein alter Handelsweg nach Schweden. Zum Grenzort **Storlien** sind es etwa 70 km über die gut ausgebaute **E 14**, die über **Östersund** die Weiterfahrt nach **Stockholm** ermöglicht. Sehenswert ist die 2 km östlich des Zentrums gelegene romanische **Kirche von Vaernes** aus dem Ende des 11. Jahrhunderts, die nur wenige Jahrzehnte nach dem Tod Olav des Heiligen errichtet wurde. Bekannt ist die verhältnismäßig große Kirche vor allem wegen ihres

heidnisch geprägte Kirche

offenen Dachstuhls, dessen Balkenenden mit den Menschen- und Tierkopfdarstellungen noch heidnisch geprägt sind. Die Kanzel und der Altar stammen ebenso aus dem 17. Jahrhundert wie der prächtige *Vaernes*-Kirchenstuhl, eine barocke Arbeit des heimischen Künstlers *Marcus Nielsen Gram*.

Nahe der Kirche liegt das **kulturhistorische Museum** von **Stjørdal**, das im mittelalterlichen Pfarrhaus untergebracht ist. Zu dem Komplex gehört ein kleines Freilichtmuseum, in dem Handwerker während des Sommers arbeiten und dem Besucher die Besonderheiten der Almwirtschaft gezeigt werden.

Über die **E 6** geht es weiter Richtung **Åsen**, von wo die Straße 753 zur fruchtbaren Halbinsel **Frosta** abzweigt. Hier wurden einst vom 10.-16. Jahrhundert die Gerichtsversammlungen (das sog. *Frosta-Thing*) auf dem Thing-Hügel in **Logtun** abgehalten. Nahe der mittelalterlichen Kirche gibt es mehrere Felszeichnungen, und auf der Insel **Tautra**, wo die Ruinen eines Zisterzienserklosters stehen, findet man in einem bekannten Feuchtgebiet interessante Vogelschutzgebiete.

Fruchtbare Landschaft am Trondheimsfjord

Entlang der **E 6** wird der Reisende gelegentlich an die Zeit des Zweiten Weltkrieges und die Besetzung Norwegens durch deutsche Truppen erinnert, denn Trondheim war seinerzeit der wichtigste Hafen der Deutschen in Norwegen. Bevor man nach **Levanger** gelangt (etwa 80 km von Trondheim aus), führt nahe **Ronglan** links eine Nebenstraße nach **Falstadskogen** (Ekne) zu einer Gedenkstätte, die an ein Konzentrationslager erinnert, in dem 200 Menschen umgebracht wurden. Am 8.10.1942 wurden hier im Waldgebiet 34 Norweger erschossen, die nach ihrer Ausbildung in England einem Sabotagetrupp angehörten. Die Gedenkstätte erreicht man auch von dem Ort **Skogn**, wo ein Hinweisschild den 8 km langen Weg anzeigt.

Erinnerungen

Der kleine Ort **Skogn** (= Wald) trägt seinen Namen zu Recht, da hier in einer der größten Fabrikanlagen des Landes Zeitungspapier produziert wird. Auf dem Weg nach **Levanger** (etwa 8 km südlich) lohnt bei Skogn nicht weit von der **E 6** die schöne, auf einer Anhöhe liegende mittelalterliche Kirche von **Alstadhaug** mit ihren gut bewahrten Kalkmalereien. Ein großes Hügelgrab mit mehr als 50 m Durchmesser findet sich nahe dem Pfarrhof.

Nach wenigen Kilometern erreicht man **Levanger**, das schon im Mittelalter ein bedeutender Marktplatz für den Handel mit Jämtland in Schweden war. Um in das Zentrum zu gelangen, muss man die um den Ortskern geführte E 6 verlassen. Heute ist der Ort, in dem es noch einige denkmalgeschützte Holzhäuser aus der Zeit der Jahrhundertwende gibt, ein Handels- und Dienstleistungszentrum für mehrere kleine Landgemeinden. Vor der Einfahrt liegt an der E 6 ein großes Einkaufszentrum (*Magneten*). Einen Kilometer östlich von Levanger trifft man bei

schöne **Geite gård** auf ein Gräberfeld aus der Eisenzeit, von dessen 37 Hügeln man eine
Aussicht schöne Aussicht auf den Fjord und die Stadt genießen kann.

Nach ein paar Kilometern kommt man nach **Verdalsøra**, heute bekannt wegen seiner Werft, auf der Bohrplattformen für die Ölindustrie gebaut werden. Nur 4 km in östlicher Richtung (Straße 757) liegt der für die norwegische Geschichte so bedeutende Ort **Stiklestad**, wo einst der **Wikingerkönig Olav Haralds-**
Stiklestad: **son** 1030 fiel, der später zum größten Heiligen des gesamten Nordens aufstieg.
die Wo Olav tödlich verwundet wurde, steht heute die mittelalterliche Kirche von
Schlacht Stiklestad, deren Chorwände *Alf Rolfsen* in den 1930er Jahren mit Szenen der
von 1030 berühmten Schlacht anlässlich des 900-jährigen Jubiläums ausgemalt hat.

Aus der Zeit, in der die Steinkirche in zwei Etappen gebaut wurde, ist nur noch das Taufbecken erhalten. Seit dem Sommer 1992 gibt es ein St. Olavs-Museum im architektonisch beachtenswerten Kulturhaus, doch bekannter ist in ganz Norwegen das "Spiel vom Heiligen Olav" *(Olsoksspelet)*, das jährlich auf der großen Freilichtbühne innerhalb weniger Tage vor insgesamt rund 25.000 Zuschauern aufgeführt wird. Seit 1954 pflegt man diese Tradition des Mysterienspiels am und um den 29. Juli *(Olsok* genannt), an dem der Wikingerkönig Olav tödlich verwundet wurde. In einem Freilichttheater, das 6.000 Zuschauern Platz bietet, führt eine große Schar von Mitwirkenden die dramatischen Ereignisse der Schlacht von 1030 auf. Neben der Freilichtbühne erinnert ein Denkmal an den Nationalheiligen.

Neben zahlreichen kulturgeschichtlichen Besonderheiten hat das Gebiet um **Verdal** auch Aktivurlaubern eine Menge zu bieten: Fjorde, Gebirge, Seen, Flüsse und ausgedehnte Waldgebiete laden zu einem vielseitigen Freiluftleben ein.

 Ausflug Granfossen und Vera
*Folgt man der Straße 757 von Stiklestad aus gut 20 km entlang dem Fluss Verdalselva, so gelangt man zum Wasserfall **Granfossen**. Hier sieht man*
springende *die **größte Lachstreppenanlage Europas** (mit einem Panoramafenster), wo dem*
Lachse *Lachs auf die Sprünge geholfen wird.*
Eine Naturkatastrophe ereignete sich Ende des 19. Jahrhunderts am Verdalsfluss, als große Massen an Lehmboden in den Fluss abrutschten und 112 Menschen dabei den Tod fanden.
*Die Straße führt weiter bis nahe an die schwedische Grenze, wo der Gebirgsort **Vera** mit dem schönen gleichnamigen See liegt, das Tor zur Gebirgswelt Nord-Trøndelags. Wer aber auf die schwedische Seite fahren möchte, wählt von **Verdalsøra** aus die Reichsstraße 72 durch das Innatal. Zahlreiche Denkmäler entlang der Strecke erinnern an die kriegerischen Auseinandersetzungen zwischen Norwegen und Schweden in der Vergangenheit.*

Kehren Sie von **Stiklestad** bei **Verdalsøra** wieder auf die **E 6** zurück, so sind es rund 30 km bis zur bedeutendsten Stadt Nord-Trøndelags, dem Verwaltungs- und Ausbildungszentrum **Steinkjer**. Auf dem Weg dorthin zweigt in **Røra** die Straße **755** ab, die über die liebliche Halbinsel *Inderøy* und die imposante **Skarnsundbrücke** (Länge 1.010 m, Maut), die als die weltweit größte Schrägseilbrücke gilt, auf der anderen Seite des Trondheimsfjords bis nach **Vanvikan** führt.

Hinweis
Von Trondheim aus kann man natürlich auch über die nordwestliche Fjordseite nach **Røra** gelangen, wenn man nämlich von der Großstadt die Fähre nach **Vanvikan** benutzt. Diese Strecke bietet weniger kulturhistorische Sehenswürdigkeiten, ist landschaftlich aber mindestens genauso reizvoll. Urlauber, die mit Trondheim den nördlichsten Punkt ihrer Reise erreicht haben (und vielleicht weiter nach Schweden fahren wollen), können in der Kombination beider Uferstraßen also einen äußerst interessanten Ganztagesausflug um den Trondheimsfjord durchführen.

Etwa 12 km vor **Steinkjer** zweigt in dem Ort **Maere** eine kleine Straße links von der **E 6** ab, über die Sie zur **Steinkirche von Maere** gelangen. Wo sich in heidnischer Zeit ein Göttertempel befand, steht die aus dem 12. Jahrhundert stammende Kirche in landschaftlich schöner Lage nahe am *Borgenfjord*. Aus der Zeit der Errichtung der Steinkirche sind neben einer plastischen Darstellung des gekreuzigten Christus und dem Chorgestühl seltsame Tierköpfe am Dachstuhl erhalten geblieben.

Steinkjer

Aktuelle regionale Reisetipps (Hotels, Restaurants etc.) zu Steinkjer entnehmen Sie bitte den Seiten 189f

Steinkjer war einst sogar bedeutender als Trondheim und in der Wikingerzeit das Machtzentrum Mittelnorwegens; erwähnt wird der alte Handelsort schon in der *Königssaga* des *Snorri Sturluson*, Islands großem Dichter und Historiker des Mittelalters. Dann folgten jedoch Jahrhunderte der Bedeutungslosigkeit, bis Steinkjer im Zeitalter der Industrialisierung im 19. Jahrhundert vor allem auf der Grundlage von Holzvorkommen neue Impulse erfuhr. Rückschläge erlitt der am nordöstlichen Ende des Fjordes gelegene Ort im Jahr 1900, als ein Teil der Stadt einem Brand zum Opfer fiel, sowie 1940, als die Stadt weitgehend von deutschen Bomben dem Erdboden gleichgemacht wurde.

einst bedeutender als Trondheim

Heute wohnen im Zentralort rund 10.000 Einwohner, in der flächenmäßig großen Gemeinde sind es doppelt so viele. Neben den erwähnten zentralörtlichen Funktionen für ein größeres landwirtschaftlich geprägtes Umland haben sich in Steinkjer auf der Basis heimischer Rohstoffe aus Land- und Forstwirtschaft einige Industriebetriebe angesiedelt.

Zu den Sehenswürdigkeiten gehört neben zwei berühmten Felszeichnungen im Umland das **Egge-Gebiet** nördlich des Stadtzentrums. Hier haben die Archäologen zahlreiche Funde aus der Steinzeit gemacht, die aus Irland und anderen Teilen Europas stammen und somit die weitgespannten Handelsbeziehungen des Raumes in Norwegens früher Geschichte belegen. Beim Hof *Egge Gård* finden sich Grabhügel und Steinringe aus der Eisenzeit; einen interessanten Spaziergang kann man vom Hof aus am Hügel *Eggevammen* entlang unternehmen. Der Weg, eine Art historischer Lehrpfad, ist auch für Behinderte geeignet.

von Gotland aus ...

Am *Tingvold Park Hotel* findet sich neben den Überresten eines großen Gräberfeldes eine beeindruckende sog. **Schiffssetzung**, ein 35 m langes Monument, das aus 38 in Form eines Bootes angeordneten Steinen besteht. Solche Grabmäler gab es im Norden seit Mitte der Bronzezeit um ca. 1000 v.Chr. Ausgangspunkt der Idee, Gräber in Schiffsform anzulegen, ist die Insel Gotland, auf der rund 350 Schiffssetzungen unterschiedlicher Größe registriert worden sind. Schiffe haben schon immer im Jenseitsglauben der Menschen eine besondere Bedeutung gehabt, oft hat man den Toten Modelle oder Schiffe mit ins Grab gegeben, doch Schiffssetzungen, in die man die verbrannten Überreste der Verstorbenen oder ihre Körper hineinlegte, haben sich von der Insel Gotland aus auf dem skandinavischen Festland ausgebreitet, wo sich die Tradition bis gegen Ende der Wikingerzeit gehalten hat.

Ein schönes Beispiel einer gelungenen modernen Sakralarchitektur bietet die 1965 errichtete **neue Kirche** des Architekten *Olav Platou*, die von dem Künstler *Jacob Weidemann* (Fenster und Wandmalereien) ausgeschmückt worden ist.

In der näheren Umgebung von Steinkjer, ca. 5 km nordwestlich vom Stadtzentrum entfernt, liegen die besonders sehenswerten **Felszeichnungen von Bardal** (Hinweisschilder *Helleristninger*, Parkmöglichkeiten und Informationstafeln).

> **INFO** **Die Felszeichnungen von Bardal**
>
> Der erste Anblick des Felsens irritiert vielleicht den Betrachter, der zunächst eine bunte Vielfalt roter und gelber Linien auf einem Bildstreifen von mehr als 30 m Länge wahrnimmt. Über der Fülle älterer Felsbildmotive wie Wale, Elche, Rentiere, Schwimmvögel oder einem Bären, die gelb ausgemalt sind und aus der Steinzeit stammen, wurden jüngere Felsbilder eingehauen, die der Bronzezeit zugeordnet werden. Sie sind in einem kräftigen Rot ausgemalt und zeigen viele Schiffsbilder, kleinere Tierdarstellungen sowie eine Menschenszene.
>
> Die Einfärbung der Felszeichnungen ist jüngeren Datums und soll die beiden unterschiedlichen Zeitalter der Darstellungen hervorheben. Dieses Vorgehen ist auch deshalb legitim, weil viele Felsbilder ursprünglich mit Farbe nachgezeichnet worden sind. Hinsichtlich der Deutung der Bilder gibt es nur Vermutungen.

Ausflug zum "Bøla-Bild"

Wer für die Kunstform der Steinritzungen besonderes Interesse hegt und eines der bekanntesten Bilder in natura sehen möchte, dem sei der etwa 30 km lange Ausflug zum 'Rentier von Bøla' empfohlen. Von Steinkjer aus fährt man dabei über die Straße **763** *an der Südseite des Snåsasees entlang in östlicher Richtung durch* **Valøy** *(Hinweisschild, ca. 300 m vom Parkplatz) zur berühmten* **Felszeichnung "Bølaristningen"**, *dem Rentier von Bøla. Das Einzelbild im Großformat stammt aus der Steinzeit.*

Von Steinkjer bis Tromsø

Steinkjer - Bodø - Narvik

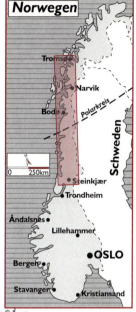

 Entfernungen
0 km Steinkjer	455 km Polarkreis
85 km Grong	555 km Fauske
280 km Mosjøen	715 km Bognes
375 km Mo i Rana	795 km Narvik

Nachdem man am Ufer des **Trondheimsfjords** (vgl. S. 298ff) entlang gefahren ist, sind von **Steinkjer** an dessen Ende noch fast 800 km über die **E 6** bis zur Hafenstadt **Narvik** zurückzulegen. Wenige Kilometer nördlich von Steinkjer muss man sich bei dem Ort **Asp** oder nach **Grong** (über die Straße **760** zur Straße **17**) entscheiden, ob man auf seinem Weg nach Norden auf der **E 6** bleiben möchte oder als Alternative die Küstenstrecke entlang dem Atlantik auf der Straße **17** wählt.

Die Küstenstraße Nr. 17

Die meisten Reisenden benutzen die schnellere **E 6**, bedeutend geringer ist das Verkehrsaufkommen jedoch auf der abwechslungsreicheren, kurvigeren Küstenstraße. Die Reichsstraße **17** führt durch eine herrliche Landschaft, in der Meer und Gebirge eng miteinander verzahnt sind.

E 6 oder Nr. 17?

Auf dem Weg nach **Fauske/Bodø** sind allerdings sechs Fährüberfahrten zwischen 10 und 50 Minuten Dauer notwendig, was im Unterschied zur E 6 zusätzliche Kosten verursacht. Ein in der Touristeninformation in **Steinkjer** erhältlicher Pass gewährt bei bestimmten Abfahrtszeiten bis zu 33 % ermäßigte Preise. Auch in der Hochsaison muss der Reisende in der Regel keine zu langen Wartezeiten befürchten, da die Fähren bei höherem Verkehrsaufkommen öfter verkehren.

Die alternative Küstenstrecke ist vielleicht eher Reisenden zu empfehlen, die **Narvik** als nördlichsten Punkt ihrer Reise wählen, um von dort auf die schwedische Seite zu gelangen und Richtung **Kiruna** zu fahren. Die **E 6** als Hauptstrecke soll ausführlicher beschrieben werden.

Redaktions-Tipps

- Wanderung zur *Svartisen-Gletscherzunge* im Holandsfjord (S. 310)
- Angeln im Saltstraumen bei *Bodø* (S. 313)
- *Rorbu-Ferien* auf den Lofoten (S. 173)
- Bootsfahrt zu den Seevögelkolonien auf den Inseln *Varøy* und *Røst* (S. 327)
- *Wal-Safari* auf den Vesterålen (S. 331)
- Kultur der Samen im *Tromsø-Museum* (S. 338)
- Polaria, das *Polar-Erlebniszentrum* in Tromsø (S. 338)

Über die E6 nach Narvik

Von **Steinkjer** bis nach **Grong**, dem Eldorado der Lachsangler, sind ca. 85 km zurückzulegen. Nördlich von Steinkjer wird die Besiedlung spärlicher, und kurz nach **Asp** erreichen Sie **Sem** am *Snåsasee*, dem sechstgrößten See Norwegens. Die **E 6** führt am Westufer des über 40 km langen Sees entlang. Ein Großteil des Gebietes um den See weist Gebirgszüge auf, die bis gut 1.100 m Höhe erreichen. Am Ende des Sees bei **Vegset** biegt die Straße Nr. **763** nach **Snåsa** ab (6 km), bekannt wegen seiner Schiefer- und Marmorbrüche sowie der zahlreichen fischreichen Seen in der Umgebung. Interessant ist die Ausstellung zur Kultur der Südsamen in dem kleinen Kulturzentrum. Die Fahrt auf der **E 6** führt auf die *Snåseheia*, eine kleine Passhöhe.

Schiefer und Marmor

Etwa 8 km südlich von Grong liegt das Örtchen **Formofoss**, wo ein kleiner Weg zum gleichnamigen Wasserfall hinunterführt (Lachstreppe) und die Straße **74** nach Schweden abzweigt. Die nächste Station ist Grong, eine Gemeinde mit rund 2.500 Einwohnern.

Grong

Aktuelle regionale Reisetipps (Hotels, Restaurants etc.) zu Grong entnehmen Sie bitte der Seite 166

Da in **Grong** verschiedene Täler zusammentreffen, ist der Ort ein kleiner Verkehrsknotenpunkt mit der Straße **760** in westlicher Richtung nach **Namsos** und einem Haltepunkt der Nordlandbahn. Touristische Bedeutung hat er vor allem wegen der Vielzahl von Möglichkeiten, die Aktivurlaubern geboten wird; u.a. kann man hier hervorragend am Lachsangeln und Angeln im Gebirge teilnehmen oder den Sportarten Kanu, Drachen fliegen, Kleinwildjagd, Reiten, Rad fahren und Wandern frönen. Auch Reit-Exkursionen (Tagestouren sowie Gebirgstouren mit Übernachtung; u.a. bei *Langnes Pferdesportzentrum*) sind im Angebot.

Paradies für Lachsangler

Das **Lachsangeln** in den dafür berühmten Flüssen *Namsen* und *Sanddøla* hat Tradition, da schon um 1830 englische Adlige hierher kamen und ihr Glück versuchten. Die Saison dauert vom 1. Juni bis zum 31. August, gleich ob man vom Boot oder vom Land aus angelt. Jedes Jahr werden hier einige Tonnen des edlen Fisches aus dem Wasser geholt, nicht selten Exemplare, die 20 kg wiegen.

Das Freizeitzentrum in Grong bietet in beiden Flüssen Lachsangeln zum Preis von ca. NOK 150 pro Tag an, Bootsangeln (ohne Ruderer) kostet ab NOK 800 pro Tag. Am ersten Sonntag im August findet das Namsen-Lachsfestival statt.

Von **Grong** sind es 12 km bis zum Wasserfall **Fiskumfossen** (Fallhöhe 35 m, Lachstreppen) und dem Lachsaquarium sowie einem kleinen Lachsmuseum, Aussichtsturm und Restaurant. In Kraftwerken werden die Wassermassen des *Namsen* genutzt.

INFO **Der Atlantische Lachs** *(salmo salar)*

Für Fischer und Sportangler hat der Lachs als "König der Fische" nichts von seiner Faszination verloren, auch wenn die Norweger heute Massen des edlen Speisefisches in den Lachszuchtanlagen produzieren. In seiner weichen Konsistenz und seinem hohen Fettgehalt unterscheidet sich der Atlantische Lachs vom in den Gewässern Alaskas und Kanadas heimischen Pazifiklachs, der einen sehr niedrigen Fettgehalt aufweist und festfleischig ist. Als die Flüsse in Mitteleuropa noch nicht verschmutzt waren, zählte der Atlantische Lachs zu den häufigsten Fischen. Heute kommt er freilebend vor allem in den Flüssen Skandinaviens und Schottlands vor.

Geboren wird der Wildlachs in den oberen Flussläufen, wo sich die kleinen Fischchen zunächst von ihrem Dottersack ernähren, danach entwickeln sie Appetit auf kleine Krebse und Insektenlarven, später auch winzige Fische. Nach einem Aufenthalt von etwa 2 bis zu 5 Jahren je nach Wassertemperatur wandern die ca. nur 20 cm großen Edelfische ins Meer, wo sie dann allerdings kräftig an Gewicht zulegen, machmal mehr als 1 kg pro Monat. Je mehr Krustentiere sie aufnehmen, desto intensiver wird die lachsrote Färbung des Fleisches. Nach bis zu dreijährigem Aufenthalt im Meer kehrt der Lachs geschlechtsreif in den Fluss zurück, aus dem er ursprünglich aufgebrochen ist – ein bisher ungeklärtes Phänomen.

Erstaunlich sind auch die Distanzen, die Wildlachse im Meer zurücklegen, denn in norwegischen Flüssen markierte Lachse wurden vor der Küste Westgrönlands wiederentdeckt. Genauso phänomenal ist es zu sehen, wie die bis zu 40 kg schweren und ca. 1,2 m langen Brocken Wasserfälle und Stromschnellen überwinden und dabei bis zu 3 m hoch und 5 m weit springen. Der Mensch hilft dem königlichen Tier dabei auf die Sprünge, schwierige Flussabschnitte zu überwinden und ideale Laichgebiete zu erreichen. Die besten Lachsflüsse Norwegens haben solche Umbauten nach dem Kriege erfahren, was sich günstig auf die Lachsbestände ausgewirkt hat.

Heute hat die Lachsfischerei keine besondere volkswirtschaftliche Bedeutung, aus der Sicht der Freizeitangler und der Fremdenverkehrsindustrie kommt der Lachs- und Inlandsfischerei ein wesentlich höherer Stellenwert zu.

Nach dem Camping-Platz bei **Harran** führt eine moderne Brücke über den Fluss; Moore und ausgedehnte Nadelwaldflächen säumen den Weg ins Gebirge. Etwa 70 km von Grong entfernt liegt in **Namsskogan** der gleichnamige Familien- und Freizeitpark, in dem die Tierwelt des Nordens in natürlicher Umgebung gezeigt wird. Namsskogan ist besonders für Kinder interessant. In dem kleinen Zentralort gibt es verschiedene Übernachtungsmöglichkeiten, u.a. in dem Touristenzentrum **Trones** (Motel, Hütten, Camping).

besonders für Kinder

Südlich von **Majavatn**, das 30 km von Namsskogan entfernt liegt, befindet sich die Grenze zwischen den Provinzen Nord-Trøndelag und Nordland. Bis **Narvik** sind es von hier noch etwas mehr als 600 km. An der E 6/Zugang zum National-

Im Land der Samen

park *Børgefjell* weist das Tor *"Porten till Nord-Norge"* mit einem kleinen Informationszentrum für Nordnorwegen auf den Übergang in die Provinz Nordland hin, die mit rund 650 km längste des Landes, die dafür an der schmalsten Stelle nur 6,3 km breit ist.

Der **Nationalpark Børgefjell** mit fast 1.100 km² ist ein traditioneller Lebensraum der Samen, wie die Namen für Gebirgszüge, Seen und Flüsse zeigen. Auch von der schwe-

hier leben Samen — dischen Seite kommen Samen mit ihren Rentieren hierher. Das ist auch der Grund, warum das Terrain touristisch nicht extensiv genutzt wird, z.B. fehlen hier weitgehend die Wanderwege und Übernachtungsmöglichkeiten, wie sie für die meisten anderen Fjell-Gebiete typisch sind.

Zentrum des Widerstandes — In dem spärlich besiedelten Gebiet folgt mit **Majavatn** ein kleiner Zentralort, der im Zweiten Weltkrieg Mittelpunkt des Widerstands gegen die deutsche Besatzungsmacht war. 24 Männer der Umgebung wurden wegen Sabotage hingerichtet. Ein paar Kilometer weiter erreicht die Strecke auf der **E 6** bis **Mosjøen** mit 375 m ü.d.M. ihren höchsten Punkt, östlich erhebt sich der 1.202 m hohe Berg *Kuklompen*.

Bei **Brenna** zweigt die Straße **76** in westlicher Richtung ab und führt durchs Gebirge bis zur Küstenstraße **17** (s.o). Nach weiteren 20 km folgt bei **Trofors** ein Abzweig auf die nach Schweden führende Straße **73** (rund 110 km bis Tärnaby).

Nach weiteren 13 km lohnt ein Stopp an dem schönen Wasserfall *Laksfoss* an der alten E 6 (Lachstreppen).

Mosjøen

 Aktuelle regionale Reisetipps (Hotels, Restaurants etc.) zu Mosjøen entnehmen Sie bitte der Seite 176

Nach weiteren 30 km durch ein ausgeprägtes Tal und Fahrt durch den *Mosåtunnel* gelangt man in das am Vefsnfjord gelegene freundliche Städtchen **Mosjøen** mit rund 10.000 Einwohnern. In der von Bergen umgebenen Stadt prägen ein Aluminiumwerk und eine Weberei das Wirtschaftsleben. Machen Sie eine kleine Rast und sehen Sie sich die *Sjøgate* an, die größte zusammenhängende Holzhausbebauung im Norden des Landes aus dem 18. und 19. Jahrhundert, und die **Dolstad-Kirche** (von 1735), eine achteckige Holzkirche. Im kulturgeschichtlichen Vefsn-Museum sind historische Gebäude aus der Umgebung bewahrt.

Hinter Mosjøen prägen zunehmend Fjell, Gewässer und Eis die Landschaft. Vom Meer aus steigt die **E 6** an und erreicht nach knapp 50 km mit 550 m ü.d.M. den höchsten Punkt bis **Mo i Rana**. Vom *Vesterfjell* hat man einen herrlichen Blick auf den *Svartisen-Gletscher* und die weite Umgebung. Dann führt die **E 6** in großen Serpentinen nach **Korgen**, einem Ort, der von der Wasserkraftgewinnung *(Ranaverk)* bestimmt wird. Immer wieder erinnern Gedenktafeln unterwegs daran, dass die Straße gen Norden von russischen und jugoslawischen Kriegsgefangenen unter den Deutschen gebaut wurde.

schöne Aussicht

Von **Olderneset** bei **Korgen** führt eine Landstraße zum prächtigen Gebirgsmassiv *"Okstindene"*, das auf Bergtouren erschlossen werden kann. Die **E 6** verläuft weiter am *Ranafjord* entlang und führt zur Industriestadt **Mo i Rana**.

Mo i Rana

Aktuelle regionale Reisetipps (Hotels, Restaurants etc.) zu Mo i Rana entnehmen Sie bitte den Seiten 175f

Ursprünglich wurde **Mo i Rana** durch den Tauschhandel zwischen norwegischen Küstenbewohnern und schwedischen Waldbewohnern geprägt, bis Erzvorkommen im *Dunderlandstal* Anfang des Jahrhunderts eine Entwicklung einleiteten, die über die Aluminium- und Zinkherstellung 1955 zur Stahlproduktion des *Norsk Jernverk* führte. Eine in den 1960er Jahren errichtete Kokerei, auf der die Kohle aus Spitzbergen verarbeitet wurde, musste wieder aufgegeben werden. Viele Beschäftigte finden heute ihre Arbeit in dem jetzt privatisierten Unternehmen *Mo Jernverk Holding* bei einer Einwohnerzahl von rund 6.500 Menschen im Zentralort und etwa 25.000 in der flächenmäßig viertgrößten Gemeinde Norwegens (knapp 4.500 km^2). Die im Nordosten der Stadt gelegenen **Hüttenwerke** können im Sommer besichtigt werden.

Erz und Stahl

Ein kleines modernes Zentrum ist entlang der Fußgängerstraße *Jernbanegate* (= Eisenbahnstraße) entstanden, die zum Fjord hin abfällt. Unterhalb des Einkaufszentrums liegt das neue **Bahnhofsgebäude**, ein achteckiger Ziegelsteinbau mit einer Glaskuppel, im Volksmund als Moschee bezeichnet. Die Büste vor dem Bahnhof erinnert an den Pionier der Nordlandbahn, *Ole Tobias Olsen*.

Bei genügend Zeit können Sie dem *Rana-Museum* einen Besuch abstatten, das an drei Orten untergebracht ist: im *Meyergården* besitzt das Heimatmuseum eine kleine samische Abteilung, in der *Strandgate* eine naturhistorische Sammlung und 9 km außerhalb der Stadt ein Freilichtmuseum mit älteren Gebäuden der Region. Lohnenswert ist auch eine Fahrt mit der **Kabinenbahn** auf das 410 m hohe *Mofjell* mit einem wunderschönen Ausblick auf die Stadt und den Svartisen-Gletscher.

Während der Industrieort außer den genannten Sehenswürdigkeiten und seinem Dienstleistungsangebot sonst nicht viel hergibt, kann er als Standort für sehr interessante Ausflüge in die Umgebung genutzt werden, insbesondere zum **Svartisen-Gletscher**.

Ausflug zum Svartisen-Gletscher

*Die Hauptattraktion der ganzen Gegend ist der Abstecher zum **Svartisen-Gletscher**, von **Mo i Rana** 32 km entfernt. Fünf bis sechs Stunden sollte man für einen Besuch einplanen. Mit dem Auto fährt man nordwärts nach **Røssvoll** und folgt etwa 12 km hinter Mo i Rana den Hinweisschildern durch das Rossvasstal zum **Svartisvatn**. Von dort verkehrt im Sommer, etwa vom 20.6.-30.8. ein Boot über den See (20 Minuten). Nach ca. 3 km Fußweg (gutes Schuhwerk erforderlich) erreicht man das imposante Gletscherfeld. Im Sommer fahren auch Busse ab der Touristeninformation von Mo i Rana direkt zum Boot.*

*An der Straße von **Røssvoll** zum Gletscher liegen in einem Kalksteingebiet die Höhlen Grønligrotta und Setergrotta. Die meisten Touristen suchen die erstgenannte Grotte auf, die ca. 1.200 m lang ist. Führungen finden von Mitte Juni bis ca. 20. August täglich in der Zeit von 10.00-19.00 Uhr statt, empfehlenswert ist die Mitnahme von Gummistiefeln.*

gutes Schuhwerk nicht vergessen!

INFO **Der Svartisen-Gletscher**

Der Svartisengletscher (Svartisen = 'das schwarze Eis') ist mit einer Ausdehnung von etwa 460 km² der zweitgrößte Gletscher Norwegens (nach dem Jostedalsbreen zwischen dem Sogne- und Nordfjord mit rund 1.000 km² Fläche). Aus einem 1.200 bis 1.400 hohen Plateau erheben sich einzelne Gipfel wie der Snetind mit 1.599 m und der Sniptind mit 1.591 m Höhe. Die meisten der rund 1.700 Gletscher im Norwegen der Gegenwart sind Tal- und Plateaugletscher. So beeindruckend die großen Gletscher auch sind, im Vergleich zu den Kolossen der Saaleeiszeit nehmen sie sich verschwindend klein aus. Die gegenwärtigen Vergletscherungen sind nämlich keine Überreste der letzten Eiszeit, sondern das Ergebnis einer Klimaverschlechterung seit der Zeit ab etwa 500 v.Chr. Vor etwa 6.000 Jahren, als die Durchschnittstemperatur nur etwa 2 °C höher lag als heute, gab es keine Gletscher. In den letzten Jahrzehnten ist die Schnee- und Firngrenze des Svartisen markant zurückgewichen.

Das Svartisen-Gebiet ist in den vergangenen Jahren immer mehr zu einem Zentrum des Ausbaus der Wasserkraft geworden. Das im Herbst eröffnete Wasserkraftwerk "Svartisen" (Kosten: ca. 350 Mio. €) mit der weltweit größten Turbine ihrer Art deckt den Strombedarf von 200.000 Menschen ab. 1998 wurde ein neuer großer Staudamm fertiggestellt.

Gletscherzunge des Svartisen

Nicht weit von der Grønligrotte liegt die größere Setergrotte, die sich eher für sportlich ambitionierte Besucher anbietet. Denn auf einer zweistündigen geführten Wanderung wird es gelegentlich eng, und man muss ein wenig klettern. Die Besucher werden mit allem Notwendigen (auch Gummistiefeln) ausgerüstet.

Von **Mo i Rana** führt die **E 6** nach Storforshei durch das **Dunderlandstal**. Die Fichten- und Birkenwälder werden seltener, die Bäume sind auffallend klein, und gut zehn Kilometer vor dem Polarkreis lässt man bei 586 m ü.d.M. die Waldgrenze hinter sich: das sog. **'Kahlfjell'** bestimmt das Landschaftsbild.

Polarkreis

Nachdem Sie rund 80 km von Mo i Rana zurückgelegt haben, erreichen Sie den *Polarkreis* mit dem Polarkreiszentrum, das zwischen dem 1. Mai und 30. September geöffnet ist. Vor dem architektonisch interessanten Gebäude steht die Polarkreissäule, eines der am häufigsten fotografierten Motive. In dem Zentrum gibt es Ausstellungen zur Kultur und Wirtschaft Nordnorwegens, Film- und Diavorführungen, eine Cafeteria, einen Souvenirshop und gepfefferte Preise.

Im Saltfjell-Svartisen-Nationalpark

Wenige Kilometer nach dem Passieren des Polarkreises erreicht die Straße mit 707 m ü.d.M. den höchsten Punkt auf dem *Saltfjell*. Sie führt mitten durch den 1989 eingerichteten *Saltfjell-Svartisen-Nationalpark*, den zweitgrößten des Landes. Anschließend geht es wieder bergab, und die kargen Fjellflächen werden bald von Birkenwaldbeständen abgelöst. Von **Lønsdal** *(Høyfjellshotell)* aus, 24 km nach dem Polarkreiszentrum, bieten sich Wanderungen im *Saltfjell* an. In **Hestbrinken** zweigt die Straße **77** ab und führt durch das enge, wilde *Junkertal* zur schwedischen Grenze. Entlang der **E 6** folgen einige kleine Ortschaften, häufig mit touristischen Angeboten im *Saltdalen*. **Rognan** (ca. 2.000 Ew.), ein kleiner Industrieort, ist das Verwaltungszentrum für das *Saltdal*-Gebiet.

Einige km nördlich von **Rognan** befindet sich das Freilichtmuseum *Saltdal bygdetun* mit über 20 Gebäuden verschiedenen Alters sowie für die Provinz Nordland einst typischen Bootstypen. Seit 1990 gibt es hier auch ein kleines Museum, das an die Kriegsjahre unter deutscher Besatzung erinnert, denn im Saltdal gab es 18 Gefangenenlager, von denen aus Gefangene im Straßenbau schuften mussten, so dass man in dieser Gegend auch vom "Blodveien", der Straße des Blutes, spricht. 5 km nördlich von Rognan und 700 m von der E 6 entfernt liegen 1.657 jugoslawische Kriegsgefangene und 2.732 deutsche Soldaten begraben.

unter deutscher Besatzung

Die Straße führt in Richtung **Fauske** am Ufer des *Saltdalsfjords* entlang durch mehrere Tunnels. **Fauske**, 100 km vom Polarkreis entfernt, ist mit seinen 6.500 Einwohnern ein Handels-, Ausbildungs- und Verkehrszentrum. Zugreisende weiter

8. Reisen in Norwegen: Von Steinkjer bis Tromsø

Marmor für das UNO-Gebäude

nach Norden müssen hier von der Nordlandbahn auf Busse umsteigen, da die **Züge nur bis Bodø** fahren. Vom Verkehrsknotenpunkt Fauske führt die Straße **80** in die Hauptstadt des Nordlands, **Bodø**, während man über die Straße **830** ostwärts zum Bergbauort **Sulitjelma** gelangt. Bekannt gemacht hat Fauske auch der rötliche Marmor, der hier gebrochen wird und beim Bau des UNO-Gebäudes in New York sowie des Osloer Rathauses verwendet wurde.

Von Fauske bietet sich ein Abstecher am *Skjerstad*- und *Saltfjord* entlang in das 60 km entfernte **Bodø** an (s.u.), dessen Küstenlandschaften in der weiteren Umgebung mit vielen Fjorden, Sunden und Inseln überaus reizvoll sind. Die 5½-6½ m breite Straße **80** erreicht an keiner Stelle über 100 m ü.d.M., die Kurven sind übersichtlich, doch wird die Geduld des Autofahrers häufig auf die Probe gestellt, da die Höchstgeschwindigkeit auf einem großen Teil der Strecke auf 60 km/h

Radarkontrollen

begrenzt ist. Geschwindigkeitskontrollen sind auf diesem Abschnitt keine Seltenheit, seien Sie also vorsichtig!

Etwa 35 km von Fauske entfernt weist ein Schild nahe **Vågan** auf *Felszeichnungen* hin, die 350 m abseits der Straße liegen. Wer den moorigen Weg zurücklegt, wird mit dem Anblick naturalistisch geritzter Elche aus der Steinzeit belohnt. 9 km weiter trifft die Straße bei **Løding** auf die Nr. **17**, von der es nur 13 km bis zum legendären **Gezeitenstrom** *Saltstraumen* sind. 6 km vor Bodø sollte man die Reststrecke zur Hauptstadt des Nordlands auf jener Nebenstraße zurücklegen, die an der mittelalterlichen *Bodin Kirche* und dem unterhalb der Kirche liegenden *Freilichtmuseum* vorbeiführt.

Bodø

Aktuelle regionale Reisetipps (Hotels, Restaurants etc.) zu Bodø entnehmen Sie bitte den Seiten 164f

Die am *Saltfjord* liegende Stadt ist mit ihren 37.000 Einwohnern (Gemeinde) ein bedeutender Zentralort. Seit etwa 1800 von Trondheimer Kaufleuten zu einem

ein wichtiger Zentralort

Handels- und Fischereizentrum ausgebaut, erhielt **Bodø** 1816 zwar die Stadtrechte, doch sorgte erst die **Heringsfischerei** in der zweiten Hälfte des 19. Jahrhunderts für einen nennenswerten Aufschwung. Im Mai 1940 brannte das Stadtzentrum nach Bombenangriffen der deutschen Luftwaffe weitgehend ab. Heute ist Bodø in erster Linie Verwaltungs- und Ausbildungszentrum mit u.a. Seefahrtsschulen, einer pädagogischen Hochschule sowie einem Bischofssitz; Schiffsbau und Fischverarbeitung haben an Gewicht verloren, die Ölwirtschaft dürfte in Zukunft an Bedeutung gewinnen. Der wichtigste Arbeitgeber sind jedoch nach wie vor die militärischen Einrichtungen, denn in Bodø ist das **Oberkommando für die Luft- und Seeverteidigung Nordnorwegens** stationiert.

Die **Verkehrsgunst** hat die Entwicklung der Stadt maßgeblich bestimmt, denn neben dem Hafen und dem Anschluss an die Hurtigrute, dem guten Straßennetz und den vielen innerskandinavischen Flugverbindungen endet in der Stadt die

Nordlandbahn, die von Trondheim seit 1962 bis Bodø hinaufführende Eisenbahn.

Bei einer **Stadtbesichtigung** wird man wegen der Zerstörungen des Weltkrieges nicht auf historisch bedeutsame Sehenswürdigkeiten stoßen; die Stadt hat ein eher nüchternes und modernes Gepräge. Architektonisch interessant ist immerhin die 1956 im Zentrum neuerbaute **Domkirche**, eine Basilika von 56 m Länge mit einem freistehenden Glockenturm. Das Innere wird von einem 12 m hohen Glasbild von *Age Storstein* in der östlichen Wand des Chores geprägt. Drei Jahre später wurde das **Rathaus** fertiggestellt, von dessen Turm man eine weite Aussicht genießen kann. In einem der wenigen Häuser, die nicht im Kriege zerstört wurden, ist das **Nordland-Provinzmuseum** *(Nordland Fylkesmuseum)* untergebracht. Es befindet sich südlich der Kirche auf der Prinsensgate 116 und besitzt eine sehenswerte Abteilung zur Fischereiwirtschaft und den Lebensbedingungen der Bewohner Nordlands.

In der Domkirche von Bodø

In Bodøs **näherer Umgebung** lohnen folgende Ausflugsziele den kurzen

Abstecher
- Bodin

Die schon erwähnte **Bodin Kirche** *aus dem 13. Jahrhundert liegt 3 km östlich der Stadt. Sie ist von Juni bis August täglich 10.00-22.00 Uhr geöffnet.*

- *Rønvikfjell*

4 km nördlich von Bodø hat man einen herrlichen **Panoramablick vom Rønvikfjell** *(155 m ü.d.M.): Von hier bietet sich eine vorzügliche Möglichkeit, die* **Mitternachtssonne** *in der Zeit vom 2.6.-10.7. zu erleben. Ein markierter Fußweg führt nach etwa zwei Stunden zum 603 m hohen Løpsfjellgipfel, von dem aus man bei guter Sicht bis zur Lofotenwand sehen kann.*

Panoramablick

- *Saltstraumen*

Ein lohnender Abstecher könnte zum etwa 35 km entfernten **Saltstraumen** *führen. Er gilt als der weltweit stärkste Gezeitenstrom, denn hier werden durch einen 3 km langen und 150 m breiten Sund innerhalb von 6 Stunden rund 400 Millionen Kubikmeter Wasser gepresst, ein Vorgang, der sich im Wechsel der Gezeiten wiederholt. Die Geschwindigkeit des Wassers liegt zwischen 10 und 20 Knoten. Strömung und Strudel können bei unvorsichtigem Verhalten zu einer großen Gefahr werden, andererseits führen sie dazu, dass sich große Mengen an Fischen im Sund aufhalten. Früher war der Fischfang an der Strömung für die Einheimischen eine wichtige Erwerbsquelle, heute erzielen Rutenangler gute Fangergebnisse (vor allem Seelachs). Angelausrüstungen können gemietet werden. Gezeitentabellen sind im örtlichen Fremdenverkehrsamt (Touristeninformation Saltstraumen, N-8056 Saltstraumen, Tel.: 75587500) erhältlich, das auch über Unterkunftsmöglichkeiten informiert. Zum weltweit stärksten Mahlstrom fahren ab der Touristeninformation Bodø in der Sommerzeit täglich Busse (Saltens Bilruter).*

ein mächtiger Gezeitenstrom

Im *Saltstraumen-Erlebniszentrum* werden Geschichte, Kultur und das tägliche Leben in und an diesem Meeresstrom durch Ausstellungen, Modelle und eine Multimedia-Show veranschaulicht. Geöffnet 1.5.-30.9., Juni/Juli 11-20 Uhr; Mai + Aug. 11-18 Uhr; Sept. Sa/So 12-18 Uhr; Eintritt

- **Kjerringøy**

durch Knut Hamsun bekannt

Der alte Handelsort **Kjerringøy**, heute in ein Museum verwandelt, ist von **Bodø** über die Straße **834** zu erreichen und etwa 40 km entfernt. Unterwegs müssen Sie die Fähre von **Festvåg** nach **Misten** nehmen, eine Fahrt von nur 10 Minuten. Für viele Lofotenfischer war dieser Hafenort einst die letzte Station, bevor sie sich mit ihren Booten auf den Vestfjord hinausbegaben. 15 Gebäude aus der Zeit nach 1803 sind erhalten geblieben. Als "Sirilund" hat **Knut Hamsun** den alten Handelsplatz einem großen Leserkreis seiner Romane bekannt gemacht (zu Hamsun siehe weiter unten).

Von Fauske bis Narvik

Fjord und Fjell

Über die Reichsstraße **80** führt der Weg von **Bodø** zurück nach **Fauske** auf die **E 6**. Durch die wunderschöne, kontrastreiche Fjord- und Fjell-Landschaft von Fauske nordwärts bis **Narvik** ist eine Strecke von etwa 240 km zurückzulegen, an der nur kleine Orte entlang der **E 6** liegen. Auch dieses Teilstück nötigt dem Reisenden die Bewunderung für die Straßenbaukunst der Techniker und Ingenieure und den ungeheuren Aufwand ab, denn dank unzähliger Tunnel und Brücken braucht man nur noch zwischen **Bognes** und **Skarberget** die Fähre über den *Tysfjord* zu nehmen.

Hinweis
Bei Trengsel bro, 26 km von Fauske entfernt, zweigt eine 6 km lange Nebenstraße ab, über die man nach Lakshola gelangt. Von hier führt eine ca. 2½-Stunden-Wanderung in den **Rago-Nationalpark**, Norwegens kleinsten, der mit dem Padjelanta-Nationalpark auf schwedischer Seite verbunden ist.

Von **Sommarset**, einst Fährort, nimmt die **E 6** über fast 30 km einen neuen Weg an Fjorden entlang, wovon ein Drittel des Teilstücks durch verschiedene Tunnelsysteme geführt wird; die Mautgebühr für diese Strecke beträgt ca. NOK 50. Bei **Tennvatn** klettert die **E 6** bis auf eine Höhe von 390 m ü.d.M., bis sie hinunter nach **Kråkmo** führt, wo *Knut Hamsun* sich häufiger aufhielt und seinen Roman "Segen der Erde" begann. Bei **Tømmerneset** an der *Sagelva* finden sich oberhalb des Flusses Felszeichnungen (zwei große Rentiere), deren Altersdatierung umstritten ist.

Panoramablick

Kurz vor **Ulsvåg** hat man auf einer Höhe von etwa 200 m ü.d.M. einen phantastischen Blick auf den *Vestfjord* und die Lofotenwand, dann geht es steil hinunter zur Kreuzung mit der Straße **81**, die über 37 km bis nach **Skutvik** führt, einem wichtigen Fährort hinüber nach **Svolvaer**.

Für die Überfahrt zur Hauptstadt des Archipels benötigt man ca. 2 Stunden. Auf dem Weg nach **Skutvik** erreicht man nach etwa 15 km die Insel **Hamarøy**, wo

Knut Hamsun in Hamsund seine Kindheit verbracht hat, und Skogheim, das Haus der Eltern Hamsuns, das als Museum von der dortigen Hamsun-Gesellschaft gehegt und gepflegt wird.

Knut Hamsun

Buchtipp
Knut Hamsun, sämtliche Romane und Erzählungen, 5 Bände, München 1977 (List-Verlag)

 Wer war Knut Hamsun?

Dem Erzähler Knut Hamsun (1859-1952) kommt in der norwegischen Literatur eine besondere Bedeutung zu. Seine psychologischen, subjektiven Romane haben zahlreiche europäische Schriftsteller beeinflusst. Seine tiefe Naturliebe und Begeisterung für das Land sowie sein ausgeprägter Sinn für das Hintergründige und Irrationale der menschlichen Individualität weckte bei zeitgenössischen Literaten Bewunderung für den Erzähler, der als "zweiter Homer" (Maxim Gorki) oder gar "Gott unserer Jugend" (Rudolf Hagelstange) verehrt wurde. 1859 in Lom (Gudbrandsdal) als Sohn des Schneiders Peder Pedersen geboren, verbringt er seine Kindheit auf Hamarøy in ärmlichen Verhältnissen. Später nimmt er alle Gelegenheitsarbeiten an, um sich durchs Leben zu schlagen; 1880 durchlebt er einen Hungerwinter in Kristiania (Oslo), reist zweimal für längere Zeit nach Amerika und arbeitet dort u.a. als Straßenbahnschaffner in Chicago.

1890 hat Hamsun einen ersten literarischen Erfolg in Kopenhagen mit dem Roman "Sult" (Hunger), und von 1900 an gewinnt er zunehmende Beachtung in der Öffentlichkeit. 1908 lernt er die Schauspielerin Marie Andersen kennen, die bis zu seinem Tod an seiner Seite lebt. Für seinen 1917 veröffentlichten Roman "Segen der Erde", einen Lobgesang auf den die Wildnis rodenden und kultivierenden Bauern, erhält er 1920 den Nobelpreis für Literatur. Weitere bekannte Titel des größten norwegischen Romanciers sind "Pan", "Victoria" und "Landstreicher". Seine Romane voller subtiler Ironie und Humor zogen Generationen von Lesern in seinen Bann, weniger bekannt ist er als großer Lyriker. Seine Unterstützung der faschistischen Partei unter Quisling und seine Solidarisierung mit der deutschen Besatzungsmacht sowie sein Nachruf auf Hitlers Selbstmord ("Voller Trauer beugen wir unser Haupt...") führten in Norwegen dazu, Hamsun für unzurechnungsfähig zu erklären. 1947 wurde ihm der Prozess gemacht, Hamsun zur Zahlung einer hohen Geldstrafe verurteilt.

1952 stirbt der berühmte, aber von allen verachtete Knut Hamsun 92jährig, inzwischen taub und blind, auf seinem Gut Nørholm. Nach dem Kriege verschmäht und abgelehnt, wird seine Literatur seit den 1970er Jahren neu bewertet und findet gerade in Norwegen wieder viele begeisterte Leser.

Von **Ulsvåg** geht es auf der **E 6** weiter etwa 20 km bis zum Fährort **Bognes**, wo die Fahrt über den *Tysfjord* nach **Skarberget** 25 Minuten dauert.

Nahe der Fähranlage liegt das *Tysfjord Turistsenter* (Tel.: 75573214) mit verschiedenen Unterkunftsmöglichkeiten sowie Restaurant und Cafeteria.

Eine Anbindung an die Lofotenstraße stellt die Fähre nach **Lødingen** her (65 Minuten Überfahrt). Südlich von **Bognes** führt die kurze Straße **814** zu den naturalistischen und sehr sehenswerten **Felszeichnungen** von *Leiknes,* die wahrscheinlich aus dem Neolithikum stammen.

Zwischen *Tysfjord* und *Efjord* verläuft die E 6 über eine 255 m hohe Passhöhe, die zum Fjordarm hinunterführt, wo drei Brücken den Verkehr bewältigen. Etwa 40 km vor **Narvik** folgt der Ort **Ballangen** am *Ofotfjord.* Von hier aus wird die Straße nahe am Fjord geführt, und beim Fjordarm *Skjomen* überwindet eine 709 m lange Hängebrücke das natürliche Hindernis. Durch den kleinen Industrieort **Ankenes** gelangt man dann nach 10 km ins Zentrum von **Narvik**.

Narvik

Aktuelle regionale Reisetipps (Hotels, Restaurants etc.) zu Narvik entnehmen Sie bitte den Seiten 176f

Narvik liegt am Westende einer Halbinsel, die vom *Rombaks-* und *Beisfjord,* zwei Armen des *Ofotfjordes,* umschlossen wird. Ohne den Bau der *Ofotbahn* gäbe es Narvik als Stadt mit heute rund 15.000 Einwohnern wohl nicht, denn mit der Notwendigkeit, schwedisches **Eisenerz aus dem Raum um Kiruna** über einen ganzjährig eisfreien Hafen auszuführen, musste eine Eisenbahnverbindung durch das Gebirge zum *Ofotfjord* gebaut werden. 1885 begann man mit den schwierigen Arbeiten an der Trasse, einer 27 km langen Strecke mit 23 Tunnels bis zur schwedischen Grenze, während die Linie auf schwedischer Seite (Riksgränsen-Luleå) als *Lapplandbahn* bezeichnet wird. 1903, Narvik war gerade eine Stadt geworden, konnte König Oscar II. die Bahnstrecke einweihen. Der Erzhafen, den Frachter mit einer Kapazität bis zu 350.000 t anlaufen können, prägt das Stadtbild. Da das schwedische Erz in den vergangenen Jahren wieder an Bedeutung gewonnen hat, kann die bei 30 Millionen Tonnen Jahresumschlag liegende Kapazität der Verladeanlagen besser genutzt werden.

schwedisches Erz

Während des Zweiten Weltkrieges wurden weite Teile Narviks zerstört. Am 9.4.1940 besetzten deutsche Truppen die Stadt, da die Erzvorkommen strategisch bedeutsam waren. Norwegische und alliierte Truppen gingen zum Gegenangriff über und konnten Narvik für ein paar Wochen zurückerobern, bis die alliierten Verbände abgezogen werden mussten und die Deutschen den Ort wieder einnahmen.

Wegen der skizzierten Geschichte ist der touristische Erlebniswert der Stadt gering. Narviks Attraktion ist vor allem seine faszinierende naturräumliche Lage, die das Beobachten der **Mitternachtssonne** in der Zeit vom 26.5.-19.7. möglich macht. Im Winter ist der Hafen zwar eisfrei, an Land hingegen herrschen ideale

Wintersportbedingungen vor (von November bis Mai). Narvik verfügt über die nördlichste Weltcup-Anlage.

Lohnend ist bei guter Sicht die Fahrt mit der **Kabinenbahn**, mit der man in 7 Minuten 670 m Höhe über dem Meer erreicht. Der Blick auf Fjord, Fjell, die *herrliche Aussicht!* Siedlung Narvik und evtl. die Mitternachtssonne gehört zu den Höhepunkten eines Narvik-Aufenthaltes. Die Bahn liegt ca. 800 m vom Zentrum entfernt.
Geöffnet: Sommer 10-01 Uhr; Frühjahr u. Herbst an Wochenenden, im Winter wie das Narvik Skisenter, Saison Dez-April, Tel. 76948569

Bei einer **Stadtbesichtigung** fällt die Orientierung nicht schwer, da alle wichtigen Institutionen entlang der *Kongens gate* im Zentrum aufgereiht sind. Das kleine **Ofoten Museum** ist ein kulturgeschichtliches Museum, in dem der Besucher einen Überblick von den Samen im 17. Jahrhundert bis zur Entwicklung der Stadt unter dem Einfluss der Erzbahn und des Erzhafens erhält.
Öffnungszeiten: vom 15.5.-15.8. geöffnet Mo-Fr 10.00-16.00 Uhr; sonst 10.00-17.00 Uhr; Eintritt

Das **Kriegsmuseum** des Roten Kreuzes liegt am Marktplatz und behandelt die Ereignisse während des Zweiten Weltkrieges, vor allem den Kampf um Narvik.
Nordland Røde Kors Krigsminnemuseum:

Entfernungsanzeiger in Narvik

geöffnet 1.3.-30.9., in der Sommersaison von 10.00-22.00 Uhr; Eintritt

Nordwestlich des Bahnhofs findet man im Park *Brennholtet* nahe dem Zentrum **Felszeichnungen**, darunter einen lebensgroßen Elch.

Wie erwähnt, sind es weniger die Ziele innerhalb der Stadt als vielmehr die in der näheren und weiteren Umgebung, die besonders lohnend sind. Zu ihnen gehören:

Fagernesfjell

Südöstlich Narviks liegt der **Aussichtsberg** *Fagernesfjell*, auf den man per Seilbahn in 650 m Höhe gelangen und eine prächtige Aussicht auf die Lofoten und die umliegenden Gebirgsmassive genießen kann.

Die norwegisch-schwedische Grenze bei Riksgränsen

Riksgränsen

Da neben den Erzbahnen auch Personenzüge auf einer der weltweit schönsten Zugstrecken am *Rombakfjord* entlang verkehren, empfiehlt sich nicht nur für Eisenbahn-Enthusiasten ein Ausflug bis **Riksgränsen** unmittelbar hinter der norwegisch-schwedischen Grenze. Bei genügend Zeit könnte man bis nach **Abisko** weiter fahren, wo der bekannte **Wanderweg Kungsleden** beginnt. Der interessanteste Abschnitt ist jedoch tatsächlich der in Norwegen liegende, auf dem sich die Bahnlinie bis auf den Kamm des Hochgebirges hinaufschraubt. Immer wieder kann man dabei bis tief hinab zum Fjord schauen.

Erlebnis der besonderen Art

Tipp
Die attraktive Aussicht hat man nur in Fahrtrichtung links.

Ausflug zu den Lofoten
*Die Touristeninformation in Narvik bietet eine viertägige Tour zu den Inselgruppen der **Lofoten** und **Vesterålen** mit Walsafari an. Je nach Unterkunft und Verpflegung kosten die Ausflüge zwischen ca. NOK 2.300 und 4.800.*
*Wer als Individualtourist einen Abstecher zu den Lofoten unternehmen möchte, kann ab Narvik (Dampskibskaja) mit dem Schnellboot in vier Stunden **Svolvaer** erreichen. Vgl. auch das nächste Kapitel.*

Die Lofoten

Aktuelle regionale Reisetipps (Hotels, Restaurants etc.) zu den Lofoten
entnehmen Sie bitte den Seiten 172ff

Die **Lofoten** sind längst kein Geheimtipp mehr, jene Inselgruppe, die sich in südwest-nordöstlicher Richtung über fast 200 km Länge oberhalb des Polarkreises erstreckt. Nähert man sich dem Inselreich von Süden, so ragt die **Lofotwand**, die bis rund 1.000 m senkrecht aufsteigende Gebirgskulisse, aus dem Meer. Dieser zusammenhängende Charakter ist auch der Grund dafür, dass der Archipel im Norwegischen als Singular ausgedrückt wird (also *Lofoten* = der Lofot). Viele der durch schmale Sunde getrennten Inseln sind unbewohnt, einige nur spärlich besiedelt, und doch leben insgesamt etwa 25.000 Menschen auf einer Fläche von rund 1.220 km².

eine faszinierende Inselgruppe

Die wichtigsten Inseln, die administrativ zur Provinz Nordland gehören, sind *Austvågøy, Gimsøy, Vestvågøy, Flakstadøy, Moskenesøy* sowie die weiter außen liegenden *Vaerøy* und *Røst*.

8. Reisen in Norwegen: Von Steinkjer bis Tromsø 319

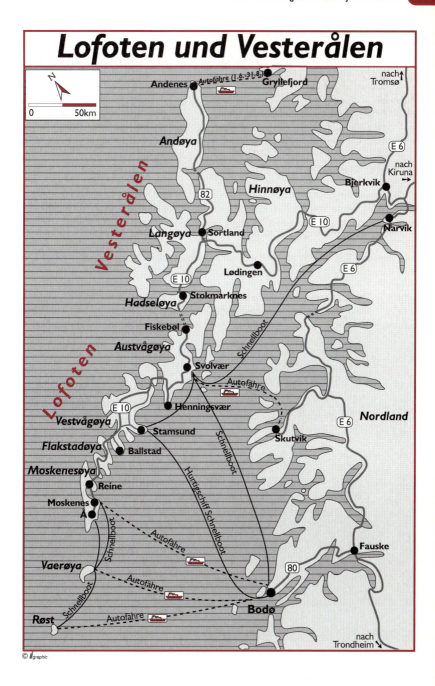

Redaktions-Tipps

- Besuchen Sie *Kabelvåg* mit dem Aquarium und dem Lofotenmuseum (S. 324)
- Spaziergang am Sandstrand von *Ramberg* (S. 326)
- Hochgebirgswandern über den *Grat der Lofotenwand* (S. 323)
- Bootstrip von Svolvaer zum engen *Trollfjord* (S. 328)
- Besichtigung der Bilderbuchstädtchen *Nusfjord* (S. 336) und *Hennigsvaer* (S. 325)
- Stockfischprobe in *Stamsund* (S. 325)
- Wikingermuseum *Lofotr* in Borg (S. 325)

Das **Lofotengestein** ist ausgesprochen alt, da es sich um urzeitliche Erstarrungsgesteine handelt, die den Kräften der Verwitterung und Abtragung trotzen. Die heutigen Gipfelfluren, die an die Zentralalpen erinnern, sind durch Frost und Lokalgletscher entstanden.

Charakteristisch für den faszinierenden **Naturraum** sind neben dem sehr schroffen und zerklüfteten Gebirgsrelief die flachen Inseln und Säume der **Strandflate** am Fuß der hohen Berge. Auf den Inseln prägen klare Seen, weiße Sandstrände und grüne Wiesen ebenso

kontrastreiche Landschaften das Bild wie die pittoresken Fischerdörfer, die im Schutz der hohen Berge entstanden.

Der Unterschied von Ebbe und Flut beträgt in diesem Raum bis zu 3 m, kräftige **Gezeitenströme** durchspülen die Sunde zwischen den Inseln, von denen der *Moskenesstraumen* als 'Mahlstrom' zwischen *Lofotodden* und *Vaerøy* aufgrund der Schilderungen von *Edgar Allan Poe* und *Jules Verne* der bekannteste ist.

Wechselhaft kann das **Wetter** sein, denn Sonnenschein und Windstille schlagen plötzlich in Sturm und peitschenden Regen um. Bei Ostwind sind die Wetterlagen stabil, dann sind die Sommer warm und die Winter relativ kalt. Angesichts der Lage im hohen Norden ist es bemerkenswert, dass die **Temperatur** selbst in den kältesten Wintermonaten dank der Atlantikdrift (Golfstrom) nur selten unter den Gefrierpunkt sinkt. Das maritime Klima beschert den Lofoten im Januar um mehr als 20 °C höhere Temperaturen als anderen Orten auf demselben Breitenkreis und somit eine der größten positiven Temperaturanomalien weltweit. Im Januar und Februar liegt die Durchschnittstemperatur bei -1 °C, im Juli und August erreichen die mittleren Temperaturen um die 12 °C. Die **Niederschläge** sind mit rund 600 mm im Jahr verhältnismäßig gering; im Juni, dem trockensten Monat, fallen weniger als 40 mm.

Aus dem Lofoten-Bilderbuch: Nusfjord

8. Reisen in Norwegen: Von Steinkjer bis Tromsø

Klimadaten Lofoten (Svolvaer)											
1984/87	Jan	Feb	März	Apr	Mai	Juni	Juli	Aug	Sept	Okt	Nov	Dez
Mittelwert	-1	-1	2	2	7	10	12	12	9	5	2	0
Höchste Temperatur	3	5	7	10	16	23	24	20	14	11	8	5
Niedrigste Temperatur	-11	-8	-8	-6	3	7	4	6	0	-1	-1	-11
Nieder-schlag mm	64	49	45	46	51	37	61	70	88	127	85	62

Wirtschaftlich war schon immer die **Lofotenfischerei,** *Lofotfisket* genannt, die Grundlage der ansässigen Bevölkerung. Schon im Mittelalter förderte König Öystein den Fischfang und ließ im Hauptort Vågan eine Kirche und *Rorbuer* (Fischerhäuser) errichten. Der wichtigste Saisonfischfang Nordnorwegens findet von Januar bis April statt, wenn eine Gunst der Natur den *skrei* (von altnordisch *skrida* = 'wandern'), den arktischen Dorsch, nach Neujahr aus dem Eismeer zum Laichen *zum* in den *Vestfjord* zwischen Lofoten und Festland bringt. Die Wassertemperaturen *Laichen in* zwischen 4-6 °C sowie der richtige Salzgehalt bieten den sieben bis zehn Jahre *den* alten Fischen ideale Laichbedingungen. Der von der Strömung erfasste Laich *Vestfjord* gelangt entlang der Küste bis in die Barentssee.

Obwohl Ort und Zeit der Lofotenfischerei seit Jahrhunderten festliegen, gab und gibt es bei den Fangmengen erhebliche Schwankungen, die über das Wohlergehen der Bevölkerung für den Rest des Jahres entscheiden. Während z.B. 1947, im Rekordjahr, 147.000 Tonnen in die Boote der Fischer gezogen wurden, waren es 1965 nur noch 19.000 Tonnen, gegenwärtig beträgt der Fang etwa ein Viertel des Rekordjahres 1947. Statt der einst 20.000 Fischer, die zur Saison von überall herkamen, beteiligten sich Anfang der 1990er Jahre nur noch etwa 2.000 Fischer am Fang des Kabeljau, wie der Dorsch im nicht mehr jugendlichen Alter genannt wird. Seit Jahren schränken Quotenregelungen den Fischfang ein, damit sich die *Hoffnung* Bestände wieder regenerieren können. Gegenwärtig gibt es Anzeichen für eine *für die* **Erholung der Kabeljaubestände** und somit Hoffnung für viele *Lofotinger,* denn *Zukunft* der winterliche Fang ist das wirtschaftliche Rückgrat der Inselbewohner.

In der Saison 2001 wurden knapp 30 Mio. kg Dorsch gefangen. Das Durchschnittsgewicht lag bei 3,5 kg, vereinzelt können Exemplare von rund 50 kg vorkommen.

An Bedeutung gewinnt die **Aufzucht von Lachs und Forelle.** Den Stellenwert der Landwirtschaft in einigen Gegenden erhellt die Tatsache, dass die Lofoten einen Überschuss an Molkereiprodukten und Fleisch produzieren. Immer wichtiger, wenn auch stark saisonal ausgerichtet, wird der **Fremdenverkehr** mit jährlich rund 160.000 Besuchern in jüngster Zeit. Die **Wiederaufnahme der Jagd nach Zwergwalen** (vgl. S. 72ff) ist wirtschaftlich ohne nennenswerte Bedeutung, verhilft aber einigen Familien zu einem zusätzlichen Einkommen.

INFO Der Stockfisch

Noch immer wird rund die Hälfte des Kabeljaufangs zu Stockfisch verarbeitet, den die Norweger "tørrfisk" nennen. Der Fisch zieht gerade dann zur Küste, wenn im Spätwinter die ideale Zeit zum Trocknen ist. Schwirren Fliegen und Mücken herum, ist der Stockfisch bereits knochenhart. Nach einer mehr als tausend Jahre alten Tradition wird der Kabeljau geköpft, ausgenommen und zum Trocknen an der Luft paarweise über die 'Hjell' gehängt, die typischen Holzgestelle, die in vielen Fischerdörfern zu sehen sind. Nach 6-10 Wochen ist der Fisch hart wie Holz, der Wassergehalt verringert sich um 80 Prozent.

Immer noch wirtschaftliches Standbein: Stockfisch

Der Nährwert von 1 kg Stockfisch entspricht etwa dem von 5 kg Frischfisch, denn Proteine, Kalzium, Eisen und wichtige B-Vitamine bleiben erhalten. Bereits im 12. Jahrhundert gelangte Stockfisch von den Lofoten auf den Weltmarkt und brachte den Fischern im Tausch Getreide, Salz, Gewürze, Taue, Stoffe, Tabak und Branntwein. Wirtschaftlich abhängig waren die Trockenfischproduzenten jedoch über sechs Jahrhunderte, zunächst von den Hansekaufleuten, später von ihren norwegischen Nachfolgern. Schon die Wikinger schätzten Stockfisch als Proviant und Handelsware, doch unterschieden sie wohl kaum nach mehr als sechzig verschiedenen Güteklassen, wie es heute auf den Lofoten geschieht. Namen wie 'Westre Piccolo', 'Ragno', 'Bremer', 'Lubb' oder 'Hollender' reichen weit zurück in die Geschichte dieses Wirtschaftszweiges.

Der qualitativ beste Trockenfisch wird traditionell nach Italien exportiert, wo er als Fastenspeise geschätzt wird, die Mindersorten gehen in Länder der Dritten Welt.

Um 1980 war Nigeria Norwegens größter Abnehmer des Stockfisches, doch als die Wirtschaft des afrikanischen Landes zusammenbrach und man sich dort den Fisch nicht mehr leisten konnte, ging auch die Zahl der Stockfischproduzenten in Norwegen deutlich zurück.

Gemessen am Wert des norwegischen Fischexportes ist der Anteil des Trockenfisches mit rund 50 Mio. € gering, doch für viele Küstenbewohner im Hohen Norden ist der Wirtschaftszweig immer noch bedeutsam. Wieviel Fisch in einer Saison auf die Trockengestelle gehängt wurde, erfährt man erst nach den Preisverhandlungen mit den italienischen Aufkäufern. Die Norweger essen die getrocknete Delikatesse seltener. Erst in der Weihnachtszeit kommt der Stockfisch als "Laugenfisch" auf den Tisch.

8. Reisen in Norwegen: Von Steinkjer bis Tromsø 323

Eine **Inselrundfahrt** mit dem eigenen Pkw ist von jedem Ort auf den Hauptin- *ausgebaute*
seln möglich, da das Straßennetz in jüngster Vergangenheit gut ausgebaut wurde. *Straßen*
Wo die Rundfahrt beginnt, hängt natürlich davon ab, über welchen Fährhafen
oder welche Brückenstation man den Archipel erreicht hat. Und was ist neben
der grandiosen Natur bei einer solchen Fahrt sehenswert? Wenn man davon
ausgeht, dass sich die Mehrheit nicht irren kann, ergibt sich folgende Liste der
sehenswertesten Attraktionen der Lofoten:

    Lofotenaquarium (Kabelvåg)
    Galerie *Karl Erik Harr* (Henningsvaer)
    Glasbläserei (Vikten)
    Wikingermuseum in Borg
    Lofotenkathedrale (Kirche in Vågan)
    Schmied in Sund
    Trollfjord (Abfahrt Svolvaer)
    Galerie *Espolin* (Kabelvåg)
    Nordnorwegisches Künstlerzentrum (Svolvaer)
    Lofotenmuseum (Kabelvåg)

Die einzigartige Natur kann nicht nur genossen, sondern auch aktiv erlebt werden. Aus der Fülle an **Sportmöglichkeiten** seien folgende genannt: Von fast
allen Unterkünften aus sind **Angeltouren** auf dem Meer (d.h. ohne Angelschein)
möglich; ein kleines Ruderboot mit Angelleinen gehört i.d.R. zur Grundausstat- *ideal für*
tung der *rorbuer*. Wer einen garantierten Fangerfolg haben möchte, kann gegen *Aktiv-*
Gebühr in einigen Lachszuchtanlagen angeln. Interessant sind sicher auch Ausflü- *urlaub*
ge, auf denen man die **Berufsfischer** zur See begleitet; z.T. kann man dies auf
Segeltörns mit originalen, alten Nordlandbooten tun. Im nassen Element haben
Spezialanbieter (z.B. im *Brustranda Fjordcamping*) ferner u.a. **Surfen** und **Tiefsee-
rafting** auf dem Programm.

Wer sich nicht aufs Wasser traut, kann an Land genauso viel erleben. Da die
Hauptstraße häufig die ebene Strandflate benutzt und nur wenige Pässe zu überqueren sind, bieten sich auch **Fahrradtouren** an. **Bergwanderer** und **Bergsteiger** finden ein alpines Terrain von hohen Schwierigkeitsgraden, aber auch
leicht zu bewältigende Etappen vor. Auch **Reitfreunde** können ihrem Hobby
frönen (z.B. in *Hol* auf *Vestvågøy*).

Sollten Sie zu dem erlesenen Kreis der wenigen Winterbesucher gehören, vergessen Sie nicht Ihre Skier. In der Umgebung von **Svolvaer** und **Stamsund** gibt es
vorzügliche **Wintersportbedingungen** mit Pisten, Loipen und Sprungschanzen;
wegen der Polarnacht sorgen Flutlichtanlagen für ungemindertes Sportvergnügen.

Die Strecke von **Fiskebøl** im Norden bis **Å** im Süden beträgt auf der **E 10** ca. *zwei*
170 km. Zusätzlich zur Hauptstraße gibt es jedoch noch eine ganze Reihe mögli- *Fischer-*
cher Alternativen, oft schmale Stichstraßen zu Hafenorten (z.B. der Weg nach *dörfer aus*
Nusfjord), manchmal Nebenstrecken, auf denen man langsamer vorankommt, *dem*
dafür aber mehr sieht (z.B. die Küstenstraße unmittelbar südlich von Stamsund). *Bilderbuch*
Hier gilt durchweg: Fahren Sie möglichst oft von der 'Lofotenstraße' ab, und
besuchen Sie Perlen, wie z.B. **Henningsvaer** oder **Nusfjord**.

Für viele wird die Hauptstadt **Svolvaer** (ca. 4.000 Ew.) wegen der Fährverbindung die erste Lofoten-Station sein. Das moderne Städtchen bietet Touristen das größte Warenangebot und die meisten Hotels des Archipels, daneben ein sehr effektives Fremdenverkehrsbüro. Die hohen Berge in der nächsten Umgebung laden zum Bergsteigen ein, empfehlenswert ist eine Schifffahrt ab Svolvaer zum berühmten *Trollfjord* oder alternativ als

Tipp
Fahren Sie mit dem Bus von Svolvaer aus nach Stokmarknes (Hurtigrutenmuseum). Nehmen Sie dort das Schiff der Hurtigrute, das Sie auf Teilstrecken ohne jede Vorbuchung benutzen können und fahren Sie die attraktive Strecke durch Raftsund und Trollfjord wieder nach Svolvaer zurück (Fahrkarten bei Destination Lofoten im Hafen von Svolvaer, Tel. 76073000).

Wintersportler kommen in der dunklen Jahreszeit unter Flutlicht auf ihre Kosten. Wahrzeichen des Hauptortes der Lofoten ist das Felsmassiv *Svolvaergeita*, das wegen seiner zwei Spitzen an das Aussehen eines Ziegenbocks erinnert. Sehenswert sind das Rathaus mit dem bekannten Gemälde "Schlacht im Trollfjord" von *Gunnar Berg* aus dem Jahr 1890, das den Kampf der Fischer gegen den Fortschritt zeigt, das Nordnorwegische Künstlerzentrum mit seinen Ausstellungen und die Galerie *Dagfinn Bakke*.

Kabelvåg

Von **Svolvaer** auf der **E 10** in westlicher Richtung erreichen Sie nach etwa 5 km **Kabelvåg**. Die *Kirche von Vågan*, 1898 erbaut, bietet als zweitgrößte Holzkirche des Landes 1.200 Menschen Platz, weshalb sie auch den Namen 'Lofotenkathedrale' trägt. Hier hat u.a. *Hans Egede*, der Apostel der Grönländer, 1707-1717 als Pfarrer gewirkt. Sie fahren durch das Zentrum des einst größten Fischerortes auf den Lofoten und erreichen nach wenigen Kilometern **Storvågan** am Ortsende von Kabelvåg. Hier sollten Sie sich für drei Sehenswürdigkeiten mindestens eine gute Stunde Zeit nehmen:

die Lofotenkathedrale

Einblick in die Kulturgeschichte des Archipels vermittelt das **Lofotenmuseum Kabelvåg** mit einer Ausstellung über den Lofotfischfang.
Öffnungszeiten: vom 15.6.-15.8. 9.00-18.00 Uhr, danach meist 9.00-15.00 Uhr; Eintritt
Im **Lofoten-Aquarium** wird das maritime Leben im Vestfjord dokumentiert, während in der **Galleri Espolin** die Werke des Nordland-Malers *Kåre Espolin Johnson* zu sehen sind.
Die Eintrittskarte für alle drei Ausstellungen kostet stolze NOK 110 p.P.
Öffnungszeiten des Aquariums: vom 15.6.-15.8. 10.00-21.00 Uhr, den Rest des Jahres 11.00-15.00 bzw. 10.00-18.00 Uhr; Galerie 20.5.-31.8. 11.00-16.00 Uhr sowie samstags ganzjährig 11.00-14.00 Uhr

Aktivitäten
Tauchen, Segeln mit Nordlandbooten, Angelfahrten mit Berufsfischern

Henningsvaer

Nach etwa 20 Autominuten erreichen Sie, wenn Sie in **Rørvik** die Lofotenstraße verlassen und der Str. **816** folgen, über zwei Brücken das malerische **Henningsvaer**, dessen Hafen zu den beliebtesten Fotomotiven gehört. Das 'Venedig der Lofoten' ist mit 600 Einwohnern eines der größten Fischerdörfer. Viele Touristen besuchen in dem Ort die Galerie *Karl Erik Harr*.
Der Hafen von Henningsvaer
Öffnungszeiten: 10.6.-19.8. von 10.00-21.00 Uhr, den Rest des Jahres unregelmäßig, Eintritt, Kinder unter 12 J. gratis

Versuchung für jeden Fotografen

Aktivitäten
Bergsteigen, Lachsangeln in einer Zuchtanlage, Meer- und Tiefsee-Rafting

Von **Henningsvaer** führt die Str. **816** über 7 km zurück nach **Rørvik**, die **E 10** verläuft in nördlicher Richtung, und nach 6 km überqueren Sie eine 800 m lange Brücke (Gebühr), die *Vestvågøy* und *Gimsøy* verbindet, 5 km weiter folgt die *Sundklakkstraumen-Brücke* hinüber zur Insel *Austvågøy*. Hier empfiehlt sich, anstelle der Lofotenstraße den Abzweig auf die Str. **815** zu nehmen, die zwar sehr schmal ist, aber durch eine herrliche Landschaft verläuft. Nach 32 km zweigt bei *Skifjord* die 7 km lange Str. **817** nach **Stamsund** ab.

Stamsund

Mit rund 1.300 Ew. ist **Stamsund** eines der größten Fischerdörfer der westlichen Lofoten. Täglich läuft die Hurtigrute den Ort an, in dem die Trawler-Reederei ihren Stammhafen hat. Wer von Stamsund nach Svolvaer zurückkehren möchte, hat rund 70 km zurückzulegen, das entspricht einer Fahrzeit von etwa 1 ¼ Stunden.

Über die Str. **817** und **815** erreicht man das landwirtschaftliche Zentrum **Leknes**, denn auf der Insel *Vestvågøy* liegt, von hohen Bergen eingerahmt, das bedeutendste Landwirtschaftsgebiet der Lofoten. 1 km westlich von Leknes zweigt die Str. **818** zum 8 km entfernten Fischerdorf **Ballstad** ab, einem der schönsten auf den Inseln.

In **Borg** wurde in den letzten Jahren der größte Häuptlingshof der Wikingerzeit ausgegraben. Authentisches Wikingerleben erlebt der Besucher von *Lofotr* in dem 86 m langen, 9 m breiten und 6 m hohen rekonstruierten Häuptlingssitz neben der Fundstätte. Man kann den Archäologen bei den Ausgrabungen zusehen oder mit der Nachbildung des berühmtem Gokstadschiffes eine Fahrt unternehmen.

echtes Wikingerleben

Öffnungszeiten: 18.5.-01.09. tägl. 10.00-19.00 Uhr; danach nur freitags 13.00-15.00 Uhr; Eintritt

Seit 1990 ist die Insel Vestvågøy durch den 1,8 km langen *Nappstraumen-Unterwassertunnel* (Gebühr pro Pkw NOK 65 und Passagier NOK 25) mit der Insel *Flakstad* verbunden. 10 km nach der Fahrt durch den Unterwasser-Tunnel zweigt eine kleine Landstraße in das liebliche Fischerdorf **Nusfjord** ab.

Nusfjord

pittoresk — Es ist eines der am besten erhaltenen Lofotendörfer, das 1975 auf die **Denkmalschutzliste der UNESCO** gesetzt wurde. Parken Sie Ihr Fahrzeug an den alten Hauptgebäuden, und gehen Sie dann zu den Rorbuer hinunter. Lohnend ist auch der Blick von der Straße oberhalb der Häuserreihe auf die Anlage. In dem Fischerort kann man Rorbuer mieten, die im Winter noch von Fischern genutzt werden. In Nusfjord werden Angelfahrten mit Berufsfischern angeboten.

aus Treibholz gebaut — Über die kleine Landstraße zurück zur **E 10** folgt nach wenigen Kilometern der Ort **Flakstad** mit einer aus Treibholz errichteten Kirche mit Zwiebelkuppel aus dem Jahr 1783. Altarbild und Kanzel wurden von *Gottfried Ezechiel* aus Bergen bemalt.

Ramberg

Am weißen Sandstrand von Ramberg

Ramberg ist mit rund 300 Ew. der Zentralort der Gemeinde Flakstad. Dem offenen Meer zugewandt, liegt es an einem herrlichen weißen Sandstrand. In **Ramberg, Vikten** und **Sund** finden sich interessante **Kunstgewerbe- und Kunsthandwerksbetriebe**.

In dem kleinen Fischerdorf *Sund*, 12 km von Ramberg entfernt, hat der Schmied von Sund seine Werkstatt, aus der die handgeschmiedeten Kormorane stammen. Hier gibt es auch ein interessantes Fischereimuseum. In *Vikten* ist Nordnorwegens einzige Glashütte ein beliebtes Ziel.

Reine

26 km von Ramberg entfernt liegt **Reine**, das Zentrum von **Moskenes** auf dem südlichen Teil der Insel, ein Fischerdorf mit rund 600 Ew., das schon seit 1743

Handelsort ist. Innerhalb der Gemeinde haben die Lachszucht und der zuneh- *des Lichtes*
mende Fremdenverkehr stark an Bedeutung zugenommen. Die herrliche Land- *wegen*
schaft um Reine hat viele Maler angezogen. Im Sommer verkehren Schnellboote
zu den Inseln *Vaerøy* und *Røst*. Auch von Reine können Sie mit einem Berufsfischer
für einen Tag hinaus fahren oder eine Bootsfahrt auf dem Reinefjord unternehmen. Ideal sind die verschiedenen Möglichkeiten zu wandern.

Von **Moskenes** existiert eine feste Fährverbindung nach **Bodø**.

Å

Wenige Kilometer südwestlich von Reine folgt mit **Å** das letzte der Fischerdörfer, *ein*
eine Ansiedlung von etwa 30 Häusern. Seit dem Sommer 1993 kann sich der *Buchstabe*
Besucher im Stockfischmuseum über die tausendjährige Geschichte des getrock- *als*
neten Fisches als Handelsware informieren. Hier erfährt er z.B. etwas über die *Ortsname*
verschiedenen Qualitätsstufen und die Anforderungen, die an ein hochwertiges
Produkt gestellt werden.

Hinweise
*Zu besichtigen ist neben dem **Stockfischmuseum**/Lofoten Tørrfiskmuse-
um in Å (10.6.-20.6. 11.00-17.00 Uhr, ab Mittsommer bis 20.8. tägl. 10.00-
17.00 Uhr; auch das **Norwegische Fischerdorfmuseum**/Norsk Fiskevaermuseum
(10-18.00 Uhr; Sa/So 11-15.00 Uhr; 1.9.-31.12. von 9-16.00 Uhr; außer Sa/So; Eintritt*

Aktivitäten
*Zu den Aktivitätsangeboten gehören u.a.: Segeln mit Nordlandbooten,
Angelfahrten mit Berufsfischern*

Sollten Sie sich etwa in der Zeit vom 27. Mai bis zum 17. Juli auf der Inselgruppe
aufhalten, können Sie bei entsprechendem Wetter die **Mitternachtssonne** beo-
bachten. Wegen der Gebirgsmassive ist diese jedoch nicht überall auf den Lofoten
zu sehen, sondern nur auf der West- und Nordseite. Die besten Möglichkeiten,
die Mitternachtssonne zu genießen, bieten folgende Orte:
- Insel Vågan: *Gimsøy, Brenna* und *Laukvik*
- Insel Vestvågøy: *Utakleiv, Unstad, Eggum, Sandøy, Kvalnes, Gunnstad*
- Insel Flakstad: *Fredvang, Ramberg, Vikten, Myrland*
- Insel Vaerøy: *Nordland*
- Insel Røst: *überall*

Besonders interessant sind die Lofoten wegen ihrer zahlreichen **Vogelkolonien**
für ornithologisch interessierte Besucher. Allein der Bestand an Papageientauchern, den 'Clowns' der Lofoten, ist größer als irgendwo sonst (mit Ausnahme
Islands).

Zwar bieten alle Inseln ein reichhaltiges Vogelleben, doch nirgendwo sind die
Bestände dichter als auf den südlichen Außenposten **Vaerøy** und **Røst**. Neben
den Papageientauchern kann man hier Seevögel, wie z.B. Trottellumme, Kormoran,

Dreizehenmöwe, Tordalk oder Seeadler, in großer Anzahl beobachten. Der Seeadler bildet einen der größten Bestände der Erde.

Auf den lange Zeit abseits gelegenen Eilanden hat man sich inzwischen auf das Interesse der Besucher eingestellt. Diesen stehen Touristenbüros mit Infomaterial und praktischer Hilfe zur Seite, das Übernachtungsangebot ist gegenüber früher deutlich verbessert, und Bootstouren zu den Vogelfelsen werden organisiert (u.a. durch *Vaerøy Cruises*).

Vogelparadies Røst

ein besonderer Fjord

Ein absolutes Highlight ist ein Ausflug zum **Trollfjord**, der von der Hauptstadt **Svolvaer** (aber auch von Stokmarknes auf den Versterålen aus) angeboten wird. Der 2 km lange und nur 100 m breite Fjord mit seinen fast senkrecht stehenden Felswänden ermöglicht nur zu großen Schiffen wegen der begrenzten Manövriermöglichkeit die Einfahrt nicht.

Spektakulär: Einfahrt in den Trollfjord

Im Sommer fahren viele Kreuzfahrt- und die Hurtigrutenschiffe in Richtung **Harstad** in den legendären Fjord hinein, der 1880 Schauplatz der "Schlacht im Trollfjord" war. Hier kam es zu blutigen Auseinandersetzungen, als Fischer auf ihren modernen

mit den Schiffen der Hurtigroute

Dampfschiffen einem in den Fjord gewanderten Dorschschwarm mit Netzen den Ausweg versperrten und die in den traditionellen offenen Booten agierenden Fischer vom Fang ausschlossen.

Buchtipp
Johan Bojer, Die Lofotfischer (in Büchereien und Bibliotheken)

Die Vesterålen

Aktuelle regionale Reisetipps (Hotels, Restaurants etc.) zu den Vesterålen
entnehmen Sie bitte den Seiten 198f

Überblick

Die Inselgruppe der **Vesterålen** schließt sich nordöstlich an die Lofoten an. Sie besteht im wesentlichen aus den Inseln **Hadseløya, Langøya, Andøya** und dem Westteil von **Hinnøya,** der nach Spitzbergen zweitgrößten Insel Norwegens. Die Gesamtfläche des Inselreiches, dessen Name wahrscheinlich "Streifen im Westen" bedeutet, beträgt knapp 2.400 km². Vom Fährort **Melbu** im Süden bis hinauf nach **Andenes** im Norden sind rund 150 km zurückzulegen.

Aufbau und Formenschatz der Vesterålen sind zwar dem der Lofoten ähnlich – abgesehen von einer isolierten Jurakreideablagerung auf der Insel Andøya –, doch wirkt die Landschaft weniger dramatisch. Die Gebirge sind nicht so schroff, es gibt zusammenhängende Waldbestände, gelegentlich auch auf den Strandflaten; Moore sind weit verbreitet, und eher ebene Flächen prägen das Landschaftsbild, so dass das Inselreich etwas freundlicher wirkt. Im Westen bestimmen höhere Gipfel, kleine Inseln, Sandstrände und idyllische Fischerdörfer die Küstenlandschaft.

Vergleich mit den Lofoten

Redaktions-Tipps

- *Walsafari* in Andenes (S. 331)
- Besuch von *Stokmarknes* mit dem Hurtigruten-Museum (S. 331)
- Fahrt über die imposanten Hadsel-, Sortland- und *Tjeldsund-Brücken* (S. 330)
- Bootstrip zum *Raftsund* (S. 324) und *Trollfjord* (S. 331)

Die Wirtschaftsstruktur der Vesterålen ist vergleichbar mit der der Lofoten, die landwirtschaftliche Produktion ist jedoch bedeutsamer, vor allem um den *Sortlandsund*. Da das Regionalzentrum **Harstad** im Bezirk Troms in den letzten Jahren zunehmend Menschen auch aus den dünn besiedelten Orten der Vesterålen angezogen hat, soll der Ausbau des Fremdenverkehrs dringend notwendige Impulse geben, damit die Bevölkerungszahlen nicht weiter rückläufig sind. Das verlassene Fischerdorf *Nyksund* mit seiner besonderen Holzarchitektur, einst ein Zentrum des Dorschfangs, ist ein Sinnbild für die Grundproblematik, funktionsfähige Gemeinschaften in diesen weiten Räumen am Leben zu erhalten.

Zentraler Ort auf den Vesterålen ist **Sortland** mit rund 4.000 Einwohnern, das alte Siedlungen wie **Stokmarknes** und das am Nordrand der Inselgruppe gelegene **Andenes** mit jeweils ca. 3.500 Einwohnern an Bedeutung übertrifft. Insgesamt leben gegenwärtig 32.000 Einwohner auf den Vesterålen.

Über die Lofoten in den Raum Narvik

Entfernungen
0 km Melbu
14 km Stokmarknes
40 km Sortland
150 km Andenes (Straße 82)

96 km Kåringen
146 km Tjeldsundbrücke
209 km Bjerkvik (E 6)

Wer keinen längeren Urlaub auf den *Vesterålen* plant und von Süden in den hohen Norden oder bis nach **Narvik** fährt, sollte, von den *Lofoten* kommend, einen Tag für die herrliche Fahrt über die Inselgruppe entlang der **E 10** bis zum Festland einkalkulieren.

Brücken, Von dem Fischerei- und Fährhafen **Melbu** führt die **E 10** über eine Entfernung
Sunde, von 14 km nach **Stokmarknes** (Hurtigruten-Museum), dem administrativen Zen-
Fähren trum der Gemeinde Hadsel. Über die 1.020 m lange *Hadselbrücke* verläuft die gut ausgebaute Hauptstraße dann auf der Insel **Langøya** am *Sortlandsund* entlang zum Verkehrs- und Dienstleistungszentrum **Sortland** (u.a. Krankenhaus, Theater, Schwimmbad). An der *Sortlandbrücke* zweigt die Straße **82** ab nach **Andenes** (106 km), auf der **E 10** geht es in östlicher Richtung weiter auf die Insel **Hinnøya**. Bei **Kåringen** zweigt eine 4 km lange Straße zum Fährort **Lødingen** (Norwegens größte Lotsenstation; Fähre nach Bognes an der E 6, Fahrzeit 1 Stunde) ab. Bis zur **Tjeldsund-Brücke**, die zum Festland führt, sind es 50 km durch herrliche Natur. Legen Sie in landschaftlich schöner Umgebung eine

Landschaftsbild mit Tjelsund-Brücke

Pause im *Tjeldsundbrua-Motel* ein, nachdem Sie die Brücke überquert haben (sofort rechts). Zuvor zweigt bei *Tjeldsund West* die Str. **83** zum 25 km entfernt liegenden **Harstad** ab.

Harstad

Die mit 22.000 Ew. auf Norwegens größter Insel liegende Stadt verdankte ihren Aufschwung der Heringsfischerei im 19. Jahrhundert. Die Stadtrechte erhielt **Harstad** zwar erst 1904, doch die 3 km nordöstlich vom heutigen Stadtzentrum liegende *Trondenes-Kirche*, die 1220-1240 er-

Die Trondenes-Kirche bei Harstad

richtet wurde, lässt auf die Bedeutung dieser Ansiedlung in der Vergangenheit schließen. In der romanischen Steinkirche mit auffallend langem Chor sind ein mittelalterlicher Taufstein sowie ein gotischer Flügelaltar aus dem 15. Jahrhundert bewahrt. Die Überreste von Wachtürmen sowie fast zwei Meter dicke Kirchenmauern deuten auf den Verteidigungscharakter der Anlage hin.

eine aufstrebende Stadt

Harstad ist heute eine Handels-, Industrie-, Seefahrts- und Verwaltungsstadt mit zunehmender Bedeutung, die sich inzwischen zum **Hauptstandort der Öl- und Gaswirtschaft im Norden** entwickelt hat. Beeindruckend ist das 1992 eröffnete Kulturhaus am Hafen mit einem Konzertsaal für tausend Besucher. Ende Juni finden seit 1965 jährlich die Festspiele mit zahlreichen kulturellen Veranstaltungen statt, ein internationales Meeresangeln-Festival wird Mitte Juli durchgeführt.

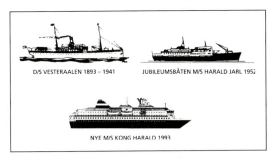

D/S VESTERAALEN 1893 – 1941   JUBILEUMSBÅTEN M/S HARALD JARL 1952

NYE M/S KONG HARALD 1993

Von der *Tjeldsundbrücke* ist nach gut 60 km **Bjerkvik** an der **E 6** erreicht. Bis **Narvik** sind es noch 30 km. Die **E 10** läuft zwischen **Bjerkvik** und **Narvik** als *Nordkalottenstraße* zur schwedischen Grenze und weiter bis nach **Kiruna**. Lohnend ist ein Ausflug zum **Trollfjord**, den man auch von den Lofoten besuchen kann (s.o.). Vom neuen Bootshafen in **Stokmarknes** werden im Sommer täglich dreistündige Bootsfahrten durch den *Raftsund* und den von ihm abzweigenden Trollfjord durchgeführt.

ein besonderes Erlebnis

Stokmarknes

In Stokmarknes, der Wiege der Hurtigrute, lohnt ein Besuch des 1993 zum hundertjährigen Jubiläum der Linie eröffneten *Hurtigrutenmuseums*, das die Geschichte der Postschiffe und ihre Bedeutung für das Leben der Menschen im Küstenraum dokumentiert (V.D. Halsgata 1, Tel.: 76152822).

Andenes

Andenes ist in den letzten Jahren wegen der dort angebotenen *Walsafaris* bekannt geworden. Auf einer fünfstündigen Exkursion besteht eine mehr als 90 %ige Wahrscheinlichkeit, Pottwale und andere Walarten aus nächster Nähe etwa 20 Seemeilen nordwestlich von Andenes zu Gesicht zu bekommen. Die Walsafaris werden in der Zeit vom 25.5.-15.9. durchgeführt und von Mitarbeitern des Walforschungsinstituts begleitet, sofern das Wetter mitspielt.

Walgarantie

Auskunft
bei Hvalsafari Andenes, Postboks 58, N-8480 Andenes, Tel. 76115600

Fährverbindung

*Drei tägliche Fährverbindungen gibt es zwischen **Andenes** und **Gryllefjord** auf Senja (Überfahrt 2 Stunden), die Reisenden den Weg von **Bodø** nach **Tromsø** über die Inselgruppe der **Lofoten** und **Vesterålen** ermöglicht. Die rund 380 km lange Strecke zwischen **Andenes** und **Finnsnes** südlich von Tromsø wird durch die Fährverbindung um mehr als 300 km kürzer. Die Fähre verkehrt zwischen dem 1.6. und 31.8., Information bei Andøy Reiseliv, Tel. 0047-76115600, Fax 0047-76115610*

eine kurze Verbindung

Von Narvik bis Tromsø

Entfernungen

0 km   Narvik
32 km   Bjerkvik
90 km   Setermoen
118 km   Bardufoss

185 km   Nordkjosbotn
233 km   Fagernes
258 km   Tromsø

Von **Narvik** aus führt die **E 6** am *Rombakfjord* vorbei und nach 15 km über die gleichnamige imposante Hängebrücke mit einer Länge von 756 m. Bei dem Ort **Traeldal** zweigt die 1984 fertiggestellte **E 10** nach Schweden ab, die eine weniger dramatische Streckenführung aufweist als die Eisenbahnstrecke am *Rombakfjord* entlang. Von der schwedisch-norwegischen Grenze sind es 35 km bis zum bekannten Fjellort **Abisko** und 160 km bis **Kiruna**.

Bei **Bjerkvik** an der **E 6** führt die **E 10** in westlicher Richtung zu den Inseln der **Vesterålen** und mit der Fähre von **Melbu** nach **Fiskebøl** zu den **Lofoten**. Bis zum größten Fischereihafen der Inselgruppe, **Svolvaer**, sind von **Bjerkvik** etwa 245 km zurückzulegen. Nach **Bjerkvik** klettert die **E 6** auf 330 m Höhe, dabei gelangt man vom Bezirk *(fylke)* Nordland in den Bezirk Troms. Gedenksteine an die Kriegsgeschehnisse säumen die Straße wie in **Gratangen** oder gegenüber dem Touristenzentrum **Lapphaugen**, wo ein Denkmal an General *Carl Gustav Fleischer* erinnert, der 1940 die norwegischen Truppen im Raum Narvik führte. Nach kargen Fjell-Landschaften folgen in den Kommunen **Bardu** und **Målselv** Talungen, wie sie mit ihren Feldern und Wäldern eher für den Südosten Norwegens typisch sind.

Talungen wie im Südosten

Vor 200 Jahren kamen Siedler aus dem übervölkerten Gudbrandsdal und ließen sich in dieser Gegend nieder. **Setermoen**, 90 km von Narvik entfernt, ist mit seinen 2.500 Einwohnern als Garnisonsort ein recht bedeutendes Zentrum, wo zwei Talzüge zusammentreffen. Die Bardu-Kirche (1829) erinnert sehr an die achteckige Kirche von *Tynset*. Bei der Fahrt durch das *Bardutal* ist man von allen Seiten von Bergen zwischen 1.000 und 1.500 m Höhe umgeben. Über die Straße **87** erreicht man nach wenigen Kilometern auf einer Nebenstraße den Wasserfall *Målselvfossen* (Lachstreppen, Lachsteich). Über die Straße **854** oder **87** gelangt man wieder auf die **E 6**. Zwischen **Bardufoss** (Militärflugplatz und ziviler Flughafen) und **Olsborg** liegen einige kleinere Orte, und vorbei am See *Takvatn* erreicht man bald den *Balsfjord* mit dem Ort **Nordkjosbotn** am Fjordende, wo man entweder der E 6 weiter folgt in Richtung **Kirkenes** oder aber auf die **E 8** wechselt, die in die vielleicht schönste Stadt Nordnorwegens nach **Tromsø** führt.

Von dem Verkehrsknotenpunkt **Nordkjosbotn** bis nach **Tromsø** sind rund 70 km zurückzulegen, ein Abschnitt, in dem Fjord und Fjell eng benachbart sind und die Landschaft in besonderer Weise fasziniert. Die **E 8** läuft mit einer Breite von 5-6 m am *Balsfjord* entlang, dann durch das *Lavangstal* und führt schließlich am Meer entlang nach **Tromsø**.

Die Strecke zieht sich, denn immer wieder gibt es Geschwindigkeitsbegrenzungen, deren Einhaltung teilweise automatisch kontrolliert wird. Nach einer Fülle von Panoramen durch die wilde und kontrastreiche Landschaft erreicht man über **Laksvatn** (Blick auf die *Lyngenalpen*), **Fagernes** (Abzweig der Straße **91** nach *Lyngseidet*) schließlich *Tromsdalen*, den Stadtteil Tromsøs mit der berühmten Eismeerkathedrale. Von dort führt die 1.036 m lange Brücke zur Insel, auf der das Zentrum von Tromsø liegt. *Geschwindigkeitskontrollen*

Tromsø

Aktuelle regionale Reisetipps (Hotels, Restaurants etc.) zu Tromsø entnehmen Sie bitte den Seiten 191ff

Überblick

Geschützt durch große vorgelagerte Inseln gegen das offene Meer, liegt **Tromsø** selbst auf einer **Insel**, verbunden mit dem aus Halbinseln bestehenden Festland durch eine imposante Brücke. Viele schmückende Beinamen hat die Stadt jenseits des Polarkreises im Laufe der Zeit erhalten wie "Eismeerstadt", "Tor zum Eismeer" oder gar "Paris des Nordens". *viele Beinamen*

Mit rund 2.500 km² ist sie die flächenmäßig größte Stadt Norwegens, in der nur ein winziger Bruchteil des Areals städtisch bebaut ist und ausgedehnte Rentierweiden zum Stadtgebiet gehören. Auf einer **Fläche** wie der des Herzogtums Luxemburg leben hier rund 52.000 Menschen 400 km nördlich des Polar-

Blick auf Tromsø mit der Eismeerkathedrale

kreises auf fast 70° nördlicher Breite. Trotz der geographischen Lage ist die **Vegetation** im Raum um Tromsø geradezu üppig. An den Straßenrändern und in den Vorgärten der schmucken Holzhäuser fallen die vielen Blütenpflanzen auf, häufig sieht man die bis 2 m und höher werdenden "Tromsøpalmen", eine Art des Herkuleskrautes *(Heracléum sibiricum)*, Stauden mit großen gefiederten Blättern und weißen Blüten. Bis zu 10 cm kann die Unkrautpflanze täglich wachsen, bis sie manchmal nach zweimonatiger Wachstumsperiode unter ihrem eigenen Gewicht zusammenbricht. Schließlich erreichen die Temperaturen im Sommer durchaus um die 25 °C. Die **Mitternachtssonne** scheint in der Zeit vom 21.5.-23.7.

Eine **historische Rückschau** ergibt, dass die Nähe des Meeres und die geschützte Lage schon in der Stein- und Eisenzeit Menschen anzogen, die hier siedelten. Ende des 9. Jahrhunderts lebte in dieser Gegend der Wikinger *Ottar,* der König *Alfred von England* mitteilte, dass er nördlicher wohne als alle anderen Norweger. Im 13. Jahrhundert ließ König *Håkon Håkonsson* in Tromsø eine Kirche errichten.

Nachdem die Städte Bergen und Trondheim 1789 das Handelsmonopol für Nordnorwegen verloren hatten, wuchs Tromsø als **Ausgangsbasis für den Wal- und Robbenfang im Eismeer** zu einem Handelsplatz heran, der 1794 die Stadtrechte erhielt. Die Einwohnerzahl blieb aber zunächst äußerst gering und lag 1815 bei nur 75 Bewohnern, aber vor allem Fischerei und Handel ließen die Einwohnerzahl 1845 auf 2.000 und bis 1900 auf 7.000 ansteigen.

von
Tromsø
aus ...

Den Beinamen **"Tor zum Eismeer"** erhielt Tromsø, seitdem es Anfang des 19. Jahrhunderts zum Ausgangspunkt zahlreicher Fangexpeditionen zur Packeisgrenze wurde. In der zweiten Hälfte des 19. Jahrhunderts gaben die erneute Suche nach der Nordostpassage und der Wettlauf zum Nordpol Tromsø wichtige Impulse, denn hier wurden die Schiffe repariert oder gechartert, erfahrene Seeleute angeheuert, wurde Proviant geladen und auf besseres Wetter gewartet. Die Norweger *Nansen* und *Amundsen* waren die erfolgreichsten, aber längst nicht die einzigen Forscher und Abenteurer, die von Tromsø aus ihre Expeditionen begannen.

südlän-
dische
Atmo-
sphäre im
Sommer

Das Attribut *"Paris des Nordens"* erhielt die Stadt um die Jahrhundertwende wohl aufgrund ihrer malerischen Holzhäuser mit den farbenprächtigen Fassaden. Im Zweiten Weltkrieg ist Tromsø nicht zerstört worden, da aber in den vergangenen Jahren im Zentrum immer mehr Holzhäuser abgerissen und durch Steinbauten ersetzt worden sind, hat das Stadtbild von seinem früheren Charme verloren. In der Stadt der Jugend, in der das Durchschnittsalter weit unter dem Landesdurchschnitt liegt, gibt es reichlich Restaurants, Pubs und Nachtclubs, ungewöhnlich viele für norwegische Verhältnisse. Zur Zeit der Mitternachtssonne erfüllt geradezu südländisches Treiben die Stadt im hohen Norden.

Heute ist Tromsø neben seiner Funktion als Handels-, Hafen- und Provinzstadt ein Bildungs- und Kulturzentrum mit einer für den Norden des Landes bedeutenden **Universität** (ca. 5.000 Studenten). 80 % der Bevölkerung sind im Dienstleistungssektor beschäftigt. In naher Zukunft hofft Tromsø, das als Wachstumszentrum im menschenleeren Norden ein Auffangbecken für viele junge Menschen aus den dünnbesiedelten Regionen nördlich des Polarkreises darstellt, stärker von der Öl- und Gasförderung vor der nordnorwegischen Küste zu profitieren.

Sehenswertes in Tromsø

Zu den Sehenswürdigkeiten der Stadt gehören die berühmte **Eismeerkathedrale**, das Wahrzeichen der Stadt aus dem Jahre 1965, das sehr lohnende **Tromsø Museum** am südlichen Ende der Stadtinsel, das **Nordlichtplanetarium** sowie im Stadtzentrum selbst das **Polarmuseum**, das **Stadtmuseum**, die **Domkirche** und das **Nordnorwegische Kunstmuseum**. 1998 ist **Polaria**, das **Polar-Erlebniszentrum**, neu hinzugekommen. Bei gutem Wetter ist eine Fahrt mit der Gondelbahn *Fjellheisen* hinauf auf **Storsteinen** sehr empfehlenswert, einen 420 m hohen Aussichtsberg mit Blick auf Tromsø und Umgebung.

Die genannten Ziele lassen sich an einem Tag bewältigen, wenn Sie die ein wenig außerhalb des Stadtkerns liegenden Sehenswürdigkeiten selbst anfahren oder öffentliche Verkehrsmittel benutzen (Busse). Auch Taxen kommen nicht zu teuer. Besonders günstig sind die langen Öffnungszeiten des sehenswerten Tromsø-Museums. Ein kleiner **Stadtspaziergang** könnte nahe der Brücke am Stadtmuseum beginnen.

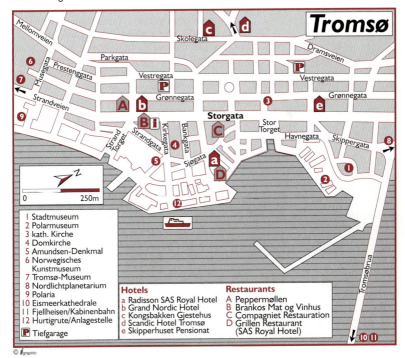

Stadtmuseum/*Tromsø Bymuseum* (1)
Tromsø Bymuseum: *geöffnet 15.5.-15.9. täglich 11.00-15.00 Uhr, in der sonstigen Zeit Mo-Fr 11.00-15.00 Uhr; Eintritt*

Auf einem Festungswall aus dem Mittelalter liegt das 1789 als Zollamt errichtete Gebäude, in dem kulturgeschichtliche Sammlungen aus dem 19. Jahrhundert sowie Gemälde und Fotografien zur Geschichte der Stadt zu sehen sind.

Polarmuseum/*Polarmuséet* (2)
Polarmuséet: *geöffnet 16.5.-15.6. täglich 11.00-17.00 Uhr, 16.6.-15.8. von 10.00-19.00 Uhr, 16.8.-15.9. von 11.00-17.00 Uhr, in der sonstigen Zeit 11.00-15.00 Uhr; Eintritt*

Entdeckung des Nordpols — In unmittelbarer Nachbarschaft liegt das Polarmuseum aus dem Jahr 1976, untergebracht in einem unter Denkmalschutz stehenden Lagergebäude. Hier finden sich Gegenstände und Ausstellungen zu Jagd, Fischerei und Forschung in der Arktis. In einer Spezialabteilung wird die Entdeckungsgeschichte des Nordpols, verbunden mit Namen wie *Nansen, Andrée* usw., dargestellt.

Die Domkirche

Über die Skippergata und Havnegata gelangt man zum Stortorget (= 'Großer Markt'), von dem es nur wenige Meter bis zur **katholischen Kirche (3)** aus dem 19. Jahrhundert sind, der nördlichsten weltweit mit Sitz des Bischofs (täglich 9.00-20.00 Uhr geöffnet). Neben der Skippergata gibt es noch auf der Grønne-, der Strand- und der Sjøgata alte schmucke **Holzhäuser**, die den Brand von 1969 überstanden haben.

Domkirche/*Domkirken* (4)
in der Saison 12.00-16.00 Uhr geöffnet

An der Kirkegata liegt die lutherische Domkirche von Tromsø, die größte neugotische Holzkirche des Landes aus dem 19. Jahrhundert mit über 700 Sitzplätzen.

Unweit des Domes befindet sich das **Denkmal für Roald Amundsen (5)**, der Tromsø wiederholt als Ausgangspunkt für seine Expeditionen zum Nordpol wählte und 1928 von der Suche nach dem Italiener *Umberto Nobile* nicht mehr zurückkehrte.

Vom Amundsen-Denkmal nahe der Anlegestelle für die Schiffe der Hurtigrute kommt man rasch zum Strandtorget, vorbei an dem populären Wirtshaus "Skarven".

INFO   Wer war Roald Amundsen?

Tromsø diente vielen Expeditionen als Ausgangspunkt in die nördlichen Gebiete, so auch Roald Amundsen. 1872 in Borge im Landessüden geboren, studierte er kurz Medizin, fuhr jedoch dann zur See. 1903 begann er seine Eismeerexpedition, um den magnetischen Nordpol zu finden und die Nordwestpassage zu bewältigen, was ihm nach drei Jahren auch gelang, allerdings nur als zweiter Sieger.

Nachdem im September 1909 Amundsen die Nachricht erhielt, die Amerikaner Peary und Cook hätten den Nordpol erreicht, gab Amundsen den zuvor gehegten Plan auf, mit dem alten Eismeerschiff Nansens, der "Fram", zum Nordpol zu gelangen. Sein ganzer Ehrgeiz richtete sich nun darauf, als erster den Südpol zu erreichen. Mit Nansens "Fram" verließ er im Juni 1910 Christiania, doch nicht, wie allgemein vermutet wurde, nach Norden, sondern nach Süden Richtung Rossmeer und Walfischbucht in die Antarktis. Der Grund: Er wollte den Engländern unter der Leitung von Robert Scott zuvorkommen. Am 19. Oktober startete er mit vier Begleitern und 52 Hunden, um eine Strecke von 1.500 km durch die Eiswüste zu bewältigen. Am 17. Dezember gelang es, die Lage des Polpunktes zu bestimmen. Amundsens Traum hatte sich erfüllt, denn Scott gelangte erst mehr als einen Monat später in dieses Gebiet; auf dem Rückweg kam der Engländer mit seinen Begleitern in der Schneewüste ums Leben.

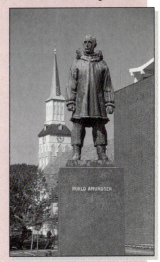

Für Amundsen ergab sich nach dem Ersten Weltkrieg ein neues Ziel, indem er alles daransetzte, als erster auf dem Luftweg den Nordpol zu erreichen, doch seine beiden Flugzeuge hielten den Eismassen nicht stand. 1926 gelangte er mit dem Luftschiff "Norge" von Spitzbergen nach Alaska, zwei Jahre später kam Amundsen auf einem Flug von Tromsø nach Spitzbergen ums Leben, als er Umberto Nobile zu Hilfe

Das Amundsen-Denkmal

kommen wollte, dessen Luftschiff verunglückt war. Fridtjof Nansen hielt die Gedächtnisrede für Amundsen, ganz im Pathos der damaligen Zeit: "Aus dem großen Schweigen wird sein Name jedoch im Glanze des Nordlichts jahrhundertelang für die Jugend Norwegens leuchten. Männer mit Mut und Willen, mit einer Kraft, wie er sie hatte, geben uns Glauben an die kommenden Generationen, Vertrauen auf die Zukunft."

Geht man die Storgata in südlicher Richtung weiter, so gelangt man zur nördlichsten Brauerei der Welt *(Mack)*. Sie wurde im 19. Jahrhundert von einem Bäcker aus Bayern gegründet, und ihr Bierkeller ist natürlich auch der weltweit nördlichste.

alles ist am nördlichsten

Nordnorwegisches Kunstmuseum (6)

Nordnorwegisches Kunstmuseum: Muségata 2, geöffnet Mo, Mi, Fr 10.00-1700, Sa, So 12.00-17.00 Uhr; Eintritt frei

Ganz in der Nähe liegt das Kunstmuseum, das 1988 eröffnet wurde. Es bietet nordnorwegische Kunst vom frühen 18. Jahrhundert bis zur Gegenwart.

Tromsø-Museum (7) – Universitätsmuseum

Tromsø-Museum: zu erreichen mit Bus Nr. 28, lars Thørings veg 10, geöffnet 1.6.-31.8. täglich 9.00-20.00 Uhr; 1.9.-31.5. Mo-Fr 8.30-15.30, Sa, So 11.00-17.00. Eintritt

besonders sehenswert: Samen, Lofotenfischerei

Über Storgata und Strandveien gelangt man im Süden der Insel zum Tromsø-Museum, das etwa 2 km vom Zentrum entfernt im Volkspark liegt. Das 1872 gegründete Museum ist seit 1976 der Universität angeschlossen und zeigt eine Reihe wissenschaftlicher Ausstellungen zur Geologie, Zoologie, Botanik, Archäologie und Meeresbiologie. Der arktische Lebensraum steht dabei im Mittelpunkt. Sehr beeindruckend ist die Ausstellung zur Kultur der Samen im Bezirk Troms sowie der nordnorwegischen Küstenkultur, deren Schwerpunktthema die Kulturgeschichte der Lofotenfischerei ist.

Zum Museum gehört auch das an die Universität angeschlossene Seewasseraquarium mit den Fischen des Nordmeeres.

Nordlichtplanetarium (8)

Nordlichtplanetarium: Breivika, zu erreichen mit den Bussen Nr. 37, 25 und 20, geöffnet 1.6.-30.8. täglich 11.30-19.00 Uhr; danach Auskunft unter Tel.: 77676000, Eintritt

Vom Zentrum aus liegt das Nordlichtplanetarium in nördlicher Richtung im Vorort Breivika. Das Institut ist eines der bedeutendsten zur Erforschung des Polarlicht-Phänomens. Besucher können hier, im nördlichsten Planetarium der Welt, das Nordlicht und die Mitternachtssonne erleben. Der Film "Arktisches Licht" wird fünfmal täglich gezeigt (zwischen 12.00 und 18.00 Uhr).

Polaria, Polar-Erlebniszentrum (9)

Hjalmar Johansensgt. 12, geöffnet täglich, im Winter 12.00-17.00 Uhr; im Sommer 10.00-19.00 Uhr; Eintritt

eröffnet im Sommer 1998

Selber auf Erlebnisreise gehen können Hobbyforscher und an den polaren Räumen Interessierte im neuen **Polaria-Erlebniszentrum.** Auf 2.200 qm Ausstellungsfläche bietet es eine bunte Mischung aus Forschung, Natur und interaktiven Ausstellungen. Ein Panoramafilm (20 Min.) im 225°-Format entführt den Besucher in das arktische Spitzbergen, eine Wanderung durch die Polarnacht lässt ihn das Nordlicht erleben. In einem ungewöhnlichen Aquarium leben in nur 4 °C warmem Wasser die meisten Seevögel, Fische und Meerestiere, die in der kalten

Region zu finden sind. Dazu gibt es neben aktuellen Daten und Informationen Köstlichkeiten aus der arktischen Küche, Kunsthandwerk und Literatur über die Polarregionen.

Eismeerkathedrale (10)
Tromsdalkirke: zu Fuß zu erreichen über die Brücke oder mit Bus Nr. 30/31 und 36 (Havnegata). Geöffnet 1.6.-31.8. Mo-Sa 10.00-17.00, So 13.00-17.00 Uhr; Gottesdienst So 11.00-12.00 Uhr; 1.9.-31.5. tägl. außer Sa 10.00-12.00 Uhr; Änderungen vorbehalten (Auskunft Touristeninformation), Eintritt

Unkonventionelle Architektur: das Polaria-Museum

Dem Stadtzentrum gegenüber am anderen Ende der Brücke steht die *Tromsdalkirche*, benannt nach dem Vorort Tromsdalen, aber besser bekannt unter dem Namen **'Eismeerkathedrale'**. Der von dem Osloer Architekten *Hovig* entworfene moderne Kirchenbau, der 1965 eingeweiht wurde, hat die Gestalt eines Nur-Dach-Gebäudes und weckt beim Betrachter Assoziationen, die an den Norden erinnern. Manche sehen in dem eigenwilligen Betonbau ein Stockfischgestell oder Bootshaus, andere fühlen sich an aufgerichtete Eisblöcke erinnert.

Stockfischgestell? Bootshaus? Eisblöcke?

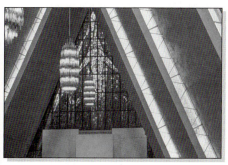
Das Innere der Eismeerkathedrale

Die 11 unterschiedlich großen Betongiebel, die durch Glasfenster voneinander getrennt sind, weisen an der Oberfläche graue Aluminiumverkleidungen auf, die das von innen nach außen fließende Licht reflektieren. 1972 wurde die östliche Außenwand, die Altarwand, fertiggestellt, ein 23 m hohes Glasmosaik mit einer Fläche von 140 m^2, das als Botschaft die Wiederkunft Christi darstellt. Wegen der Glasstärke war die traditionelle Bleiverglasung nicht möglich, so dass nach der in Frankreich entwickelten Dalle-Technik die 11 Tonnen Glas in Beton und Eisen eingearbeitet werden mussten.

das Innere

Storsteinen
Geöffnet: Mai-Sept. 10.00-17.00 Uhr; außerdem bei gutem Wetter Juni-August von 17.00-01.30 Uhr (Restaurant ab 11.00 Uhr geöffnet), Fahrkarten NOK 70/30; die Talstation ist vom Zentrum aus mit Bus Nr. 28 (Havnegata) zu erreichen.

Nicht weit von der Eismeerkathedrale erhebt sich der 420 m hohe Aussichtsberg *Storsteinen* (= 'der große Fels'), auf den die Kabinenbahn **"Fjellheisen"** (11)

herrliche hinauffährt. Von dort hat man bei gutem Wetter einen phantastischen Blick auf die
Aussicht Stadt, die Fjorde und das Meer.

Hinweis
Sollte ein Kreuzfahrtschiff im Hafen liegen, können recht lange Wartezeiten entstehen.

Ziele in der Umgebung von Tromsø

Halbinsel Lyngen

Etwa 70 km südöstlich von **Tromsø** liegt in der Gemeinde **Lyngen** "ein arktisches Natur-Eldorado". Die 10-20 km breite Halbinsel ist bekannt für ihre alpinen Gebiete mit Gletschern und fast 2.000 m hohen Gipfeln.

Insel Kvaløy

Einen ganz anderen Charakter hat die Insel **Kvaløy**, die breite 'Walinsel', die über eine imposante Brücke (am Flughafen) mit der Tromsø-Insel verbunden ist. Zum Sund hin erstrecken sich saftige Weiden, Landwirtschaft ist vorherrschend. Interessant ist die Strecke bis zum 27 km von Tromsø entfernten **Skavberg** nahe
Felszeich- **Straumhella**, wo es rechts der Straße **863** rund 4.000 Jahre alte Felszeichnun-
nungen gen zu sehen gibt.

3 km weiter liegt linkerhand das Örtchen **Hella**, in dem mehrere pittoreske Häuser aus Alt-Tromsø zusammengetragen sind und als Ferienwohnungen vermietet werden. Gehen Sie durch das Gelände bis zum Pavillon am Sund und beobachten Sie die reißende Gezeitenströmung – ein 'Mahlstrom' en miniature. Lachsangeln ist gut möglich, und Sammler von Multebeeren werden hier leicht fündig.

Hinweis
Zahlreiche Bootsausflüge (u.a. eine Fotosafari zur Vogelinsel Nord-Fugløy) sowie Angeltouren in die Umgebung können bei der Touristeninformation in Tromsø gebucht werden.

8. Reisen in Norwegen: Von Tromsø zum Nordkap 341

Von Tromsø zum Nordkap

Entfernungen
0 km Tromsø
84 km Nordkjosbotn
196 km Olderdalen
246 km Storslett
420 km Alta
507 km Skaidi
564 km Hammerfest
     (Abstecher)
603 km Kåfjord/
     Honningsvåg
637 km Nordkap

Überblick

Wer von **Tromsø** weiter nach Norden fahren möchte, muss nicht die 70 km bis **Norkjosbotn** zurück fahren, um auf die **E 6** zu gelangen. Eine Alternative bietet sich 25 km von **Tromsø** über die **E 8** bei **Fagernes**, von wo die Straße **Nr**. **91** abzweigt und durch beeindruckende Naturräume führt. Allerdings sind zwei Fährpassagen erforderlich, und zwar über den Ullsfjord (Fähre **Breivikeidet-Svensby**, 30 Minuten), dann geht es weiter nach **Lyngseidet** und von hier mit der Fähre nach **Olderdalen** (35 Minuten).

Szene am Lyngenfjord

Wer bis **Nordkjosbotn** zurückfährt, legt von dort auf der **E 6** bis **Olderdalen** ca. 110 km zurück, überwiegend am *Lyngenfjord* entlang, vorbei am alten Handelsort **Skibotn** (alter Lappenmarkt), einem der sonnenreichsten Flecken des Landes, wo das Nordlichtobservatorium Tromsø eine Forschungsstation eingerichtet hat.

Die Abstände zwischen den kleinen Orten werden größer, und man fragt sich immer wieder, wie Menschen hier auf schmalen Streifen zwischen Fjord und Fjell siedeln können. Bei **Djupvik** hat man ein letztes Mal einen phantastischen Blick auf die *Lyngenalpen*.

Wenig später gelangt man in die Gegend um den *Reisafjord* mit

Redaktions-Tipps

- Felszeichnungen in *Alta* (S. 345)
- Lachsfang im *Altaelv* (S. 158)
- Hammerfest: Spaziergang auf den Aussichtsberg *Salen* (S. 347)
- Mitternachts-Wanderung auf Magerøya zum '*Kirkeporten*' (S. 353)
- Mitternachtssonne auf dem *Nordkap-Plateau* (S. 353)

8. Reisen in Norwegen: Von Tromsø zum Nordkap

Nordreisa als Zentralort, wo neben Norwegisch auch noch Finnisch und Samisch gesprochen wird. Auf einer Nebenstrecke (Nr. 865) gelangt man in das wilde Reisatal (zwei besondere Wasserfälle) bis nach **Bilto** (ca. 40 km).

Lager der Samen

Auf der **E 6** erreicht der Reisende, vorbei am *Straumfjordsund* mit seiner Strömung (Lachsangeln) auf dem *Kvaenangsfjell* mit 402 m ü.d.M. den höchsten Punkt des Abschnitts. Wenige Kilometer weiter trifft man auf ein Lager der Samen von Kautokeino, die am Straßenrand oft Souvenirs anbieten. Die **Sørstraumen-Brücke** verkürzt die alte Strecke um fast 40 km. Nach etwa 20 km liegt **Burfjord** geschützt in einer Bucht, im Tal trifft man auf Kiefernwaldbestände. Kurz nach dem Ort **Alteidet** biegt eine Straße ab, von deren Ende man zu Fuß oder per Boot den *Øksfjordjökul*, einen direkt ins Meer kalbenden Gletscher, erreichen kann.

Vor dem Ort **Langfjordbotn** passieren Sie die Grenze zur **Finnmark,** der nördlichsten Provinz Norwegens.

INFO **Die Finnmark**

Der höchste Norden, die Provinz Finnmark, auf gleichem Breitengrad wie Alaska und Sibirien gelegen, ist zwar flächenmäßig größer als Dänemark, aber in diesem Raum leben nur wenig mehr Menschen als in Tromsø. An der Küste ist das Klima recht mild, die Häfen sind im Winter eisfrei, aber auf den endlosen Hochebenen im Landesinneren sind die Unterschiede zwischen den höchsten Temperaturen im Sommer mit bis zu 32 °C und Wintertemperaturen von bis zu -51 °C erheblich. Die Lichtflut im kurzen Sommer, der dunkle, kalte Winter mit dem Phänomen des Nordlichts – von Ende November bis Ende Januar kommt die Sonne nicht über den Horizont! – sowie die Farbenpracht des Herbstes und der schöne Frühling mit 15 Stunden Sonne an klaren Apriltagen prägen Mensch und Natur in besonderer Weise.

Jagd und Fischfang boten schon nach der letzten Eiszeit Menschen ein Auskommen, während die landwirtschaftliche Nutzung im Innern der Fjorde nicht älter als 300 Jahre ist. Bevor norwegische Siedler im 13. Jahrhundert hierher kamen, lebten die Samen im Raum oberhalb des Polarkreises, die Ende des 17./Anfang des 18. Jahrhunderts von der Jagd auf Rentiere zur nomadisierenden Rentierzucht übergingen.

Etwa gleichzeitig und etwas später ließen sich Menschen aus Nordschweden und -finnland, die Kvenen, in Finnmark als Fischer und Bauern nieder, die um 1875 mehr als ein Viertel der Bevölkerung in Finnmark ausmachten, so dass Vadsø den Beinamen "Hauptstadt der Kvenen" erhielt.

Zwischen Norwegen, Schweden, Finnland und Russland kam es in den vergangenen Jahrhunderten ständig zu Konflikten um die Aufteilung der weiten Räume im Norden. Zunächst verlor Schweden seinen Einfluss, das 1751 die Flächen um Kautokeino und Karasjok bis zum Tana-Fluss an Dänemark – Norwegen war damals ein Teil des dänischen Reiches – abtreten musste. Die wichtige Grenzziehung zwischen Norwegen und Russland entlang dem Pasvik- und dem Jakobs-Fluss erfolgte 1826 zu Lasten Finnlands, das schließlich nach dem Zweiten Weltkrieg auch noch das Petsamogebiet (und damit seinen einzigen Zugang zum Eismeer) an die Sowjetunion abtreten musste.

Verheerend waren die Auswirkungen beim Rückzug der deutschen Truppen aus der Finnmark 1944. Als die Russen eine große Offensive an der Eismeerfront begannen, mussten sich die deutschen Truppen zurückziehen. Dabei legten sie die Finnmark in Schutt und Asche (Taktik der "verbrannten Erde").

An der rauen Eismeerküste mit ihren fünf langen, breiten Fjorden liegen weit verstreut einzelne Siedlungen, deren Bewohner vorwiegend vom Fischfang, meist Dorsch, und der Fischverarbeitung leben. Nur über staatliche Subventionen ist es möglich, die kleinen Fischerdörfer und größeren Siedlungen zu erhalten. Im Innern der Fjorde ist etwas Landwirtschaft möglich, aber der Selbstversorgungsgrad mit Kartoffeln, Gemüse, Eiern und Fleisch ist gering.

Der Abbau von Bodenschätzen ist lokal bedeutsam (Schiefer bei Alta), aber tendenziell rückläufig (Eisenerz in Kirkenes). Von wachsender Bedeutung ist hingegen der Tourismus, auch im Grenzraum Russland/Norwegen. Die Hochflächen der Finnmarksvidda dienen den Rentieren der Samen als Weidegebiete, vor allem in den Gemeinden Kautokeino und Karasjok ist die Rentierzucht ein wichtiger Wirtschaftszweig. Doch die Rentierhalter besitzen zu viele Tiere, weite Teile der Weidegebiete sind zerstört, und die Rentierflechte wächst nur langsam nach. Vielen Rentieren droht der Hungertod. Die Rentierhalter müssen zu der Einsicht gelangen, dass ihre Zukunft massiv gefährdet ist.

Fakten über die Finnmark	
Fläche	48.637 km²
Einwohner	74.200
Städte/Orte	Hammerfest (7.000 Einw.), Alta (10.000 Einw.), Vadsø (6.000 Einw.), Vardø (3.000 Einw.)
Größere Flugplätze	Alta, Kirkenes, Lakselv
Mitternachtssonne	am Nordkap vom 12.5.-1.8.
Nationalparks	Stabbursnes, Pasvik, Övre Anárjohka
Attraktionen	Nordkap, Felszeichnungen in Alta, Festung Vardøhus
Zentren samischer Siedlung und Kultur	Karasjok und Kautokeino

frühere Meeresspiegelstände

Die Straße ist gut ausgebaut, so dass Sie rasch nach rund 30 km in **Toften** am breiten *Altafjord* ankommen, wo Terrassen zum Meer hinunter erkennen lassen, wie die Meeresspiegelstände früherer Zeiten aussahen. Nach dem alten Handelsort **Talvik** folgt auf dem Weg nach **Alta** ein kurvenreicher Abschnitt zwischen Gebirge und Meer. In dem 15 km vor Alta liegenden **Kåfjord**, in dem bis 1909, zunächst von den Engländern, dann den Schweden, Kupfer abgebaut wurde, verbargen die Deutschen im Zweiten Weltkrieg die *Tirpitz*, die 1944 von den Engländern nahe **Tromsø** versenkt wurde.

Alta

 Aktuelle regionale Reisetipps (Hotels, Restaurants etc.) zu Alta entnehmen Sie bitte der Seite 158

Überblick

Der wichtigste Zentralort des hohen Nordens liegt, von hohen Bergen umgeben, am gleichnamigen Fjord. Rund 10.000 Einwohner leben im Zentrum, etwa 16.000 in der flächenmäßig großen Kommune, die die am dichtesten besiedelte des Bezirkes **Finnmark** ist. Schon vor mehr als 9.600 Jahren lebten Menschen in diesem Raum, 1925 erfolgte Ausgrabungen auf dem *Komsafjell* (Komsakultur) sind rund 8.000 Jahre alt. Früh entwickelte sich Alta zum Verwaltungszentrum, nachdem im 17. Jahrhundert die Norweger in diese Gegend kamen. Jahrhunderte alt ist die Tradition der Märkte, auf denen die Samen Rentierfleisch und weitere Produkte verkauften, um sich mit anderen Gebrauchsgegenständen zu versorgen. Mit dem Kupferabbau in **Kåfjord** gelangten Menschen aus Südnorwegen und Finnland hierher.

Samenmärkte und Kupferabbau

Heute ist **Alta** ein wichtiges Verwaltungs- und Ausbildungszentrum, dessen Wirtschaftsleben von den Naturressourcen geprägt ist (Schieferbrüche, Nephelingewinnung zur Herstellung von Porzellan, Fischzucht, Fischverarbeitung sowie Holzwaren). Zunehmende Bedeutung gewinnt auch der Tourismus.

Ende des Zweiten Weltkrieges wurde Alta von den Deutschen völlig zerstört, so dass die gesamte Bebauung, abgesehen von den Kirchen in Alta und Kåfjord, aus der Zeit nach 1945 stammt.

Das *Alta Nye Sentrum*, ein neues Zentrum in der Nähe des *SAS Alta Hotell*, bietet eine Reihe von Funktionen, ist aber städtebaulich keine Attraktion.

Sehenswertes in Alta und Umgebung

Felszeichnungen Hjemmeluft/*Kulturminneområde Hjemmeluft*

Alta Museum og Kulturminneområde Hjemmeluft: Alta-Hjemmeluft/Jiepmaluokta, Tel.: 78435377; geöffnet 15.6.-15.8. täglich 8.00-23.00 Uhr (!), 16.8.-31.8. täglich 8.00-20.00 Uhr; 1.9.-31.5. Mo-Fr 9.00-15.00, Sa-So 11.00-16.00 Uhr; Eintritt

Eine bedeutende Sehenswürdigkeit sind die vielen **Felszeichnungen bei Hjemmeluft** im Anschluss an das **Alta-Museum**, das 1991 eingeweiht wurde, gleich neben der E 6, wenn man aus südlicher Richtung in den Ort kommt. Sie stehen seit 1985 auf der *World Heritage List* der *UNESCO* der weltweit schützenswerten Kulturgüter und können entlang eines rund 5 km langen Lehrpfades in naturschöner Umgebung bewundert werden. Die Felszeichnungen, von denen es im Raum Alta insgesamt ca. 4.000 Einzeldarstellungen gibt, decken einen Zeitraum von rund 4 Jahrtausenden ab und geben mit ihrer Vielzahl von Motiven einen Einblick

5 km langer Lehrpfad

in die Lebens- und manchmal auch Glaubenswelt der Fischer, Jäger, Hirten und Bauern. Auch hier sind die erst 1973 entdeckten Felsbilder in rotbrauner Farbe nachgezeichnet worden. Jeder kann sich allein auf den Lehrpfad begeben oder aber im Sommer einer Führung – auch in deutscher Sprache – anschließen.

Samen gegen Wasserkraft

Innerhalb des Museumsgebäudes gibt es neben verschiedenen Wanderausstellungen in der Hochsaison u.a. Ausstellungen zur Geschichte der Samen in Finnmark, zur Steinzeitkultur auf der Insel *Sørøja* sowie eine Dokumentation zur seinerzeit (1978-1982) erbittert geführten Auseinandersetzung um den Ausbau des Altaflusses zur Gewinnung der Wasserkraft, an deren Spitze die Samen standen. Seit 1987 produziert das Kraftwerk östlich von Alta Strom, die Gegner haben sich nicht durchsetzen können.

Die Felsritzungen von Alta

Sautso Alta Canyon

Das *Sautso Alta Canyon* ist die größte Schlucht Nordeuropas mit einer Länge von 6 km und 300-400 m Tiefe. Knapp 30 km von **Alta** entfernt, erreicht man es über die alte Straße an **Gargia** vorbei nach **Baeskades**. Von dort führt ein markierter Weg zum Canyon. Von der Gargia-Hütte, die man mit dem Auto anfahren kann, sind es etwa zwei Stunden Fußweg zur Schlucht.

Bootstouren
über den Altafluss zum Sautso Canyon bietet an: Alta Friluftspark A/S, Storelvdalen, N-9500 Alta, Tel.: 78433378.

Von Alta über Hammerfest Richtung Nordkap

Von **Alta** bis zum **Nordkap** sind etwas mehr als 200 km zurückzulegen. Viele Reisende wählen von **Skaidi** aus einen Abstecher in das 57 km entfernte **Hammerfest**. Zunächst verläuft die **E 6** noch entlang der Küste, dann landeinwärts. Die Strecke wirkt recht monoton, die Landschaft karg und öde, aber in ihrer Weite faszinierend. Das Sennaland, nach Osten in die Finnmarksvidda übergehend, ist ein Weidegebiet der **Kautokeino-Samen**. Nach knapp 40 km liegt der höchste Punkt der Strecke bei 385 m ü. M. auf dem Kahlfjell. Dass man sich im Land der Samen aufhält, zeigt ein Hinweisschild in samischer Sprache bei der Kapelle der Samenmission. Von **Skaidi** (samisch = 'Ort, an dem die Flüsse sich treffen'), einem kleinen Verkehrsknotenpunkt (Touristeninformation, Unterkunftsmöglichkeiten), zweigt die Straße **Nr. 94** nach Hammerfest ab.

im Land der Samen

Die etwa 6 m breite Straße folgt dem *Repparfjordtal* in westlicher Richtung. Nach 26 km führt sie über eine imposante Hängebrücke mit einer Länge von 741 m, die Hammerfest, das auf der Insel *Kvaløya* liegt, mit dem Festland verbindet. Vorbei an der Felsnadel *Stalloen*, einem alten **Opferplatz der Samen** aus vorchristlicher Zeit, erreicht man über **Rypefjord** (schöner Blick auf Hammerfest) nach gut 20 km die als "nördlichste Stadt der Welt" bezeichnete Hafenstadt.

Richtung Hammerfest

Hammerfest

Aktuelle regionale Reisetipps (Hotels, Restaurants etc.) zu Hammerfest entnehmen Sie bitte den Seiten 166f

Überblick

Bereits seit 1789 besitzt Hammerfest, an einer geschützten Bucht im Nordwesten der Insel *Kvaløy* gelegen, das Stadtrecht. Schon 1795 wählte ein Konsul *Buch* den Ort als Ausgangsbasis für die erste Überwinterungsaktion nach Spitzbergen. Das Zeitalter der napoleonischen Kriege ging nicht einmal an der auf 70°39'48" nördlicher Breite liegenden Stadt vorbei, so dass russisches Getreide importiert werden musste, da die Zufuhr in die Finnmark von Süden her versperrt war.

Ende des 19. Jahrhunderts vernichtete ein Großbrand die meisten der rund 150 Holzhäuser der Stadt, die schon damals eine elektrische Straßenbeleuchtung erhielt – schließlich ist die Sonne hier zwischen dem 22. November und dem 21. Januar nicht zu sehen. 1944 wurde Hammerfest beim Rückzug der deutschen Truppen völlig zerstört, nur eine kleine Friedhofskapelle blieb stehen, so dass die Stadt nach 1945 komplett neu aufgebaut werden musste.

verbrannte Erde

Schon früh waren Fischfang und später Fischverarbeitung die Basis im Wirtschaftsleben der Stadt mit ihrem ganzjährig eisfreien Hafen, in der heute der *Findus-/Nestlé*-Konzern die meisten Arbeitsplätze in der Gemeinde auf den Trawlern und in der Filetierfabrik bietet. Immer bedeutender ist auch der Fremdenverkehr wegen der Nähe zum Nordkap in den Sommermonaten geworden, den das kleine Stadtzentrum kaum noch bewältigen kann.

Erwartungsvoll blickt man in Hammerfest in die nahe Zukunft und

Blick vom Salen auf Hammerfest mit der Evangelischen Kirche

"Willkommen in der nördlichsten Stadt der Welt"

hofft, von dem großen Kuchen der Öl- und Gasindustrie ein kleines Stückchen abzubekommen. Die Stadt hat rund 7.000 Einwohner, nach dem Zusammenschluss mit Sørøysund leben rund 10.000 Einwohner in der Gemeinde.

Die **Verkehrsverbindungen** sind gut, da es beste Flugverbindungen nach **Tromsø/Oslo** gibt. Über NorWay Busseks*xpress* ist Hammerfest mit ganz Finnmark verbunden, die nord- und südwärts fahrenden Schiffe der Hurtigrute laufen Hammerfest an, und Schnellboote verbinden die Stadt u.a. mit **Tromsø** und **Honningsvåg**.

Sehenswertes in Hammerfest

Das Zentrum ist sehr übersichtlich, und wenige Stunden Aufenthalt genügen, die wichtigsten Sehenswürdigkeiten kennenzulernen. Ein kleiner Spaziergang könnte im **Fischereihafen** mit seinen Booten und Trawlern beginnen. Machen Sie einen Bummel über den Marktplatz, auf dem auch Samen ihre Waren anbieten oder Händler, die von russischer Seite nach Hammerfest kommen. Am Marktplatz liegt das 1957 erbaute **Rathaus (1)** mit Wandmalereien zur Geschichte der Stadt vor 1890. Wenn Sie möchten, können Sie Mitglied im Eisbärclub der *Royal and Ancient Society of Polar Bears* werden, der hier im Rathaus seinen Sitz hat. Der Mitgliedsbeitrag dient zur Erweiterung des noch im Rathaus befindlichen Museums, das die Hammerfester Tradition als Fischer- und Fängerstadt dokumentieren will.
Rådhus: geöffnet 1.6.-15.8. Mo-Fr von 8.00-18.00 Uhr; Sa-So von 10.00-15.00 Uhr; Eintritt frei.

- **Salen (4)**

Panoramablick

Überqueren Sie die Hauptstraße und gehen Sie gegenüber vom Rathaus einen Fußweg von 20-30 Minuten (gutes Schuhwerk erforderlich!) zum 86 m hohen Berg *Salen* hinauf, von dem Sie einen herrlichen Blick auf die Stadt und den Hafen genießen können. Häufig trifft man hier oben auf weidende Rentiere.

- **Evangelische Kirche (5)**

wie Trockenfisch-Gestelle

Vom Aussichtsberg führt derselbe Weg wieder zurück zur Salsgate, von der aus keine 500 m bis zur sehenswerten evangelischen Kirche zurückzulegen sind, die in ihrer eigenwilligen Bauform (Architekt: *Hans Magnus,* Oslo) schon vom Aussichtsberg zu sehen ist. Die 1961 errichtete Kirche erinnert sehr an Gestelle, wie sie zum Trocknen des Stockfisches für diesen Raum üblich sind. Prunkstück der Ausgestaltung des Innenraumes von *Jardar Lunde* ist die Glasmalerei an der Chorwand, die den ewigen Gott, Christus Sieg am Kreuz und den Heiligen Geist zeigt.

8. Reisen in Norwegen: Von Tromsø zum Nordkap 349

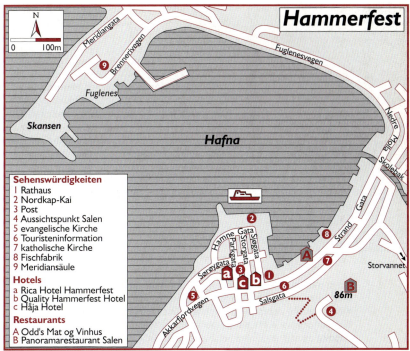

Von der ersten Kirche in Hammerfest aus dem Jahre 1623 ist die Altartafel erhalten geblieben, die in der Kapelle zu sehen ist. Gegenüber der Kirche steht mit der Friedhofskapelle, die der evangelischen Kirche bis 1961 als Hauptkirche diente, das älteste Gebäude der Stadt aus dem Jahre 1937.

Eine weitere Sehenswürdigkeit befindet sich auf der nördlichen Hafenseite bei **Fuglenes**, etwa 2 km vom Rathaus entfernt. Sie gehen die Strandgate in nordöstlicher Richtung vorbei an der **Touristeninformation (6)**, unweit des Aufgangs zum Aussichtsberg. 200 m weiter liegt auf der rechten Seite die kleine **katholische Kirche (7)** aus dem Jahr 1958, weitgehend von deutschen freiwilligen Helfern errichtet. Schräg gegenüber ist die **Fischverarbeitungsfabrik (8)** angesiedelt.

- **Meridian-Säule (9)**

Über Strandgate, Fuglenesveien und Brenneriveien gelangt man schließlich zur Meridian-Säule/*Meridianstøtten*. Die Granitsäule mit einer Erdkugel aus Bronze erinnert als nördlicher Endpunkt an eine russisch-skandinavische Untersuchung, deren Ziel darin bestand, Größe und Form der Erde zu ermitteln. Die Messungen erfolgten von 1816-1852 entlang eines Meridians (= Längenkreis). Der südlichste

8. Reisen in Norwegen: Von Tromsø zum Nordkap

Die Meridian-Säule

Punkt lag rund 2.900 km entfernt an der Donaumündung bei Ismail.

Von Hammerfest nach Magerøya

Der Weg zum **Nordkap** kann von **Hammerfest** aus nur über die Straße **94** und die *Kvalsund*-Brücke zurück nach **Skaidi** führen. Von dem kleinen Ferienort, in dem einige Bewohner Hammerfests Freizeithäuser besitzen, sind es ca. 125 km bis zur Nordspitze Kontinentaleuropas. Von **Skaidi** muss man etwa zwei Stunden Autofahrt bis zum Fährort **Kåfjord** einkalkulieren. Auf der **E 6** in östlicher Richtung folgen bald karge **Fjell-Landschaften**, umherstreunende Rentiere zwingen den Autofahrer, vorsichtig zu fahren.

23 km von **Skaidi** entfernt, bei **Olderfjord**, verlassen Sie die **E 6** und biegen auf die **E 69** ab, die am breiten *Porsangen*-Fjord entlang verläuft. Die Straße bis zum Fährort ist etwa 5 m breit und wegen einiger Steigungen nicht immer übersichtlich. Bei **Skarvberget** verschwindet sie in einem 3 km langen Tunnel, 7 km nördlich des *Skarvberg*-Tunnels durchfährt man dann noch den neuen ca. 500 m langen Sortvik-Tunnel. Nach knapp 50 km Fahrt von **Olderfjord** führt die Straße an einem Abzweig zu dem kleinen Fischerort **Repvåg** vorbei, im Winter vorübergehend ein Fährort, wenn der Verkehr über die Straße nach **Kåfjord** wegen starken Schneefalls unmöglich ist. Seit der streckenweise Neutrassierung des Abschnitts Skarvberg-Kåfjord kommt dies seltener vor, da die insgesamt küstennäher verlegte Strecke nicht mehr so stark schneebelastet ist.

ein neuer Tunnel — Nach gut 20 km ist **Kåfjord** erreicht. Die großen, modernen Fähren, die in der Hochsaison ständig hin- und herfuhren, brauchten 45 Minuten bis **Storbukt** an der nördlichen Spitze der Bucht westlich von **Honningsvåg**, 3 Straßenkilometer von dessen Zentrum entfernt. Anfang 1999 wurde eine **Tunnelverbindung** zwischen der Nordkap-Insel und dem Festland fertiggestellt.

Die Insel Magerøya mit dem Nordkap

 Aktuelle regionale Reisetipps (Hotels, Restaurants etc.) zu Magerøya/Nordkap
entnehmen Sie bitte den Seiten 174f

Honningsvåg

Honningsvåg ist der größte Fischereiort im Westen der Finnmark und Gemeindezentrum der Kommune *Nordkapp*. Mit seinen 3.500 Einwohnern besitzt es keine Stadtrechte, so dass Hammerfest sich weiterhin als nördlichste Stadt der Welt bezeichnen kann. Honningsvåg profitiert zunehmend vom **Nordkap-Tourismus**, bis in die taghelle Nacht hinein herrscht geschäftiges Treiben in der kurzen Hochsaison. Ein kleines **Nordkap-Museum** vermittelt Einblicke in die Entwicklung des Nordkap-Tourismus und die Küstenkultur in Finnmark. Die Basis des Wirtschaftslebens bilden jedoch nach wie vor **Fischfang, Fischverarbeitung, Schifffahrt** und die dazugehörigen Zulieferer. Schon Anfang des Jahrhunderts entwickelte sich Honningsvåg zu einem Zentrum für die Schleppnetzfischerei, denn die Schiffe benötigten entlang der gefährlichen nordnorwegischen Küste Lotsen, die hier an Bord gingen. Noch heute ist die Lotsenstation von großer Bedeutung, ferner gibt es eine staatliche Fischereifachschule in dem "Dorf". Auch Honningsvåg wurde im November 1944 beim Rückzug der Deutschen mit Ausnahme der Kirche in Schutt und Asche gelegt.

die wirtschaftliche Basis

Und weiter zum Nordkap ...

Von **Honningsvåg** bis zum ersehnten Ziel fast aller Reisender, die sich im Norden Norwegens aufhalten, dem **Nordkap**, sind 34 km über die Insel Magerøya zurückzulegen.

Honningsvåg

Vor allem bei gutem Wetter rollt eine Lawine von Fahrzeugen der Nordspitze entgegen, darunter unzählige Busse, vor allem, wenn größere Kreuzfahrtschiffe in Honningsvåg anlegen. Um den Hauptort wenigstens etwas vom Individualverkehr zu entlasten, hat man die Fähranlegestelle Anfang der 1980er Jahre von **Honningsvåg** nach **Storbukt** verlegt, während die Schiffe der Hurtigrute und die Kreuzfahrtschiffe weiterhin in Honningsvåg festmachen. In der Sommersaison 1994 wurde mit rund 240.000 Besuchern ein neuer Rekord aufgestellt. In den Jahren danach kamen deutlich weniger Touristen. Es bleibt abzuwarten, ob neue Investitionen und Verkehrsverbindungen wie der unterseeische Tunnel vom Festland zur Insel Magerøy so viele Reisende anlocken, dass die Bauarbeiten am Nordkap in eine weitere Phase gehen können.

Expansion am Nordkap?

Die Straße, wenn auch kurvenreich, ist inzwischen recht gut befahrbar, der höchste Punkt liegt knapp 300 m ü.d.M. Um Anfang Mai ist sie geöffnet, doch ist Schneefall danach nicht ausgeschlossen. Reisende, deren Fahrzeuge keine Winterreifen haben, dürfen die Straße dann nicht benutzen und müssen den Bus zum Kap nehmen.

Der Name der Insel **Magerøya** bedeutet 'die magere Insel', was sie ohne Zweifel auch ist, denn es wächst kaum ein Baum; Landwirtschaft ist wegen der fehlenden Ackerkrume und aus klimatischen Gründen nicht möglich, da die Wachstumsperiode für Getreide nicht ausreicht. Nur die Rentiere, die früher die Distanz vom Festland schwimmend zurücklegten und heutzutage von der Marine auf

8. Reisen in Norwegen: Von Tromsø zum Nordkap

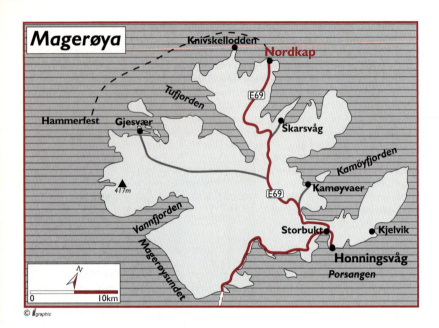

Sommerweide der Rentiere

die Insel transportiert werden, haben hier ihre Sommerweide. Auch wenn die Landschaft hart und abweisend wirkt, so sind die Winter doch vergleichsweise mild, die **Häfen bleiben eisfrei**. Auf der Insel liegt die mittlere Temperatur im Januar um 20 °C höher als die Durchschnittstemperatur auf dem 71. Breitengrad und gar um 50 °C höher als in Orten Sibiriens auf gleicher geographischer Breite. Im Februar, dem kältesten Monat, beträgt die Durchschnittstemperatur auf *Magerøya* -3,6 °C; knapp 800 mm fallen jährlich an Niederschlag.

unter Naturschutz

Im 19. Jahrhundert fanden Botaniker Blumen, wie sie auch in tieferen Lagen der schweizerischen Alpen anzutreffen sind, wie etwa die Trollblume, Vergissmeinnicht oder Storchenschnabel, oft kräftiger in der Farbe. Neben Granit und Schiefer finden sich Gneis und Glimmer, und Richtung **Skarsvåg** kommt man an einem großen Feld mit Kalkstein vorbei. In dieser Gegend trifft man auf eine **arktische Fauna**, die in dieser Art sonst in Sibirien und auf Spitzbergen heimisch ist. Die Labilität dieses Lebensraumes ist schon früh erkannt worden, so dass Tiere und Pflanzen seit 1929 unter Naturschutz stehen.

Bevor eine Nebenstraße von 3 km Länge in das Fischerdorf **Skarsvåg** führt, zweigt auf halber Strecke zum Nordkap eine Landstraße in das 20 km entfernte Fischerdorf **Gjesvaer** im nordwestlichen Teil der Insel ab. Viele Inseln und Schären schützen den schön gelegenen 300-Einwohner-Ort zum rauen Eismeer hin. Ein Naturreservat dort ist bekannt wegen seiner Vogelfelsen mit Seeadlern und Scharen von Papageientauchern.

Skarsvåg mit seinen 200 Einwohnern, östlich des Nordkap in einer Bucht gelegen, gilt als nördlichstes Fischerdorf der Welt. Kreuzfahrtschiffe, die um das Felsplateau herum fahren, gehen häufig hier auf Reede, um dann die Passagiere auszubooten (was aber nicht immer möglich ist, wenn plötzlich Windböen in dem nicht so geschützten Hafen auftreten). Der öffentliche Reichtum des kleinen Dorfes, in dem es eine moderne Fischverarbeitungsfabrik gibt, zeigt sich u.a. in einem Schwimmbad.

Vom *Nordkapp Turistheim* führt ein markierter Fußweg (ca. 20 Minuten) zu einer interessanten Felsformation, *Kirkeporten* (= 'das Kirchtor') genannt, durch die hindurch man "Hornet" (das Hörnchen) sehen kann, knapp außerhalb der früheren Landebucht Hornvika in der Flanke von "Store Kappa", ca. 1,5 km Küstenlinie östlich vom **Nordkap**. Die Ruhe und der phantastische Ausblick dieser alten samischen Stelle ist bei Mitternacht eine gute Alternative für all diejenigen, die dem Trubel auf dem Nordkap-Plateau aus dem Wege gehen möchten.

Alternative zum Nordkap-Trubel

Das Nordkap

Was macht die Faszination des Nordkap-Plateaus auf 70°10'21" aus? Die Mitternachtssonne kann man schließlich auch weiter im Süden sehen. Ich habe dreimal vergeblich versucht, das Schauspiel der **Mitternachtssonne** mit dem Blick aufs Eismeer zu erleben, jedesmal zogen dichte Nebelschwaden vorbei, oder der Himmel war wolkenverhangen. Genau genommen ist das landschaftlich beeindruckende Plateau gar nicht die Nordspitze Kontinentaleuropas, denn es liegt auf einer Insel. Und dass zwischen dem Nordkap und dem Nordpol noch Spitzbergen liegt, das ebenfalls zu Norwegen gehört, stört niemanden, schließlich führt keine Straße und keine Autofähre dorthin.

Mythos Nordkap

Genau genommen ist *Kinnarodden* der nördlichste Festlandspunkt auf Norskinn-halvøya östlich vom Kap. Selbst wenn man außer Acht lässt, das *Magerøya* eine Insel ist, liegt das wenig attraktive *Knivskjellodden* immer noch weiter nördlich als das Nordkap. Als der englische Kapitän *Stephen Burrough* (mit *Richard Chancellor* als Chefnavigator an Bord des Schiffes "Edvard Bonaventure") 1553 auf einer missglückten arktischen Expedition, als man die Nordostpassage nach China finden wollte, den imposanten grau-schwarzen Schieferfelsen als **"Nordkap"** bezeichnete, konnte er nicht ahnen, welche Faszination von diesem Wort in späteren Zeiten ausgehen würde. Viele gekrönte Häupter zog der Felsklotz in seinen Bann wie den Franzosen *Louis Philippe,* den späteren Bürgerkönig, den Schweden *Oskar II.* oder den Deutschen *Wilhelm II.*

Seit 1845 verkehrte das erste Touristenschiff von Hammerfest zum Nordkap, die erste Gruppenreise organisierte das Reisebüro *Cook* in London 1875. Erst 1956 wurde eine Straßenverbindung zwischen **Honningsvåg** und dem **Nordkap** eröffnet, gerade einmal 7.000 Reisende steuerten in jenem Jahr das attraktive Ziel an. Bis zu jenem Zeitpunkt wurden Touristen per Schiff an den Fuß des Felsens gebracht und mussten dann zu Fuß über eine Treppe das Kap erklimmen.

Am Endpunkt der Reise ...

Was bietet das Nordkap?

Das Nordkap der Gegenwart ist voll und ganz auf den Massentourismus eingestellt und kann auch bei schlechten Witterungsbedingungen ein zeitgemäßes Nordkaperlebnis bieten, denn wenn der Besucher nicht sehen kann, was er erwartet hat, zeigt man ihm in einer Multivisionsschau, was er hätte sehen können.

In dem von der *SAS North Cape Hotels* betriebenen **Nordkapzentrum**, das mit Investitionen von über 25 Mio. € ausgebaut worden ist, liegt der größte Teil der Anlagen unter der Erde, denn neben dem Panoramakino gibt es u.a. einen Tunnel, in dem die Geschichte rund um das Nordkap dokumentiert wird, der in einer Grotte endet. Dort hat man durch ein 8 x 10 m großes Panoramafenster einen Blick auf die Mitternachtssonne – wenn das Wetter stimmt. Das Café *Kompasset* in der Form eines Kompasses ist so konstruiert, dass jeder der Gäste einen freien Blick gen Norden und zu den Klippen genießen kann (die Preise in Restaurant und Cafeteria sind gesalzen!). Über dem Café für 250 Personen ist das nicht immer funktionierende "Telekommunikationszentrum" in eine Suite für Hochzeitspaare und andere umgewandelt worden. In einem Souvenirshop findet man alles vom Kitsch bis hin zu hochwertigem Kunsthandwerk der Samen. Im Champagnerzimmer kann man nach alter Tradition mit einem (teuren) Glas Sekt sein Nordkaperlebnis feiern.

Meinungen

Natürlich gehen die Meinungen über das Nordkap-Projekt auseinander. Ist Norwegen nicht ein Ziel für Individualreisende, die auf der Suche nach kontrastreicher, unverfälschter Natur sind? Kritiker sahen vor allem in den ursprünglich weitergehenden Plänen des Nordkap-Ausbaus die Gefahr eines *Disney-Land* und verurteilten die Eingriffe in die Natur, die Befürworter hingegen argumentierten, das Touristenzentrum ermögliche es, die Ströme von Reisenden in die richtige Bahn zu lenken und somit norwegische Natur zu schonen, denn über Informationsangebote könne man die Touristen über die Sensibilität der Naturräume gerade im Norden aufklären. Von großer Bedeutung sei ferner die ökonomische Bedeutung des Nordkap-Ausbaus, da die Tourismusförderung dazu beitrage, auch zukünftig die Besiedlung der strukturschwachen Räume zu gewährleisten. Jeder möge sich selbst ein Urteil bilden.

*Das **Nordkapzentrum** ist täglich von 9.00-02.00 Uhr (Hochsaison) geöffnet. Jeder Besucher des Nordkap-Plateaus zahlt eine happige Eintritts- oder besser Zutrittsgebühr von NOK 185, Kinder NOK 50, Familienkarte (2 Erw. + 2 Ki.) NOK 370, die den Zugang zum Parkplatz, zu den Anlagen sowie den Besuch einer Multimediashow einschließt.*

Weitere Ziele im hohen Norden

Wer den äußersten Osten des Nordens kennen lernen möchte, die Faszination der kargen, weiten, von tief ins Land eindringenden Fjorden durchtrennten Hochebenen erleben und Einblicke in die harten Lebensbedingungen der Bewohner am Rande der Ökumene gewinnen möchte, dem seien zwei Routen empfohlen, die über die größeren Siedlungen an der Küste der *Varangerhalbinsel* – also **Vadsø, Vardø** und **Kirkenes** – in die Zentren samischer Kultur nach **Karasjok** und **Kautokeino** führen. Wer nicht in die Ostfinnmark fahren, sondern vom Nordkap/Honningsvåg in südlicher Richtung zurückkehren möchte, gelangt über die **E 69** bis **Olderfjord** und die **E 6** über **Lakselv** nach **Karasjok**, vom Nordkap eine Strecke von rund 240 km. Vom Zentrum der Samen führt die Straße **Nr. 92** durch weite **Rentierweidegebiete** und vorbei an Flüssen und Seen, die zum Angeln einladen, nach knapp 100 km auf die Straße **Nr. 93**, über die Sie nach rund 30 km die flächenmäßig größte Gemeinde, das samisch geprägte **Kautokeino** erreichen.

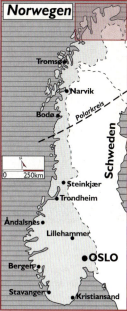

Route 1: Über Vardø und Kirkenes nach Karasjok und Kautokeino

Von der Nordkap-Insel *Magerøya* nehmen Sie die Autofähre von **Storbukt** bei **Honningsvåg** zurück zum Festland nach **Kåfjord**. Über die **E 69** gelangen Sie nach 73 km bei **Olderfjord** auf die **E 6**, die in südlicher Richtung bis **Lakselv** am *Porsangen-Fjord* entlang verläuft, eine Strecke von gut 60 km.

Bei **Kolvikvatn** führt ein Abzweig in das 5 km entfernte *Trollholmsund* zu interessanten Felsformationen, den sieben "Trollen" am Fjord. Vom Parkplatz mit Infosäule beginnt ein rot markierter Fußweg zu den merkwürdigen Felsen.

Natur und Kultur Finnmarks

Etwa 15 km nördlich des Zentralortes Lakselv liegt **Stabbursnes** am lachsreichen Fluss *Stabburselva*. Hier lohnt ein Besuch des "*Stabbursnes Naturhaus und Museum*", dessen Bauweise an die Zelte der Samen erinnert. In dem Informationszentrum über die Natur und Kultur Finnmarks lernt man die verschiedenen Landschaftstypen und die Lebensweisen der Menschen eindrucksvoll kennen. Neben einer Dia-Serie über den Naturraum gibt es einen Spielplatz, dessen Anlage samische Traditionen aufgreift, einen Naturlehrpfad, eine Camping-Anlage mit Hüttenvermie-

Redaktions-Tipps

- Silberschmiede Juhl bei *Kautokeino*, Kunsthandwerk der Samen (S. 366)
- Samen-Sammlungen in *Karasjok* (S. 364)
- Festung *Vardøhus* (S. 360)
- Wandern in der Hochebene der *Finnmarksvidda* (S. 365)
- Restaurant "*Storgammen*" in Karasjok (S. 365)

8. Reisen in Norwegen: Weitere Ziele im hohen Norden

tung sowie markierte Wanderwege in das Naturreservat mit den nördlichsten Kiefernwaldbeständen.
Geöffnet: 16.6.-8.8. tägl. 9.00-20.00 Uhr; 1.-15.6. und 9.-31.8. 10.00-17.00 Uhr; außerhalb der Saison können Öffnungszeiten unter Tel. 78464765 arrangiert werden.

Lakselv

 Aktuelle regionale Reisetipps (Hotels, Restaurants etc.) zu Lakselv
entnehmen Sie bitte den Seiten 171f

Lachs und Forelle

Lakselv (= 'Lachsfluss'), mit gut 2.000 Einwohnern das Zentrum der Gemeinde **Porsanger**, ist ein kleiner, aufstrebender Verkehrsknotenpunkt, der Touristen vor allem Dienstleistungen anbieten kann, weniger wirkliche Sehenswürdigkeiten. Freunde des Angelsports jedoch haben hier ein wahres Eldorado, worauf schon der

8. Reisen in Norwegen: Weitere Ziele im hohen Norden 357

Name des Ortes hinweist. Außer Lachs, der vom 10.4.-15.9. auf einem 32 km langen Abschnitt am Fluss *Lakselva* gefangen werden kann, ist auch die Forelle in den hiesigen Gewässern heimisch.

Verkehrsmäßig ist Lakselv auch für Nichtfahrer gut zu erreichen: die *SAS* verbindet den Ort als nördlichsten Punkt auf dem Festland täglich 3 x mit Oslo/ Tromsø; außerdem ist hier eine Haltestation des *Nor-Way-Busexpress.*

Von **Lakselv** geht es über die Straße Nr. **98** zunächst am Ostufer des *Porsangerfjords* entlang in nördlicher Richtung, vorbei an einem Gebiet mit silbergrauem Dolomitspat in den Sandsteinschichten und verschiedenen Strandlinien. In mehreren winzigen Orten am Fjord hat sich seit der Zuwanderung aus Finnland im 18. Jahrhundert in dem ursprünglich von Samen bewohnten Gebiet die finnische Sprache durchgesetzt. Nach rund 40 km verläuft die Straße in östlicher Richtung und führt über den mit 190 m ü.d.M. höchsten Punkt der Umgebung durch die Sommerweidegebiete der **Karasjok-Samen.** *aus Finnland zuge- wandert*

Nach der Fahrt durch die Fjell-Landschaft folgt die Straße **98** dem inneren Bereich des *Laksefjord.* Bei **Ifjord** bieten sich wiederum gute Angelmöglichkeiten, die Straße **888** zweigt ab zu kleinen Fischerdörfern, die teilweise von der Hurtigrute angelaufen werden.

Nach knapp 150 km von **Lakselv** aus wird auf dem **Ifjordfjell** mit 370 m ü.d.M. der höchste Punkt erreicht (Samenweideplatz, Samenkapelle); im Winter ist die Straße nicht befahrbar. Nach dem *Ifjord*pass geht es hinunter zum *Tanafjord* und dem *Tana*-Fluss (*Tana* = samisch: 'großer Fluss'). Die Tana ist mit ca. 330 km Norwegens drittlängster Fluss. Nicht weit vom Ort **Rustefjelbma** ist die weltweit nördlichste Landwirtschaftsschule zu finden. *die weltweit nördlichste Landwirt- schafts- Schule*

In **Tana bru,** dem kleinen Zentrum der Gemeinde **Tana,** findet die Landwirtschaft relativ gute Bedingungen vor. Vor der Brücke treffen die Straße **98** und die von **Karasjok** kommende **E 6** zusammen. Auf der anderen Seite des Flussufers führt die Straße **890** nordwärts nach **Berlevåg** und **Båtsfjord.** 17 km sind es auf der **E 6** nach **Varangerbotn,** wo die **E 75** von Süden über **Kaamanen, Utsjoki (FIN),** über die Brücke des Tana-Flusses nach **Roavvegiedde (N)** an der **E 6** über **Tana bru** nach **Varangerbotn** (Abzweig E 6) den Weg nach **Vadsø** und **Vardø** wieder aufnimmt, die **E 6** aber bis nach **Kirkenes** verläuft. Nun führt die Strecke am mächtigen *Varangerfjord* entlang, kurz nach **Varangerbotn** lohnt ein Besuch des *Varanger Samiske Museum,* das die Geschichte der Varanger-Samen, insbesondere der Seesamen, eindrucksvoll zeigt. *am Varanger- fjord entlang*

Bei dem Ort **Nesseby** steht die Kirche (von 1858), die nach dem Rückzug der Deutschen aus der Finnmark erhalten blieb. In **Mortensnes,** 30 km östlich von **Varangerbotn,** finden sich Siedlungsreste aus der Stein- und Eisenzeit sowie Opferplätze der Samen. Bekannt ist der *Graksesten,* ein von Steinringen umgebener Bautastein, den die Samen in späterer Zeit zu kultischen Zwecken mit "grakse", dem Überrest beim Trankochen, bestrichen.

Knapp 20 km vor Vadsø folgt mit **Vestre Jakobselv** ein kleiner Fischerort mit 800 Einwohnern, die weitgehend von finnischen Einwanderern abstammen. An der Spitze der *Varanger*-Halbinsel, gut 70 km von Vardø entfernt, erreichen Sie anschließend **Vadsø**.

Vadsø

Aktuelle regionale Reisetipps (Hotels, Restaurants etc.) zu Vadsø entnehmen Sie bitte der Seite 197

Vadsø ist mit rund 6.000 Einwohnern auf einer Fläche von 1.250 km² das administrative Zentrum der Provinz Finnmark. Außer der Verwaltung und dem Dienstleistungsgewerbe ist ferner die Fischereiwirtschaft bedeutsam, auch wenn die Lodde-Fischerei inzwischen infolge Überfischung weitgehend zusammengebrochen ist.

Von großer Bedeutung für die Entwicklung der Stadt war der sog. **Pomorhandel** im 19. und 20. Jahrhundert, d.h. der Handel mit den auf der *Kola*-Halbinsel lebenden Russen, sowie die Zuwanderung vieler Finnen, an die das Einwanderermonument von 1977 oberhalb des Zentrums erinnert. Damals nahm die Bevölkerung in Nordfinnland stark zu, aber die Landwirtschaft konnte nicht alle Menschen ernähren, während in Finnmark der Handel blühte und die Fischerei Arbeitskräfte brauchte. Die Stadtrechte erhielt Vadsø 1833. Mit den Finnen kam auch der **Laestadianismus** nach Vadsø, eine religiöse Erweckungsbewegung, die von dem Priester *Lars Levi Laestadius* (1800-1861) ins Leben gerufen wurde, sich über die Nordkalotte ausbreitete und um 1845 nach Norwegen kam. Als soziale und moralische Bewegung mit strengen Forderungen, u.a. nach Abstinenz, Ehrlichkeit und Treue, fand der Laestadianismus viele Anhänger unter der samischen Bevölkerung, die von ausbeuterischen Händlern oft Alkohol als Gegenleistung für ihre Waren erhielten und verarmten.

Moderner Dienstleistungsort: Vadsø

der strenge Laestadianismus

1926 war **Vadsø** der Ausgangspunkt für *Umberto Nobile* und *Roald Amundsen*, die mit ihrem Luftschiff *"Norge"* die Fahrt zum Nordpol in Angriff nahmen. Zwei Jahre später startete Nobile seine verhängnisvolle Expedition mit der *"Italia"*, von der er nicht mehr zurückkehrte; *Amundsen* verunglückte auf der Suche nach dem Italiener. Auf der kleinen Insel Vadsøya, die außerhalb des Zentrums über eine Brücke zu erreichen ist, erinnert der Verankerungsmast der *"Norge"* und der *"Italia"* an die beiden **Polarexpeditionen**.

von Vadsø zum Nordpol

1944 wurde die Stadt bei einem russischen Angriff nicht vollständig zerstört, so dass es noch einige ältere, von Finnen und Norwegern errichtete Häuser gibt.

Neben dem Verankerungsmast für die Luftschiffe auf der kleinen Insel Vadsøya, dem Einwanderermonument und einem an den Wiederaufbau erinnernden Denkmal vor der Verwaltung der Provinz bietet das **Vadsø Museum** in zwei Gebäudekomplexen (Haus finnischer Einwanderer und dänisch-norwegisches Herrenhaus) aus dem 19. Jahrhundert Einblicke in die jüngere Kulturgeschichte. *"Eismeerkirche"* nannte der Architekt *Magnus Poulsson* die **Vadsø kirke** aus dem Jahr 1958, deren zwei Türme Eisberge symbolisieren sollen.
Geöffnet: im Sommer von 9.00 - 14.00 Uhr oder nach Vereinbarung (Tel. 78951396)

Von **Vadsø** sind es 75 km bis nach **Vardø**, vorbei an kleinen Fischerorten. Bei **Ekkerøy** führt eine Straße (2 km) zu interessanten Vogelfelsen (u.a. Alke, Dreizehenmöwen, Lummen). Immer wieder erinnern Reste deutscher Befestigungsanlagen an die unheilvolle Vergangenheit. Da Vardø auf einer Insel liegt und der *Bussesund* überwunden werden muss, gelangt man seit 1982 durch einen fast 3 km langen Tunnel, dessen tiefster Punkt 88 m unter dem Meeresspiegel liegt, schließlich zur östlichsten Stadt Norwegens und Westeuropas.

Vogelfelsen

Vardø

Aktuelle regionale Reisetipps (Hotels, Restaurants etc.) zu Vardø
entnehmen Sie bitte den Seiten 197f

Vardø hat etwa 3.000 Einwohner, die überwiegend von der Fischereiwirtschaft leben – sei es als Fischer oder Beschäftigte in der Fischverarbeitung. Denn dieser Industriezweig produziert vor allem Filets, Trockenfisch und Salzfisch. Die besondere Bedeutung der Fischereiwirtschaft zeigt auch der Standort der staatlichen Fischereifachschule.

Nachdem im Grenzland der russische Einfluss im Mittelalter immer größer geworden war und der lukrative **Pelzhandel** fast ausschließlich in russischer Hand lag, sollten über die Kirche die norwegischen Interessen in diesem Raum durchgesetzt werden, so dass es 1306 zur Errichtung einer Kirche auf *Vardøya* kam. Eine **Festungsanlage** untermauerte die norwegischen Ansprüche. Leidtragende in diesem Interessenskonflikt waren die Samen, die gleichzeitig an Norwegen und Russland Steuern abführen mussten. 1789 erhielt Vardø Stadtrechte und entwickelte sich im 19. Jahrhundert zur bedeutendsten Fischereisiedlung in Norwegen, die auch und besonders vom lebhaften Handel mit Russland profitierte. Noch vor dem Ersten Weltkrieg gab es eine feste Schiffsverbindung zwischen **Vardø** und **Archangelsk**. Im Zweiten Weltkrieg zerstörten russische Bomben weite Teile der Stadt, so dass es Pläne gab, sie auf dem Festland neu aufzubauen, die aber nicht verwirklicht wurden. Seit 1982 ist mit dem **Vardø-Tunnel** eine eindrucksvolle Festlandsverbindung hergestellt.

die Samen als Opfer

8. Reisen in Norwegen: Weitere Ziele im hohen Norden

Das Klima hier ist hart, da die Mitteltemperatur die niedrigste, die Anzahl der Sturmtage die höchste im Lande ist. So kann z.B. die Hurtigrute nicht immer den Hafen anlaufen.

harte Klimabedingungen **Vardø** ist die einzige Stadt des westlichen Festlandeuropas, die im arktischen Klimabereich liegt. Die **arktische Klimazone** mit ihrem Permafrostboden beschränkt sich auf einen schmalen Küstensaum am Nordrand der *Nordkinn*-Halbinsel und Teilen der *Varanger*-Halbinsel. Nur in diesem Raum gibt es eine zusammenhängende **Tundra-Landschaft**.

Für Besucher interessant ist die Stadt besonders wegen der **Festung Vardøhus** *(Vardøhus Festning)*. Aufgrund ihrer Lage war die Stadt über Jahrhunderte von strategischer Bedeutung. Der Dänenkönig *Christian V.* ließ von 1734 an eine Festung als achteckige Sternschanze mit vier Bastionen errichten, die dritte Anlage an dieser Stelle. Die Festung ist Touristen zugänglich, Führungen finden in der Zeit vom 10.6.-31.8. statt, ansonsten Tel.: 78987483. Wenn nach der lange währenden Dunkelheit des Winters die Sonne wieder um den 20. Januar herum am Horizont erscheint, donnern die Kanonen der Festung, und die Kinder bekommen schulfrei.

Die Unwirtlichkeit des Klimas zeigt sich darin, dass der einzige Baum der Stadt, eine Esche, die auf dem Gelände der Anlage gehegt und gepflegt wird, jeden Herbst winterfest eingepackt wird. Der Baum in der Festung ist von sieben Ebereschen, die dort 1960 versuchsweise gepflanzt wurden, übrig geblieben.

die Not der Bewohner Von **Vardø** aus führt der Weg über **Vadsø** am *Varangerfjord* entlang zurück nach **Varangerbotn**, eine Strecke von 125 km. Hier trifft die Straße auf die **E 6**, die in östlicher Richtung nach Kirkenes führt (ca. 125 km). An steinzeitlichen Siedlungsresten vorbei verläuft die Straße am Meer entlang, und bald sieht man auf der anderen Fjordseite Vadsø. Knapp 50 km von **Varangerbotn** entfernt, zweigt eine kleine Straße nach **Bygøynes** (ca. 20 km) ab, ein Fischerdorf, das in ganz Norwegen bekannt wurde, da es in besonderer Weise auf seine Notsituation aufmerksam machte: 1989 gaben die 300 Einwohner eine Annonce in der Zeitung auf, in der sie den Wunsch äußerten, komplett mit Kindern und Rentnern nach Südnorwegen umzuziehen. Vielleicht fände sich ja eine größere Gemeinde, die sie aufnehmen könnte. Kurz zuvor war die einzige Fischfabrik in Konkurs gegangen, so dass über 40 % der Erwerbstätigen arbeitslos waren. Aufgrund des starken Zusammengehörigkeitsgefühls wollten alle Gemeindemitglieder nur gemeinsam umziehen. Doch die erklärte Absicht ist bisher nicht in die Wirklichkeit umgesetzt worden.

verschiedene Kulturen Weiter auf der **E 6** erreichen Sie bald den mit 165 m ü.d.M. höchsten Punkt dieser Strecke. In **Neiden**, das in einem verhältnismäßig fruchtbaren Tal liegt, sind die Kulturen der "Skolt-Samen" aus Russland, der Norweger und der Finnen zusammengeschmolzen. Die St.-Georgs-Kapelle aus dem 16. Jahrhundert ist die einzige griechisch-orthodoxe in Norwegen. An die Skolt-Samen erinnert auch der Lachsfang mit Wurfnetzen am Skoltefoss im Fluss *Neidenelva* (*Kaepaelaefisket* genannt). Um ein nationales norwegisches Zeichen in einem samisch und finnischsprachig geprägten Gebiet zu setzen, wurde 1907 die Neiden-Kapelle im Stil einer Stabkirche errichtet.

Von **Neiden** verläuft die Straße **893** zur finnischen Grenze (11 km) mit Verbindung in Richtung **Kaamanen** und **Ivalo**. Bis **Kirkenes** sind noch rund 40 km zurückzulegen, bald am schönen *Munkfjord* entlang, dann am Flughafen von Kirkenes vorbei. 6 km vor der Stadt führt die Straße 885 in südlicher Richtung ins **Pasvik-Tal** und zum Nationalpark Övre Pasvik, während die **E 6** nach Norden verlaufend in Kirkenes endet.

Über die Straße **886** gelangt man schließlich direkt bis an die russische Grenze. Bei **Storskog** liegt Norwegens einziger offizieller Grenzübergang nach Russland.

Kirkenes

Aktuelle regionale Reisetipps (Hotels, Restaurants etc.) zu Kirkenes entnehmen Sie bitte der Seite 170

Die Hafen- und Industriestadt liegt an der Südseite des *Varangerfjords*, nahe der Mündung des *Pasvikflusses*. In mancher Hinsicht erinnert die Stadt an das nordschwedische **Kiruna**, denn Entstehung und Entwicklung von Kirkenes sind aufs engste mit den **Eisenerzgruben** am See *Bjørnevatn* verbunden, der 11 km vom Zentralort entfernt liegt. Die Anfang des 20. Jahrhunderts gegründete Gesellschaft *A/S Sydvaranger* hat in ihren besten Zeiten rund 1.000 Menschen Beschäftigung geboten, die neben der Arbeit in den Gruben im Hafen und im Hüttenwerk ihr Geld verdienten, denn das Erz wurde zu Pellets mit rund 65 % Eisengehalt umgeschmolzen. 1996 kam das Aus für den Erzabbau in Kirkenes. Inzwischen träumen die Verantwortlichen der Gemeinde von einer rosigeren Zukunft, denn infolge der politischen Umwälzungen im Nachbarland könnte Kirkenes zu einer Art Zentrum in der neuen **Barentsregion** heranwachsen. Vielleicht wird die Erzgrube schon bald wieder geöffnet werden, denn ein australisches Unternehmen zeigt großes Interesse und glaubt effektiver arbeiten zu können als die Gesellschaft zuvor, in der der Staat die Mehrheit der Aktien hielt.

Erztagebau bei Kirkenes

was wird aus Kirkenes?

Von der wirtschaftlichen Zusammenarbeit zwischen Norwegen und Russland, u.a. bei der Erschließung neuer Öl- und Gasfelder, könnte die Stadt profitieren. Der norwegische Konzern *Kvaerner*, der sich auch in russische Unternehmen eingekauft hat, betreibt eine Reparaturwerft in Kirkenes, auf der auch russische Schiffe überholt werden. Handel und Tourismus gewinnen an Bedeutung, seitdem die Grenze durchlässiger ist als zur Zeit des Kalten Krieges.

Heute leben rund 5.000 Einwohner im Zentralort mit mehreren Schulen, einem Provinzialkrankenhaus und Verwaltungseinrichtungen, während in der gesamten Gemeinde **Sør-Varanger** doppelt so viele Menschen wohnen.

Ende 1944 wurde der überwiegende Teil der Stadt und der Industrieanlagen zerstört, als Deutsche und Russen sich heftige Kämpfe lieferten und Kirkenes bombardiert wurde. Die Zivilbevölkerung suchte wochenlang in den Erzgruben Schutz.

Wegen der Zerstörungen und des Wiederaufbaus sucht man historische Sehenswürdigkeiten in der vom Bergbau geprägten Stadt mit ihren pastellfarbenen Holzhäusern vergeblich. Immerhin mag das Denkmal der Roten Armee als Fotomotiv dienen und angesichts der neuen Weltlage von nostalgischem Reiz sein. Oberhalb des Hafens gibt es einige gute Aussichtspunkte. Und in der Nähe des Hafens, mitten im Zentrum, hatte sich seit der Öffnung der Grenzen ein lebhafter "Russenmarkt" etabliert, auf dem die Bevölkerung mit Wodka und Zigaretten versorgt wurde, deren günstige Preise noch vor Jahren undenkbar gewesen wären. Kaum irgendwo in Europa – die ehemalige deutsch-deutsche Grenze ausgenommen – sind die Veränderungen in der politischen Großwetterlage der jüngsten Vergangenheit so deutlich spürbar wie hier. Wo noch in den 1980er Jahren der Eiserne Vorhang das NATO-Land Norwegen von der UdSSR hermetisch abriegelte, wo Zäune und Wachposten die Grenzlinie zweier Militärblöcke markierten, da gibt es heutzutage eine neugebaute Asphaltstraße zu einem freundlich dreinschauenden Grenzposten, der ungerührt überladene Ikarus-Busse, Wolgas, Tatras und Ladas durchwinkt.

Über 5.000 Kilometer bis Rom...

Entspannung zwischen Ost und West

Auf dem Weg zur norwegisch-russischen Grenze passiert man einen Aussichtspunkt, der einen in die enormen Löcher hinabschauen lässt, die der nach Erz suchende Mensch in den arktischen Boden gegraben hat.

Wer sich für eine Weile in **Kirkenes** und Umgebung aufhalten möchte, findet hier eine weite Palette an Möglichkeiten, sich sportlich zu betätigen. So ist *Flussangeln* in den Wildwassern der *Karpelva, Klokkerelva, Munkelva* und *Neidenelva* möglich, *Meeresangeln* fast überall (über Fischtouren gibt das *Rica Hotell* oder die

Touristeninformation Auskunft), und *Kanus* können in Neiden geliehen werden *(Neiden Fjellstue*, Tel.: 78996141).

Des weiteren können *Ausflüge* und *Exkursionen* durchgeführt werden, die z.B. die Touristeninformation durch das *Pasviktal* in den Övre Pasvik Nationalpark mit seiner reichen Fauna und Flora, einem Übergangsgebiet zur nordrussischen Tundra, organisiert.

Lohnend ist ein Abstecher von 60 km durch beeindruckende Naturlandschaften zu dem am Eismeer liegenden kleinen Ort **Grense Jakobselv**. Nur ein schmaler Fluss trennt die fruchtbare Umgebung von Russland. Norwegische und russische Wachtposten bewachen den Grenzraum. Als Grenzmarkierung zu Russland steht hier die 1869 errichtete Steinkirche, die den Namen des damaligen schwedisch-norwegischen Königs Oscar II. trägt. Für den Lachsfluss gibt es nur 30 Angelscheine täglich zu kaufen, die norwegischen Staatsbürgern vorbehalten sind. Wer an einem von der Touristeninformation organisierten Ausflug teilnimmt, hat die Gelegenheit, die aufgelassenen Tagebau-Erzgruben zu besichtigen.

an der norwegisch-russischen Grenze

Von besonderem Reiz mögen die *Tagestouren per Katamaran* nach **Murmansk** sein, die *Finnmark Fylkesrederi og Ruteselskap (FFR)* täglich zwischen dem 7.6. und 7.8. (außer So) anbietet – allerdings sind hier Pass und Buchung vier Tage vor der Fahrt erforderlich – des weiteren Reisen auf die **Kola-Halbinsel**.

Von Kirkenes nach Karasjok und Kautokeino

Von **Kirkenes** führt die **E6**, wie zuvor beschrieben, zurück nach **Varangerbotn** an das Ende des breiten *Varangerfjordes*, eine Strecke von ca. 120 km. Von hier bis nach **Karasjok** beträgt die Entfernung 200 km.
Bei **Skipagurra** zweigt die Straße Nr. 895 ab, die an der Ostseite des *Tana*-Flusses zum Grenzort **Polmak** verläuft (19 km). Östlich der Straße befinden sich möglicherweise aus dem Mittelalter stammende Fangvorrichtungen für Rentiere. Die Straße führt weiter nach **Inari**; die bedeutende finnische Stadt **Rovaniemi** liegt etwa 500 km entfernt, ziemlich genau auf dem Polarkreis.

Von **Tana bru** verläuft die **E 6** bis kurz vor **Karasjok** parallel zum *Tana*-Fluss. Nach etwa 30 km gelangt man nach **Storfossen**, einem imposanten Abschnitt des Flusses mit mehreren Stromschnellen. Auf dem Campingplatz *Storfossen* (Tel.: 78928837) erhalten Sie Informationen über die lokal unterschiedlichen Angelbedingungen sowie Angelscheine.

Der Grenzübergang nach Finnland erfolgt bei **Roavvegiedde (N)/Utsjoki (FIN)** über die neue eindrucksvolle Schrägseilbrücke über den *Tana*-Fluss.

Auch **Levajok** ist eine ideale Gegend, um Lachs und Forelle nachzustellen. Von der Berghütte *(Levajok Fjellstue*, Tel.: 78928746/28714) aus werden verschiedene Aktivitäten angeboten, z.B. geführte Kanutouren (3-4 Tage), Angeltouren, Wanderungen, Goldwaschen, Reiten usw.

Aktivitäten

Von **Levajok** bis nahe **Elvemunningen**, wo *Karasjokka* und *Anarjokka* (*jokk* = samisch und finnisch: 'Fluss') zusammentreffen und den lachsreichen *Tanafluss* bilden, führt die **E 6** durch menschenleere Räume, nach Levajok lösen am Unterlauf der *Tana* Nadelwälder die Birkenwälder ab. Die nächste größere Siedlung ist **Karasjok,** das Zentrum der Samen.

Karasjok

Aktuelle regionale Reisetipps (Hotels, Restaurants etc.) zu Karasjok entnehmen Sie bitte den Seiten 168f

im Zentrum der Samen

Karasjok (= 'gekrümmter Fluss'), zentral in Finnmark gelegen, hat etwa 2.500 Einwohner, von denen rund 80 % samisch sprechen. Im administrativen Zentrum der Samen gibt es inzwischen seit 1989 ein Parlament (siehe S. 79ff), eine samische Volkshochschule, das *Sámi Radio* des Norwegischen Rundfunks, Museen, eine Bibliothek mit über 10.000 Bänden und ein Zentrum samischer Künstler. Trotz der zentralen Einrichtungen wirkt die Siedlung mit ihren schlichten Häusern nicht sehr städtisch. Von den Samen leben heute keine 20 % mehr von der Rentierzucht. Landwirtschaft, Forstwirtschaft und Holzverarbeitung sind recht bedeutend, auch der Tourismus. Die Temperaturen können im Winter aufgrund der Lage im Binnenland bis auf -50 °C fallen, im Sommer aber durchaus 30 °C erreichen, was häufiger der Fall ist. In Karasjok gibt es eine Reihe schöner, langer Sandstrände, so dass man gelegentlich bei Wassertemperaturen von 18-20° ein erfrischendes Bad nehmen kann.

Sehr sehenswert ist das im Zentrum gelegene **Museum zur Kultur der Sami (De Samiske Samlinger)**, in dem die Geschichte und Kultur des einstigen Nomadenvolkes anhand vieler Gegenstände eindrucksvoll dokumentiert wird. Zur Anlage gehört auch der Hof eines Flusslappen aus dem 19. Jahrhundert.
Öffnungszeiten: 10.6.-20.8. Mo - Sa von 9.00 -18.00, So 10.00 -18.00 Uhr; 21.8. - 30.10. Mo - Fr 9.00 - 15.00, Sa - So 10.00 - 15.00 Uhr; Eintritt

Im ganzjährig geöffneten **Samisentrum** aus dem Jahr 1990 gibt es u.a. Möglichkeiten zum Erwerb von vorzüglichem samischem Kunsthandwerk, hier erhält man touristische Informationen über die Finnmark und vieles mehr – ein Besuchszentrum, das lohnt!

Die **Kirche** von 1807 ist das einzige Gebäude, das im Zweiten Weltkrieg nicht zerstört worden ist. Die **neue Kirche** von 1975 auf der anderen Flussseite weist als Besonderheit eine Doppelkanzel auf – im zweisprachigen norwegisch-samischen Raum sicher eine praktische Einrichtung!

Als Standort für Sport und Aktivitäten ist **Karasjok** in jeder Jahreszeit ideal. Organisiert werden u.a. Kanutouren, Lachsangeln, Goldwaschen, geführte Wanderungen und der Besuch eines authentischen Samenlagers, im Winter sind Ski alpin, Skiwanderungen und Hundeschlittentouren (von Anfang Dezember bis Anfang Mai) möglich. Inzwischen hat auch das **Oster-Festival** einen touristischen Stellenwert: Da um Ostern symbolisch das Winterhalbjahr zu Ende geht, ist es das größte kulturelle Ereignis der Samen mit einer Reihe von sportlichen und kulturellen Veranstaltungen (u.a. Rentierschlittenrennen für Profis und Touristen, Konzerte, Ausstellungen und viele Feiern). Nähere Auskünfte über alle Aktivitäten gibt die Touristeninformation *Karasjok Opplevelser* (s.o.)

das Oster-Festival der Samen

Restaurant-Tipp
Ein ausgefallenes Restaurant in traditioneller samischer Bauweise ist "Storgammen", Porsangerveien, im Zentrum nahe dem SAS Turisthotell. Auf Rentierfellen um offene Feuerstellen sitzend, werden vorzügliche samische Gerichte geboten; Spezialität: Rentierfleisch; der Preis für ein Hauptgericht liegt zwischen ca. NOK 150 und 250.

Von Karasjok nach Kautokeino

Knapp 130 km sind auf der Straße **Nr. 92** von **Karasjok** zum anderen samischen Zentrum nach **Kautokeino** zurückzulegen. Bei der Ortsausfahrt warnt ein Schild: "113 km zur nächsten Tankstelle". Die Straße folgt den Flusstälern über die Hochfläche, und die Kiefernbestände um Karasjok werden bald von Birken abgelöst. Je weiter man nach Westen kommt, desto vorherrschender werden weite, karge Flächen ohne Baumbestand: die schier unendlichen Weideflächen der Rentiere.

Weit vor Kautokeino erreicht man schon die Gemeindegrenze der flächenmäßig größten norwegischen Kommune. Etwa 30 km vor dem Zentrum der Samen entfernt trifft die Straße **Nr. 92** auf die Straße **Nr. 93**, die von **Alta** kommt. Die Straße folgt dem *Kautokeino*-Fluss. Bei der Samensiedlung *Mieron* erreicht man die zuvor angekündigte Tankstelle; hier gibt es eine Post und ein kleines Geschäft. Bei der Fahrt hinunter in den Zentralort erfasst man das übersichtliche Kautokeino mit einem Blick.

Norwegens größte Kommune

Kautokeino

Aktuelle regionale Reisetipps (Hotels, Restaurants etc.) zu Kautokeino entnehmen Sie bitte der Seite 169

Auf den 10.000 km² der Kommune verlieren sich ganze 3.000 Einwohner, von denen etwa 85 % Samen sind. Rund 200 Familien leben direkt von der **Rentierzucht**. In dem Ort selbst wohnen etwa 1.500 Menschen, für die Beschäftigungen in Handel, Verwaltung und im Tourismus zunehmend wichtiger geworden sind. Im Unterschied zu **Karasjok**, das mehr das administrative Zentrum der Samen ist, hat **Kautokeino** mehr die Funktion eines kulturellen Mittelpunktes, denn hier gibt es im Kultur-

haus (mit Bibliothek und Theater) das *Nordisk Samisk Institutt* zur Erforschung der Sprache und Kultur der Samen, eine Berufsschule mit einem Zweig für Rentierwirtschaft, eine samische Hochschule mit dem Schwerpunkt in der Lehrerausbildung sowie ein kulturgeschichtliches Museum.

Kautokeino ist eine alte Siedlung der Samen, die hier seit dem Anfang des 16. Jahrhunderts als Jäger und Fischer leben.

Die Jagd auf wilde Rentiere, die man in Umzäunungen trieb oder in Gruben fing, war oft bittere Notwendigkeit, wenn man überleben wollte. Bis 1751 gehörte Kautokeino zu Schwedisch-Lappland, dann kam es an Norwegen als Bestandteil der dänischen Krone.

Unter den **Sehenswürdigkeiten** in **Kautokeino** sollte das kleine **Museum** *(Kautokeino bygdetun og museum)* hervorgehoben werden, das einen Eindruck von der Lebensweise der Samen vor rund 100 Jahren vermittelt. Die Gebäude und ausgestellten Gegenstände zeigen, wie sie sich von Landwirtschaft und Rentierzucht ernährten und mit welchem Geschick sie Gebrauchs- und Schmuckgegenstände herstellten.

Umfangreicher und mit mehr Texten unterlegt ist aber die Ausstellung im Museum zur Kultur der Sami in Karasjok.
Geöffnet: 20.6. - 15.8. Mo - Fr 10.00 - 18.00, Sa - So 11.00 - 16.00 Uhr, in der übrigen Zeit tägl. 9.00 - 15.00 Uhr; Eintritt

Wer sich besonders für die Kultur der Samen interessiert, dem sei das **Institut der Nordischen Samen** *(Nordisk Samisk Institutt)* empfohlen, das in dem architektonisch interessanten **Kulturhaus** samt Bibliothek und Theater untergebracht ist (Tel.: 78455000).

Sehenswert ist ferner die 2 km außerhalb des Zentrums in Richtung Galamito gelegene **Juhls Silver Galleri**, eine originelle Anlage, in der man auch Silberschmuck und Kunsthandwerk der Samen kaufen kann.
Durch die Galerie, die während des Sommers 8.30 - 22.00 Uhr geöffnet ist, werden auf Wunsch kostenlose Führungen arrangiert.

Ähnlich wie in Karasjok ist auch in Kautokeino eine Fülle von **sportlichen Aktivitäten** möglich, z.B. Fahrten auf dem Kautokeino-Fluss mit traditionellen Flussbooten der Samen (werden vom 20.6. bis 20.9. von *Mihkkala Fanas*, Tel. 78455600, arrangiert, Preis ab NOK 150 p.P.). Was das Jagen und Angeln angeht, so hat Kautokeino eigene Bestimmungen; Auskunft hierüber erteilt: *Kautokeino Kommune,* Environmental Office, N-9520 Kautokeino, Tel. 78455800. Für ausländische Besucher besonders interessant sind wohl die Aktivitäten, die an die Kultur der Samen anknüpfen, z.B. Rentier-Safaris. Hier gibt die Broschüre von *Sami Travel A/S* (P.O.Box 368, 9520 Kautokeino, Tel. 78455600)

viele Anregungen. Auch in Kautokeino finden in der Osterwoche viele Feste und Veranstaltungen statt, u.a. der *"Sámi Grand Prix"*, bei dem der traditionelle Gesang der Samen, der sog. *Joik*, vorgetragen wird. Ein Höhepunkt sind die Rentierschlittenrennen am Ostersamstag.

Joik und Rentierschlitten-Rennen

Route 2: Mit der Hurtigrute von Honningsvåg nach Kirkenes

Als Alternative zur zuvor beschriebenen Teilstrecke von **Honningsvåg** nach **Kirkenes** bietet sich eine Kurzreise mit der Hurtigrute an der Küste entlang bis zur russischen Grenze an, die Sie mit oder ohne Pkw an den Endpunkt der faszinierenden Postschiffe nach Kirkenes bringt. Die Reise beginnt um 17.30 Uhr in **Honningsvåg** und führt über die Fischereisiedlungen **Kjøllefjord, Mehan, Berlevåg, Båtsfjord,** die angelaufen werden, schließlich nach **Vardø** sowie eventuell nach **Vadsø** (Di, Do, So). Am Vormittag läuft das Hurtigrutenschiff dann in den Hafen von **Kirkenes** ein, und zwar um 9.30 Uhr (Mo, Mi, Fr, Sa) oder 11.45 Uhr (Di, Do, So).

Einige der größeren Postschiffe können bis zu 50 Pkw mitnehmen. Der Autotransport von Honningsvåg nach Kirkenes kostet etwa 500 NOK. Auskünfte erteilt die Norwegische Schifffahrtsagentur in Hamburg *(NSA)*, Tel. 040-376930.

Wer ohne Fahrzeug bis nach **Kirkenes** fährt, kann von dort mit dem Bus alle größeren Orte in **Finnmark** erreichen bzw. die Reise in südlicher Richtung fortsetzen.

Die "Finnenkirche" – Landmarke zwischen Honningsvåg und Kirkenes

Rückfahrt

Überblick

Hinsichtlich der Rückfahrt aus dem hohen Norden bieten sich dem Reisenden **vier Möglichkeiten** an:

- mit dem Auto über die **E 6** oder auf Nebenstraßen durch Norwegen, ab **Trondheim** dann auf zwei alternativen Routen bis Oslo
- mit der Hurtigrute (Personen- und Autotransport) bis **Trondheim** oder **Bergen**, ab da weiter nach Oslo
- durch Schweden
- durch Finnland

Innerhalb Norwegens ist die **E 6** die kürzeste und schnellste Verbindung in den Süden des Landes. Wer sich auf dem Weg südwärts etwas mehr Zeit lassen möchte und eine Alternative zur E 6 wünscht, kann zum Beispiel die attraktive Küstenstraße **Nr. 17** von **Bodø** aus wählen und bis hinunter nach **Steinkjer** am *Trondheimsfjord* fahren.

> **Tipp**
> *Ein kleines Reisehandbuch zur Küstenstraße Nr. 17 mit genauen Angaben zu den Lokalfähren gibt es gratis (auf deutsch) bei Kystriksveien (Namdalsveien 11, N-7700 Steinkjer) oder beim Fremdenverkehrsamt in Hamburg.*

Von **Trondheim** bieten sich grundsätzlich zwei Wege Richtung Oslo an:
- die E 6 auf der *Gudbrandsdal-Route* über **Dombås-Otta-Lillehammer-Oslo**
- die Route **Røros-Elverum-Kongsvinger-Oslo**. Diese zweite Strecke ist weniger bekannt, führt nicht an Fjorden und Inseln vorbei, nimmt mehr Zeit in Anspruch, hat aber durchaus ihre eigenen Besonderheiten abseits der bekannten Touristenwege.

Eine andere Möglichkeit, vom Norden innerhalb Norwegens in den Süden bzw. Südwesten zu gelangen, ist die Rückfahrt mit der **Hurtigrute** bis nach **Trondheim** oder **Bergen**. Von **Kirkenes** dauert die Reise bis nach **Bergen** 6 Tage. Die neueren Schiffe sind in der Lage, bis zu 50 Pkw zu transportieren. Von Bergen gibt es inzwischen die Möglichkeit, mit der **Fähre** der *Fjord Line* direkt nach **Hanstholm** (Nordjütland) zu gelangen.

Wer mit dem **Zug** bis Fauske/Bodø gefahren ist und auf den *Lofoten* oder *Vesterålen* den nördlichsten Punkt seiner Reise gewählt hat, kann die "Erzbahn" von **Narvik** über die schwedische Grenze bis nach **Kiruna** nehmen. Von Kiruna aus kann man auf einer der eindrucksvollsten Strecken bis nach **Stockholm** bzw. **Malmö** reisen.

gute Straßen, wenig Verkehr

Die meisten Reisenden beziehen ohnehin **Schweden** und **Finnland** auf ihrer Reise in den Norden mit ein. Die Straßen sind gut ausgebaut, die Verkehrsdichte ist gering, Engpässe wie Tunnels oder Passstraßen gibt es nicht, und es lohnt allemal, die endlosen Weiten Lapplands, das *Inarisee*-Gebiet und die Städte **Ivalo**, **Inari, Sodankylä** und **Rovaniemi**, die größte Stadt Finnisch-Lapplands, "mitzunehmen".

Auch **Helsinki** bzw. **Stockholm** lassen sich auf dem Heimweg je nach Route besuchen.

Über Schweden oder Finnland?

Wer nicht in den äußersten Norden reist, dem bietet sich seit 1984 mit der "Nordkalottenstraße" zwischen Narvik und Kiruna eine ideale Möglichkeit, durch eine herrliche Naturlandschaft über Schweden zurückzureisen oder die Tour bis Rovaniemi zu verlängern und durch Finnland die Heimreise anzutreten.

Je nachdem, ob Sie vom Nordkap oder aus dem Raum um Kirkenes kommen, gibt es verschiedene Alternativen, in den finnischen Teil Lapplands zu gelangen. Wer im äußersten Nordosten startet, nimmt am besten die Strecke über **Varangerbotn, Skippagurra, Polmak (N), Nuorgam (FIN)** und **Utsjoki** (Überquerung des Flusses *Tana*) und fährt bei **Kaamanen** auf die sogen. "*Eismeerstraße*", die südwärts bis nach **Rovaniemi** führt, die auf dem Polarkreis liegende größte Stadt Finnisch-Lapplands, und bei **Kemi** den Bottnischen Meerbusen erreicht.

Alternativen

Wer den Weg über **Tana bru** wählt, bleibt bis **Karasjok** auf der **E 6** und biegt dann auf die **Nr. 92** nach **Karigasniemi** und folgend **Kaamanen** ab.

Wer vom **Nordkap** kommt, kann, nachdem er die **E 6** erreicht hat, über **Lakselv** südwärts zur Samensiedlung **Karasjok** fahren und an der Grenze über **Karigasniemi** (Nr. 92) auf die **E 75** nördlich von **Kaamanen** stoßen.

Hinweis
Die Entfernungen von der norwegisch-finnischen Grenze betragen nach Ivalo 140 km, Rovaniemi 430 km, Helsinki 1.280 km und nach Stockholm 1.740 km.

Vom Nordkap ist auch der Weg über **Alta**, von dort über die Reichsstraße 93 (= 'Samenstraße'), den Samenort **Kautokeino** und das finnische **Enontekio** empfehlenswert. Von **Enontekio** sind es rund 25 km bis zur **E 8**, die nach **Tornio** am Bottnischen Meerbusen führt. Am Nordrand des Bottnischen Meerbusens muss man sich dann entscheiden, ob man über **Schweden** oder **Finnland** die Heimreise antritt.

Finnland

Wer sich für **Finnland** entscheidet, kann von **Rovaniemi** die **E 75** südwärts bis zur Verbindungsstraße **Tornio-Kemi** fahren und folgt dieser über **Kemi, Oulu, Jyväskylä** durch die Seenplatte nach **Helsinki**. Im Sommer kann es ausgesprochen warm werden, und das Wasser in den flachen Buchten und Seen weist ab Mitte Juni angenehme Badetemperaturen auf. Vielleicht unterbrechen Sie häufiger Ihre Fahrt und legen im Sommer eine Badepause ein. Gleich, ob Ihre Route durch Schweden oder Finnland geht, die Straßen sind besser ausgebaut als in Norwegens Norden, so dass Sie zügiger vorankommen. Straßengebühren fallen nicht an, und das Tankstellennetz ist relativ dicht. Verzögerungen können auftreten, wenn die Schäden des Winters beseitigt und der Verkehr über kürzere Schotterstrecken geführt werden muss.

Im Norden können gelegentlich Rentiere auf der Straße stehen, nicht unterschätzen darf man ferner Elche, die vor allem in der Dämmerung die Straßen queren (ein Elch kann immerhin 600 kg an Gewicht erreichen).

nicht nur von Nord-schweden möglich

Von Nordfinnland kann man auch per **Autoreisezug** in den Süden gelangen: Täglich verkehren Autoreisezüge in beiden Richtungen zwischen Helsinki-Oulu, Helsinki-Rovaniemi, Helsinki-Kontiomäki sowie Tampere-Rovaniemi und Turku-Rovaniemi.

In **Helsinki** können Sie sich an einem Tag die wichtigsten Sehenswürdigkeiten ansehen, den größten Teil davon zu Fuß: Ein architektonisches Juwel ist das von C.L. Engel in der ersten Hälfte des 19. Jahrhunderts errichtete Empire-Zentrum mit dem *Dom*, den Gebäuden der *Universität* und der *Regierung*. Unweit liegen der *Marktplatz* und das *Präsidentenpalais*. Sehenswert sind die *Felsenkirche* (*Tempeliaukiokirkko*), das *Nationalmuseum* und die *Finlandia-Halle*. Groß ist das Angebot an Qualitätsgeschäften, die Produkte in finnischem Design anbieten. Lohnend ist ein Bummel über den bunten Markt am Hafen.

Von Helsinki führt die schnellste Direktverbindung von der Landeshauptstadt nach **Travemünde**, und zwar dreimal pro Woche in der Hochsaison, ansonsten zweimal wöchentlich. Eine längere Alternative wäre die Fährüberfahrt nach **Stockholm** und zurück durch Südschweden.

luxuriöse Groß-fähren

Wer von Helsinki den Abstecher in das vor allem im Sommer faszinierende Stockholm machen möchte, kann diese kleine Kreuzfahrt mit einer der weltweit größten und komfortabelsten Fähren unternehmen. Luxuriöse Großfähren verkehren auch zwischen der schwedischen Hauptstadt und **Turku**. Die Passagen durch die paradiesische Schärenwelt sind etwas Außergewöhnliches (Buchung und Information in jedem Reisebüro, beachten Sie evtl. Kombi- und Durchgangstarife).

Auch die touristische Bedeutung der Fähre nach **Tallinn** (Estland) wird in Zukunft weiter zunehmen, ebenso die Möglichkeit, über **Vyborg** und **St. Petersburg** auf dem Landweg nach Mitteleuropa zurück zu fahren. Z.Zt. empfiehlt sich dies jedoch nur für abenteuerliche Naturen, die viel Zeit mitbringen und die Frage der Transitvisa durch Russland und die baltischen Länder geregelt haben.

8. Reisen in Norwegen: Rückfahrt 371

Schweden

Bei der Fahrt durch **Schweden** gibt es zwei grundsätzliche Alternativen auf dem Weg in den Süden:

- Vom Nordrand des Bottnischen Meerbusens führt die **E 4** entlang der Küste über **Luleå, Umeå, Sundsvall, Gävle** und **Uppsala** nach **Stockholm**.
- Die andere hervorragend ausgebaute Strecke führt von **Kiruna** über **Östersund** durch das schwedische Binnenland bis nach **Göteborg** (vgl. S. 376f), so dass man dort die Fähre nach **Kiel** oder aber nach **Frederikshavn** in Dänemark wählen kann.

Bei einem Kurzbesuch in der schwedischen Metropole **Stockholm** ist ein Bummel durch die Altstadt *Gamla Stan* ein 'Muss'. Besuchen Sie dort die *Storkyrka*, die mittelalterliche Kirche unmittelbar neben dem *Königlichen Schloss*. Besichtigen Sie das sehenswerte *Riddarhuset*, das Haus des schwedischen Adels, oder auf *Riddarholmen* das Museum der *Riddarholmskirche*. Einzigartig ist die Rekonstruktion der *Wasa*. Der Schlachtkreuzer aus dem Dreißigjährigen Krieg kommt in dem neuen Museum voll zur Geltung. Wenn die Zeit reicht, ist auch ein Besuch des Freilichtmuseums *Skansen* zu empfehlen oder Ausflüge per Boot zu den nahen Schlössern *Drottningholm* und *Gripsholm*.

Schwedens attraktive Metropole

Von Südschweden kann man dann die Fähre von **Trelleborg** (32 km von Malmö entfernt) nach **Travemünde, Rostock** oder **Sassnitz** wählen. Eine andere Möglichkeit ist die kurze Fährfahrt zwischen **Helsingborg** in Schweden hinüber zum dänischen **Helsingør**, weiter an Kopenhagen vorbei über **Rødby** nach **Puttgarden** auf der Insel Fehmarn (Vogelfluglinie). 2000 wurde die Brücke über den Öresund zwischen Kopenhagen und Malmö fertiggestellt.

Durch Norwegen – bis Trondheim

Auch wer auf der Hinreise den Weg in den hohen Norden über Schweden und Finnland gewählt hat und über Norwegen zurückkreisen möchte, wird – abgesehen von einigen Nebenstrecken – die insgesamt gut ausgebaute E 6 als Leitstraße in Richtung Süden wählen. Vor **Narvik** sei ein Wechsel auf die **E 10** und damit eine fährfreie Verbindung dank faszinierender Brückenbauten auf die **Vesterålen**-Inseln wegen der landschaftlichen Schönheit dieser Strecke empfohlen (siehe S. 329ff). Eine nur kurze Fährstrecke von 25 Minuten ermöglicht auf der E 10 von Melbu nach Fiskebøl den Sprung auf die zauberhaften **Lofoten**. Von Svolvær sorgt die Fähre nach Skutvik wieder für den Anschluss an die wichtige E 6.

über die E 6 südwärts

Auch von **Bodø** mit seinen Verbindungen zum Inselreich der Lofoten ist die E 6 schnell wieder erreicht, es sei denn, Sie wählen die auf S. 368 erwähnte alternative Küstenstraße Nr. 17 (*Kystenriksveien*), die einige zusätzliche Fährfahrten erforderlich macht. Bei **Steinkjer** am Trondheimsfjord trifft die kurvenreiche, nah am Meer entlang führende Straße 17 wieder auf die E 6, 125 km von **Trondheim** entfernt.

Durch Norwegen – von Trondheim nach Oslo

Von Trondheim nach Oslo ist die Gudbrandsdalstraße die längste und älteste Route des Landes, eng verknüpft mit der Geschichte Norwegens. Das **Gudbrandstal**, das sich über rund 200 km von **Dombås** bis nach **Lillehammer** erstreckt, ist Norwegens "Tal der Täler", durch das einst Wallfahrer nach Nidaros (Trondheim) zogen. Der *Kongeveien* (= 'Königsweg') führte durch den Talzug und über das Dovrefjell. Heute verläuft hier die meistbefahrene Durchgangsstraße des Landes, die auf Teilstrecken autobahnähnlich ausgebaut ist. Vor allem in der Hochsaison ist der Verkehr dicht, und es geht nur schleppend voran.

der Königsweg durch das Tal der Täler

> **!!! Achtung**
> *Auf dieser Strecke sind besonders viele automatische Geschwindigkeitskontrollen installiert! Halten Sie sich unbedingt an die angegebenen Geschwindigkeitsbegrenzungen, die Strafen bei einer Überschreitung sind empfindlich.*

Die Entfernung von der einstigen Hauptstadt Trondheim zur heutigen im Süden beträgt rund 540 km. Die Strecke bietet typisch norwegische Landschaften von weiten, fruchtbaren Agrargebieten, engen Tälern und dem Dovrefjell mit der Aussicht auf höchste Gipfel bis hinunter durch das Gudbrandstal. Malerisch ist die Natur entlang Norwegens größtem See, dem *Mjøsa*, bis man über weite, agrarwirtschaftlich genutzte Flächen schließlich nach Oslo gelangt. Unterwegs reizen immer wieder kulturelle Sehenswürdigkeiten zu einer Unterbrechung der Fahrt.

Entfernungen

0 km Trondheim	360 km Lillehammer
120 km Oppdal	420 km Hamar
200 km Dombås	540 km Oslo
245 km Otta	

Von Trondheim geht es über kleine Orte, in denen die Holzverarbeitung bedeutend ist, über 50 km nach **Støren**, wo die Straße Nr. 30 durch das enge Gaultal zur alten Bergbaustadt **Røros** abzweigt.

Aktuelle regionale Reisetipps (Hotels, Restaurants etc.) zu Røros entnehmen Sie bitte der Seite 186

Von **Støren** wird nach rund weiteren 70 km durch nur spärlich besiedelte Naturräume **Oppdal** als Zentralort mit seinen 3.500 Einwohnern erreicht. Holz- und Steinindustrie (Oppdalschiefer) sowie der Fremdenverkehr bilden die wirtschaftliche Basis. Bekannt ist Oppdal vor allem als Wintersportort, in dem schon Worldcup-Rennen ausgetragen worden sind, aber auch die Aktivitätsangebote im Sommer sind vielfältig (z.B. Kanufahrten und Rafting im Fluss *Driva*, Moschus-Safari im Dovrefjell-Nationalpark, Jagen und Angeln, Schluchtenwandern, Golf). Empfehlenswert ist ein Besuch des *Freilichtmuseums*, des *Driva-Mineralienzentrums* und der größten *Gräberfelder* Norwegens aus der Wikingerzeit in *Vang*. Eine Reihe

Aktivitäten

INFO Røros, die Bergwerksstadt

In Røros, der über 600 m hoch gelegenen alten Bergbaustadt, wurde 1986 die letzte Kupfergrube der Region stillgelegt, nachdem zuvor 342 Jahre lang Kupfer abgebaut und geschmolzen wurde. In einem der einst größten Industriebetriebe Nordeuropas konnte die Bauernbevölkerung der Umgebung durch Waldarbeit, Köhlerei und Transporte wichtige Nebeneinnahmen erzielen. Da das Feuer über 300 Jahre die Bergbaustadt verschonte, konnte eine einzigartige Bausubstanz bis in die Gegenwart erhalten werden, so dass Røros mit seinen Holzgebäuden auf der "World Heritage List" der UNESCO verzeichnet ist.

Neben den alten Gebäuden prägen die sie überragende Barockkirche von 1784, das einzige Steingebäude im Zentrum, sowie die mächtigen Schlackehalden das Stadtbild. Wie kein anderer hat Johan Falkberget (1879 - 1967), der selbst 20 Jahre lang als Grubenarbeiter seinen Lebensunterhalt bestritten hat, das typische Grubenmilieu von Røros und Umgebung in seinen Romanen geschildert, von denen "Die vierte Nachtwache", "Christianus Sextus" und "Brot der Nacht" zu den bekanntesten gehören.

Das Røros Museum, in der Schmelzhütte untergebracht, dokumentiert die Industriegeschichte der Region. Empfehlenswert ist auch der Besuch der Olavsgrube samt Grubenmuseum 13 km östlich der Stadt. Das Fremdenverkehrsamt bietet Führungen durch die alten Viertel des Bergwerksortes an.

von guten Mittelklassehotels, zahlreiche Hütten und Ferienhäuser sowie Camping-Plätze bieten Unterkunft.

Von Oppdal führt die Straße Nr. 70 nach Sunndalsøra am gleichnamigen Fjord und weiter nach Kristiansund.

Nach **Engan** mit seinen Quarzitschiefervorkommen folgt rund 25 km von Oppdal entfernt im oberen Drivatal der 6 km lange *Vårstigen*, der Frühlingspfad, der ein Teil des mittelalterlichen Königsweges ist und faszinierende Panoramablicke bietet. Kurz vor **Hjerkinn** erreicht die Straße mit 1.026 m ihren höchsten Punkt. Auf der rechten Seite sieht man auf die Gipfel des *Snøhetta* (2.286 m) und der *Svånåtindene*. Bei **Fokstua** liegen auf der Hochebene, auf der 1923 Norwegens erster Nationalpark eingerichtet wurde, Moore mit einer reichen Vogelwelt. Die

auf dem alten Königsweg

Stabkirche Ringebu

alte Brücke gehört zum Königsweg, auf dem man bis nach Dovre wandern kann. Doch zuvor erreichen Sie den wichtigen Verkehrsknotenpunkt **Dombås**, von dem die Straße Nr. 9 nach Åndalsnes und an die Küste nach Ålesund abbiegt (vgl. S. 274).

Über das kleine Zentrum Dovre führt die E 6 weiter nach **Rosten** mit seinen 115 m hohen Wasserfällen. **Otta** als Zentralort für das nördliche Gudbrandstal ist stark touristisch ausgerichtet (Busverbindung über Lom nach Geiranger). 30 km weiter folgt mit **Vinstra** ein touristisches Zentrum, in dem der Name des *Peer Gynt* eine besondere Rolle spielt. Hier lässt das norwegische Volksmärchen die sagenumwobene Person des Peer leben, die später vor allem durch *Henrik Ibsens* Schauspiel "Peer Gynt", dem populärsten Werk der norwegischen Literatur, bekannt wurde.

Von **Vinstra** gibt es eine alternative Strecke über die Straße 255 nach Lillehammer, wenn man der stark befahrenen E 6 ausweichen will. Der abgabenpflichtige "Peer-Gynt-Weg", gleichfalls eine landschaftlich attraktive Alternative, verläuft zwischen der genannten Straße 255 und der E 6. Auf dem Weg nach Lillehammer ist bei **Ringebu** die rotgestrichene und umgebaute Stabkirche sehenswert *(Ringebu Stavkirke)*, eine der größten des Landes.

Lillehammer

Lillehammer als Verwaltungssitz der Provinz Oppland am Eingang des Gudbrandstals ist mit seinen 23.000 Einwohnern die zweitkleinste Olympiastadt der Geschichte. Die Spiele im Februar 1994 haben natürlich ihre Spuren in Stadt und Umland hinterlassen, der Kleinstadtcharakter Lillehammers ist aber erhalten geblieben. Holzhäuser aus dem Ende des 19. Jahrhunderts verleihen der Hauptstraße einen besonderen Charme. Vom Stadtkern führen Wege und Trampelpfade ins Gebirge.

Beim Bau der Sportanlagen wurden Umweltaspekte und traditionsreiches norwegisches Design berücksichtigt, so dass die Spiele keine klotzigen Fremdkörper in der Landschaft zurückließen. Ein Musterbeispiel ist die aus Holz errichtete Eislaufhalle in Hamar südlich der Olympiastadt, die in ihrer Architektur an den Rumpf eines umgestülpten Wikingerschiffes erinnert.

Maihaugen, das Freilichtmuseum

Außer Schnee, Skisport und attraktiver Natur weist die Olympiastadt kulturelle Traditionen auf: *Bjørnstjerne Bjørnson* und *Sigrid Undset*, 1903 bzw. 1928 Literatur-Nobelpreisträger, stammen aus Lillehammer. Das größte Kulturdenkmal sind die *Sandvigschen Sammlungen* auf *Maihaugen*. 120 alte Gebäude und zahllose Gegenstände einer reichen Bauernkultur sind am Südostrand der Stadt

8. Reisen in Norwegen: Rückfahrt 375

In Lillehammers Freilichtmuseum Maihaugen

in einem der beliebtesten Freilichtmuseen Norwegens zusammengetragen worden, u.a. auch die Stabkirche von Garmo. Lohnend ist ferner ein Besuch der Städtischen Gemäldesammlung am Markt.

Nach Lillehammer geht es bei **Vingnes** über eine 815 m lange Brücke, die über den *Lågen-Fluss* führt. Rund 25 km weiter folgt die 1985 eröffnete gebührenpflichtige *Mjøsbrücke*, eine 1.420 m lange imponierende Konstruktion, nach der es nicht mehr weit bis Hamar ist.

Vor der Brücke zweigt eine Nebenstraße zu der mittelalterlichen *Kirche von Ringsaker* ab. Hierbei handelt es sich um eine dreischiffige romanische Basilika aus der Zeit um 1150, die im 13. Jahrhundert erweitert worden ist. Besonders wertvoll ist der um 1520 in Antwerpen gefertigte Flügelaltar mit seinen zahlreichen geschnitzten Figuren.

Hamar

In naturschöner Lage breitet sich das mittelalterliche Hamar am *Mjøsa-See* aus. Auf die vergangene Bedeutung der heute 26.000 Einwohner zählenden Stadt verweisen die eindrucksvollen Relikte des romanischen Domes, der im Zuge der Reformation 1537 und eines schwedischen Überfalles 1567 in Ruinen fiel. Nach über 300 Jahren erhielt das mittelalterliche Bauwerk 1998 schließlich ein unkonventionelles, neues Kleid und wurde wieder als Kathedrale eingeweiht. Hamar selbst spielt in heutiger Zeit eine wichtige Rolle als Handels- und Ausbildungszentrum sowie als Sitz des lutherischen Bistums Hamar, dem übrigens seit 1993 der erste weibliche Bischof in Nordeuropa vorsteht.

Kirche von Ringsaker

die Reste des romanischen Doms

Touristisch interessant sind außer den Überbleibseln des Mittelalters im Winter die idealen Wintersportbedingungen (die von den Olympischen Spielen von Lillehammer profitieren werden) und im Sommer die Wassersportmöglichkeiten und Schifffahrten über den See, auf dem u.a. *Skibladner*, der älteste Raddampfer der Welt, verkehrt.

Von Hamar bis **Vikselv** (23 km) sollte man bei ausreichender Zeit der parallel zur E 6 führenden Reichsstraße 222 den Vorzug geben: Sie ist landschaftlich abwechslungsreicher und ermöglicht einen Besuch der mittelalterlichen Kirche von Stange. Bei **Minnesund** wird die E 6 noch einmal über eine 600 m lange Brücke geführt. Dann folgt das geschichtsträchtige **Eidsvoll** in Fahrtrichtung linker Hand, wo Norwegen 1814 seine Verfassung erhielt; das sog. Eisdsvollgebäude kann besichtigt werden.

Über **Jessheim** mit der Abfahrt zum Osloer Großflughafen Gardermoen und die Trabantenstadt **Hvam** erreichen Sie dann **Oslo** (vgl. S. 201ff).

Oslo - Svinesund - Göteborg

Wer nicht mit der Fähre von Oslo, Larvik oder Kristiansand nach Deutschland oder Dänemark übersetzt, nimmt in aller Regel den Weg über die E 18 in südlicher Richtung, die nach knapp 20 km bei **Ringnes** zur **E 6** abzweigt und nahe dem Oslofjord zur norwegisch-schwedischen Grenze bei **Svinesund** führt. Von dort verläuft die E 6 weiter bis **Göteborg**.

Von Göteborg kann man die Fähre der *Stena Line* nach **Kiel** wählen (Abfahrt 19.00 Uhr, Fahrzeit: 14 Stunden) oder zum dänischen **Frederikshavn** (im Sommer bis zu 8 Abfahrten täglich, Fahrzeit: gut 3 Stunden) übersetzen. Mit dem Sea Cat-Katamaran dauert die Überfahrt von der zweitgrößten Stadt Schwedens zur dänischen Seite inzwischen nur noch 1 ¾ Stunden.

die neue Brücke

Geringer sind die Fährkosten, wenn man die kurze Strecke über den Öresund zwischen Schweden und Dänemark benutzt (Helsingborg-Helsingør) und über Seeland, Lolland und Falster zur nächsten Fähre Rødby-Puttgarden weiterfährt (Vogelfluglinie). Nach Fertigstellung einer imponierenden Brücken-Verbindung über den Großen Belt 1998 ist die Vogelfluglinie stark vom Güterverkehr entlastet. Die Fähren zwischen Rødby und Puttgarden, inzwischen modernisiert, brauchen nur noch 45 Minuten.

Norwegens Südgrenze: der Svinesund

Für beide Fährstrecken gibt es ein Kombiticket. Eine Zeitersparnis bringt diese Route jedoch kaum, und der billigere Tarif wird durch die höheren Spritkosten fast wieder aufgewogen. Interessant ist der Weg jedoch allemal und bietet u.a. die Möglichkeit, sich die dänische Metropole **Kopenhagen** mit ihren vielen Sehenswürdigkeiten anzuschauen. Übrigens ist es auch möglich, von Oslo direkt mit der Fähre nach Kopenhagen zu gelangen.

Von Oslo bis zur schwedischen Grenze sind rund 110 km zurückzulegen, bis Göteborg gut weitere 200 km auf einer viel befahrenen Strecke, die teilweise autobahnähnlich ausgebaut ist. Wer den Weg zwischen Oslo und Göteborg nicht nur als Transitstrecke wählt und sich etwas mehr Zeit nehmen möchte, kann den einen oder anderen Zwischenstopp am **Oslofjord** oder an der herrlichen **Schärenküste** von Bohuslän auf der schwedischen Seite einlegen.

die Schären der Westküste

Knapp 30 km von Oslo aus lohnt ein Abstecher (8 km auf der Straße 152) in den schönen Ort **Drøbak** am Fjord mit seinem unregelmäßigen Straßennetz und den malerischen Häusern. Vor der Küste wurde 1940 der deutsche Kreuzer *Blücher* versenkt.

Bei **Jonstein**, 14 km hinter der Stadt Moss, zweigt die Straße 110 nach **Fredrikstad** ab (18 km). Sehenswert in der Stadt an der Mündung der *Glomma* ist die Festungsanlage, bestehend aus der Festungsstadt (*Gamlebyen*) und den Forts aus dem 16. Jahrhundert, eine der am besten erhaltenen Verteidigungsanlagen des Nordens.

Von Frederikstad verläuft die sog. "Vorzeitstraße" (*Oldtidsveien*/Straße 110) nach **Skjeberg** an der E 6 (17 km). Die Straße trägt den Namen wegen der vielen Felszeichnungen aus der Bronzezeit (z.B. Solberg, Hornes) und der Gräberfelder und Steinsetzungen vergangener Zeiten. Nach der Brücke über den Svinesund empfiehlt sich auf der schwedischen Seite ein kleiner Umweg entlang der Schärenwelt.

Berühmt sind in der Umgebung von **Tanum** (Tanumshede an der E 6) die gut erhaltenen Felszeichnungen aus der Bronzezeit, an deren Enträtselung Sie sich beteiligen können. 2 km südlich von der Tanum-Kirche liegt das *"Hällristningmuseet"*, dahinter ein bronzezeitliches Dorf. Über **Grebbestad** lohnt sich die Fahrt bis in das malerische **Smögen**, auch **Lysekil** ist ein beliebter Fischerort. Von dort kann man eine kostenlose Fähre benutzen, die ständig verkehrt, und gelangt bei der Industriestadt **Uddevalla** wieder auf die E 6. Schnell ist **Göteborg** erreicht, *"Schwedens Tor zur Welt"*, die mit 420.000 Einwohnern zweitgrößte Stadt des Landes. Sehen Sie sich ein wenig im lebendigen Zentrum um, dessen Bewohner in Schweden für ihre Offenheit und Lebensfreude bekannt sind.

Felszeichnungen aus der Bronzezeit

Mögliche Besichtigungspunkte sind z.B.: *Feskekörkan* (deutsch: die Fischkirche) im Hafen, wo fangfrischer Fisch aus dem nahen Meer versteigert wird, *Masthugg's kyrkan*, die nicht weit vom Seefahrtsmuseum entfernt einen schönen Blick auf die Stadt und den Hafen ermöglicht, das *Maritime Zentrum*, das *Ostindien-Haus* mit verschiedenen Museen oder das *Röhsska Kunstgewerbemuseum*. Nordstan ist das größte überdachte Einkaufszentrum Nordeuropas, *Antikhallarna* der größte Antiquitätenmarkt des Nordens.

Schwedens "Tor zur Welt"

Und wenn Sie ab Göteborg eine Fähre benutzen, versäumen Sie nicht, nach dem Ablegen an Deck zu gehen: Die Ausfahrt unter der Hängebrücke und anschließend durch die Welt der Schären ist zauberhaft.

Information
Göteborgs Turistbyrå, *Kungsportplatsen 2, S-41110 Göteborg; Tel.: 0046-31100740.*

9. DIE ATLANTISCHEN VORPOSTEN: SPITZBERGEN, JAN MAYEN UND DIE BÄRENINSEL

Von den hier genannten atlantischen Vorposten Norwegens ist in touristischer Hinsicht nur **Spitzbergen**, die Hauptinsel der **Svalbard-Gruppe**, von Bedeutung. **Jan Mayen** und die **Băreninsel** sind in der Vergangenheit nur äußerst selten von Kreuzfahrtschiffen angelaufen worden. Sollten Sie gerade an diesen beiden Inseln interessiert sein, achten Sie auf die Programme der Kreuzfahrtveranstalter; wenn überhaupt, dann sind sie innerhalb einer Seereise erreichbar, auf der von Island/Ostgrönland nach Spitzbergen bzw. umgekehrt gesegelt wird. Z.Zt. werden von Fremdenverkehrs-Spezialisten im Königreich Überlegungen angestellt, Jan Mayen und die Bäreninsel einem behutsamen Abenteuer-Tourismus zu öffnen; ob die Pläne umgesetzt werden, bleibt abzuwarten.

Ny Ålesund – nördlichster Ort der Welt

Für einen kleinen (aber ständig wachsenden) Kreis, der von der überwältigenden Natur eines der letzten weitgehend unberührten Gebiete Europas angezogen wird, ist **Spitzbergens** arktische Wildnis das Ziel. Zwar gehört das Inselreich zum Königreich Norwegen, doch ist hier, wo der norwegische Gouverneur seine Dienstreisen bis 1966

arktische Wildnis als Ziel ...

noch mit dem Hundegespann absolvierte, alles anders als auf dem Festland. Wind und Wetter sowie die Unwägbarkeiten des Eises bestimmen den Rhythmus. Seit der Eröffnung des Flughafens in Longyearbyen 1975 nahm der Fremdenverkehr deutlich an Bedeutung zu. Die größte Zahl der Reisenden nähert sich jedoch den Küsten mit ihren überwältigenden Fjorden und Gletschern per Schiff im Rahmen einer Nordmeerkreuzfahrt. So besuchten 1992 rund 18.000 Passagiere die Inseln

per Schiff

in der Zeit von Anfang Juni bis etwa um den 10. August.

Meist halten sich die Schiffe 2-3 Tage in den Gewässern um die Inselgruppe auf, die Landgänge, meist im Bereich des Magdalenen- und des Königsfjordes, beschränken sich auf wenige Stunden. Der Reisende genießt dabei auf seinem Schiff allen Komfort, den er sonst in der Polarwildnis nicht bekäme, wenn er sich in Longyearbyen ein Quartier suchen müsste. 1990 zählte man in der Hauptstadt Spitzbergens 10.000 Touristenübernachtungen bei steigender Tendenz, allerdings sind die Unterkunftsmöglichkeiten ein stark begrenzender Faktor. Campingplätze gibt es in Longyearbyen und Ny Ålesund. Nur in Longyearbyen, der Drehscheibe aller Aktivitäten auf Spitzbergen, sind Straßen angelegt worden; Transporte außerhalb des Zentralortes erfolgen mit dem Schiff, Hubschrauber, Flugzeug oder Schneescooter.

Wer mit einer Reise nach Spitzbergen liebäugelt, um dort Aktivferien zu verbringen, sollte sich genau überlegen, ob er, statt auf eigene Faust zu reisen, nicht lieber das Pauschal- oder Spezialangebot eines erfahrenen Reiseveranstalters bucht, wenn er keine unangenehmen Überraschungen erleben will. So muss, wer allein reist, z.B. dem *"Sysselmann",* dem Gouverneur der Insel, seine geplanten Touren mitteilen. Nach Rückkunft meldet man sich dort wieder zurück. Wer sich außerhalb der Wohnsiedlungen begibt, muss eine Waffe mit sich führen, da man eventuell auf Eisbären trifft. Für den Umgang mit der Waffe, die auch gemietet werden kann, gelten besondere Bestimmungen. Wer sich einer Reisegruppe anschließt, braucht sich um diese Dinge nicht zu kümmern. Für die Einreise nach Svalbard benötigt man weder Pass noch Visum.

mit der Gruppe reisen?

Als günstige **Reisezeiten** für einen Aufenthalt auf Spitzbergen bieten sich an: Die Zeit von Ende März bis Mitte Mai (Wintersaison) und der Sommer, also die Zeit von Mitte Juni bis Mitte September, wobei für Fußwanderungen der Spätsommer geeigneter ist.

Spitzbergen

Aktuelle regionale Reisetipps (Hotels, Restaurants etc.) zu Spitzbergen
entnehmen Sie bitte der Seite 190

Spitzbergen ist mit ca. 39.000 km² die größte einer Reihe anderer Inseln, zu denen auch Hopen und die Bäreninsel gehören, die mit dem Namen "Svalbard" bezeichnet werden. "Das Land mit den kalten Küsten", so die Bedeutung von Svalbard, nannten die Wikinger ihre vielleicht ungewollte Entdeckung, von der sie glaubten, sie sei mit Grönland verbunden.

Aber sie ließen sich in dem unwirtlichen Gebiet nicht nieder. So gilt der holländische Seefahrer *Willem Barents* nach Jahrhunderten der Vergessenheit der arktischen Inselgruppe als ihr Entdecker (1596). Möglicherweise ist er aufgrund eines Navigationsfehlers nach Spitzbergen gelangt, als die Holländer auf der Suche nach der Nord-Ost-Passage waren. Danach begann das große Abschlachten der Wale und Walrosse, an dem sich Holländer, Engländer, Dänen, Franzosen, Norweger und Hanseaten beteiligten. Manche Nationen heuerten routinierte Basken zum Walfang an. Gegen Ende des 19. Jahrhunderts segelten norwegische Pelztierjäger von Hammerfest und Tromsø nach Spitzbergen. Als Anfang des 20. Jahrhunderts Kohlevorkommen entdeckt wurden, kam es bald zu Streitigkeiten über die Nutzungsrechte, denn bis zum Ersten Weltkrieg bauten gleich mehrere Nationen dort Kohle ab, vor allem Norweger und Russen, so dass die Hoheitsrechte geklärt werden mussten. Im *Svalbard-Vertrag* aus dem Jahre 1920 erhielt schließlich Norwegen die volle Souveränität zugesprochen, musste sich aber verpflichten, den Unterzeichnerstaaten wirtschaftliche Aktivitäten zu erlauben und keine militärischen Zwecke auf der Inselgruppe zu verfolgen. Der Zweite Weltkrieg ging selbst an Spitzbergen nicht spurlos vorüber: 1943 zerstörten deutsche Kriegsschiffe die Bergbaustädte.

wirtschaftliche Interessen

Norwegens Souveränität

9. Die atlantischen Vorposten: Spitzbergen, Jan Mayen und die Bäreninsel

unsichere Zukunft des Bergbaus

Die in verschiedenen geologischen Zeiträumen entstandenen Kohleflöze sind nur bedingt abbauwürdig. Norweger wie Russen subventionieren den Abbau der Kohle, deren Abtransport wegen der Eisverhältnisse problematisch ist. Die Gesamtfördermenge liegt auf norwegischer Seite bei jährlich ca. 320.000 Tonnen, die Zukunft des Bergbaus ist unsicher. Das Durchschnittsalter eines bei der norwegischen Bergwerksgesellschaft Beschäftigten liegt bei 36 Jahren. An Erdöl und Gas hat man bisher keine förderwürdigen Mengen entdecken können. Aber Norwegen geht es vor allem darum, seine Souveränitätsrechte zu wahren. Gegenwärtig hat Svalbard gut 3.000 Einwohner, von denen die meisten, fast 1.500, in Longyearbyen leben. Obwohl die Zahl der in den Kohlegruben Beschäftigten ständig abnimmt, wächst die Bevölkerung infolge des Tourismus und der vor wenigen Jahren eingerichteten Universität. Die russische Bevölkerung lebt in den Bergwerkssiedlungen Barentsburg (900 Ew.) und Pyramiden (400 Ew.), die inzwischen von Lonyearbyen aus Touristen zugänglich sind. Die russische Bevölkerung macht weniger von ihrer neu gewonnenen Freiheit Gebrauch, wahrscheinlich weil der Lebensstandard deutlich niedriger ist als in den norwegischen Siedlungen. Die russischen Bergleute haben Zweijahresverträge, erhalten kostenlose Verpflegung und Wohnung. Der Lohn wird erst nach den zwei Jahren ausbezahlt.

Ein schwerer Schlag für die Siedlungen Barentsburg und Pyramiden, in der inzwischen der Bergbau aufgegeben worden ist, war der Absturz eines russischen Flugzeugs im August 1996, bei dem 141 Menschen beim Anflug nach Longyearbyen ums Leben kamen, zumeist russische und ukrainische Bergarbeiter.

Der reiche Formenschatz der Oberfläche Spitzbergens ist das Ergebnis glazialer Erosion, der Frostwirkung und der Abtragung der Küste durch die Brandung. An der Westküste Spitzbergens, wo Granit, Gneis und kristalline Schiefer die vorherrschenden Gesteinsarten sind, reichen die Arme des breiten *Isfjordes* bis in die Bergbaustädte. Die höchste Erhebung, der *Newtontoppen,* erreicht im Nordosten Spitzbergens 1.717 m. Im Inneren und auf den sich östlich anschließenden Inseln finden sich Sedimentschichten mit zahlreichen Fossilien, so dass auf Svalbard alle Zeitalter und Formationen bis in die Gegenwart wie in einem Lehrbuch der Entwicklungsgeschichte unserer Erde zu finden sind. Rund 2/3 der Fläche Svalbards sind von Gletschern bedeckt, deren Ausdehnung in den letzten Jahrzehnten geringer geworden ist. Bemerkenswert ist die schnellere Bewegung mit bis zu 35 m am Tag sowie eine stärkere Spaltenbildung gegenüber den Festlandsgletschern. In den Küstenbereichen erreicht der Dauerfrostboden eine Tiefe bis ca. 100 m, im Inneren der Insel bis ca. 500 m.

Nansen-Denkmal in Ny-Ålesund

Das Klima ist arktisch, doch sorgt ein Ausläufer des Golfstromes für freie Fahrwasser in den Sommermonaten an der Westseite, wo die Wintertemperaturen zwischen -8 und -16 °C relativ gemäßigt ausfallen. Longyearbyens niedrigste Temperatur erreichte im März 1986 allerdings -46,3 °C. Die Sommertemperaturen liegen im Regelfall zwischen 0 und +10 °C, Nebel und Nieselregen treten häufig auf. Die Temperaturunterschiede zwischen der Westküste und den kälteren östlichen Teilen, an denen ein kalter Strom mit viel Eis die Temperaturen drückt, sind erheblich. Reisende müssen unbedingt berücksichtigen, dass das Wetter im Küstenbereich sehr wechselhaft und häufig stürmisch sein kann. Die Mitternachtssonne ist in Longyearbyen, das auf 78,2° nördlicher Breite liegt, vom 20. April bis 22. August zu sehen, während die Zeit der Dunkelheit mit ihrem faszinierenden Sternenhimmel und den Nordlichtphänomenen vom 27. Oktober bis zum 15. Februar andauert.

wechselhaftes Wetter

Die niedrigen Temperaturen, eine nur kurze Wachstumszeit, geringe Niederschläge, karge Böden und der Wind prägen vor allem die Vegetation, die der im norwegischen Hochgebirge ähnelt. Insgesamt 165 Arten konnten nachgewiesen werden, meist in der Nähe größerer Vogelfelsen; Moose und Flechten sind recht weit verbreitet, Bäume und Sträucher fehlen hingegen, abgesehen von der Zwergbirke.

Nur drei Arten von Landsäugetieren sind auf Svalbard anzutreffen: der Eisbär, das Svalbard-Ren und der Polarfuchs. Wären 1973 die Eisbären nicht unter Naturschutz gestellt worden, hätte der Bestand sich nicht wieder erholt. Schätzungen zufolge gibt es heute rund 5.000-7.000 Tiere in der Umgebung von Grönland, Svalbard und Franz-Josef-Land. Neue Gefahr droht jedoch den Bären, wie Untersuchungen des Fettgewebes zeigen: Die giftige Substanz PCB, über Luft- und Meeresströmungen in die arktischen Gegenden transportiert, belastet die Tiere mit einer Konzentration, die zehnmal so hoch ist wie die im Gewebe der Alaska-Eisbären. Acht von 400 untersuchten Eisbären wiesen nach Untersuchungen des Norwegischen Polarinstitutes sowohl männliche als auch weibliche Sexualorgane auf, was nach begründeten Annahmen der Wissenschaftler damit zusammenhängen kann, dass PCB die gleiche chemische Struktur hat wie Sexualhormone.

belastete Umwelt

Schon früh hat Norwegen seine Verpflichtungen aus dem Svalbard-Abkommen zum Schutz der sensiblen Umwelt auf der Inselgruppe ernst genommen. Im Laufe der Jahre wurden drei Nationalparks, zwei Naturreservate, drei Pflanzenschutzzonen sowie eine Reihe von Vogelschutzgebieten an der Westküste Spitzbergens errichtet. Rund die Hälfte der Festlandfläche Svalbards darf nicht oder nur unter Auflagen betreten werden. Motorisierter Verkehr unterliegt starken Einschränkungen. Wer in Naturparks und Naturreservate einreisen möchte, muss sich beim "Sysselmann", dem Gouverneur melden, der als vom König ernannte Autorität als Verwaltungsdirektor, Polizeichef und Richter in einer Person fungiert.

der starke Sysselmann

Jan Mayen

Die auf 71° nördlicher Breite von Nordisland 610 km, von Ostgrönland ca. 500 km und von den Lofoten, dem nächsten norwegischen Punkt, 900 km entfernt liegende Insel ist alles andere als wirtlich. Geologisch hat das 380 km² große Jan Mayen die gleiche Vergangenheit wie Island oder die Azoren, ist also verhältnismäßig jung und noch gegenwärtig von vulkanischen Kräften geprägt. Der Kegel des rund 2.300 m hohen *Beerenberg*, dessen Gletscherzungen bis über die schwarze Lava an seinem Fuß hinüberragen, ist nicht nur einer der höchsten Berge Norwegens, sondern auch dessen einziger Vulkan.

eine abweisende Insel

Im September 1970 brach er überraschend aus, fast fünf Wochen lang stürzte die Lava aus vier Kratern ins Meer und ließ ein neues Stückchen Land entstehen. Da es keine natürlichen Häfen gibt, ist es schwierig, an Land zu gelangen. Die Durchschnittstemperatur des kältesten Monats (März) liegt bei fast -6 °C, die des wärmsten bei +5 °C. Charakteristisch sind die Fallwinde in der Umgebung des *Beerenberg*. Die Vegetation, die vorwiegend aus Moosen und Flechten besteht, ist karg, auch wenn rund 60 verschiedene Blütenpflanzen gezählt werden konnten. Überaus reich ist das Vorkommen an Seevögeln auf Jan Mayen, während als Landsäugetiere nur der Polarfuchs oder gelegentlich der Eisbär, der mit dem Treibeis zur Insel gelangt, anzutreffen sind.

Treibholz und Walknochen am Aschenstrand

Entdeckt wurde die Insel auf der Suche nach neuen Walfanggebieten wahrscheinlich von dem Holländer *Jan May*, der 1614 wohl als erster seinen Fuß auf das nach ihm benannte Eiland setzte, nachdem zuvor schon Walfangstationen auf Spitzbergen errichtet worden waren. Als die Jagd nach den Grönlandwalen ihren Höhepunkt erreichte, hielten sich bis zu 1.000 Walfänger in der Sommersaison auf Jan Mayen auf.

Von 1640 an, als der Grönlandwal weitgehend ausgerottet war, blieb die Insel unbewohnt, bis 1882 österreichische Wissenschaftler überwinterten und das Eiland genauer untersuchten. Anfang des 20. Jahrhunderts hielten sich norwegische Pelztierjäger auf Jan Mayen auf, 1922 folgten norwegische Meteorologen, und 1929 gelangte die Insel unter die Souveränität des norwegischen Staates. Sie ist somit nicht Bestandteil des Svalbard-Vertrages von 1920.

Die naturräumlichen Voraussetzungen lassen eine industrielle Nutzung auf der Insel nicht zu. Das kostspielige Projekt einer Hafenanlage ist nicht verwirklicht worden, da die Versorgung der Meteorologen, der Radio-Station und der zivilen und militärischen Zwecken dienenden Loran-Anlage, die räumlich nahe beieinander liegen, seit 1960 per Flugzeug erfolgt.

Ein Zugang zur Insel ist schwierig und kann nur mit besonderer Genehmigung der norwegischen Regierung erfolgen, so dass Kreuzfahrtschiffe oft nicht anlegen dürfen.

Die Bäreninsel

Ebenso wie Jan Mayen ist auch die **Bäreninsel** so gut wie ohne jede Infrastruktur. Die knapp 200 km² große Insel im Nordmeer wurde 1596 von dem niederländischen Seefahrer Willem Barents entdeckt, der zuvor im Auftrag von Kaufleuten die Nordost-Passage bezwingen wollte.

In späterer Zeit suchten wiederholt holländische Walfänger die Insel auf, es folgten russische Pelztierjäger und schließlich Norweger, so dass die Bäreninsel (norwegisch Bjørnøya) 1920 zusammen mit Svalbard als Teil Norwegens international anerkannt wurde.

Die karge Insel liegt rund 450 km nördlich von Norwegen und gut 200 km vom Süden Spitzbergens entfernt. Sie ist aus kaledonisch gefalteten Schichten aufgebaut, die Küsten sind überwiegend steil und zerklüftet. Im Norden des Eilands liegt eine kuppige, öde Ebene 30-40 m ü.d.M., die von vielen Seen durchzogen wird, während der südliche Teil aus einem Plateau von rund 400 m Höhe besteht. Das Klima ist maritim-polar mit einem Jahresmittel von 4 °C, die Juli-Temperaturen liegen bei etwa +4 °C, die durchschnittlichen Temperaturen im Spätwinter bei rund -11 °C. Gering fallen die Niederschläge mit jährlich rund 300 mm aus. Häufig liegt die Insel im Nebel, die ebenso wie heftige Stürme in der Arktis kreuzende Schiffe daran hindern, sie anzulaufen.

"Willkommen auf der Bäreninsel"

eine karge Insel

Angesichts der naturräumlichen Voraussetzungen ist die Vegetation arm, beachtlich ist jedoch die Seevögelpopulation. In der Zeit um den Ersten Weltkrieg wurde auf der Bäreninsel Kohle abgebaut, heute ist die Insel unbewohnt, abgesehen von den auf einer Wetterstation Beschäftigten, die einen kleinen Nebenerwerb durch den Verkauf von Souvenirs erzielen, wenn Schiffe die Insel anlaufen.

unbewohnt

10. MIT DER HURTIGRUTE VON BERGEN BIS KIRKENES

Aktuelle regionale Reisetipps zur Hurtigrute
entnehmen Sie bitte den Seiten 167f

Überblick

"die schönste Seereise der Welt"

1993 feierten die Hurtigruten ihren 100. Geburtstag. Was für die Norweger die "Reichsstraße Nr. 1" ist, ist für viele ausländische Touristen vor allem im Sommer eine der attraktivsten, wenn nicht die schönste Seereise der Welt. 11 Tage dauert eine Fahrt mit den Postschiffen entlang der faszinierenden, abwechslungsreichen Küste von Bergen im Westen über den höchsten Norden bis an die russische Grenze im Nordosten. Von Kirkenes geht es wieder zurück Richtung Bergen, insgesamt eine Strecke von 2.500 Seemeilen, die nord- wie südwärts an 35 Städten und Häfen vorbeiführt, an unzähligen Inseln, Bergen und Fjorden. Jeden Tag legt eines der 11 Schiffe um 20 Uhr (Sommer) bzw. 22.00 Uhr in Bergen ab, während eines vormittags Kirkenes verläßt. Häfen, die in nördlicher Richtung am Tage angelaufen werden, sind auf der Rückfahrt nachts das Ziel und umgekehrt.

Hurtigrutenschiff MS Narvik

Für die Bewohner der Küste Nordnorwegens ist die Hurtigrute immer noch so etwas wie die Lebensader, denn die robusten, zuverlässigen Schiffe transportieren die Post, Lebensmittel und andere Fracht sowie Personen. Wer als Tourist reist, findet keine idealere Möglichkeit, den Alltag der Menschen im Küstenbereich hautnah mitzuerleben. Ständig hat der Reisende Gelegenheit, an Land zu gehen, da die Schiffe oft einige Stunden in den größeren Häfen anlegen, in den kleineren Orten reicht die Zeit für einen Spaziergang. Von Mitte Mai bis Ende August bieten die drei Reedereien, die die Linie betreiben, im Rahmen der Rundreise verschiedene Landausflüge an.

Landausflüge

Der Reiz der Hurtigrutenschiffe liegt darin, daß sie keine Kreuzfahrtschiffe sind, Unterhaltungsprogramme werden nicht geboten. Die Kabinen, von denen ein Teil für Reisende aus aller Welt freigehalten wird, sind recht klein und zweckmäßig. Auf den älteren Schiffen haben die meisten Kabinen Dusche/WC, auf den neueren Schiffen sind alle Kabinen damit ausgestattet. Auf den zwischen 2.600 und 12.000 BRT großen Kombischiffen geht es sehr ungezwungen zu, Gesellschaftskleidung ist unüblich.

10. Mit der Hurtigrute von Bergen bis Kirkenes: Überblick

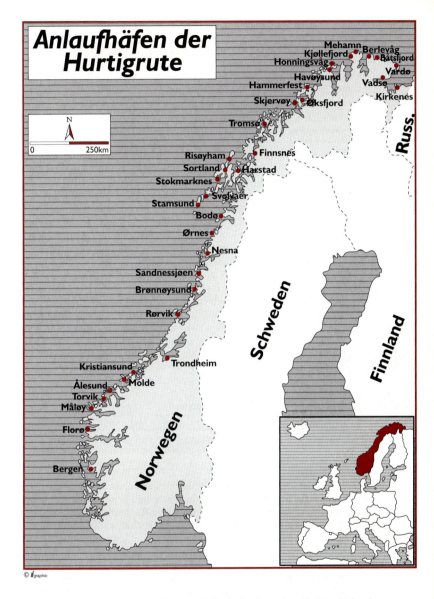

Die Geschichte der Hurtigruten begann 1893, als der legendäre Kapitän **Richard With** mit der *"Vesterålen"* fast unbemerkt von Trondheim ablegte und nach 67 Stunden unter großem Jubel in Hammerfest eintraf. Kapitän *With* überzeugte alle Skeptiker und konnte trotz schwieriger Witterungsbedingungen im Winter seinen

10. Mit der Hurtigrute von Bergen bis Kirkenes: Überblick

Subventionen nötig

Fahrplan einhalten, so dass sich bald andere Linien am Ausbau der Hurtigrute (= 'Schnellinie') beteiligten und die Strecke bis Bergen verlängert werden konnte. Die Route Bergen-Kirkenes-Bergen wurde vor dem Ersten Weltkrieg eingerichtet und hat sich bis heute bewährt. Ohne die regelmäßig verkehrenden Schiffe wären die Besiedlung Nordnorwegens und die Erschließung wichtiger Rohstoffe für die Volkswirtschaft des Landes unvorstellbar gewesen. Aber die Hurtigrute hängt am Subventionstropf der Regierung in Oslo, die jährlich mehr als 20 Mio. NOK zuschießen muss, um den Betrieb aufrecht zu erhalten. Kritiker der Postschiffe machen geltend, dass über den Ausbau des Straßensystems und die Anlage zahlreicher Flugplätze mit kurzen Start- und Landebahnen eine hinreichende Anbindung des Nordens an den Süden erfolgt sei und eine Subventionierung der Hurtigruten volkswirtschaftlich nicht sinnvoll sei.

Doch die Befürworter konnten sich, wenngleich unter Auflagen, durchsetzen. Bis zum Jahr 2002, so beschloss das Parlament in Oslo, müsse die Hurtigrute wirtschaftlich unabhängig sein. Die notwendigen Investitionen in die Flotte sind angelaufen.

die neue Flotte

Zwischen 1993 und 2002 wurden 8 neue, wesentlich größere und komfortablere Schiffe mit bis zu 650 Betten und für bis zu 1.000 Passagiere in Dienst gestellt, die es erlauben, auch bis zu 50 Pkw zu befördern. Aber Kreuzfahrtschiffe sind auch die neue **M.S. Trollfjord** und die **M.S. Finnmarken** nicht. Manche Reisende meinen die neuen Schiffe hätten ihren Charme gegenüber den klassischen Hurtigruten-Schiffen der früheren Generationen verloren, man sei wie auf den großen Ostseefähren weit weg von Meer und Wind.

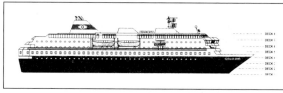

Doch die beiden Gesellschaften müssen hart kalkulieren. 2001 war mit 441.000 Passagieren ein erfolgreiches Jahr, besonders wichtig ist der Anteil deutscher Reisender, auch die Frachtmengen sind gestiegen. Wenn die Schiffe der Hurtigruten weiterhin den menschenleeren Norden das Jahr hindurch regelmäßig anlaufen sollen, wird das wohl auch zukünftig nicht ohne Hilfe von außen möglich sein.

Tipp

Im Winter ist die norwegische Landschaft besonders faszinierend, die Schiffe sind nicht ausgebucht, die Preise liegen bis zu 40 % niedriger. Wer im Sommer mit dem Auto im Norden Norwegens unterwegs ist und die weiten Strecken nördlich von Tromsø nicht fahren möchte, dem sei das Teilstück Tromsø-Kirkenes-Tromsø empfohlen.

Route und Tagesablauf der Rundreise ab/bis Bergen

Welchen Reisetermin Sie auch wählen, die Postschiffe folgen immer derselben Route. Gegenwärtig gilt von April bis September ein verändertes Zeitschema, da der Storfjord/Geirangerfjord (Konkurrenz zu den Kreuzfahrtschiffen) auf dem Programm stehen. Deshalb erfolgt die Abfahrt in Bergen schon um 20.00 Uhr und mehrere Liegezeiten verändern sich. Aber das klassische Schema sieht folgendermaßen aus:

1. Tag:
Die Seereise beginnt in der alten Hansestadt **Bergen**, Norwegens Hauptstadt im Mittelalter. Die Einschiffung an Bord erfolgt ab 18.00 Uhr. Um 22.00 Uhr verlässt das Schiff den Hafen. Die Fahrt führt durch den **Hjeltefjord**, von wo einst die Wikinger zu den Shetland-Inseln westwärts aufbrachen.

2. Tag:
Am Morgen erreicht das Schiff den westlichsten Punkt Norwegens, das Kap von **Stad**. Als nächster Hafen folgt **Torvik**, weiter geht es an der bekannten Vogelinsel von **Runde** vorbei. Um 12.00 Uhr legt das Postschiff in der malerischen Stadt **Ålesund** an, die 1904 einem Brand zum Opfer fiel und in nur wenigen Jahren im Jugendstil wieder errichtet wurde. Bis zur Abfahrt bleiben drei Stunden Zeit für einen Spaziergang, der auch auf den Stadtberg **Aksla** führen sollte, weil er einen herrlichen Panorama-Blick auf den größten Fischereiort Norwegens, die Inseln, Berge und das Meer bietet. Das nächste Ziel ist die 'Rosenstadt' **Molde** am **Romsdalsfjord** mit dem imponierenden Molde-Panorama (87 schneebedeckte Gipfel). Um 18.00 Uhr verlässt das Schiff den Hafen von **Molde** und nimmt Kurs auf **Kristiansund**.

3. Tag:
Am frühen Morgen fahren Sie an den Klosterruinen und dem ehemaligen Kerker von **Munkholmen**, der Mönchsinsel, vorbei. Dann legt das Schiff um 6.00 Uhr in **Trondheim** an, der drittgrößten Stadt des Landes. Die sechs Stunden Aufenthalt sollten zu einem Stadtspaziergang (siehe Seiten 287ff) und einem Besuch des sehenswerten Nidaros-Doms genutzt werden. Um die Mittagszeit

Küstenszenerie am Polarkreis

verlässt das Schiff den **Trondheimsfjord**; weiter geht die Reise in nördlicher Richtung durch den **Stokksund**, und nach 9 Stunden Fahrt, teilweise auf dem offenen Meer, folgt ein kurzer Stopp im Hafen von **Rørvik**.

4. Tag:
Gegen 9.00 Uhr überqueren Sie den nördlichen **Polarkreis.** Auf der Backbordseite liegen interessante, sagenumwobene Gebirgsformationen, auf der Steuerbordseite

kann man etwas von Norwegens größtem Gletscher, dem **Svartisen,** sehen. Um 12.30 Uhr wird der nächste bedeutende Hafen angelaufen; es ist die Handels- und Verwaltungsstadt **Bodø,** die zweitgrößte Stadt Nordnorwegens. Nach 2½ Stunden Aufenthalt geht die Reise weiter Richtung **Stamsund,** einem Fischerdorf auf der Inselgruppe der **Lofoten,** deren gezackte Gipfel bald zu sehen sind. Die Hauptstadt der Lofoten, **Svolvaer,** wird gegen 21.00 Uhr angelaufen, eine Stunde später geht die Reise weiter.

5. Tag:

Am Morgen gegen 6.45 Uhr macht das Postschiff in **Harstad** fest, einer Stadt mit 22.000 Einwohnern, in der neben der Fischerei und der Schifffahrt die Ölsuche nördlich des 62. Breitengrades das Wirtschaftsleben der Stadt prägt. Die Reise führt an der Insel **Senja** vorbei, dann läuft das Schiff **Finnsnes** an. Nach kurzem Stopp geht es um 12.00 Uhr weiter, bald folgt der **Rystraumen,** eine starke Meeresströmung, und am frühen Nachmittag durchfahren Sie den **Tromsøsund.** Auf der Backbordseite sind die Gebäude der weltweit nördlichsten Universität zu sehen, Steuerbord das Wahrzeichen der lebendigen Stadt, die Eismeerkathe- drale. Um 14.45 Uhr ist der Hafen von **Tromsø** erreicht. Da das Schiff erst um 18.00 Uhr wieder ablegt, bleibt genügend Zeit, die größte Stadt des nördlichen Norwegen kennenzulernen (Stadtspaziergang und Besichtigungen siehe Seiten 333ff). Am Abend fällt der Blick auf die majestätischen **Lyngen**-Alpen, das Fischer- dorf **Skjervøy** ist der letzte Anlaufhafen am 5. Tag, bevor das Schiff Kurs auf **Hammerfest** in der Provinz Finnmark nimmt.

6. Tag:

Das als nördlichste Stadt der Welt geltende **Hammerfest** an der Eismeerküste wird bereits um 5.30 Uhr erreicht. Wenn die Sonne schon aufgegangen ist und gute Sicht herrscht, lohnt ein frühmorgendlicher Spaziergang auf den Aussichts- berg **Salen.** Um 8.00 Uhr verlässt das Schiff den Hammerfester Hafen, hält drei Stunden später in dem kleinen Ort **Havøysund** und erreicht **Honningsvåg,** den Ausgangspunkt für einen Abstecher zum **Nordkap** (siehe Seiten 350ff). Während gemäß Winterfahrplan (1.10.-31.3.) **Honningsvåg** nur kurz angelaufen wird und die Abfahrt um 14.45 Uhr erfolgt, berücksichtigt der Sommerfahrplan (1.4.-30.9.) die Anziehungskraft des Nordkaps, so dass das Postschiff von 13.00-17.30 Uhr im größten Fischerdorf West-Finnmarks vor Anker geht. Danach führt die Reise weiter in östlicher Richtung zu den Fischerdörfern **Kjøllefjord** und **Mehamn.**

7. Tag:

Nachdem in der Nacht bzw. am Morgen **Vardø** und, je nach Wochentag, auch **Vadsø** passiert worden sind, fährt das Schiff am Morgen oder Vormittag in den **Varangerfjord** ein. Mit **Kirkenes,** das seine Entstehung den Eisenerzvorkommen verdankt, ist der Wendepunkt der Seereise erreicht. Bis zur russischen Grenze sind es nur wenige Autominuten. Die Stadt liegt auf dem gleichen Längengrad wie Kairo oder St. Petersburg. Um die Mittagszeit erreichen Sie **Vadsø,** das administra- tive Zentrum der Finnmark. Am Nachmittag ist **Vardø,** die alte Festungsstadt, das Ziel; nach einer Stunde Aufenthalt geht es weiter zu den Fischerdörfern **Båtsfjord** und **Berlevåg,** die am Abend angelaufen werden.

8. Tag:
Nach dem Besuch kleinerer Häfen kommt das südwärts fahrende Schiff am späten Vormittag nach **Hammerfest**. Gut eine Stunde bleibt für einen Spaziergang in der 7.000-Einwohner-Stadt, in der die Sonne zwischen dem 17. Mai und dem 28. Juli nicht untergeht. Am Nachmittag führt die Route am **Öxfjordjøkulen** vorbei, einem imposanten Gletscher, der ins Meer kalbt. Kurz vor Mitternacht wird der Hafen von **Tromsø** angelaufen.

9. Tag:
Um 8.00 Uhr legt das Schiff in **Harstad** an, das auf **Hinnøya** liegt, der größten norwegischen Insel. Die Reise durch die Gewässer um die Inselgruppe der **Vesterålen** und der **Lofoten** empfinden viele Reisende als Höhepunkt. Dazu gehört auch die Fahrt durch den engen **Raftsund**. Bei gutem Wetter und ausreichender Zeit fährt das Schiff auch in den **Trollfjord** hinein, einem Nebenarm des **Raftsundes**. Malerisch liegen die Fischerdörfer an den Ufern der Buchten; am frühen Abend wird **Svolvaer** angelaufen, der Zentralort und bedeutendste Fischereihafen der Lofoten, zwei Stunden später ist der Hafen von **Stamsund** das Ziel, in der Nacht liegt das Schiff für drei Stunden in **Bodø**.

10. Tag:
Noch einmal überqueren Sie den **Polarkreis** zwischen zwei kleinen Anlaufhäfen. Die Reise führt vorbei an der herrlichen Helgelandküste mit ihrer ausgeprägten Strandflate, idyllischen Fischerdörfern, Sandstränden und Vogelfelsen. Am Mittag und Nachmittag legt das Schiff in den Häfen der beiden größten Zentren Helgelands, in **Sandnessjøen** und **Brønnøysund,** an. Bald danach folgt der legendäre Berg "**Torghatten**" mit dem merkwürdigen Loch in 112 m Höhe, der immer wieder die Phantasie der Menschen angeregt hat, als sie noch nicht wussten, dass Frost und Brandung das Loch schufen, als das Land noch tiefer lag.

Der Torghatten mit Brandungsloch

11. Tag:
Früh um 6.30 Uhr läuft das Schiff erneut **Trondheim** an, bevor es dann um 10.00 Uhr in Richtung **Kristiansund** weitergeht, das man am späten Nachmittag erreicht. Nur kurz ist der Aufenthalt in der auf drei Inseln errichteten Fischereistadt, die auch vom Ölgeschäft profitiert. Schon vor 10.000 Jahren lebten Menschen in diesem Raum (**Fosna-Kultur**). Am Abend ist noch einmal **Molde** das Ziel, bekannt wegen seines milden Klimas, das Buchen, Linden, Kastanien und andere Laubbäume gedeihen lässt, und wegen des inzwischen weltbekannten jährlichen Jazzfestivals Anfang August.

12. Tag:

Der letzte Tag einer sicherlich unvergesslichen Seereise. Um 7.30 verlässt das Schiff *Florø*, die westlichste Stadt Norwegens im Fjordbezirk *Sogn og Fjordane*. Weit draußen im Meer liegt mit *Statfjord* das reichste Öl- und Gasfeld des Kontinentalsockels. An der Küste Westnorwegens entlang kreuzend, erreicht das Postschiff gegen 14.00 Uhr *Bergen,* die lebendige und vielleicht schönste Stadt Norwegens.

zurück mit der Bergenbahn

Nach so vielen Tagen auf See lassen es sich viele Reisende nicht nehmen, die Rückfahrt mit der berühmten **Bergenbahn** nach Oslo anzutreten. Sie ist tatsächlich eine ideale Ergänzung, da sie den besten Eindruck von der Fjell-Landschaft des Landesinneren vermitteln kann. Zugreisende sollten jedoch mit der Zeit nicht zu knapp kalkulieren: Verspätungen der Hurtigrute sind nämlich nie auszuschließen. Und eine zu späte Abfahrt in Bergen mit der Bahn ist zwecklos. Es empfiehlt sich also allemal, nach der Seereise eine Übernachtung in der Hansestadt einzuplanen!

11. LITERATURVERZEICHNIS (AUSWAHL)

Mit der zunehmenden Beliebtheit Norwegens wurde die Reiseliteratur, die sich mit dem Land der Wikingernachfahren auseinander setzt, in den letzten Jahren immer umfangreicher und schwerer überschaubar. Trotz aller Unterschiede im methodischen Zugriff und der inhaltlichen Auswahl sind alle Autoren der festen Überzeugung: Norwegen ist ein faszinierendes Reiseland, das mit seinen Natur- und Kulturlandschaften jedem Reisenden sein eigenes Norwegenerlebnis bietet. Die vorliegende Literaturauswahl kann also nur subjektiv und nicht annähernd vollständig sein. Norwegischsprachige Literatur soll hier nicht berücksichtigt werden, wenngleich sie eine wesentliche Grundlage dieses Reisehandbuches darstellt.

- **Ahrens**, Claus (Hrsg.): Frühe Holzkirchen im nördlichen Europa; umfangreiche Veröffentlichung zur Ausstellung des Helms-Museums (Nr. 39), Hamburg 1982, mit zahlreichen Beiträgen zu den norwegischen Stabkirchen
- **Austrup**, Gerhard/**Quack**, Ulrich: Norwegen, Beck'sche Reihe, Aktuelle Länderkunden, München 1997, 2. Auflage; Hauptthemen des Taschenbuchs sind: der Naturraum, die Geschichte, die politischen, wirtschaftlichen und gesellschaftlichen Verhältnisse, das kulturelle Leben sowie die Charakteristika seiner Bewohner.
- **Baardseth**, Helge: Spitzbergen/Svalbard, Schibsted-Verlag, Oslo 1993; informatives Taschenbuch in deutscher Sprache zur gegenwärtigen Situation auf Spitzbergen/Svalbard mit vielen wertvollen touristischen Hinweisen
- **Banck**, Claudia: Lofoten und Vesterålen, DuMont, Köln 2000; 45. Auflage, lesenswertes Reisetaschenbuch mit praktischen Informationen über die Inseln über dem Polarkreis.
- **Banck**, Claudia: Norwegens Fjordland, DuMont, Köln 2000; Reisetaschenbuch (247 Seiten) mit praktischen Informationen und Routenvorschlägen zu den schönsten Gebieten zwischen Stavanger und Trondheim.
- **Barüske**, Heinz: Norwegen, Kohlhammer Kunst- und Reiseführer, Stuttgart 1986; ein informativer allgemeiner Teil vermittelt historische und landeskundliche Informationen. Oslo, Bergen, Trondheim und Stavanger werden ausführlich beschrieben.
- **Berge**, Johan: Angeln in Norwegen. Der Angelführer stellt Norwegens beste Angelgewässer vor (Binnen- und Meeresangeln) und geht auf die Bestimmungen ein.
- **Droste**, Theodor, Die kartographische Darstellung der Jan Mayen-Insel vom 17.-20. Jahrhundert und ihre geographische Interpretation. Ein Beitrag zur Geschichte der Erforschung einer arktischen Vulkaninsel. Dissertation Bochum 1989; zu beziehen über die Fernleihe von Stadtbüchereien und Bibliotheken
- **Gerdener**, W.: Der Purismus im Nynorsk, Münster 1986; aktuelle Untersuchung zum Verhältnis nynorsk/bokmål aus der auf skandinavische Literatur spezialisierten Kleinheinrich-Edition, Münster.
- **Gorsemann**, Sabine, **Kaiser**, Christian: Wandern in Norwegen, Hardangervidda bis Trollheimen, DuMont 2001, 35 Rund- und Streckenwanderungen zwischen Trondheim, Bergen und Oslo werden beschrieben.

11. Literaturverzeichnis

- **Günther**, Hermann: Neue Heimat in Norwegen, Herrenalb 1961; zahlreiches Quellenmaterial zur Geschichte der deutschen Einwanderung in Norwegen vom Mittelalter bis zur Nachkriegszeit.
- **Holte**, Elisabeth: Leben in Norwegen, DuMont, Köln 1994. Aufwendig gestalteter Bildband (232 Seiten), begleitet von Texten u.a. von Edvard Grieg, Liv Ullmann und Knut Faldbakken. Dargestellt werden Interieur und Äußeres von rustikalen Bauernhöfen und Fischerkaten genauso wie von Herrenhäusern, Heimatmuseen und eleganten Hotels sowie die umgebende Landschaft. Die fast 300 Farbbilder steuerte die norwegische Fotografin Sølvi Dos Santos bei.
- **Hveberg**, H: Von Göttern und Riesen. Das ist Norwegen, Tanum-Verlag Oslo 1982; einfach gehaltene Darstellung der wichtigsten Gestalten im nordischen Pantheon.
- **Korn**, Rainer, **Rose**, Sebastian: Meeresangeln in Norwegen, Verlag Müller Rüschlikon 2002, 222 S.; eine Übersicht über Reviere, Taktiken sowie Reisetipps
- **Kostrzewa**, Renate u. Achim, Skandinavien, "Naturreiseführer, Kosmos Verlag, Stuttgart 2000, 288 s. Reiseführer und Bestimmungsbuch in einem
- **Köger**, Tonia: Norwegen, Hardangervidda, Stein-Verlag Kiel 2001; ein Outdoor-Handbuch über eines der bekanntesten Wandergebiete des Landes
- **Ligges**, Wulf: Norwegen, DuMont, Köln 1994. Neuester Bildband des bekannten Fotografen (144 Seiten) mit prachtvollen Aufnahmen der wichtigsten Städte, schönsten Landschaften, interessantesten Kulturdenkmälern und Porträts der Bevölkerung.
- **Lindemann**, Rolf: Norwegen, Stuttgart 1986; Länderkunde mit wirtschafts- und sozialgeographischem Schwerpunkt.
- **Mehling**, Marianne: Norwegen, Knaurs Kulturführer, München 1989; Wegweiser zu Kunst und Kultur mit über 600 Orten und deren Sehenswürdigkeiten.
- **Lindholm**, Dan: Stabkirchen in Norwegen, 2. Auflage, Stuttgart 1979; sachkundiger Text, der Entstehung, Bauweise und den mythischen Hintergrund schildert; der Bildteil dokumentiert die Einzigartigkeit dieser Holzarchitektur.
- **Look**, H.-D.: Quisling, Rosenberg und Terboven, Stuttgart 1970; fundierte Untersuchung zur Biographie und Politik der bestimmenden Figuren im Norwegen des Nationalsozialismus.
- **Nordeuropa-Forum**, Nomos-Verlagsgesellschaft, Baden-Baden; Zeitschrift zur Politik, Wirtschaft und Kultur Nordeuropas seit Juni 1991; erscheint 4 x jährlich mit verschiedenen Beiträgen.
- **Petersson**, Olof: Die politischen Systeme Nordeuropas, Band 5 der Reihe Nordeuropäische Studien, Nomos Verlagsges. Baden-Baden 1989; eine Einführung in die Verfassungen, politischen Institutionen, Parteien und Organisationen der nordischen Länder.
- **Pollmann**, Bernhard: Norwegen, Trekkingführer Jotunheimen-Rondane; Bergverlag Rother, München, 1. Auflage 1991; der Führer beschreibt Wanderungen und Bergbesteigungen in den Nationalparks Jotunheimen und Rondane.
- **Pollmann**, Bernhard/**Keuchel**, Thomas: Norwegen-Wandern in grandioser Naturlandschaft, München 1992; großformatiges Hochglanzkompendium mit schönen Naturaufnahmen.
- **Stang**, N: Edvard Munch – Das ist Norwegen, Tanum-Verlag, Oslo 1972; kurze, präzise Skizzierung des Lebens Edvard Munchs und seiner bedeutendsten Werke.
- **Umbreit**, Andreas: Spitzbergen-Handbuch, Stein-Verlag, 5. Auflage, Kiel 2000; informativer Spezialreiseführer eines führenden Veranstalters von Spitzbergen-Touren; Informationen auch zu Franz-Joseph-Land und Jan Mayen

12. STICHWORTVERZEICHNIS

(å, ø und æ werden wie im Deutschen a, ö und ä behandelt)

A

Å 327
Aamodt, Ketil André 145
Aasen, Ivar 29, 137
Adlerstraße 277
Adressen 114
Ålesund 199, 263, 266ff, 284
- Aalesund Museum 267
- Aksla (Stadtberg) 267
- Fiskerimuseet 267
Alfred der Große 19
Alfred von England 80
Algenpest 70
Alkohol 142
Alta 158, 345
Altafjord 46
Amundsen, Roald 145, 215, 337
Åndalsnes 274-276
Andenes 329, 331
Angeln 142
Aquakultur 69
Arendal 230
Ärztliche Versorgung 114
Åsgårdstrand 228
Asker 228
Atlantik-See-Park 268
Atlantikstraße 286
Atlantischer Lachs 307
Aurlandsfjord 283
Auroverleih 117
Auto fahren 115

B

Baerums Verk 222
Bahn 146
Balestrand 159, 270
Baltischer Schild 44
Banken 129
Bardal 304
Bäreninsel 383

Barents, Willem 379
Baukunst 89ff
Benzin 118
Bergen 23, 24, 53, 159, 241ff, 261, 263
- Alt-Bergen/Gamle Bergen 254
- Aquarium 251
- Bergens Billedgalleri 252
- Bryggen 245
- Bryggens Museum 248
- Festung Bergenhus 250
- Fischereimuseum 254
- Fischmarkt 243
- Håkonshalle 250
- Hanseatisches Museum 247
- Kulturhistorisches Museum 253
- Lepramuseum 254
- Marienkirche 249
- Marktplatz 248
- Naturkundemuseum 253
- Rasmus Meyers Samlinger 252
- Rosenkrantz-Turm 250, 251
- Seefahrtsmuseum 253
- Stenersens Samling 252
Bergwandern 134
Bevölkerung 77
Bodø 164, 305, 312
Bojer, Johan
Bondevik, Kjell Magne 38
Borg 325
Børgefjell 308
Borgund 49, 94, 272
Borre 228
Botschaften 118
Breivik 229
Brimnes 240
Brundtland, Gro Harlem 14, 36, 37
Bruravik 240
Bull, Ole 257
Busse 146
Byfjordtunnel 261
Bygdøy 212 ff
Byzanz 19

C

Camping 134
Christian Frederik 27
Christian III. 25
Christian IV. 26, 90, 202, 211, 223
Christiania 26, 202

D

Dahl, Johan Christian 91
Dalen 229
Dalsnibba 280
Dombås 269, 274
Dorsch 66
Drammen 228

E

Egersund 165, 232
Eidfjord 239
Eidsvoll 35
Einkaufen 119
Eintritt 120
Eisenbahn 146ff
Eiszeit 44
Elch 58
Energiewirtschaft 62
Entfernungstabelle 152
Erich der Rote 19
Essen 138ff

F

Fagernesfjell 317
Fähren 121
Fantoft 92, 93, 94, 256
Färöer 19
Fauna 56
Fauske 311
Feiertage 122
Felszeichnungen 17
Ferien 121
Finnesloftet 89
Finnmark 79, 343, 344
Fischereiwirtschaft 66ff
Fjaerland 165, 264
Fjell 49, 57

Fjord 49
Fjordland 260, 275
Flåm 259, 283
Flekkefjord 231
Flora 56
Flüge 146ff
Folgefonna 163
Førde 165, 264
Fortun 273
Fosna 16
Fossli 239
Foyn, Svend 72

G

Galdhøppigen 47, 274
Gardermoen 178
Geilo 238
Geiranger 165, 274, 275, 278, 280
Geirangerfjord 277
Geld 123
Geographie 43 ff
Getränke 142
Giske 269
Gletscher 53, 265
Glittertind 47
Golfstrom 53
Granfossen 302
Greenpeace 74
Grense jakobselv 363
Grieg, Edvard 163, 255
Grimstad 230
Grong 166, 306
Grönland 19
Grotli 279
Gudbrandstal 48
Gudvangen 283

H

Hadeland-Glaswerke 224
Hafrsfjord 237
Hagen, Carl 36
Håkon I. 22
Håkon IV. Håkonsson 24, 250
Håkon V. Magnusson 24, 211
Håkon VI. 25
Håkon VII. 25, 29, 209

Håkonshalle 90
Hallingdal 238
Hamar 91, 375
Hammerfest 166, 346, 347-350
Hamsun, Knut 34, 35, 274, 314, 315
Hanse 24, 66, 245ff
Harald Hardråde 22, 23, 202
Harald I. (Schönhaar) 22
Hardangerfjord 258
Hardangervidda 48, 50, 57, 59, 238, 239
Harstad 328-330
Haugastøl 238
Haugesund 153, 262
Haustiere 124
Hell 300
Hellesylt 278
Henie-Onstad-Kunstzentrum 222
Henningsvaer 323, 325
Heyerdahl, Thor 216
Hjemmeluft 345
Holmenkollen 145
Hønefoss 238
Honningsvåg 350, 351, 367
Horten 228
Hotels 132
Hurtigrute 167, 324, 367, 384f

I

Ibsen, Henrik 205, 206
Industrie 61
Ingstad, Helge 19
Inlandsflüge 149
Internet-Adressen 124
Island 19

J

Jagd 125
Jan Mayen 30, 67, 382, 383
Jedermannsrecht 125
Jostedalsbreen 44, 279
Jotunheimen 47
Jugendherbergen 133

K

Kabelvåg 324

Kaiser Wilhelm II. 266, 268, 270
Kalmarer Union 25
Kanusport 126
Karasjok 168, 364, 365
Karasjok 83
Karl XIV. Johan 27, 203
Kartenmaterial 126
Kaupanger 27
Kautokeino 169, 365
Kielland, Gabriel 292
Kiew 19
Kirkenes 170, 361, 362
Kittelsen, Theodor 277
Kjerringøy 314
Kleidung 127
Klima 51
Klimatabelle 52
Knut der Große 22
Komsa 16
Kreditkarten 127
Kreuzfahrten 150
Kristiansand 170, 231
Kristiansund 171, 284, 286
Kvaløy 340
Kyrre, Olav 250

L

Lachszucht 69, 71
Laerdal 272
Laerdaltunnel 272
Laestadianismus 358
Laestadius, Lars Levi 358
Laksefjord 46
Lakselv 171, 356, 357
Laksfoss 308
Landhebung 46
Landwirtschaft 74
Langesund 229
Larvik 229
Leif Eriksson 19
Lemminge 59
Levanger 301
Lillehammer 144, 374
Lillesand 230
Lindisfarne 18
Lofoten 47, 66, 172, 318-328
Lom 174, 274

12. Stichwortverzeichnis

Luster 273
Lusterfjord 49
Lustrafjord 269
Lyngen 340
Lyngenfjord 341
Lysebotn 237
Lysefjord 237
Lysekloster 257
Lysøen 257

M

Maere 303
Magerøy 174, 350, 351
Mandal 231
Margarete I. 25
Melbu 330
Meridian-Säule 349
Mitternachtssonne 54, 55
Mo i Rana 175, 309
Modum Blaafarveverket 223
Molde 176, 284, 285
Molde 49
Moschusochsen 59
Mosjøen 176, 308
Moskenes 164, 326, 327
Munch, Edvard 207, 220, 221, 228
Myrdal 259

N

Naerøyfjord 283
Namsos 306
Nansen, Fridtjof 30, 31, 145, 215
Narvik 32, 33, 176, 306, 316, 317, 332
Nationalparks 128
Neiden 360, 361
Nesbyen 238
Nidaros 22
Nigardsbreen 273
Nobel, Alfred 207
Nordkap 46, 54, 155, 166, 341, 346, 353, 354
Nordkjosbotn 332, 333, 341
Nordlicht 55
Notruf 129
Nusfjord 323, 326

O

Öffnungszeiten 129
Olaf Schoßkönig 22
Olav II./Olav der Heilige 22, 93, 288, 302
Olav Kyrre 23
Olav Tryggvason 22
Olden 279
Oppdal 372
Oppstryn 279
Oskar II. 29, 91, 363
Oslo 153, 177, 201ff
- Aker Brygge 210
- Akershus 211
- Aussichtsturm Tryvannstårnet 220
- Basarhallen 205
- Bygdøy 212ff
- Dom 205
- Fram-Museum 215
- Heimatfrontmuseum 211
- Historisches Museum 208
- Holmenkollen 218
- Karl Johans gate 203
- Königliches Schloss 208, 209
- Kon-Tiki-Museum 216
- Munch-Museum 220
- Museum für zeitgenössische Kunst 211
- Nationalgalerie 208
- Nationaltheater 205
- Norwegisches Seefahrtsmuseum 216
- Norwegisches Volksmuseum 214
- Parlament (Storting) 205
- Rathaus 209
- regionale Reisetipps 183ff
- Skimuseum 218
- Stadtmuseum 218
- Theatermuseum 212
- Universität 207
- Verteidigungsmuseum 211
- Vigeland-Park 217, 218
- Wikingerschiffs-Haus 214
Oslofjord 32, 48, 223, 227
Ottar 80

P

Papageientaucher 58
Pest 24
Polarkreis 311
Polarlicht 54
Polarnacht 54
Polartag 51
Pomorhandel 358
Post/Porto 129
Prekestolen 237
Provinzen 13

Q

Quisling, Vidkun 32, 33

R

Ramberg 326
Rauchen 129
Reformation 25
Regionale Reistipps 157ff
Reine 326
Reisezeit 130
Ren 58, 81
Rena 144
Restaurants 138ff
Riksgränsen 318
Ringebu 374
Rjukan 34
Romsdalfjord 275
Røros 186, 372, 373
Rosendal (Baronie) 258
Røst 327, 328
Runde 269

S

Salen 348
Saltstraumen 313, 314
Samen 364f, 79f
Sameting 83
Sandefjord 186, 228
Sautso Alta Canyon 346
Sima-Kraftwerk 239
Skanden 44
Skarsvåg 352, 353

Skien 229
Skjolden 187, 273
Skogn 301
Sogndal 187, 271, 272
Sognefjell 269
Sognefjord 49, 258, 259, 264, 269, 270
Sognefjordgebiet 281
Sør-Varanger 362
Spitzbergen 30, 378f
Sprache 137
Stabbursnes 355
Stabkirchen 21, 28, 91 ff
Stalheim 259, 282, 283
Stamsund 164, 325
Stavanger 49, 153, 187, 227, 232ff, 261
- Altstadt 235
- Domkirche 233
- Konservenmuseum 236
- Ladaal 236
- Norweg. Ölmuseum 236
- Seefahrtsmuseum 235
- Stavanger Museum 236
Steindalsfossen 240
Steinkirchen 90
Steinkjer 189, 303, 304, 305
Stiklestad 93, 302
Stjørdal 300, 301
Stockfisch 322
Stokmarknes 165, 329, 331
Storting 28, 35, 36
Strandflate 45
Strömstad 229
Stryn 274, 278
Strynsfjell 279
Sunnmøre 268
Svalbard/Spitzbergen 190
Svartisen 47
Svartisen-Gletscher 309, 310
Gabelbart, Sven 22
Svolvaer 324

T

Tana 357
Tanafjord 46
Tau 262
Telefonieren 131
Telemark-Kanal 229

12. Stichwortverzeichnis

Terboven, Josef 33, 34
Tønsberg 190, 228
Torpo 238
Troldhaugen 256
Trolle 277
Trollfjord 328, 331
Trollstigen 276
Trolltindene 276
Tromsø 191, 299, 332, 333f
- Domkirche 336
- Eismeerkathedrale 339
- katholische Kirche 336
- Nordlichtplanetarium 338
- Nordnorweg. Kunstmuseum 338
- Polaria, Polar-Erlebniszentrum 338
- Polarmuseum 336
- Stadtmuseum 336
- Storsteinen (Aussichtsberg) 339
- Tromsø-Museum 338
Trøndelag 47
Trondenes-Kirche 90
Trondheim 22, 193, 284, 285, 287f, 299
- Bybroa 293
- Erzbischöflicher Palast 293
- Kristiansten/Festung 294
- Kunstgalerie 296
- Kunstgewerbemuseum 296
- Liebfrauenkirche 294
- Marktplatz 295
- Munkholmen 295
- Nidaros-Dom 290-293
- Ringve-Museum 297
- Stiftsgården 295
- Universitätssammlungen 296
- Volkskundemuseum 297
Trondheimsfjord 298f
Tschernobyl 83, 87
Tundra 56
Turi, J. 83
Turtagrø 273
Tvindefoss 282

U

Überfischung 67
Ullandshaug 237
Ulriken 257
Ulvik 196, 240
Umwelt 86ff
Unterkunft 131f
Urnes 49, 95, 272, 273
Ustaoset 238
Utstein-Kloster 237

V

Vadsø 197, 358, 359
Vaernes 300
Varangerfjord 46
Vardø 197, 359, 360
Vesterålen 47, 198, 329
Vestlandet 47
Vigeland, Gustav 293
Vikinglandet 224
Vøringfossen 239
Voss 199, 280, 282

W

Walfang 72ff
Wandern 134
Waräger 18
Wessel, Peder 298
Wikingerschiff 21
Wikingerzeit 18
Wilhelm der Eroberer 18
Wintersport 143
Wirth, Richard 385
Wirtschaft 60ff
Wolf 58
World Wildlife Fund (WWF) 74

Z

Zoll 136
Züge 146
Zweisprachigkeit 29